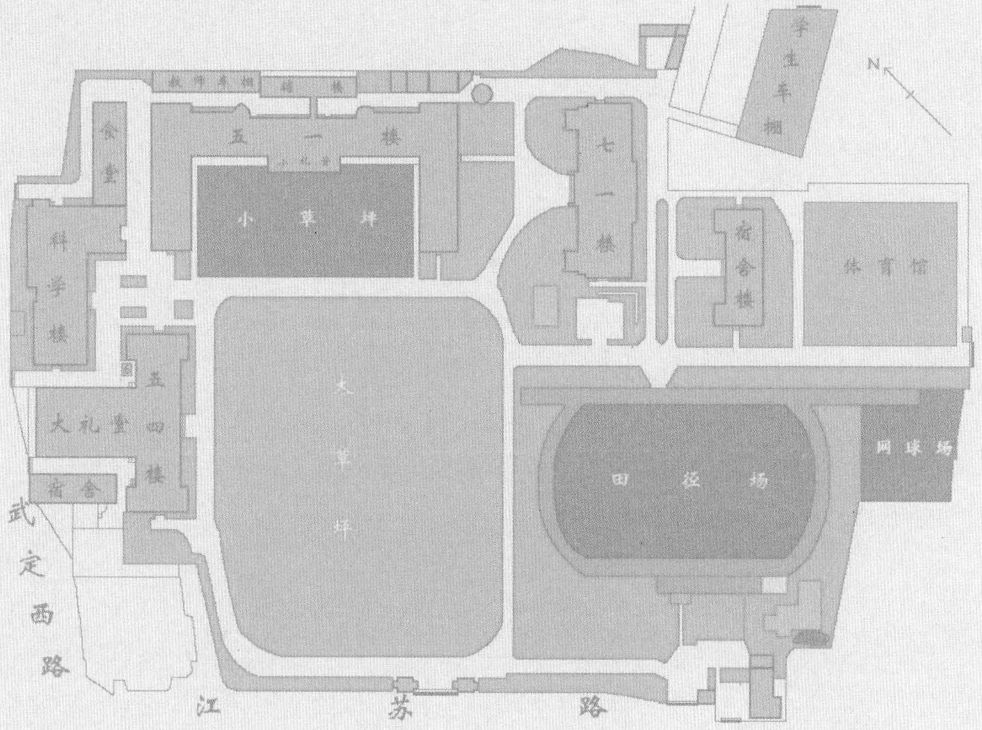
教师车棚
五一楼
小礼堂
小草坪
食堂
科学楼
五四楼
大礼堂
宿舍
七一楼
宿舍楼
体育馆
学生车棚
N
大草坪
田径场
网球场
武定西路
江苏路

商务印书馆（上海）有限公司 出品
The Commercial Press (Shanghai) Co. Ltd.

至慧至雅

从圣玛利亚女校、中西女中到上海市第三女子中学

潘敬芳 马学强 主编

马学强 施如怡 刘 芸 叶 舟 等著

创于1897 商务印书馆 The Commercial Press

图书在版编目（CIP）数据

至慧至雅：从圣玛利亚女校、中西女中到上海市第三女子中学 / 潘敬芳，马学强主编；马学强等著. —北京：商务印书馆，2022
ISBN 978 - 7 - 100 - 21383 - 7

Ⅰ. ①至…　Ⅱ. ①潘…　②马…　Ⅲ. ①上海市第三女子中学 — 校史　Ⅳ. ①G639.285.1

中国版本图书馆 CIP 数据核字（2022）第115615号

至 慧 至 雅
从圣玛利亚女校、中西女中到上海市第三女子中学
潘敬芳　马学强　主编
马学强　施如怡　刘　芸　叶　舟　等著

商　务　印　书　馆　出　版
（北京王府井大街36号　邮政编码 100710）
商　务　印　书　馆　发　行
上海盛通时代印刷有限公司印刷
ISBN　978 - 7 - 100 - 21383 - 7

2022年10月第1版　　　　开本 889×1194　1/16
2022年10月第1次印刷　　印张 30¾　字数 709千

定价：260.00元

主　　编　潘敬芳　马学强

副 主 编　刘　芸　张　闽　夏　磊　施如怡

编　　委　（以姓氏笔画排序）

王悦成　毛杏云　乌美媚　严自律

苏　莹　吴　喆　把　伟　何亚男

陈　煜　郁文革　徐永初　蒋逸萍

主要撰稿人　马学强　施如怡　叶　舟　潘敬芳

吴雅玲　彭晓亮　把　伟　张宜岚

陈瑾瑜 等

图片拍摄　鲍世望 等

主编简介

潘敬芳

教育学硕士。现为上海市第三女子中学校长，上海市特级校长、上海市正高级教师、上海市第十五届人大代表。兼任中国陶行知研究会女专委理事长、上海教育评估协会基础教育专委会副主任、上海市高中管理专委会副秘书长、上海教育国际交流协会监事会监事等。曾任上海市天山初中校长、华东政法大学附属中学校长、上海市天山中学校长、上海市建青实验学校校长等。先后荣获上海市“三八红旗手”、全国“六五”普法先进个人、长宁区巾帼十佳、长宁区第十五届领军人才等荣誉称号。主编《民主课堂》《建树青年》《循理而行》等论著。参与主持六项上海市级课题，其中市级课题“建设明德尚法课程体系，推进学校特色发展”获上海市基础教育教学成果二等奖，“十五年一贯制学校学生优势智能实验室课程建设的实践研究”获上海市教科院普教所论文一等奖。

马学强

毕业于华东师范大学，历史学博士。现为上海社会科学院历史研究所研究员，主要从事中国城市史、区域史等研究。在各类学术刊物发表论文百余篇。出版的著作有《从传统到近代：江南城镇土地产权制度研究》《江南席家：中国一个经商大族的变迁》《出入于中西之间：近代上海买办社会生活》《八百里瓯江》等。参与主编的有《千年龙华》《阅读思南公馆》《上海的城南旧事》《上海的城市之心》《从工部局大楼到上海市人民政府大厦》《〈密勒氏评论报〉总目与研究》《上海石库门珍贵文献选辑》等二十余种。近年来主持“百年名校·江南文脉”系列丛书（商务印书馆，已陆续出版十种）。先后承担多项国家和上海市哲学社会科学研究项目，多项成果获上海市哲学社会科学优秀成果奖。

目　录

序一

闻玉梅

《至慧至雅》是一本基于历史记录并阐述我国知名女中上海市第三女子中学（原圣玛利亚女校与原中西女中，以下简称“市三女中”）的办学历程、不同时代的办学理念及不同阶段的办学成果的专著。

首先，本专著追述了早在1881年及1892年由教会分别创办的圣玛利亚女校与中西女中。当时，两校以“仁爱”和“平等”的理念，开启了女性求学之门。由于两校有中西两种文化交汇的优势，所以在办学理念与风格上均有独特之处，即更开放、更有所创新；所以在诸多女校中，两所学校均处于脱颖而出的地位，并在毕业生中涌现了一批有影响力的女性。在办校过程中，担任校长者既有国际学者或友人，也有中国妇女中的学者与教育者。两所女校历经艰辛，经过辛亥革命、军阀混战、抗日战争及解放战争，最终浴火重生，成为新中国培养女性人才的重要基地。在校舍被日军强占为医院、学生被迫改为走读、校址不断搬迁的苦难日子里，两所女校始终没有中断办学，继续扛起教育女青年的大旗，不辱使命。

新中国成立后，国家为教育赋予了更高、更重要的使命。如何为国家培养优秀人才，是各类学校面临的新问题。根据需要，1952年圣玛利亚女校与中西女中合并成立了市三女中。这也是目前上海的唯一一所女中。虽然社会上曾有关于是否需要保存女中的讨论，但上海市根据培养女性人才的需要，保留了市三女中，希望在不同种类的学校中探索出不同的培养方式，让女性青年的优点和特点得到更充分的发挥。市三女中始终行而不辍，履践致远，坚持以培养优秀女子人才为己任，在不同的历史阶段积极探索实践，创新发展，取得了很好的办学成效。学校提出了“国内一流、国际知名、特色鲜明的现代女子高中”的办学目标，既要培养至慧至雅的人才，也要培养“不让须眉”的出类拔萃的巾帼英雄。

中学时代是人生中的重要阶段，中学的教育和影响是成功的关键。

如今，我离开女中已经七十一年了。我记得，当我1951年毕业时，我们只有19位同学，但每个青年都有自己的爱好和理想。她们后来有的成了高校教授，有的从事石油工业，有的成了建筑设计工程师，有的献身于音乐，也有的成了著名的京剧演员和电影演员……丰富多彩，人才辈出，都在不同领域为人民服务。

我出身于医生世家，从小就很崇拜医务工作者和科学家，特别是居里夫人和白求恩大夫。有一次，我在语文课上写了一篇纪念白求恩的文章，得到了老师的充分肯定，还在课堂当众朗读了这篇作文。1951年，我加入了当时的新民主主义青年团（共青团），以第一志愿选择报考国立上海医学院。从此，我努力将一生献给祖国的医学与健康事业。中学时代的爱国教育、素质教育对我选择毕生从事的为百姓解除疾苦的职业有很大的影响。几十年来，我无怨无悔地在工作中享受着快乐与幸福。在建校一百三十年之际，祝市三女中又有新的作为，不断根据国家的新需求，培养更多优秀的女性青年人才。

此外，全书还收集了大量极为珍贵的文字与图片，是一本不可多得、忠实的历史教材；同时也记录了学校近来的发展。希望读者能从本专著中了解办好女中的辛劳与快乐。通过回顾一百三十年的历史与了解当今，市三女中一定会为建设新时代辉煌的中国发挥更大的作用。

2022年8月25日

（闻玉梅，1951届校友，中国工程院院士，

复旦大学上海医学院教授）

序 二

陈亚珠

今年是母校——上海市第三女子中学建校一百三十周年，学校邀请我为详述母校历史的《至慧至雅》书稿写序，我感到十分高兴。

我出身于浙江宁波，在初中毕业之后，哥哥带我来到上海，那是1953年，恰逢圣玛利亚女校和中西女中两校合并更名为市三女中，首次对外招生。市三女中因为是公立学校，收费不高，哥哥就替我报考了，很幸运，在刚来到上海半个月后，我就进入了这所美丽的学校就读。

市三女中坐落于长宁区江苏路155号，宋氏三姐妹、作家张爱玲、钢琴演奏家顾圣婴、国家科技部原部长朱丽兰、中国工程院院士闻玉梅以及很多成为社会活动家的出色女性都曾在此就读。当年我跨进女中的校门，顿时就被美丽幽雅的校园环境吸引住了。沿着长长的林荫道进入校区，就看见敞亮的教学大楼和十分气派的大礼堂，大楼正前方有片碧绿的大草坪，右侧有室内健身房、风雨操场、音乐室等，设施齐备。在这样优雅的环境中学习和生活，是多么难得的呀！

如此环境有助于培育女性优雅的情操和开朗活泼的性格，难怪在校的女学生大都富有一种优越感和自信心，从这里走出很多优秀的女性确在情理之中。

每当我回忆三年高中生活，都感到十分亲切又感恩。这所蜚声海内外的百年名校，不仅校园环境优美，更有优良的教风和学风，教师风范和学生英姿都别具一格，很不一般。我清楚地记得，母校教风严谨，老师教学水平高，能充分调动学生学习的积极性和主动性。教学的互动性很好，教学秩序十分规范，对学生的作业要求也是相当严格，书写与格式都有统一规范，学生要遵守。母校严谨的教风进一步塑造了我一生为人处事认真负责的态度，而女中端庄优雅、宁静平和的文化底蕴也为我注入了鲜明的人生底色。

母校是根据女性特点和社会需求来办学的，遵循教育规律，注重因材施教，尊重学生的个性化发展，给学生以足够的自信。老师在班上从不当众宣布成绩和名次，也从不点名批评和指责，学习氛围既紧张又轻松。学生们都很有个性，我们班中有的数学、物理特别好，有的爱好文学，还有的在体育、音乐等方面具有天赋，大家都得到很好的个性发展，毕业的学生大都如愿考入清华、复旦、交大等名牌大学。我是合并后的第一届毕业生，在母校的熏陶下，我逐步养成了独立、能干、优雅、懂得关爱、德才兼备、重内秀外的女性风范。

回忆起在母校的成长进步，至今有两件事让我满怀感激。进入高一年级下半学期时，我接受了校团委委托，做初中一年级的少先队辅导员。虽然只是高一的学生，但对于担任比我低三年级的同学的辅导员这个任务，我还是非常乐意地接受了。我想，首先要做好她们的姐姐，以姐妹般的亲情对待那些活泼可爱的初中学生，要认真负责，更要以自身为榜样去带动她们。我组织她们开展少先队活动，做她们的知心朋友，对她们成长时期出现的烦恼、困惑和矛盾做心理沟通和疏导。当时我付出不少课余时间与精力，也得到校团委的表扬。1955年，在母校的推荐下，我被评为首届“上海市社会主义建设积极分子”，还被授予一枚奖章，这样的殊荣让我受宠若惊。我把它看作对一个十九岁小姑娘沉甸甸的荣誉，也是母校给我的幸运。

又记得高三那一年，同学们都在筹划报考大学的事，我也想报考医学院，圆我童年当医生的梦想，但因家里经济拮据，我对是选择升学还是选择工作这件事情犹豫不决。正当我陷入迷茫之时，学校却送来意外之喜，推荐我去报考留苏预备部，如能考入，公费留学求读就水到渠成了！之后，虽因国内外诸多因素影响留学未成，我却因此在次年被录取到上海交通大学电机系，开启了我在交大六十多年的学习和工作生涯。

1957年我进交大电机系求学，毕业后留校，大半辈子都在交大工作。我先在电力系统高电压技术领域任教和研究，后又跨学科进入生物医学工程领域，从事无创伤性医疗技术的研究。1996年4月，我当选为中国工程院生物医学部院士，我将这个荣誉视作最大的使命和担当。我当时虽已年近六十岁，仍义无反顾地放弃了我原本擅长的高电压专业，把精力集中到了生物医学工程领域，开发具有自主创新技术的医疗设备。从首台国产肾结石体外粉碎机研发取得成功后，我又先后进行了射频、超声消融、相控多模式聚焦超声等大型医疗设备的研发，经历了数十年的风风雨雨，不惧艰难困苦，不急功近利，不轻易放弃，为民族医疗健康事业做出了自己力所能及的贡献。2019年我荣获“上海市科技功臣”称号，又一次获得上海市颁发的沉甸甸的奖章，心中感到十分激动和高兴。回想起六十四年前，我以市三女中学生的身份获得首届“上海市社会主义建设积极分子”的光荣场景，不禁感慨万千。回首一路走来的岁月，我心中充满着感恩，感恩时代的机遇，更感恩培养我的母校。中学和大学的学习生活经历一直深深地影响着我，女校的学习经历让我意识到，作为女性，更要自尊、自强、自信，不等、不靠、不放弃，机会的大门永远向有准备、愿努力、勤奋斗的人敞开。

今年是母校成立一百三十周年，回首她走过的漫漫长路，我不禁更为自己作为一名市三人而感到骄傲与自豪！感谢母校给予我的培养，我也希望市三学生都能秉承校训精神，弘扬优良校风，成长为“独立、能干、关爱、优雅”的德才兼备的女性人才。我们期待母校继续以“国内一流、国际知名、特色鲜明的女子高中”为办学目标，传承发展鲜明的办学特色，在未来创造更大的辉煌，为祖国培养更多的优秀人才，为人类的教育事业做出贡献。

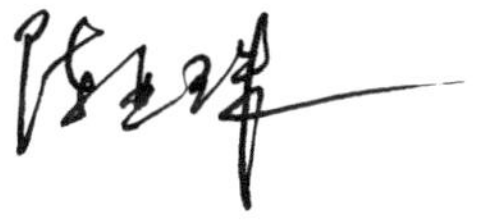

2022年8月22日

（陈亚珠，1956届校友，中国工程院院士，

上海交通大学讲席教授）

第一章

中西兼融：从圣玛利亚书院到圣玛利亚女校

中西兼融：从圣玛利亚书院到圣玛利亚女校

图1-1　圣玛利亚女校校园建筑（选自《圣玛利亚女校五十周［年］纪念特刊》）

19世纪中叶上海通商开埠，风气渐开，西学潮涌，随之涌现了大量新式学堂，包括大中小学校、师范学校、幼稚园，乃至女子学校。熊月之曾就晚清教会学校与西学传播进行研究，指出："通过兴办教育而传播福音，是西方传教士普遍采用的传教方式。基督教、天主教在这方面都作过许多努力。"[1]并对早期上海等口岸设立的一些教会学校做了考察，其中涉及一些女校的创设，如裨文女塾、文纪女塾、明德女校、徐汇女校等。女子学校的开设，还伴随着观念、风俗的重大转变，女性要解放，还要让女孩入学读书，于是，开设女学堂便赋予了更深远的意义，此与近代女权运动的伸张等也有着密切关系。

梳理早期上海女校演变的脉络，圣玛利亚女校具有重要的地位。1881年，美国圣公会合并文纪、裨文两所美国教会女校成立圣玛利亚书院。此后，这所学校又经历了从圣玛利亚书院到圣玛利亚女校的变迁。1931年，圣

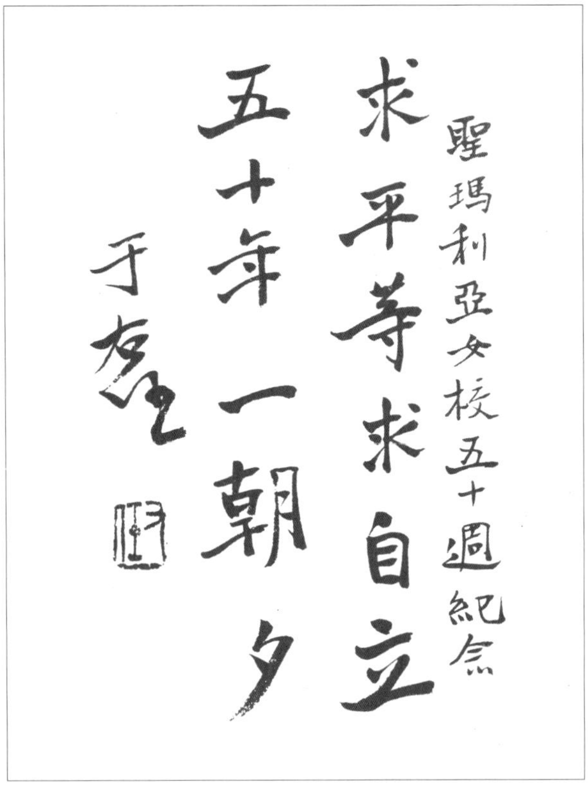

图1-2 于右任题词（选自《圣玛利亚女校五十周［年］纪念特刊》）

玛利亚女校迎来五十周年校庆。“沪上女校林立，而历史最久……于东南半壁，不偏不倚，深得先哲中庸之道者，首推本校。本校肇端于公元1851年，正式成立于1881年，迄今垂五十年矣。”[2]《圣玛利亚女校五十周（年）纪念特刊》（*ST. MARY'S HALL, Shanghai China, 1881–1931*）中收录了诸多社会名流和教育界名人的题词。[3]中国近代政治家、教育家、书法家于右任的题词为“求平等，求自立，五十年，一朝夕”，寥寥数语高度概括了该校创办五十年来的育人目标。中国第一届女大学生、金陵女大校长吴贻芳则题写“砥德砺才”，是祝福更是期望，寄语圣玛利亚的女学生们要在继承优良传统的基础上，不断砥砺奋进，在磨炼中锤炼自己的品德和才能，成为德才兼备的新女性。

圣玛利亚女校作为上海开办最早的女校之一，开风气之先，中西兼融，办学卓有成效，名声远播。

第一节　圣玛利亚（女）书院的创设

先从《点石斋画报》刊登的一幅图片说起。这幅图题为《女塾宏开》，旁有一段文字：“西人轻男重女，而女子之能事亦不亚于男。读书也，弹琴也，以及一切杂艺，无不与男子相若……”[4]可谓图文并茂。19世纪中后期上海已有一些女塾的开办，但早期沪上的女子学校，多为外国机构尤其是教会所设立。

一、教会女塾的兴起：美国圣公会创办的文纪、裨文

熊月之所著《西学东渐与晚清社会》中有一份关于1839—1860年间的《中国早期教会学校名录》，在上海开办的有15所，其中多所为女塾（女校），如裨文女塾、文纪女塾、明德女校、徐汇女校等，关于这些学校的成立时间与创办情况大致为：裨文女塾，1850年，创办机构与创办人为公理会、裨治文夫人；女塾，1850年，创办机构与创办人为浸礼会、碧架；文纪女塾，1851年，创办人为美国传教士

图1-3 《点石斋画报》上刊登的《女塾宏开》

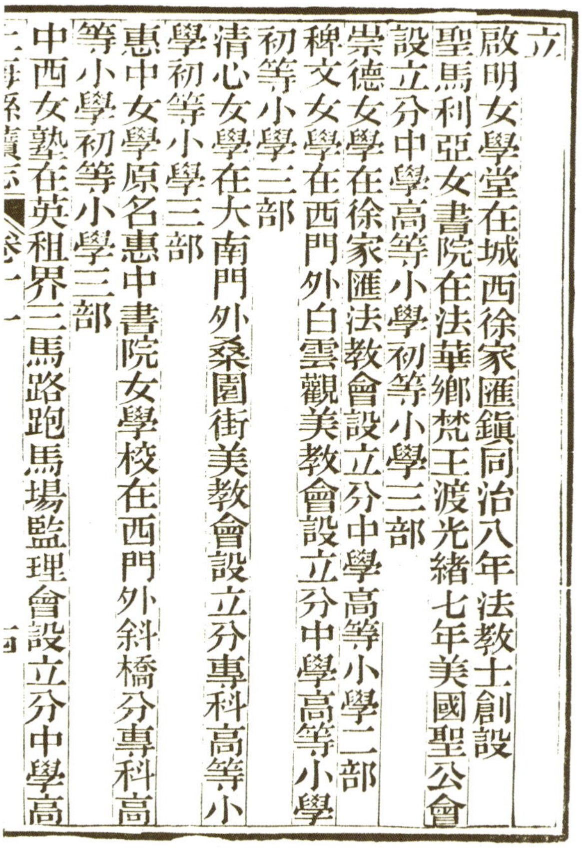

立
啟明女學堂在城西徐家匯鎮同治八年法教士創設
聖馬利亞女書院在法華鄉梵王渡光緒七年美國聖公會
設立分中學高等小學初等小學三部
崇德女學在徐家匯法教會設立分中學高等小學二部
裨文女學在西門外白雲觀美教會設立分中學高等小學
初等小學三部
清心女學在大南門外桑園街美教會設立分專科高等小
學初等小學三部
惠中女學原名惠中書院女學校在西門外斜橋分專科高
等小學初等小學三部
中西女塾在英租界三馬路跑馬場監理會設立分中學高

图1-4 民国《上海县续志》卷十一《学校下》，记载“圣马（玛）利亚女书院”等

琼司；明德女校，1853年，创办机构为法国天主教；女子日校，1855年，创办机构为长老会，后并入裨文女塾；徐汇女校，1855年，创办机构是法国天主教。[5] 熊月之通过研读大量中外文献，对一些女校的设立情况予以考证。此后至1900年，教会又在上海陆续兴办清心女学、圣玛利亚女书院、惠中女学（原名“惠中书院女学校”）、中西女塾、晏摩氏女中（原名“晏摩氏女学”）等。[6] 由于征引资料来源的不同，对部分女校的创设时间、名称等，或存在一些争议。

圣玛利亚女校在追溯自己的校史时，如此记载：

圣玛利亚女校，距上海五里，占牧区二十五英亩，系由二校合并而成。先是上海有女校二，一曰文记（Emma Jones School），一曰裨文（Bridgman Memorial School）。文记创设于一八五一年，由Miss Emma Jones开始，彼乃布道会中未出嫁之第一女子，于一八六二年因病回国，由Miss Catherine E. Jones继续进行，未几罹疾而死（一八六三），校务因以中辍。一八七六年，复由Miss Nelson重行开办，仍定原名。迨至一八八一年，与裨文（初为Rev. and Mrs.

Syle管理，后为Rev. and Mrs. Thomson管理）合并，始改今称，即现在之梵王渡圣玛利亚也。[7]

圣玛利亚女校的前身是“文记”与“禆文”。文记即文纪，成立于1851年。“琼司女士在虹口礼拜堂后，设立女校，命名曰‘文纪’，计得学生8人，均留居在校。”[8]早年办学过程颇为周折。1853年1月，甘女士（Catherine Jones）来华。1861、1862年间，琼司女士因病归国，文纪校务由甘女士接办。不久，美国南北开战，校中经费无着，甘女士乃令学生停课，专事女红，由其携售洋商，以维持校用。1863年，文纪流行天花，“病者几及全校之半，甘女士亦以此逝世，后以校务主持乏人，遂停办”[9]。禆文女塾（女校）的演变则更为复杂，涉及美国传教士禆文及其夫人。[10]禆文，也有译为“俾文”。“1861年俾文先生去世，夫人仍来申依圣公会，并设女校，以纪念俾义，故命名曰俾文。”[11]1872年禆文夫人去世，校务主持乏人，由文主教（Bishop Boone）派汤先生（Rev. E. H. Thomson）接办，彼时有学生27人。1876年，文纪女校（Emma Jones' Girls' School）复开，校务由纳尔逊女士（Miss M. C. Nelson）主之，黄素娥女士助之。“圣玛利亚女中就是美国圣公会在1881年合并了文纪、禆文（1861年开办）两所美国教会学校而成立的。……圣玛利亚女中最初校址在梵王渡路，即今政法学院内，1923年秋迁移至长宁路，今上海纺校所在地。”[12]尽管，一些记载有所差异，但演变的线索还是清晰的。

二、圣玛利亚女书院时期

1881年为清光绪七年。是年6月，圣约翰书院创办人施约瑟（Samuel Isaac Joseph Schereschewsky）将美国圣公会创办的文纪、禆文两所女校合并[13]，迁入梵王渡圣约翰书院之后，取校名圣玛利亚书院（St. Mary's Hall），亦称“圣玛利亚女书院”或“圣玛利亚女校”。

圣玛利亚书院是一所寄宿制女校，此为圣玛利亚女校的前身。校址与位于梵王渡的圣约翰书院连为一体，在圣约翰校园的北面，两校中间用篱笆相隔。初期的圣玛利亚书院共有学生40余人，两校并入和新招收的学生约各占一半，由文纪并入者11人，由禆文并入者9人。书院的早期生源主要来自服务于中国传教会的中国教牧家庭的女孩，还有一些女孩来自协助女传教士工作的助手家，也有已经被许配给圣约翰书院男学生的女孩。

美国女传教士文海莉（Ms. Henrietta Farris）为圣玛利亚书院首任总监督，圣公会首位中国传教士黄光彩的大女儿黄素娥协助管理学生事务。

圣玛利亚女校的创办与前期发展离不开文海莉、黄素娥、孙罗以（S. L. Dodson）、傅德（C. A. Fullerton）等历任杰出女校长以及她们所带领的学校管理团队的用心经营。

美国圣公会上海教区主教施约瑟对教会女子教育十分重视，亲自主导教会女子教育的总体规划。在书院建立之初，施约瑟主教就指派了女传教士文海莉担任首任总监督，她是美国圣公会在华首任主教文惠廉（Rev. William J. Boone）的儿子小文惠廉的第二任妻子。文海莉对书院的建设充满热情，她常通过书信向圣公会总部报告学校建设和发展的情况，并提出一些切合实际的需求，如希望教会积极推荐并精心挑选有能力、有热情的教师女传教士来华，必须加强对新进中国传教会女传教士的在职培训以提升其自身素质，她还申请增加书院学生的奖学金名额以吸引更多中国学生报考等。

本校前身文紀女校校舍（校址即今百老滙路）
AMERICAN CHURCH MISSION, 1851
(Cunningham house, Emma Jones School, the Bishop's house Church of Our Savior, facing what is now Broadway.)

图1-5　圣玛利亚女校前身文纪女校校舍（1851年）

在文海莉的悉心培养下，书院内形成了一支得力的妇女管理团队，大多是中国人，其中表现最为突出的是黄素娥。黄素娥出身于一个基督徒家庭，受父亲影响，黄素娥很早就成为圣公会的信徒并热心于女子教育工作。美国圣公会在上海开办第一所女子寄宿学校文纪女校，黄素娥于1876年被指派为该校教师并协助管理学校。1881年，圣玛利亚书院成立后，负责该校管理。黄素娥很能干，善于处理问题。两校合并，原本在学生间不断发生的教派和派别之争在她的调解之下逐渐消融，同学们得以和睦相处。黄素娥积极的工作态度和智慧的工作方法都深得文海莉和圣公会其他女传教士的赞赏，后开始逐步总揽校务管理的职责。1883年，黄素娥成为圣玛利亚书院首任华人校长。

舊校門
The Old St. Mary's Gate

图1-6　圣玛利亚女校旧校门（选自《圣玛利亚女校五十周［年］纪念》特刊）

1883年底，圣玛利亚书院开始筹办育婴堂（St. Mary's Orphanage），中文名为“梵王渡玉成堂”，拯救并收留因重男轻女封建观念被丢弃的女婴，也有一些贫困人家主动将女婴交给育婴堂抚养。1885年10月，玉成堂正式开办，黄素娥兼管主持工作。玉成堂收留弃婴幼童，一方面是出于慈善，另一方面也对圣公会的在华的传教事业有所裨益，被收养的女孩们从小接受基督教育，长大后进入圣玛利亚书院读书，成为稳定的生源，毕业后成为教会妇女工作的重要人员来源，与男信徒组成家庭后，也是教会信徒的基本来源。在之后很长一段时间里，圣玛利亚书院和玉成堂维持着相互依存的紧密关系，直到1893年，玉成堂与圣玛利亚书院正式合并，玉成堂成为圣玛利亚书院的预科。

图1-7 圣玛利亚女校第一任华人校长黄素娥

1888年8月，已经担任圣玛利亚书院五年校长的黄素娥与圣约翰书院的美国青年教师卜舫济（Francis Lister Hauks Pott）结婚。[14]他们的结婚照很有意思，黄发碧眼的新郎身着中国传统服饰，一身中式装扮的新娘手捧一束美丽的鲜花，两人的结合冲击了中国传统的封建婚姻观，也让圣约翰书院和圣玛利亚书院的命运更紧密地联系在一起。是年，卜舫济从一名普通教师荣升为圣约翰书院监督，后任职长达五十多年。圣玛利亚书院在这一年也获得了新发展，添建新校舍。

1890年（一说1891年），黄素娥辞去圣玛利亚书院校长一职，但仍担任玉成堂的工作，同时兼任一些教会诊所内的医疗服务工作。黄素娥除在圣玛利亚书院任职外，也经常参与慈善公益活动，筹建了圣玛利亚孤儿院，还为乡村的孩童和磨坊工人开办主日学校（Gate Sunday School）。《圣玛利亚女校小史》记曰："主持斯校者，先为黄素娥女士（Mrs. F. L. H. Pott），至一八九一年，由Miss Steva L. Dodson接办，始称校长，直管至一九二零年春季，当Miss Steva L. Dodson主斯校时，设有备级、正级、图画、音乐等科，学生达二百五十余人。外间顾来此肄业者，近更踊跃，因校舍狭隘，难于推广，爰建议造所新校舍于白利奈路，刻正进行，该处距约翰大学半里。"[15]在圣玛利亚书院的早期发展中，黄素娥起了很大的作用。她1918年离世。

黄素娥的继任者是1888年10月刚来华的孙罗以，她是圣玛利亚女校历史上任职时间最长的校长，至1920年退休，她在圣玛利亚任职三十二年，担任校长职务长达三十年。

孙校长的教育理念在当时十分先进且富有包容性，其最核心的观点是主张妇女应当拥有和男性相同的受教育权利，摆脱长期以来处于性别弱势的封建传统，争取妇女应有的权利，她曾多次重申入学的女孩必须不缠足，一经发现立即退学。然而，她在引入英文课程的同时，也十分强调尊奉中国传统儒家精神，并在校内竖立孔子碑铭，主张"中西兼融"。三十余年间，在孙罗以校长及其团队的带领下，圣玛利亚书院发生了许多变化，从一所只有40余名学生的小书院，发展成为一所初具规模的女子学校，其教育模式也逐步走向稳定，趋于成熟。

从生源看，20世纪初的中国社会开始重视女子教育，一些家境殷实的家庭愿意自行负担全部或部分学费，将家中的女孩送进新式学堂接受

图1-8 孙罗以校长

图1-9 圣玛利亚女校第一届毕业生朱静贞（1900年）

教育，为圣玛利亚书院的发展带来了极大的空间与机会，学校逐步对非基督教徒学生敞开大门。据统计，1920年，书院的学生人数达到278人，是办学之初的约7倍。据1922年刊印的《上海圣玛利亚女学校章程汇录》，学校的收费标准如下：

学膳费半年五十元，学琴费每学期十二元，用琴费每学期风琴二元，钢琴每日一时刻（四十五分）六元、二时刻八元，英文及琴学专修费半年九十六元，小费每学期一元。

江苏辖境教士及男女传道之女，均予免费，主教所荐来者，得半免费。江苏圣公会所立之各公学，可得半费学额二名，惟须由该区区牧及公学委办选定。[16]

在学制方面，1915年，孙罗以校长根据美国学校的学制，将原本八年旧学制（初中四年，高中四年）改为十二年的新学制，初小四年，高小四年，高中四年，时间更长，课程更完备，教育效果也更好。同时，书院的整体结构也发生了较大的变化，书院创办之初学生人数有限，以“班”和“校”为单位，到1893—1894年左右设置“部”或“科”。1901—1904年间，玉成堂成为预科（预备部），书院形成中文、英文和音乐三大部门，中文和英文是必修，音乐为选修。1903年，学校正式设立琴科，选修琴科的学生达到毕业要求后即可被授予毕业证书。1908年，书院增设师范科，学生从圣玛利亚书院毕业后可以进入师范科再读两年，毕业后即可从事教师职业。

一九零六年畢業生
The Graduates of 1906

图1-10　1906年毕业生

一九一六年畢業生
The Graduating Class of 1916

图1-11　1916年毕业生

再从课程体系看，书院早期的课程效仿中国古代私塾，主要包括中国古书、科学常识和基督教教义三部分。从1888年开始，书院有了较为正规的英文课程教学计划。孙罗以校长初任时期，校内课程兼用中英文教授，课程范围包括英文（字母、拼字、文法、阅读）、历史、地理、哲学、数学、法律、医药等，后来又增加了音乐课程、科学课程、体育课程、女红（家政）课程，逐步形成一套中西融合的女子教育课程。

随着办学规模的不断扩大，校园环境和硬件设施的提升也成为学校发展过程中需要解决的当务之急。1903年，学校的新楼正式落成，取名为“思丁堂”，以纪念建造新楼经费的来源，即美国圣公会女辅传道部执行长丁玛利女士设立的特别款（Mary A. C. Twing Memorial Fund）。思丁堂大大扩展了学生们活动的空间，也为学校提供了进一步发展的契机。除了建造新楼外，学校一直想方设法为学生们提供更舒适的学习和生活环境。1918年，经圣公会同意，圣玛利亚书院将育婴堂房屋收回作为科学楼和医院，还在原来的校舍中添设了一间养病房，以应对生病学生增多容易引发的传染问题。另外，为拓展学生课余活动场地，学校还将思丁堂西面的一块场地改建为学生课余休息室，装上电灯，放上藤椅和书报，被学生亲切地称为“阳光厅”（Sun Parlor）或“学生之友”，足见学生对它的喜爱之情。

1920年，已经年满六十的孙罗以校长即将离任回国。1月5日，学校为她举行了隆重的庆祝典礼，同时也是祝贺她在圣玛利亚担任校长三十周年。4月1日，孙校长乘船回国，全校师生在校门口欢送，并赠送花篮。孙罗以校长离任后，英文部主任傅德女士继任，她接任后的第一件大事就是建造新校舍。

图1-12　圣玛利亚女校旧校舍（选自《圣玛利亚女校五十周［年］纪念特刊》）

图1-13　傅德校长

第二节　校址与校舍的变迁：从圣约翰到白利南路

自1881年在梵王渡圣约翰书院北面建校起，至1952年7月与中西女中合并为上海市第三女子中学，圣玛利亚的校址曾经历过几度变迁。从与圣约翰书院一墙之隔，到拥有白利南路独立校舍，再到抗战爆发后暂借大陆商场、圣约翰大学斐蔚堂（Grace Hall）办学，最终于抗战胜利后迁回白利南路。其中，1923年迁入的独立新校舍白利南路65号（今长宁路1187号）是圣玛利亚人永远怀念的家园，那里留下了一代又一代圣玛利亚人最珍贵的回忆。

一、焕然一新（1921—1926）

1918年起，圣玛利亚书院的学生人数增长迅猛，1918学年增加新生86人，1919年增加新生109人，1920年又增加100余人，建造新校舍、招聘新教师都迫在眉睫。1920年底，圣公会在上海的传教总部获得了一笔来自纽约总部女教友的特别捐款，拨给圣玛利亚建校专款2万多美元。

由于建造新校舍需要大笔资金，圣玛利亚全校师生对建造新校舍也都非常关心，在校友会和毕业生的组织策划下，女学生们决定用举办义演的方式筹募建造新校舍的款项。据《申报》记载，筹款义演分别于1919年、1920年6月在夏令配克影戏院举办多场，共售出戏票1000多张，募得款项1400余元，全部用于新校舍的建设。为母校募集善款之余，圣玛利亚书院女学生们更有机会通过演讲、音乐、舞蹈、戏剧等丰富多彩的形式，登上大舞台上向社会各界公开展示新式学堂所培养新女性之风采，引发热烈反响。

俄焉幕启，琴声铿然作响，电光璨照中有女生十二人为四排，翩然对舞。舞罢，有另一女生独出奏琴。琴声方止，舞幕大开，则“樵夫行医”之西剧也。剧中人物以英语相应对，精神活泼，言词俊爽，令人如入欧美大剧场……歌舞循环继起，令人目不暇给。[17]

一、主席韩美英女士（该书院学生）报告开会宗旨，先后用中英语，极明白晓畅之能事；二、圣约翰大学西乐队奏乐，豪放静细，兼而有之；三、该书院女生演《怪石洞》西剧，该剧本诸说部天方夜谈，原名爱利巴伯Ali Baba，全剧概况已详廿六日本报，昨日所演较前次益臻优美矣，演毕休息少顷；四、圣约翰大学中乐队奏乐，以最后一曲为最佳，清远开放，倏然有隐逸之意，其新制之归去来词曲欤；五、李松泉君演幻术，奇妙不可思议；六、刁德仁夫人以中西腔互歌中西之曲，真音乐中之别开生面者；七、杨、刁两君合奏檀香山音乐，其韵趣似与其地同，有介乎中西间之特征也；八、精武女子体育会学生演国技，或拳术，或武器，均骁勇百倍，有一甫十岁外之女生试拳，尤足嘉也；九、该书院女生舞蹈，蹁跹裙袖，颇有可观。六时许始散会。[18]

在1921年的校刊《凤藻》上也有为母校建新校舍集资的记载，学生们绘制了《请捐献一块砖》的宣传画张贴在学校的阳光厅，画面中的红色房子便是学生们心中所期盼的新体育室的模样，学生们希望能通过海报宣传吸引更多校友和在校的善心人士慷慨解囊。

功夫不负有心人，1921年4月17日，新校舍开工礼在白利南路正式举行。5月10日，思孙堂奠基礼正式举行，这座教学楼是新校舍最主要的建筑之一，它的命名是为了纪念在圣玛利亚任职三十二年的孙罗以校长。据当时的学生、市三女中终身名誉校长薛正回忆：“这天，天气晴朗，一声号角，全校学生列队……赴新校址举行奠基仪式。一路上引得市民围观……牧师先行祷告，然后由校长及同门会会长，各年级代表举起锄头破土植树。全体师生齐声唱歌，歌声嘹亮，响彻天空。”[19]

历时一年半，新校舍于1923年5月竣工，72亩的校园内共建造了11幢建筑，分别是教学楼思孙堂，学生宿舍楼思丁堂、思卜堂（分别纪念丁玛利女士和［卜］黄素娥校长），还包括不同功能的专用建筑，如膳堂、体育室、音乐院、理科室（又名科学室、格致楼）、养病所等，以及教员住宅、仆役宿舍、门房等。为了庆祝新校舍落成，孙罗以校长还特地返回上海参加了1923年6月在老校舍举行的最后一届毕业典礼并发表讲话。

1923年7月2日，圣玛利亚书院正式搬入白利南路65号新校舍，改名为“圣玛利亚女校”。原校址的思丁堂由圣约翰购入，并重新建造新校舍，是为西门堂。12月，学校召开庆祝会，中外来宾千余人出

一九二一年畢業生
The Graduating Class of 1921

图1-14 圣玛利亚女校1921年毕业生合影

一九二三年舊校末次行畢業禮攝影
The Last Commencement in the Old School, 1923

图1-15 1923年旧校末次行毕业礼摄影

席，共同庆祝新校舍落成，盛况空前。

1924年，圣玛利亚女校为师范生设立了实习小学，后在思卜堂后侧新建一间六角形建筑，作为附近孩子学习之用。1925—1926年，新礼拜堂落成。至此，校园内共有12栋建筑，8栋由连廊相连接，中间有大草坪，南侧有大量空地。

新校舍的建设离不开各界善心人士的帮助，学生裘安华、沈郇英在1931年撰写《记本校各部之建设》一文，在详细记录新校舍的各个角落，并充分表达对美丽、宽敞、舒适的校园喜爱之情的同时，也将筹建新校舍的故事代代传承，提醒圣玛利亚的同学和后辈饮水思源，心怀感恩。

我们现在的校舍，布置得如此精致，如此适宜……其中最雄壮的，就是那独立的礼拜堂，和他相连的钟楼。设使一个人在月光底下看见这许多房子，恐怕他还疑是欧洲古时的皇宫呢……教室有二十余间，每间教室均有适宜的光线，和充足的空气。靠近教室的是图书馆，备有中外书籍，可供参考，还有小说可作课余的消遣……科学馆也靠近教室，里面有试验室和药品室……还有关于生理学和生物学的许多标本和模型，也陈列在里面。

礼拜堂的附近……是音乐室……本校有一座很完美的体育馆，其中有篮球场、司令球场种种的设备。它的后面，又有室外游戏的操场，平坦广阔，适宜运动……靠近体育馆的是Pott Hall，就是本校最内的宿舍，上下共有三十余间，每间容学生四人……膳室适对着礼拜堂，共有四大间。

以上所讲的房屋，均有走廊将他们联络起来，成一个绵绵不绝的圆圈……这些房屋，虽不相连，但是星罗棋布，颇壮观瞻。养病所的布置，尤为清净幽雅，并且聘有看护，照顾病人，设备不能不算周到了……把我校的内容，公诸当世，却也还含有追怀前人的意思咧！现在列表于后，同示不忘！

一、礼拜堂——大部由拉邱约翰先生（Mr. John D. Letcher）捐造，用以纪念他的夫人。其余零星用物，均是教友送的。

二、病房——是柴白立司开夫人（Mrs. Zabriskie）捐造的。

三、科学室——是勃郎英夫人（Mrs. Browning）捐造，用以纪念她的丈夫。

四、膳室——是桑纳夫人（Mrs. Thorne）捐造，用以纪念她的母亲。

五、门房——是纳护夫人（Mrs. Knapp）捐造。

六、宿舍（Twing Hall）——是纽约妇女布道会捐造，用以纪念脱令夫人（Mrs. Twing）的。

七、体育馆——是本校同门会捐造。[20]

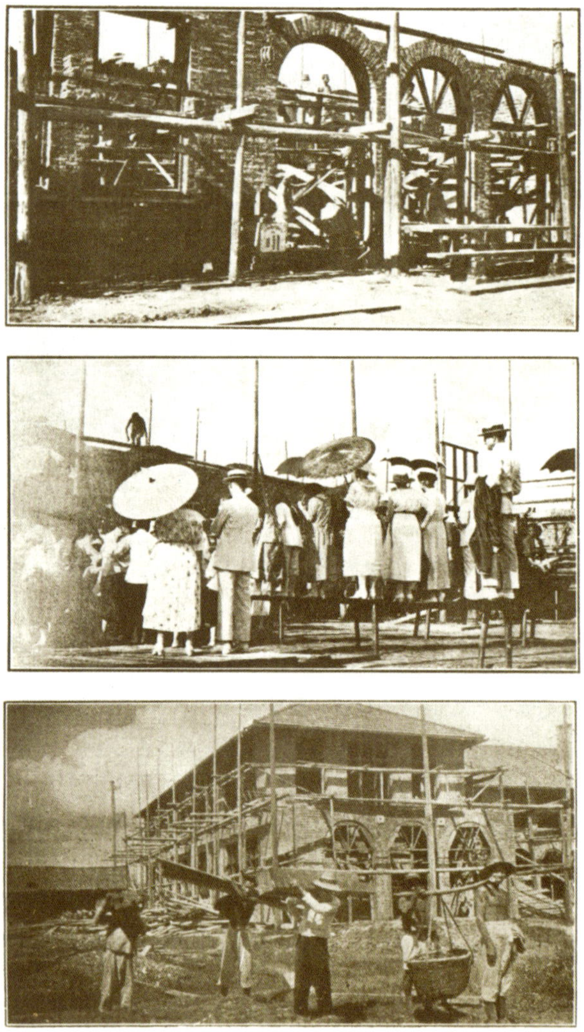

禮基奠

Laying the Cornerstone of the New St. Mary's

图1-16　圣玛利亚女校（新校址）奠基礼老照片
（选自《圣玛利亚女校五十周［年］纪念特刊》）

1924年5月21日，新校舍落成后的第一届毕业典礼如期举行，1926年复活节，新礼拜堂正式启用，当年的学生人数达到358名，是圣玛利亚

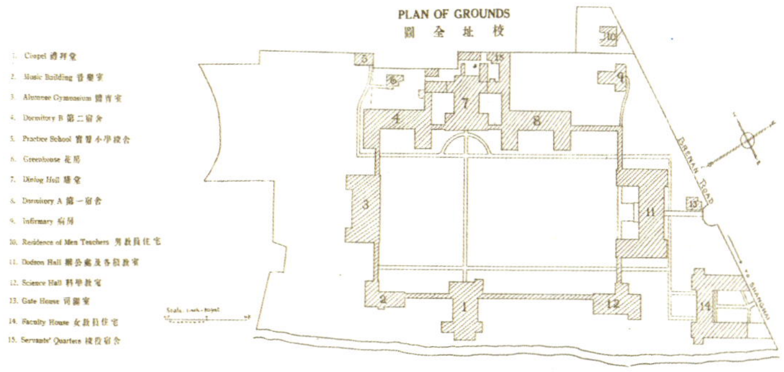

图1-17　圣玛利亚女校校舍平面图（选自《圣玛利亚女校五十周［年］纪念特刊》）

图1-18　圣玛利亚女校新礼拜堂（选自《圣玛利亚女校五十周［年］纪念特刊》）

图1-19　圣玛利亚女校校园建筑（选自《圣玛利亚女校五十周［年］纪念特刊》）

办学历史上学生数最多的一年。

校友夏孟英曾这样描写校园的四季美景：

> 在圣校，四节都有特殊的风光，可是那红的屋顶，黄的墙，却始终保持着它们的样子……在春天，什么都有了生气……百花齐放，柳絮飘扬……在夏天，树梢头弥漫着一片蝉声，树荫下坐着年轻学子，大家都捧着书，恨不得要把书装入脑子似的……到了秋季……树叶儿由绿变黄……不期而然地觉到时光的迅速，而赶快努力上进了……在冬季……是最欢乐的时候，厚的雪又压上了枯草……在绿与白的相映中，显得更美了……这美丽而又恬静的圣校，谁又能黯然无语地和她别了呢？[21]

从圣约翰到白利南路，不仅仅是校舍焕然一新，从圣玛利亚书院到圣玛利亚女校，是圣玛利亚办学历程中的重大转折点，标志着学校迈入了崭新的发展阶段。

二、如日方中（1927—1937）

1927年1月，由于北伐战争，出于学生安全考虑，学校决定停学一年半，学生人数有所减少。1928年9月，学校重新恢复教学秩序。

1931年，圣玛利亚女校迎来了建校五十周年大庆，纪念庆典当天的盛况登上各大报刊，《玲珑》杂志和《中国摄影学会画报》都刊登了纪念会现场的照片[22]，画面记录了人头攒动、宾客盈门的校园大草坪。当天，五十周年庆典和毕业典礼同时举行，圣玛利亚的女学生们精心策划了演出，她们穿上五十年前中国女子的服装，以表演的形式呈现五十年前的生活，今昔对比的方式别出心裁地展现了五十年来中国女性从外在到内在所发生的巨大变化，更是在歌颂了母校五十年来在女子教育方面所做出的重大贡献。圣约翰校长卜舫济前来祝贺，并代表圣约翰1931届校友赠送日晷。

学校特别刊印的《圣玛利亚女校五十周（年）纪念特刊》邀请了许多名人为学校题词，并从校史、教职员、学生组织、学生人数、学生生活等各个角度全方位展示了圣玛利亚女校五十年来所发生的变化和取得的丰硕教育成果。

> 《圣玛利亚女校五十周（年）纪念特刊》目录（节选）
>
> 圣玛利亚女校五十周纪念序言
>
> 名人题词（以姓字笔画多少为序）
>
> 校训
>
> 校歌

图1-20《中国摄影学会画报》对圣玛利亚女校五十周年庆典的报道

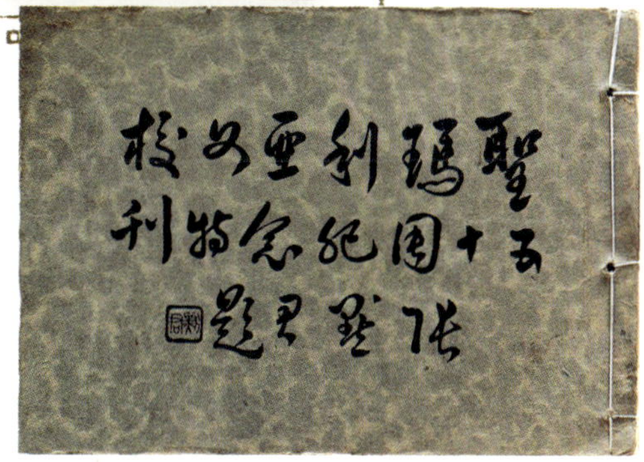

图1-21《圣玛利亚女校五十周（年）纪念特刊》封面

校史
图表（八）
教职员祝辞
同门会祝辞
学生祝辞
母校五十周纪念随笔
十年前拾零
五十周纪念感言（三篇）
庆祝声中的希望
本校学生各种集会的概况
本校图书馆概况
圣玛利亚病院概况
本校附设实习小学的概况
本校学生生活（三篇）[23]

在校友和社会各界人士眼中，圣玛利亚女校五十年来形成的办学特色和成功经验可以概括为以下几个关键词。

第一，追求平等。圣玛利亚女校的发展史正是一部中国女性不断追求独立自由人格和平等社会地位的历史，中国社会的进步不仅仅体现在政治制度的革新，更重要的是社会思想的进步，教

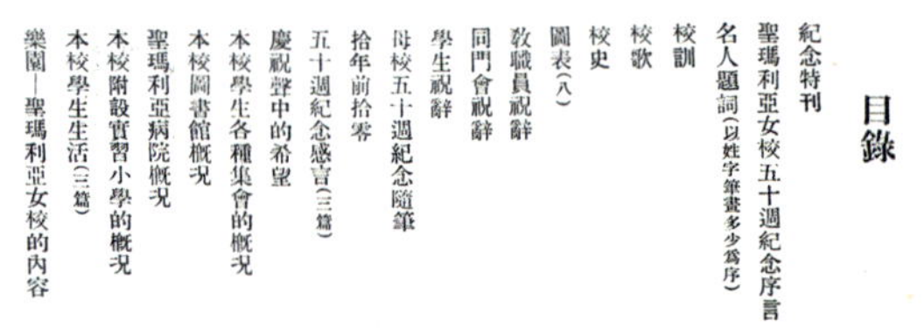

目錄

紀念特刊
聖瑪利亞女校五十週紀念序言
名人題詞(以姓字筆畫多少爲序)
校訓
校歌
校史
圖表(八)
教職員祝辭
同門會祝辭
學生祝辭
母校五十週紀念隨筆
拾年前拾零
五十週紀念感言(三篇)
慶祝聲中的希望
本校學生各種集會的概况
本校圖書館概况
聖瑪利亞病院概况
本校附設實習小學的概况
本校學生生活(三篇)
樂園——聖瑪利亞女校的內容

图1-22 《圣玛利亚女校五十周（年）纪念特刊》目录

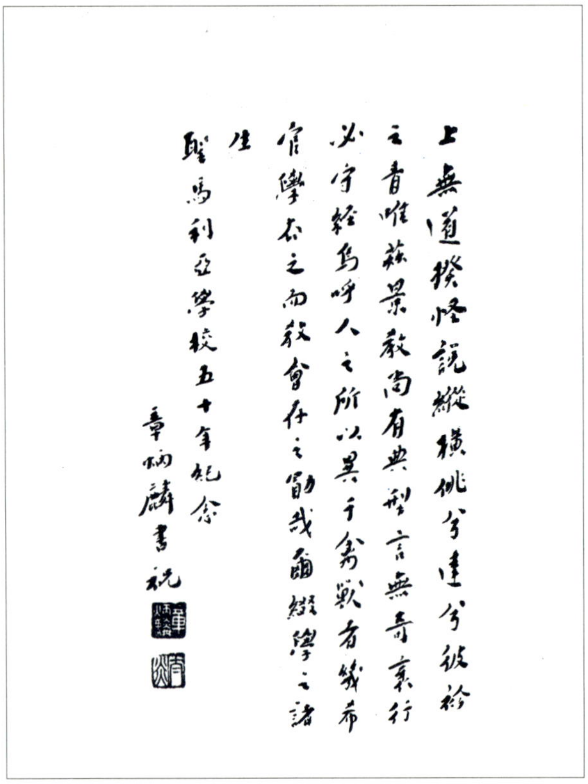

图1-23 章太炎题词（选自《圣玛利亚女校五十周［年］纪念特刊》）

育方法也随之不断得到改善，才能源源不绝地产生德学兼优的人才，来应对国家社会急迫之需要，努力扩充自身实力，迎头赶上世界潮流。在圣玛利亚女校五十周（年）纪念序言中，中国近代著名基督教领袖、中国最早的“红十字会”组织的创立者余日章对学校在女子教育方面的开拓性的探索和所获得的优异成果给予了极高的评价：“社会国家之进步，所恃者人才，人才之养成，尤须男女并重。盖女子之智力才艺，往往与男子并驾齐驱，凡男子所能为之事，除少数性质特殊者外，女子莫不能为，同时，女子亦有其特殊之贡献……圣玛利亚女校创办人独能见人所未见，毅然力排众议，作筚路蓝缕以启草莽之工，循是而为吾国确立良好之女子教育，为女子争人权且争人格，惨淡经营，持之以恒，至有今日恢宏之规模与优异之成绩，其远到之目光与坚定之识力，岂常人所能企及。”[24]

第二，全面发展。教育的最终目的是实现人的全面发展，圣玛利亚女校用优秀的师资配备、完备的课程体系、舒适的学习环境为女学生们搭建成长平台，最终服务于学校“三育（德智体）并举”的办学宗旨。更难能可贵的是，在“以增进三育，发达学生身心之本能为宗旨”的同时，圣玛利亚女校还进一步提出了“养成学生有守次序、敦品行、耐勤俭之习惯，对于信心朴素真诚”[25]的教育目标。虽然是教会学校，圣玛利亚女校一向尊重宗教信仰自由，但基督教教义中如“施较受更为有福”“以人之所欲者兴之”等一些具有普世价值的观念也会被纳入学校教育的内容，对学生产生潜移默化的影响。纵观学校的培养目标，不仅有对个人素养发展的要求，更强调女性在为人处世、社会交往方面的基本原则，即

图1-24　圣玛利亚书院章

图1-25　圣玛利亚女校校歌

培养学生良好的行为规范和养成高尚的品格，教导学生不仅要做优秀的人，更要做对社会、国家有贡献的栋梁之材，完全符合学校“公诚勤敏”的校训，令所有学生受益终身。恰如圣玛利亚女校校歌所唱：“教我读书，导我游戏……赐我矩范，示我规模……锻我心智，练我体魄……忠诚仁爱，服务人群……念兹在兹，永不忘汝，玛利亚女校。”

圣玛利亚女校校歌

一　举起歌声，欢呼腾跃，且从容就道。携手牢握，并肩站立，同心相友好。

二　日月似箭，岁序如流，光阴惊飞过。切磋砥砺，谑浪为欢，斯乐何陶陶。

三　学满任事，宣力社会，何足以云劳。结成硕果，用报师恩，未敢自藐小。

一　情谊常在，团结一致，义薄云天高。教我读书，导我游戏，玛利亚女校。

二　赐我矩范，示我规模，学人生规条。锻我心智，练我体魄，玛利亚女校。

三　忠诚仁爱，服务人群，旦旦守廉操。念兹在兹，永不忘汝，玛利亚女校。[26]

第三，中西交融。创办初期，圣玛利亚女校的课程设置在保留中国古代私塾四书五经课程的基础上，增设了一些源自西学的科学课程，如数学、天文、地理等，还开设了专门的英文听说读写课程，随着学制和课程体系的不断完善，中外历史、法律、医药、音乐、体育、家政等科目后来也逐渐被纳入其中。圣玛利亚女校的主要课程，如数学、物理、化学、生物等自然科学课程和历史、地理等人文课程都用全英语教授，对学生的英语能力提出了较高的要求。

圣玛利亚女校拥有一流的英语教学师资和课程，学生上课使用的部分课本是美国的全英语原版教材。据统计，1931年，学校的36名教员中，有17名外籍教员，约占50%，大多来自美国，毕业于伦敦大

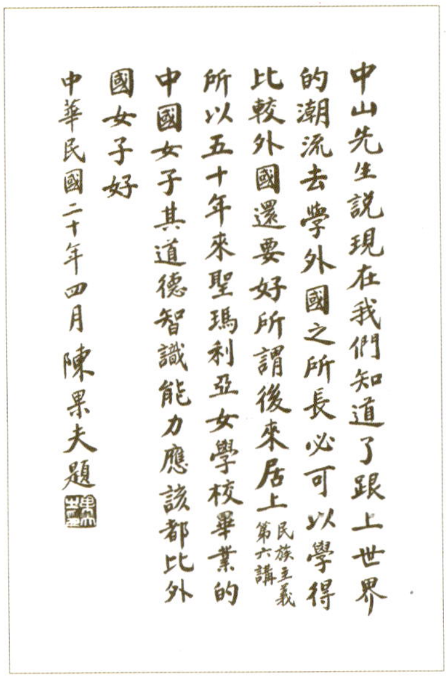

中山先生說現在我們知道了跟上世界的潮流去學外國之所長必可以學得比較外國還要好所謂後來居上（民族主義第六講）所以五十年來聖瑪利亞女學校畢業的中國女子其道德智識能力應該都比外國女子好

中華民國二十年四月　陳果夫題

图1-26　陈果夫题词（选自《圣玛利亚女校五十周［年］纪念特刊》）

The Class of 1931
級年二中高

图1-27　圣玛利亚女中高校二年级（1931年，上海市第三女子中学档案室提供）

学、加利福尼亚大学、哥伦比亚大学等名校。因此，尽快适应学校高强度、高难度的英语学习是每个学生在进校后都要克服的难关。课堂教学之余，英语演说、辩论、戏剧等也是迅速提升学生英语水平的重要途径。

圣玛利亚学生的英语水平很高，但中文也毫不逊色。在历年的《凤藻》年刊中，都收录了大量毕业生和在校学生的中文文学作品，古诗词、散文、小说、评论、翻译等都展现了女学生们极强的古文功底和写作能力。在课程之外，学校的各色活动也体现出中西文化的交融，如学校规定的节庆日中既有中国传统的孔子诞生纪念日、中秋节，也有西方的宗教节日，如圣诞节、复活节、万圣节等，学校的音乐社团中既有以钢琴、小提琴为主的琴会，也有以二胡、笛子等中国乐器为主的国乐会：

> 中山先生说，现在我们知道了跟上世界的潮流去学外国之所长，必可以学得比较外国还要好，所谓后来居上（《民族主义》第六讲）。所以五十年来，圣玛利亚女学校毕业的中国女子，其道德、智识、能力应该都比外国女子好。[27]

在追求平等的办学背景、全面发展的育人宗旨和中西交融的培养模式之下，圣玛利亚女校的发展欣欣向荣、蒸蒸日上，正如圣约翰大学校友、时任外交部部长英文秘书的俞鸿钧先生为圣玛利亚女校五十周年的题词——“如日方中”。在世人眼中，圣玛利亚女校已经从创办之初收容孤儿、贫苦家庭女孩的慈善机构演变为一所贵族女校，人们将送自己家的女孩进入圣玛利亚看作一种身份的彰显，许多社会名流和显赫之家的男性也都十分乐意娶圣玛利亚女校毕业的女性为妻。

1931年，“九一八”事变发生后，圣玛利亚女校学生会积极响应，举行募捐支援东北义勇军。1932年，“一・二八”事变发生，学校延迟到3月停战后才开学。1935年11月，学校举办庆祝傅德校长来华二十五周年活动。1936年，傅德校长因身体原因向郭斐蔚主教提出辞职。1937年，金希姒女士（F. D. Mackinnon）继任校长，“八一三”淞沪抗战爆发后，学校与圣约翰大学一起租赁南京路大陆商场四楼为临时校舍继续办学，实习小学停办。

五十多年来，圣玛利亚女校社会地位的变化折射出的恰恰是中国社会观念的变化，尤其是对教会女校“中西融合”的教育方式给予的充分认可，通过女子教育，西方思想文化在逐渐渗透到中国社会的同时，与中国传统文化进行巧妙融合，弥补中国传统文化之不足，这一特征最典型地体现在圣玛利亚女校学制与课程的演变过程中。

第三节　学制与课程

要研究圣玛利亚女校学制与课程的演变，最关键的一手史料便是学校章程。据查阅，目前留存较为完整的学校章程有上海市档案馆藏《上海圣玛利亚女学校章程汇录》（1922），国家图书馆藏的《圣玛利亚女学校章程汇录》（年代不详）。此外，上海市档案馆所藏《上海市教育局关于私立圣玛利亚女中呈请立案文件》（1947）对学校的学制与课程也有叙述。通过这些珍贵的原始资料，我们对圣玛利亚女校的学制演变和课程设置有了清晰而完整的认识。

一、学制演变

圣玛利亚女校的学制经历了两次重大的变化，从20世纪初的八年制（初、高中各四年），到1915年改为十二年制（小学八年，中学四年），再到1924年改为初、高中“三三制”，并分设两年英文预科和两年中文特级。

1900年，朱静贞成为圣玛利亚书院的第一个中学毕业生，1901年共有五名学生从书院毕业。此时，圣玛利亚书院的学制基本固定为八年，初中四年，高中四年，学生毕业以英文程度为准，在完成高中阶段的四年中文学习后，如英文尚未到达毕业程度，学生可以选择再读两年中文补习班，完成后另发中文特级文凭。此外，圣玛利亚书院还设有预科，由书院所办的育婴堂玉成堂演变而来。

进入20世纪后，近代中国的教育迎来了一系列变革。1904年，清政府颁布以“中学为体，西学为用”为指导思想的“癸卯学制”；1905年，清政府宣布废除延续了一千三百多年的科举制度，大力兴办新式学堂，并设立专管全国教育体制的学部；1906年，女学归入学部管辖；1907年，慈禧太后面谕学

最近實習小學學生全體及校舍

St. Mary's Practice School 1931

图1-28 圣玛利亚女校实习小学学生全体及校舍（1931年，选自《圣玛利亚女校五十周［年］纪念特刊》）

部，兴办女学，《女子小学堂章程》和《女子师范学堂章程》的颁布标志着中国女性开始有了接受正规教育的机会。

20世纪初的圣玛利亚书院已基本形成中文、英文和音乐三大部，中文和英文都是必修课，音乐则为选修，学校还相当重视体育和家政教育。1903年，学校设立琴科，梅锡祐女士（Miss M. S. Mitchell）任琴科主任，选修琴科的学生在达到毕业标准后，被授予琴科毕业文凭，并有资格成为钢琴教师；1906年，康女士（Miss Crummer）来校，任英文部主任，全面改进学校的英语教学，圣玛利亚的英语教学从此开始声名远播；1908年，书院又增设了师范科，学制为两年，学生从圣玛利亚书院毕业后，进入师范科继续学习两年，毕业后即可从事教师职业；两年后，四名学生成为圣玛利亚书院第一届师范毕业生；为了给师范学生提供实习场所，学校于1924年开办实习小学。

1915年，新文化运动提倡民主和科学，现代女子教育迎来了新的发展机遇。当年夏天，孙罗以校长根据美国的学制，将八年旧学制改为十二年新学制，初小四年，高小四年，高中四年，学制的延长更有利于形成循序渐进的阶段式课程体系和规范完整的女性人才培养机制。

1922年11月，北洋政府颁布《学校系统改革案》，将学制变革为"壬戌学制"，又称"新学制"，是中国现代教育史上影响最深的变革之一。该学制分为初等教育、中等教育、高等教育三段：初等教育六年，其中初级小学四年（可单设），高级小学两年；中等教育六年，分初、高两级，各为三年；高等教育三至六年。从整体来看，“壬戌学制”的普通教育阶段（初等、中等教育）共十二年，与圣玛利亚书院正在使用的十二年学制十分相似，两者都是模仿美国学制的产物。

1924年，依据“壬戌学制”，圣玛利亚女校再次调整了学制，即初中三年，高中三年，另在中学之下设英文预备年级（预科）两年，即小学五、六年级，高三之上设中文特级两年。[28]同年，圣玛利亚女校设立实习小学，招收女学生10名。圣玛利亚女校对学生英语能力的要求较高，设立预科的目的在于帮助学生更快适应中学阶段的英语学习，高三学生在完成所有课程并通过英语毕业考试后才能拿到毕业文凭，学生还可以选择读两年中文特级，完成两年学习后授予中文特级文凭。1930年以后，学校取消中文特级。此后，这一学制一直延续至1952年。

尽管学制有所变化，但圣玛利亚女校在招生、考试、分数、升班、奖赏等教学管理的各个方面始终都有十分严格而细致的规定。

入校须知

投考学生之中文须在后期小学毕业，而能入初中一年级者为合格，其课程悉依教育部所订定试验科目，为国文、作文、历史、地理、算术。

算术须习过整数之加减乘除、小数、分数、重量、度量等，此等算术虽考，高级之学生亦须考过。

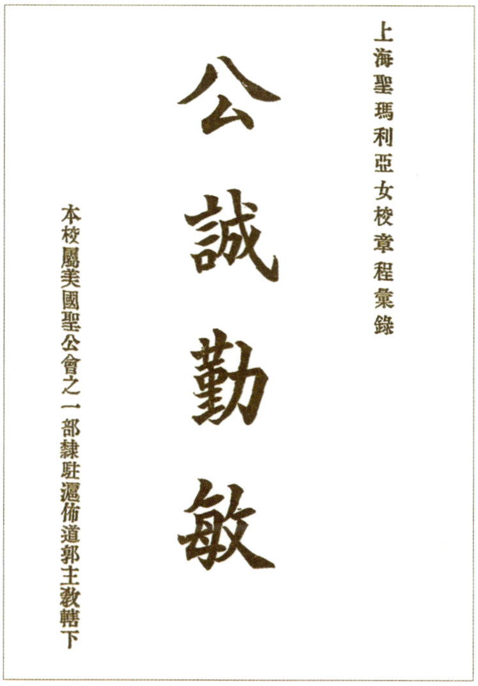
上海聖瑪利亞女校章程彙錄
公誠勤敏
本校屬美國聖公會之一部隸駐滬佈道郭主教轄下

图1-29《上海圣玛利亚女学校章程汇录》封面

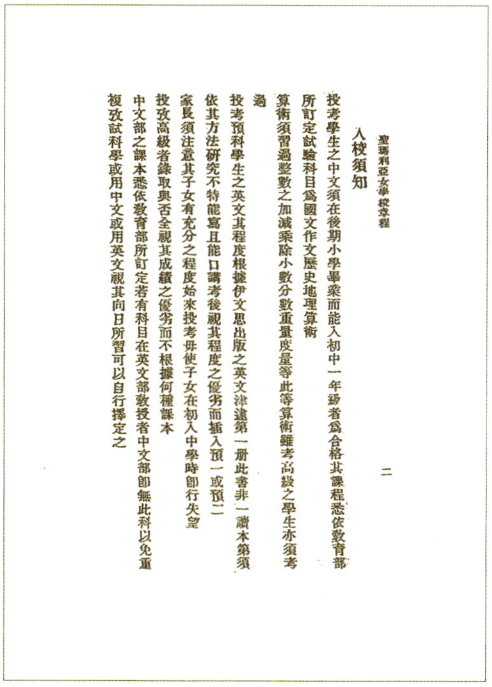
聖瑪利亞女學校章程
入校須知
投考學生之中文須在後期小學畢業而能入初中一年級者爲合格其課程悉依教育部所訂定試驗科目爲國文作文歷史地理算術
算術須習過整數之加減乘除小數分數重量度量等此等算術雖考高級之學生亦須考過
投考預科學生之英文其程度根據伊文思出版之英文津逮第一册此書非一讀本第須依其方法研究不特能寫且能口講考後視其程度之優劣而插入預一或預二
家長須注意其子女有充分之程度始來投考毋使子女在初入中學時卽行失望
投考高級者錄取與否全視其成績之優劣而不根據何種課本
中文部之課本悉依教育部所訂定者有科目在英文部教授者中文部卽無此科以免重複考試科學或用中文或用英文視其向日所習可以自行擇定之
二

图1-30《上海圣玛利亚女学校章程汇录》入校须知

投考预科学生之英文，其程度根据伊文思出版之英文津逮第一册。此书非一读本，第须依其方法研究，不特能写且能口讲。考后视其程度之优劣，而插入预一或预二。

家长须注意其子女有充分之程度，始来投考，毋使子女在初入中学时，即行失望。

投考高级者，录取与否，全视其成绩之优劣，而不根据何种课本。

中文部之课本，悉依教育部所订定。若有科目在英文部教授者，中文部即无此科，以免重复。考试科学或用中文或用英文，视其向日所习，可以自行择定之。

关于英文者，不论高中或初中，均用同样之问题，视其成绩之优劣，以分级次之高下。各级教授均用英语，所以学生不但能读而已，更须能听能讲能写。

关于算术者，不论投考何级，均须先考算术（参照上文）。算术及格，再考代数几何等，亦不拘定中英文。

关于科学者，不论考初中三或高中，均有科学考试时间，在注册日之下午二时。如有笔记簿、实习簿等，均可携带来校（科学考试在班次分定后）。英文历史亦在注册日下午试验。

在注册时，学生欲习钢琴者，须于此时说明。新生报名须付报名费洋十元，考试费在内……

学生考试时不到，并未述明原由函知校中，则学额另补他人，报名费作废。

新生如已付报名费，而不来校肄业者，不得以此额让与他生。

在本校或沪上他校肄业之学生，概不得作新生之保证人，保证人须与本校相识者为有效，凡已成婚之妇女概不录取。[29]

分数之等级

九十五至百分为超等，九十至九十四为甲等，八十至八十九为乙等，七十至七十九为丙等，六十至六十九为丁等，四十至五十九为戊等，零分至三十九为己等。

平均分数为丁等，各科无丁等以下者升班。如一科或两科不及丁等者，须补考，补考时间于下学期开学时行之，考试后，分数仍不及丁等，留级。

凡告假未经原谅，作零分计算。如学生一科目有二十次告假，则无平日积分。考试或小考，不在规定时间举行者，分数不能超过丁等。平日积分为四分之二，小考为四分之一，大考为四分之一。

入学试验及补考

考试时间于本校每期开学日行之，自上午九时起，如学生考试同补考，不在规定时间者，每科须付一元。

每学期终结，每学生每科只能考试一次。每期小考亦不能为不及格之学生通融重行试验。

考试后算学、地理两科照其原有之程度插班。

升班

学生进步敏捷，经教员奖许者，可随时升班。在阳历十月与三月末次礼拜五时，各学生分数有不及丙等者，教员则报告姓名，存交校长，学生可于办公室处探知。[30]

二、课程设置

据圣玛利亚女校的入校须知所示，学校在招生方面的要求很高，有资格入校的学生基本都已经有一定的知识基础。入校后，学校通过一系列丰富而专业的课程对学生进行严格而全面的培养，令学生们受益终身。

1. 中文课程

由于学生人数和师资力量都十分有限，书院创办之初的课程主要在效仿中国古代私塾的基础上进行改良，比早期女子学校有很大的进步。1883年，文海莉总监督在给纽约总部的教学报告中详细记录了圣玛利亚书院的早期课程设置，主要包括中国古代经典、自然科学常识和基督教课程三部分，大部分课程用中文教授，教室四周悬挂着世界地图和中国地图，以增进学生对周围环境的了解：

中国古代经典:《左传》《礼记》《诗经》《论语》《孟子》等

自然科学常识:《科学入门》《算数》《地理》等

基督教教义：圣经历史、《创世记》、《路迦福音》、《圣教幼学》等

其他：一般历史、英文说读写等[31]

1886年，女传教士蒲吉西建议圣玛利亚书院还应当加强女德教育，增加《女孝经》这类教材；19世纪90年代，书院增加了“基础天文学”“新地理”等科学课程，体育课、女红课（缝纫、刺绣、纺纱、编织等）也逐步被纳入学生的必修课程，并配有严格的考试制度。[32]

在历任校长的努力下，圣玛利亚的课程体系不断丰富完善。1890年，孙罗以女士接任校长后，校内有四名固定的老师，两名教授中文课程，两名教授英文课程，校内所有课程一半用中文、一半用英文讲授，她还规划了两位留学美国密歇根大学的中国女医师加入教师行列。书院内的中国女教师不仅担任班级导师，也教授课程；美国女传教士除了授课外，还能为学生和附近的妇女儿童看病。这些女性都为圣玛利亚书院的学生们树立了榜样。[33]

在不同时期的《上海圣玛利亚女学校章程汇录》中，对圣玛利亚书院的各级中文课程都有十分详细的记录，见表1-1、表1-2：

表1-1 圣玛利亚书院各级课程(中文部)

中级	
第一年	圣经、实用算数教科书、高小新国文(一二)、普通尺牍、经学(孟子)、国语、高小女子新修身(一二)、作文(记事文、信札)、高小新历史(一二)、习中字帖、地理志略、手工(缝纫)
第二年	圣经、实用算数教科书、高小新国文(二三)、普通尺牍、经学(孟子)、国语、高小女子新修身(二三)、作文(记事文、信札)、高小新历史(二三)、习中字帖、地理志略、手工(缝纫)
第三年	圣经、实用算数教科书、高小新国文(四五)、普通尺牍、经学(孟子)、国语、高小女子新修身(四五)、作文(短篇论说、信札)、高小新历史(四五)、习中字帖、地理志略、手工(缝纫)
第四年	圣经、实用算数教科书、高小新国文(五六)、普通尺牍、经学(孟子)、国语、高小女子新修身(五六)、作文(短篇论说、信札)、高小新历史(五六)、习中字帖、地理志略、手工(缝纫)
高级	
第一年	圣经、作各种文体、国文评注读本(一)、习大字帖、经学(左传)、国语、新制本国史教本、家政、高等尺牍
第二年	圣经、作各种文体、国文评注读本(二)、习大字帖、经学(左传)、国语、新制本国史教本、家政、高等尺牍
第三年	圣经、作各种文体、国文评注读本(三)、习大字帖、经学(论语)、国语、新制本国史教本、家政、高等尺牍
第四年	圣经、作各种文体、国文评注读本(四)、习大字帖、经学(大学、中庸)、国语、新制本国史教本、家政、高等尺牍
补习班(选修)	
两年	圣经、古文辞类纂、说文提要、经学(六经摘读)、子书(选讲)、史记(选讲)、作各种文体

原注：上列均系国学科目，本校定为人人必修之科，不得听学生自便任意不读，如学生得有国学文凭者，亦须入补习班。

*资料来源:《上海圣玛利亚女学校章程汇录》，1922年刊印，上海市档案馆藏，卷宗号：Q235-3-135。

表1-2 各级中文科目及每周授课课时数

年级 科目	初中 一年级	初中 二年级	初中 三年级	高中 一年级	高中 二年级	高中 三年级
国文	五	五	五	五	五	五
历史	二	二	二	二	二	二
地理	二	二	二	二	二	二
党义	二	二	二	二	二	二
作文	二	二	二	二	二	二
习字	一	一	一	一	一	一
文学史						二
文学概论(选读)						二

*资料来源:《圣玛利亚女学校章程汇录》，年代不详，国家图书馆藏。

根据课程表，圣玛利亚书院的中文部课程基本可分为三个层次，中级或初中阶段的教学内容主要包括：圣经、数学、国文（习字、书信、作文）、经学、修身、历史、地理、手工等；高级或高中阶段的教学内容主要为圣经、国文（习字、书信、写作）、评注、经学、国史、家政等，课程类型基本与上一阶段一致，难度逐步递增；前两个阶段为必修部分，选修部分为两年特科，课程内容难度更大，专业性更强，特科毕业后学校授予文凭。

作为一所教会学校，尽管圣玛利亚女校更偏重英语教学，但从中文部的整体课程安排来看，其系统性和完整性毫不逊色，所培养的毕业生不仅能说一口流利的英语，也拥有扎实的古文功底和写作能力。这一点，从历年《凤藻》年刊收录的高水平文学作品中可见一斑，圣玛利亚最著名的校友之一张爱玲，初一时便在1932年的《凤藻》中发表了她的处女作《不幸的她》，后来她的作品又多次登上《凤藻》年刊。张爱玲和其他毕业生在文学领域所获得的成就一定程度上反映出圣玛利亚扎实的中文教学水平。

2. 英语课程

圣玛利亚书院早期的课程主要用中文教授，从1888年起，书院英文课程的教学计划变得更加规范，英文课的教学对象也从原本由女传教士挑选的学生改为依照学生的意愿给予她们学习英语的机会。同年，校长黄素娥与圣约翰大学校长卜舫济的结合对圣玛利亚女中英语特色教学的形成产生了重要影响。

卜舫济来到圣约翰大学后不久，便开始在教会中积极倡导“英语教学运动”，全面推行全英语教学，将英语教学视为传播现代教育的途径、介绍现代科学知识的媒介，更重要的是传播宗教的利器。这种教育理念自然而然地影响到了同为美国圣公会所创办、与圣约翰仅一墙之隔的圣玛利亚书院。

在入学时，学生的英语水平就要经受第一道考验——入学测试。入校后，编班也是依据英语水平高低进行，许多学生因英语水平不足在入学时被“压班”，时常会出现中文被编在高中年级，但英文却在初三年级的情况，最终能否毕业也是按照英文班级成绩决定，用女学生们的话说，这是学校给的第一个“下马威”。

虽然不像圣约翰大学那样采用全英文授课，但圣玛利亚书院的许多自然科学课程和人文课程都用英语讲授。入学后，如何尽快适应学校高强度、高难度的英语教学也是许多圣玛利亚学生都有过的“魔鬼”经历。据1939届学生程芍华回忆：“我们第一天上第一节英语课就闹了个笑话，多数人只听得懂Good Morning和Good Bye，老师要我们做什么，很少同学听懂，一下课几个小女孩就一起放声大哭，后来先生前来安慰，一个多月后，大家不再哭了。”[34]

据学校章程记录，圣玛利亚女校英文课程的设置同样是根据不同程度分三个等级，开展循序渐进的教学，详见表1-3：

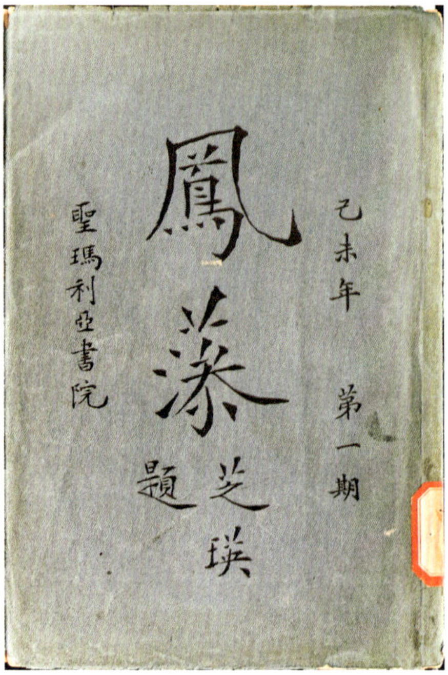

图1-31《凤藻》年刊第一期封面

图1-32《凤藻》年刊封面（1920年）

表1-3　圣玛利亚书院各级课程（英文部）

初级（PRIMARY DEPARTMENT）	
第一年	阅读和翻译入门、英语听写、英语口语、美术、音乐、户外活动、算数（中文）、体育
第二年	阅读和翻译（二）、英语听写、英语写作、美术、音乐、户外活动、习字（一）、算数（中文）、宗教（中文）、体育
第三年	阅读和翻译（三）、英语听写、英语拼写（20分钟）、英语写作（10分钟）、美术、音乐、习字（二）、算数（中文）、地理（中文）、宗教（中文）、体育
第四年	阅读和翻译（四）、英语听写、英语拼写（20分钟）、英语写作（20分钟）、美术、音乐、习字（三）、算数（中文）、地理（中文）、宗教（中文）、体育
中级（PREPARATORY DEPARTMENT）	
第一年	阅读和翻译、英语写作（20分钟）、英语拼写（20分钟）、美术、音乐、习字（四五）、地理（中文）、算数（中文）、宗教（中文）、体育
第二年	阅读和翻译、英语写作（20分钟）、英语拼写（20分钟）、世界地理、美术、音乐、习字（六）、算数（中文）、宗教（中文）、体育
第三年	英语语法、英语写作、文学作品阅读、自然、宗教、美术、音乐、算数（中文）、体育
第四年	英语语法、英语写作、文学作品阅读、卫生学和生理学、宗教、美术、音乐、算数（中文）、体育
高级（HIGH SCHOOL/COLLEGE PREPARATORY COURSE）	
第一年	代数学、英语文学、英语写作、生物学、宗教、美术、家政、国文、体育
第二年	几何学、英语文学、英语写作、近代史、宗教、法语、美术、家政、国文、体育

（续表）

高级（HIGH SCHOOL/COLLEGE PREPARATORY COURSE）	
第三年	物理、化学、英语文学、英语写作、中世纪史、宗教、法语（选修）、国文、体育
第四年	现代史、公民、英语文学、英语写作、宗教、英语文学史、表演、家政（选修）、国文、体育

*资料来源：本表根据《上海圣玛利亚女学校章程汇录》英文部分翻译整理而成，1922年刊印，上海市档案馆藏，卷宗号：Q235-3-135。

圣玛利亚女校的英语初级课程注重打基础，主要包括阅读和翻译入门、英语听写、英语口语、英语拼写、英语写作等课程，算数、宗教等课程用中文进行教学。中级阶段在持续巩固阅读、翻译、写作等英语基本技能的基础上，增加了语法和文学作品阅读等进阶课程，后两年开始以英语为教学语言，教授自然、卫生学、生理学等学科，英语开始从一门单纯的学科演变为学生学习的工具，对学生英语水平提出了较高的要求。在高中阶段，英语已经成为圣玛利亚女校日常学习中不可或缺的一部分，最能体现其英语教学特色的课程就是英语文学。这门课程完全采用原版英文长篇小说作为教材，以精彩的情节吸引学生主动去学习词汇、研究语法，不失为高效提升英语教学水平的一大妙招。据毕业生们回忆，她们所学过的英语课本包括《海蒂》《小妇人》《金银岛》《居里夫人》《哈姆雷特》《威尼斯商人》《双城记》等经典原文著作，基本能保持每年读两本的频率。除了常规的英语课，圣玛利亚女校的许多高中课程用全英语进行教学，还开设了法语课程供学有余力且有兴趣学习第二外语的同学选修。除了课堂教学，课外的英语演说、辩论活动和英语戏剧演出都对提高英语水平起到至关重要的作用，同时又深受学生喜爱，成为圣玛利亚女校课外生活中一道亮丽的风景线。

图1-33　英文部主任郭璐珊先生（选自《圣玛利亚女校五十周［年］纪念特刊》）

当然，圣玛利亚女校高水平的英语教学更离不开优秀的师资队伍，她们基本上都来自以英语为母语的英美国家，大多又是伦敦大学、哥伦比亚大学、加利福尼亚大学等名校的毕业生，老师们严格而风趣的教学方式极具个人魅力，令学生们难以忘怀、受益匪浅。据1948届学生顾美诚回忆：

圣玛利亚的教学很有特色，一是重视双语教学，从预科起狠抓英语，到了中学阶段，除语文、历史、地理外，基本上用英语教学。二是很有创新……英语老师非常重视朗读和口语锻炼，每教完一篇课文后，让同学站到教室最后一排大声朗读，必须让全教室都能听清楚才算合格。为了锻炼讲话能力，老师还出一些题，写在小条子上，然后让每个同学到讲台上抽一个题，给一二分钟准备时间，让你根据抽到的题目演讲，这些有效的学习方法，我觉得很有意思……让我记忆一生。她培养了我认真、细致、不怕困难、大胆创新的作风。[35]

圣玛利亚女校成功的英语教学培养出一批批杰出的外交人才和外事工作者。如1932届和1933届的龚氏姐妹俩，姐姐龚普生在新中国成立后担任外交部国际司副司长，并被誉为“联合国问题专家”；妹妹龚维航（龚澎）在新中国成立初任外交部情报司司长，多次随同国家领导人出访参加国际会议并担任中国代表团首席发言人，是一位名副其实的“才女”外交家。

3.其他特色课程

在圣玛利亚女校，还有一些为女学生们量身打造的特色课程，在增进学识之余，更有助于她们成为优雅、大方、得体的新女性。

家政课是每位圣玛利亚学生的必修课，“本校校长傅先生谓学生名为功课所羁，对于家务不甚经意，往往学生回家以后不肯及少理家事，是以设立家政一科，凡高级四年，每星期均有烹饪二时，其余中级及初二有缝纫二时，亦女子应具之常识也”[36]。其实，早在书院创办之初，女传教士为了让学生能掌握基本谋生技能或在出嫁后能更好地料理家事，就开设了女红课，包括缝纫、刺绣、纺纱、织布和编织等，是学生的必考科目。随着时代和学校本身的发展，圣玛利亚家政课的传统始终一脉相承，内容越来越丰富多样并与时俱进，如摆设家具、插花、搭配服装颜色、西餐礼仪和社交礼仪等。

圣玛利亚女校特别重视音乐教学，音乐给学校带来愉悦的氛围、欢乐的环境，培养了学生高雅的素质。日常的教堂赞美诗、唱歌课，以及学校组织的各种音乐会及讲座等，熏陶学生终身受用的情趣。

圣玛利亚女校琴科，自1903年具有美、法、德多个音乐专科资历的梅锡祐女士来校后设立，有钢琴和小提琴。钢琴专业学费另加，凡享受减免学费的教会子弟学生，免收学琴费。在一段时间中，琴科与中文、英文同为学校的三个学科，但只是选修课。1906年，琴科有了第一个毕业生。

作为一门重要的课程，学校对琴间的使用有严格的规章制度。

琴间规则

一、练琴时不得二人同在一室

二、练琴后须随时关好琴盖，琴书必须安置架上

三、天寒时练琴窗户须严闭

四、晚上练琴毕，出行电灯须熄灭

五、在琴间内不得食物[37]

初级班钢琴由校内教师任教，经音乐会上的演出考核后，升入高级班，则由校外名家来校兼职授课。钢琴专业毕业生的考核，邀请校外嘉宾来评审，及格者授予毕业证书，即具备担任音乐教师资格，琴科学生获得的是高中和琴科双文凭，是学生中的佼佼者。琴科毕业生毕业时会举办独奏音乐会。如1922年朱其廉从琴科毕业，当年的《凤藻》上记载："朱女士音乐毕业：朱其廉女士性娴雅，善钢琴，去岁已中英文毕业，兹届音乐毕业之期。校中于十一月廿八日特开音乐会，嘉宾莅止，一聆高奏，咸赞美不置。"[38]圣玛利亚女校的钢琴教师朱其廉、杨调芳、何义法等都是圣玛利亚琴科毕业生。

图1-34　琴科创办人、音乐主任梅锡祜先生
（选自《圣玛利亚女校五十周［年］纪念特刊》）

除钢琴外，小学和初中阶段的学生每周还要上一小时的声乐课，老师会教授专业的呼吸和发声方法，再进行一些歌曲练唱。到了高中，嗓音条件好的学生会被选入唱诗班或合唱团。[39]

在专业的音乐课程之余，圣玛利亚女校设有课外组织——音乐会，负责组织全校的音乐会和舞蹈、演剧等文艺演出活动，音乐会中有高级琴会和初级琴会，各自有章程。1924年4月13日，出于保存国乐的爱国心，经音乐科主任梅女士同意，成立了"国乐会"，旨在学习中国民族乐器，弘扬中国民族文化。此外，唱歌也是圣玛利亚学生必备的能力，歌咏活动是校园里代代传承的优良传统，有合唱团、唱诗班，更有让所有圣玛利亚人难以忘怀的"Step Singing"。这是一项从20世纪20年代起就在圣玛利亚校园里开展的特色活动，深受学生喜爱（音乐会相关内容在后章中的学生生活板块具体展开）。在校园浓厚的音乐氛围熏陶下，不少同学成了音乐专业人才，取得了事业成功，如1949届毕业生汝洁曾担任上海音乐学院附中校长，毕业生谢爱明、刁蓓华留在中央音乐学院执教，有的毕业生成为声乐家、小提琴演奏家等，还有一大批桃李满天下的音乐教师。

圣玛利亚女校十分重视体育与健身，1916年爱拉女士（Miss S. Oehler）来校后，对学校的体育课程和课余活动都进行了详细的规划，每年召开一次校级运动会。据学校章程记载，除了必修的体育课之外，学校在不同时间段都安排了各种球类运动和比赛，如春季有舞蹈，秋季有网球，冬季有司令球、篮

图1-35 圣玛利亚女校新体育室（选自《圣玛利亚女校五十周［年］纪念特刊》）

球等。每天下午放学后都有一小时活动时间，教学楼和图书馆的门都会被锁上，每个学生必须参与体育活动，这种强制性规定保证了每位学生每天充足的体育锻炼时间，有助于强健体魄，与校内的学生组织体育会相辅相成，促进学生全面发展。

体格训练

体操及规则运动为每学生必习之科，此外还有室外之种种运动，如篮球、网球、校外散步等事，并请有经验之看护妇，专为注意学生之健康。

运 动

（一）兵操体操 周年

（二）团体游戏 周年

（三）散步　周年

（四）网球　开学至十一月，五月至放假

（五）运动比赛　开学至十一月初

（六）篮球　十一月至十二月

（七）司令球　十一月至十二月

（八）打球戏　十一月至四月中

（九）跳舞　中国新年至五月终

（十）女童子军　周年

（十一）体育会　乃学生所组织，推教员一人为顾问，指导一切[40]

在必修科目之外，圣玛利亚女校的高中部还开设一些选修科目，如法语、商科、美术、图书馆科等，学生可以根据自己的兴趣爱好和能力才艺自主安排学习，提高自学能力的同时又能有所收获。学生到了高二年级可以选修的商科主要教授一些实用的速记、打字等文秘技能，对学生在毕业后的就业很有帮助，是实用性很强的一门课程。图书馆科则以编目、分类、排架和资料检索等为主要内容，“校中当局，以图书馆之常识有研究之必要，故于一九二九年遂有此科，余等因而得习之，举凡图书之重要，分类、编目与排列之常识，均须研究。故余等入是科，不但只读其书，且有机会实习管理，是以对于图书之兴趣日增，而对于搜寻图书易如反掌，以比未习此科前寻书之费时者，真不可同日而语矣”[41]。

第四节　群英荟萃：名师与名生

师资力量和毕业生去向是衡量一所学校办学质量的重要标准之一，自1881年创办至1952年合并，圣玛利亚女校名师云集，名生辈出，是名副其实的“中国女子教育名校”。

一、名师云集

圣玛利亚女校创办早期，校内的教师大多是教会派来的美籍女传教士，也有英国籍的教师以及少数中国女教师。随着学校的发展，一些优秀的毕业生选择留校任教，中国教师逐渐增多。1937年淞沪抗战爆发后，相当一部分外籍教师选择回国。1941年太平洋战争爆发后，学校基本由中国教师管理和执教，直至抗战胜利，部分外籍教师回到学校。至1950年12月，中央人民政府政务院颁布《关于处理接受美国津贴的文化教育救济机关及宗教团体的方针的决定》，圣玛利亚女校与美国圣公会完全脱离关系。之后，学校全部由中国教师管理并执教。

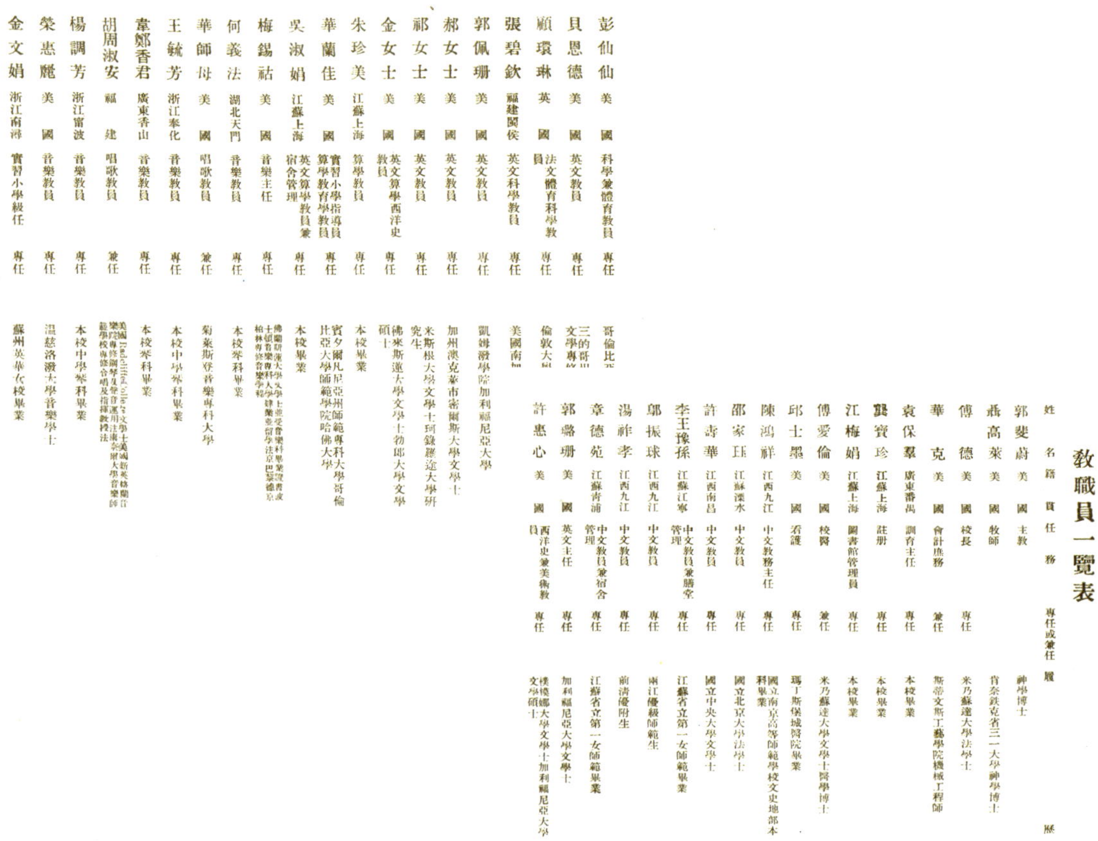

教職員一覽表

姓名	籍貫	責任務	專任或兼任	履歷
郭斐蔚	美國	主教		神學博士
聶高萊	美國	牧師		肯奈鉄克省三一大學神學博士
傅德	美國	校長	專任	米乃蘇達大學法學士
華克	美國	會計庶務	兼任	斯蒂文斯工藝學院機械工程師
袁保羣	廣東番禺	訓育主任	專任	本校畢業
龔寶珍	江蘇上海	註冊	專任	本校畢業
江梅娟	江蘇上海	圖書館管理員	專任	本校畢業
傅愛倫	美國	校醫	兼任	米乃蘇達大學文學士醫學博士
邱士嬰	美國	看護	專任	瑪丁斯堡城醫院畢業
陳鴻祥	江西九江	中文教務主任	專任	國立南京高等師範學校文史地部本科畢業
邵家珏	江蘇溧水	中文教員	專任	國立北京大學法學士
許壽華	江西南昌	中文教員	專任	國立中央大學文學士
李王豫孫	江蘇江寧	中文教員兼膳堂管理	專任	江蘇省立第一女師範畢業
鄔振球	江西九江	中文教員	專任	兩江優級師範生
湯祚孝	江西九江	中文教員	專任	前清優附生
章德苑	江蘇青浦	中文教員兼宿舍管理	專任	江蘇省立第一女師範畢業
郭璐珊	美國	英文主任	專任	加利福尼亞大學文學士
許惠心	美國	西洋史兼美術教員	專任	樸樸娜大學文學士加利福尼亞大學文學碩士
彭仙仙	美國	科學兼體育教員	專任	哥倫比[illegible]
貝恩德	美國	英文教員	專任	三的哥[illegible]文學專[illegible]
顧環琳	英國	法文體育科學教員	專任	倫敦大[illegible]
張碧欽	福建閩侯	英文科學教員	專任	美國南[illegible]
郭佩珊	美國	英文教員	專任	凱姆澱學院加利福尼亞大學
郝女士	美國	英文教員	專任	加州澳克蘭市密爾斯大學文學士
祁女士	美國	英文教員	專任	米斯根大學文學士珂錄羅途大學研究生
金女士	美國	英文算學西洋史教員	專任	佛來斯蓮大學文學士勃郎大學文學碩士
朱珍美	江蘇上海	算學教員	專任	本校畢業
華蘭佳	美國	實習小學指導員算學教育學教員	專任	賓夕爾凡尼亞州師範專科大學哥倫比亞大學師範學院哈佛大學
吳淑娟	江蘇上海	英文算學教員兼宿舍管理	專任	本校畢業
梅錫祜	美國	音樂主任	專任	佛蘭斯蓮大學文學士並受音樂科畢業證書波士頓音樂專科大學肄業並留學法京巴黎德京柏林專修音樂學程
何義法	湖北天門	音樂教員	專任	本校琴科畢業
華師母	美國	唱歌教員	兼任	菊萊斯登音樂專科大學
王毓芳	浙江奉化	音樂教員	專任	本校中學琴科畢業
韋鄭香君	廣東香山	音樂教員	專任	本校琴科畢業
胡周淑安	福建	唱歌教員	兼任	美國Radcliffe College文學士美國新英格蘭音樂院專修鋼琴及聲音運用法康奈爾大學音樂師範學校專修合唱及指揮教授法
楊調芳	浙江寧波	音樂教員	專任	本校中學琴科畢業
榮惠麗	美國	音樂教員	專任	溫慈洛澱大學音樂學士
金文娟	浙江南潯	實習小學級任	專任	蘇州英華女校畢業

图1-36 圣玛利亚女校教职员一览表（选自《圣玛利亚女校五十周［年］纪念特刊》）

表1-4 圣玛利亚女校教职员名录（1922年）

姓名	部门或职务	科目或任职地	备注
傅德	校长	教授法	文学学士
郭珮珊	西学部	英文科	
李孟德	西学部	英文科、教授法、藏书室	文学学士
卜娴礼	西学部	英文科	
汤女士	西学部	英文科	文学学士
高女士	西学部	英文科	文学学士
沈明珠	西学部	英文科	圣玛利亚
唐恩美	西学部	英文科	圣玛利亚

（续表）

姓名	部门或职务	科目或任职地	备注
吴淑娟	西学部	英文科	圣玛利亚
郭珞珊	西学部	历史科、体育科（团体游戏主任）	
顾女士	西学部	数学科	
黄福娟	西学部	数学科	圣玛利亚
那端	西学部	理科、教授法	文学学士
顾女士	西学部	理科	
斐女士	西学部	理科	护科学士
高君韦	西学部	理科	圣玛利亚
顾女士	西学部	法文科	
伊理夫人	西学部	美术科	
顾女士	西学部	体育科（兵操体操主任）	
霍尔德夫人	西学部	女童子军主任	护科学士、文学学士
吴淑娟	西学部	助教	圣玛利亚
傅爱灵	西学部	校医	理科学士、医学博士
斐丽琪	西学部	体育科	
梅锡祜	西学部	音乐科（音乐主任）	文学学士
蔡美宁	西学部	音乐科	
李翰娟	西学部	音乐科	圣玛利亚
朱荷贞	西学部	音乐科	圣玛利亚
袁葆群	西学部	音乐科	圣玛利亚
朱其廉	西学部	音乐科	圣玛利亚
胡永馥	西学部	音乐科	圣玛利亚
王绯霞	西学部	藏书室	
陈鸿祥	国学部	教务主任	
陈祝声	国学部	国文历史	
蒋楫	国学部	国文历史	
王仲儒	国学部	国语	
李聿勤	国学部	国文历史	
沈哲英	国学部	国文历史	
高君韦	国学部	国文	
赵崇俊	国学部	国文	
章德苑	国学部	国文	
沈张润之	国学部	家政	

*资料来源：《上海圣玛利亚女学校章程汇录》，1922年刊印，上海市档案馆藏，卷宗号：Q235-3-135。

表1-5　圣玛利亚女校教职员一览表（1931年）

姓名	籍贯	职务或任教	专任或兼任	教育背景
郭斐蔚	美国	主教		神学博士
聂高莱	美国	牧师		肯奈铁克省三一大学神学博士
傅德	美国	校长	专任	米乃苏达大学法学士
华克	美国	会计庶务	兼任	斯蒂文斯工艺学院机械工程师
袁葆群	广东番禺	训育主任	专任	本校毕业
龚宝珍	江苏上海	注册	专任	本校毕业
江梅娟	江苏上海	图书馆管理员	专任	本校毕业
傅爱伦	美国	校医	兼任	米乃苏达大学文学士、医学博士
邱士墨	美国	看护	专任	玛丁斯堡城医院毕业
陈鸿祥	江西九江	中文教务主任	专任	国立南京高等师范学校文史地部本科毕业
邵家珏	江苏溧水	中文教员	专任	国立北京大学法学士
许寿华	江西南昌	中文教员	专任	国立中央大学文学士
李王豫孙	江苏江宁	中文教员兼膳堂管理	专任	江苏省立第一女师范毕业
邬振球	江西九江	中文教员	专任	两江优级师范生
汤祚孝	江西九江	中文教员	专任	前清优附生
章德苑	江苏青浦	中文教员兼宿舍管理	专任	江苏省立第一女师范毕业
郭璐珊	美国	英文部主任	专任	加利福尼亚大学文学士
许惠心	美国	西洋史兼美术教员	专任	朴模娜大学文学士、加利福尼亚大学文学硕士
彭仙仙	美国	科学兼体育教员	专任	哥伦比亚大学师范学院理学士
贝恩德	美国	英文教员	专任	三的哥州师范大学、加利福尼亚大学文学专修
顾环琳	英国	法文、体育、科学教员	专任	伦敦大学勃特女子学院留学瑞士
张碧钦	福建闽侯	英文、科学教员	专任	美国南加省大学学士
郭珮珊	美国	英文教员	专任	凯姆泼学院、加利福尼亚大学
郝女士	美国	英文教员	专任	加州澳克莱市密尔斯大学文学士
祁女士	美国	英文教员	专任	米斯根大学文学士、珂录罗途大学研究生
金女士	美国	英文、算学、西洋史教员	专任	佛来斯莲大学文学士、勃郎大学文学硕士
朱珍美	江苏上海	英文、算学教员兼宿舍管理	专任	本校毕业
华兰佳	美国	实习小学指导员、算学、教育学教员	专任	宾夕尔凡尼亚州师范专科大学、哥伦比亚大学师范学院、哈佛大学
吴淑娟	江苏上海	英文、算学教员兼宿舍管理	专任	本校毕业
梅锡祜	美国	音乐部主任	专任	佛来斯莲大学文学士并受音乐科毕业、波士顿音乐专科大学肄业并留学法国巴黎、德国柏林专修音乐课程
何义法	湖北天门	音乐教员	专任	本校琴科毕业
华师母	美国	唱歌教员	兼任	菊莱斯登音乐专科大学

（续表）

姓名	籍贯	职务或任教	专任或兼任	教育背景
王毓芳	浙江奉化	音乐教员	专任	本校中学琴科毕业
韦邓香君	广东香山	音乐教员	专任	本校琴科毕业
胡周淑安	福建	唱歌教员	兼任	美国Radcliffe College文学士、美国新英格兰音乐院专修调琴及声音运用法、康奈尔大学音乐师范学校专修合唱及指挥教授法
杨调芳	浙江宁波	音乐教员	专任	本校中学琴科毕业
荣惠丽	美国	音乐教员	专任	温慈洛泼大学音乐学士
金文娟	浙江南浔	实习小学级主任	专任	苏州英华女校毕业

*资料来源：《圣玛利亚女校五十周（年）纪念特刊》，1931年刊印。

从不同时期的教职员名录中，我们不难发现，圣玛利亚女校的师资构成有以下几个特点：第一，外籍教师所占比例较高，多数由美国圣公会委派来沪执教，也有部分英国籍教师，她们的母语都是英语，为圣玛利亚的英语特色教学奠定基础；第二，除会计、校医和个别音乐教师为兼任，其他大都是圣玛利亚的专任教师；第三，教师学历普遍较高，部分外籍教师毕业于哥伦比亚大学、伦敦大学、加利福尼亚大学等名校，并受过专业的师范教育，中国教师也大多拥有优秀的履历，如国立北京大学法学士、国立中央大学文学士、江苏省立第一女师范毕业等，师资阵容可谓豪华；第四，中国教师中有相当一部分是圣玛利亚女校的本校毕业生，这在毕业生去向中占了相当的比例，从一个侧面反映了学生们对母校的留恋之情，也反映出作为近代中国女子教育得到发展后的一种新职业，女教师成为新女性在择业时的首选。

除任课教师外，学校的核心管理团队主要由校长和中文部、英文部、音乐部的三位主任组成。

圣玛利亚女校前后共有九任总监督和校长：文海莉、黄素娥、孙罗以、傅德、金希姒、顾怀琳、陆朱兰贞、洪德应、郭秀梅，其中外籍五人，中国籍四人。文海莉是施约瑟主教指派的圣玛利亚书院首任总监督，为学校的蓬勃发展开了个好头；黄素娥是首任华人校长，并兼管圣玛利亚书院所办育婴堂玉成堂工作；孙罗以是圣玛利亚女校任职时间最长的校长，她在圣玛利亚女校任职时间长达三十二年，其中任校长三十年；傅德校长在任时的1923年，圣玛利亚书院搬入白利南路65号新校舍，并改名为圣玛利亚女校；金希姒校长任职期间，学校先后借大陆商场和圣约翰大学斐蔚堂临时办学，度过了最艰难的一段抗战岁月；1941年抗战形势严峻，全校外籍教师均已回国，顾怀琳留守学校，任代理校长；陆朱兰贞校长任职期间，圣玛利亚女校向上海市教育局的立案申请于1947年正式通过；洪德应是圣玛利亚女校历史上唯一的男校长，出色地完成了新中国成立初期学校的转型工作；郭秀梅校长陪伴圣玛利亚女校走过了最后的岁月，见证了圣玛利亚女校和中西女中的合并，后调任上海市第二女子中学校长。

学校最早的音乐部主任是梅锡祜女士，她毕业于美国佛来斯莲大学，波士顿音乐专科大学肄业后留

图1-37　中文部教务主任陈鸿祥先生（选自《圣玛利亚女校五十周［年］纪念特刊》）

学法国巴黎、德国柏林专修音乐，1903年来到圣玛利亚女校任琴科主任，并教授音乐和钢琴课。梅女士和她的学生朱其廉为圣玛利亚女校的音乐艺术教育做出了巨大贡献，培养了近50名琴科毕业生的同时，在校园中营造了充满魅力与欢乐的音乐艺术氛围，在学生们心中埋下了音乐之种。

最早的英文部主任康女士于1906年来校后，积极探索提高英语教学质量的方法，吸引了不少上层家庭将女孩送入圣玛利亚女校。傅德校长任职期间的英文部主任郭璐珊女士（Miss L. J. Grave）是学校图书馆的创办者，并将美国基础教育的原版教材引入学校，在学校英语教学特色形成过程中具有重大意义。

陈鸿祥老师是学校最早的中文部教务主任，在以英语教学为特色的圣玛利亚校园，中文教学也从未被忽视，在初中四年、高中四年之上另设特级两年的学制正是他对中文教学秩序的创新。1936年到校任职的中文部教务主任汪宏声崇尚新文学，他在教学方法上大胆而富有新意，尤其重视写作，积极引导学生描写景物，叙事抒情，还在校园内组织剧团举办演出，营造了浓厚的文艺氛围，当时在高中部就读的张爱玲是他最欣赏的学生之一。

还有一位许惠心老师（Deaconess Evelyn M. Ashcroft）也深受学生喜爱，她是圣经、英文和家政课老师，也是一名教会女执事。许老师对女生的行为规范和言行举止有着严格的要求，但她和蔼可亲、循循善诱的教导方式让她在学生中有着很高的人气，与很多学生都成了朋友，她身体力行地教会女孩们什么是女性所应当具备的优雅、端庄。

校友们撰写的回忆文章，为我们描绘了许多令人尊敬又感动的形象：擅长运用启发式教学的英文老师孔凯利（Carey Coles），主动利用业余时间为学生义务补习的陈德贞老师、郑慧君老师、袁葆群老师，高声喊着“椭圆形、椭圆形！”教授美声唱法还弹得一手好琴的何义法老师，甚至还有一家三代都任教或任职于圣玛利亚女校或合并后的市三女中的李王豫孙、李家松、梁李云。类似这样专业水平高又敬业爱生的好老师还有很多，正是老师们的默默付出和辛勤耕耘造就了名生辈出的圣玛利亚女校。

二、名生辈出

从1931年五十周年纪念册中的图表看，自创办以来三十年，圣玛利亚女校的学生人数呈现持续上升

全體教職員攝影

The Faculty 1931

图1-38　圣玛利亚女校1931年全体教职员合影

趋势，到1926—1927年达到顶峰，后因北伐战争有所回落。据《本校学生家族职业一览》显示，圣玛利亚女校的学生有一半来自商界家庭，宗教家庭次之，还有部分来自学界、政界、医界等，家庭因素也会对她们毕业后的择业方向产生一定的影响。“1900年，校中行第一次正式毕业典礼，毕业者仅朱静贞一人。之后年有毕业，迄于今日，计有八年制毕业生百人，师范毕业生十有七人，受执照者208人，初中毕业生137人，高中毕业生145人，中文特级毕业生63人。”[42]

三十年来，尽管就读的学生数不少，但最终能真正通过圣玛利亚严格的教学及制度考核并拿到毕业证书的人并不多。据统计，1900—1952年，圣玛利亚女校的高中毕业生人数在750人左右，1952年合并时仍有400余人在读，这部分学生后毕业于上海市第三女子中学。

至于琴科，据1931年的五十周年纪念册记载：“自琴科设立后，首先学习者为朱琪贞、顾珩贞二人。之后年有毕业，迄今正式毕业者已达23人。近则学者更众，每学年有85至120人之多。”据统计，自1908年琴科第一个毕业生顾珩贞，至1952年，琴科毕业生共有47人，同样显示出圣玛利亚毕业标准之严格。

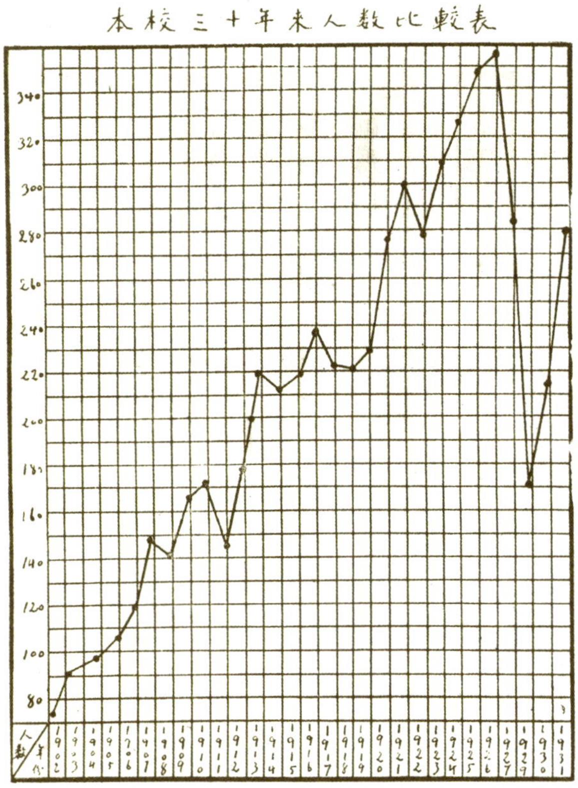

图1-39　圣玛利亚女校三十年来人数比较表（选自《圣玛利亚女校五十周［年］纪念特刊》）

圣玛利亚的师范科从1908年开设后，1910年有了第一届毕业生4人。1931年统计，共有师范毕业生17人，后师范成为高中的一门选科。

在圣玛利亚女校七十一年的办学历史中，培养出一批又一批活跃在医学、科学、外事、教育、文学、音乐、艺术等各行各业的优秀人才，可谓桃李芬芳，名生辈出，在此仅选取部分做简要介绍。[43]

圣玛利亚的毕业生中，医学和科技领域的人才相当多，这与学校历来十分重视科学课程有着密不可分的关系。在医学领域，1920届的桂质良是我国最早的女性精神病学家，她的两个女儿都学医，母女三人为中国医学做出杰出贡献；1925届的章德馨是上海交通大学医学院病理生理学教研室的创始人，1938届的凌励立和1948届的徐智也从事病理学研究工作；1935届的葛秦生是我国生殖医学的奠基人；1945届的张佩瑛是著名的儿童保健专家；1941届的葛成筠和1952届的王丽天都是杰出的眼科医生；1951届的王爱霞是中国艾滋病防治专家。在科学研究领域，1938届的韦澄芬是一名数理统计教授，在数学研究领域取得突出成就；1950届的高滋是复旦大学化学系教授，同届的徐信是华东师范大学生物系教授。

以英语教学为特色的圣玛利亚女校也培养出一批杰出的外交人才、外事工作者和翻译人才。1932届的龚普生和1933届的龚维航（龚澎）姐妹俩，姐姐是新中国外交部国际司副司长，妹妹在新中国成立初任外交部情报司司长，被誉为“才

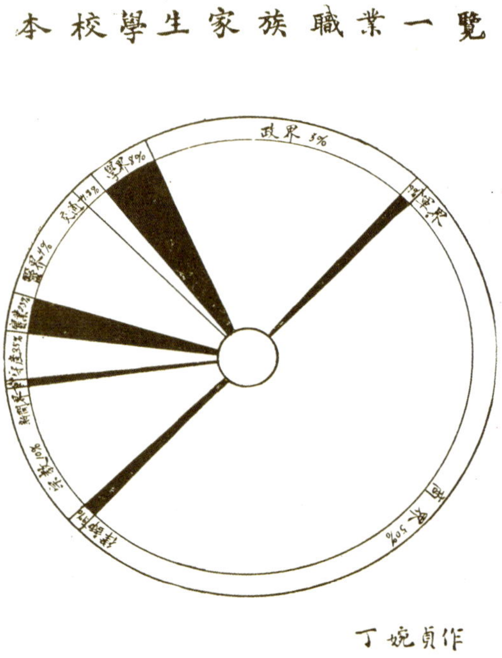

图1-40　圣玛利亚女校学生家族职业一览（选自《圣玛利亚女校五十周［年］纪念特刊》）

图1-41　圣玛利亚女校1911年毕业生合影

图1-42　圣玛利亚女校1924年毕业生（初中）合影

图1-43　圣玛利亚女校1924年毕业生（高中）合影

图1-44　圣玛利亚女校1931年毕业生合影

女”外交家；1941届的邢泽曾任中国人民对外友好协会理事、中国驻智利大使馆一等秘书和联合国新闻部新闻处处长；1945届的应曼蓉是北京外国语学院教授，担任我国第一部《汉英词典》副主编；1947届的吴其慧担任新华社大型综合性对外英文刊物《新中国季刊》副总编；1948届的董蔚君担任人民教育出版社英文主编，编写了许多中学英语教材、教辅书、练习册等，同时参与中学英语教师培训工作。

圣玛利亚女校早期开设的师范科影响了许多立志从教的女孩，1919届的俞庆棠积极推行民众教育，立志让读不起书的失学儿童、青年、成年人都能接受基础教育，被誉为“国民教育之母”；1926届的俞大絪是英语教育专家，同届的薛正终

图1-45　圣玛利亚女校同门会成立后第一次交谊会（1914年）

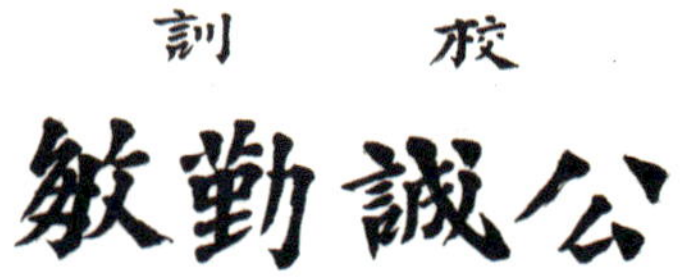

图1-46　圣玛利亚女校校训（选自《圣玛利亚女校五十周［年］纪念特刊》）

图1-47　1955届袁琼瑛将收藏的圣玛利亚女中校徽赠送给市三女中档案室

身从事女子教育事业，担任中西女中校长、上海市第三女子中学校长，用实际行动将母校所坚持的事业代代传承，同届的郭秀梅归国后担任圣玛利亚女校最后一任校长，后任大学教授，同届的陈善明任中福会幼儿园首任园长；1938届的张祥保在中西女中任教英文，后到北京大学英语系，出版了三套大学英语专业教材；1951届的杨之岭从事比较教育研究，获得出色成绩；1949届的汝洁后任上海音乐学院附中校长。

圣玛利亚浓厚的文学、音乐、艺术氛围，造就了一大批文艺人才，在文学领域最著名的毕业生便是1937届毕业生、现代女作家张爱玲，她学生时代就展现出过人的文学才华；在音乐领域，1944届的董爱琳是著名的女中音歌唱家、声乐教育家；1946届的赵庆闰和1951届的赵启雄姐妹，姐姐是中央音乐学院歌剧系声乐伴奏老师，妹妹是中央歌剧院音乐指导；1946届的朱雅芬曾任沈阳音乐学院钢琴系主任；1947届的王本慎是著名的钢琴演奏家；1952届的李世济是著名京剧表演艺术家，同届的李葵是古典芭蕾艺术家。

一代代圣玛利亚毕业生所呈现的不仅仅是个人的辉煌成就，她们共同组成了以“公诚勤敏”为校训、以“正义与智慧”“施爱于人”为座右铭的新女性群像。在圣玛利亚校园中经历的点滴，对她们的人格养成起到了至关重要的作用，镌刻在心头，融化于血液，最终化为“为家庭端其本，为社会植其计，其目光远大，不仅仅于一才一艺而已”的人生目标。[44]

注释

［1］熊月之：《西学东渐与晚清社会》（修订版），中国人民大学出版社2011年版，第225页。

［2］《圣玛利亚女校校史》，载《凤藻》1931年（建校五十周年）。

［3］《圣玛利亚女校五十周（年）纪念特刊》（*ST. MARY'S HALL, Shanghai China, 1881–1931*），1931年刊印，上海社会科学院图书馆藏。

［4］《点石斋画报》为中国最早的旬刊画报，由上海《申报》附送，每期画页8幅，于光绪十年（1884）创刊。

［5］熊月之：《西学东渐与晚清社会》（修订版），第226—227页。

［6］民国《上海县续志》卷十一《学校下》，记载裨文女学、圣玛利亚女书院、清心女学等。

［7］《圣玛利亚女校小史》，载《上海圣玛利亚女学校章程汇录》，1922年刊印，上海市档案馆藏，卷宗号：Q235-3-135。

［8］《圣玛利亚女校校史》，载《凤藻》1931年（建校五十周年）。

［9］《圣玛利亚女校校史》，载《凤藻》1931年（建校五十周年）。

［10］1843年，美国圣公会派格兰德女士（Eliza Gillette）（即后之裨文夫人）来华传道，是为女宣道员来华宣道之始。1844年女士即归，裨文先生（Dr. Bridgman）因随之至广东，与上海圣公会暂脱关系。此据《圣玛利亚女校校史》，载《凤藻》1931年（建校五十周年）。

［11］《圣玛利亚女校校史》，载《凤藻》1931年（建校五十周年）。

［12］《上海市第三女子中学沿革和历史》，1958年12月26日，上海市第三女子中学档案室藏。

［13］文纪女校为全部并入，而裨文只是部分圣公会的师生并入，它在原址还保留着学校。

［14］卜舫济，美国人。1883年毕业于哥伦比亚大学，随后入圣公会总神学院学习神学。1886年由圣公会派遣到上海，任教于圣约翰书院，1888年起任监督（校长）。1905年该校改为圣约翰大学，任首任校长。1941年辞校长职回国，改任名誉校长，校务由其子卜其吉和代理校长沈嗣良主持。1945年抗战胜利后重新来华。1947年病逝于上海。著作有《上海简史》《中国暴乱的起因》《中国史纲要》等，并编著《上海方言教程》。

［15］《圣玛利亚女校小史》，载《上海圣玛利亚女学校章程汇录》，1922年刊印，上海市档案馆藏，卷宗号：Q235-3-135。

［16］《上海圣玛利亚女学校章程汇录》，1922年刊印，上海市档案馆藏，卷宗号：Q235-3-135。

［17］《纪圣玛利亚女校游艺会》，《申报》1919年6月25日，第10版。

［18］《圣玛利亚女校续开游艺会纪》，《申报》1920年6月29日，第10版。

［19］上海市第三女子中学组编，徐永初、陈瑾瑜主编：《圣玛利亚女校（1881—1952）》，同济大学出版社2014年版，第39页。

［20］《记本校各部之建设》，载《圣玛利亚女校五十周（年）纪念特刊》，1931年刊印，上海社会科学院图书馆藏。

［21］《凤藻》1938年，上海市第三女子中学档案室藏。

［22］据《圣玛利亚女校五十周纪念会时女生表演五十年前女子之生活及服装之摄影》（照片），《玲珑》1931年第1卷第17

期，第580页。

［23］《圣玛利亚女校五十周（年）纪念特刊》，1931年刊印。

［24］余日章：《圣玛利亚女校五十周（年）纪念序言》，载《圣玛利亚女校五十周（年）纪念特刊》，1931年刊印，上海社会科学院图书馆藏。

［25］《上海圣玛利亚女学校章程汇录》，1922年刊印，上海市档案馆藏，卷宗号：Q235-3-135。

［26］《圣玛利亚女校五十周（年）纪念特刊》，1931年刊印。

［27］《圣玛利亚女校五十周（年）纪念特刊》，1931年刊印，上海社会科学院图书馆藏。

［28］在1930年的《凤藻》年刊中，学生汪璞金在《本校最近之概况》中这样叙述学校的学制：本校已改用新学制，高中三年，初中三年，英文另有备级二年，中文另有特级二年，英文初中毕业后，可于高中一年任选各科读之，若文学科、教育科、琴科、皆可选读，选定后，另可分组。若学生未读完高中课程，不得毕业。若有读完中文特级者，则先授以中文特级文凭。

［29］《圣玛利亚女学校章程汇录》，年代不详，国家图书馆藏。

［30］《上海圣玛利亚女学校章程汇录》，1922年刊印，上海市档案馆藏，卷宗号：Q235-3-135。

［31］上海市第三女子中学组编，徐永初、陈瑾瑜主编：《圣玛利亚女校（1881—1952）》，第30页。

［32］上海市第三女子中学组编，徐永初、陈瑾瑜主编：《圣玛利亚女校（1881—1952）》，第30—31页。

［33］上海市第三女子中学组编，徐永初、陈瑾瑜主编：《圣玛利亚女校（1881—1952）》，第33页。

［34］上海市第三女子中学组编，徐永初、陈瑾瑜主编：《追忆圣玛利亚女校》，第54页。

［35］上海市第三女子中学组编，徐永初、陈瑾瑜主编：《追忆圣玛利亚女校》，第86页。

［36］《凤藻》1921年，上海市第三女子中学档案室藏。

［37］《圣玛利亚女校入校须知各项规则》，年代不详，上海市第三女子中学档案室藏，具体内容详见《文献档案选摘》。

［38］《凤藻》1922年，上海市第三女子中学档案室藏。

［39］《上海圣玛利亚女学校章程汇录》，1922年刊印，上海市档案馆藏，卷宗号：Q235-3-135。

［40］《上海圣玛利亚女学校章程汇录》，1922年刊印，上海市档案馆藏，卷宗号：Q235-3-135。

［41］李桂仙、华庆莲：《本校图书馆之概况》，载《圣玛利亚女校五十周（年）纪念特刊》，1931年刊印，上海社会科学院图书馆藏。

［42］《圣玛利亚女校五十周（年）纪念特刊》，1931年刊印。

［43］上海市第三女子中学组编，徐永初、陈瑾瑜主编：《圣玛利亚女校（1881—1952）》，第166—174页。

［44］上海市第三女子中学组编，徐永初、陈瑾瑜主编：《圣玛利亚女校（1881—1952）》，第66页。

第二章

含中咀西：从中西女塾到中西女子中学校

含中咀西：从中西女塾到中西女子中学校

图2-1　中西女中位置图（20世纪40年代，选自《上海市行号路图录》[上册]，第104幅图）

中西女塾，是由美国基督教监理会传教士林乐知（Young J. Allen）等人于1892年创办的，为近代上海最著名的女子学校之一。1892—1917年，该校位于汉口路与西藏路的转角处，海淑德（Laura Askew Haygood）任首任校长，经过七年不懈的努力，秉承“兼通中西”的办学宗旨，建立起较为完善的学校制度；继任的莲吉生校长，进一步规范化学校的管理制度和课程制度，并于1917年将学校迁至忆定盘路11号，扩大学校的规模，声名鹊起。1929年，中西女塾向上海市教育局申请立案。是年9月，校方聘请杨锡珍作为学校的首任华人校长，并于1930年成立校董会。最终在1930年12月成功立案，改名为“私立中西女子中学校”（简称“中西女中”）。1936年薛正继任校长，带领中西女中度过了艰难的战争年代。1952年，中西女子中学校与圣玛利亚女校合并成为上海市第三女子中学，归属上海市教育局，中西女中的

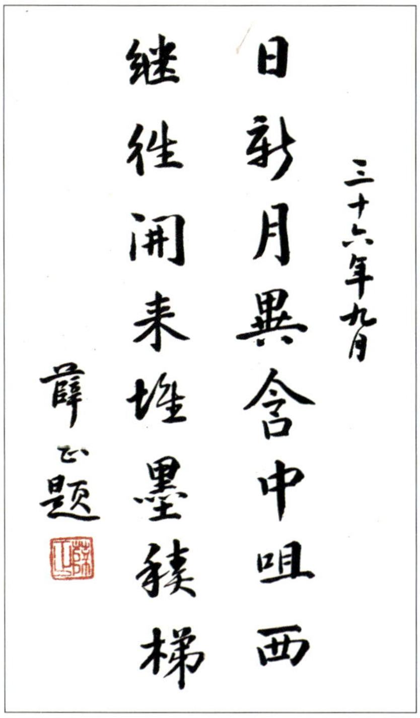

图2-2 薛正题词，内有“含中咀西”
（选自《墨梯》1947年）

历史遂告结束。

在1947年刊印的中西女中校刊《墨梯》中，有薛正校长的题词，其中写到“含中咀西”，此也道出了中西女中的办学特色。自1892年创办以来，从中西女塾到中西女中，凭借自身独特的条件，办学卓有成效，成为享誉海内外的一所著名女子学校，堪称近代女子教育的典范。它为近代中国社会培养了无数优秀的女性人才，对促进近代女子教育事业做出独特的贡献。

第一节　中西女塾的创办

上海最早的女学是由传教士所开办的，即1850年美国传教士裨治文于南市方斜路创办的裨文女塾。直到19世纪末20世纪初，维新运动进一步解放国人的思想，上海才出现以经正女塾和务本女塾为代表的国人自办的私立女学堂。

1860年7月，美国监理会传教士林乐知来到中国，他注意到中国社会对于女子教育的漠视和教会女学的狭隘之处，甚感痛心。于是，林乐知从女性教育和国家强盛之关系的角度，提出“以女人之地位及其如何看待女人之情形，为教化之标志”[1]，认为只有占国民总数一半的女性受到良好的教育后，才能培育良好之公民，推动国家发展。他在其所编著的《全地五大洲女俗通考》之“序言”中写道：“鄙人寓华四十余年，无日不以当行之正道引导华人，亦无日不以当开之民智启迪华人，而尤不能一日去诸怀者，则惟此振兴女学，释放女人，以提拔女人平等之地位，造就女人同具之才能。”[2]1882年，林乐知创办中西书院。尽管中西书院招收的基本上都是男生，但是院中另设女学，即命其女儿为“女中师”，“教习之余，授针黹”。[3]这是林乐知女学教育计划的最初尝试。中西书院开办取得的成功，令他备感欣慰，甚至有人向他询问是否有类似的贵族女子学院。随后，林乐知着手创办一所专门面向中上层阶层的女子教会学校。在他心目中，这所学校不仅要延续中国传统的博雅教育，学习圣人的经典，还要教授女学生们西方的语言、文学和科学。但彼时中西书院事务繁忙，林乐知无法同时兼顾女校的创办工作，所以迫切地需要寻找一位受过良好教育且能力优秀的女传教士来协助创办这所女校。最终他选择劳拉·阿思科·海淑德担任该女校的首任校长。

1884年11月17日，海淑德来到上海。她先在中西书院担任英语教师，在授课的同时，通过不断和学生交流来练习中文。在其汉语水平提高之后，海淑德接手了兰柏夫人在三一堂女塾（The Clopton School）[4]的传道及教育工作。海淑德来华后，林乐知一直与她保持联系，希望能够与她一起创办一所类似中西书院的世俗性女学。海淑德经过深思熟虑之后，认为妇女教育在中国十分紧要，决定接受这个计划，并且辞去三一堂女塾的工作，全身心地筹备女学。此时正值美国南北战争刚刚结束，一切仍在重建，南方经济遭到严重损坏，监理公会也处于资金困难时期，对于海外传教事业的援助有些力不从心；但海淑德并未气馁，多次向美国女布道会写信，阐明在中国创办一所高级女子中学的必要性，指出上海殷实家庭对于女子教育的需求：

> 上海的情况和25年前大不相同了，中国人不再敌视和怀疑外国人了。过去家长们不愿意送子女进外国人办的学校，甚至贴钱给学生还是勉强来上学的，而现在很多家长愿意自出学费给子女来上学了。
>
> 富有的家长们不愿意送自己的子女进教会开办的慈善性质的义务学校，因为这些学校的学生都是穷人家的女儿。富有的家长们不愿意自己的女儿和他们生活在一起。
>
> 有许多富有的家长，很希望现在就有一所合适的学校，让他们的女儿马上可以入学。从各方面的征象来看，我们的学生一定会不断增加。每个在国外留学过的男子，都希望他的姊妹、他的妻子和他的女儿受到新教育。现在中国还没有一所他们认为理想的、外国人办的正规的学校。因此，只有延请家庭教师或者由兄长和父亲在家里充当教师。[5]

海淑德的想法得到了美国教会的认可，美国教会通过了她的计划。1885年，海淑德拟订募捐25000美元来建立这所女子学校。这次募捐采用发行股票的方式，10美元一股，共2500股。同年6月，在美国本土召开的监理会年会上，海淑德售出了820股。募捐过程中，卫理公会的会督墨梯（Holland McTyeire）号召教徒们慷慨解囊，并且自己也购买了部分股票。

在海淑德筹措资金的同时，林乐知也开始在上海寻觅适合办学的地点。1885年，林乐知找到了一块适合的土地，它位于英租界汉口路与西藏路的转角，其西即跑马场，中隔泥城河，地势颇旷阔，空气亦清净，其东接监理公会之慕尔堂，学生还可于此听道[6]；由于该地的业主过度投资房地产，急需转让这块土地，因此该地的价格也十分低廉，只要10500两白银，约合14000美元，相当于邻近地产价格的一半。林乐知和海淑德都表示很满意，1887年付清了全部款项，买下了这块面积8亩的土地。[7]1890年，据《申报》报道：“刻已于三马路泥城河边，兴工起造，一俟落成，先开女塾试办，专收我华幼女，教以中西文字女工针黹，及一切有裨实用之学。”[8]

1892年3月，这所学校正式开办了，中文校名定为“中西女塾”，其用意大致有两个：一是因中西书院的试办很成功，用同一块招牌，容易得到社会的了解和支持；二是按照美国教会办学的宗旨和教育内容的要求，培养亦中亦西的通才。[9]英语校名为“McTyeire”，纪念此时已经去世的美国南方教会的墨梯主教，以感谢他在这所学校创办过程中的大力支持。开学典礼之前，海淑德怀着愉快的心情，打印了漂亮的请柬，送往上海道台衙门、美国驻沪总领事馆、各家报社等处。按照当时中国的传统习俗，分

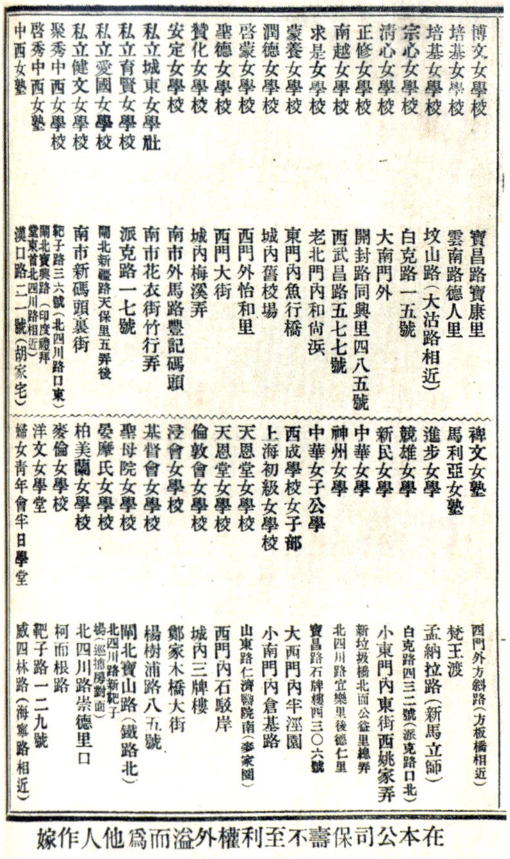

	寶昌路寶康里
博文女學校	雲南路德人里
培基女學校	坟山路（大沽路相近）
宗心女學校	白克路一五號
清心女學校	大南門外
正修女學校	開封路同興里四八五號
南越女學校	西武昌路五七七號
求是女學校	老北門內和尙浜
蒙養女學校	東門內魚行橋
潤德女學校	城內舊校場
啓蒙女學校	西門外怡和里
聖德女學校	西門大街
贊化女學校	城內梅溪弄
安定女學校	南市外馬路豐記碼頭
私立城東女學社	南市花衣街竹行弄
私立育賢女學校	派克路一七號
私立愛國女學校	閘北新疆路天保里五弄後
私立健文女學校	南市新碼頭裏街
聚秀中西女學校	靶子路三六號（北四川路口東）
啓秀中西女塾	閘北寶興路（印度禮拜堂東首北四川路相近）
中西女塾	漢口路二二一號（胡家宅）
裨文女塾	西門外方斜路（方板橋相近）
馬利亞女塾	梵王渡
進步女學	孟納拉路（新馬立師）
競雄女學	白克路四三二號（派克路口北）
新民女學	小東門內東街西姚家弄
中華女學	新垃圾橋北面公益里總弄
神州女學	北四川路宜樂里後德仁里
中華女子公學	寶昌路石牌樓西三〇六號
西成學校女子部	大西門內半涇園
上海初級女學校	小南門內倉基路
天恩堂女學校	山東路仁濟醫院南（麥家圈）
天恩堂女學校	西門內石駁岸
倫敦會女學校	城內三牌樓
浸會女學校	鄭家木橋大街
基督會女學校	楊樹浦路八五號
聖母院女學校	閘北寶山路（鐵路北）
晏摩氏女學校	北四川路新靶子場（巡捕房對面）
柏美蘭女學校	北四川路崇德里口
麥倫女學校	柯而根路
洋文女學堂	靶子路一二九號
婦女青年會半日學堂	威四林路（海寧路相近）

在本公司保壽不至利權外溢而爲他人作嫁

图2-3 《上海指南》（商务印书馆版）记载的『中西女塾』

别邀请男女宾客来校参加开学典礼，男宾在3月15日，女宾则在3月16日。

1892年3月15日，是男宾来校参观的日子。仪式非常隆重，来宾都是上海举足轻重的人物，其中包括上海道台聂仲芳。身份显赫的来宾们增强了海淑德等人的办学信心。不过，作为中西女塾创始人的林乐知，那天因事未能出席，又囿于中国人传统观念的束缚，身为女性的海淑德也无法作为校方代表出席，因此只能邀请美国驻沪副领事易孟士（Mr. W. S. Emens）和《先知报》的主编艾约瑟（Rev. Dr. Edkins）作为校方代表出面接待。[10] 易孟士先致欢迎词，随后艾约瑟对于筹备经过和办学宗旨进行了介绍，紧接着宾客们参观校舍。其参观过程，3月18日的《字林西报》进行了详细的报道：

> 教室在楼下，布置得很整洁，一部分是美国式的课桌和可翻转的椅子，一部分是产自中国的优质桌椅。在墙壁的合适的高度，布置着一组黑板，为数学和其他课程演示提供完备的设施。学生们的餐厅也在一楼，陈设简单而充实。二楼是宿舍，床和床上用品都是中国传统的图案样式，但又按照西式的流行风格摆放着，显得十分洋气。宿舍旁边是盥洗室，随时都有自来水供应。客人们仔细地参观完后，纷纷表示赞赏和满意。接着，大家穿过走廊来到西侧的区域，那是教师们休息和生活的地方，被称为“教师之家”，所有宾客都坐下来喝下午茶和谈话，悠闲地度过了一个小时。中国的宾客们再三恳切地要求见见海淑德校长，于是茶点的时候，海淑德校长优雅地出来会面。聂仲芳简短但非常礼貌地表示，他对参观学校大楼及其附属设施感到十分满意，并对学校给予的款待表示感谢。海淑德小姐也做了恰如其分的回答。宾客们又回到了餐桌上，在喝了几杯茶，聊了几句之后，满意地陆续告辞了。[11]

早在2月12日，学校就已经在《申报》上刊登了招生广告：“本塾设在英界三马路监理会堂之后面南第二十一号洋房内，专收中华女子，教以中西文字，与有关实用之学，以及刺绣、缝纫、杂技等，每月暂收脩膳洋三元，藉资津贴。准于二月十八日开塾，如愿来学，请至本塾报

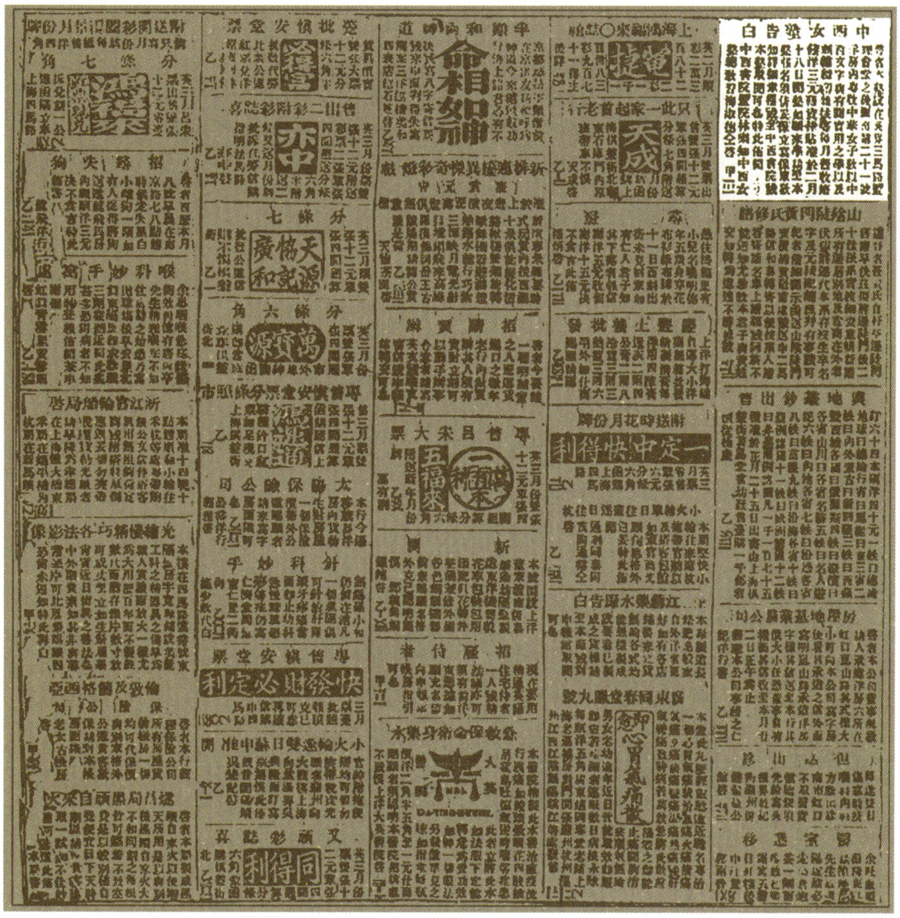

图2-4　《中西女塾告白》（《申报》1892年2月12日，第6版）

名，须请妥保立写保单，欲知详细章程，或至中西书院，或本塾取阅可也。”[12]一开始，中西女塾的开学日定的是2月18日，后推迟至3月16日。入学之初，学生仅有5名，分别是朝鲜贵族尹致昊的夫人马爱芳、黄佐庭夫人薛葩、成颂文夫人、叶可良夫人以及曹芳云女士。[13]这5名女士均来自宗教家庭或者丈夫是教会人士，如黄佐庭是上海基督教青年会的会长，曹芳云的父亲曹子实是监理会的华人传教士等。尽管入学人数不多，但海淑德对于办学前景仍十分乐观。她认为其他教会学校以金钱和食物诱之，花费数年时间所招收的学生尚且寥寥无几，而中西女塾的学费都是由学生家庭全额负担的，现在有5人入学，已经是很好的开端了。

正如海淑德所设想的那样，中西女塾致力于培养具有良好修养、多才多艺、性格坚韧的优秀女性，并且有着优越的学习环境，以此吸引那些驻足观望的富人子女。至1892年底，中西女塾已经有16名学生，1909年下学期有学生158人，1912年学生则达到200人。学生的来源也在不断扩大，第一年的学生大半都居于上海且系教会中人。至1912年，江苏、浙江、安徽、江西、福建、湖北、河南、直隶、东三省的名门阀阅之家，相与联袂偕来。[14]

中西女塾，在上海这座通商口岸稳步发展起来。

第二节 从汉口路到忆定盘路

林乐知是中西女塾的筹划人，并为这所女学的发展提供了蓝图，海淑德则是这个计划的具体执行人，并担任首任校长，是她和林乐知共同创办了中西女塾。由于学校早期教职员人手不足，繁重的学校日常事务基本都由海淑德校长一人负责，再加上频繁地接待来宾，海淑德的身体出现了问题。1894年4月27日，海淑德不得不返回家乡亚特兰大休养，学校事务由海伦·莲吉生（Helen Lee Richardson）接办。

一、稳步前行：中西女塾的早期发展（1892—1917）

1890年，海伦·莲吉生作为监理会的一名女传教士来到中国，首先在三一堂女塾担任教师，由此得到了海淑德的赏识。1892年10月，她和麦克莱伦小姐（Miss McClellan）被上海地区的妇女布道会派到中西女塾担任英语教师，同时协助海淑德的校长工作。1894年4月，在海淑德因病回国后，她被任命为中西女塾的代理校长。海淑德回华后，莲吉生就应该卸任这一代理职务；但1896年3月18日，海淑德又被任命为美国南方卫理公会上海教区董事会的代理人，负责上海及周边地区的妇女传道工作，无法兼任中西女塾的校长。因此在1896年11月，莲吉生成为中西女塾的第二位正式校长，承接了海淑德的担子。

1894—1917年，在莲吉生担任校长的二十三年间，中西女塾不断发展，变得更加规范化。1904年，为了整合教育资源，监理会决定撤销三一堂女塾建制，部分高年级的学生升入中西女塾，剩下的低年级学生全部转入松江的慕卫女校。[15]1900年中西女塾产生了第一届毕业生，分别是孙素馨、史凤宝和颜庆莲。这三位毕业生中，史凤宝曾自费赴美留学，日后成为中西女塾附属小学的校长，她的妹妹史凤珠同样毕业于中西女塾琴科，毕业后自费留学美国，回国后曾任中西女塾音乐教员，后任教于清华，著名音乐家黄自就是她的学生。颜庆莲的父亲颜永京是中国基督教圣公会早期的华人牧师，其兄长颜惠庆曾任北洋政府总理。她毕业后前往美国弗吉尼亚女子学院（Virginia Female Institute）攻读硕士学位，回国后成为全国基督教女青年会的早期职员。孙素馨毕业后考入南京女子圣经学校，后为基督教女青年会董事。值得一提的是，她的丈夫曹复赓是颜永京妹夫，另一位著名传教士曹子实之子。曹子实之女曹芳云是中西女塾第一批五名学生之一。此后曹氏与中西女中的渊源还一直持续到新中国成立以后。[16]随着学校的名声越来越大，社会上的认同度也越来越高，学生人数也不断增加。有些学生从其他省份来，尽管当时交通甚不发达，旅途遥远，但她们仍不辞辛劳，更有许多已婚妇女和成年女子纷纷要求入学。1901年开始学生注册人数均在百名左右，1911年甚至达到了162名。由于校舍所能容纳的人数有限，学校为限制人数，不断提高学费。1913年的学费已经达到60元，此外膳食费48元，报名费1元，这些基本费用已达109元，再加上若是选修琴科、唱歌等科，还要再加30—40元不等。[17]高昂的费用已经远远超过上海一般家庭所能承受的范围，却仍挡不住各地学子求学的热情，甚至有的家长为了让自己的女儿进入中

图2-5　中西女塾旧址校园（称为“过去的校舍全景”，上海市第三女子中学档案室提供）

图2-6　中西女塾老建筑（上海市第三女子中学档案室提供）

西女塾，多次找门路，只为能够入学，哪怕只待几个月也好。中西女塾受欢迎的程度可见一斑。越来越多的学生让校舍不敷应用，莲吉生迫切需要着手解决的问题就是扩充校舍。

中西女塾在原址（即汉口路与西藏路交界处）曾经扩充了数次。1898年莲吉生向妇女传道部申请

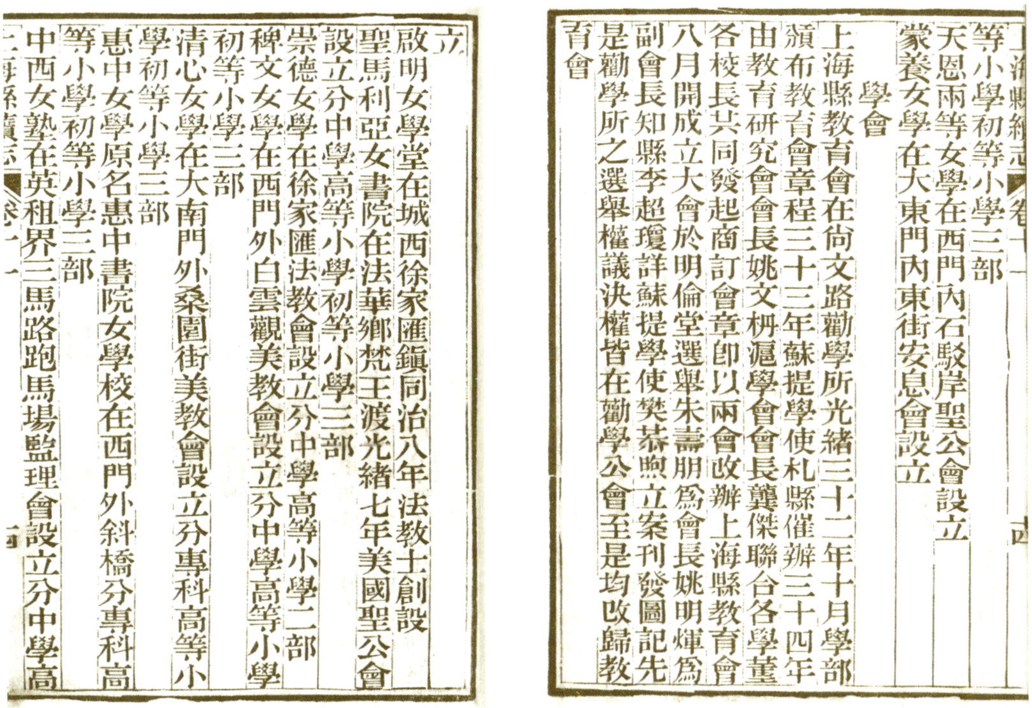
上海縣續志 卷十一
等小學初等小學三部
天恩兩等女學在西門內石駁岸聖公會設立
蒙養女學在大東門內東街安息會設立
學會
上海縣教育會在尙文路勸學所光緒三十二年十月學部頒布教育會章程三十三年蘇提學使札縣催辦三十四年由教育研究會會長姚文枏滬學會會長龔傑聯合各學董各校長共同發起商訂會章即以兩會改辦上海縣教育會八月開成立大會於明倫堂選舉朱壽朋爲會長姚明煇爲副會長知縣李超瓊詳蘇提學使樊恭煦立案刊發圖記先是勸學所之選舉權議決權皆在勸學公會至是均改歸教育會

立
啟明女學堂在城西徐家匯鎮同治八年法教士創設
聖馬利亞女書院在法華鄉梵王渡光緒七年美國聖公會設立分中學高等小學初等小學三部
崇德女學在徐家匯法教會設立分中學高等小學二部
裨文女學在西門外白雲觀美教會設立分中學高等小學初等小學三部
清心女學在大南門外桑園街美教會設立分專科高等小學初等小學三部
惠中女學原名惠中書院女學校在西門外斜橋分專科高等小學初等小學三部
中西女塾在英租界三馬路跑馬場監理會設立分中學高
上海縣續志 卷十一

图2-7 民国《上海县续志》卷十一《学校下》，记载『中西女塾』

建造一座三层的教学楼。这幢教学楼于1899年底建成，可容纳200余人，因为纪念1895年12月23日去世的原美国基督教南卫理公会妇女传道部秘书麦加沃克夫人，被命名为“麦加沃克纪念堂”（McGavock Memorial）。[18]此外，由于学校东面即是监理会的教堂慕尔堂，1907年，学校曾借用慕尔堂的一所楼房来开设附属小学，1912年又借用慕尔堂后屋两间作为教室。[19]1913年，校舍又显紧张。据学校在《申报》上刊登的招生广告所记载：“本校创始以来迄今二十三年，来校肄业者，不胜枚举，外省来校者已达十一省之多。上学期来校报名，计二百三十四人，因以校舍难容，不能全数录取，有负向学诸君，深以为歉。兹特将校舍至礼拜堂及西人住宅左右之处，业经购作学堂之用，下学期可增学额八十名。”[20]此处所言“礼拜堂”，即慕尔堂。学校就在此时向教会总部整体买下了慕尔堂，除了周末仍用作传教外，其余时间均作教室使用。至此，学校已拥有四座房屋，较最初所购的8亩土地，面积增加了一倍。

校舍问题得到缓解后，莲吉生校长开始着手构建完整的学制。创办之初，中西女塾招收8岁以上的学生，为十年制，又称为十个班次。如果学生每年考课成绩在70分以上，可上升一班；若是资质上佳，由教习核定后，可以两班并读，或者升班时，越过一班[21]；但是自小学至中学的学制划分并不明确。1907年学校借用慕尔堂的一所楼房开设小学，由此小学正式分离出来，与中学部划出界限。1913年已经为十二年学制，即小学四年、备级四年、正级四年。[22]1915年，小学部迁往九江路。同年春季始设幼稚园，招收4岁至6岁的儿童，初时只有六七名儿童，后渐渐增加，

1917年已有29名。[23] 自此，中西女塾建立起自幼稚园至高中的完整体系。

1916年5月，九江路小学校舍的房东要求提高房租，莲吉生校长不愿满足房东的要求；而且此时学校人数逐年增多，教室宿舍时有人满之患，而原址已无法再进行扩充，为了学校未来的发展，莲吉生校长决定另外寻找一块面积较大的土地来容纳包括小学部在内的整个学校。1916年，位于忆定盘路11号（今江苏路155号）的经家花园，因其主人的投资失败而急需转让。这幢豪华庄园占地52亩，其中35亩土地已经开发，中央矗立着一座四层洋房，可以暂时安置整个中学部。虽然建筑不多，但是四周隙地甚广，空气清新，周边清净，很适合建造学校。经过与户主谈判，莲吉生于6月3日先支付了1万元。余款向汇丰银行贷款，年息5%。这笔费用由中国的赞助人们集资8万两予以解决，其中黎元洪捐助了1000美元，当时并承诺会陆续捐助部分款项。[24] 因事出紧急，莲吉生并未先向监理总会汇报，在贷款之后，才向总会报告，并申请援助。尽管这不符合正规的申请流程，但还是得到了教会的谅解，可见她做出购地的决定还是冒着很大风险的。1917年，中西女塾的中学部迁至忆定盘路11号，小学和幼稚园在之后几年中也陆续搬至忆定盘路，校园面积也扩大至89亩。正是莲吉生校长的这一果断决策，奠定了中西女塾日后的发展基础。从1917年起，至1952年与圣玛利亚女校合并为上海市第三女子中学，中西女塾一直在此地不断地延续和发展。1952年至今，上海市第三女子中学也一直沿用该地办学。

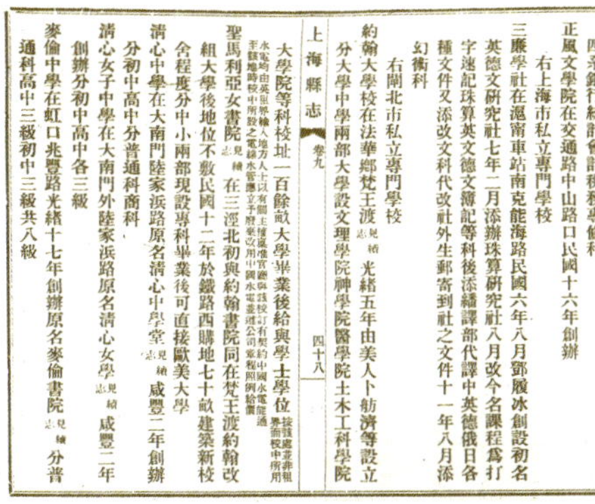
四系銀行統計會計稅務專修科
正風文學院在交通路中山路口民國十六年創辦
右上海市私立專門學校
三廉學社在滬甯車站南克能海路民國六年八月鄧履冰創設初名
英德文研究社七年二月添辦珠算研究社八月改今名課程爲打
字速記珠算英文德文簿記等科後添繙譯部代譯中英德俄日各
種文件又添改文科代改社外生郵寄到社之文件十一年八月添
幻術科
右閘北市私立專門學校
約翰大學校在法華鄉梵王渡（見續志）光緒五年由美人卜舫濟等設立
分大學中學兩部大學設文理學院神學院醫學院土木工科學院
上海縣志　卷九　四十八
大學院等科校址一百餘畝大學畢業後給與學士學位
聖馬利亞女書院（見續志）在三涇北初與約翰書院同在梵王渡約翰改
組大學後地位不敷民國十二年於鐵路西購地七十畝建築新校
舍程度分中小兩部現設專科畢業後可直接歐美大學
清心中學在大南門陸家浜路原名清心中學堂（見續志）咸豐二年創辦
分初中高中分普通科商科
清心女子中學在大南門外陸家浜路原名清心女學（見續志）咸豐二年
創辦分初中高中各三級
麥倫中學在虹口兆豐路光緒十七年創辦原名麥倫書院（見續志）分普
通科高中三級初中三級共八級

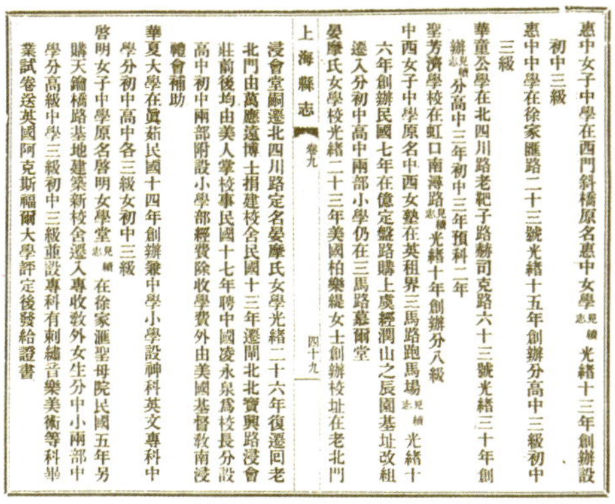
惠中女子中學在西門斜橋原名惠中女學（見續志）光緒十三年創辦設
初中三級
惠中中學在徐家匯路二十三號光緒十五年創辦分高中三級初中
三級
華童公學在北四川路老靶子路赫司克路六十三號光緒三十年創
辦（見續志）分高中三年初中三年預科二年
聖芳濟學校在虹口南潯路（見續志）光緒十年創辦分八級
中西女子中學原名中西女塾在英租界三馬路跑馬場（見續志）光緒十
六年創辦民國七年在億定盤路購上虞經潤山之辰園基址改組
遷入分初中高中兩部小學仍在三馬路慕爾堂
晏摩氏女學校光緒二十三年美國柏樂緹女士創辦校址在老北門
上海縣志　卷九　四十九
浸會堂嗣遷北四川路定名晏摩氏女學光緒二十六年復遷回老
北門由萬應遠博士捐建校舍民國十三年遷閘北北寶興路浸會
莊前後均由美人掌校事民國十七年聘中國凌永泉爲校長分設
高中初中兩部附設小學部經費除收學費外由美國基督教南浸
禮會補助
華夏大學在眞茹民國十四年創辦兼中學小學設神科英文專科中
學分初中高中各三級女初中三級
啓明女子中學原名啓明女學堂（見續志）在徐家滙聖母院民國五年另
購天鑰橋路基地建築新校舍遷入專收教外女生分中小兩部中
學分高級中學三級初中三級並設專科有刺繡音樂美術等科畢
業試卷送英國阿克斯福爾大學評定後發給證書

图2-8　民国《上海县志》卷九《教育（四）·学校上》关于『中西女子中学』的记载

二、遐迩著闻：校园扩展与学制完善（1917—1937）

在学校搬至忆定盘路后不久，莲吉生校长因劳成疾，于1917年7月19日与世长辞。全校陷入极大的悲痛之中。7月21日学校在慕尔堂举行哀悼礼，11月1日再次在慕尔堂开追悼会。继莲吉生之后，先后有四位女传教士接任中西女塾的校长一职，分别是华德治（Alice Waters，1917—1918）、贝厚德（Martha Pyle，1919—1924）、葛路得（Lois Cooper，1924—1925）、麦玲雪（Sallie Lai Mackiunon，1925—1929）。在这四位校长任职期间，中西女塾的校园面积不断扩大，校园建筑不断增多，学制也更为完善。

学校迁至忆定盘路新校址后，有了进一步发展的空间，师生们也都很喜欢新校园。1917年学校刊物

《墨梯》的创刊号上，登载一篇由预科三年级学生周明玮所写的《新校舍记》，以优美的笔触描写了新校园的环境和学校内部的建筑，“其地清幽，其室精雅，而即园中之一亭一池，亦莫不玲珑可爱焉”[25]。由此使我们得以一窥百年前中西女塾的校园风景。

经家花园的主建筑是前主人的住宅，当时被用作学校的主校舍。该幢建筑从外观上看起来是三层楼，实则是五层，三层楼之上有一个隔层，隔层之上还有一个屋顶花园。顺着螺旋式的楼梯盘旋而上，登至屋顶花园，举目四望，白郭青堤，竹篱茅舍，当时沪西的乡村景色一览无余。往南眺望，则是茂林芳苑，花园洋房点缀其间，高楼大厦参差相连，乃为西人侨居聚集之处。西南面隐约可见李公祠[26]和交通部实业学校的屋顶。东北方向，工厂林立，人烟稠密，为华界繁忙之处。由屋顶花园而下，第四层是一个箱子间，是学生们储存行李和堆叠杂物的地方。再顺阶而下，第三层全部用作师生寝室。因学生人数过多，三楼无法全部住下，故二楼还有两个较大的房间也用作学生寝室。此外二楼还有两间教室和一间藏书室，是学生平日上课学习之处。一楼面积最大，分为前后两个部分，自修室居于中间，左右两边是学生和教员的膳堂，后面还有三间琴室和一间会客室。整座校舍建筑精美、轮奂可观，走廊地面均由五色瓷砖铺就而成，楼梯扶手和房梁围栏，莫不雕刻精致、匠心独运，极尽艺术之美。莲吉生校长逝世之后，为了纪念她对于中西女塾的无私奉献和教育成就，校方决定将这幢主校舍命名为“莲吉生堂”。

自莲吉生堂而出，西北方向有两幢相邻的小楼。其中一幢六角形的小楼用于教授学生家政，楼下是烹饪教室，楼上是缝纫教室，学生们的刺绣作品陈列如画。另一幢小楼称为科学楼，一楼有物理和化学实验室，楼上是生物实验室。往科学楼南边稍移几步，可见一处小园圃，环以冬青、植以花卉。其中专门辟出一小块土地，作为植物学科的实验场地，学生们在这里栽种豆类植物和各类应时蔬菜。

莲吉生堂之前，是一大草坪，每当课余之暇，学生们常在此散步，绿草如茵、怡人心目。草坪中央是一个圆形的花坛，上面覆盖着天竺葵。在草坪的边缘有一小土丘，栽满了各类花卉灌木，土丘之巅还

图2-9　中西女塾高二年级（摄于1929年，上海市第三女子中学档案室提供）

有几株苍松翠柏，掩映其间。沿土丘而行，旁有一小径，蜿蜒迂曲，绕着土丘呈椭圆形。小径两侧，垂杨缕缕，芳草萋萋。小丘东南方向，则为一处桃园，每当阳春之际，桃色轻盈、红白相间，令人感慨桃花源不过如此。莲吉生堂西面，绕过一侧小竹扉，有一处荷花池，池水清漪，锦鲤隐游于其间，夏日荷花盛开之时，更是荷风吹衣、香气袭人。主楼西北方向，有一处清澈的水池，池中央蜿蜒盘曲着一条石龙，从石龙嘴中咕噜作响地喷出水柱似的飞瀑。喷泉池周围环绕着假山石，状若侏儒、嶙峋壁立。园中植有桂花树多株，秋时则桂香四溢。若是坐在草地东南角的八角亭子中，更觉香风拂面，尤拟蟾宫。园中还有两处暖房，学校迁至该地之时，暖房中空空如也。在教员们的提议下，每位学生都从家中带来了鲜花，学校还聘请了园丁专门照料，故嫩蕊娇枝之鲜花，四时不绝。由于长方形的暖房足够放下所有花卉，故另一处圆形的暖房用来充作雨天的运动之所，里面还配有桌凳，供人读书休闲。这便是1917年中西女塾校园的整体风光了。

自1917年移入忆定盘路校舍后，学校更是力图展拓、日事经营、广增学额，致力于打造沪上著名女校。1920年学校又开设特别班，招收除国文以外，其学习程度不及预科、年龄又较大的已婚女子。[27]该特别班也设在忆定盘路校舍之中。至此，忆定盘路校区为正科、预科及特别班所用，第一附属小学和幼稚园设在汉口路21号，第二附属小学位于海宁路太原坊990号。因年幼学生的家庭住址多在汉口路一带，故往返较为便利。由于忆定盘路校舍靠近郊外，校方为了管理，大多学生选择寄宿校内，校舍逐渐不足容纳。因此，学校在忆定盘路校址又数次扩充校舍，以增学额。

为了将莲吉生堂全部用于教学和住宿，1917年底校方将车库和谷仓改成了科学楼，马厩改成了训练场，一半的温室改成膳堂和音乐厅。1918年，又将两层的科学楼扩建成三层小楼。[28]至1919年，所有可用的房间都已经被填满了，校方只能考虑建造新的建筑。1920年，学校用购买忆定盘路新校舍剩下的资金，在校园南面建造一幢三层楼的教师公寓，称为“教师之家”，用于外籍教师住宿。该幢建筑采用美式乡村住宅风格，一楼是一间大客厅，备有钢琴和沙发，平日里教师会在此休息和招待客人，二楼和三楼则是教师们的宿舍。“教师之家”竣工后，外籍教师们迁入，莲吉生堂内的原教师宿舍均被改作教室。

由于中西女塾坐落于通都名墅间，校园环境天然幽胜，加之当时风气渐开，负笈而来者越来越多，江、浙、赣、闽、粤、鄂各省以及香港等处的学生相与联袂偕来，至1919年校内已有339名学生，学校之繁盛可见一斑。随着求学者日众，校中已有人满之患。校方屡次想要另建高大校舍，奈何沪上尺地寸金，难以觅得适宜地点。经家花园虽有护花之房和莳莲之沼，但地多屋少。为了容纳更多学生，1918年校方准备建造一幢新的宿舍楼，向各大洋行和建筑所征集设计方案，最终采纳了克利洋行著名建筑师邬达克（Laszlo Edward Hudec）提交的哥特式学院派方案。新宿舍楼建筑费用高达20万美元，学校资金又多用于日常经营，无法负担此巨额费用，故时任校长贝厚德和教职员们为了筹措建筑资金，多方奔走。1919年10月，美国南方卫理公会在湖州举行传教士大会，会议决定在上海起筑三所教堂，另外还有一幢中西女塾宿舍楼。教会决定要为该项建筑计划提供38万美元的资金援助，其中提供给中西女塾的资金为10万美元。[29]各界热心教育之人也纷纷慷慨解囊，中西女塾的新宿舍得以开工。1921年6月1日正科

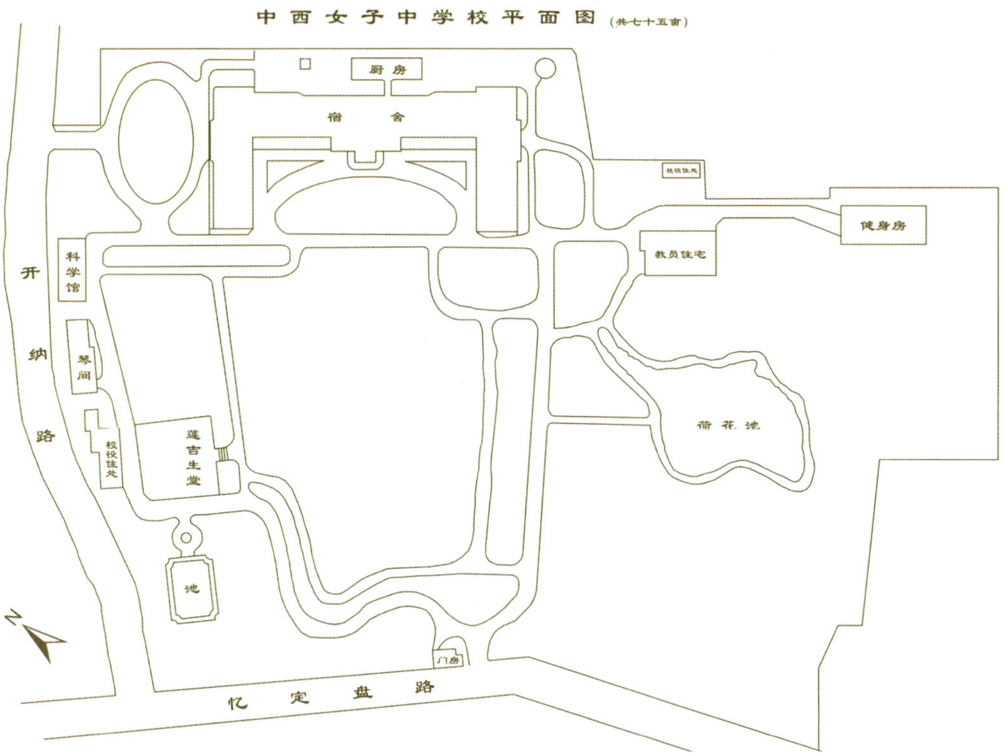

图2-10　中西女子中学校平面图（陈思月据《私立中西女子中学校呈报开办用表》[校园设施、校园平面图]中的原图重绘，上海市档案馆藏）

私立中西女子中學校呈報開辦用表之(十二)

全校平面圖說明書

校地面積	計七十五畝
校舍面積及座數	六座建露天體育場遊戲花園等處統計占全部七分之五強
課室間數	二十間
圖書館間數	兩間
實驗室間數	兩大間
體育場面積 室內	一間闊四十六尺長八十八尺
體育場面積 露天	一間闊一百六尺長一百五十七尺
寄宿舍間數	一一六間統計闊三百二十二尺深一百五十六尺
附近狀況	前臨憶定盤路右靠開納路左及後面均空曠場所樹木繁茂空氣光線皆甚充足環境安靜多年以來尚無不合
建築或購置費	國幣三十一萬三千元　美金十二萬元
建築或購置年月	校址於民國五年購置改建校舍漸次擴充前建琴室及理化室十二年建築宿舍十四年建築健身房
備考	禮堂一大間　飯堂兩大間　盥洗室十間　教職員宿舍　校工宿舍兩宅　洗衣室兩間

(呈請立案第十二表適用此表)

图2-11　中西女中平面图说明书（选自《私立上海中西女子中学校呈请核准设立用表》）

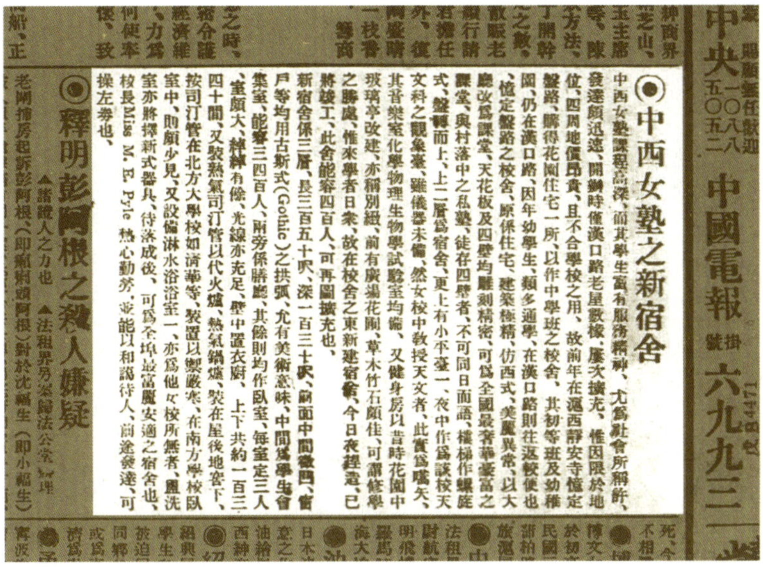

中西女塾之新宿舍

中西女塾課程高深、而其學生富有服務精神、尤爲社會所稱許、發達頗迅速、開辦時僅漢口路老屋數椽、屢次擴充、惟因限於地位、四周地價昂貴、且不合學校之用、故前年在滬西靜安寺憶定盤路、購得花園住宅一所、以作中學班之校舍、其初等班及幼稚園、仍在漢口路、因年幼學生、類多通學、在漢口路則往返較便也、憶定盤路之校舍、原係住宅、建築極精、仿西式、美麗異常、以大廳改爲課堂、天花板及四壁均雕刻精密、可爲全國最奢華豪富之課堂、與村落中之私塾、徒存四壁者、不可同日而語、樓梯作螺旋式、盤轉而上、上二層爲宿舍、更上有小平臺一、夜中作爲該校天文科之觀象臺、雖儀器未備、然女校中教授天文者、此實爲嚆矢、其音樂室化學物理生物學試驗室均備、又健身房以昔時花園中玻璃亭改建、亦稱別緻、前有廣場花園、草木竹石頗佳、可謂修學之勝處、惟來學者日衆、故在校舍之東新建宿舍、今日夜趕造、已將竣工、此舍能容四百人、可再圖擴充也、

新宿舍係三層、長三百五十呎、深一百三十呎、前面中間微凹、窗戶等均用古斯式(Gothic)之拱弧、允有美術意味、中間爲學生會集室、能容三四百人、兩旁係膳廳、其餘則均作臥室、每室定三人、室頗大、綽綽有餘、光線亦充足、壁中置衣厨、上下共約一百三四十間、又裝熱氣司汀管以代火爐、熱氣鍋爐、裝在屋後地窖下、按司汀管在北方大學校如清華等、裝置以禦嚴寒、在南方學校臥室中、則頗少見、又設備淋水浴浴室一、亦爲他女校所無者、盥洗室亦將擇新式器具、待落成後、可爲全埠最富麗安適之宿舍也、校長Miss M. E. Pyle 熱心勤勞、並能以和藹待人、前途發達、可操左券也、

图2-12《中西女塾之新宿舍》(《申报》1921年12月1日，第15版）

四年级学生们借博物院路的兰心大戏院（Lyceum Theatre）演出三天歌剧，剧名为《蓝鸟》，三天演出所得全部用于新宿舍的建设。[30]除了在校学生发起义演募捐资金以外，中西女塾同学会也集资了25000两白银作为母校的建筑费。[31]

在各方的鼎力相助下，这幢万众瞩目的新宿舍楼终于在1921年11月21日竣工，命名为“蓝柏-克洛普顿楼”（Lambuth-Clopton Hall）。“Lambuth”是纪念为卫理公会和上海教育尽心奉献的蓝柏夫妇，而“Clopton”一方面是来源于三一堂女塾的英文校名，另一方面也有纪念卫理公会的麦加沃克夫人的母亲之意。由于这幢楼主要是作为学生宿舍，故师生们更习惯称之为宿舍楼（The Dormitory Hall）。11月21日当天，中西女塾举行了盛大的新校舍落成礼，邀请学生家属和各界人士来校参观。这幢建筑自建筑伊始，就吸引了海内外各界人士的目光，各大报刊纷纷跟踪报道。1921年12月1日，《申报》首先发布了中西女塾新宿舍的大概情况，成为最早报道该宿舍楼内部详情的报刊之一：“（中西女塾）新宿舍系三层，长三百五十尺，深一百三十尺，前面中间微凹，窗户等均用古斯式（Gothic）之拱弧，允有美术意味，中间为学生会集室，能容三四百人。两旁系膳厅，其余则均作卧室，每室定三人，室颇大，绰绰有余，光线亦充足，壁中置衣厨，上下共约一百三四十间。又装熟气司汀管以代火炉，热气锅炉，装在屋后地窖下。按司汀管在北方大学校如清华等，装置以御严寒，在南方学校卧室中，则颇少见。又设备淋水浴浴室一，亦为他女校所无者。盥洗室亦将择新式器具。待落成后，可为全埠最富丽安适之宿舍也。”[32]在竣工之后，《大陆报》（*The China Press*）和《上海泰晤士报》（*The Shanghai Times*）等英文报刊也进行了相应的报道。除了报刊的报道外，1923年的校刊《墨梯》上也发表了一篇由正科二年级学生朱增龄所写的《记本校之新设备》，从学生的角度详细地描写新宿舍的情况以及校园整体的变化：“又二年，就学者益众，新旧两校舍均不敷容纳。于是诸师长共同决议，苦心经营，以建设此巍峨宽大

图2-13　中西女中宿舍内景（摄于1932年）

图2-14　1921年建造的学生宿舍楼（今五一楼）

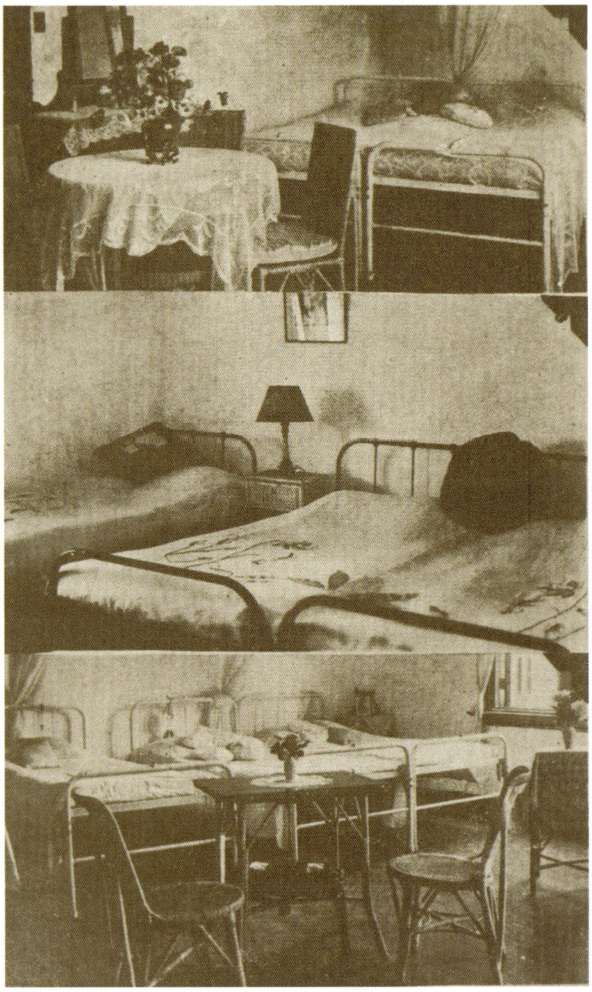

图2-15　中西女中宿舍内景（摄于1932年）

之校舍。工程浩大，四载方竣。其中大小房屋不下二百余间，布置适宜，排列齐整。凡电灯、自来水、盥洗室、桌椅，以及一切应用物件，莫不从有益于卫生者取之。遂于去秋以卧室、自修室及膳堂迁入新屋，改旧卧室为教室，旧自修室为客厅，旧膳堂为雨操场。于是数载拥挤，一旦宽畅有余。虽有同学数百人，而尚觉寥寥，其深广亦可知矣。其他如添植花木，修筑园地，以及诸般细微之新设备，笔难枚举。为斯校学生者，其乐为何如耶。”[33]宿舍楼建成后，中西女塾的校园宽裕了许多，学生们的住宿环境也提升了不少。1924年学校还出资开凿了一口机器井，使得宿舍内24小时均有清水供应。该幢建筑一直保持到1952年，改名为“五一楼”。

继添筑宿舍楼后，中西女塾在1930年之前最大的变化是兴筑了一座健身房。中西女塾对于体育一直极为重视，但是由于汉口路校舍面积狭小，没有操场，学生们只能进行定期的体操锻炼。1917年迁至忆定盘路后，校园面积扩大，学校将经家花园的玻璃亭改建为健身房，尚称别致。1924年，学校决定将建筑宿舍楼所剩余的25000美元作为建筑健身房的经费。[34]至1925年4月4日，这座位于学校东南角的健身房落成，“长约七十六尺，阔约五十二尺左右，光线合度，空气畅达。凡平梯、高梯、横杠、哑铃、球杆、棍棒等各器械应有尽有，并设有运动员洗浴室及职员办事室，布置十分合宜”[35]。这座健身房成为学生们课余之后最喜欢去的地方之一。

随着宿舍楼和健身房的相继落成，中西女塾的校园面积已有近15英亩之广，成为沪上最优美的校园之一。后因校务日渐发达，成绩昭著，是以学生日渐增多。1923—1924年，在校学生甚至已经超过700人，生源地从国内各省扩展至中国香港、朝鲜半岛、南洋以及新加坡等地。[36]众多学生拥挤在唯一的教学楼莲吉生堂上课，不免令人有逼仄之感。再加上莲吉生堂年久失修，有些地方甚至已经塌坏了，呈现一种“危险”的状态。当时的校长杨锡珍曾设法腾挪出来一部分学生宿舍作为教室之用，可是这样就导致原先只能容纳三四人的一间宿舍要挤进六七人，学生们的休息受到了很大影响。[37]因此，学校只能拆除重建一幢新莲吉生堂。鉴于宿舍楼设计案例的成功，学校继续延请邬达克担任总设计师，建筑费用则源于学校利用将汉口路旧校址出租给扬子公

图2-16　中西女中图书馆

图2-17　中西女中莲吉生堂

图2-18　中西女中大礼堂

图2-19　中西女子中学图书馆图书章

图2-20　学校藏书《明史》中盖有中西女子中学图书馆章

司所得的15万元租金。1933年11月新莲吉生堂开始建设，耗时两年，至1935年完工。新莲吉生堂被命名为“景莲堂”，建筑平面为倒T字形，属于哥特式美国学院风格。主体部分有三层，还有一个类似于阁楼的顶层，屋面是平瓦陡坡式的。正门在建筑的南面，为挑高的二层平缓尖券门厅，装有豪华吊灯，还有叶状连券菱饰和三扇欧洲中世纪教堂式的彩色玻璃窗。进入门厅后可以直达一楼的大礼堂，礼堂正前方为舞台，两侧均为尖券式彩色玻璃窗。除了大礼堂之外，教室和办公室也位于一楼，二楼、三楼用作教室。由于教室部分为中间走廊，两边教室，故每间教室采光充足，十分适合学生读书学习。图书馆也在三楼，是学生们获取课外知识的重要来源。三楼之上的顶层用途多样，既有琴房、美术教室，也有晚自习室。[38] 景莲堂的面积为4.9万平方英尺，可以容纳全校学生的学习生活，一直沿用至今，今名为“五四楼”，1994年被评为上海市优秀历史建筑。

中西女塾各年级的课表并不是每天都排得很满，总是有一两节空课，学生们可以自由学习，图书室便成了学生们最理想的去处。图书室位于景莲堂的三楼，藏书甚多，“计有英文书籍二千五百卷、中文书籍二百卷、中文书报七种、英文书报十二种。室中所有布置及用具，悉依照图书室近代组织而设。图书室中能容三十人阅书，一九二四年至一九二五年共有学生二百八十五人借阅书籍。本室图书分类，悉照杜威图书分类法支配”[39]。1932年9月，有着近十年图书馆工作经验的江梅鹃来到中西女中担任图书馆主任，她不仅管理专业，而且对于图书馆书库持开放态度，学生们借书可以直接进入书库选书，提高学生们的阅读兴趣。[40] 1948年的《墨梯》上，1949届学生蒋维表达了学生们对于图书室的喜爱：“图书馆能有如此的吸引力，不用说，是其中有那么多藏书和杂志，再加上那一份安静舒适的气氛了。图书馆有着教室所没有的宁静，更有着全校同学所爱好的书籍，除了借书室的藏书规定日期出借外，架子上众多的中外杂志往往都

图2-21　中西女中科学楼老照片
（上海市第三女子中学档案室提供）

图2-22　中西女中化学实验室

被一借而空。”[41]

至1935年景莲堂建成后，中西女中校园的基本格局奠定。整个校园被一道横贯东西的龙墙分为南北两部分。北面坐落着宿舍楼、景莲堂、科学楼等建筑，还有一大片绿茵茵的大草坪、荷花喷水池和红色的八角亭。其中大草坪是学生们最爱的休闲运动的地方，有时学生们也会在这里举办各种学习和娱乐活动。穿过龙墙正中的斋月门，便来到了校园的南面。与北面相比，南面更类似于乡村风景，有三层楼的“教师之家”和健身房，此外还有一个很大的池塘，池中心有一个小岛，叫作“情人岛”。

1938年的《墨梯》上刊登了一篇由1941届的江镜明所写的文章《校园的一角》，描写了这个小岛的风光：

可是在校园的一角多少含着些神秘的色彩，那就是全校著名的一个小岛。四面临水，只一竹桥可通。它的面积是浑圆的，丛树环生着，中央有一把两人坐的椅子，几枝桃花，还有一棵不高不矮的玉兰树，那么清静幽雅。湖水在四周波动着，微风拂起了你额上的短发，这样会使你忘了这是人间，也许便是神秘之原因吧！很少人到那里去，因此也有人称它为“罗曼的克岛”。但我却另给了它一个名“孤岛”，因为它太孤独了，那里花草特别茂密，乌鸦在没人的时候更是极为放肆。因为它畸形，我就又恨又爱这孤岛。[42]

无论是北面还是南面，中西女中的校园里总是花团锦簇的，一年四季盛开着不同的鲜花。北面有轻巧漂亮的紫藤花架，“每当清明时节，紫藤花必盛放了，串串紫色，娇艳欲滴，可恨几度风雨，落得残英满阶，若喷泉开放，那么粒粒飞珠洒湿了艳花嫩枝，阵阵浓香，渗入人们的心坎深处”[43]。南面则有一条开满玫瑰的小路。除此之外，桂花、蔷薇、琼花等花木更是遍布园中。1935年10月2日，学校的琼花忽然花苞膨胀，将要绽放。全校师生顿时轰动，“守候至八时半，果花瓣舒展逐渐开放，至九时半盛开，计三十五朵，白花黄蕊。而花本原为红梗绿叶，掩映之间，无限娇艳。至十时后，即逐见收缩。至十一时十五分，苞头含闭，回复故状矣”[44]。琼花盛开后，学校还邀请了艺术摄影家傅映光为之留影数帧。

第三节　学校立案与国人掌校

1917—1937年，不仅校园面积不断扩大，还发生了一件改变学校体制的重大事件，即1930年12月学校呈奉上海市教育局核准立案，校名改为“私立中西女子中学校”，归上海市教育局管辖。自1839年法国天主教教会在上海漕宝路设立一所读经班（后改为民新小学）伊始[45]，上海地区的教会学校开始逐渐发展起来，成为上海教育史中不可忽视的一部分。随着教会学校的不断发展，也带来了很多争议。20世纪20年代，随着新文化运动和五四运动轰轰烈烈地进行，爱国知识分子和青年学生们发起了“非基督教运动”和收回教育权运动，在思想意识领域反对帝国主义的文化侵略，要求政府收回教会学校的教育主权。作为上海最知名的女子学校之一，中西女中也成为“众矢之的”，受到社会舆论的猛烈抨击。

1920年6月1日，有一署名为M. D. 的先生投函于大陆报社，从以下三方面指摘中西女中的不足之

图2-23　“McTyeire Methods” (*The China Press*, Jun. 1, 1920, p. 12)

图2-24　“McTyeire School Defended” (*The China Press*, Jun. 2, 1920, p. 12)

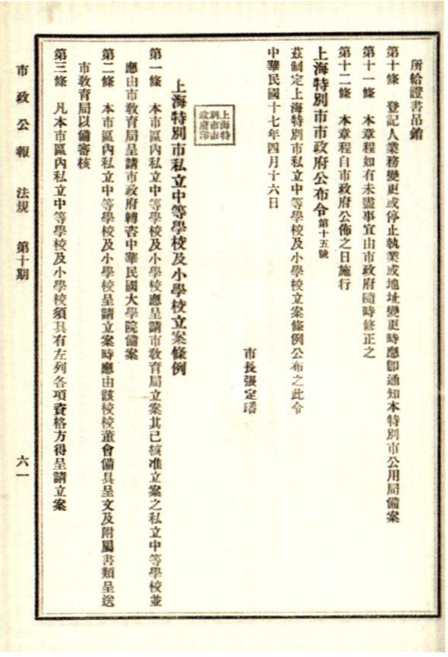
所給證書吊銷
第十條 登記人業務變更或停止執業或地址變更時應即通知本特別市公用局備案
第十一條 本章程如有未盡事宜由市政府隨時修正之
第十二條 本章程自市政府公佈之日施行
上海特別市市政府公布令第十五號
茲制定上海特別市私立中等學校及小學校立案條例公布之此令
中華民國十七年四月十六日
市長張定璠
上海特別市市政府印
上海特別市私立中等學校及小學校立案條例
第一條 本市區內私立中等學校及小學校應呈請市教育局立案其已核准立案之私立中等學校並應由市教育局呈請市政府轉咨中華民國大學院備案
第二條 本市區內私立中等學校及小學校呈請立案時應由該校校董會備具呈文及附屬書類呈送市教育局以備審核
第三條 凡本市區內私立中等學校及小學校須具有左列各項資格方得呈請立案
市政公報 法規 第十期 六一

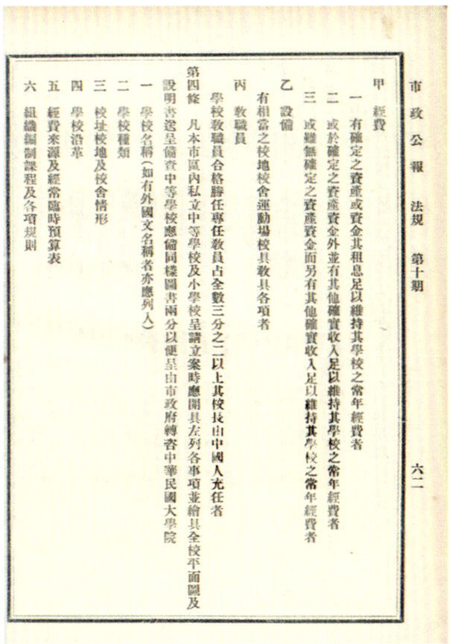
甲 經費
一 有確定之資產或資金其租息足以維持其學校之常年經費者
二 或於確定之資產資金外並有其他確實收入足以維持其學校之常年經費者
三 或雖無確定之資產資金而另有其他確實收入足以維持其學校之常年經費者
乙 設備
有相當之校地校舍運動場校具教具各項者
丙 教職員
學校教職員合格勝任專任教員占全數三分之二以上其校長由中國人充任者
第四條 凡本市區內私立中等學校及小學校呈請立案時應開具左列各事項並繪具全校平面圖及說明書送呈備查中等學校應備同樣圖書兩分以便呈由市政府轉咨中華民國大學院
一 學校名稱（如有外國文名稱者亦應列入）
二 學校種類
三 校址校地及校舍情形
四 學校沿革
五 經費來源及經常臨時預算表
六 組織編制課程及各項規則
市政公報 法規 第十期 六二

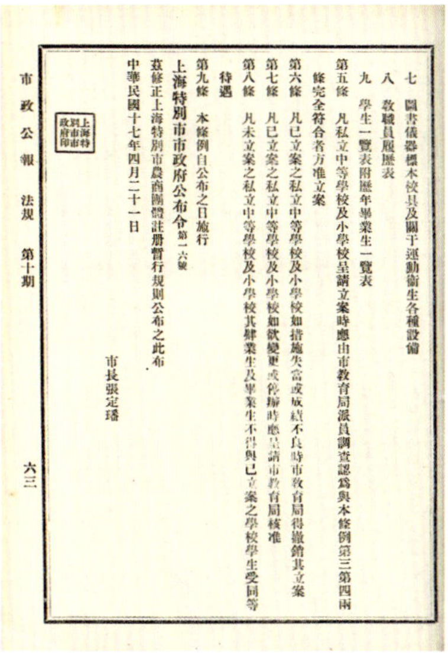
七 圖書儀器標本校具及關于運動衛生各種設備
八 教職員履歷表
九 學生一覽表附歷年畢業生一覽表
第五條 凡私立中等學校及小學校呈請立案時應由市教育局派員調查認爲與本條例第三第四兩條完全符合者方准立案
第六條 凡已立案之私立中等學校及小學校如措施失當或成績不良時市教育局得撤銷其立案
第七條 凡已立案之私立中等學校及小學校如欲變更或停辦時應呈請市教育局核准
第八條 凡未立案之私立中等學校及小學校其肄業生及畢業生不得與已立案之學校學生受同等待遇
第九條 本條例自公布之日施行
上海特別市市政府公布令第一六號
茲修正上海特別市農商團體註册暫行規則公布之此布
中華民國十七年四月二十一日
市長張定璠
上海特別市市政府印
市政公報 法規 第十期 六三

图2-25 《上海特别市私立中等学校及小学校立案条例》（选自《上海特别市市政府市政公报》1928年第10期）

处：一是中西女中过于重视英文教学，忽视国文；二是烹饪课只教授学生西菜；三是一味仿行西式教育，忽略中国的社会情况和国家需要。[46]第二日，一位自称是中西女中某位学生的父亲者在《大陆报》上刊登回函，逐条进行反驳：一是中西女中的国文课程已极尽完善，忽略古文而重视白话文，则是由于教育部对于白话文的极力倡导；二是家政科列有中国烹饪及女红，需费六年方可修毕；三是该校已设有一顾问部，共有八人，其中四人为华人，此为学校注重中国国情之表现。[47]面对外界的质疑之声，中西女中积极回应，处理得当。《时报》也为之发声，称中西女中的办学宗旨是“欲造成中西并通之女子，以成未来中国妇女之冠”[48]。但随着“非基督教运动”和收回教育权运动愈演愈烈，中西女中受到的批判也愈多，承受的压力亦大。

1927年南京国民政府成立，是年5月7日上海特别市成立，改变了华界原本互不统属的行政格局。在教育方面，1927年7月成立上海特别市教育局，隶属于上海特别市市政府，管理全市一切教育事务。为了收回教育主权，加强对学校的管理，这一年的7月，南京国民政府教育行政委员会制定《学校立案规程》，要求有关学校须在8月底之前向主管机关遵章立案。在教育行政委员会的指示下，上海特别市教育局结合本市的实际情况，召开第一次局务会议，通过《特别市私立中小学校规程》。8月5日上海市教育局又召开第二次局务会议，决定从8月8日开始，办理私立学校立案事宜。[49]《特别市私立中小学校规程》规定了“私立”学校的定义，“凡私人或私法团设立之学校为私立学校，外国人设立及教会设立之学校均属之。私立学校之名称，应明确标示学校之种类，并须于校名上冠以私立二字”[50]。8月10日，上海特别市市政府核准并颁布了《上海特别市私立学校立案规程》。较《特别市私立中小学校规程》范围更广，要求更加详细，将私立学校的立案条件详细列出。首先是经费方面，“学校须有确定的资产或资金，其租息足以维持其学校之常年经费”。其次是设备方面，“学校须有相当之校地和校舍、运动场及校具教具各项”。最后关于教职员更有严格的限制，须合于法定资格，校长必须由本国人担任。立案之后，教育局认为措施失当、成绩不良者，得撤销其立案。凡是未经教育局准予立案之私立学校，其学生在学及毕业资格一律无效。[51]

1927年9月，上海特别市教育局颁布《私立中等学校立案施行细则》，规定“凡设置私立中等学校，应由创办人先期拨具计划书，订定学则，并将校舍设备及经费等项，详细开列，报由教育局调查确实，始准开办。在未经调查确实以前，不得先行招生开学。已准开办之私立中等学校，须于成立第一年内，完成立案手续。凡不能完成此项手续者，得令其停办”[52]。1928年4月，上海特别市教育局又制定《上海特别市私立中等学校及小学校立案条例》，对于1927年的立案规程进行修改和增补。立案各校不仅要向市教育局呈请备案，还“应由市教育局呈请市政府转咨中华民国大学院备案”，同时还规定，“学校教职员合格胜任专任教员占全数三分之二以上，其校长由中国人充任”；而且私立学校呈请立案时，“应由市教育局派员调查，认为与本条例完全符合者方准立案”；对于未立案学校，“其肄业生及毕业生不得与已立案之学校学生受同等待遇”。[53]

私立学校立案规程相继颁布后，首先向市教育局申请立案的大多是国人所办的私立学校，如澄衷中小学校、南洋模范中小学、广肇中学、市北公学等18所私立学校于1928年4月就成为第一批准予立案的学校并拥有立案证书。[54]中西女塾作为教会女校的代表，自创办之日起一直由美国人担任校长，学校的管理和决策权掌握在教会手中，教育模式也仿照美国教学方法。若是申请立案，不仅须调整学制，聘任中国人担任校长，改变校董会体制，还须接受中国政府控制和监督，故中西女塾一直不愿向国民政府申请立案。直至1928年，监理会方面才开始考虑准备立案一事。中西女塾态度之所以转变，有着多方面因素的推动。1927年10月15日，上海特别市教育局的代理局长保君建向上海特别市市长呈请《拟订取缔私立学校条例》：“职局为整理本市教育计，一方面依法催促各私立学校呈报立案，经由督学严密调查后，以定准驳。一方面厘订取缔私立学校条例，俾应行取缔之各私立学校尽行淘汰，免得贻误青年。”[55]经市长批准后，同年底，市教育局公布了《上海特别市教育局取缔私立学校条例》，规定“对于市内私立学校，除准其立案、准其试办者以外，应加以取缔”，并罗列了十二条应加取缔的条件，其中“不以教育为主旨，违背中国国民党党义者”以及“不依法呈请立案者”均为应加取缔的私立学校。[56]这无疑是上海特别市市政府对于那些不愿立案的教会学校的敦促和警告，而且无论是1927年还是1928年市教育局颁布的立案规程，对于未立案学校的肄业生及毕业生，均予以限制，或不承认其在学及毕业资格，或不得与已立案之学校学生受同等待遇。种种因未立案所带来的阻碍，给监理会方面和中西女塾当局带来了一定的压迫。1927年12月1日，蒋介石和宋美龄的婚姻，则成为中西女塾决定呈请立案的最后一个重要推力。宋氏家族与教会关系匪浅，宋美龄的父亲宋耀如是早期华人传教士之一，母亲倪桂珍也出身于基督教家庭，宋霭龄、宋美龄和宋庆龄三姐妹更是肄业于中西女塾。因此，监理会方面认为教会已经

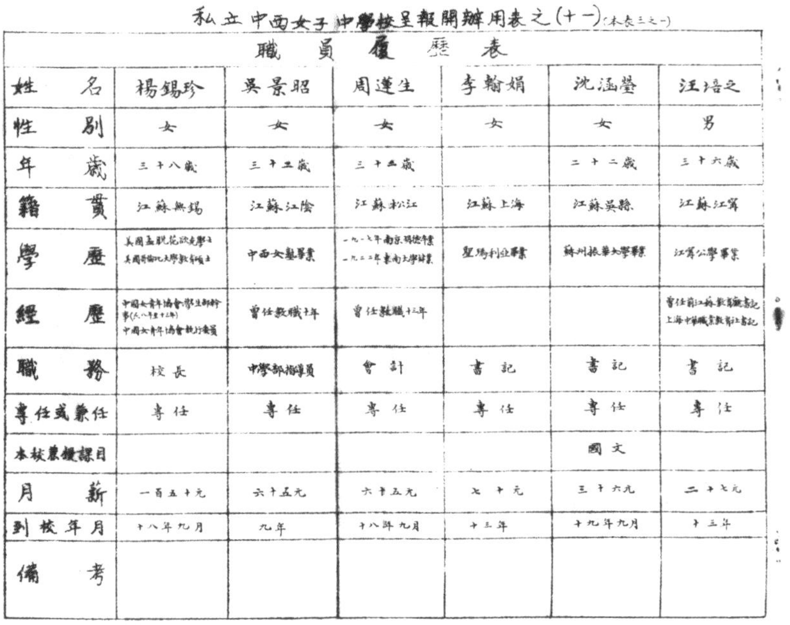

私立中西女子中學校呈報開辦用表之(十一)(本表三之一)

職員履歷表

姓名	楊錫珍	吳景昭	周蓮生	李翰娟	沈涵瑩	江培之
性別	女	女	女	女	女	男
年歲	三十八歲	三十五歲	三十五歲		二十二歲	三十六歲
籍貫	江蘇無錫	江蘇江陰	江蘇松江	江蘇上海	江蘇吳縣	江蘇江寧
學歷	美國孟脫花欲克學士 美國哥倫比大學教育碩士	中西女塾畢業	一九一七年南京明德畢業 一九二二年東南大學肄業	聖瑪利亞畢業	蘇州振華女學畢業	江寧公學畢業
經歷	中國女青年協會學生部幹事(八年至十三年) 中國女青年協會執行委員	曾任教職十年	曾任教職十三年			曾任前江蘇教育廳書記 上海中華職業教育社書記
職務	校長	中學部指導員	會計	書記	書記	書記
專任或兼任	專任	專任	專任	專任	專任	專任
本校擔任課目					國文	
月薪	一百五十元	六十五元	六十五元	七十元	三十六元	二十七元
到校年月	十八年九月	九年	十八年九月	十三年	十九年九月	十三年
備考						

图2-26　职员履历表（选自《私立中西女子中学校呈报开办用表》，上海市档案馆藏）

和中国政府建立了密切的联系，学校立案也提上了日程。

南京国民政府成立后力争收回教会学校的教育主权，对于教会学校的要求，比中国人所创立的私立学校更为严格。结合1927—1928年上海特别市教育局所颁布的多项立案条例来看，教会学校若想立案，必须大致在校长人选、校董会组织以及学校办学章程这三个方面进行变革。

首先，关于校长人选。早在1927年7月，教育行政委员会颁布《学校立案规程》，明确“须以合于法定资格者充任学校校长，不得以外人充任”[57]。南京国民政府和上海特别市市政府结合实际情况，对于立案规程进行多次修改和添补；但每一次所公布的条例中，都毫无例外地要求私立学校的校长必须为国人，不得以外国人充任。若是中西女塾准备立案，则必须改变以往选拔校长的方式，改由中国人担任校长。经过多方商议，中西女塾一开始决定提名的校长人选是马季莹。1912年马季莹进入中西女塾工作，1917年辅助莲吉生校长筹集巨资将学校迁至忆定盘路，在校二十八年间历任经济委员长及副校长等重要职务。她待人接物和蔼可亲，从不疾言厉色地训斥学生，故深受学生们的喜爱。1914届毕业生吴玉芳在校刊《墨梯》上为她题赞词，称赞其“庄肃温恭、热心学务、克始克终、爱人以德、处世以诚、仰瞻矩范、发外积中”[58]。但令人遗憾的是，1928年2月4日，马季莹积劳逝世，全校师生同声哀恸，2月15日在闸北浸礼会公墓举行殡礼。[59]教会方面对于马季莹的逝世也是措手不及，只得推迟立案申请，另觅校长人选。经过多方寻觅，监理会看中了杨锡珍作为中西女塾的首任华人校长。杨锡珍的父亲杨维翰既是一位医生，曾在苏州博习医院就读和工作，也信奉着基督教，是一名传教士。她的哥哥杨永清是东吴大学首任华人校长，毕生奉献于教育事业。杨锡珍本人也受过高等教育，是美国孟脱花欲克学士和哥伦比亚大学的教育硕士。1919—1924年，她担任着中国女青年会学生部干事和执行委员。[60]因此，无论是从受

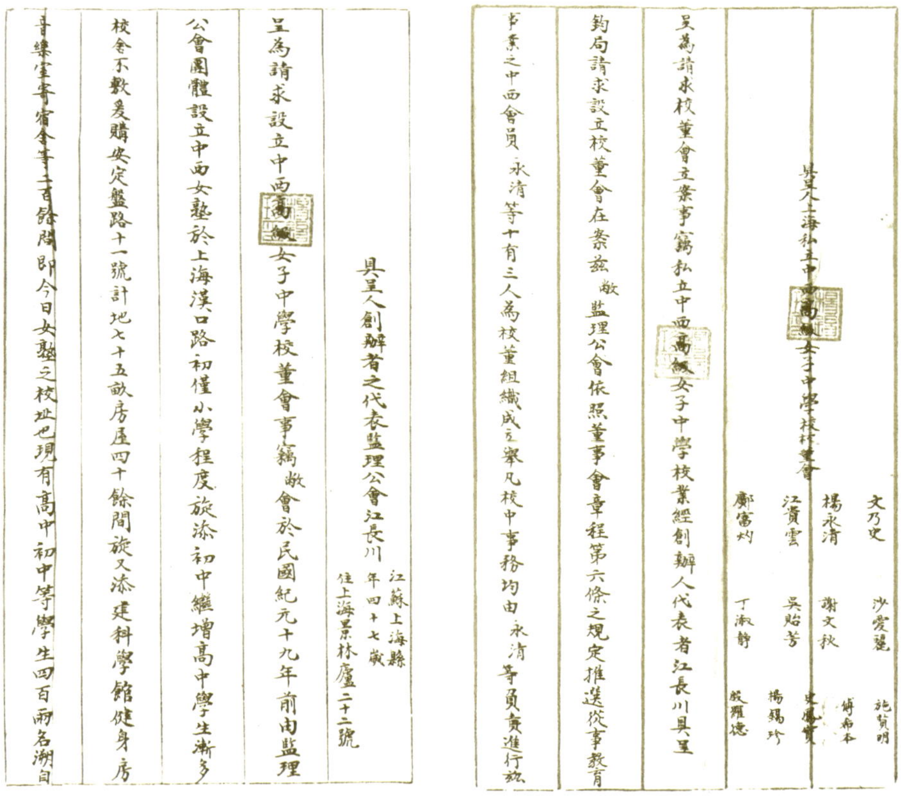
具呈人上海私立中西高級女子中學校校董會
文乃史 沙愛瑟 施贊明
楊永清 謝文秋 傅希本
江貴雲 吳貽芳 史屬實
鄭富灼 丁淑靜 楊錫珍 殷羅德
呈為請求校董會立案事竊私立中西高級女子中學校業經創辦人代表者江長川具呈
鈞局請求設立校董會在案茲敝監理公會依照董事會章程第六條之規定推選從事教育
事業之中西會員永清等十有三人為校董組織成立案凡校中事務均由永清等負責進行茲

具呈人創辦者之代表監理公會江長川 年四十七歲 江蘇上海縣 住上海景林廬二十二號
呈為請求設立中西高級女子中學校董會事竊敝會於民國紀元十九年前由監理
公會團體設立中西女塾於上海漢口路初僅小學程度旋添初中繼增高中學生漸多
校舍不敷爰購安定盤路十一號計地七十五畝房屋四十餘間旋又添建科學館健身房
音樂室寄宿舍等二百餘間即今日女塾之校址也現有高中初中等學生四百兩名溯自

图2-27《私立中西女子中学公文往来档案》（1930—1934年，上海市档案馆藏）

教育程度，还是宗教信仰方面，杨锡珍都是当时中西女塾最合适的校长人选。1929年9月，中西女塾聘请杨锡珍担任首位华人校长，英文部主任殷罗德（Louise Robinson）为校务顾问。

选定校长人选后，中西女塾立案面临的另一难题则是校董会的设立。校董会是私立学校的最高权力机构，负责学校的整体发展规划，拥有处理学校事务的最高决策权。清末民初，中国的私立学校开始效仿这种管理制度，并最终成为私立学校的基本制度。中西女塾曾在立案之前，设有一顾问部，共有8人，其中4人为华人。[61]但是该顾问部对于学校事务仅有建议权，并无决策权，与校董会还是有着很大的区别。国民政府成立后，为了规范各所私立学校校董会的设置，1926年10月18日大学院颁布《私立学校校董会设立规程》，规定“私立学校以校董会为其设立者之代表，负经营学校之全责”。其中第十三条规程，对于教会学校的校董会则规定“外国人不得为校董，但有特别情形者得酌量充任。惟中国人董事名额须占多数，不得以外国人为董事长或董事会主席”[62]。1927年9月，教育部又公布《私立学校校董会设立规程补充条例》，制定出四条私立学校校董会董事人选的选拔标准：“能筹划经费赞助校务之发展者；有建设与维助之功绩及促进之愿望者；办理教育事业有成绩者；与学校有深切之关系者。”[63]1928年3月19日，上海特别市市政府补充制定了更为完善的《上海特别市私立中小学校校董会设立条例》，再次重申对于校董的国籍严格限制。[64]1930年5月教育部再次增添《私立校董会资格限制办法》，并通令各省市教育局

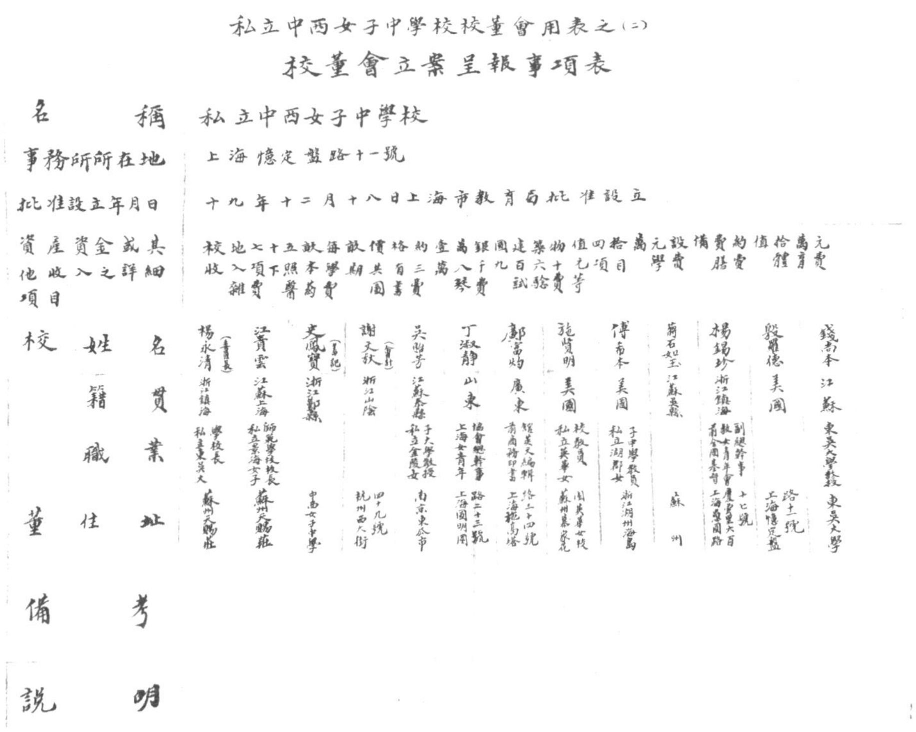

私立中西女子中學校校董會用表之(二)

校董會立案呈報事項表

名稱	私立中西女子中學校
事務所所在地	上海憶定盤路十一號
批准設立年月日	十九年十二月十八日上海市教育局批准設立
資產資金歲入之詳細具其他收入項目	校地七十五畝每畝價格約壹萬銀圓建築物值四拾萬元設備費約值拾萬元收入項下照本學期共有三萬八千九百六十元項目學費 膳費 體育費 雜費 醫藥費 圖書費 琴費 試驗費等
備考	
說明	

校董姓名	籍貫	職業	住址
楊永清（董事長）	浙江鎮海	私立東吳大學校長	蘇州天賜莊
江貴雲	江蘇上海	私立景海女子師範學校校長	蘇州天賜莊
史鳳寶（書記）	浙江鄞縣		中西女子中學
謝文秋（會計）	浙江山陰		杭州西大街四十九號
吳貽芳	江蘇泰縣	私立金陵女子大學教授	南京東公市
丁淑靜	山東	上海女青年協會總幹事	上海圓明園路二十三號
鄺富灼	廣東	商務印書館英文編輯	上海[illegible]路二十四號
施賢明	美國	私立英華女校教員	蘇州慕家花園英華女校
傅希本	美國	私立湖郡女子中學教員	浙江湖州海島
蔣石如玉	江蘇吳縣		蘇州
楊錫珍	浙江鎮海	前全國基督教女青年會副總幹事	上海愚園路[illegible]十七號
殷羅德	美國		上海憶定盤路十一號
錢志本	江蘇	東吳大學教授	東吳大學

图2-28　校董会立案呈报事项表（选自《私立中西女子中学校校董会用表》，上海市档案馆藏）

遵行，规定“凡私立学校校董会，至少须有三分之一之校董以曾经研究教育或办理教育者充任”[65]。此限制条例的颁布，为私立学校的校董会注入了专业性的新力量。在保留原有校董的经济能力的同时，选用一部分具有教育经验和教育资格的专业人士作为校董，使得该组织在决策学校事务的时候能够更加权威和专业。

中西女塾根据上海特别市市政府的法律条例，于1930年9月由卫理公会的华人会督江长川代表学校向上海特别市教育局申请设立校董会，随呈文附有校董会章程和校董调查表。此份校董会章程，共有八条。第一条规程中，学校校名按照国民政府规定，改为“上海私立中西高级女子中学”。校董会的全称也随校名改为“监理公会上海私立中西高级女子中学校校董会”。此时校董会的会址并未设在忆定盘路，而是定于上海昆山路景林庐5号。该校董会的宗旨为：“系基督教监理公会女子部之名义，设立高中初中各级学校于上海，务期办理完善，造福社会，养成一般良好公民，发展健全人格，以副创办人之本意。”[66]

江长川在呈至市教育局的申请中，详细列出中西女中最初的13名校董，其中外国人士5人，分别是文乃史（东吴大学顾问）、沙爱丽（景海女子师范学校教员）、施贤明（英华女校副校长兼教员）、傅希本（湖郡女子中学英文教员）和殷罗德（中西女塾教员）。其余8人均为华人，分别为杨永清（东吴大学校长）、江贵云（景海女子师范学校校长）、邝富灼（商务印书馆英文部主任）、谢文秋（教授）、吴

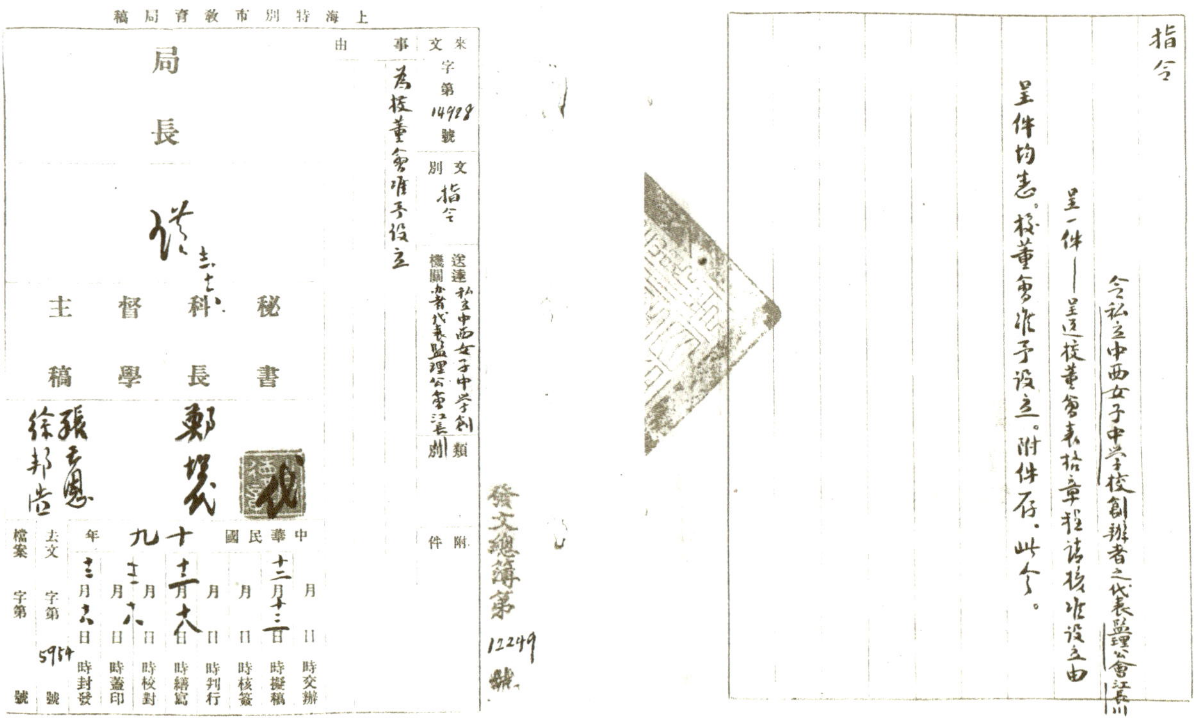

上海特別市教育局稿

指令

令私立中西女子中学校创办者之代表监理公会江长川

呈一件——呈送校董会表格章程请核准设立由

呈件均悉。校董会准予设立。附件存，此令。

图2-29 《私立中西女中中学公文往来档案》（1930—1934年，上海市档案馆藏）

贻芳（金陵女子文理学院院长）、丁淑静（中国女青年会总干事）、史凤宝（中西女塾小学指导员）和杨锡珍（中西女塾校长），杨永清被选为董事会主席。[67]校董人选符合“中国人董事名额须占多数”的规定，并且从事教育事业的人员有11人之多，说明学校管理团队具有丰富的教育专业知识，可以为学校发展提供权威建议；但是校董大多为教会人士，在该校校董会章程中也有条例明确规定：“所有校董委员，均须本会同志，且至少必有四分之三为本公会教友。”这显示此时的校董会还是带有较为浓厚的宗教倾向的。关于校董会的职权，章程中规定：“本会有完全处理上海私立中西高级女子中学之权，按照创办者之原旨进行。”具体职权分为经济和行政，经济方面分别是规划经费、审查预算、维护校产以及监察财务。行政方面也进行了细致的划分：“甲、本会得选任校长，俾其完全负责，克尽厥职。如所选任之校长有亏职守时，本会得另选继任。乙、议决校长所提事项，如选举顾问、行政人员、校政会会员等。丙、本会得酌夺情形，选立当地顾问部。丁、本会有开办停办学校之权。”[68]

1930年9月，监理会代表江长川将中西女塾的校董会章程与校董名单呈请上海市教育局，请求进行校董会立案。1930年12月，市教育局批复：“今私立中西女子中学校创办者之代表监理公会江长川呈一件——呈送校董会表格章程，请核准设立，由呈件均悉。校董会准予设立。”[69]自此，中西女塾改称“私立中西女子中学校”，简称“中西女中”。校董会也予以成立，学校管理体制变成了校董会监管下的校长负责制。

自校董会成立后，1931年7月上海中西女子中学校校董会主席杨永清向市教育局“呈为私立上海中西女子中学校，请求设立学校，呈报开办日期”[70]。市教育局收到中西女中的立案申请后，随即派遣监察员前往学校进行调查。监察员经过实地调查后，呈复市教育局曰：“该校原名中西女塾，在忆定盘路，校长杨锡珍，编制分为初高中各三级，学生四百四十余人。校舍三大部，占地七十亩，价值二百余万元。前系教会产业，已经归校董会管理。设备完备且整洁非常。惟礼堂中赞美书、祈祷式等，虽为教徒而设，然亦不合。至教学缺点甚多，均宜改正。”该份调查报告后提交至市教育局私立学校审查委员会，议决“应令该校改正不合各点，再行核办，原表发还修正”，并提请局务会议通过，令饬中西女中进行改正。[71]

中西女中校董会收到训令后，极为重视，会同校长杨锡珍切实研究，对于学校的宗教祈祷式以及教学课程方面均根据教育部的规定进行撤销和修改：礼堂方面，赞美书、祈祷式等一概撤销；教学方面，初中部除去宗教选科，科学书采用国文课本，更加注重国文教学，英文课与国文课保持同等的教学时长。[72]修改各项不合规定的制度后，中西女中校董会于7月底再次申请立案，并附有修正后的立案表册。市教育局方面对于中西女中及时改正的态度很是赞赏，在10月20日的局务会议上夸赞中西女中“成绩优良，校产丰富，学校设施大致尚合”[73]，并议决准予中西女中立案。

至此，中西女中本应完成立案手续。可是好事多磨，就在12月上海市教育局将中西女中的立案事由呈请国民政府教育部备案之后，教育部却下达批示，认为中西女中的校董会章程偏重于教会相关内容，不符合国民政府的私立学校立案规定，以此驳回中西女中的立案申请，要求进行改正后再行核办。[74]中

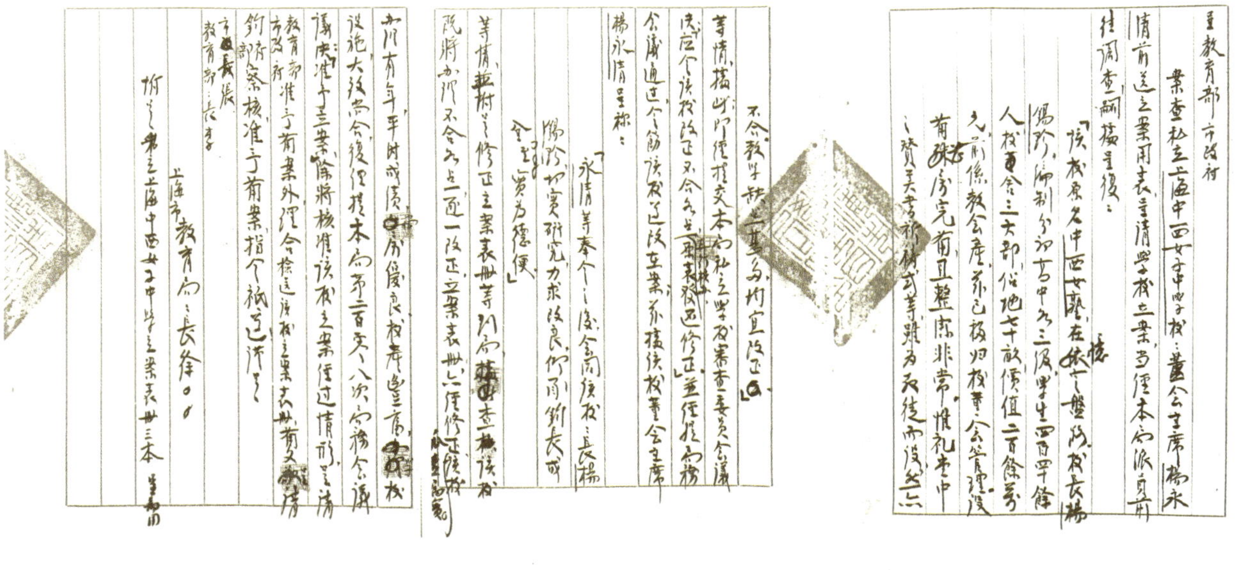

图2-30　《私立中西女中中学公文往来档案》（1930—1934年，上海市档案馆藏）

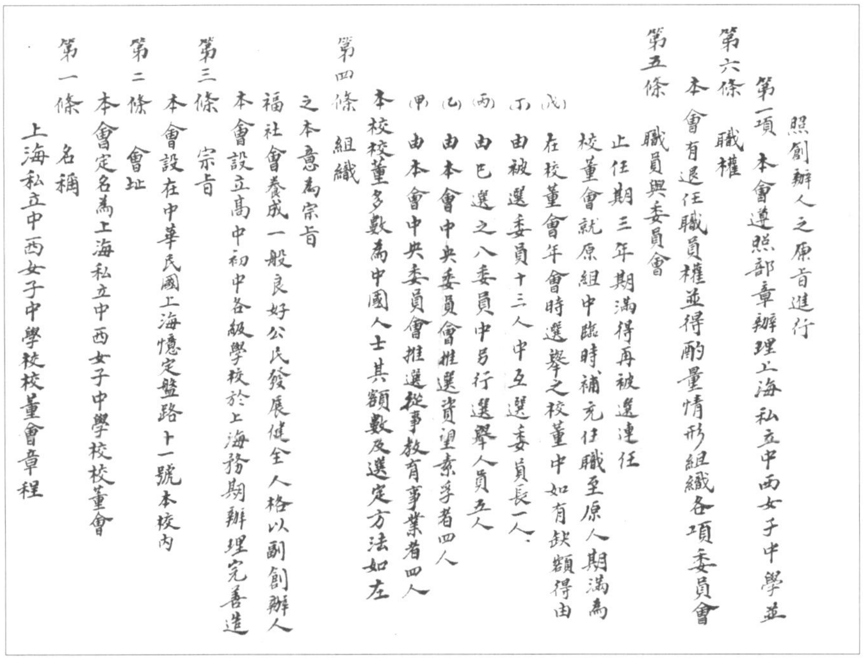
上海私立中西女子中學校校董會章程
第一條　名稱
本會定名為上海私立中西女子中學校校董會
第二條　會址
本會設在中華民國上海憶定盤路十一號本校內
第三條　宗旨
本會設立高中初中各級學校於上海務期辦理完善造
福社會養成一般良好公民發展健全人格以副創辦人
之本意為宗旨
第四條　組織
本校校董多數為中國人士其額數及選定方法如左
(甲)由本會中央委員會推選從事教育事業者四人
(乙)由本會中央委員會推選資望素孚者四人
(丙)由已選之八委員中另行選舉人員五人
(丁)由被選委員十三人中互選委員長一人
(戊)在校董會年會時選舉之校董中如有缺額得由
校董會就原組中臨時補充任職至原人期滿為
止任期三年期滿得再被選連任
第五條　職員與委員會
本會有選任職員權並得酌量情形組織各項委員會
第六條　職權
第一項　本會遵照部章辦理上海私立中西女子中學並
照創辦人之原旨進行

图2-31《上海私立中西女子中学校校董会章程》（上海市档案馆藏）

西女中方面只能重新修改制定校董会章程，新的校董会章程中，第一条“名称”中删去“监理公会”，改为“本会定名为上海私立中西女子中学校校董会”。宗旨也改为“本会设立高中初中各级学校于上海，务期办理完善，造福社会，养成一般良好公民，发展健全人格，以副创办人之本意为宗旨”。校董人员组织方面，也进行了大幅修改，除去了美国总布道会、监理会中央委员会和执行委员会的四个代表职位，同时删去“所有校董委员，均须本会同志，且至少必有四分之三为本公会教友”的规定。[75]在新的章程规定下，中西女中校董会的人选也进行了相应的调整，将担任中国女青年总干事的丁淑静替换为李献贞，同时增加了王敬如（女青年会职员）和张毅（东吴大学教师），校董人数由13人增至15人。经过修改的新的校董会章程最终得到教育部的认可，1930年12月底，中西女中正式完成立案。

第四节　章程与课程

一、各时期的章程

研究一所学校，必先研究其章程，这是办学的重要依据。章程所载明的内容，涉及办学的宗旨、理念、性质以及学校的沿革情况，具体还包括学制规程、管理制度、课程设置、经费来源等，有的附有面向家长及入学学生所颁发的招生简章，以及毕业生名单、社会声誉。章程是我们研究校史的基础文本与重要资料。考察近代一些学校的章程，需要注意几个维度。其一，与同时期各校的章程进行比较。这涉及章程的“蓝本”问题。其二，结合学校自身的发展，学校各个时期的章程也是在不断修订、完善。其三，还涉及更高层级相关法律、政策的规范与制约。[76]作为一所教会创办的女校，从中西女塾到中西女中，不同时期、不同版本的章程有着更复杂的背景，蕴含着更丰富的内容。

中西女塾以及后来的中西女中每年都会刊印章程，以供社会各界人士阅览。目前所搜集到的中西女塾（女中）章程包括1895年、1913年、1920年、1922年和1925年的一些办学章程，以及立案时期中西女中向上海市教育局呈报的新制章程。1895年中西女塾章程刊登在《字林西报》上，1913年、1920年、1922年和1925年的章程保存在上海图书馆中，立案时期的章程则存于上海市档案馆，均保存较为完好。

1895年中西女塾章程是目前发现的最早的学校章程，其中共有十六条规定。第一条规程阐明了学校的办学目的："专收中华女子，教以中西书史，与一切有关实用之学，以及刺绣、缝纫、杂技等。"[77]其后各条规程对于招生对象、西文课程、作息时间、收费、管理制度以及宗教信仰方面均有所规定。但这一时期的章程仍较为简略，对于考试制度、课程介绍和教师队伍等内容均略焉弗详。自1913年起，中西女中逐渐删改、完善学校章程，使之更加丰富完整，并专门由本校或者委托商务印书馆编印成册，供有需要的人来校索取。其中1913年、1920年、1922年和1925年的章程，对于本校历史、硬件设施、编制课程、各级课表、管理制度、应缴费用以及职员名录等均做了详细的说明。同时在办学过程中，校方根据历年的具体情况，对章程加以修改和完善，使之更符合学校的实际。1920年、1922年和1925年的章程，除了载明学校情况外，还对于开设的课程，如国文、英文、历史、格致等科，分别从任课教师、各级课程安排、授课时间和教科书进行了详细的介绍。中西女中获准立案，又根据国民政府的相关规定，对于办学宗旨、课程设置和收费标准进行了一定的修改，这些修改也体现在章程之中。就目前搜集到的这几年的章程来看，尽管每年中西女中都会进行部分规定的修改和增减，但是总体上内容分类大致相同，全面地展现了各个时期中西女中的办学情况。总而言之，这些办学章程是梳理中西女中历史发展脉络的重要资料，以下就根据章程，对中西女中的办学特色进行简要的介绍。

作为近代上海最出色的女子学校之一，无论是中西女塾时期，还是后来改名为"中西女中"时期，学校都坚持严谨治学。要保持高水平的教学质量，就要重视学生成绩，加强日常管理。

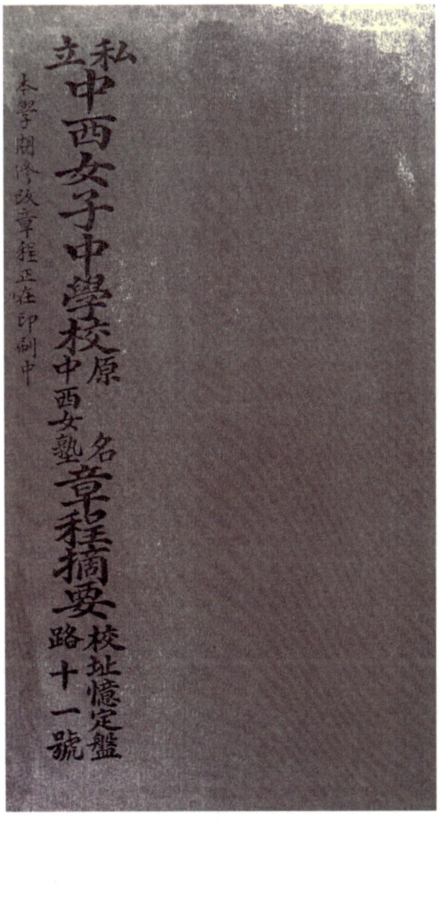
私立中西女子中學校
原名中西女塾
章程摘要
校址憶定盤路十一號
本學期修改章程正在印刷中

图2-32 《私立中西女子中学校（原名中西女塾）章程摘要》（上海市档案馆藏）

1904年，中西女塾就制定了严格的授业时间要求，规定学生每日早晨八点三刻进塾，十二点放饭。下午的作息安排则根据季节变化加以调整，“五月起下午一点半进塾，五点钟放学；十月起下午一点钟进塾，四点半放学。闲暇时间备有玩具，以供学生散心，晚间由教习酌派夜课”[78]。这种作息时间安排，既保证学生有充足的学习时间，又兼有体育运动和课后自习时间，以培养学生全面健康地发展。

除了制定详细的课程时间，中西女塾对于学生的成绩也有十分严格的要求。1913年章程中规定，“小学至备级二年，每学期考试两次；备级三年起，每学期考试一次。考试分数在七十五分以下者，下学期不得升班。考试分数载入考试单，七十五分以下为D，七十五分至八十五分为C，八十五分至九十五分为B，九十五分以上为A”[79]。严格的考核制度，使得中西女中历年的毕业人数都不算太多，1917年之前的每年毕业人数均不足10人，在学校迁至忆定盘路之前的毕业生总数也仅有33人。若是学生修习了琴学，则负担更重，因为琴学学习年限很长。高级琴科学生每天须花费两小时在练琴上，此外还有乐理、音乐史等课程，再加上平时的文化课程，琴科学生确实不胜负担，每年能同时领到正规学业文凭和琴科文凭的更是寥寥无几。在这种严谨、高要求的治学之下，虽然毕业生人数较少，但均成为社会上最出色的新式女性，她们毕业后或从事教育，或从事商业，无论从事何种职业，均能成为近代中国各行各业的翘楚。

作为一所女子学校，中西女中的管理制度尤为严格。为了保护学生的安全，学校设立了保单制度。该制度指的是在学生报名之时，学校规定学生须填写保单。学生的籍贯、住址、父母姓名和职业、就近有无亲友照料以及放假休息时接送之人，须于保单上注明。如果保单所填内容与实际不符合，学校则令该生自行退学，所缴费用一概不退。除了填写保单之外，中西女中还规定入学的学生均须有担保人，且担保人不仅在社会上要有一定地位和声望，还应为学校所认识之人。对于学生外出，学校更是严格规定，“凡遇放假时，每一学生必由其保单所指定之人来领，到塾则送，除其父母或受委托者，预行告知院长外，不得自来自去”[80]。凡是学生请假，都必须由其父兄亲自致函给校长，写明缘由，且并不是所有缘由都可以请假，校长都会准许。学校规定除了至亲的吉凶大事外，寻常缘故都不会批准，以免耽误学生的学业。若是有宾客来校探望学生，只能在专门的会客室中接待，不能进入学生寝室，除了学生父母和预先告知校长的委托人，任何男子都不能来塾看望。但中西女中的访客规定，重点在于防范男性入校，对于女性访客，则略有疏忽，仅须向校方管理人员申明访谒何人，即可入校。这一疏漏，导致学校曾发生过盗窃事件。1929年3月13日，有一衣冠齐整之女性来校，申明谒见某某小姐后，门房查证发现校中果有此学生，故深信不疑，让其入内。结果该女宾并未前往会客室，而是四处寻觅，在撬启一宿舍门时，被一女佣看见，甚觉可疑。女佣便询问所谒见之学生，学生谓家中并无此人，众人才怀疑此人并非访客，而是一个女贼。自此事之后，中西女中的门禁更加严格，凡入校女宾，皆须由门房先行通告所访之学生，待确认无误后，方可入校。[81]至于信函，学校的管理人员和校长均有拆看之权，学生更不得与男子通信。学校这一系列举措，保证了学生们的安全，也符合了家长们的要求，许多家长都对于中西女中的管理规定表示十分满意。

中西女中对学生在校中的日常生活和学习也有相应的管理条例。学校内设有膳堂，供应学生的每日三餐。早餐以粥为主，午膳和晚膳各四个菜，荤素各半。除了学校供应餐食以外，学生也可从家中带小菜、面包和果酱等食品。但家中所带来的食物禁止带入寝室，必须置于膳堂的金属橱柜中锁起来，钥匙掌握在膳堂管理人员手中。果酱小菜类的佐餐食物也只有在早餐之时，才可拿出来享用，饼干之类的零食则只有每天上午10点半和下午4点才能开门取用。学生早餐、午膳、晚膳出入膳堂，必以琴韵为节，务求步伐整齐。吃饭时每张桌子围坐8人，有一位教习负责管理。

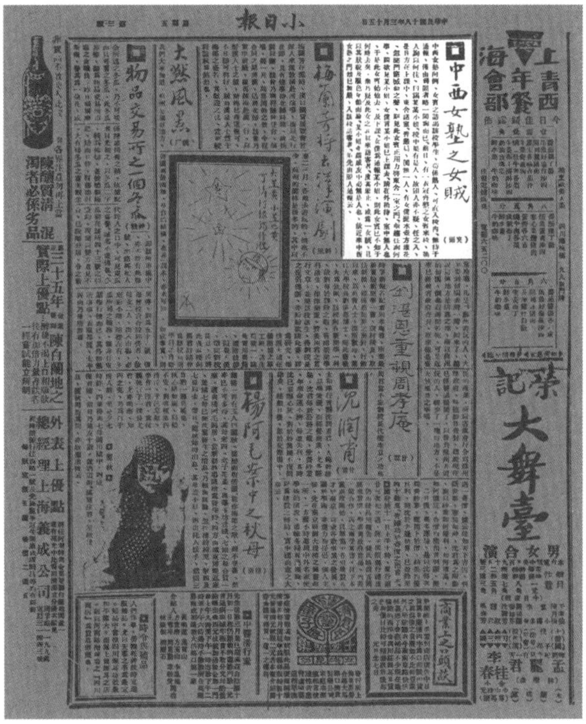
小日報

中西女塾之女賊

大舞臺

图2-33 《中西女塾之女贼》(《小日报》1929年3月15日，第3版)

中西女中既招收上海本地学生，又招收外埠学生，为了便于管理，大都规定学生必须住校。学生住宿的床铺用品，起初是由学校统一置办的。后因学生人数增多，学校规定由各人置办，但必须按照学校指定的样式，新制被褥、床单等用品，每个人均须一致，这样既美观，又便于管理，并避免了学生之间互相攀比。对于服饰和银钱，也有严格规定。学校禁止学生携带艳丽华贵的衣物和银钱，若有携带者，不收入箱匣内，被监院发现，当即没收，直到学期结束后才能发还。并且严禁学生将首饰衣物互相借贷，违者将受重罚，由校方通知其父母惩戒。为了满足学生们的日常学习要求，学校有专门用于自习的自修室和授课教室。在自修室和教室内，学生皆须静心研究，不许出声朗诵。监院派高级班学生管理，如有不遵守规条者，管理人有权记过并记下其姓名，于学期末统一惩治。对于学生的健康，学校也特别注意，设有专门的医务室，聘有西医和看护人员。生病学生需要入病房就医，若是不喜欢西医诊治，也可以由父母接回家中延请中医医治，唯独不能寄居宿舍内，以免延误病情。中西女中在汉口路之时，学校西门附近有妇孺医院，新马路的以利沙伯医院，在有恒路还有黄女医士，距离都很近，送医十分方便。[82]

学校的管理制度十分严格，再加上校务基本都由校长一人处理，未免有时会略有偏颇。莲吉生校长又以坚硬、毫不退让的性格，厉行治校，导致学生们与校方时有摩擦。1914年12月4日礼拜五上午11时，全校学生在大课堂自修，间有少数同学读书发出了声音，被在巡查的莲吉生校长发现，她立即批评学生，并惩罚全体学生礼拜一下午4点后静坐两小时。校长平时尽管严苛，但从未因为几位学生的错误，而惩罚全体学生，大家都表示很不满。其中正级生傅光宇、备级生黄慧剑二人出声质问，要求校长取消

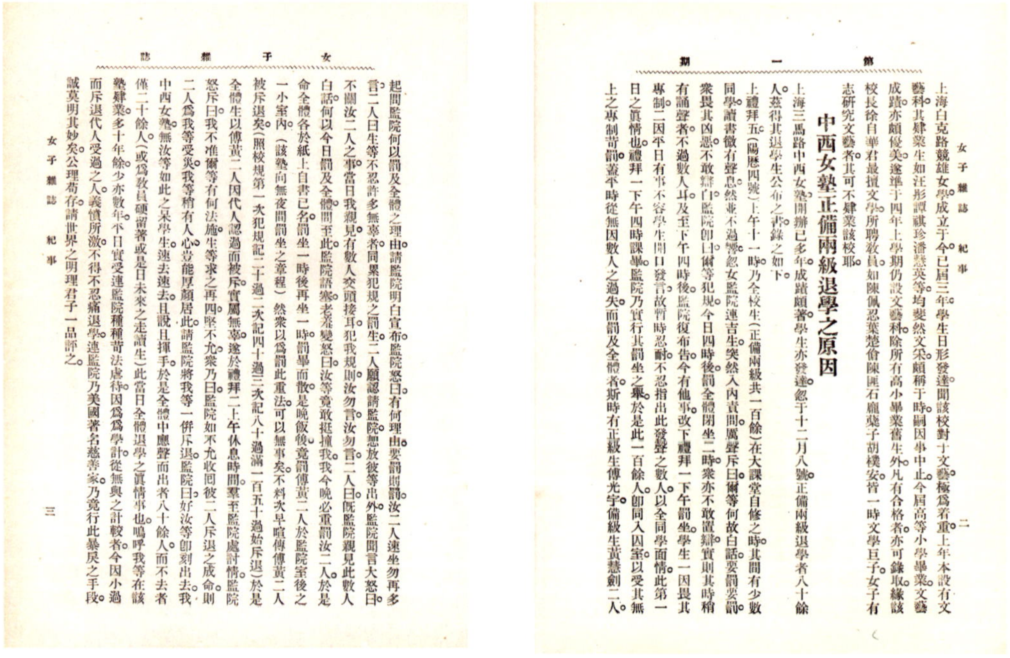
女子雜誌 紀事 二

上海白克路競雄女學成立于今已屆三年。學生日形發達。聞該校對于文藝。極爲着重。上年本設有文藝科。其肄業生如汪彤譚祺珍潘慧英等。均斐然文采。頗稱于時。嗣因事中止。今屆高等小學畢業。文藝成蹟。亦頗優美。遂準于四年上學期仍設文藝科。除所有高小畢業舊生外。凡有合格者。亦可錄取。緣該校長徐自華君最擅文學。所聘教員如陳佩忍葉楚傖陳匪石龐檗子胡樸安。皆一時文學巨子。女子有志研究文藝者。其可不肄業該校耶。

中西女塾正備兩級退學之原因

上海三馬路中西女塾開辦已多年。成蹟頗著。學生亦發達。忽于十二月八號。正備兩級退學者八十餘人。茲得其退學生公布之書。錄之如下。

上禮拜五(陽歷四號)上午十一時。乃全校生(正備兩級共一百餘)在大課堂自修之時。其間有少數同學讀書微有聲息。然並不過響。忽女監院連吉生。突然入內責問。厲聲斥曰。爾等何故白話。要罰要罰。衆畏其凶悪。不敢辯白。監院卽曰。爾等犯規。今日四時後罰全體閉坐二時。衆亦不敢置辯。實則其時稍有誦聲者。不過數人耳。及至下午四時後。監院復布告。今有他事。改下禮拜一下午罰坐。學生一因畏其專制。二因平日有事不容學生開口發言。故暫時忍耐。不忍指出此發聲之數人。以全同學面情。此第一日之眞情也。禮拜一下午四時課畢。監院乃實行其罰坐之舉。於是此一百餘人。卽同入囚室。以受其無上之專制苛罰。蓋平時從無因數人之過失。而罰及全體者。斯時有正級生傅光宇備級生黃慧劍二人。

第一期

女子雜誌

起問監院何以罰及全體之理由。請監院明白宣布。監院怒曰。有何理由。要罰卽罰。汝二人速坐勿再多言。二人曰生等不忍許多無辜者同累犯規之罰。生二人願認。請監院想放彼等出外。監院聞言大怒曰。不關汝二人之事。當日我親見有數人交頭接耳。犯我規則。汝勿言汝勿言。二人曰。既監院親見此數人白話。何以今日罰及全體。問至此。監院語塞。老羞變怒曰。汝等竟敢挺撞我。我今晚必重罰汝二人。於是命全體各於紙上自書已名。罰坐一時後再坐一時。罰畢而散。是晚飯後。竟罰傅黃二人於監院室後之一小室內。(該塾向無夜間罰坐之章程)然衆以爲罰此重法。可以無事矣。不料次早喧傳傅黃二人被斥退矣。(照校規第一次犯規記二十過。二次記四十過。三次記八十過。滿一百五十過始斥退)於是全體生以傅黃二人因代人認過而被斥。實屬無辜。遂於禮拜二上午休息時間。羣至監院處討情。監院怒斥曰。我不准爾等有何法施。生等求之再四。堅不允。衆乃曰。監院如不允收回彼二人斥退之成命。則二人爲我等受災。我等稍有人心。豈能厚顏居此。請監院將我等一併斥退。監院曰。好。汝等卽刻出去。我中西女塾無汝等如此之呆學生。速去速去。且說且揮手。於是全體中應聲而出者八十餘人。而不去者僅二十餘人。(或爲教員硬留著或是日未來之走讀生)此當日全體退學之眞情事也。嗚呼。我等在該塾肄業。多十年。餘少亦數年。平日實受連監院種種苛法虐待。因爲爲學計。從無與之計較者。今因小過而斥退代人受過之人。義憤所激。不得不忍痛退學。連監院乃美國著名慈善家。乃竟行此暴戾之手段。誠莫明其妙矣。公理苟存。請世界之明理君子一品評之。

女子雜誌 紀事 三

图2-34 《中西女塾正备两级退学之原因》（选自《女子杂志》1915年第1期）

“连坐之罚”。但是因其二人出言不逊，使得莲吉生校长更为生气，于是延长众人的罚坐时间，要求傅、黄二人在校长室后的一间小房间内再坐两小时。第二天早上校长室外贴出告示，宣布傅光宇和黄慧剑二人被退学。多数学生觉得此二人虽有过错，但不至于被斥退学。100余名学生遂于礼拜二上午的休息时间，同往校长室，请求校长收回斥退之令。但是校方并未同意学生们的请求，而是更为强硬地开除闹事学生。[83]这导致事态更加恶化。12月10日早晨，先有10余名学生退学，后有80名学生相继离校。[84]当天晚上，57名学生被家长送回学校，缴纳5元报名费，并保证以后遵守纪律，不再闹事，其余20余名学生均被退学。[85]此事造成了巨大影响，引起了社会上的广泛关注，各大报刊都予以报道，学校也紧急召开了校务会议。12月15日，中西女塾的教师与罢学的学生家长们在商务印书馆创始人夏瑞芳的家中进行商谈，决定组织一个六人委员会，负责寻找一所合适的学校，让退学的20余名学生得以复学。[86]该委员会多方奔走，最后与启秀女学的徐校长商妥，20余名学生进入启秀女学继续学业。[87]这是中西女中办学以来爆发的最大的一次冲突，莲吉生校长也在当年的监理会年会上表示：“这是一次极大的震动，没有哪一所学校希望再次重演。”在之后的办学过程中，她吸取了教训，明确建立管理制度的目的，主要是使学生能够活泼自由，视学堂为快乐之公家，而爱护其法律与名誉，由此更加注重采纳学生的意见，尽量使学校的管理更加人性化。

学校所制定的这些事无巨细的管理制度，并非只是强调对学生进行行为上的约束，同时也注重传授优雅的生活方式，让学生学习不同场合所应遵循的各项礼仪。例如课堂之上，每位学生遇见老师都需问安，英语老师提问应用英语回答。日常生活中，举止要温文尔雅，在校内不能大喊大叫，上下楼梯一律右行；在走廊上不能跑动，讲话应让到一边，以便他人通行；在图书室内，要保持安静，离开时应将座椅放回原位；用餐时尽量不出声，骨头等杂物应放在各自盘子中，保持餐厅的清洁；等等。诸如此类注重礼仪的规定，是中西女中每位学生在校期间一直都需遵循的。这样长时间的耳濡目染和亲身经历，使得每位中西女中的毕业生都有特殊的气质，她们举止优雅、性格坚韧，永远保持着自信。外界人一看就知是中西女中的学生，视之为中国现代女性之典范。

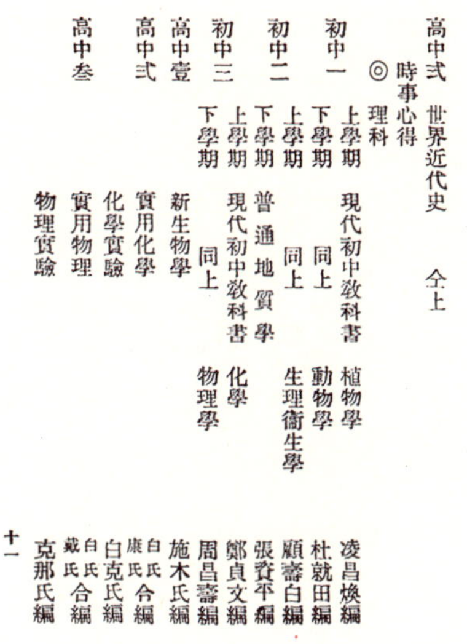
高中弍　世界近代史　仝上
◎時事心得
理科
初中一　上學期　現代初中教科書　植物學　凌昌煥編
下學期　同上　動物學　杜就田編
初中二　上學期　同上　生理衛生學　顧壽白編
下學期　普通地質學　張資平編
上學期　現代初中教科書　化學　鄭貞文編
初中三　下學期　同上　物理學　周昌壽編
高中壹　新生物學　施木氏編
高中弍　實用化學　白氏 康氏 合編
化學實驗　白克氏編
高中叁　實用物理　白氏 戴氏 合編
物理實驗　克那氏編
十一

图2-35《上海私立中西女子中学校（原名中西女塾）简章》

二、女中的课程特色

自1917年校址迁至忆定盘路后，中西女中的课程设置逐年完善，形成了中西兼通的文化课程与艺术课程相结合的教育体系。

中西女中自办学之初，就开设了英语课程。与现代的教学模式不同，中西女中的英语课程并非是按音标、语法、阅读的顺序逐步教授的，而是直接选用英文原版名著作为教材，更注重阅读和交流。以英语课程为例，备级第一年读《希腊史》，第二年读《罗马史》，第三年读《万国通史》，四年级至正科一年级则是选读西方名人论著，正科二年级至四年级继续修读各国历史。[88]除了阅读英文的历史书之外，课堂之上学生们还需撰写论说，将自己的观点和经历用英语表达出来。这样的课程结构，使得学生在大量阅读英文作品的过程中，就已经熟悉了单词用法和语法规则。中西女中的英语教学之所以质量高，很大程度上就是因为让学生们直接阅读英文原著，另外也与学校聘请的英语教师们基本都是外国教师有关。在教学过程中，除了国文课、圣道课和数学课外，其余课程，不论中外教师都须用英语讲课，学生们也用英语对答，用英语做笔记。在这种学习环境下，中西女中的学生都掌握了熟练的英语交际能力和阅读能力，无论从事何种职业，都因为其出色的英语能力而备受青睐。在出国留学方面，她们因为没有语言负担，故能很好地融入西方的学习环境。中西女中很早就有学生出国进修。1914年北京清华学校利用美国退还的庚子赔款，设立专项留美基金，选派男学生100名、女学生10名，女学生在女青年会招考。录取的10名女生中，中西女中就有6位女生考取，分别是汤蔼林、周淑英、唐玉瑞、张端珍、王瑞娴、林荀。[89]由此可见，中西女中的英语教育成绩在众女学中令人瞩目。

中西女中的科学课程设置也很全面，基本涵盖了所有科学课目。1925年之前的章程中，将地理学、生理学、地质学、生物学、化学、物理学、天文学及论理学等八门学科统一归于格致科。立案之后，校方调整了理科的课程内容，改为植物学、动物学、生理卫生学、地质学、化学、物理学，且高中年级增加了物理与化学的实验课程。初中年级教科书改为国人所编的中文教材，高中年级仍使用英文教材。[90]

中西女中的科学课程不仅设置全面，而且重视实验和实地考察。校园内有一幢科学楼，一楼有物理与化学实验室各一间，楼上还有生物实验室。实验室设备都很精良，并且都安排了充足的实验课程，物理、化学和生物课每星期均有两小时的实验，科学楼旁边甚至专门辟出一块土地，作为学生们的植物学科实验场地，种植豆类和其他蔬菜。天文学作为中西女中的特色学科，在屋顶花园上有专门的观星台，“每当春分夏至秋分冬至之夜，月色皎洁，必偕学生登本校之屋顶花园作长夜之研究，又有千里镜以窥月体并考察诸行星，每学生亦须以自己亲见之各星画于纸上成一天文图”[91]。中西女中的天文课在当时全国女校中也属于极为新颖前卫之学科。除了在学校进行实验外，中西女中的科学课程还注重外出实地考察。物理学教学规定每学期都须率领学生前往电汽总公司，实验机械之结构与工作。地质学则是全部科学课程中最常进行实地考察的学科，“注重在随时出外实验，往往费一星期之时日，登山考察矿质且摄影以记实”[92]。

作为一所女子学校，中西女中注重结合女性本身特质和社会需求，为此特别开设了家政课和生理课。早在1914年，中西女中就开设了家政课，初时为选修课，至1920年发展为必修课程，每位学生在毕业前必须有两年的家政课学习经验方可毕业。具体课程安排循序渐进，缝纫方面先从简单的缝补到裁制衣服，最后学习色彩的搭配和服饰的设计。在宿舍楼里有一间高三年级的休息室，里面仅有一套代代相传的藤制家具。这个房间被用作家政课的试验场地，学生们需要结合光线和实用性进行室内布置，搭配窗帘、靠垫、插花和桌布等等，使这个空荡荡的房间变成一个舒适宜人的放松空间。烹饪课程则从学习基础烹饪到根据营养学的标准制定食谱，再到学习菜蔬的色泽分配，每步课程安排都遵循科学卫生的原则。尽管开设了家政课，但是中西女中的家政教育并不停留在训练“贤妻良母”的层面，而是更偏重于女性的全面发展。1930届毕业生丁文蕴在校刊《墨梯》上发表了《女子教育谈》，认为“二十世纪的女子的责任能力，不是到成为贤妻良母就完了，是超于贤妻良母的，因为现在男女是受着同等的教育，站在许多同样的职业里，所以女子教育的宗旨，是女子职业的训练。贤妻良母的训练，是这里面的一部分罢了”[93]。故中西女中的家政课的意义不仅在于促进家庭和谐，还影响了部分学生毕业后以家政知识从事职业教育。如1925届的丁秀珍在上海大兴路开设了家庭烹饪学校，教导中西各式菜肴和点心的制作，她认为“烹饪直接能带助主妇，组织一个健康快乐的家庭，间接亦有助于社会国家，因为健康的家庭，才能产生有为的青年”[94]。除开设家政课外，中西女中还针对正在成长的女学生，专门开设了生理学课程，教授学生们生理和卫生知识，使她们认识到女性健康的重要性。

中西女中之所以成为沪上著名女校，很大一部分原因在于它所推行的全面发展的教育方针，力求培育体魄强健、审美高雅、道德高尚、自信自强的中国新女性，在保留中国传统优秀女性特质的同时，又吸收西方文化，进行推陈出新的女性教育革命。其中副科教学最能体现该校“中西融合、全面发展”的

私立中西女子中學校校董會用表之（三）

學校校務狀況表 （甲）

關於教職員進退事項	本校對於教職員之進退依照教育原則取慎重主義其進也量品性學識經驗三種能勝任者敦聘之非有特別事項不輕辭退所以本校教職員任職有十年二十年以上者
關於學生入學畢業退學死亡事項	學生非經慎重考試不准入校 畢業成績以中西文各科均合格者授予證書 退學生不多 未畢業生恒有考入某某大學一年級者 在校中學生從無有死亡者
關於學生學業事項	注重文學方面尤注意於應用令學生關心本國及世界大勢作筆記請教師評閱作文課語體文言兼有並重實用外國語亦以適用為主 體育音樂寫字同時並重
關於學生課外作業事項	關於德育者有學生自治會女青年會義務學校教課及募捐等以提倡互助合作精神 關於智育者中西文學會及歷史與時事表演會均有組織皆由教員指導之 關於體育者有各種球會運動會及與相當之學校友誼比賽 關於美育者有圖畫音樂等會由教員指導之
關於經費事項	十九年春收入各費 學費 9866.元00 膳宿費 16336.00 體育費 784.00 雜費 2822.00 醫藥費 1170.元00 圖書費 632.00 學琴費 5005.00 試驗費 390.00 上列各數但舉一例每學期學生有多少收數亦略有不同

图2-36 学校校务状况表（选自《私立中西女子中学校校董会用表》，上海市档案馆藏）

教学特色，具体课程包括体育、图画、琴科、乐歌以及表情课。

建校伊始，中西女中的目标就不是培养囿于闺阁之中的传统小姐，而是按照西方女性的标准，培养出拥有强健体魄的新时代健康女性。故中西女中不仅禁止学生缠足，还将体育课列为必修课目。除非有校医证明不宜进行剧烈运动外，所有学生均不得缺席。体育课坚持着“调节学生身心，矫正学生不良之姿势，鼓动学生之兴味，且可养成其成为领袖之能力及互助之精神，而言坚决不挠之毅力”的教学宗旨。[95]立案之后，体育课程继续保留下来，初中及高中各年级每周有四节体育课，每节课为一个小时。根据学生的身体情况和需求，进行针对性训练，分为普通和矫正两种课程：“普通班除基本操及各种球术外，并有团体游戏及土风舞等，鼓动其游戏兴趣，发展其天然美术性，养成领袖之能力及互助之精神。矫正班则专为学生改正不良之姿势及施行锻炼，俾体格日趋健全。”[96]具体的体育运动项目有体操，包括徒手体操、柔软体操及哑铃体操等，还有跑步和球类运动。中西女中的球类运动一直是学校的优势项目，包括篮球、网球、排球、垒球和司令球，经常与其他学校进行球类比赛。校内也常有篮球和排球的班级比赛，还有网球和乒乓球的锦标赛。每年4月或者5月，学校还会召开春季运动会，邀请学生家属来校观看。学校对于体育的高度重视，深刻地影响了学生们的观念。每至下午四五点的时候，中西女中校园中随处可见活跃的身影，学生们或打篮球、垒球、排球，或在校园内散步。

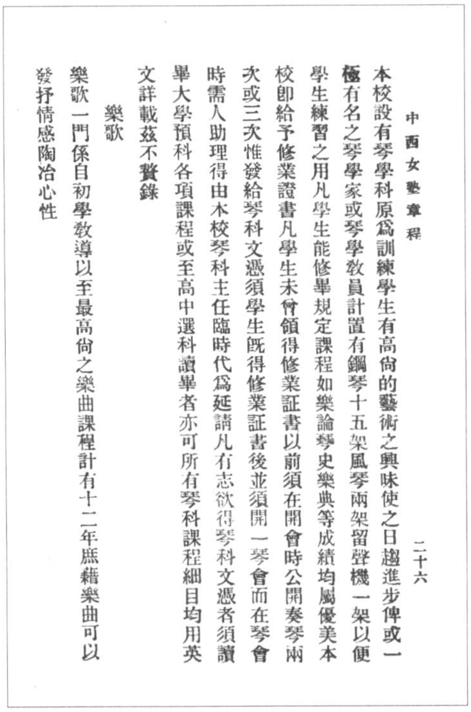
中西女塾章程　二十六

本校設有琴學科原爲訓練學生有高尚的藝術之興味使之日趨進步俾或一極有名之琴學家或琴學教員計置有鋼琴十五架風琴兩架留聲機一架以便學生練習之用凡學生能修畢規定課程如樂論琴史樂典等成績均屬優美本校卽給予修業證書凡學生未曾領得修業証書以前須在開會時公開奏琴兩次或三次惟發給琴科文憑須學生既得修業証書後並須開一琴會而在琴會時需人助理得由本校琴科主任臨時代爲延請凡有志欲得琴科文憑者須讀畢大學預科各項課程或至高中選科讀畢者亦可所有琴科課程細目均用英文詳載玆不贅錄

樂歌

樂歌一門係自初學教導以至最高尚之樂曲課程計有十二年庶藉樂曲可以發抒情感陶冶心性

图2-37《中西女塾章程》（上海中西女塾1925年刊印）

体育以强健体格，音乐以陶冶性情，中西女中的副科教学的另一大特色则是它的音乐教学，主要分为琴科和乐歌。1897年，中西女中已经开设了琴科，主要教授钢琴，之后随着教师队伍的壮大，学生人数增多，又增加了小提琴的课程。琴科课程是由学生自由选择的，学校对于修习琴科的学生会发给修业证书或毕业证书。中西女中的琴科毕业要求很高，学习时长一共九年，修完八年授予修业证书，修满九年授予毕业证书，此外还需要学习乐论、琴史以及和声方面的理论知识。1921年的《墨梯》上记录了具体的音乐课程：“音乐课每周一小时，练习的时间因成绩而异……音乐理论课上学生们学习音乐的基本原理，要求每周两次，每次半小时，持续两年。在学习了音乐和和声的理论之后，她们可以自己进行和声。除此之外，音乐史课程每周上一节课，总共两年。在这门课程中，学生们学习早期伟大音乐家的作品，并从他们的成就中获得灵感……学生不仅需要学习理论，还经常被老师带去参加各种音乐会。通过这种方式，学生可以得到灵感。”[97]为鼓励学生们进行公开演奏，锻炼她们的表演能力，学校还规定学生在取得修业文凭之前，必须在公开场合奏琴两次或三次；要想取得毕业文凭，则必须面向社会举行一场个人演奏会。[98]在这些严格要求之下，中西女中毕业的琴科学生均具有极高的琴学素养，每年的琴科毕业典礼都会吸引众多沪上名流人士。立案之后，中西女中还增加了一门“琴科师范”，使“本科各生于未毕业前，有充分实地练习及试验教授之机会”，要求学生在琴科七年级之后，可以选择一两名校内琴科低年级生进行教授指导，每人每周教授一次，以资实习。每周还须举行一次教学会议，“由琴科主任演讲儿童教授法，并由各学生报告上周成绩及下周计划，互相讨论”[99]。正规的西洋音乐训练使得中西女中培养出大批优秀的从事西洋音乐的女性，成为中国近代音乐教育的摇篮。

不过中西女中的音乐教育也有不足之处，即对于中国传统乐器较为忽视。有部分学生认识到了中国传统乐器的重要性，于1921年组织了一个中国管弦乐团，旨在保存传统中国文化，演奏乐器包括古筝、琵琶和长笛等。由于一开始琴科课程繁重，大部分学生都忙于学业，所以成员只有3位，后逐渐增加至10位。[100]经过数届学生的努力支持，这个中国管弦乐团一直延续到1953年。

中西女中的音乐教育除了琴科，还于1919年秋季开设了乐歌课程。与更偏向职业教育的琴科不同，乐歌课程为必修课，旨在教导学生最高尚、最优美动听的歌曲，以陶冶学生心性，抒发情感。学校聘请了专业的音乐教师来教授该课，早期的声乐老师有吴世明、籁尔夫人（Mrs. William Lyle），1930—1937年有萧嘉惠、林美德老师（Miss Olive）指导，1938—1948年有白露薇老师（Miss Butler）指导。[101]教师队伍的专业化带来的是专业系统的声乐训练，1921届的常米莉记录了学校的声乐训练：

> 学生们先从教员那里记下有关声乐训练方面的笔记；笔记全部记完后，训练学生哼唱和发声。这需要一些时间，直到教师看到学生理解这个方法，可以正确地使用它，然后开始练习一些歌曲。为了获得所谓的“真实声音”，声音训练中的一些重要步骤必须被彻底掌握。它们是“心理概念”“自动”“物理过程”“呼吸”和“安置”。每周上课时间为一小时。每个学生都需要每天练习半小时或一小时。大约一个月一次。学校会邀请著名歌手、小提琴家、钢琴家等嘉宾来校进行指导，所有学生一起进行发声练习，然后每个人独唱。这些学生都是初学者，所以他们目前的曲目比较简单，包括古典歌曲和民间传说，如舒曼、舒伯特、博恩、勃拉姆斯、门德尔松等著名作曲家的作品。学生们有互相批评的权利，这是一个认识自己缺点的好机会。课堂教学的目的是培养学生对自己声音的信心，以此来准备公开演唱。当这个体系完全建立后，学生们将会像其他系一样表演特别节目和独奏会，曲目将包括清唱剧和歌剧。[102]

在课堂教学之余，热爱音乐的学生们还组织了校歌咏团，分为高中歌咏团和初中歌咏团，约有40人，每星期演出两三次。演唱歌曲除了宗教赞美诗外，还演唱著名歌剧选段、世界名曲、中国歌曲等。

1931年，校董会向上海市教育局申请立案，在整改文化课程以适应政策规定和中国国情的同时，最大程度地保留了学校的副科教学特色。中西女中所提倡的强健女子体魄、建立新时代的持家理念、培养高雅的艺术音乐修养和女性职业化教育，与处于时代更迭中的对于新女性的要求一致，得到社会及国家的一致赞赏。尤其是中西女中的音乐教育，使其成为中国近代女性音乐教师的摇篮，为中国的音乐发展起到了重要作用。

三、立案前后的课程改革

1931年，校董会主席杨永清向上海市教育局申请立案之后，市教育局派员调查后，提出了诸多不合之处。教育部的批判除了宗教问题外，其实更是对于中西女中的偏重西式的教学体制不甚满意。中西女中的立案因此受阻，不得不更改课程设置和办学章程。以立案为分水岭，中西女中的课程安排发生了相当大的改变。

1929年4月26日南京国民政府公布了《中华民国教育宗旨及其实施方针》，明确规定了中华民国的教育宗旨：“根据三民主义以充实人民生活，扶植社会生存，发展国民生计，延续民族生命为目的，务

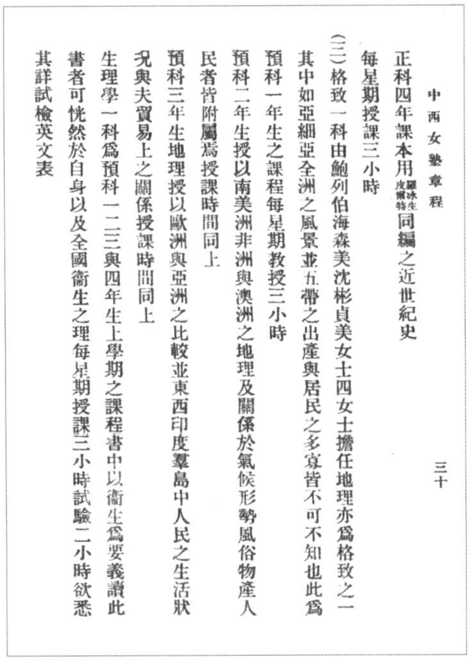
中西女塾章程　三十

正科四年課本用羅冰生皮爾特同編之近世紀史

每星期授課三小時

(三)格致一科由鮑列伯海森美沈彬貞美女士四女士擔任地理亦爲格致之一

其中如亞細亞全洲之風景並五帶之出產與居民之多寡皆不可不知也此爲

預科一年生之課程每星期教授三小時

預科二年生授以南美洲非洲與澳洲之地理及關係於氣候形勢風俗物產人

民者皆附屬焉授課時間同上

預科三年生地理授以歐洲與亞洲之比較並東西印度羣島中人民之生活狀

況與夫貿易上之關係授課時間同上

生理學一科爲預科一二三與四年生上學期之課程書中以衛生爲要義讀此

書者可恍然於自身以及全國衞生之理每星期授課三小時試驗二小時欲悉

其詳試檢英文表

图2–38 《中西女塾章程》（上海中西女塾1920年刊印）

期民族独立、民权普遍、民生发展，以促进世界大同。”[103]立案之后，中西女中归上海市教育局管辖，其教育宗旨自然遵从国民政府的规定，关于未来的培养计划也改为：“预拟培养各生人格跻于最高尚地位，各课学程适用于相当之社会。”[104]在三民主义的指导下，中西女中进行课程改革，增加党义课，撤销宗教课和赞美书、祈祷式等各项宗教仪式。

在立案之前，中西女中被诟病最多的即是它的国文教学。不仅社会人士批判道：“此辈女学生，十分之九，在国文上极少用功夫，致不能作一文理清通之信，甚且有用上海白话写信。”[105]薛正校长在其回忆录中也承认：“在立案之前，学生的英文不及格不能毕业，但中文不及格照样可以领到文凭……学生没有别的办法，很自然把压力小的，甚至没有压力的中文放到一边。”[106]校刊《墨梯》中，也有学生认为：“诸同学应行研求之学术甚多，国学仅其一，时既暂而诣尤深，科目多而致力少，宜诸同学之碌碌无所长于其间矣。”[107]

但是，中西女中对于国文教学并非全然不重视，而且一直强调国文为必修科目，专修英文的学生不予收取。根据学生程度的不同，分别予以相应的国文教育，小学程度“由联字联句而至段落，总以先开其思路，求其通顺为主义”；预科的国文教学“以实用为主体，辅之以行文笔法”；正科的学生则“专研古今各大家名文，兼及经史之学”。[108]1925年，学校的中学学制改为“三三制”，即初、高中各三年，此外高中还根据学生的毕业需求分为升学、职业和选修三种，国文教学也随之更改：“所有各部国文课程之学分多寡固异，即视各该部学生之需要以为支配之准则。”[109]无论哪个年级的学生，每周都需要临摹大家书法，送交教员批阅。课外还需阅览书籍报刊，借以补充文学常识。1927届的丁兰芳在其文章《本校国文部记事》中写道：“本校自癸亥以来，国文部主任张履平先生竭力注重国文，同学皆依国文之深浅而定班次之高下。一星期作文，一星期笔记，所以使学生记载二星期中读书之心得也。又采用活页讲义，以便选读古今名人论说。且使学生恒入阅书室，自由浏览书籍，藉补正课之不逮。意美法善，获益良多，由是同学中能文章作诗词者先后踵相接不绝。”[110]中西女中国文教学之严谨可见一斑。此外，为促进学生课外学习，1923年由国文教师和学生们成立了中文文艺会，对国学加以研究。学校发行的刊物《墨梯》的中文部分还专门辟出刊登诗歌和古文的板块，学生可以自由发表文章，或表达对于校园的留恋，或表达对于时事的感慨。

尽管中西女中在国文课的安排上很是详尽，

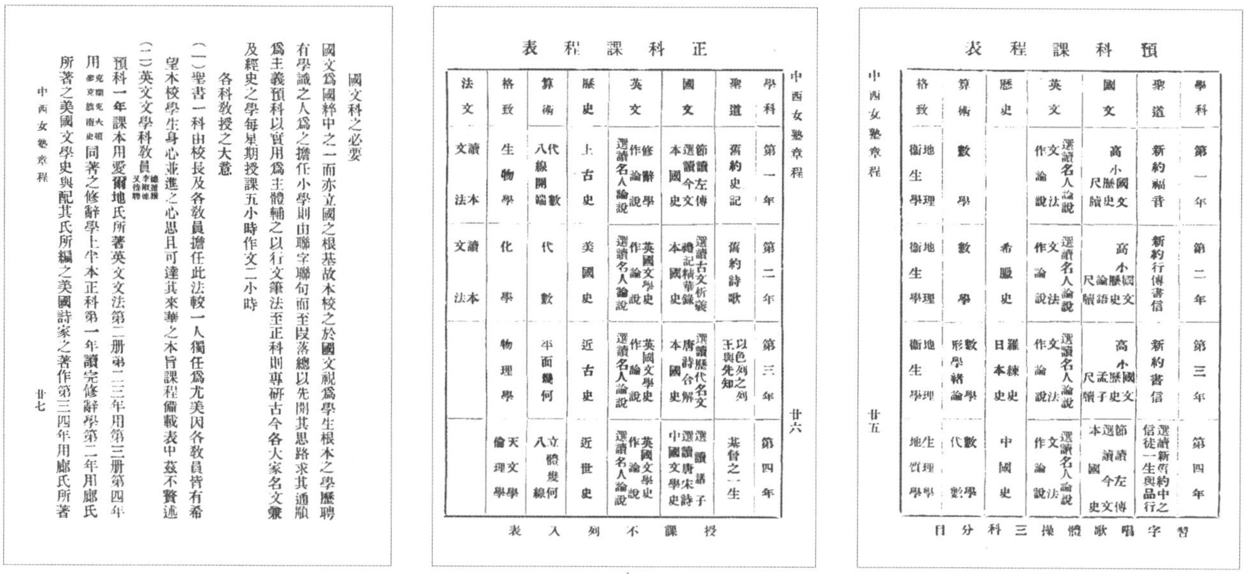

预科课程表

學科	聖道	國文	英文	歷史	算術	格致
第一年	新約福音	高小國文 歷史 尺牘	選讀名人論說 文法 作論說		數學	地理 衛生學
第二年	新約行傳書信	高小國文 歷史 論語 尺牘	選讀名人論說 文法 作論說	希臘史	數學	地理 衛生學
第三年	新約書信	高小國文 歷史 孟子 尺牘	選讀名人論說 文法 作論說	羅馬史 日本史	數學 形學緒論	地理 衛生學
第四年	選讀新舊約中之信徒一生與品行	節讀左傳 選讀今文 本國史	選讀名人論說 文法 作論說	中國史	數學 代數	生理學 地質學

習字唱歌體操三科分目

中西女塾章程　廿五

正科課程表

學科	聖道	國文	英文	歷史	算術	格致	法文
第一年	舊約史記	節讀左傳 選讀今文 本國史	修辭學 作論說 選讀名人論說	上古史	代數 八線關論	生物學	讀本 文法
第二年	舊約詩歌	選讀古文析義 禮記精華錄 本國史	英國文學史 作論說 選讀名人論說	美國史	代數	化學	讀本 文法
第三年	以色列之列王與先知	選讀歷代名文 唐詩合解 本國史	英國文學史 作論說 選讀名人論說	近古史	平面幾何	物理學	
第四年	基督之一生	選讀諸子 選讀唐宋詩 中國文學史	英國文學史 作論說 選讀名人論說	近世史	立體幾何 八線	天文學 倫理學	

授課不列入表

中西女塾章程　廿六

國文科之必要

國文爲國粹中之一而亦立國之根基故本校之於國文視爲學生根本之學歷聘有學識之人爲之擔任小學則由聯字聯句而至段落總以先開其思路求其通順爲主義預科以實用爲主體輔之以行文筆法至正科則專研古今各大家名文兼及經史之學每星期授課五小時作文二小時

各科教授之大意

（一）聖書一科由校長及各教員擔任此法較一人獨任爲尤美因各教員皆有希望本校學生身心並進之心思且可達其來華之本旨課程備載表中茲不贅述

（二）英文文學科教員（總理孫李淑德又特聘）

預科一年課本用愛爾地氏所著英文文法第二冊第二三年用第三冊第四年用（克闌克大頓參克脫南史）同著之修辭學上半本正科第一年讀完修辭學第二年用鄺氏所著之美國文學史與配其氏所編之美國詩家之著作第三四年用鄺氏所著

中西女塾章程　廿七

图2-39 《中西女塾章程》(上海中西女塾1922年刊印)

但也必须承认，在英文和国文的均衡性上确实是存在一定问题的。学校规定："预科国文及第一年第二年圣书用中文，此外皆用英文；正科除国文外，全用英文。"[111]而且除国文课使用中文教材外，其余课程均采用英文教材。教师也以外籍教师为主，以1922年为例，除了国文教师张履平和一位姓姚的女士外，其余各科均为外籍教师。学生们与外籍教师们无论是在课堂上，还是在平时生活中，均使用英语交谈，甚至于课堂笔记也均用英文所写。这样使得英语在无形之中成为"主体语言"，国文反而被孤立在课程体系之外，成为一门"外语"。从预科和正科的国文课程内容来看，《论语》《孟子》《左传》等古文经典与中国文学史、今文选读等现当代文学杂糅在一起，缺乏国文教学的系统性，与当时社会现实运用相脱节。因此，中西女中的国文教学一直表现平平，被教育界所诟病。

立案之后，中西女中的国文教学进行了大幅整改。首先，在教材选择上，初中的国文教材使用的是商务印书馆出版的《现代初中教科书》，高中则将学习方向转向古文经典，主要是选读古今名著，高中一年级阅读《左传》、二年级阅读《史记》、三年级阅读《文学概论》及《庄子》。如此安排，使得在建立起系统性的现代国文教学系统的同时，也保留了对古代文学经典的鉴赏与学习。其次，增加了国文科目的日常考核与应用，平时上课"各生所读各书，酌使译作语体或编成小说及剧本，以资印证。平时各级各生应课作文，由教员择优揭示，藉以鼓励"[112]。在升级考试方面，将国文考核单独列出，根据年级划分考试内容："考国文程度，初中一二年级试普通记事文及浅近论说，初中三及高中试学术论文及本国史。"[113]此种考核制度既遵循了因材施教的教育原则，也提高了国文课程的重要程度，使学生们在繁忙的学习中也不至于忽视国文。最后，学校聘请了更多的著名学者任教国文课。1925年学校已有五位中文教员，分别是张履平、王侃如、周子诚、关芳洲和归杏书。五位教员均毕业于高等学校，其中张履平

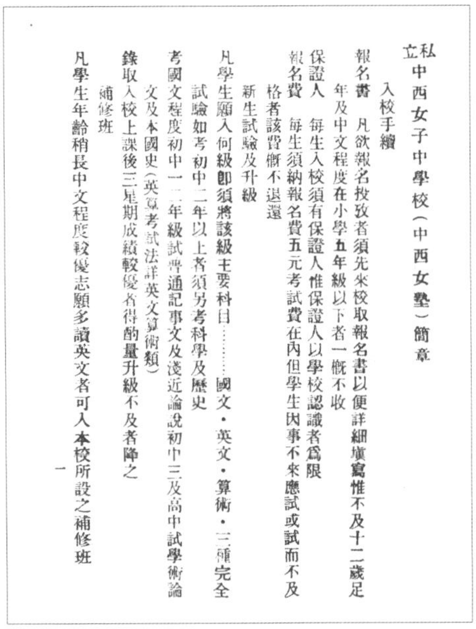
私立中西女子中學校（中西女塾）簡章
入校手續
報名書　凡欲報名投考者須先來校取報名書以便詳細塡寫惟不及十二歲足
年及中文程度在小學五年級以下者一概不收
保證人　每生入校須有保證人惟保證人以學校認識者爲限
報名費　每生須納報名費五元考試費在內但學生因事不來應試或試而不及
格者該費概不退還
新生試驗及升級
凡學生願入何級卽須將該級主要科目……國文・英文・算術・三種完全
試驗如考初中二年以上者須另考科學及歷史
考國文程度初中一二年級試普通記事文及淺近論說初中三及高中試學術論
文及本國史（英算考試法詳英文算術類）
錄取入校上課後三星期成績較優者得酌量升級不及者降之
補修班
凡學生年齡稍長中文程度較優志願多讀英文者可入本校所設之補修班
一

图2-40《上海私立中西女子中学校（原名中西女塾）简章》（上海市档案馆藏）

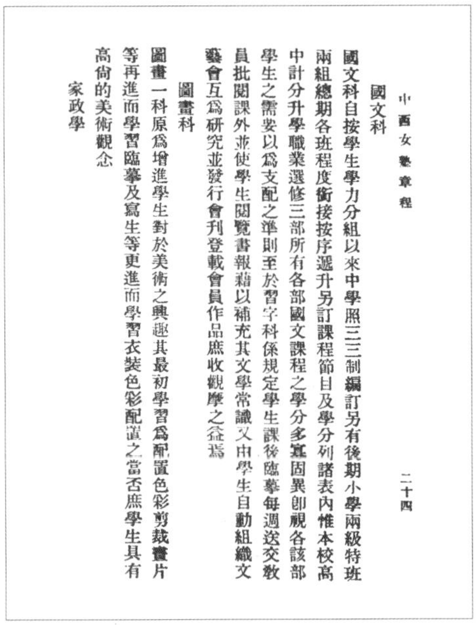
中西女塾章程　二十四
國文科
國文科自按學生學力分組以來中學照三三制編訂另有後期小學兩級特班
兩組總期各班程度銜接按序遞升另訂課程節目及學分列諸表內惟本校高
中計分升學職業選修三部所有各部國文課程之學分多寡固異卽視各該部
學生之需要以爲支配之準則至於習字科係規定學生課後臨摹每週送交教
員批閱課外並使學生閱覽書報藉以補充其文學常識又由學生自動組織文
藝會互爲研究並發行會刊登載會員作品庶收觀摩之益焉
圖畫科
圖畫一科原爲增進學生對於美術之興趣其最初學習爲配置色彩剪裁畫片
等再進而學習臨摹及寫生等更進而學習衣裝色彩配置之當否庶學生具有
高尚的美術觀念
家政學

图2-41《中西女塾章程》（上海中西女塾1925年刊印）

和王侃如都毕业于国立南京高等师范学校国文科。[114]立案整改之后，国文科又聘任陆规亮（曾任国立南京高等师范学校教授）、贾季英（曾任江苏省立第二师范学校校长）等著名学者，提升了国文教师队伍的专业程度。

除国文课外，立案后进行大幅整改的还有历史与地理课程。历史课能使学生知晓本国历史发展，地理课则能使学生明确本国的位置所在与世界情形，这两门课程对于培养学生们的民族意识和国家认同感至关重要。中西女塾开设历史与地理课的时间较早，1913年的课表中已有明确的课程安排。1913年的课表中，历史课程是归于国文和英文课中的，国文课上教授中国通史，英文课上教授希腊史、罗马史、日本史、美国史、英国史等万国通史。至1920年，校方将历史课程单独列出，成为一门独立课程，从预科二年级一直修习至正科四年级。预科的历史课程以故事为主，二年级学习希腊史，三年级学习罗马史与日本史，四年级学习中国历史。正科的课程为一年级学习上古史，二年级学习美国史，三年级学习中世纪史，四年级学习近世纪史。历史教员为德丽雅和李淑德，均是外籍人士，所有历史课程均用英文教授。教科书也全部使用外籍人士编纂的英文教材，包括预科四年级学习的中国历史，使用的是圣约翰大学校长卜舫济所著的《中国通史》。至于地理课，据1920年章程记载，由鲍列伯、海森美、沈彬贞以及美女士四位教师教授，为预科一至三年级的必修课目。预科一年级学习亚洲地理，二年级授以南美洲、非洲与大洋洲地理，三年级学习欧洲和东西印度群岛地理。[115]中国地理仅在预科一年级所学的亚洲地理中被略微提及，并无专门的研究和学习。

1929年4月26日，南京国民政府公布《中华民国教育宗旨及其实施方针》，其中第一条实施方针规定："各级学校三民主义之教学，应与全体课程及课外作业相贯连，以史地教科阐明民族真谛。"[116]中西女中的史地教学体制显然与之相违背。立案之后，中西女中的史地教学体制根据国民政府的要求进行了更改。初中一年级和二年级的历史教科书选用金兆梓编写的、中华书局出版的《初级本国历史》，初中三年级至高中二年级学习世界史，并且增加了一门时事心得，更加注重时事研究。地理学科则改为初中一年级和二年级的必修科目，且只学习中国地理，所用教科书为世界出版社出版的四册《本国地理》。[117] 整改之后的史地教学重心从欧美转向中国，力求“阐明民族真谛”。

立案之后，中西女中根据国民政府的相关规定进行了课程改革，主要集中在党义、宗教、国文以及史地课程。而其余课程，如物理、化学等科学课程和体育、琴科等副科课程，整改程度较小。它们作为中西女中教学体制的组成部分，影响并塑造了中西女中的学生特质，构成了中西女中的办学特色。

第五节　群英荟萃：名师与名生

从中西女塾到中西女中，学校拥有完备的教学设施和试验场地，校园环境相当别致，花圃、草木、竹石颇有意趣，是当时“沪上修学之名校”[118]。宿舍亦为“全埠最富丽安适之宿舍”[119]。这些硬件设施为中西女中办学提供了重要的基础。但德才兼备的校长、一流专业的师资力量以及优秀的学生才是中西女中成为沪上名校的决定性因素。相比于硬件条件，作为办学主体层面的“人”，那些老师、学生在学校的办学史中更起着重要的作用。

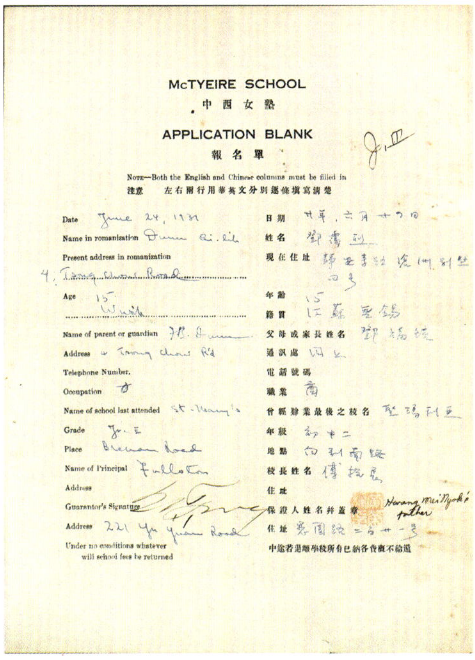
McTYEIRE SCHOOL
中西女塾
APPLICATION BLANK
報名單
NOTE—Both the English and Chinese columns must be filled in
注意　左右兩行用華英文分别逐條填寫清楚

Date	日期
Name in romanization	姓名
Present address in romanization	現在住址
Age 15	年齡 15
	籍貫
Name of parent or guardian	父母或家長姓名
Address	通訊處
Telephone Number.	電話號碼
Occupation	職業
Name of school last attended	曾經肄業最後之校名
Grade	年級
Place	地點
Name of Principal	校長姓名
Address	住址
Guarantor's Signature	保證人姓名并蓋章
Address	住址
Under no conditions whatever will school fees be returned	中途若退離學校所有已納各費概不給還

图2-42　中西女塾报名单（1931年）

作为中西女中的首任华人校长，杨锡珍的家庭背景和工作履历十分出色。她的哥哥杨永清是东吴大学首任华人校长，毕生奉献于教育事业。杨锡珍本人也受过高等教育，相继获得美国孟脱花欲克的学士和哥伦比亚大学的教育硕士学位。在进入中西女中之前，她致力于妇女工作，担任女青年会干事，1927年10月31日被选为上海妇女会会长。[120] 1929年杨锡珍被中西女中聘为校长。在任职中西女中校长期间，她忠于职守，严谨治校，“遇学生甚严，凡值月考，有不及格者，杨辄令其在校中预备功课不许返家，一日不成则一日不返”[121]。先后主持建造了宿舍楼、健身房以及景莲堂等校园设施。立案过程中，她与校董会主席杨永清详细研究，对于学校的宗教祈祷式以及教学课程方面均根据教育部的规定进行撤销和修改。同时还聘请了数位中国教师分任不同科目，提高中国教师的比重。至1934年，中学的中国教职员有35人，小学27人，而中学的外籍教职员为11人，且小学中没有外籍教师。[122] 尽管杨锡珍为中西女中贡献了很多，但是作为第一位华人校长，却“一直得不到校董会的赏识，美籍教师纷纷提出不满，批评意见有72条之多”[123]。迫于教会和美籍教师的压力，

图2-43 杨锡珍校长（《墨梯》1935年，上海市第三女子中学档案室藏）

图2-44 薛正校长（《墨梯》1942—1946年合刊，上海市第三女子中学档案室藏）

1936年杨锡珍不得不黯然离校。离校之后，她决定赴美继续进修并考察美国的教育情况，1938年回国后在上海赫德路310号创办锡珍女子中学校。[124]

杨锡珍离校之后，1936年12月，薛正接任中西女中的校长。薛正是江苏无锡人，1918年就读于上海圣玛利亚女校，选读教育专科。1924年考入燕京大学教育系。燕大毕业前夕，薛正先后收到“燕大女部助理”“燕大图书馆编辑”和“上海中西女中教导主任”的聘书，经过反复考虑，毅然选择了中西女中。[125]1932年，她应中西女中校董会之邀，先任初二国文及初三世界史的教师，1933年正式出任中西女中第一任教导主任。1936年12月杨锡珍被迫离校后，经过校董会商议，薛正受聘接任校长一职，成为中西女中历史上第二位华人校长。除了1939—1941年以及1948—1950年间赴美进修外，她一直兢兢业业地主管着中西女中的工作，历经了抗日战争、解放战争和新中国三个阶段，是任职时间最长的校长。她为了教育事业终生未嫁，将青春岁月和毕生心血全部献给了中西女中及其女子教育事业。

在中西女中的学生们眼中，薛正校长身材修长、优雅自信，但对待学校事务又很严肃认真，不苟言笑。在1947届学生邹思敏的回忆中，薛正校长常常穿着一袭中式旗袍，“高雅得体，修长的身材，昂首走在大草坪边的道路上，满脸自信和慈祥，这道风景线久久留在我们的记忆中”[126]。1957届学生黄蜀芹记忆中的薛正校长和邹思敏印象中的大同小异：“薛正校长常穿着一件宽松的旗袍，很朴素，拄着拐杖在校园里走来走去。”只不过黄蜀芹记得薛正校长“不怎么说话，但很有老师的尊严和威望”，因为薛正校长的严肃威严，黄蜀芹和同学们常常在背后称她为“老太太”，可此时她也就三十来岁。[127]尽管薛正校长常常不苟言笑，但她的高雅风度给中西女中的学生们留下了深刻的印象，使得这些中西校友毕业后也做这样的打扮，保持着从容的气度。此外，薛正校长对于学生们，不管家境如何，都一视同仁，从不曲意奉承有权有势的家长，由此在学校之中形成了一种人人平等的良好风气。

优秀的校长是学校得以发展壮大的核心所在，而雄厚的师资队伍则是一所名校得以存续的中坚力量。中西女中之所以能成为近代上海著名女校，离不开专业精良、中西兼通的一批批优秀教师，她们为中西女中以及日后的市三女中的传承发展做出了贡献。

1917年之前，中西女中的学生数量较少，教师数量也不多。最主要的师资来源，是教会派遣至中国的女传教士们。1893年1月，中西女中刊登在《字林西报》上的招生广告中，校方代表仅为海淑德一人。两年后，即1895年已有四位管理人员，除了海淑德以外，分别是教授英语的盖瑟夫人（Mrs. Julia A. Gaither）、教授音乐的雷诺兹小姐（Miss S. B. Reynolds）以及圣道科教习莲吉生小姐。[128]此时期中西女中的教师队伍以外国教师占大多数，且流动性较大，身兼数职。她们不仅在中西女中担任教习，还负责上海教区的其他工作，也在三一堂女塾等学校兼课。每位教师尽管都如此繁忙，但仍抱有极大的工作热情，奠定了中西女中的早期教学基础。

1917年迁至忆定盘路后，随着校园建筑的不断兴建，教学设施的不断完善，中西女中吸引了全国乃至东亚、东南亚各地的学生入学，师资力量也更加雄厚。1925年中学部有12名教师，小学部6名，特别班5名，特别科（即琴学、唱歌、体育、家政、艺术、手工科）15名。除此之外，还有校长在内的8名行政人员、3名图书室管理员和3名暂时回国的教员。[129]至1931年校董会呈报市教育局申请立案，学校已有34名教员，13名职员。[130]与早期教师组成相比，中西女中开始逐渐聘用本校毕业生留校任职。例如1925年的教师队伍中有9名均毕业于本校，分任国文、琴科、数学各科。1931年有12名教师毕业于本

图2-45　关于中西女中的教育汇报（选自《福音光杂志》1934年第41号）

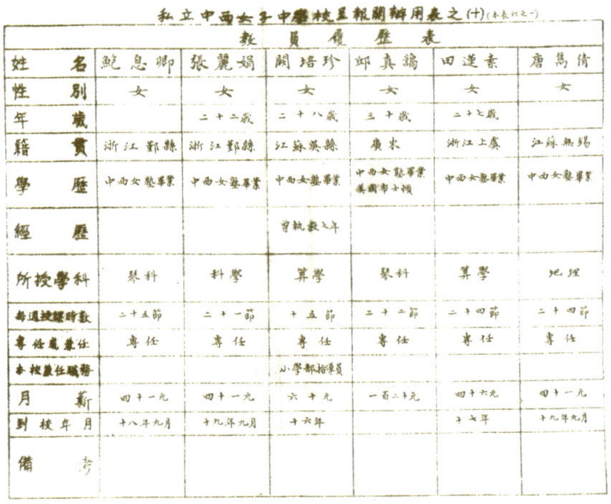

私立中西女子中學校呈報開辦用表之(十)(本表計之一)

教員履歷表

姓名	鮑息卿	張麗娟	闞培珍	邱真鎬	田蓮素	唐雋倩
性別	女	女	女	女	女	女
年歲		二十二歲	二十八歲	三十歲	二十七歲	
籍貫	浙江鄞縣	浙江鄞縣	江蘇吳縣	廣東	浙江上虞	江蘇無錫
學歷	中西女塾畢業	中西女塾畢業	中西女塾畢業	中西女塾畢業 美國布士頓	中西女塾畢業	中西女塾畢業
經歷			曾執教七年			
所授學科	琴科	科學	算學	琴科	算學	地理
每週授課時數	二十五節	二十一節	十五節	二十二節	二十四節	二十四節
專任或兼任	專任	專任	專任	專任	專任	專任
本校兼任職務			小學部指導員			
月薪	四十一元	四十一元	六十元	一百二十元	四十六元	四十一元
到校年月	十八年九月	十九年九月	十六年		十七年	十九年九月
備考						

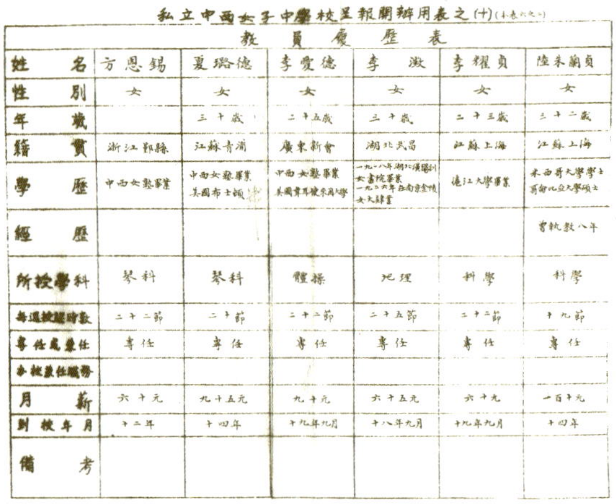

私立中西女子中學校呈報開辦用表之(十)(本表計之二)

教員履歷表

姓名	方恩錫	夏璐德	李愛德	李激	李耀貞	陸朱綱貞
性別	女	女	女	女	女	女
年歲		三十歲	二十五歲	三十歲	二十三歲	三十二歲
籍貫	浙江鄞縣	江蘇青浦	廣東新會	湖北武昌	江蘇上海	江蘇上海
學歷	中西女塾畢業	中西女塾畢業 美國布士頓	中西女塾畢業 美國賓耳彼來丹大學	一九一八年湖北漢陽訓女書院畢業 一九二六年在南京金陵女大肄業	滬江大學畢業	米西哥大學學士 哥倫比亞大學碩士
經歷						曾執教八年
所授學科	琴科	琴科	體操	地理	科學	科學
每週授課時數	二十二節	二十節	二十二節	二十五節	二十二節	十九節
專任或兼任	專任	專任	專任	專任	專任	專任
本校兼任職務						
月薪	六十元	九十五元	九十元	六十五元	六十元	一百十元
到校年月	十二年	十四年	十九年九月	十八年九月	十九年九月	十四年
備考						

图2-46 教员履历表（选自《私立中西女子中学校呈报开办用表》，上海市档案馆藏）

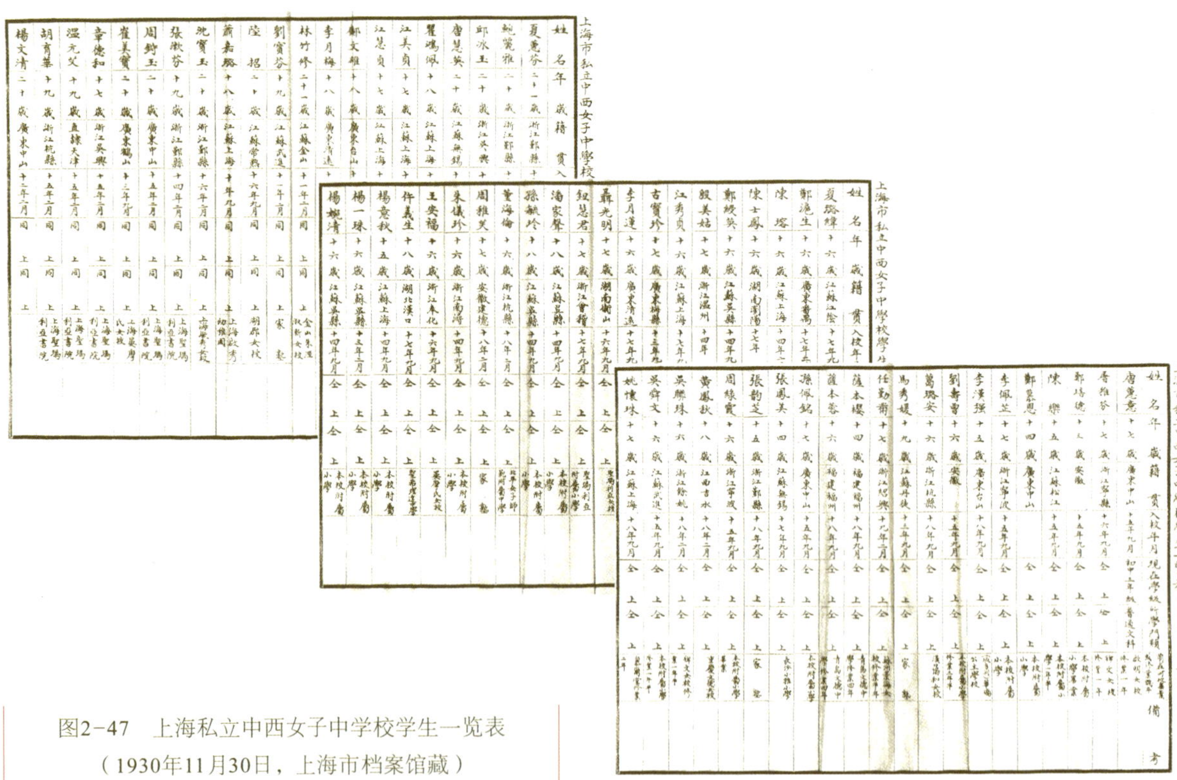

图2-47 上海私立中西女子中学校学生一览表（1930年11月30日，上海市档案馆藏）

校，任职科目更加广泛，已从国文和琴科扩至算学、历史、地理、体育、唱歌以及教育学。众多中西学子毕业后留任学校，为学校发展贡献出自己的一份力量。如1920届的程修龄于1923年进入中西女中，成为该校第一位教国文的女教师，同时也是第一位任教数学的中国教师；1936届的陈观裕于1940年进入中西女中担任英文教师，是该校第一位中国籍的英文教师。还有彭望荃、吴瑜瑾、张祥保、阙培珍等等，她们都既在中西女中接受教育，又在中西女中教书育人，培养了许多优秀的女性。立案之后，中西女中在教师构成上的一个突出变化是华人教师数量超过了外籍教师。1931年的34名教员中仅有8名外籍教师，1934年的37名教员中有11名外籍教师，且任职科目也从全科缩小至英文和琴科。[131]至1943年所有外籍教师被日军抓进集中营后，学校的全部课程均由中国教师担任。

校方对于教职员的聘任和辞退，皆“依照教育原则，取慎重主义其进也，量品性学识经验三种能胜任者敦聘之”；对于已经聘任的教师，校方也予以一定保障，“非有特别事项，不轻辞退，所以本校职员任职有十年、二十年以上者”。[132]这样既能保证入职教职员的专业性，同时也能吸引更多的人才应聘，以壮大充实学校的教师队伍。中西女中的教师们都学识渊博，对于学生循循善诱，各有一套教学方法。1934年进入中西女中任教数学的王承诗毕业于燕京大学，数理根底深厚，教学勤勉。在1950届学生陈怀琳的回忆中，王先生常在课堂上叫五六个学生上黑板做题，既从中分析各种做法，拓宽学生思路，也能从中了解学生情况；此外她还经常进行十分钟的临时测验。[133]在王承诗先生的严格要求下，学生们的数学成绩一直不错。像王承诗一样，中西女中的教师们一直以身作则，受到学生们的爱戴，她们的优良美德深刻地影响着学生们。1918届的谢文秋毕业后赴美进修获得了美国卫斯理安女子学院的体育教师执照，回国后进入中西女中任体育教师。1933届学生朱月珊很是崇拜这位体育教师，受其影响，毕业后于1938年回校也担任了体育教师。朱月珊的学生、1943届的薛德音被她们对于体育的热爱深深感动，1946年返校接过了朱月珊的教棒，成为一位体育教师。[134]这是中西女中的三代体育教师的薪火相传。

在生活方面，中西女中的教师们对于年幼的学生们也是体贴备至、悉心照顾。1934届的周文贞初来上海，举目无亲，语言未习，与其他同学格格不入，常常感到孤独无措。时任国文教师的李徵注意到这个情况后，视周文贞为妹妹，提携辅助，开导关怀。1933年长江下游突发洪灾，浙江、江苏、安徽等省份半成泽国，李徵老师毅然与中西各教员筹备救灾，督率学生们制作棉衣、筹集现款。每当晚自习结束后，学生们群集李老师的卧室，“先生慈爱可亲，婉言指导，或讲故事，或述笑谈，使吾等自乐其乐，疲乏皆忘，人皆以李徵先生指导下棉衣制就最速，而不知先生勇于为善，循循善诱之功也”[135]。李徵对于学生的呵护体贴和对于家国的热爱，令人动容。

在中西女中教师们孜孜不倦的教诲与和风细雨般的关怀下，中西女中培养了一批批毕业生，英才辈出，无论是在政界、商界、教育界、文艺界或是其他领域，都可以找到中西女中学子的活跃身影。

宋霭龄、宋庆龄和宋美龄三姐妹，是中西女中学生中的佼佼者。她们皆于19世纪末20世纪初进入三一堂女塾启蒙，1904年三一堂女塾并入中西女塾，三姐妹随后在中西女塾继续学习。宋氏三姐妹先后赴美国卫斯理安女子学院留学。宋霭龄于1904年离开中西女塾，宋庆龄和宋美龄则于1907年离校，但

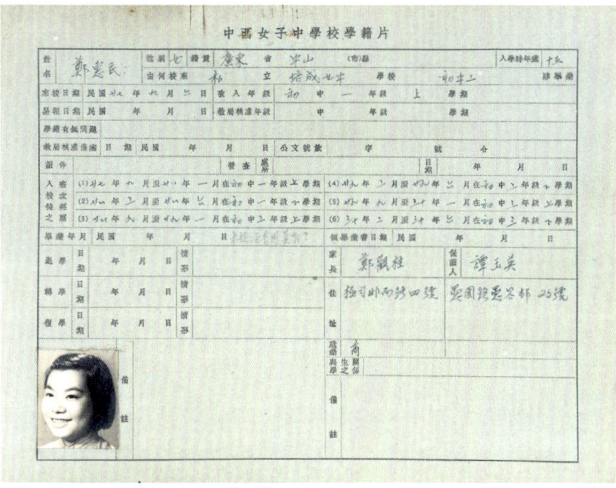
中西女子中學校學籍片

姓名	鄭惠民	性別	女	籍貫	廣東 省 中山 （市）縣
家長	鄭觀桂	保證人	譚玉英		

图2-48　中西女子中学校学籍片

（20世纪三四十年代）

她们仍心系母校。1919年11月6日，中西女中的全体教职员和往届学子在三马路召开同学会成立大会，宋霭龄被选为同学会的正主席，宋美龄任书记。[136]

除了宋氏三姐妹之外，1896届的薛葩、1902届的陈鸿璧、1910届的严顺贞和1910届的丁懋英等人，均是中西女塾在汉口路校区所培育出的杰出代表。薛葩是1892年开塾之时入学的学生之一，1919年其丈夫黄佐庭遇刺身亡后，她坚韧不屈，用抚恤金建造两幢位于赫德路60号的四层大洋房，一半用于自住，一半创设了“黄氏女学”（Wong’s Academy for Girls），大力推动教育事业。著名作家张爱玲就曾在黄氏女学接受过启蒙教育。陈鸿璧，原名陈碧珍，自1902年中西女中毕业后，就投身于教育事业，先后在上海女子中学和育贤女学任教。1912年她在海宁路筹资创办“旅沪广东幼儿园”，自任校长兼教英语，1929年，改称“私立广东中小学”，附设幼儿园。该校历经战争摧残，屡经迁移。在陈鸿璧的坚持不懈下，办学从未间断，一直坚持至上海解放。[137]除了在教育事业上奉献心力，陈鸿璧也是近代中国一位杰出的女性翻译家，于1911年辛亥革命期间，任《神州日报》和《大汉日报》的编辑。1910年毕业的严顺贞是近代中国第一位女性银行家。1924年5月27日位于南京路465号的上海女子商业储蓄银行开业，严顺贞（此时化名严叔和）和姚稚莲任正、副经理。[138]这是当时全国有名的女子银行，专门面向女性客户，其职员也皆为女性。该银行自1924年创立一直坚持到1955年公私合营，见证了近代上海的妇女运动和金融事业的变迁。与严顺贞同届的丁懋英则是一名闻名海内外的妇产科医生。她自中西女中毕业后，赴美国留学，获得密歇根大学医学院妇科和产科的学位，回国后至天津水阁女医院做医师，后接任该院院长一职。20世纪30年代，她拿出自己的所有积蓄，在天津八里台附近创办天津女子医院。丁懋英一生行医，生活勤俭朴素，长期资助天津孤儿院和育婴堂等社会福利事业，开设免费为穷人看病的分诊所，救助了很多贫苦的病人。[139]同时，她还为近代中国女性医疗培育了很多助产士和护士，推动了近代中国医疗事业的发展。

迁至忆定盘路后，学校办学条件大为改善，办学水平有了极大提升，从这里走出了更多的优秀毕业生。其中，有在翻译领域发挥作用的，如1932届的俞志英在战争期间先后担任朱学范、宋庆龄和刘宁一的翻译及秘书，新中国成立后多次跟随国家领导人出国并任翻译，历任中联部局长、局级顾问、第四届全国政协委员。1937届的许怡曾是一位著名的俄语翻译家，编校翻译《真正的人》《日日夜夜》《教育诗》《毁灭》和《最后一个乌兑格人》等俄国古典文学作品。也有在文化艺术领域卓有成就的音乐家，如1930届的姚锦新是中国著名的女钢琴家，1943年在美国出版《花鼓及其他中国歌曲》一书，致力于将中国民间音乐引向全世界，1951年担任中央音乐学院的教授，努力开拓新中国的音乐教育事业。还有的在商界大显身手，如1934届的吴舜文是台湾著名的女企业家，与丈夫严庆龄创办台元纺织厂和裕隆汽车制造厂，被誉为台湾的“纺织女王”和“汽车皇后”。1925届的丁秀珍则长于烹饪，曾在上海大兴路创设家庭烹饪学校，教导中西各式菜肴和点心的制法，1961年到美国继续开设厨艺课，传播中国美食。还有的毕业生投身于社会慈善事业，如1935届的荣漱仁曾在20世纪50年代出资创办四所幼儿园，收纳儿童千名。1959—1962年间，荣漱仁共捐款43000余元用于公益事业，1980年出任上海基督教女青年会会长，曾在妇女界多次发起捐款，成为一名致力于扶贫善举的知名社会活动家。

在民族危亡的动荡岁月里，中西女中的毕业生中涌现了不少投身于爱国救亡运动和解放事业的巾帼英雄。1928年肄业于中西女中的李霞卿是中国第一位女飞行员，她于1933年在日内瓦的飞行学校开始学习飞行课程，两年后取得美国的飞行执照，1938年开始在美国和加拿大做巡回飞行和演讲，为中国抗战筹款。面对记者询问对于国难时期有何看法时，她坚定地说道：“中国当此存亡危急之秋，报国无分男女，必须有一分力，尽一分力。以我们学飞行的女子来说，虽不能编入空军上前线杀敌，尽可以

图2-49　中西女中1948届初三年级（上海市第三女子中学档案室提供）

组空中救护队、空中输送队……一旦政府征募的命令来到，迅速奔命，愿效先驱！”[140]除了李霞卿，中西女中还诞生了数位致力于抗日救国的英雄。1932届的俞志英在求学期间，就积极参加爱国学生运动，1939年初加入中国共产党，积极从事地下抗日工作。与俞志英同届的梁淑德长期从事革命工作，1939年还与宋庆龄在香港合作成立中国工业合作社国际委员会。新中国成立初期，为了打破美国对新中国的经济封锁，梁淑德和丈夫曹亮积极开展海内外经贸工作，为新中国经济恢复和抗美援朝的胜利做出了贡献。1933届毕业生杨婉清自1938年起在上海中共地下党领导的上海神州夜校、中华职业夜校和工华难童收容所任教，并且主办刊物《女儿经》以宣传抗日救国思想。1934届的郑培德于1938年在延安陕北公学加入中国共产党，在大后方做些群众团结的工作，1941年到新华日报社和重庆八路军办事处工作，负责抗日的宣传工作。她们都在国家遭受日寇侵略、民族危亡的关头，奋不顾身地投身抗日洪流之中。她们都是中西女中培养的优秀女性的杰出代表。

注释

[1] 林乐知：《论女俗为教化之标志》，《万国公报》1903年4月第172期，第6—14页。

[2] 林乐知：《全地五大洲女俗通考》，上海华美书局1904年版。

[3] 古吴居士：《书设立中西书院启后》，《申报》1881年10月25日，第2版。

[4] 1848年监理会派遣戴乐（Charles Taylor）医生和秦佑（Benjamin Jenkins）夫妇来上海传教，1850年戴乐夫妇在郑家木桥创办了一所女学及小学，这是监理会在华所办的最早的学校。1854年，蓝柏夫妇来到上海，由蓝柏夫人接手了这所女校。1861年随着太平天国运动爆发，蓝柏夫妇返回美国养病，该校被迫停办。1870年，蓝柏夫人用在美国募集到的资金在郑家木桥建造了新校舍，将原女校学生全部迁入。1883年，蓝柏夫人又移全体女生于西新桥的监理会三一堂，组建了三一堂女塾。为了纪念麦加沃克夫人的鼎力援助，蓝柏夫人使用了麦加沃克夫人母亲的名字（Elizabeth Clopton），将该所女塾的英文名定为The Clopton School。1904年三一堂女塾被撤销建制，部分高年级的学生升入中西女塾，剩下的低年级学生全部转入松江的慕卫女校。

[5] 薛正：《我所知道的中西女中》，载中国人民政治协商会议上海市委员会、文史资料工作委员会编：《解放前上海的学校》，上海人民出版社1988年版，第295—296页。

[6]《中西女塾章程》，上海中西女塾1913年刊印，第2页。

[7] 沈毓桂：《中西女书院记》，《申报》1887年7月24日，第4版。

[8]《中西女塾说》，《申报》1890年2月23日，第1版。

[9] 薛正：《我所知道的中西女中》，载中国人民政治协商会议上海市委员会、文史资料工作委员会编：《解放前上海的学校》，第297页。

[10] "The Anglo-Chinese School for Girls", *The North-China Herald and Supreme Court & Consular Gazette (1870–1941)*, Mar. 18, 1892, p. 352.

[11] "The Anglo-Chinese School for Girls", *The North-China Herald and Supreme Court & Consular Gazette (1870–1941)*, Mar. 18, 1892, p. 352.

[12]《中西女塾告白》，《申报》1892年2月12日，第6版。

[13] 江宗海：《上海中西女塾记》，载中华基督教会编：《中华基督教年鉴》1917年第4期。2016年出版的《中西女中》一书认为，1892年首次招到了7名学生，其中5名住宿生，2名走读生。参见中西女中校史编写组组编，陈瑾瑜编著：《中西女中（1892—1952）》，同济大学出版社2016年版，第27页。

[14]《中西女塾章程》，上海中西女塾1913年版，第2页。

[15] 段炼：《探索与实践：博物馆与口述历史》，经济日报出版社2016年版，第80页。

[16] 郑静渊：《祖孙三代中西校友》，载中西女中校史编写组组编，张珑编：《回忆中西女中（1900—1948）》，同济大学出版社2016年版，第70—77页。

[17]《中西女塾章程》，上海中西女塾1913年版，第10页。

[18] 中西女中校史编写组组编，陈瑾瑜编著:《中西女中（1892—1952）》，第32页。

[19]《中西女塾章程》，商务印书馆代印1920年版，上海图书馆藏，第1页。

[20]《上海三马路中西女塾招生广告》，《申报》1913年6月13日，第1版。

[21]《上海中西女塾章程》，载林乐知:《全地五大洲女俗通考》第10集第19章，第43—47页。

[22]《中西女塾章程》，上海中西女塾1913年版，第3页。

[23]《墨梯》1917年6月，上海市档案馆藏，卷宗号：Y8-1-552。

[24] "Mctyeire School: A Sketch of Its Growth And Work", *The North-China Daily News (1864-1951)*, Jun. 23, 1916, p. 4.

[25]《墨梯》1917年6月，上海市档案馆藏，卷宗号：Y8-1-552。

[26] 李公祠，即李鸿章祠堂。位于上海市华山路1626号复旦中学内，建于清光绪三十年（1904）。

[27]《中西女塾章程》，上海中西女塾1920年刊印，第14页。

[28] "McTyeire School Launches Drive For Building Funds", *The China Press*, Dec. 13, 1919, p. 4.

[29] "M. E. Church, South, Plans Extensive Building Program", *The China Press*, Oct. 26, 1919, p. 1.

[30]《中西女塾演剧筹款预志》，《申报》1920年9月12日，第11版。

[31]《中西女塾同学会开会志》，《申报》1920年12月3日，第10版。

[32]《中西女塾之新宿舍》，《申报》1921年12月1日，第15版。

[33]《墨梯》1923年6月，上海市档案馆藏，卷宗号：Y8-1-555。

[34]《中西女塾为前次募捐事通启》，《申报》1924年4月16日，第15版。

[35]《中西女塾昨行健身房落成礼纪》，《申报》1925年4月5日，第11版。

[36]《中西女塾章程》，上海中西女塾1925年刊印，第25页。

[37]《危险，危险　中西女校》，《女朋友》1932年第1卷第2期，第14—15页。

[38] 张长根主编:《走进老房子：上海长宁近代建筑鉴赏》，同济大学出版社2004年版，第134页。

[39]《中西女塾章程》，上海中西女塾1925年刊印，第18页。

[40] 中西女中校史编写组组编，张珑编:《回忆中西女中（1900—1948）》，第55页。

[41]《墨梯》1948年，上海市第三女子中学档案室藏。

[42]《墨梯》1938年，上海市第三女子中学档案室藏。

[43]《墨梯》1938年，上海市第三女子中学档案室藏。

[44]《中西女中校圃琼花开放》，《申报》1935年10月4日，第11版。

[45] 陈科美主编:《上海近代教育史》，上海教育出版社2003年版，第530页。

[46] "McTyeire Methods", *The China Press*, Jun. 1, 1920, p. 12.

[47] "McTyeire School Defended", *The China Press*, Jun. 2, 1920, p. 12.

[48]《西报为中西女塾辩护》，《时报》1920年6月3日，第5版。

[49]《上海市私立学校限期立案》，《申报》1927年8月7日，第11版。

[50]《特别市私立中小学校规程》，《申报》1927年8月18日，第7版。

[51]《上海特别市私立学校立案规程》，《上海特别市市政府市政公报》1927年第2期，第91—93页。

[52]《私立中等学校立案施行细则》，《申报》1927年9月21日，第8版。

［53］《上海特别市私立中等学校及小学校立案条例》,《上海特别市市政府市政公报》1928年第10期，第61—63页。
［54］《市教育局发给私校立案证书》,《申报》1928年4月18日，第11版。
［55］《上海特别市市政府指令第一八〇号》,《上海特别市市政府市政公报》1927年第4期，第97—98页。
［56］《上海特别市教育局取缔私立学校条例》,《上海特别市市政府市政公报》1927年第5期，第114—115页。
［57］《学校立案规程》,《申报》1927年7月17日，第10版。
［58］《墨梯》1925年，上海市档案馆藏，卷宗号：Y8-1-557。
［59］《马季莹女士今日举殡》,《申报》1928年2月16日，第14版。
［60］《私立中西女子中学校呈报开办用表》，上海市档案馆藏，卷宗号：Q235-1-773。
［61］“McTyeire School Defended”, *The China Press*, Jun. 2, 1920, p. 12.
［62］《中央教育法令：私立学校校董会设立规程（十五年十月十八日公布）》,《大学院公报》1928年第1卷第1期，第54—58页。
［63］《私立学校校董会设立规程补充条例》,《申报》1927年9月21日，第8版。
［64］《上海特别市私立中小学校校董会设立条例》,《上海特别市市政府市政公报》1928年第9期，第79—82页。
［65］《私立校董会资格限制办法》,《申报》1930年5月12日，第10版。
［66］《私立中西女子中学校（原名中西女塾）校董会章程》，1930年，上海市档案馆藏，卷宗号：Q235-1-773。
［67］《私立中西女中中学公文往来档案》，上海市档案馆藏，卷宗号：Q235-1-773。
［68］《私立中西女子中学校（原名中西女塾）校董会章程》，1930年，上海市档案馆藏，卷宗号：Q235-1-773。
［69］《私立中西女中中学公文往来档案》，上海市档案馆藏，卷宗号：Q235-1-773。
［70］《私立中西女中中学公文往来档案》，上海市档案馆藏，卷宗号：Q235-1-773。
［71］《私立中西女中中学公文往来档案》，上海市档案馆藏，卷宗号：Q235-1-773。
［72］《私立中西女中中学公文往来档案》，上海市档案馆藏，卷宗号：Q235-1-773。
［73］《私立中西女中中学公文往来档案》，上海市档案馆藏，卷宗号：Q235-1-773。
［74］《私立中西女中中学公文往来档案》，上海市档案馆藏，卷宗号：Q235-1-773。
［75］《上海私立中西女子中学校校董会章程》，上海市档案馆藏，卷宗号：Q235-1-773。
［76］参见马学强、于东航主编:《为国桢干：上海南洋中学120年（1896—2016）》，商务印书馆2016年版，第18—19页；马学强、潘红星主编:《诚朴是尚：从澄衷蒙学堂到上海市澄衷高级中学（1900—2020）》，商务印书馆2020年版，第18、19、42、43页等。
［77］“Mctyeire School”, *The North China Desk Hong List*, January, 1895, p. 24.
［78］《上海中西女塾章程》，载林乐知:《全地五大洲女俗通考》第10集第19章，第43—47页。
［79］《中西女塾章程》，上海中西女塾1913年刊印，第4页。
［80］《中西女塾章程》，上海中西女塾1913年刊印，第9页。
［81］《中西女塾之女贼》,《小日报》1929年3月15日，第3版。
［82］《中西女塾章程》，上海中西女塾1913年刊印，第13页。
［83］《中西女塾正备两级退学之原因》,《女子杂志》1915年第1期，第2—3页。
［84］《女学生全体退学》,《申报》1914年12月10日，第11版。
［85］“Eighty Strike When Two McTyeire School Girls Are Expelled”, *The China Press*, Dec. 11, 1914, p. 1.

[86] "Mctyeire School Strike", *The China Press*, Dec. 16, 1914, p. 2.

[87]《中西女塾罢学》,《申报》1914年12月28日，第1版。

[88]《中西女塾章程》，上海中西女塾1913年刊印，第5—6页。

[89]《游美学生放洋有期》,《申报》1914年7月1日，第10版。

[90] 上海中西女子中学编:《上海私立中西女子中学校（原名中西女塾）简章》，国家图书馆出版社民国图书数据库藏。

[91]《中西女塾章程》，上海中西女塾1920年刊印，第30页。

[92]《中西女塾章程》，上海中西女塾1920年刊印，第31页。

[93]《墨梯》1930年，上海市第三女子中学档案室藏。

[94]《家庭烹饪学校》,《申报》1946年2月23日，第6版。

[95]《中西女塾章程》，上海中西女塾1925年刊印，第25页。

[96]《私立中西女子中学校（原名中西女塾）章程摘要》，上海市档案馆藏，卷宗号：Q235-1-773。

[97]《墨梯》1921年，上海市档案馆藏，卷宗号：Y8-1-554。

[98]《中西女塾章程》，上海中西女塾1925年刊印，第26页。

[99]《私立中西女子中学校（原名中西女塾）章程摘要》，上海市档案馆藏，卷宗号：Q235-1-773。

[100]《墨梯》1921年，上海市档案馆藏，卷宗号：Y8-1-554。

[101] 中西女中校史编写组组编，陈瑾瑜编著:《中西女中（1892—1952）》，第112页。

[102]《墨梯》1921年，上海市档案馆藏，卷宗号：Y8-1-554。

[103]《中华民国法规大全》第3册，商务印书馆1936年版，第3645页。

[104]《私立中西女中中学公文往来档案》，上海市档案馆藏，卷宗号：Q235-1-773。

[105]《西报评论中西女塾》,《时报》1920年6月2日，第3版。

[106] 薛正:《我所知道的中西女中》，载中国人民政治协商会议上海市委员会、文史资料工作委员会编:《解放前上海的学校》，第304页。

[107]《墨梯》1928年，上海市档案馆藏，卷宗号：Y8-1-560。

[108]《中西女塾章程》，上海中西女塾1922年刊印，第27页。

[109]《中西女塾章程》，上海中西女塾1925年刊印，第24页。

[110]《墨梯》1924年，上海市档案馆藏，卷宗号：Y8-1-556。

[111]《中西女塾章程》，上海中西女塾1922年刊印，第4页。

[112]《私立中西女子中学校（原名中西女塾）章程摘要》，上海市档案馆藏，卷宗号：Q235-1-773。

[113]《私立中西女子中学校（原名中西女塾）章程摘要》，上海市档案馆藏，卷宗号：Q235-1-773。

[114]《中西女塾章程》，上海中西女塾1925年刊印，第4页。

[115]《中西女塾章程》，上海中西女塾1920年刊印，第30页。

[116]《中华民国法规大全》第3册，第3645页。

[117] 上海中西女子中学编:《上海私立中西女子中学校（原名中西女塾）简章》，国家图书馆出版社民国图书数据库藏。

[118]《中西女塾之新宿舍》,《申报》1921年12月1日，第15版。《申报》的这篇报道中提到“其音乐室、化学、物理、生物学试验室均备，又健身房以昔时花园中玻璃亭改建，亦称别致。前有广场，花圃草木竹石颇佳，可谓修学之胜处”。

［119］《中西女塾之新宿舍》，《申报》1921年12月1日，第15版。该报道记载："盥洗室亦将择新式器具。待落成后，可为全埠最富丽安适之宿舍也。"

［120］《上海妇女会改选职员》，《申报》1927年11月1日，第15版。

［121］《中西女塾与杨锡珍》，《时代日报》1933年11月28日，第2版。

［122］《中西女中年度报告》，《福音光杂志》1934年第41期，第15—16页。

［123］薛正：《我所知道的中西女中》，载中国人民政治协商会议上海市委员会、文史资料工作委员会编：《解放前上海的学校》，第316页。

［124］《锡珍女中》，《申报》1939年2月3日，第11版。

［125］上海市政协文史资料编辑部：《上海文史资料选辑》第4辑，1996年版，第228页。

［126］中西女中校史编写组组编，张珑编：《回忆中西女中（1900—1948）》，第38页。

［127］沈一珠、夏瑜：《写意光影织妙境·黄蜀芹·海上谈艺录》，上海文化出版社 2017年版，第19页。

［128］"Mctyeire School", *The North China Desk Hong List*, Jan., 1895, p. 24.

［129］《中西女塾章程》，上海中西女塾1925年刊印，第2—7页。

［130］《私立中西女子中学校呈报开办用表》，上海市档案馆藏，卷宗号：Q235-1-773。

［131］《墨梯》1934年，上海市第三女子中学档案室藏。

［132］《私立中西女子中学校呈报开办用表》，上海市档案馆藏，卷宗号：Q235-1-773。

［133］中西女中校史编写组组编，张珑编：《回忆中西女中（1900—1948）》，第45页。

［134］中西女中校史编写组组编，陈瑾瑜编著：《中西女中（1892—1952）》，第138页。

［135］《墨梯》1934年，上海市第三女子中学档案室藏。

［136］《中西女塾同学会成立纪》，《申报》1919年11月6日，第10版。

［137］上海市闸北区志编纂委员会编：《闸北区志》，上海社会科学院出版社1998年版，第1179页。

［138］《上海女子银行今日开幕》，《新闻报》1924年5月27日，第14版。

［139］中国人民政治协商会议天津市南开区文史委员会编：《南开春秋文史丛刊》第5辑，天津市南开区文化局1988年版，第88页。

［140］《李霞卿女士谈航空救国》，《申报》1936年12月5日，第18版。

第三章

塑造新女性：多彩的教会女校生活

塑造新女性：多彩的教会女校生活

图3-1　圣玛利亚女校刊印的《凤藻》年刊

教育的根本任务在“立德树人”，教育的基本目标为“五育并举”，若以此为标准审视百年前的女子教育，同样适切。圣玛利亚女校1926届毕业生，曾任中西女中、上海市三女中校长的薛正根据亲身实践，制定了女子教育的培养目标：“每位女性，要有坚强的意志，虚心求教的精神，目光远大，明辨是非，看到自己对家庭、社会的责任所在与影响所及，为祖国的繁荣、人民的幸福贡献聪明才智。”[1] 这一目标既融合了圣玛利亚女校“公诚勤敏”和中西女中“Live, Love, Grow”（生活、爱和成长）的校训，更诠释了新时代对新女性所应具备特质的要求。

学校教育，不光是教知识，还要教做人。无论是圣玛利亚女校抑或中西女中，优质的师资和完备的课程体系都为学生打下扎实的知识基础，更重要的是，这两所教会女校都十分注重培育学生的综合素质，塑造学生的健全人格，助力学生的全面发展。在紧张忙碌的学业之余，严而有序、丰富多彩的校园生活，平等快乐、和乐融融的师生同学关系，营造了积极向上的成长氛围。在潜移默化的浸润中，学生自然而然地达成一种共识：要做一个有品行的人，一个有道德的人，一个对家庭和社会有贡献的人。这便是圣玛利亚女校和中西女中的精神魅力，使之成为培育一代又一代中国新女性的摇篮。

第一节 《凤藻》与《墨梯》：学生刊物与学生社团

在那个风起云涌的时代，圣玛利亚女校和中西女中的学生是怎样学习、生活、游戏的？她们最关心什么问题？她们真实的内心世界是怎样的？她们又是从何种角度观察社会、理解世界？我们可以通过两校的学生刊物和学生社团一探究竟。

一、凤凰浴火重生——《凤藻》年刊

圣玛利亚女校的校刊创刊于1919年，每年印行一次，由历届毕业班同学负责编辑出版，内容中英文兼有，约各占一半，中英文部分多为分开编排，也有少部分采取混编形式。其英文名为“PHOENIX”，寓意为“凤凰火中重生”（佛经中称之为“涅槃”），中文名为“凤藻”，意为“华美的文词”，取自唐诗中的意象。

《凤藻》年刊编辑部是圣玛利亚女校众多的学生自治组织之一，有独立的章程。编辑部职员在高中各班竞选产生，也吸收低年级同学参与，下设中文、英文、美术、广告四个部门，并聘请中英文教员担任顾问。

凤藻部简章

（一）定名

圣玛利亚凤藻部

（二）宗旨

选集关于描写学校生活之文字、照片及图画，每年刊行《凤藻》一册，藉以鼓励同学对于文艺美术之兴趣

（三）组织

本部内分四部，其名称及职务分配如下：

1. 中文部：征集并选择各中文稿件
2. 英文部：征集并选择各英文稿件
3. 美术部：征集各种学生生活及校景之照片，并绘制刊物中各图案画
4. 广告部：招揽广告，总理一切出入款项

（四）职员

本部设下列各职员

1. 中文部设总编辑一人，编辑四人，书记一人，顾问一人
2. 英文部设总编辑一人，编辑十余人，书记一人，顾问一人

3. 美术部设主任一人，助员三人，顾问一人

4. 广告部设主任一人，干事三人，顾问一人

（五）选举

各部职员每年选举一次，其产出方法如下：

1. 各部总编辑或主任均由高中三年级级生互选产出之

2. 英文部编辑由各班选出一人担任之

3. 中文部编辑、书记及英文部书记由高中三年级向其他各级聘请

4. 顾问由高中三年级聘请中英文教员各一人担任之[2]

从广告招揽、封面设计到图文征集、排版印刷，每一期《凤藻》年刊都凝结着一届圣玛利亚女校学子的才华与心血，记录着她们的金色青春年华中弥足珍贵的点点滴滴，展示着中西融合教育体系之下的新女性风采。圣玛利亚女校学生的内心世界就如同《凤藻》的封面设计，绚丽多彩又充满个性，传统中又不乏独特而细腻的创新巧思。

年刊的发起人之一、圣玛利亚女校1923届毕业生杨瑞卿在1919年第一期《凤藻》的“发刊词”中写道：

盖闻天地秀灵之气非独钟于须眉，古今治化之原必先端于家室……今日女学校之盛者也，我玛利亚者名以圣著道，自母存十字分光，作文明之导线百科，并妙开教育之先河，吐故纳新，合古今为一辙，陶欧铸亚，冶中外于一炉……已惟是创办以来，迄今册载片言未见双字犹虚肋，纵如鸡弃殊可惜……方现百家之争竞，正多正义未亡，如何挥发公理具在，谁实主持世局，更新智识，正宜调换，人心多诈，道德尤待扶持，秘而不宣，爱国之精神不见隐而不露……于本学年为始，年出二册，集彼众腋，汇此群言，类列多门，幅才盈尺，斟今酌古，书合万言，含英咀华，文非一体……[3]

字里行间，不仅将《凤藻》创刊的背景娓娓道来，更彰显出圣玛利亚女校学生飞扬的文采、广阔的视野和心系家国的胸怀。

《凤藻》年刊的第一大功能是“记录”，正如1934年《凤藻》年刊的卷首语所书：“（它）是在校同学目前的写照，已离校同学的回忆，将离校同学生命史中叫人留恋的一页。”[4]

年刊内包含许多代代相承的传统栏目，首先便是记录应届高三毕业生在校生活点滴的“级史”，中英文兼有，以英文居多，部分还会收录班级同学自己创作的“级歌”。此外，每位毕业生的个人简介和照片基本都有收录，有时还会附上同学们可爱的“昵称（绰号）”及其由来。1933届毕业生别出心裁地用“一九三三级百货无限公司”来为班级做简介；1936届毕业班选择了“一九三六年标准大饭店”的形

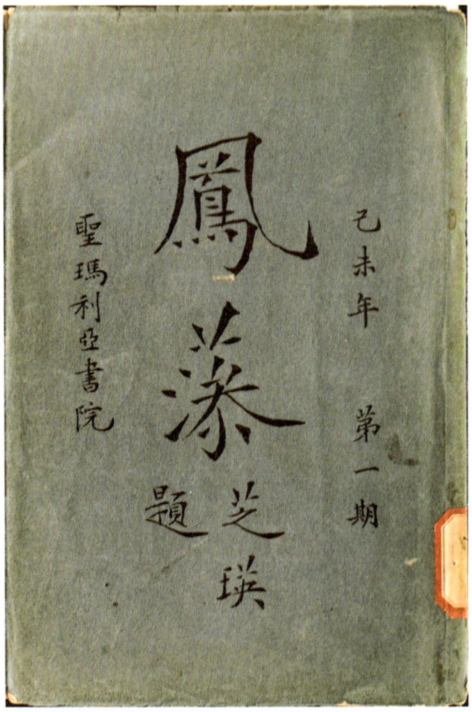

图3-2 圣玛利亚女校《凤藻》年刊第一期

式，将每位同学比作一道菜或点心；1938届的主题则是“我们的动物园”，女学生们的设计都极富创意又趣味十足。部分年刊中还收录了学校教职员工的名录，具有珍贵的史料价值。除了精彩纷呈的文字，每期年刊都配以大量图片，有学生活动和集体照，也有学生原创的绘画作品，生动地记录下圣玛利亚校园生活的一点一滴。

年刊中的英文部分均设“校闻”或“本校大事记”板块，主要以短讯的形式记录一整年校园生活中的重要时间节点和重大事件，如春秋季始业休业时间，中秋节、圣诞节、国庆节等节庆日的休假情况，迎新会、恳亲会、音乐会、舞会、毕业典礼等重大活动，还记录学生自治会（Student Union）、国光会（Koh Kwong Wei）、清心会（Tsing-Sing Wei）、音乐会（Music Clubs）、体育会（Athletic Club）等学生课外组织的成员名单、工作简报和最新消息。在“校友会”板块，已毕业的校友们心系母校，常常寄来信件分享自己毕业后的经历和见闻，或通过照片“晒一晒”自己的幸福家庭和可爱子女。

除了将精彩的校园生活瞬间定格纸上，《凤藻》年刊更是圣玛利亚女校学生们“抒怀”的重要载体。在记录所见所闻的基础上，她们很善于通过各种体裁和不同题材的文学作品抒发自己的所思所想，表达自己的所感所悟。其中，具有时评意味的议论文很多，也不乏诗歌、小说、散文、剧本、游记、小品文等，中英文兼有，有时还会出现法语作品，充分展示了圣玛利亚女校学生们极强的语言能力和文学才华，更反映出女学生们不仅认真“读圣贤书”，还十分关心“窗外事”。

在时评类文章中，女学生们以独特的视角踊跃发声。有关注现实、反思自身的《拟向学生联合会提议学生衣国布以示俭德议案》（1920）、“St. Mary’s and the Students’ Movement”（《圣玛利亚女校和学生运动》，1920）、《我对于新圣玛利亚之希望》（1923）、《女学生宜端庄衣饰之刍议》（1926）、《中学生的切身问题》（1936）；有大声疾呼、警醒世人的《根本上之抵制（日货）》（1920）、《女权运动》（1923）、《五卅案学生自杀之我见》（1926）、《女子解放说》（1929）、《论今日救国之切实方法》（1933）、“Relief Work”（《难民救济工作》，1938）；有表达观点、畅想未来的《我之教育谈》（1920）、“World and Womanhood”（《世界和妇女》，1923）、“China Needs More Nurses”（《中国需要更多护士》，1926）、《我之前途感想》（1931）、《理想的新家庭》（1931）、《新青年的责任》（1933）等。

1936年的《凤藻》详细记录了一次精彩的辩论赛，辩题为“今日中国（是否）应提倡妇女回家庭”。这场辩论的主题与1934年起由蒋介石倡导、南京国民政府发动并风行一时的“新生活运动”密切相关，极具现实意义。“新生活运动”以中国传统道德为本位来改造人民生活习惯，从革新私人生活开始，以求国民之生活合理化，从而试图改造社会、国家。在这场运动中，“妇女是家庭的中心，因此被视为推行家庭新生活的核心角色……新生活运动能不能成功，完全在于妇女界能不能努力去修身齐家……‘修身’可泛指女子从内到外的养成与表现……‘齐家’尤其被视为女子在国家建设与民族复兴的大前提下，最需具备的特质与责任……为了复兴民族，须改造社会；而改造家庭，是改造社会的第一步。妇女则是家庭的中心，其最根本的任务，在于培养并发挥贤良的美德”[5]。

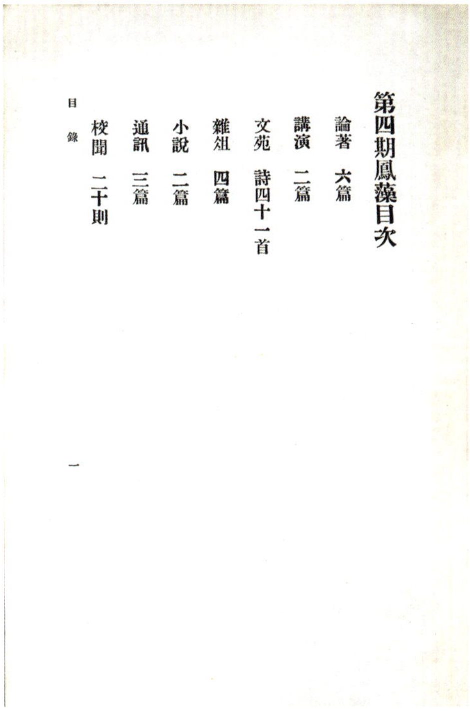
第四期鳳藻目次

論著　六篇
講演　二篇
文苑　詩四十一首
雜俎　四篇
小說　二篇
通訊　三篇
校聞　二十則

目錄　一

图3-3　圣玛利亚女校《凤藻》年刊第四期目次

围绕这一颇具时代价值的辩题，正、反双方精彩的表达将圣玛利亚女校学生们才思之敏捷、观点之鲜明、思想之深刻体现得淋漓尽致。

> 正面（正方）第一位：社会的背景可以分为三点来讲：职位的限制、分工的利益、习惯的改良。中国社会上的习惯，对于女子一向存歧视的心理，这是错误的，应该改良的，但是根据分工的原则，使男子治外，女子治内，这是千古不灭的，所以我们赞成男女平等，受同等的教育，改善过去不良的陋习，同时也赞成“男正位外乎，女正位内乎”的古训，使女子有充分的知识，用在家庭方面，把社会基础建设得十分牢固，与男子受分工合作之效，那整个社会才会有繁荣的希望。
>
> 反面（反方）复辩：刚才正面三位所说的，我不同意。（一）职位的限制……今日的中国这样穷，失业的人这样多，到底是什么缘故？是女子抢夺了男子职位的缘故吗？不！绝对不！完全由于实业的落伍，不振兴……（二）分工的利益，这种家庭间男女的分工，完全等于从前“主奴”的分工……女子终日干家庭的事，不去问社会的事，她还能保持她的参政权吗？……（三）习惯的改良，女子回家庭后，她的经济和一切的一切都必须倚赖男子供给，男子和社会还能不认她为依赖者而不歧视她吗？所以为保全女子和男子在社会上的同等地位起见，女子不应回家庭去。[6]

在众多学生撰写的小说作品中，最有名的便是张爱玲的作品。1932年《凤藻》刊登了她在十二岁初一时写下的处女作《不幸的她》。此外，她的散文《迟暮》和《秋雨》分别刊登在1933年和1936年的

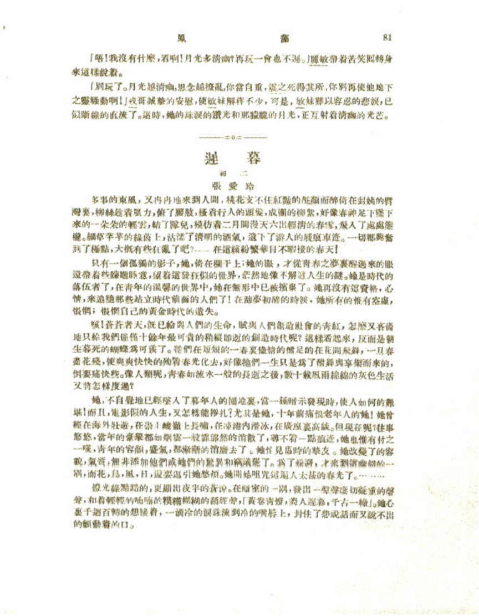
鳳　藻　81

「唔！我沒有什麽，若啊！月光多清幽？再玩一會也不遲。」麗敏帶着苦笑悶轉身來這樣說着。

「別玩了。月光越清幽，思念越撩亂，你當自重，震之死得其所，你別再使他地下之靈騷動啊！」戎哥誠摯的安慰，使敏妹解釋不少，可是，敏妹難以容忍的悲淚，已似斷線的直流了。這時，她的珠淚的鑽光和那朦朧的月光，正互射着清幽的光芒。

遲　暮

初二

張愛玲

多事的東風，又冉冉地來到人間，桃花支不住紅豔的酡顏而醉倚在封姨的臂灣裏，柳絲趁着風力，releases了腰肢，搔着行人的頭髮，成團的柳絮，好像春神足下墜下來的一朵朵的輕雲，結了隊兒，模仿着二月間漫天六出輕清的春雪，飛入了處處簾櫳。細草芊芊的綠茵上，沾濡了清明的酒氣，遺下了遊人的屐痕車迹。一切都興奮到了極點，大概有些狂亂了吧？—— 在這繽紛繁華目不暇接的春天！

只有一個孤獨的影子，她，倚在欄干上；她的眼，才從青春之夢裏醒過來的眼還帶着些朦朧睡意，望着這發狂似的世界，茫然地像不解這人生的謎。她是時代的落伍者了，在青年的溫馨的世界中，她在無形中已被擯棄了。她再沒有這資格，心情，來追隨那些站立時代前面的人們了！在甜夢初醒的時候，她所有的惟有空虛，悵惘；悵惘自己的黃金時代的遺失。

咳！蒼蒼者天，既已給與人們的生命，賦與人們創造社會的青紅，怎麼又吝嗇地只給我們僅僅十餘年最可貴的稍縱即逝的創造時代呢？這樣看起來，反而是朝生暮死的蝴蝶為可羨了。牠們在短短的一春裏儘情的酣足的在花間飛舞，一旦春盡花殘，便爽爽快快的殉着春光化去，好像牠們一生只是為了酣舞與享樂而來的，倒要痛快些。像人類呢，青春如流水一般的長逝之後，數十載風雨綿綿的灰色生活又將怎樣度過？

她，不自覺地已經墜入了暮年人的園地裏，當一種暗示發現時，使人如何的難堪！而且，電影似的人生，又怎樣能掙扎？尤其是她，十年前痛恨老年人的她！她曾經在海外壯遊，在崇山峻嶺上長嘯，在濠港內滑冰，在廣座裏高談。但現在呢？往事悠悠，當年的豪舉都如烟雲一般霏霏然的消散了，尋不着一點痕迹，她也惟有付之一嘆，青年的容顏，盛氣，都漸漸的消磨去了。她怕見舊時的摯友。她改變了的容貌，氣質，無非添加他們或她們的驚異和竊議罷了。為了躲避，才來到這幽僻的一隅，而花，鳥，風，日，還要逗引她愁煩。她開始咀咒這逼人太甚的春光了。……

燈光綠黯黯的，更顯出夜半的蒼涼。在暗室的一隅，發出一聲聲淒切凝重的磬聲，和着輕輕的喃喃的模模糊糊的誦經聲，「黃卷青燈，美人遲暮，千古一轍」。她心裏千迴百轉的想着，一滴冷的淚珠流到冷的嘴唇上，封住了想說話而又說不出的顫動着的口。

图3-4　张爱玲在1933年《凤藻》年刊上发表的文章《迟暮》

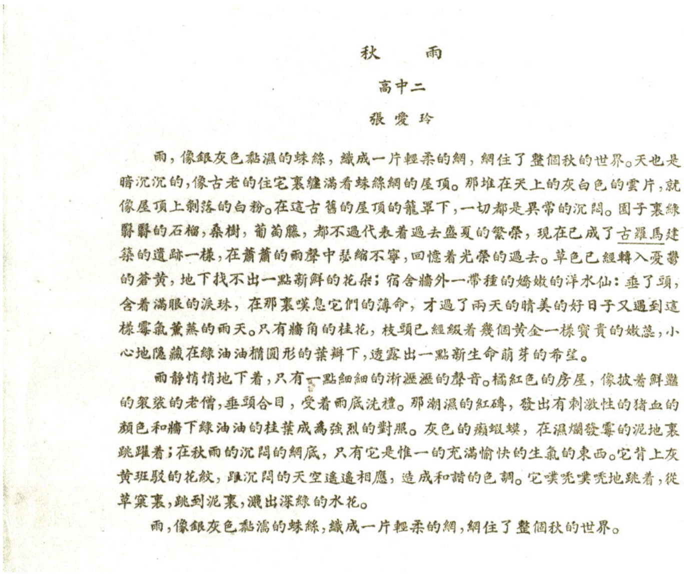
秋　雨

高中二

張愛玲

雨，像銀灰色黏濕的蛛絲，織成一片輕柔的網，網住了整個秋的世界。天也是暗沉沉的，像古老的住宅裏纏滿着蛛絲網的屋頂。那堆在天上的灰白色的雲片，就像屋頂上剝落的白粉。在這古舊的屋頂的籠罩下，一切都是異常的沉悶。園子裏綠翳翳的石榴，桑樹，葡萄籐，都不過代表着過去盛夏的繁榮，現在已成了古羅馬建築的遺跡一樣，在蕭蕭的雨聲中瑟縮不寧，回憶着光榮的過去。草色已經轉入憂鬱的蒼黃，地下找不出一點新鮮的花朵；宿舍牆外一帶種的嬌嫩的洋水仙：垂了頭，含着滿眼的淚珠，在那裏嘆息它們的薄命，才過了兩天的晴美的好日子又遇到這樣霉氣薰蒸的雨天。只有牆角的桂花，枝頭已經綴着幾個黃金一樣寶貴的嫩蕊，小心地隱藏在綠油油橢圓形的葉瓣下，透露出一點新生命萌芽的希望。

雨靜悄悄地下着，只有一點細細的淅瀝瀝的聲音。橘紅色的房屋，像披着鮮豔的袈裟的老僧，垂頭合目，受着雨底洗禮。那潮濕的紅磚，發出有刺激性的豬血的顏色和牆下綠油油的桂葉成為強烈的對照。灰色的癩蝦蟆，在濕爛發霉的泥地裏跳躍着；在秋雨的沉悶的網底，只有它是惟一的充滿愉快的生氣的東西。它背上灰黃斑駁的花紋，跟沉悶的天空遙遙相應，造成和諧的色調。它噗哧噗哧地跳着，從草窠裏，跳到泥裏，濺出深綠的水花。

雨，像銀灰色黏濕的蛛絲，織成一片輕柔的網，網住了整個秋的世界。

图3-5　张爱玲在1936年《凤藻》年刊上发表的文章《秋雨》

《凤藻》年刊上。1937年，张爱玲的艺术评论文章《论卡通画之前途》十分引人注目，作为该期的美术编辑，她还充当了“预言家”，用漫画的形式对全班同学做出了关于未来的预言，十分有趣。

诗歌也是圣玛利亚女校学生十分擅长的创作类型，每期《凤藻》中几乎都会收录几十则来自各年级学生的优秀诗词作品。从体裁看，古体今体、绝句律诗、文言白话一应俱全。从内容看，多为寄景抒情或歌颂悼念，有感于学校、身边发生的大事，如《送监院回国》（1920）、《悼本校女教员黄福娟先生》（1923）、《悼本校熊师惨死》（1929）、《本校五十周年颂诗》（1931）等。学生们还会尝试将中文诗歌翻译成英语收录在年刊中，如1923年《凤藻》中的“English Translation of Chinese Poems”板块，体现出圣玛利亚学生极强的语言能力和学校教育中西融合的特点。

此外，部分《凤藻》年刊设有“读者信箱”板块，选登并回复读者来信的感想、意见建议和问题等，为改进编辑工作提供参考。1936年，有一位读者在来信中对编辑部提出了三点建议：其一，对于材料的收集要特别注意，选择各级较好的文章刊登，毕业班文章的篇幅不宜占据太多；其二，收取稿件要用公正的眼光去判断，高班学生的文章不见得一定比低班学生好；其三，相片的收集也要仔细斟酌，多收录与学校活动相关的材料，舍弃无关的内容。针对这些建议，编辑部一一进行解释并给予回应，体现了学生编辑们虚心接受意见的勇气和精益求精的精神。

《凤藻》年刊是我们了解圣玛利亚女校学生生活的珍贵一手史料，现存共22期，1919—1926年共8期，1927年、1928年由于学校停办未出年刊，1929—1941年共13期，1943年为不完整手抄本，此后的年刊未见。

二、以笔墨为木梯——《墨梯》年刊

中西女中的年刊《墨梯》创刊于1917年，刊名有多层含义，一为纪念曾大力支持中西女中创办的美国南方卫理公会主教墨梯，二是取中文意义“以笔墨为木梯”，有学业进步之寓意。1947年，薛正校长曾题词，“日新月异，含中咀西，继往开来，增墨积梯”，将年刊之名与中西女中的办学宗旨完美融合。

《墨梯》年刊编辑部的组织形式与圣玛利亚女校的《凤藻》年刊相似，以每届高三毕业生为主力，也吸收低年级同学参加，由教员指导，中文编辑部、英文编辑部、摄影部、美术部、广告部各司其职，旨在表现一年中学校生活的方方面面，也作为毕业生离校的告别纪念。

年刊的封面设计大多采用中西女中的校色和级色：墨绿色、金色、紫色和红色，印有金色的校名和校徽。正文前的广告是出版经费的重要来源之一，均由学生自己征得，其余经费来源于高三年级毕业戏剧演出的门票收入。在编排上，早期采用中英文分开的方式，各占约一半篇幅，封面分别从两侧打开，中文部分采用竖版编排，后期出现中英文混合编排的形式。除文字外，每期年刊都配以大量学生的校园生活照片和漫画插图等，图文并茂，可读性很强。这些都充分反映出中西女中学生们优秀的中英文水平、审美情趣以及社会交往能力。

至于《墨梯》创刊的缘起，据1917年《墨梯》记载：“吾校自创始以迄今兹，已将三十载，而学报之设，尚付阙如。今春同学会同人有创办中西女塾学报之议。”1927年的《墨梯》则将年刊的定位表述为：“表现吾校一年中生活之过程。而为毕业生在校去校之纪念。”

从具体内容来看，中西女中学生们生动活泼的校园生活和精彩丰富的内心世界跃然纸上。除各级的级史和毕业生、教员简介外，《墨梯》收录文章的体裁类型繁多，有诗词、散文、游记、议论文、戏剧、小说、译作等。在详细记述快乐的校园生活之余，《墨梯》中的作品更充分地展现出独立思考、视野开阔的新女性形象。她们关心时局，以一腔热血写下《讨倭寇檄文》（1933）、《抵制日货不若提倡国货说》（1921）、《鸦片与中国》（1929）、“I Pray for Peace”（《我祈祷和平》，1932）、“War and Peace”（《战争与和平》，1936）、《华北问题感言》（1936）等铿锵有力的时代之声；她们关爱社会，通过《包生制》（1934）、《劳力的苦衷》（1934）、《工厂》（1935）等小说为底层百姓的贫苦生活和卑微处境呐喊；她们关注自身，积极探讨《女子教育与国家有何关系论》

图3–6　中西女中《墨梯》年刊（1947年）

图3-7 中西女中校训图案

（1917）、《女子教育与要求参政权之关系》（1919）、《女界救国之计划》（1934），表达《我的人生观》（1935），分享《我之读书经验》（1937），思考《将来之职业问题》（1933）等，这些作品彻底打破了中国传统观念中对女性“两耳不闻窗外事”的误解。

1930年，中西女塾改名为中西女中后，1931年《墨梯》年刊的封面上第一次出现中西女中的校训图案，英文是“Live, Love, Grow”（生活、爱和成长），中文是“积中发外”，意为“诚于中而形于外”（要做一个诚信的君子，又有谦和的禀性）。中英两种文字的校训被设计成一个圆形图案，由中西女中的校色绿色和金黄色组成。图案的上半部有一句引自圣经的格言“As a man think in his heart, so is he”（因为他心怎样思量，他为人就是怎样），符合中文校训“积中发外”的意思，一个人受到的良好教育必然积聚于内心，并在行为中表露出来，一中一西，有共通之处。1946年出版的《墨梯》年刊扉页上的校训圆形图案和1931年的有所不同，上半部分以“中西女子中学”代替了圣经格言，下半部分为英文校名，“积中发外”四字则分别置于圆形中心两侧，这个图案一直沿用到1952年。

《墨梯》年刊从1917年至1948年共出版27期，其中1920—1922年出版2期，1942—1945年因抗战停刊，1946年五届学生共同出版第25期，1948年的第27期为最后一期。

毫无疑问，《凤藻》和《墨梯》年刊都具有很高的史料价值，为我们留下了历届毕业生和部分教师的名录、照片等珍贵资料，还收录了大量有关学校教学活动和校园生活的照片，是研究圣玛利亚女校、中西女中校史和中国女子教育极为丰富和难得的一手史料。

三、在自治中协进——学生社团

圣玛利亚女校和中西女中都非常注重对学生自我管理能力和组织领导能力的培养，除了每年出色地完成学生刊物的编写出版工作外，还具体表现为，两校都拥有较为完备的学生自治体系，学生社团的类型丰富，职能多样，大致可以分为管理服务类、文艺体育类和宗教生活类等。每个社团都有独立的章程，极大地丰富女学生们的课外生活之余，更是学校管理的组成部分，培养了女学生们独立自主的精神和社会责任感。

近代中国教育的“学生自治”风潮深受“美国教育家杜威来华讲学”这一事件的影响。1919年4月，美国著名哲学家、教育家杜威受邀抵达上海，开始了为期两年多的讲学之旅，他的足迹遍及大半个中国，一共做了200多次讲演，主题涉及教育、文化、政治、社会等诸多领域，他在教育领域提出的

“教育即生活”“学校即社会”“做中学”等理念对近代中国教育产生了广泛而深远的影响。他在演讲中多次提到对“学生自治”的看法，杜威所认为的自治精神是在团体生活中与人交往的一种能力，更是一种权利与责任。“普通的见解就都认为自治就是从旁人管理我们，换为我们自己管理，此不过把管理权归到自己身上。这话固然不错，但是有了自己管理权，就有自己管理的责任，所以自治的性质，不但是扩充自己的权利，并且是加重自己的责任。而且应当格外有秩序、严格，比‘他治’还要完备，这才是自治的真意义。”[7]同时，近代中国教育“学生自治”的观念还先后受到梁启超的“新民说”、陈独秀的“新青年说”以及20世纪20年代由上海基督教女青年会总干事余日章主持发起的公民教育运动的影响。中国教育界在有关“学生自治”和“公民教育”的讨论中逐渐达成共识，并在1920年举办的第六届全国教育会联合会大会上确立了《学生自治纲要案》，正式提出“欲养成学生的共和国民资格，必须让学生在学校中就开始过‘自治’生活，练习‘公民自治’”[8]。

杜威到达中国几天后，五四运动爆发，以北京大学为中心，“学生自治”的精神迅速扩展至全国各地的学生心中，圣玛利亚女校和中西女中的学生自治组织正是诞生于这一时代背景下。

表3-1 圣玛利亚女校学生各部组织表

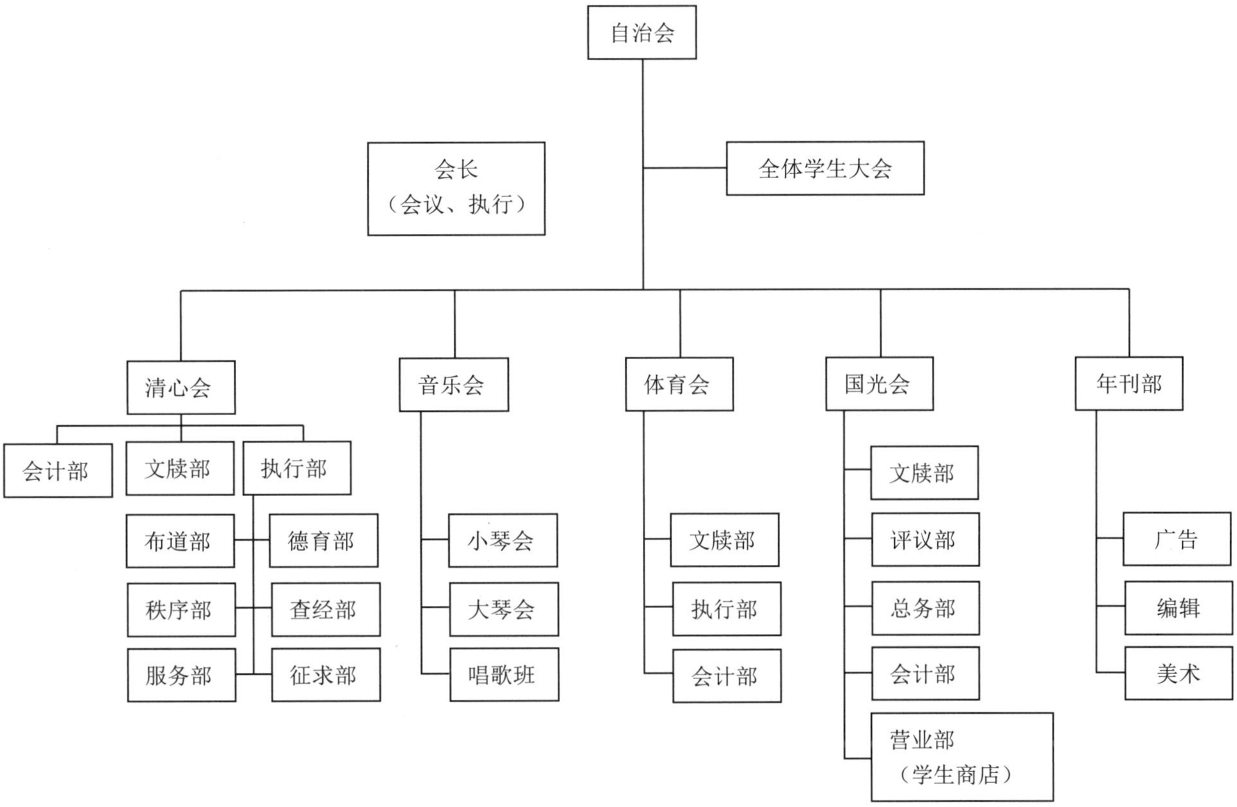

*资料来源:《圣玛利亚女校五十周（年）纪念特刊》，1931年刊印。

1.管理服务类——学生会、国光会

圣玛利亚女校的学生自治会（又称“学生协进会”）和中西女中的学生自治团（又称“学生会”）是校内最核心的学生组织，相当于现在的校学生会，主要负责组织全校学生的活动和管理学生活动的秩序。两所女中的学生会都成立于1919年五四运动期间，是全国学生联合会的分会，受上海市学生联合会领导。五四运动爆发后，女中学生们满怀“国家兴亡，匹夫有责”的爱国热情，上街游行宣传声援北京的学生运动，并通过制作白布网球帽、义卖筹款等方式支援市学生联合会。圣玛利亚女校学生会主席俞庆棠还被选为上海学联代表，出席全国学生联合会议。20年代，随着学生运动告一段落，两校学生会的职能也逐渐发生转变。

1923年，以“学生协进会”为名，一个全新的全校性组织在圣玛利亚女校建立。自1931年起，协进会正式改名为“学生自治会”，以“养成学生自治能力、公共道德及服务合作精神”为宗旨，主要负责组织校内学生活动，是一个制度完备、执行得力的学生组织。

圣玛利亚女校学生协进会简章（节选）

第一章　定名与宗旨

一、本会定名为圣玛利亚女校学生协进会

二、本会以养成学生自治能力、公共道德及服务合作精神为宗旨

第二章　组织纲目

一、本会由全体学生组织之（凡学生皆为会员）

二、本会组织系统以全体大会及干事会为主干

三、本会开会秩序均依照议院会议规则

第三章　全体大会

一、会员

甲、资格：全体学生皆为本会会员

乙、权利：凡会员皆有投票、选举、提议、复决等权利

丙、义务：

1.凡会员皆有服从本会规章之义务

2.每次开会会员非有特别原因不得缺席

二、开会时间：每月第二、第四星期之星期六上午九时四十五分

三、职权：凡会员有所提议均得在大会中提出通过然后可以实行

第四章　干事会

一、组织

甲、干事：各级级长为本会干事

乙、职员仍由大会之职员兼任之

丙、顾问先生任指导更正之责

二、开会时间：每月第一、第三星期之星期五下午五时

三、职权

甲、本会得讨论大会议决案之执行

乙、本会得讨论新提案以备大会时提议

丙、在必要时为大会不及召集，本会得断行会务

丁、本会得选派各项临时委员

四、附属之组织

甲、组织秩序部维持全校之秩序

1.秩序部由会长、膳堂长、桌长、宅长、室长及纠察员组织之

2.秩序部之职权维持膳堂、宿舍、自修室、教室、礼拜堂草地及各会集会时之秩序与清洁[9]

从章程中可知，圣玛利亚女校全体学生皆为协进会会员，下设会长、副会长、书记、干事、膳堂长、桌长、宅长、室长、纠察员等职员，除各级级长为干事外，其他职员均由选举产生，任期一年。全体会员有投票、选举、提议、复决等权利，定期召开全体大会和干事会，凡会员有任何提案，均需在大会中提出通过，然后可以实行。自治会下设秩序部，负责维持膳堂、宿舍、自修室、教室、礼拜堂草地及各会集会时之秩序与清洁。学生会每年都有工作报告，向全校师生汇报一年来完成的工作，多刊载于《凤藻》年刊。

在1925年的五卅运动中，圣玛利亚女校的爱国团体——国光会应运而生，它逐渐代替了学生会领导爱国活动方面的职能，该会会员由全体学生组成，本校中国教职员为名誉会员，下设宣传股、演讲股、戏剧股等，以宣扬爱国情怀为宗旨，开展各项学生活动。原来由学生会经营的学生商店也移交国光会管理，经营所得盈余由全体会员共同决定用途，多用来选购激发爱国热情的中文书籍赠送图书馆供全校学生借阅。国光会始终以激发爱国热情为己任，以实际行动号召同学们“读书不忘救国”。1931年“九一八”事变后，组织为东北义勇军捐款；1936年，为打破我国因方言众多、言语不通而被外国人视为“一盘散沙”的处境，开设国语夜校；1937年，创办《国光》半月刊，激发师生对国粹文艺的兴趣，同年参与援绥运动，协力制作、购买物资运往前方；1938年，做了大量战时劳军和救助难民工作；1939年，发起“一分捐款运动”，组织慈善音乐会，参加女青年会劳工部为工友服务的工作等。女学生们力量虽微薄，但同心赴国难的气概令人敬佩，国光会成长于拯救民族危亡之际，是对圣玛利亚女校学生最生动、最深刻的爱国主义教育。

在中西女中，由于外籍校长秉持教会学校不介入政治的立场，不主张学生参加政治活动，自1920年起，学生会改名为“学生自治团（会）”，不再参与校外的活动，以发展同学的自治能力、培养道德、

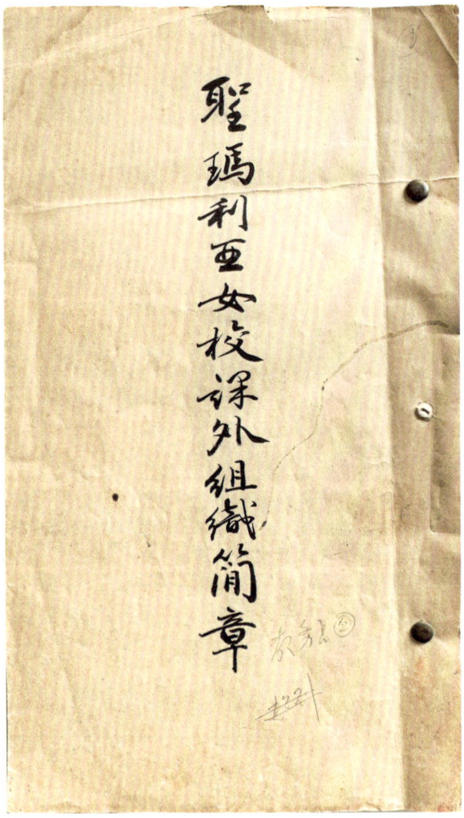
聖瑪利亞女校課外組織簡章

图3-8《圣玛利亚女校课外组织简章》封面，上海艺学社监制（时间不详，上海市第三女子中学档案室藏）

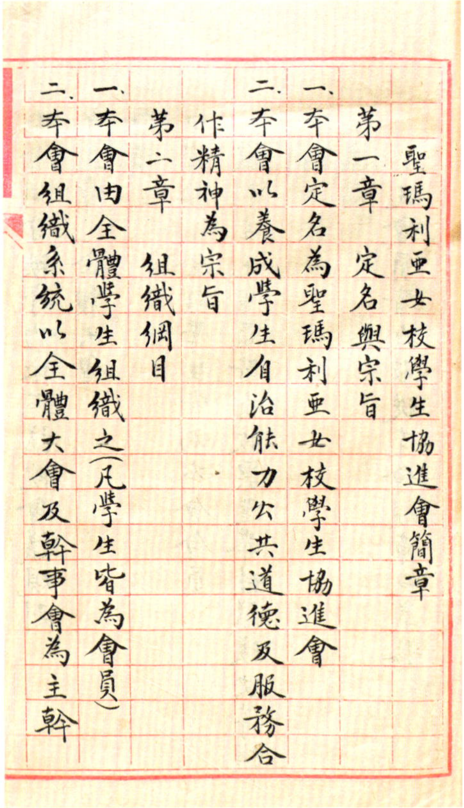
聖瑪利亞女校學生協進會簡章

第一章 定名與宗旨

一、本會定名為聖瑪利亞女校學生協進會

二、本會以養成學生自治能力公共道德及服務合作精神為宗旨

第二章 組織綱目

一、本會由全體學生組織之（凡學生皆為會員）

二、本會組織系統以全體大會及幹事會為主幹

图3-9《圣玛利亚女校课外组织简章》学生协进会简章

维持学校秩序、提倡公众服务精神为主要目的，以管理和组织校内事务为主要职能。学生会设会长、副会长兼司库、书记及各组代表各一人，全体同学均为会员，附设贩卖部“便利同学购买书籍文具”、服务部“服务社会及本校同学”、拾遗部“代替保管遗失物品”、清洁部“保持课室宿舍及同学清洁”，每个部门都有顾问先生负责指导。自治代表会和大会定期召开，自治会的工作情况和记略往往会被收录于《墨梯》年刊中，体现出全校学生对自治会工作的认可。

中西女塾学生自治会规程

（一）宿舍规程

每舍有舍长一人，其责任如左：

甲、注意舍中各种事物之整齐清洁

乙、每晨起身以鸣铃为标准，不准先期早起（鸣铃时间：星期日七时，余均六时）

丙、早餐前各室各生不准互相走问

丁、每晚九时鸣预备就寝铃，各生不准往他生寝室。九时二十分鸣整理卧具铃，各生各入本寝室预备就寝，不准出外。九时三十分鸣铃就寝，熄灯寝后不准谈话

戊、寝室内如有食物，必须置于金属有盖之匣内，以防虫鼠窃食

己、各生不准于走道内及越窗隔楼等处大声喧扰，致妨校规

（二）膳堂规程

每桌有桌长，其责务如左：

甲、各桌如有应到未到及迟到之人，即将姓名报告于自治会

乙、食时不准越桌谈话，及阅书、做手工等事

丙、食时必用卫生筷

丁、各生不准命服务膳食时之工人做膳室外之工作

（三）教室及自修室规程

教室及自修室均有室长，其任务如左：

甲、教室、自修室从上午八时至十二时，下午一时一刻至四时半、夜间七时至八时，凡受课及温课时间不准谈话及传递字条等

乙、夜间八时至九时，可以出自修室自由研究，若仍在自修室，仍须照例肃静

丙、教室自修室均须清洁有秩序

丁、教师授课时，凡非本级生当赴指定处所自修，不得逗留教室内

戊、各生当自修时，设有不得已事必须出外者，当将姓名及事由填明自治会簿上，不得径自外出

（四）星期日自省时间

甲、每值星期日下午二时至三时半，各生须在本寝室内静坐省察以资修养

乙、自省时，内室长须管理本室之肃静，走道长须管理走道内一律无哗

附则

以上各条各生中，如有违纪者，各室各桌各走道长须将姓名报告自治会[10]

2.文艺体育类——文艺会、体育会

圣玛利亚女校和中西女中都以精彩纷呈的文体活动享誉沪上乃至全国，在学校设计的丰富课程之余，学生社团中的文艺会和体育会功不可没。

圣玛利亚女校特别重视音乐教学，学生课外组织音乐会主要负责全校的音乐会和舞蹈、演剧等文艺演出活动。音乐会下设高级琴会和初级琴会，分别都有详细的章程，其宗旨在研究音乐、操练弹琴，与圣玛利亚的琴科教学相辅相成，培养了一批在音乐和钢琴方面很有造诣的学生。除了琴会，学校还有歌咏团，宗旨在研究诗歌高唱，每星期练习一次，若遇上大型活动，则全体上场歌唱。1924年起，旨在学习中国民族乐器、弘扬中国民族文化的国乐会正式成立，同样隶属于音乐会，圣玛利亚女校校园内的音乐形式和风格更多样了。每年，音乐会定期在校内组织各类文艺演出，如每月两场校内音乐会、琴科毕

业独奏音乐会、“圣歌夺标”、“Step Singing”等歌咏活动，有时还要负责策划一些特殊的演出任务，如1919—1920年圣玛利亚女校为筹建新校舍举办的游艺会、1937年欢送琴科主任梅小姐回国的茶话会等。在浓厚的艺术氛围熏陶下，圣玛利亚女校培养出了一大批文艺界的翘楚。

圣玛利亚高级琴会章程

（一）宗旨

本会宗旨乃欲激发同学对于音乐之兴趣，增进其弹琴之技术，并使其获得较多之音乐知识

（二）职员

本会设会长一人、书记一人

（三）职员之任务

（A）会长：主持一切集会及次序单之编制

（B）书记：保管会员名单，每次集会时须点名并报告会议之记录，书记于开会前当贴布告

（四）职员之选举

（A）选举职员应在九月第一次开会之时

（B）由会长、在座会员投票互选，但须获有三分之二以上之票数始得当选

（五）本会之集会

（A）本会之常会宜在每月第二星期之礼拜六下午

（B）本会之大会当一年举行一次

（六）会员

本会会员必须有先生之举荐，入会前须经会员之选举也

（七）会员生病或外出未得学校之原谅而不赴会场当罚银一元

圣玛利亚初级琴会章程

（一）宗旨

本会宗旨即欲使每会员能得机会听他人所弹之琴而于个人可多得练习

（二）职员及责任

会长一、书记一

会长有召集会聚报告秩序单之责任

书记有点名记录及报告每次开会之经过之责任

（三）选举职员

每年于五月底选举职员，乃由学生中举出选举之例

选举用投票法，每次必须有三分之二人数

（四）入会

如新会员原加入本会者，须于每学期第一次开会时投入

（五）入会资格

凡具第一级以上之程度者为合格

（六）到会

每次开会全体必到，如有非因病返家而在校内不到者，须罚下次弹两调

（七）弹琴

每人在每学期内至少弹一次，一年中至多三次

（八）游艺会

每年有游艺会一次，如英文班唱歌亦可加入[11]

中西女中的文艺会"以相互砥砺学问艺术"为宗旨，所涉及的领域更为广泛，分为文学、音乐、游艺三个部门，设会长、副会长、各部部长、文牍书记、记录书记、会计各一人，纠察员每级一人，每月开会一次。

文学会由三部分组成：1892年成立的"怀特曼文学社"（后改名为"广学会"），其宗旨为"通过研究英文文学作品共同提高英文水平"；1919年成立的中文文学研究会，设立的宗旨是"弘扬五千年中华优秀传统文化"，主要活动内容有演讲、辩论、编辑、诗歌等；1922年成立的中文诗学研究会汇集了全校的爱诗人士。音乐会由西洋乐器团、初中合唱团、高中合唱团、国乐部组成，与中西女中的琴科和声乐教育相辅相成。1924年成立的游艺会主要负责组织校内的各类文艺活动和演出，后来的年级也将游艺会直接称为文艺会，该会以"谋同学交换知识，以提高学习研究之兴趣，训练同学公开讲话能力"为宗旨，其职能包括：负责计划及排定一学期文艺会节目单，组织策划节日或纪念日活动，征求各组同学节目并协助完成准备工作等。中西女中传统悠久和深受欢迎的戏剧表演、吟诗、辩论、演说等活动均由游艺会负责组织、安排、实施，学生的组织策划能力、统筹能力、团队协作能力都得到锻炼和提升。

除了文艺会，体育会也是圣玛利亚女校和中西女中学生参与度最高、最喜爱的学生社团之一，其宗旨是锻炼身体，享受健康，培养良好的体育精神和更好的公民意识。

圣玛利亚女校的体育会采用积分制，要通过参与校内各类健身体育活动，集满一定积分才能

图3-10　中西女中师生照片

图3-11　中西女中烹饪课

图3-12　中西女中学生歌咏团在音乐会上演出

图3-13　圣诞节中西女中学生在健身房举办化装舞会

成为会员，有了会员身份，才能在继续积分基础上获得体育会的奖品，有银别针、金牌、银盾等饰品。这个办法可以鼓励同学们坚持锻炼，强健体魄。全校各项运动如网球、篮球、田径赛、司令球、棒球、排球、高尔夫球、乒乓球、早操及各类游戏，都由体育会担任指导及管理。每年春季，体育会负责举办校级运动会。平日，体育会还经常发起级际或校际球类友谊比赛等。

圣玛利亚体育会章程（节选）

（一）定名：本会定名为圣玛利亚体育会

（二）宗旨：本会宗旨在促进学生对于体育之兴趣以养成健全之体格

（三）会员

1.本校学生体育成绩满一百分者得由本会会长在开大会时当众承认该生为本会会员

2.会员毕业后仍可享本会一切权利

3.本校之体育教授亦为本会顾问

4.凡本校先生欲入本会者均为名誉会员

5.会员若无故连缺席二次则取消会员资格

6.会员体育成绩于一年中须得十分否则将取消会员资格

（四）职员

本会设正副会长各一、书记一、会计一、顾问一及各级代表六人，任职以一年为限

（五）职员任务

1.会长：主持一切会务

2.副会长：协助会长襄理会务，会长缺席时得代行其职

3. 书记：管理本会议事部及常会开会时之记录一切来往信札及计算会员之分数

4. 会计：管理会中出入款项，惟用款前须得议事部之同意，卸职前有详细收支报告，由议事部检查之

5. 顾问员：促进本会会务之进行

6. 职员部：总理会中一切事项，如职员有提议事件须由议事部议酌

（六）选举职员

凡高中学生均有被选为职员之资格，顾问员须由担任之预选职员，须由选举委员会选出，于六月大会一星期前将被选者姓名通告各会员，选举法依照民法初步施行

（七）奖赏

凡满四百分者得银别针一只，八百分者得金牌一只，一千二百分者得银盾一只[12]

中西女中的体育会成立时间较早，约在19世纪末，篮球队、网球队、排球队和垒球队的比赛情况及照片在《墨梯》年刊中多有记录。据1917年的《墨梯》年刊记载，学校每天安排学生开展各项户外运动，每周累计时间近十小时。学校成立了三支学生篮球队，分别以“云雀”“画眉”和“鹰”命名，每隔几个月就会举行校内比赛。大多数学生参加了网球俱乐部，校内有四个网球场可以同时进行双打。如果遇到下雨天，室内排球就成为学生们最主要的运动项目。当时，中西女中还引进了起源于法国、流行于英美的槌球运动，这项运动比较温和，用棒槌击打球，将球打进设在球场上的六个铁环门或击中标杆就能得分。除了日常的户外运动，中西女中体育会还负责组织校内外各类比赛，如校内初中队和高中队的篮球比赛，校队和两江女子体育专科学校以及上海的其他大学队的比赛等。

据1938届学生胡明华回忆：“虽然我不敢说体育会在全校的学生组织中占着最重要的地位，可是事实很明显地告诉我们，同学们最感兴趣的，是运动，最开心的，也就是运动会。”[13]

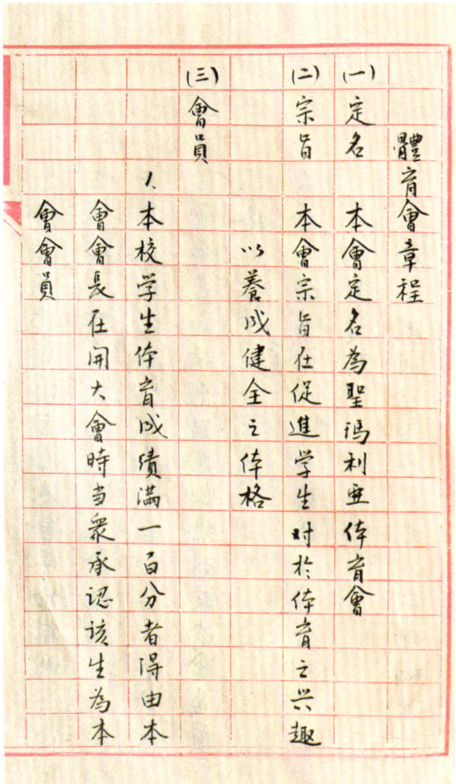
體育會章程
(一) 定名　本會定名為聖瑪利亞体育會
(二) 宗旨　本會宗旨在促進學生對於体育之兴趣以養成健全之体格
(三) 會員　1.本校学生体育成績滿一百分者得由本會會長在開大會時當衆承認該生為本會會員

图3–14　圣玛利亚体育会章程

3.宗教生活类

作为基督教教会开办的学校，两所女中都有与宗教生活相关的学生社团，但学校不强制学生入教或入会，悉听自愿。

圣玛利亚女校清心会成立于1899年，由基督教徒和

本校近世紀體操服式
The Present Drill Costume

图3-15　圣玛利亚女校体操服式（选自《圣玛利亚女校五十周［年］纪念特刊》）

本校中世紀體操服式
The Second Costume for Drill

图3-16　圣玛利亚女校早年的体操服式（选自《圣玛利亚女校五十周［年］纪念特刊》）

赞成基督教的师生组成，以“助基督徒学生坚固信心并感化非基督徒导之认主，俾在校养成高尚之志向及优美之品性”为宗旨，下设德育、查经、布道等委办，负责校内基督教徒的宣传、联络、聚会筹备等工作。清心会在学校主要组织的活动包括：邀请宗教界人士宣讲圣经教义、承担学校宗教节日的组织工作、筹集经费开办主日学校（星期日组织邻近贫民子弟开展教学）、募捐集资救济穷人等。

据1919年的《墨梯》年刊记载，早期的中西女中有几个宗教性质的学生小团体，如崇通部、女布道会、服务团、圣日学校、祈祷会、女青年会等。1929年成立的海涵堂是校内最大的宗教社团，它的命名是为了纪念学校的创办人海淑德女士，下设负责组织筹划宗教活动的灵修部、筹募管理经费的经济部、负责接洽筹备工作的服务部和美化布告板宗教栏通告的宣传部，还有由信教学生组成的青年“团契”组织。除了宗教活动外，海涵堂还会组织一些慈善活动，如义务为农村小学授课，为孤儿院、盲童学校募捐善款等。

在参加各类慈善活动的过程中，学生们服务社会的意识得到了培养，如1925届的级训为“serve”，学生丁兰芬在1930年《墨梯》年刊上发表的《课余随笔》一文中写道：“家庭为社会之起点，服务于社会者，宜自服务家庭始，服务于家庭，先宜孝顺父母，敬礼尊长。服务于学校，宜恪守校规，尽力学问，为母校增光荣。以服务于家庭之心，推而至于一乡一邑一省一国。以谋全世界人民公共之利益，此之为服务社会。”[14]

两所女中的学生在毕业参加工作后，成为各

图3-17　中西体育馆（健身房）

图3-18　中西女中中西琴房（老音乐厅）

中西女中籃球閉幕
墨梯冠軍
六〇對四四克崇德

中西女中籃球最後一幕、墨梯對崇德、於昨日下午三時在美童交鋒、崇德郭慶蘭球中的、首開紀錄、墨梯黃桂芳立還顏色、以二對二、

加中籃球隊昨晚敗於暨南

西青排球昨賽 工女中失敗

图3-19《中西女中篮球闭幕，墨梯冠军，六〇对四四克崇德》（《申报》1939年4月9日，第8版）

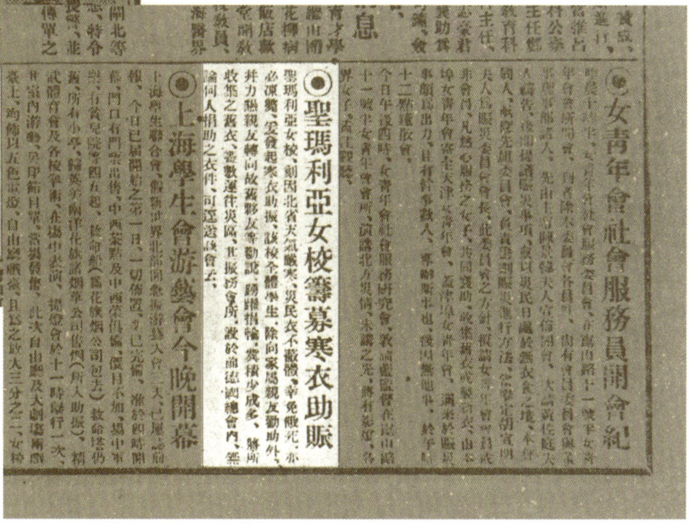

女青年會社會服務員開會紀

聖瑪利亞女校籌募寒衣助賑

聖瑪利亞女校、剗因北省天氣嚴寒、災民衣不蔽體、幸免餓死、亦必凍斃、爰發起寒衣助賑、該校全體學生、除向家屬親友勸助外、并力懇親友轉向故舊影友等勸說、踴躍捐輸、冀積少成多、將所收集之舊衣、盡數運往災區、其振務會所、設於南洋總會內、無論何人捐助之衣件、可逕送該會云、

上海學生會游藝會今晚開幕

图3-20《圣玛利亚女校筹募寒衣助赈》（《申报》1920年12月17日，第10版）

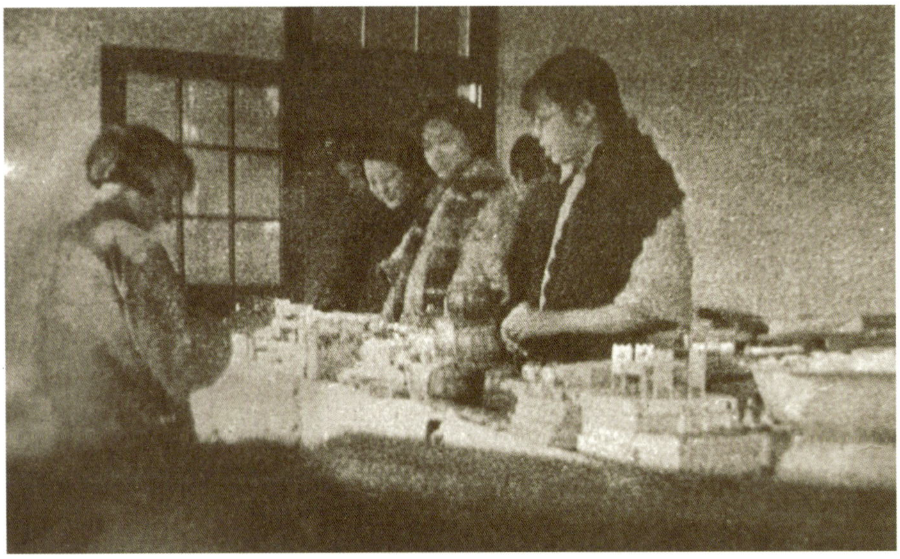

图3-21 中西女中学生商店

行各业的生力军、社会各界的知名女性，这种能力的养成不仅与学校高质量的教学相关，更充分得益于学校诸多学生社团工作的历练。

第二节 教会女校的日常生活

与其他学校相比，圣玛利亚女校和中西女中学生们的日常生活有何独特之处？概括来说，这两所教会女校都将“乐中育美”的理念融入了育人的全过程，女学生们的日常生活充实而有益。

“乐哉，学生时代之生活也。不与治乱，不问黜陟，无家庭之负担，无金钱之匮乏，其朝夕所切心寄意者，惟功课耳、游戏耳，其生活也。吾敢以乐之一字而包括之。”[15]正如圣玛利亚女校这位高中二年级学生所述，女学生们的日常生活首先是充满快乐的，这种快乐来源于紧张有序的学习生活、丰富多彩的艺体活动、独树一帜的节庆典礼等。

一、张弛有度的学习之乐

学习占据了女学生们校园生活的大部分时间，对于女中的学习生活，圣玛利亚女校和中西女中的学生们不约而同地用“既严格又轻松”来形容。

1. 自主学习

除了课表中固定的各类课程教学外（具体参见前章中的课程部分），两所女中都十分重视通过一些特定的教学安排，达成培养学生自主管理、主动学习能力的目标。

在圣玛利亚女校，学生们不像一般学校按照班级定教室，而是每门课都要换教室，例如英语在101室、数学在203室、化学在科学馆等，这无形中培养了学生自我管理的能力。

圣玛利亚女校的教学方式自由、开放，不拘泥于死记硬背，十分注重启发学生主动思考，教学气氛热烈活泼，师生关系亲切随和。如高三的时事课就采取非常新颖的授课形式，由两位老师共同上课，主要向学生介绍和评论一些国家大事和世界形势。其中一位老师用英文，另一位用中文，有时双方辩论，有时相互补充，同学们也可通过提问各抒己见，营造出自由民主的课堂氛围。

学校每天都会排自修课，自修课没有老师在场管理，完全靠学生自律，同学们在互教互学的基础上巩固一天所学、复习准备第二天的学习内容。秉持“今日事，今日毕”的态度，同学们总是会先利用自修课做完当天的功课。在完成作业的基础上，学音乐、舞蹈、戏曲、字画的学生可以按照自己所学安排更多时间练习。自修课结束后，大家便得以尽情放松地进行各种丰富多彩的课外活动，在优雅宁静的校园中，弹琴作画，打球散步，畅想神聊。晚餐后，学校还安排了晚自修，大家静悄悄地走进专门的自修教室或图书馆，在书海中尽情驰骋，开阔视野，修炼情操，恬静又快活。

2. 阅读课程

作为教会学校，圣玛利亚女校和中西女中都十分重视英文原文经典的教学与阅读，根据学生程度循序渐进地安排阅读书目和进度，校内读书成风。

图书馆是同学们最爱去的地方之一，它有着与教室不同的安静舒适氛围，还有丰富的中英文报纸杂

图3-22 圣玛利亚女校手工科（1897年）

图3-23　中西女中学生在图书馆

志和藏书供全校学生阅读和借阅，许多毕业生都对学生时代在图书馆的美妙时光念念不忘。1931年刊印的《圣玛利亚女校五十周（年）纪念特刊》对位于思孙堂楼上西北隅的圣玛利亚女校图书馆的概况进行了详细的介绍：它“地位幽静，而环窗四周，又得览自然风景”，图书馆内的陈设和书籍多来自校友和美国热心人士捐赠，馆藏书籍分中西两部，西文居多，种类囊括文学、哲学、宗教、语言学、社会学、艺术、美术、科学、历史，中文部分经、史、子、集及说部，还有适合儿童所阅之书籍，及各校之年刊，各种杂志、周报、月报等。1929年起，学校还开设了图书馆学课程，选修该课程的同学们学习研究图书分类、编目、排列的常识，还有机会在图书馆实习管理，更提升了大家对阅读的兴趣。[16]

1937年，中西女中的《墨梯》年刊曾做“我最喜欢的书”小调查。39位毕业生中，8人喜欢巴金的《家》，5人喜欢鲁迅的作品，其他如茅盾、老舍、曹禺、丁玲、郭沫若等中国作家和泰戈尔、狄更斯、小仲马、雨果、托尔斯泰等世界著名作家的作品也名列榜中，可见当时中西女中图书馆藏书之丰富，学生对阅读之热爱。

据圣玛利亚1947届学生回忆，六年内，她们保持每年阅读两本原文著作，读完了*Heidi*（《海蒂》），*King of the Golden River*（《金河王》，初一）；*Juan and Juanita*（《胡安与胡安妮特》），*A Dog of Flanders*（《贫儿苦狗记》，初二）；*Rebecca of Sunny-brook Farm*（《太阳溪农场的丽贝卡》），*Treasure Island*（《金银岛》，初三）；*Silas Marner*（《织工马南传》），*Les Miserables*（《悲惨世界》，节本，高一）；*Ivanhoe*（《撒克逊劫后英雄略》），*A Tale of Two Cities*（《双城记》，高二）；*Madame Curie*（《居里夫人传》），*Queen Victoria*（《维多利亚女王传》，节本），*Hamlet*（《哈姆雷特》），*Merchant of Venice*（《威尼斯商人》）和*Selected Short Stories*（《短篇小说选》，高三）。[17]

中西女中同样重视英语教学和阅读课程，为学生打下扎实的英语基础。据1950届校友回忆，她们在初一时学《海蒂》，初二时学习在法国拿破仑宫廷的侍童，初三以后学莎士比亚的经典著作，如《威尼斯商人》《哈姆雷特》等，高中的课本都是英文版，毕业大戏也常取材于英美文学，如《简·爱》《傲慢与偏见》等。

两所女中不约而同地将这些英文原著作品纳入阅读课程的目的，不仅仅在于提升学生的英语水平，故事中崇尚的民主、自由、人权等思想也深深影响了女学生们的人生观，使她们逐渐形成“女性也要自立、自强、自尊”的价值观。

更值得关注的是，虽然圣玛利亚女校的教学以英语为主，但也不忽视国文课。学生们阅读《论语》、《孟子》、先秦哲人和唐宋八大家的名篇，背诵脍炙人口的唐诗、宋词、元曲等，如《长恨歌》《琵琶行》等。每逢寒暑假，国文老师还会要求同学们自选一本小说并撰写读书笔记。中西女中也同样重视对中国优秀传统文化的教育，要求学生背诵唐诗、宋词、《桃花源记》、《醉翁亭记》等古典名篇，练习书法等，正如其校训“Live, Love, Grow”，中文意为“积中发外，智圆行方”。

3. 成绩管理

在考试和成绩管理方面，尽管两所女中的测验、考试很频繁，但都不排名次，不公布成绩，不树“尖子”，学生不会因为考试成绩不好而受到歧视，充分保护学生的自尊心。同学之间不会为了名次而嫉妒，不会为了竞争而中伤别人，反而会在考试失利时互相鼓励安慰——“这次失败没关系，还有下次成功的可能”。

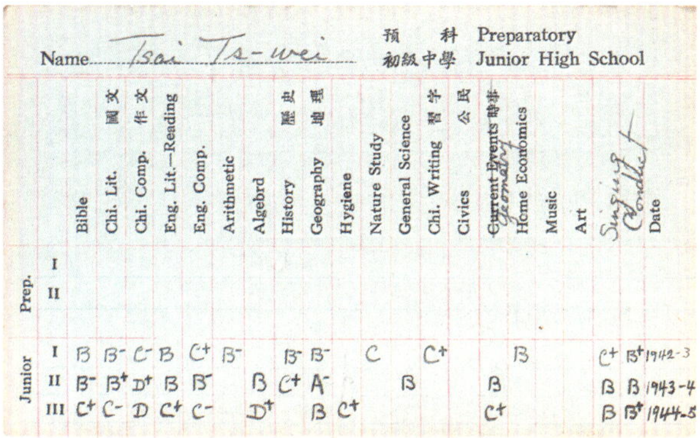

Name Tsai Ts-wei　　預科 Preparatory　初級中學 Junior High School

		Bible	Chi. Lit. 國文	Chi. Comp. 作文	Eng. Lit.—Reading	Eng. Comp.	Arithmetic	Algebrd	History 歷史	Geography 地理	Hygiene	Nature Study	General Science	Chi. Writing 習字	Civics 公民	Current Events 時事 (Geometry)	Home Economics	Music	Art	Singing	Conduct	Date
Prep.	I																					
	II																					
Junior	I	B	B-	C-	B	C+	B-		B-	B-		C		C+			B			C+	B+	1942-3
	II	B-	B+	D+	B	B-		B	C+	A-			B			B				B	B	1943-4
	III	C+	C-	D	C+	C-		D+		B	C+					C+				B	B+	1944-5

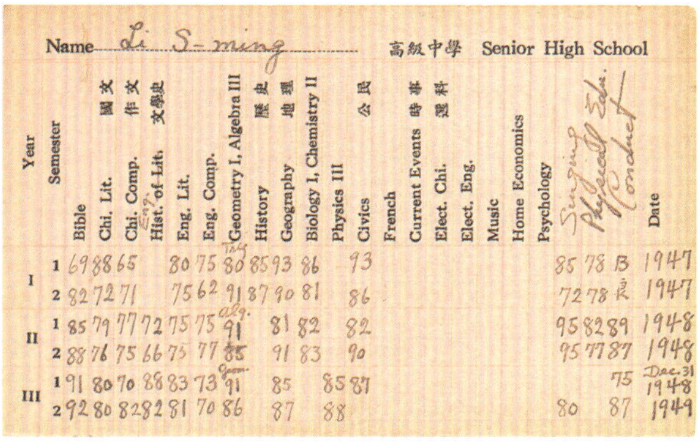

Name Li S-ming　　高級中學 Senior High School

Year	Semester	Bible	Chi. Lit. 國文	Chi. Comp. 作文	(Eng.) Hist. of Lit. 文學史	Eng. Lit.	Eng. Comp.	Geometry I, Algebra III	History 歷史	Geography 地理	Biology I, Chemistry II	Physics III	Civics 公民	French	Current Events 時事	Elect. Chi. 選科	Elect. Eng.	Music	Home Economics	Psychology	Singing	Physical Edu.	Conduct	Date
I	1	69	88	65		80	75	Trig 80	85	93	86		93								85	78	B	1947
	2	82	72	71		75	62	91	87	90	81		86								72	78	良	1947
II	1	85	79	77	72	75	75	alg. 91		81	82		82								95	82	89	1948
	2	88	76	75	66	75	77	85		91	83		90								95	77	87	1948
III	1	91	80	70	88	83	73	Geom. 91		85		85	87										75	Dec. 31 1948
	2	92	80	82	82	81	70	86		87		88									80		87	1949

图3-24　圣玛利亚女校学生成绩单

圣玛利亚女校的考试成绩单是一张两寸见方的藕荷色小纸片，用青莲色铅笔画了一朵兰花，写着“Congratulations”（祝贺你），温馨又别出心裁。在中西女中，考试制度相当严格，70分才算及格，如果学生的成绩不够好，教务处会用书面信件向家长警示，显示出学校对学生学业的关怀和负责态度。

二、全面发展的艺体之乐

学习之余，圣玛利亚女校和中西女中都以丰富多彩的艺体特色享誉沪上，培养出一批在全国乃至世界范围具有一定影响力的优秀人才，这归功于两所学校始终致力于将各类艺体项目融入日常校园生活中，注重学生的全面发展。

1. 钢琴声乐

圣玛利亚女校和中西女中都特别重视音乐教学，音乐给学校带来愉悦的氛围和欢乐的环境，在无形的熏陶下，学生欣赏高雅音乐的爱好被逐步培养起来。日常的教堂赞美诗、唱歌课，以及学校组织的各种音乐会及讲座等，培养了学生高雅的情趣。

培养上流社会新女性，会弹奏钢琴是不可或缺的。圣玛利亚女校设有琴科（详见第一章），设有课外组织——音乐会，负责组织全校的音乐会和舞蹈、演剧等文艺演出活动，音乐会中有高级琴会和初级琴会，各有章程（详见本章第一节）。校内每月有两场音乐会，一场由高级琴会演出，一场由初级琴会演出，都安排在星期六下午，不请外人，只限本校师生聆听。每学期有一

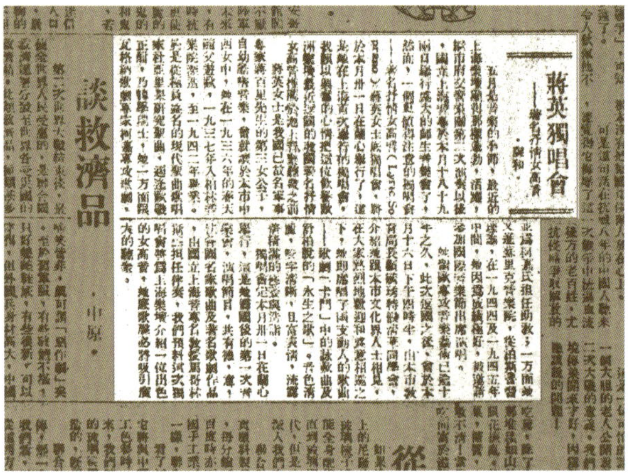

图3-25 《蒋英独唱会——著名抒情女高音》（《申报》1947年5月19日，第9版）

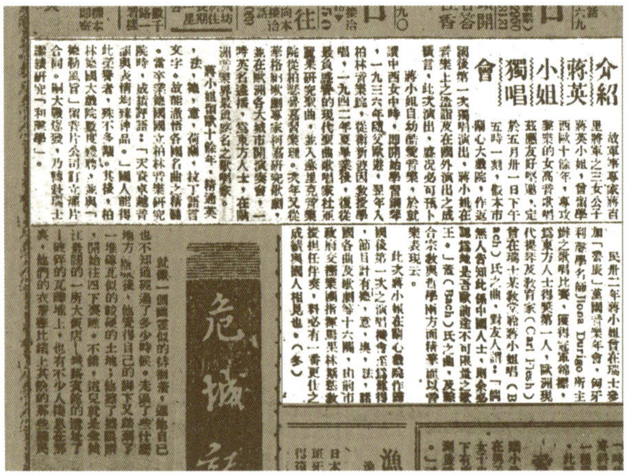

图3-26 《介绍蒋英小姐独唱会》(《申报》1947年5月29日，第9版）

次对外开放的大型音乐会，可以请家长和自己的亲朋好友来聆听。此外，琴科毕业生在毕业时举办独奏音乐会。

中西女中的钢琴特色一直在上海的女子中学中一枝独秀，不仅深受全校师生欢迎，在上海也有一定影响。学校请了一流的好老师，上课、练习都排在课程表里。据校友回忆，学校为学生提供的钢琴学习条件丝毫不亚于当时的音乐学院，在校内Social Hall的四楼，有一小间一小间互相隔断的琴房，大概有不下几十台钢琴，学唱的同学在自修课时去琴房练琴、学琴、学唱、练唱，琴声、歌声在空中轻轻地飘散至整个校园，令人沉浸在美好的氛围之中。每年5月，学校都会举办音乐会，由音乐科学生演出钢琴、小提琴节目。每年的毕业典礼上，都会有学生的钢琴演奏节目，音乐专科还会举行单独的毕业典礼。

女中的校园内不仅有西洋音乐的熏陶，出于保存国乐的爱国心，圣玛利亚女校国乐会和中西女塾国乐部分别于1924年、1925年宣告成立。

除了琴会，歌咏活动在两所女中都颇具特色。圣玛利亚女校有合唱团、唱诗班，更有让所有圣玛利亚人难以忘怀的“Step Singing”活动。中西女中的大部分学生从小参加唱诗班，受过系统训练，合唱大多是多声部混声，甚至是高难度的无伴奏合唱，由音乐老师以专业的分级演唱的授课方式进行正规系统的声乐教育。学校有高中歌咏团和初中歌咏团，每团约40人，每星期活动两三次，演唱歌曲除了宗教赞美诗外，还演唱著名歌剧选段、世界名曲、中国歌曲等。据说，中西女中的女子合唱队是上海第一支在竞赛中打败洋人的中国合唱队，曾轰动一时。1947年5月，曾就读于中西女中的著名女高音歌唱家蒋英在兰心大戏院举办了归国后第一次独唱会，反响热烈，《申报》进行了专题报道。

蒋小姐自幼酷爱音乐，就读于中西女中时，即开始学习钢琴。1936年随父欧游，翌年入柏林音乐院，师从卫新波因教授学唱。1942年夏毕业后，复从最负盛誉的现代圣曲歌唱家杜亚丽果研究圣曲，并入苏里克音乐院从柏瑟鲁嘉习乐理。

次年又从华格纳歌剧专家柯嘉研究歌剧，并在欧洲各大城市开演奏会，一时英名远播，为东方人士在欧洲音乐界最负盛名之歌唱家。[18]

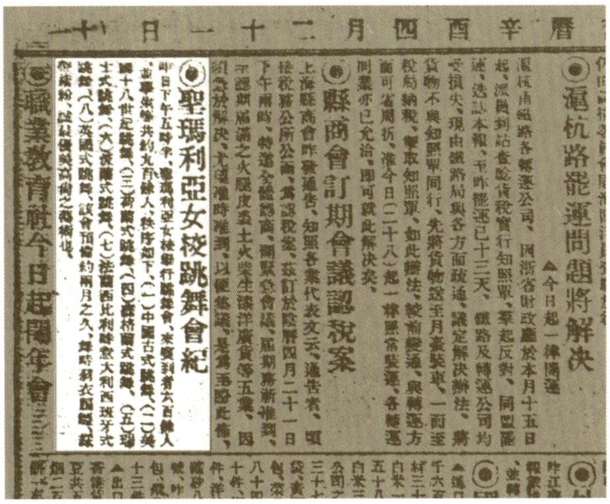

图3-27 《圣玛利亚女校跳舞会纪》(《申报》1921年5月28日，第11版）

2. 舞蹈戏剧

女学生们不仅爱唱，也爱“跳”，更爱“演”，舞蹈和戏剧表演也是两所女中艺体特色中的亮丽风景线。

舞会是圣玛利亚女校传统的艺术活动之一，《申报》中就有对《圣玛利亚女校跳舞会纪》的记载：“圣玛利亚女校举行跳舞会，来宾到者六百余人，并学生等共约九百余人，秩序如下：一、中国古式跳舞；二、美国十八世纪跳舞；三、荷兰式跳舞；四、苏格兰式跳舞；五、瑞士式跳舞；六、波兰式跳舞；七、法兰西、比利时、意大利、西班牙式跳舞；八、英国式跳舞。该会预备约两月之久，舞时羽衣蹁跹，彩带缤纷，诚最优美高尚之艺术也。”[19]

图3-28 《圣玛利亚女校游艺会纪》（《申报》1920年6月26日，第10版）

圣玛利亚女校提倡培育学生独立思考的能力，课外活动和各种演出活动都为学生提供了自由发挥的机会，校内经常有排演课本剧的活动，还可以从校外请导演来指导。从课本或各班阅读的原版著作中取材演出英语话剧也是英文课的教学活动之一。

据圣玛利亚1951届同学回忆：作为提高英国文学课学习兴趣的方法，同学们天天诵读剧本，高一上半年演出英语诗剧《威尼斯商人》片段。高二时，配合抗美援朝的政治宣传，演出揭露好莱坞黑幕的《女演员之死》，这是同学根据《大众电影》登载的故事改编的，有点类似活报剧，用音乐和朗诵把不同场景串联起来，显示了同学的创意，也展示了全班的一片政治热忱。高三时又排演了一出《真理之光》，剧情源于班长闻玉梅构想的一个童话故事，其中有独舞部分，编、排、练都费尽功夫。古今中外的题材，唱跳等不同样式，女学生们都敢于尝试，专业水平固然谈不上，但热情就足够感动观众。

每年，毕业班都会排演一部大戏，向全校演出，如席勒的《阴谋与爱情》(1943届)、田汉的《南归》(1944届)、Gilbert and Sullivan的轻歌剧*H. M. S. Pinafore*(《皇家舰队》)(1945届)、田汉的《名优之死》(1947届)等。除了演出经典剧目，在历年的《凤藻》年刊中，都有"戏剧"板块，专门收录校内戏剧爱好者的原创剧本，有的天马行空，有的借古讽今，有的立意深刻，令人赞叹。

1919—1920年，圣玛利亚女校为建筑新校舍筹款，曾多次举办游艺会并公开售票，演出节目包括钢琴、舞蹈、戏剧等，反响热烈。

> 圣玛利亚为建筑新校舍筹款事，特于昨日下午八时，假夏令配克戏园，开游艺会，来宾到者数百人，秩序如下：一、韩美英女士报告开会宗旨；二、圣约翰西乐队奏乐；三、西剧名"怪石洞"，分三幕……四、圣约翰中国音乐；五、精武女子体育会拳术，极纯熟，并有一小女孩舞极精；六、刁德仁夫人唱歌，以西曲入中谱，又以中曲入西谱，诚中西音乐之合璧也；七、李松泉君幻术；八、檀香山音乐合奏；九、舞蹈。[20]

中西女中的戏剧演出活动始于1926年，由1928届的一些同学组成了戏剧社团，由德丽霞老师(Miss Tuttle)任指导。当时，学生们策划了一次综艺娱乐节目，包括歌曲、舞蹈、朗诵，还有短剧《在苏珊的权杖下》，演出售票获得180美元。第二次又演出了短剧《女王失去了她的尊严》，售票获得80美元。她们将这些钱捐给农村的孩子们和需要帮助的机构。

按照中西女中的传统，每年6月，高三毕业班都会演出一场大型多幕剧作为对母校的告别。一般演出两场，一场招待全体师生，另一场售票给亲朋好友。全校师生都争先购买或推销戏票，最贵最好的票往往被学生家长一抢而空。所得款项用于贴补出版《墨梯》年刊，或作为给优秀学生的奖学金。剧目包括莎士比亚戏剧、中国古装剧、世界名著改编剧，也有由课本上的故事改编的剧。中西女中的戏剧表演曾在社会上轰动一时，也可以算得上是中国话剧表演艺术的最初尝试。

表3-2 中西女中学生历年演剧汇总表[21]

演出年份	剧目	演出年份	剧目
1924	《美女与野兽》	1932	《能屈能伸》
1925	《在苏珊的权杖下》	1933	《岳飞》
1925	《女王失去了她的尊严》	1934	*The Spectator*
1926	*The Singing Highwayman*	1936	《苏武本事》《小妇人本事》
1927	*Evangeline*	1937	《雪花公主》
1928	《第十二夜》	1938	《杨小姐的秘密》《威尼斯商人》
1929	《金屋子》	1939	《爱情真谛》
1930	《仲夏夜之梦》	1940	《傲慢与偏见》
1931	*Quality Street*	1941	《韩沙与葛莱特之轶事》

（续表）

演出年份	剧目	演出年份	剧目
1942	《西施》	1946	《圣安东尼之锦缎》《孔雀胆》
1943	*He and She*	1947	《弦外之音》《棠棣之花》
1944	《清宫怨》	1948	《西施》
1945	《人鼠之间》		

*资料来源：中西女中校史编写组组编，陈瑾瑜编著：《中西女中（1892—1952）》，同济大学出版社2016年版，第111—114页。

中西女中历年大型戏剧的演出讯息在《字林西报》上的“FROM DAY TO DAY”栏目中多有记载，广泛引发社会关注。如1920年7月的*Sleeping Beauty Little Folks in Green*[22]、1930年4月的*A Midsummer Night's Dream*[23]、1936年的*Little Women*[24]等。

薛正校长曾经说过，“演戏是最好的教学”，她认为戏剧对培养学生的才能有很大帮助，扮演不同的角色能体会到不同的生活，增长知识的同时更能锻炼胆量，让人变得更大方、不拘谨、不羞涩。[25]

每年5月，中西女中还会在大草坪举办一次盛大的舞蹈会，初、高中同学都参与其中，节目全部由学生自编自演，服装也由学生自备，同学们有的翻出祖辈的礼服，有的自己购买布料制作服装，各班先

图3-29　圣玛利亚女校学生圣诞节戏剧演出（选自《凤藻》1929年）

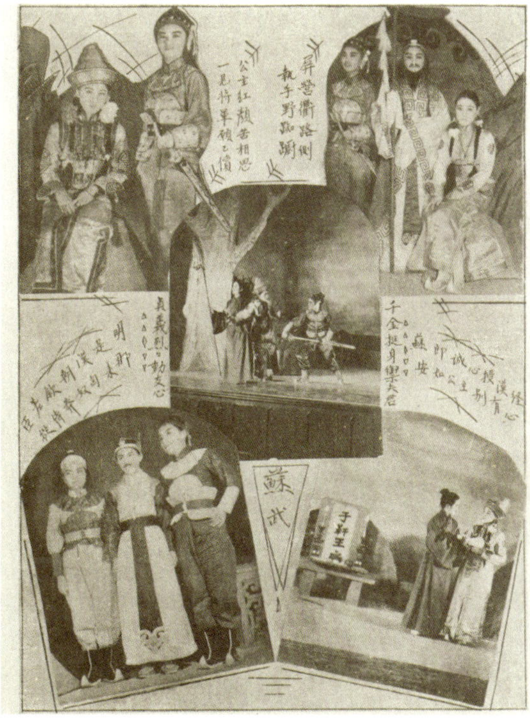

图3-30　中西女中学生戏剧演出（选自《墨梯》1936年）

后在树林中依次表演，翩翩起舞，构成美妙的画面。

中西女中设有组织学校内文娱活动和演出的社团——游艺会（文艺会），平时组织的活动有滑稽、辩论、演讲、故事、诵读、古文、诗词以及国乐、表演等等。

琴房和舞台上的女学生们如同优雅活泼的精灵，一转身，她们又化身为体育场上英姿飒爽的健儿，可谓“动静皆宜”。

3.体育活动

在圣玛利亚女校，每天下午4时，课堂和宿舍全部关门，学生必须参加体育活动。运动场上飞跃的身影是每天傍晚操场上的一道亮丽风景线。女学生们热衷的体育运动项目繁多，有网球、篮球、田径赛、司令球、棒球、排球、高尔夫球、乒乓球等。体育活动由课外学生组织体育会负责管理，其宗旨是“促进学生对于体育之兴趣以养成健全之体格”[26]。体育会经常组织班队和个人间的竞赛，各类赛事精彩纷呈。春季有排球、垒球比赛和Play Day（游戏日）。游戏日时，体育会负责邀请五六所女校的同学一起开展混合游戏或比赛，并预备节目或茶点，作为余兴。每年10月，学校举办大型运动会，包括田径、平衡、木球、乒乓球等项目，是全校师生期待的盛会。12月，级队篮球赛分初、高中两组进行。此外，体育会还会不定期组织师生篮球友谊赛、校内校际各种球类竞赛。

中西女中也十分重视学生的体育锻炼，同样设有体育会，是同学们最感兴趣的、最喜爱的组织之一。历年来，体育会组织的活动和赛事很多，如校内篮球、排球、垒球班际比赛，网球、乒乓球锦标赛，春季运动会等。中西女中校队还时常与外校进行友谊赛，同学们胜不骄败不馁，她们的最终目标不

图3-31 圣玛利亚女校学生体育活动（选自《凤藻》1930年）

图3-32 中西女中学生体育课（选自《墨梯》1947年）

教育消息

中西女中體育表演

▲今日下午四時半

愼定盤路中西女子中學校、原定於五月五日舉行體育表演、旋因天雨順延、擬延至本月十二日舉行、但因日內氣候漸熱、學校當局、決於今日（八日）下午四時半表演、

建國中學舉行運動會

上海建國中學對於運動一項、素所注重、茲爲增進健康鍛鍊體魄起見、特定七八兩日在該校大操場舉行運動會二天、現全校健兒、均加緊練習、將創造各項記錄、並準備參加中校聯運會、

图3-33 《中西女中体育表演》
（《申报》1934年5月8日，第14版）

是赢得比赛或获得冠军，而是培养良好的体育精神和公民意识。

在众多的体育特色项目中，两所女中的女子棒垒球运动拥有悠久的历史，是学校的体育品牌项目。圣玛利亚女校每个班级都有自由结合的球队组织，垒球队是历年学生的首选，球队还会邀请圣约翰大学的老师担任教练。在抗战胜利后，垒球成为中西女中的特色体育项目，大多数同学都懂得规则极为复杂的垒球运动，学校还经常组织各年级间的垒球比赛，中西女中垒球队曾在上海市垒球联赛中获得冠军。

据《申报》记载，圣玛利亚女校和中西女中垒球队曾于1947年举行过一次精彩的垒球联赛，从现今的角度看，这无疑是一场精彩的“德比”大战：

> 女子友赛，树狸系中西女塾学生，玛利亚为圣玛利亚同学，故赛时为两队捧场者甚多……昨比赛情形紧张，二险投手均佳，上垒均难，结果树狸以八对五小胜玛利亚，玛利亚捕手野球伤眼，仍忍痛作战，精神可嘉。[27]

三、美好温馨的庆典之乐

在忙碌而充实的学习和课外活动中，总有那么几个特殊的瞬间令教会女校的学生们毕生难忘，它可能是一首歌曲、一个节日或一场仪式。

1.Step Singing

从20世纪20年代开始，“Step Singing”就成为圣玛利亚女校特有的一项传统活动，也是校园中最受喜爱的活动之一。顾名思义，它是一种循序渐进的歌唱活动，又称为“唱骊歌”，每年毕业典礼前夕在思孙堂（1945年前是圣约翰大学的斐蔚堂）前的阶梯和广场进行，正式仪式由高三毕业班主持。毕业年级身穿白色旗袍搭配白色皮鞋，各班学生都穿上代表各自级色的级服旗袍，胸前佩戴各级不同的级花，站在指定位置：高三站在台阶正中，阶下左边是高二，右边是高一，初三站在高三正对面，形成一个大长方形。

活动中选唱的歌曲分为两类，第一类是历年相传的歌曲，主题为颂扬母校或表达感恩，如校歌、*The White And Blue*等曲目；第二类是自选歌曲，包括各级的级歌和蕴含着离别、祝福、展望之意的曲目，其中许多来自西方电影插曲。

> The White and Blue—We leave to praise St. Mary’s Hall, our noble alma mater, since all the girls who leave today will build her

图3-34　圣玛利亚女校合唱团
（选自《凤藻》1926年）

up tomorrow. The ties that bind us to dear school days, no power can ever sever, For we'll be true to the White and Blue and to SMH forever!

（白和蓝，我们离别时颂扬圣玛利亚，我们崇高的母校，她为今天离校的女孩塑造了明天，谁也无法割舍我们珍贵的校园岁月，我们永远真诚地怀念圣玛利亚的白和蓝！）

恋恋不舍的氛围随着歌声飘扬在圣玛利亚校园，同学们越唱越留恋，越唱越难舍。欢唱一阵后，仪式的核心部分正式开始，高二列队移动到台阶下方，与毕业班相对而立，以歌唱的形式进行对话。毕业班的歌词中流露出对母校的留恋，再三叮嘱妹妹们要爱护学校，发扬传统。歌声中，毕业班班长将刻有拉丁文“NON MINISTRARI SED MINISTRARE”（非以役人，乃役于人）的盾形铜匾传授给高二班班长，高二登上台阶与毕业班易位而站，代表在校生歌唱一曲，承诺爱护学校、发扬传统，并祝福姐姐们再上一层楼（台阶），曲调和词意都令人动容。礼成后，全体高唱校歌和离别歌后散场。年轻人热爱歌唱，“Step Singing”为校园增加了团结友爱的氛围，使同学们能够在轻松愉快的歌声中接受教育，成为历届毕业生最怀念的校园活动之一。

2.节日庆典

一年一度的圣诞节庆祝活动是教会女校学生们最翘首以盼的节日。在圣玛利亚女校，临近12月，校园东南边的那棵雪松被装点成圣诞大树，闪烁着五光十色。每个班的同学都用彩纸将教室布置一新，自制各种小挂件装饰圣诞树，各班互相参观评比，笑语欢声一片。圣诞夜傍晚，返校校友和全校师生员工都集结在校园里大圣诞树的周围，随着风琴伴奏唱起已经练习了一个月的Xmas Carols（圣诞颂歌）。唱毕，大家分班级列队，在教堂里的风琴奏乐声中做圣诞礼拜，观看Pageant（行进演出），表演耶稣基督降生的故事，担任演出的学生必须从品学兼优的唱诗班成员中选出。

学校还会组织其他特殊的节日活动，如复活节礼拜后，同学们到草坪上寻找老师们藏在草丛或树根旁的彩蛋，兴奋不已。学校还举办过万圣节派对和化装舞会，有的同学化装成西方女郎，有的扮演古代仕女，大家都热烈参与，乐在其中。

3.毕业典礼

举办毕业典礼是学校的大事，圣玛利亚女校的毕业典礼会邀请社会贤达、知名人士做简短讲话和颁发文凭，气氛隆重。会前，低班学生被安排在会场外，为家长们一一带路，这也是学礼仪、学招待的好机会，举止谈吐都要十分注意。时间一到，音乐教师何义法先生奏响《第一威风凛凛进行曲》，高三毕业班踏着音乐缓缓步入，身着白旗袍，脚蹬白皮鞋，胸前佩戴鲜花，列队缓步走向舞台，领取毕业文凭。在雪白的服饰衬托下，毕业生们个个气宇不凡。

《申报》《字林西报》等中英文报刊都非常关注圣玛利亚女校和中西女中的毕业典礼，有过多次报道：

> 圣玛利亚女学校，于昨日午后四时半，举行毕业礼，其秩序如下：一、唱赞美诗（全体）；二、祈祷（郭斐蔚主教）；三、演说（石美玉女医士），其主意谓现在女子宜以看护之学术为其所，必研习者，因研习此种学术，以为职业固佳，否则即备平时家庭之用，亦殊可贵也云云；四、钢琴（朱其廉女士）；五、报告新圣玛利亚校舍中国捐款（汪凤诏女士）；六、全体学生捐赠前院长孙女士玉照（高君韦女士代表）；七、唱歌（唱诗班）；八、给凭；九、给中级执照；十、给奖及褒荣章。[28]

> 昨天，近400人参加了中西女中的毕业典礼，由于天气原因，室外活动取消。典礼的议程如下：一、祈祷；二、唱校歌；三、演讲；四、歌唱表演；五、中国基督教青年会秘书宣布表彰并讲话；六、校长颁发毕业证书；七、副校长祝福寄语。[29]

此外，两所学校都经常组织外出参观、慈善募捐、青年会的校际活动等众多有趣又有益的

聖瑪利亞女校畢業禮紀
聖瑪利亞女學校、於昨日午後四時半、舉行畢業禮、其秩序如下、（一）唱讚美詩、（全體）、（二）祈禱、（郭斐蔚主教）、（三）演說、（石美玉女醫士）、其主意謂現在女子宜以看護之學術爲其所必研習者、因研習此種學術、以爲職業固佳、否則即備平時家庭之用、亦殊可貴也云云、（四）鋼琴（朱其廉女士）、（五）報告新聖瑪利亞校舍中國捐款、（汪鳳詔女士）、略謂此項捐款、係自民國七年起、由該校全體學生與其家屬及友人所捐助、已有二萬五千元、[illegible]

图3-35 《圣玛利亚女校毕业礼纪》（《申报》1921年6月24日，第10版）

兩女校之畢業禮
▲聖瑪利亞與中西
梵王渡聖瑪利亞女學及憶定盤路中西女塾、將於本月二十七日下午四時半、舉行畢業禮云、

图3-36 《两女校之毕业礼》（《申报》1923年6月22日，第18版）

校外活动，既培养了学生相互配合、团结协作的团队精神，更有助于树立热爱生活、关心集体、关爱他人、服务社会的高尚品德。

第三节　女子中学和新女性

在充满欢声笑语、多姿多彩的校园生活背后，我们还应当从更深层次去理解教会女校特有的培养目标和管理模式。在圣玛利亚女校“公诚勤敏”和中西女中“Live, Love, Grow”（生活、爱和成长）校训的指引下，天真懵懂的女学生们渐渐成长为成熟优雅的“新女性”，她们打破旧时代“女子无才便是德”的枷锁，为追求女性解放、自由平等、自立自强发出声音。

何谓“新女性”？从两所女子中学的培养目标和最终成效来看，具体表现为女性的仪表之美、内涵之美、德行之美，交织出新时代女性青春、优雅、贤淑的独特气质，这些特质超越了传统观念对女性更偏重家庭角色的认识，女性在职业生涯中的社会角色更加凸显，并逐步得到广泛理解与认可，“贤妻良母”被赋予了新时代的含义：“中国传统式的贤妻良母是与学校教育无涉，西方现代式的贤妻良母是必出于学校，而且是受过系统的学校教育……现代型的贤妻良母必须通过学校进行各种文化科学知识的教育和技能培养，否则是不能在今日社会真正承担起相夫教子的任务的。”[30]

一、简约得体的仪表之美

女性的美首先体现为仪表之美，不仅仅指穿衣打扮，更是举手投足间的习惯，不在于衣着配饰的价格，而在于自信优雅的气质。圣玛利亚女校和中西女中都非常重视将对女性仪表之美的教育融入女学生们的校园生活中。

圣玛利亚女校没有统一的校服，女学生们平时都穿朴素的家常便服。凡遇特殊场合，她们便会换上统一的服装。比如，体操的时候，学生们会统一换上白色运动衣，胸前制有蓝色的记号，配黑色的运动裤，展示精神昂扬的青春之美。但依据校规，女生们平时不准穿短筒袜子露出小腿，上体育课穿的黑色齐膝灯笼裤不可以穿进教室。这些校规看似刻板，但实际上是在无形中教导着女学生们，着装一定要与场合相适宜。

升入初三后，每一位女学生都会拥有属于自己级色的旗袍作为级服，有浅紫、天蓝、粉红、淡湖绿四种颜色。新初三年级的级服颜色与已毕业的高三年级相同，四年一个循环，穿相同颜色级服的班级被称为“姐妹班”。在学校举办“Step Singing”和毕业典礼等大型重要活动时，女孩们穿上整齐划一、清新淡雅的级服旗袍，个个都是文雅从容的淑女，低年级的学生都眼巴巴地盼着能穿上和姐姐班相同颜色旗袍的那一天。高三毕业典礼大会那天，毕业班的女孩们穿上纯白色的旗袍，配以白色带跟皮鞋，左胸前佩戴红色玫瑰胸花，仪态得体，落落大方，成为全校关注的焦点和羡慕的对象。

图3-37　圣玛利亚女校1931年学生全体摄影

中西女中要求学生统一穿着校服——墨绿色旗袍，上体育课必须换上统一的健身服，不允许学生着装奢侈，更不准施脂粉。每个年级也有属于自己的级色，紫、红、蓝、绿，每四年一个轮换，姐妹班的级色是相同的。

在两所女中，每个年级都有属于自己的“级花”，还会编写“级训”，设计“级戒”，创作“级歌”，更增添了校园生活中的仪式感和对学校班级的归属感。

图3-38　中西女中高一年级（摄于1930年，上海市第三女子中学档案室提供）

二、文雅贤淑的内涵之美

相较于仪表之美，这两所女中更注重养成“内外兼修”的新女性。与普通学校相比，女中的日常管理往往更严格，一言一行、一举一动都有“规矩”可循。

1. 严格管理

据《圣玛利亚女校入校须知各项规则》记录，学校的成文规章制度多而细，学生们在学习时要遵守考试规则、自修室规则、图书室规则、思孙堂规则、琴间规则，涉及日常起居的有寝室规则、膳堂规则、洗衣规则、礼拜堂规则、病房规则、火操规则，课外生活还要遵照学生课外服务规则、亲属探望规则，还有杂规十一项。[31]

在圣玛利亚女校，学生全部住校（抗日战争爆发后开始走读），一个月放假一次，必须由家人来接回家。日常规范方面，言行要有规矩，少说笑，走路要有走相，不争先恐后奔跑，不可接近男学生；宿舍生活方面，宿舍里不许放食品，也不准吃东西，禁止学生串门，只能站在同学房间门口轻声谈话或一起读书；用餐时，公共食堂里8人围一个八仙桌，座位是长板凳，有固定座位，学生们都要先在自己桌前站好，餐前由唱诗班唱谢饭歌后才能坐下吃饭；社交礼仪方面，口边要常挂“对不起”表示礼貌，给别人递东西时必须将锋利的一头朝向自己，不打听私事，不翻看别人的东西等。若违反校规被先生发现，会给你一张Waring（警告），免不了要到德育主任Miss袁那里“吃大菜”（训话）。其实，有些规矩并非出自某种规章制度，而是老师和学姐们言传身教、代代相传养成的习惯，潜移默化便化作了内在的修养。

圣玛利亚女校的学生们还将校规编成打油诗，好记又有趣。

学校里的两打“勿得”（节选）

上课时候磕冲打勿得，稀奇古怪装束扮勿得；
考试起来白卷交勿得，陌陌生生朋友拖勿得；
走进膳堂小菜抢勿得，自修时候纸头传勿得；
教员面前马屁拍勿得，嘻嘻哈哈面皮老勿得；
舍监先生和她辩勿得，鬼头鬼脑样子做勿得；
捕风捉影谣言造勿得，时髦学生气势效勿得。[32]

类似的“规矩”在中西女中也同样普遍，开学伊始，学校会通过《中西女子中学校重定规则》等文件重申各项校规。住校学生的作息十分规律：每天早上6点起床，除早餐外，还要打扫寝室；8点整上课，上午四节课，下午两节课，在上午第二节和第三节课之间有一段休息时间；午饭前有约二十分钟午会时间；初中学生每晚8时结束晚自修，8时半上床睡觉；高中学生晚一小时结束晚自修。

中西女中有十分严格的考勤和出入制度：“学生每两星期例假出校者，须于星期日礼祷后，赴办公处取出校证，于星期一下午二时至三时间，各赴办公处手付证片。如有遗失者，惩戒缴洋一元，第二次缴洋二元，方得再给一证。如迟到者，下次例假须于星期日下午四时方许回家。无故不到者，下次例假不准归家；如有特别事故请假迟到者，与例假迟到者同一办理；走读生迟到者，须于下星期一下午一时至一时一刻到校缴证。”[33]如有学生需要特殊的课业辅导或其他问题，就会留下出校证，待老师处理好问题才能离校，这就是俗称的“关夜学”或戏称的“吃大菜”；如学生有特别事件需要请假，必须由家长至少提前一天函致校长，申明理由，从邮政局送校验明后，方许请假，函件必须家长签字盖章。日常规范方面，学生说话都用“请”字，把“谢谢”和“对不起”常挂在嘴边，从不大声喊叫，从不跟人吵架，出门必须礼让他人先行，咳嗽打喷嚏时要用手帕捂住嘴鼻，不可出声，在教室、图书馆走动要踮起脚跟，更不可大声喧哗干扰别人；宿舍管理方面，凡是违反了宿规的同学，名字会被登上布告栏，严厉的舍监吴景昭老师对宿舍卫生和纪律的要求很高，令学生们十分敬畏，她时常教导学生“别小看铺一张床，它每天在训练我们一丝不苟的办事精神”“对你们就是要从生活细节抓起，才能培养你们一丝不苟的好习惯”。

严格的管理之余，学校也有一些很人性化的制度，比如，尽管宿舍内不允许吃东西，但两所女中都为学生安排了专门的“吃食间”，木架子上放满了统一的长方形火油箱，每个箱子上写名字，存放学生家里带来或者送来的零食，中间放一张大桌。每天上下午课间休息时，各有一次由工友打开门锁，让学生进去吃点心，这是同学们最开心的时刻。学校对学生的健康特别关注，食堂的菜谱搭配非常重视营养的全面均衡，校内设有医务室和病房。在中西女中，校内还设有上海女子商业储蓄银行办事处，每周开放两天，师生均可在银行存取款，免除了保管钱财的麻烦。

图3-39 圣玛利亚女校老照片
（选自《凤藻》）

2. 修身课程

为了更好地塑造女性的内涵之美，两所女中都专门开设了突出女性特点的修身和家政课程。

圣玛利亚女校开设修身课，由一身黑衣的基督教修女许惠心执教，课上老师会教授如何用各种毡布零料做实用的工艺品，还教导学生“如何做一名女性”，诸如：坐时应双脚并拢，容许略微交叉，小腿略偏一旁，切忌跷“二郎腿”；走路时不低头也不昂首，平视前方，以人行道上第三根电线杆为准；进屋入门时应让男士为你开门；在行人道上男士应走外侧保护；等等。学校还有一门特殊的选修课——家政课，主要教授一些女性需要掌握的技能，例如：如何摆设家具、插花、搭配服装颜色，西餐礼仪和社交礼仪等，还要学跳集体舞、交谊舞、宫廷舞等。

中西女中的家政课是学校的品牌课程，内容五花八门，有烹调、女红、制作绒布玩具、家庭保健、常见病预防、养花、插花、家居布置、西餐礼仪等。早期是高中选修课，后来发展为必修课。在课堂上，教师会要求学生用硬纸板动手制作小的人体模型，再设计多种款式花色的服装，找出最佳搭配方案。高班的课程还包括小儿心理学、庭院设计、家用电器保养、珠宝鉴别等。实际上，这是一堂充满知识和智慧的美育课，强化动手能力，提高学生品位，帮助学生开阔眼界，培养知性、时尚、智慧的新女性。

在学校的严格管理和悉心培养下，原本的“富家闺女”们经过各种各样的生活锻炼，开始学会给衣服打补丁，切布鞋底，摆脱了昔日的娇生惯养，具有了务实的坚强精神。正是这两所教会女校严格的管理制度帮助女学生们逐步养成了认真严谨、一丝不苟的生活和学习作风，具备了优良的社交能力和审美品位，时刻提醒着所有学生：在女子的社会地位尚处于弱势的时代，女性只有懂礼貌、有教养，做到自尊、自重、自爱和自强不息，才能真正得到社会和他人的尊重和爱戴。

三、平等友爱的德行之美

圣玛利亚女校和中西女中都是基督教会创办的学校，会将基督教的教义通过课程和活动传达给学生，并不强制学生受洗入教，但在潜移默化中，教义里“牺牲自我，博爱众生”的人道主义精神引领着学生们追求美好的德行，造就了正派的学风，也充分体现在女学生们的日常生活中。

1. 平等友爱

在校园中，师生、同学之间的相处模式十分平等，虽然这两所学校的学生大多来自中产阶层家庭，被外界视为“贵族学校”，但同学之间的相处没有贫富、亲疏之分，平时大家的穿着都很朴素，显不出贫富之分，从不相互攀比吃穿，从不炫耀自己，甚至直到毕业都不知道各家背景情况。学校老师对学生的态度并不会因学生成绩的优劣而有所不同，也很少在大众面前公开表扬或批评某学生，很尊重学生的人格。

虽然创办中西女中的初衷是吸收知识阶层的孩子，而且学校必须做到自负盈亏，但是对于付不起学费的孩子，学校从来不会拒之门外。学校设有助学金，还有一部分来自为教会服务的基督徒家庭的孩子，他们也能获得助学金。但这是完全保密的，唯有学校的校长、财务和助学金委员会主席三个人知道谁领到助学金，给予了学生充分的保护。

同学之间的友爱是圣玛利亚女校和中西女中毕业生们心中最难以割舍的情怀。这两所女中都有“姐妹班”的传统，这种传统十分有利于人格教育，通过长幼、大小间的传递，把母校的道德观、生活观、人生观、美学观等代代传承，充分发挥了学生的自主性，更彰显出学校在管理上的智慧。

据校友回忆：有一次，一位新来的老师第一次约低班同学在电车站集合，凭借其姿态、穿着模样，一下子就认出这一群是她要等的学生，她们就是有这么一股与众不同的气质。

2. 姐妹情深

在圣玛利亚女校，预备年级和初三年级为“姐妹班”，这份缘分和友谊持续四年，直到姐姐班从高三毕业，原来的预备班也升到了初三，成为新的预备年级的姐姐班。在中西女中，高二和初一结对，“姐妹班”的关系一直持续到高三毕业，初三高一轮空。

图3-40 圣玛利亚女校同门会全体职员摄影（1930—1931年）

因此，姐妹关系成为同学间重要的纽带，妹妹崇敬仰慕姐姐，姐姐关心爱护妹妹。女中的精神、气质、素养代代传承，在一定程度上也要归功于姐姐们为妹妹们树立的榜样。对于姐姐来说，这种制度很有意义。在成为姐姐前，也许她们还是家中娇生惯养的小姐，身上多了一份责任后，便希望成为妹妹的表率，妹妹们的评价也成为一种无形的监督，推动她们在更自律的基础上学会关怀他人。很多姐姐因突出的表现和优雅的气质引人注目，受到妹妹们的仰慕和模仿，有的同学便会将她们拉在一起，称为“拉朋友”，许多姐妹因此结下了一辈子的友谊。

图3-41 中西女中高二年级（摄于1929年）

有趣的是，有些亲姐妹在学校中还能再续“姐妹班”的缘分。上海永安公司郭家的8个女儿，有7个就读于圣玛利亚女校，其中老大、老二和老四是姐妹班，还有另外两个小女儿也是姐妹班。在宿舍分配上，圣玛利亚女校的学生宿舍是打乱班级安排的，每间房间高班学姐和低班学妹混搭，这样刚进校的低班同学可以跟着高班学姐学习一些生活常识。学校有时也会将一个家庭的姐妹安排在一间宿舍，增加家庭的温馨气氛。

据相关史料记载，著名的宋氏三姐妹（宋霭龄、宋庆龄、宋美龄）就曾先后在中西女塾读过书，“宋霭龄和宋美龄从美国大学毕业回国后，一直热心中西女塾校友会的工作，宋霭龄更是出任校友会会长；中西女塾的校友们日后也成为宋氏姐妹政治生活中可以信赖、不可忽视的倚靠力量”[34]，这种由“姐妹”而“同学”的女生社交渠道，随着女校的发展日渐拓展。

同时，女校相对单纯的环境和人际关系也避免了从20世纪20年代起从未停歇的“男女同校制度之争”，许多人认为“不加选择地模仿美国和欧洲模式是中国教育改革中最大的弊病之一，男女同校制度带来的问题很多，尤其是男女学生早恋会严重影响身心健康和学习成绩，这在当今的中国是极其危险的”[35]。

3. 爱的教育

“赠人玫瑰，手有余香”，圣玛利亚女校和中西女中的女学生们从小接受爱的教育，在充满爱的环境中成长，更愿意付出爱与真心。在校期间，学生们时常组织义卖和捐献活动。圣玛利亚女校有一个默认的规矩，用于捐献的钱不允许问家里要，必须自己花力气去挣，大家用自己的时间和劳力糊纸盒，或缝一些小玩意儿，用自己的劳动所得来帮助别人。在中西女中，一部分初三以上热心社会工作的学生经常在课余到义务小学给乡村和附近的贫苦孩子上课，教他们英语、唱歌、朗诵和做游戏。这样的经历对于从小生活条件优渥的女学生来说，思想上的教育意义是重大的，培养了她们为社会服务的责任感。后来，不少女学生为了国家、为了人民，毅然走上革命道路，吃苦耐劳，不怕牺牲。

若问起从两所女中毕业的女学生们：“你在母校学到了什么？”答案虽不尽相同，但却有许多共通之处，这恰恰也是对女子中学培养的“新女性”形象之最好诠释。

圣玛利亚女校校友：

我在母校养成了勤学苦练、遵纪守法、老老实实、助人为乐、先人后己、平等待人的“本性”，不管经过多少风雨、挫折，都改变不了这些品质。

母校教会我：认认真真做事，快快乐乐做人，顺境时感恩，逆境时坚守“信、望、爱”。

生活有规律，办事有条理，对人有礼貌，我在这里学会了做人，也学会了做事。

这就是圣玛利亚气质——诚实、自信、端庄、勤奋好学。

圣玛利亚女校教师：

她们在这里学会了学习——严、实、尖；学会了为人——信、诚、爱；学会了生活——平、和、乐。她们是祖国的好女儿，在祖国需要之时，投笔从戎，参干参军；在时代的风雨磨难中，她们吃苦耐劳，坚韧不拔，追求完美，勇攀高峰；她们虽身处异国，却始终保持民族高风亮节，不忘报效祖国。她们是中华民族的佼佼者，是华夏女子中的精英。[36]

中西女中校友：

中西母校的中西教育，让我融入了中西学识、中西思想，让我走上了中西融合的人生。

我们在学校、老师的“爱”中成长，学校要求我们长大了要付出“爱”，“爱生活”“爱事业”“爱社会”“爱国家”。

中西女中学校生活赋予我的三件“宝”：一是建立了自尊和自信，在中西女中每个人都可以成才……有人善于读书，有人擅长文娱或体育，有人从小显露领导才能，每个人都有机会发展自己的潜能，体验到成功的喜悦。有了自尊和自信，人才能不断追求向上。二是懂得了为人须诚实和仁爱，以爱心对待身边的人，集中精力做该做的事。三是打下了较好的英语基础。[37]

回望百余年来中国女子教育之筚路蓝缕，令人感慨万千：

当数十年前，国人之传统思想牢不可破，其对女子教育所持之观念与态度，大非今日之比也。当此之时，女子教育之意义何若，知之者盖已甚鲜；至于能甘冒不韪，毅然以提倡女子教育为己任，且更继之以实地兴办者，此其人更为凤毛麟角，绝无仅有。顾在此种环境之下，圣玛利亚女校创办人独能见人所未见，毅然力排众议，作筚路蓝缕以启草莽之工，循是而为吾国确立良好之女子教育，为女子争人权且争人格，惨淡经营，持之以恒，至有今日恢宏之规模与优异之成绩，其远到之目光与坚定之识力，岂常人所能企及。以故数十年来，受其甄陶而蔚成有用之才遍布于全国各地。[38]

19世纪四五十年代，教会女子中学进入中国，对“女子无才便是德”“女子当遵循三从四德”等封建理念进行了强有力的驳斥，为中华民族妇女的思想解放做出了巨大贡献。西方传教士不仅介绍了西方女子教育的发展情况，其中包括女性与男性应当同样受到社会重视，一样可以进学校读书、参加社会活动，同时也对中国的缠足、溺婴等陋俗，尤其对中国向女性关闭学校大门的做法提出了批评。美国传教士林乐知在《中国振兴女学亟》一文中提出：“女学者，使之读西书，明外事，擅文才，而后其志气高

图3-42　上海圣玛利亚女学同门会交谊会摄影（1931年4月26日）

尚，其见识远大，其位置崇亢，而不肯自卑……夫欧美女子，为农、为工、为商、为士，为官署之文案，为报馆之记者，为学堂之教员，为医院之医生，且有入红十字会者，皆亲历枪林炮雨之间，其程工何亚于男子?”近代中国较早接触西学的知识分子也不断对中国传统的女性观进行反思，梁启超曾经撰写《论女学》一文，指出女学之兴与强国之间存在着密切的关系[39]；严复则指出，中西教育上的差异之一，便是中国对女子教育权的剥夺，进而提出要普及女子教育，使上层妇女走出家门“阅世”，“使国中之妇女自强，为国政至深之根本”[40]。

圣玛利亚女校和中西女中开中国女子教育之先河，在近一个世纪里为中国培养了一代又一代德才兼备的新女性，有杰出的政治家，有中国的第一位女律师、女银行家，也有女院士、女大学教授，还有更多的女教师、女医师、女外交家、女科技人员，甚至还有新中国第一个女子篮球队队长，等等，可谓群星璀璨。据《墨梯》的统计数据，1900—1929年中西女中共有毕业生192名，毕业后从事教育行业的最多，共计58人，其他选择医疗、金融、法律、管理等不同行业，也有学生从事演艺事业，或选择继续出国深造。她们的职业选择与女子中学的新式教育有着直接的关联，从事“新职业”也是“新女性”重要的特质之一。正如薛正校长曾说，“我们的培养目标不是当大使的夫人，而是当大使的人才”[41]，圣玛利亚女校和中西女中都做到了。

圣玛利亚女校、中西女中在中国的女子教育中声誉卓著，学生们的校园生活也是精彩纷呈。

注释

[1] 中西女中校史编写组组编，陈瑾瑜编著:《中西女中（1892—1952）》，同济大学出版社2016年版，第13页。

[2]《圣玛利亚女校课外组织简章》，年代不详，上海市第三女子中学档案室藏。

[3]《凤藻》1919年，上海社会科学院图书馆藏。

[4]《凤藻》1934年，上海市第三女子中学档案室藏。

[5] 许慧琦:《过新生活、做新女性——南京国民政府对新女性形象的塑造》，载邓小男、王政、游鉴明:《中国妇女史研究读本》，北京大学出版社2011年版，第1279—1282页。

[6]《今日中国应提倡妇女回家庭》，载《凤藻》1936年，上海市第三女子中学档案室藏，第153—156页。

[7]［美］杜威:《学生自治》，载《新教育》1919年第2卷第2期。

[8] 陈华:《中国近现代学校中的学生自治》，载《教育理论与实践》2010年第30卷第4期，第11页。

[9]《圣玛利亚女校课外组织简章》，年代不详，上海市第三女子中学档案室藏。

[10]《中西女塾学生自治会规程》，上海市档案馆藏，卷宗号：Q235-1-773。

[11]《圣玛利亚女校课外组织简章》，年代不详，上海市第三女子中学档案室藏。

[12]《圣玛利亚女校课外组织简章》，年代不详，上海市第三女子中学档案室藏。

[13] 中西女中校史编写组组编，陈瑾瑜编著:《中西女中（1892—1952）》，第139页。

[14] 马光霞:《女性特质还是女性主义——以中西女塾为例看学校对学生的培养》，载《潍坊学院学报》2014年第3期，第102页。

[15] 朱梅先:《本校学生生活拾屑（三）》，载《圣玛利亚女校五十周（年）纪念特刊》，1931年刊印，第27—29页。

[16]《本校图书馆之概况》，载《圣玛利亚女校五十周（年）纪念特刊》，1931年刊印，第19—21页。

[17] 吴其慧:《学海无涯》，载上海市第三女子中学组编，徐永初、陈瑾瑜主编:《追忆圣玛利亚女校》，同济大学出版社2014年版，第75页。

[18]《介绍蒋英小姐独唱会》，《申报》1947年5月29日，第9版。

[19]《圣玛利亚女校跳舞会纪》，《申报》1921年5月28日，第11版。

[20]《圣玛利亚女校游艺会纪》，《申报》1920年6月26日，第10版。

[21] 中西女中校史编写组组编，陈瑾瑜编著:《中西女中（1892—1952）》，第111—114页。

[22] *The North-China Daily News*, Jul. 28, 1920.

[23] *The North-China Daily News*, Apr. 1, 1930.

[24] *The North-China Daily News*, Apr. 26, 1936.

[25] 中西女中校史编写组组编，陈瑾瑜编著:《回忆中西女中（1949—1952）》，同济大学出版社2016年版，第11页。

[26]《圣玛利亚女校入校须知各项规则》，年代不详，上海市第三女子中学档案室藏。

[27]《女子垒球赛树狸小胜圣玛利亚乙组蝉队胜飞队》，《申报》1947年8月24日，第6版。

[28]《圣玛利亚女校毕业礼纪》，《申报》1921年6月24日，第10版。

[29] *The North-China Daily News*, Jun. 26, 1926.

[30] 孙邦华：《女学乃今日振兴中国刻不容缓之急务——晚清来华西方新教传教士对女子教育的呼吁》，载《河北师范大学学报》2010年第1期，第22页。

[31]《圣玛利亚女校入校须知各项规则》，年代不详，上海市第三女子中学档案室藏。

[32]《凤藻》1926年，上海市第三女子中学档案室藏，第41页。

[33]《中西女子中学校重定规则》，上海市档案馆藏，卷宗号：Q235-1-773。

[34] 陈雁：《由姊妹而同学：基督教与近代上海女学校、女学生》，载《社会科学辑刊》2017年第2期，第143页。

[35] Lo San-Chang, "Against Co-Education", *The China Weekly Review*, Feb. 7, 1948.

[36] 上海市第三女子中学组编，徐永初、陈瑾瑜主编：《追忆圣玛利亚女校》，第275页。

[37] 中西女中校史编写组组编、陈瑾瑜编著：《回忆中西女中（1949—1952）》，第71页。

[38] 余日章：《圣玛利亚女校五十周（年）纪念序言》，载《圣玛利亚女校五十周（年）纪念特刊》，1931年刊印。

[39] 谷忠玉：《近代西方女性观在中国的传播路径探析》，载《教育史研究》2006年第2期，第62—63页。

[40] 程郁：《二十世纪初中国提倡女子就业思潮与贤妻良母主义的形成》，载《史林》2005年第6期，第69页。

[41] 中西女中校史编写组组编，张珑编：《回忆中西女中（1900—1948）》，同济大学出版社2016年版，第249页。

第四章

大时代洪流中的教会女校

大时代洪流中的教会女校

图4-1 “我们的新校舍”（在圣约翰大学）

1937—1949年，对于中国而言，是历经多重磨难最终赢得解放的艰难岁月；对于上海城市而言，是沉沦于浩劫奋起反抗的时代之音；对于上海的女校尤其是在租界内的女校而言，是艰苦卓绝克服困难并最终完成转型的关键阶段。本章主要讲述圣玛利亚女校、中西女中在动荡时期的办学情况，凸显两所学校在大时代洪流中坚持办学，弦歌不辍。

第一节　艰苦卓绝：在抗战期间

抗日战争期间，上海军民各界同仇敌忾，在艰苦卓绝的环境中奋起反抗日本侵略者。圣玛利亚女校与中西女中师生也不甘人后，急流勇进，以高涨的爱国情怀投入抗日救国的时代洪流中。

一、艰难办学

1.彼时的圣玛利亚女校

1937年“八一三”淞沪抗战爆发之际，正值学校放暑假，有一部分圣玛利亚女校的学生们不顾个人安危，勇敢加入后方救护工作，她们的服务热忱得到医院称许。然而，战事对即将到来的新学期产生了巨大冲击。

9月底，不少学校都已开学上课，而位于白利南路的圣玛利亚女校因地处战区，无法开学，后校舍被日军占领。经过圣约翰大学校董会和教学代表商议，决定将学校暂迁至公共租界内南京路山东路口的大陆商场四楼，作为临时校舍。因教室不足，办学条件十分艰苦，圣玛利亚女校学生全部改为走读，在下午固定时间段上课。10月中旬，上海仍处于战争状态下，圣玛利亚女校正式开学复课，但师范科和实习小学只能无奈停办。

虽然身处战乱环境中，办学遭遇种种困难，外籍教师都离开了，但学校依然坚持英语教学，力求保持原有水平。圣玛利亚女校高三学生们非常珍惜得来不易的最后一年时光，该级学生胡金仙在1938年毕业前夕写道：“我们那以往的毕业生从未享受过的半天走读生活曾告诉我们，应该怎样利用少的时间读最多的书。我级服务的精神和求知识的热忱并不因环境的变迁而停止或退步。在目前敝级尚有几位同学很热心地在做救济难民的工作，很多的同学加入了上海学联的研究团契，从事学识的研究。”[1]圣玛利亚女校学生遭逢战乱而心神不乱，振奋精神全力投入民族抗战的洪流中。正如胡金仙大声疾呼的：“现在是时势造英雄的时候，别为了离别而黯然消魂，振起我们百折不挠的精神，负起我们的使命，来发扬我们中华民族的光辉！”[2]

作为教会学校，不可或缺的是礼拜堂，学校借用江西中路的三一教堂，毕业典礼则是借贝当路美童公学的礼拜堂举行，这也是抗战期间的无奈之举。据1939届的程芍华回忆：“学生们一身雪白，白旗袍，白皮鞋，列队走进教堂。过路人从没见过这种仪式，江西中路两面站满了围观的人。做完礼拜则到衡山路国际礼拜堂对面的美童公学参加毕业典礼，这真是终生难忘的毕业典礼。”[3]虽然受环境嘈杂、只能走读、每天上课半日等条件所限，但“时沪上炮火连天，而我校仍弦诵不辍，殊为难得”[4]。

直至两年后的1939年秋，圣玛利亚女校借圣约翰大学校园内的斐蔚堂作为校舍，结束了异常艰难的“大陆商场时期”。

斐蔚堂是一座新式的两层教学楼，是圣约翰大学为纪念圣公会上海教区主教郭斐蔚捐款所建，采光很好，紧邻罗氏图书馆，不远处就是教堂。圣玛利亚女校八个年级的教学工作、教师办公、厨房膳堂、图书馆等都容纳在小小的斐蔚堂，地方虽小，但环境安静，设施齐全，其他活动如做礼拜、做实验或体育运动，有时可以借用圣约翰大学的场地设施。尽管由于场地限制，学校未开设正式的体育课，但青春年少的同学们自己组织开展体育活动，利用课余时间在草坪上自发练习，还曾成立过一个松散的垒球队。老师们也会想尽办法在有限的空间内为同学们设计有趣的活动，“英文老师Miss Barnaby带领在饭

图4-2 圣玛利亚女校全体教员合影（1941年）

图4-3 圣玛利亚女校体育会（选自《凤藻》1931年）

堂里推开桌椅，开起留声机的乡村舞（Square Dance），我们从全然陌生到能闻声起舞，一堂课跳下来也能臭汗淋漓”[5]。尽管时局动荡，风声鹤唳，人心惶惶，但校园里相对平静，文娱活动依然很活跃，如体现圣玛利亚传统的“Step Singing”、一年一度的圣诞节庆祝活动、毕业大戏、毕业典礼等都有幸能够照常举行。

从1939年秋到1946年秋，圣玛利亚女校在圣约翰大学校园中度过了七个年头，比起之前的大陆商场，办学条件有十分明显的改善。

1941年是圣玛利亚女校建校六十周年。5月29日，圣玛利亚女校借圣约翰大学交谊室，举行了极为简单的毕业典礼暨建校六十周年纪念会。圣约翰大学赠送匾额与贺信，圣约翰大学校长卜舫济亲自参加并致辞。圣玛利亚女校同学会发起募集奖学基金，募得一万数千元，用于资助该校清寒女学生。时任代理校长顾环琳做报告时称，“时值非常，庆祝六十周纪念不尚形式”[6]。身处孤岛时期的上海，不可能如平时一样开展隆重而丰富多彩的活动，师生们度过了一个俭约而难忘的建校六十周年纪念日。这一年，因“远东时局不靖，美政府劝告侨华人民撤退”，圣玛利亚女校的所有西侨教职员悉数回国。[7]

1942年的圣玛利亚女校少了许多外籍教师，来自美国的经费也完全中断了，学校基本依靠学费收入维持办学，当时的学费约相当于十担大米的价格，校长一职由陆朱兰贞女士接任，她是美国密歇根大学、哥伦比亚大学文学硕士，带领着全校师生度过了艰难的抗战岁月。1943年，学校被迫开设日语课，但受到同学们的普遍抵触，还有同学交白卷以示抗议。由于战乱，圣玛利亚女校师生的流动性都很大。1944年深秋，日本关东军的一支部队途经上海，曾在圣玛利亚女校附近的兆丰公园驻扎。由于这是许多女学生上学的必经之路，她们便选择转学或停学在家，直到抗战胜利后再重新考回圣玛利亚女校就读。据1947届的吴其慧回忆：

到了1945年，时局越发紧张。由于父亲再次遭受日人迫害，不得不举家远走他乡避祸。我父亲

聖瑪利亞女校

昨行畢業典禮

聖瑪利亞女校、於日昨上午十時、假聖約翰交誼室、舉行畢業典禮及六十週紀念、開會秩序、㈠全體讚美詩、㈡聯培德主教祈禱、㈢代理校長顧環琳女士報告訓、時值非常、慶祝六十週紀念、不尚形式、本屆畢業學生、計高中二十四人、（另有淩國芬已先期赴美留學）初中十九人、琴科李梅一人、㈣中文部主任汪安馨報告訓、聖約翰大學贈送匾額、並宣讀其來函、㈤同學會會長楊少南夫人、略述母校草創之艱、逐年增進、以后更可發揚光大校訓「公誠勤儉」四字、爲吾人樹立根基、終身受用不盡、並報告同學會爲六十週紀念、發起募集獎學基金、以資慶祝、已募有一萬數千元、將來使清寒女同學、多得獎助機會、㈥鋼琴獨奏、（李梅女士）、㈦聖約翰大學校長卜舫濟博士講述聖校校史、並勗勵畢業生、㈧給憑、㈨給獎、由顧代校長及汪中文部主任發給、㈩林顗笙女士報告體育比賽獲獎姓名、末唱歌而散、茲將高中畢業生姓名錄下、陳淑馨·陳淑媚·高雲程·葛成筠·郭惠珍·李梅·劉鈺·淩勵蘭·鄔振芬·沈淑維·水麗珠·孫瓊璐·沈亦孝·鄒娛年·董梅仙·范娟英·王靜芝·汪敉·吳季雲·夏孟炎·楊容寄·俞明德·邢洚·徐兀密、

聖瑪利亞女學高中畢業生

湘省各中校生

實施勞動訓練

（耒陽通訊）湘省各中等學校學生、在求學期間、爲應養成勞動習慣與服務精神、各中等學校應照教育廳訓令並參照省立中學課程綱要、特減少學科訓練時間、實施生產勞動服務訓練、各女子初級中學及同等學校生產勞動服務、即以紡紗織布爲中心工作云、

教部通令

嚴禁學生吸烟

（重慶航訊）青年學生吸食紙烟影響健康、爲害甚廣、教部近查中等以上學生尚有沾染此項惡習、特通令各校嚴禁、并責成校長及教導員督導糾正、其已有學生自治會組織各校、由自治會擬定罰則、以資儆戒、再有故犯、幷得酌處罰金、移充學生團體公益費用、或助貧寒學生購食肉類云、

本市私立學校

又將增加學費

酌增三成至五成

邇來因物價飛漲、生活指數日

體育新聞

中青排球賽

甲組深雙循環制

图4-4《申报》关于圣玛利亚女校毕业典礼暨建校六十周年纪念会的报道（1941年5月30日）

吴耀祺是中国第一位海关关税专家……是位爱国知识分子……我家避难远走后不久，幸好8月15日日本侵略者投降了。我立即回沪，有幸考回原班级。这次回校补考的共有20多人，其中不少是因前不久日本关东军南下，家长担心女孩子的安全而退学的。[8]

此时，白利南路校园已经被战火硝烟糟蹋得破败不堪，教堂被火炮掀去了屋顶一角，亟待整修。

2.中西女中的经历

1937年，因受淞沪战事影响，中西女中开学日期迟迟难以确定。10月1日，中西女中在《申报》发布开学公告：“中西女子中学暨第一、二小学开学通告：本校本学期幼稚园暂行停办，其他各级定于十月一、二日在忆定盘路中学部办理登记手续，中学部第二次新生试验定于十月四日举行，特此通告。”[9]其实，学校直至10月20日才开始正式上课。

据10月3日《申报》报道：“忆定盘路中西女子中学，已定于十月二十日正式上课，新旧生到校登记者甚形踊跃。该校并收借读生，故内地教会学校之学生赴该校借读者为数甚多。又闻该校附属第二小学仍在西爱咸斯路原校上课。”[10]中西女中为其他学校提供临时校舍，如苏州私立景海女子师范学校就借中西女中为临时校舍开学[11]，并为不少校外学生提供借读机会，减少了因战乱而失学的现象，可见其公益之心与博爱情怀。

战争形势变化莫测，时局无法预计。11月1日星期一，本该是正常上课的日子。这天大清早，中西女中在《申报》和《新闻报》同时发布紧急公告：“中西女中紧要通告：本校为安全计，定于十一月一日起暂行继续停课，复课之期将在《申》《新》两报公布。第一小学定于二日起暂移西爱咸斯路四二〇号，上课时间为下午一时至四时，务希注意。特此通告。”[12]四天后的11月5日，中西女中又在《申报》和《新闻报》发布复课公告：“中西女中复课通告：本校定于本月六日起在本校继续开课，教职员恕不另行通知。第一小学亦于六日上午起回忆定盘路原址上课。特此通告。”[13]11月6日是星期六，因战争影响而接连停课五天的中西女中复课了。战争状态下的上海，确实安放不下一张平静的书桌。

THE SHUN PAO
申報
中國圖書服務社啓事
合併營業啓事
毛澤東自傳
戰時大學 周刊
非常時期印花貼法
轉口稅則
新中國大學招生
第一中華職業補習學校
上海戰時建設大學招生
中西女中緊要通告
中國畫會 女子書畫會 慰勞將士書畫展覽會
上海商業儲蓄銀行 特約倉庫
上海阜昌參號通告

图4-5　中西女中在《申报》刊登停课紧急通告（1937年11月1日）

自1942年冬天起，日军先后派人到中西女中校园实地勘察，意图强占校园作为陆军第二病院。尽管经过薛正校长与汪伪上海特别市政府、日方的多番交涉与斡旋，但最终仍无法改变战时颠沛流离的厄运。自1943年8月16日起，中西女中不得不搬离忆定盘路校舍，正式迁至海格路425号，附属第一小学则迁至地丰路5号。

据中西女中校友汪绍兰、瞿明明回忆，中西女中校舍被日军陆军医院霸占后，学校被迫迁到海格路，在没有草坪、仅有数间教室的原英童学校内上课。学校不得不改为半日制，英美外籍教师也都被关进集中营后遣送回国。日军又派来一个军官，名义上是为学生上日文的教员，实际是凌驾于校长之上、监视学校师生活动的“太上皇”。上课时，他满口日语，同学们既听不懂也不愿意学，不少人私下看小说。这个日本教员发现后大发雷霆，疯狂、野蛮地用皮鞭敲打黑板和

图4-6　海格路425号中西女中校舍

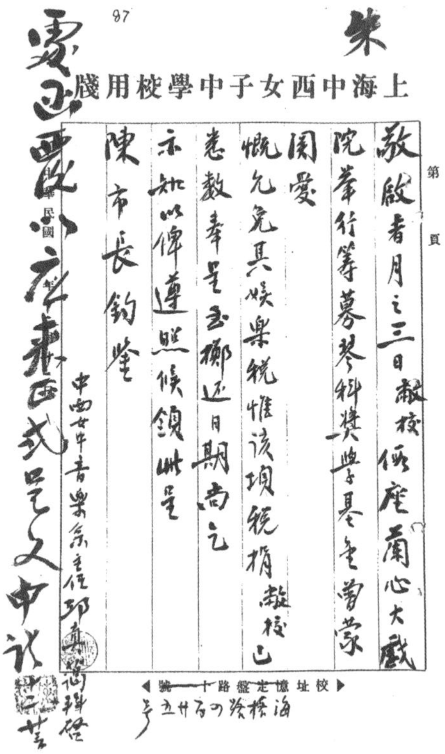
上海中西女子中學校用牋

敬启者 月之三日 敝校係在蘭心大戲院举行筹募琴科奖学基金 曾蒙

閔愛 慨允免其娛乐税 惟该项税捐 敝校已

悉数奉呈 玉椰 退日期 尚乞

示知 以便遵照候领 此呈

陳市長鈞鑒

校址 海格路四二五号

图4-7 中西女中信笺上的地址改写为海格路425号（1943年12月）

课桌椅，并在教室里不断吼叫。这种法西斯行为激起了同学极大的反抗情绪。[14]

学生周瑞珍这样描述："过着两年的避难生活。飞机来轰炸时，我们一同在楼下躲避弹片。我们怀念着忆定盘路的校舍，期望着胜利的来到，可是忆定盘路十一号是给敌人当作病院，我们只能在篱笆外望着莲吉生堂和宿舍的屋顶，我们不知道这美丽的校舍，给敌人摧残成什么样子?"[15]

在1942年秋入学的同学眼中，"战争的狂流，冲激到太平洋，波及了学校，日本军阀夺去了我们的校舍，我们被迫迁到海格路四二五号去，在魔掌下是没有公理可言的，我们只能沉默，沉默加紧了我们的团结，同学师长间，有了一种患难中的亲切。……虽然海格路四二五号校舍和旧址不能相比，但在遭难的人们看来，这已是一个天堂了"[16]。

二、爱国义举

战争无情人有情，圣玛利亚女校和中西女中的师生们以种种爱国义举在抗战烽火中表现出极其热忱的爱国情怀和高度的社会责任感，令人动容。

自1931年"九一八"事变起，上海的大学生们组织成立抗日救国联合会，号召同学募捐支援东北义勇军，圣玛利亚女校学生会积极响应。据1933年圣玛利亚女校爱国学生社团国光会的工作报告记录，全校200余名同学一夜募得700余元，还提议学生每人日捐铜元五枚，积少成多，寄往东北，足以体现圣玛利亚女校学生之爱国热情。

1936年11月，绥远抗战烽烟乍起，各地纷纷声援。圣玛利亚女校的师生也加入了"援绥抗日"的队伍，学生们自制丝绵马甲，并协力筹款，购得手套、毛袜、毛巾、牙刷等必需品运往前方。12月，中西女中响应上海女青年会组织的绥远后援会号召，为绥远抗战前线将士捐款800元。[17]中西女中壬申级同学"本爱国热忱，一致输将"，捐出20元，12月9日交由申报馆代汇绥远，慰劳前方御侮将士。[18]中西女中附属第一小学也十分踊跃，为绥远抗战捐款153.82元。[19]1937年6月底7月初，全面抗战爆发前夕，中西女中还向上海各界川灾救济会捐款313.25元。[20]

1937年8月，淞沪抗战爆发后，圣玛利亚女校和中西女中的师生义愤填膺，抗日情绪和爱国热情更为高涨。

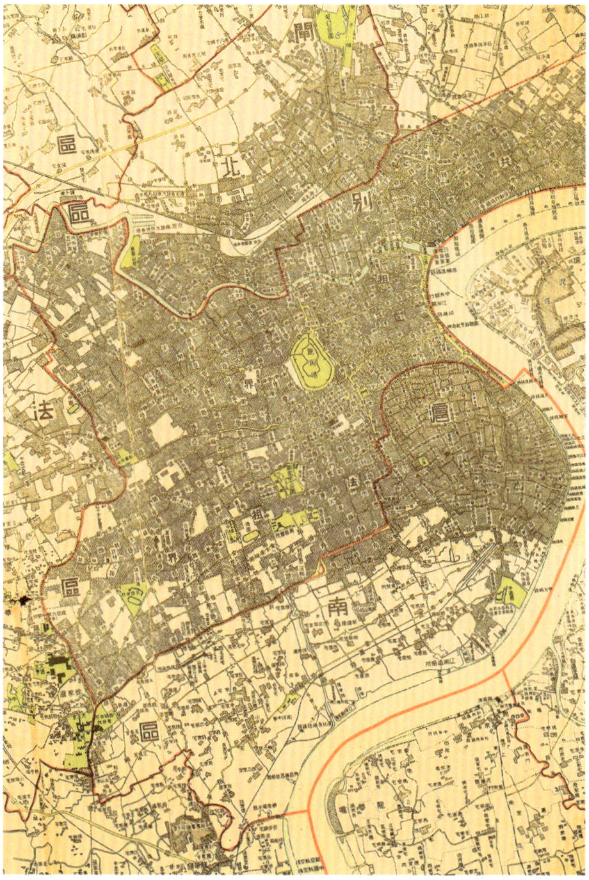

图4-8 《上海市区域现状图》之“中西女塾”（1937年）

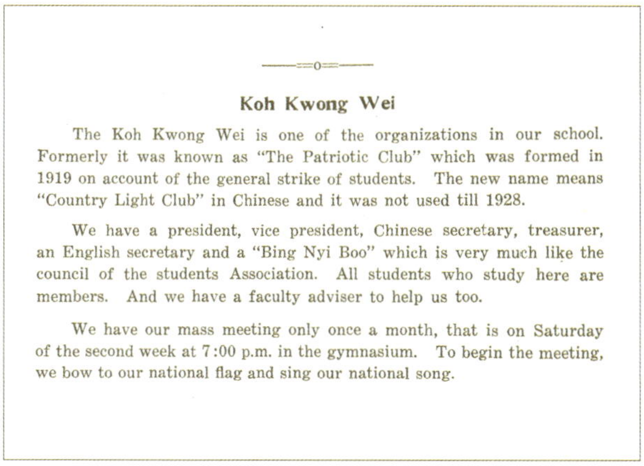

Koh Kwong Wei

The Koh Kwong Wei is one of the organizations in our school. Formerly it was known as "The Patriotic Club" which was formed in 1919 on account of the general strike of students. The new name means "Country Light Club" in Chinese and it was not used till 1928.

We have a president, vice president, Chinese secretary, treasurer, an English secretary and a "Bing Nyi Boo" which is very much like the council of the students Association. All students who study here are members. And we have a faculty adviser to help us too.

We have our mass meeting only once a month, that is on Saturday of the second week at 7:00 p.m. in the gymnasium. To begin the meeting, we bow to our national flag and sing our national song.

图4-9 圣玛利亚女校国光会简介（选自《凤藻》1931年）

此时的圣玛利亚女校虽然自身办学条件艰苦，借大陆商场为临时校舍，但校内的爱国学生社团国光会依然发挥着积极作用，做了大量战时劳军和难民救助的工作。

国光会章程（节选）

（一）总则

1.定名：圣玛利亚学生国光会

2.宗旨：陶养爱国思想

（二）会员

1.正式会员：本校全体学生

2.名誉会员：本校中国教职员

（三）组织

1.干事部：本部分下列各股

a.宣传股：剪贴报纸及讽刺画等

b.演讲股：每两星期演讲一次

c.戏剧股：每届大会时表演爱国戏剧

2.评议部：评议会事

3.文牍部：专司记录及往来书札

4.会计部：掌理出入款项

5.营业部：贩卖国货

（四）职员及其职务

1.顾问员一人：指导会务

2.正会长一人：总理一切会务及评议部、干事部均直隶于会长统治

3.副会长一人：助会长管理并磋商所有会务，若遇会长因事缺席，副会长须负责代理一切会务

4.中文书记一人：专司开会记录会中来往中文信札，常会时读总理遗嘱

5.英文书记一人：专司本会来往英文信札

6.司库一人：收集会费，管理一切出入账目

7.戏剧股股长一人：遇有机会时得于常会时负责表演爱国剧本

8.演讲股股长一人：每两周担任演讲一次

9.宣传股股长一人：宣贴重要新闻及讽刺画等

10.股员：各股股员助其股长负责一股中事务

11.评议员：每月于大会前集会一次，代表一级评议事会并将议决案转告一级中同学

注：评议员由各级自由选举，每级一人，若一级分几组可每组派一人

学生国光会附属学生商店章程

定名：学生商店

宗旨：为提倡国货及便利学生起见

经费：

（甲）资本由学生国光会担任

（乙）盈余由学生国光会全体会员公决以定用途

店址：设在本校内

组织：

职员：

（甲）正副经理各一人、书记一人、会计四人、买办四人、营业员四人、顾问员一人

（乙）选举：以上诸职员均经学生国光会评议部选出，惟正副经理及顾问员须由该会大会付表决

（丙）任期：除营业员每四星期为一任外，余概一年一任

（丁）职务：正经理总理店务，副经理襄助之，书记掌信札之往来、广告之露布，会计掌出入账目，买办司购办货物，营业员司招待主顾、出售货品，顾问员则专司指导之责

（戊）规则

（子）营业时间：每星期六上午十时半至十二时

（丑）出入账目：每次结束出入账目每月总结盈亏报告大会

（寅）讨论：每次进货该由总经理召集本店全体职员酌定价格

附注：店中规则如有未尽善处得随时更改[21]

据1938年国光会中文书记凌励立记录：

本学期已做之工作：本会于国军未放弃上海时，曾举行劝募救国公债及募捐雨衣慰劳前方作战

将士两运动，过后因时局之转变本会工作亦随趋重于救济难民及充实自身，计先后实行之事项有——

国光会流通图书馆——由本会附设之国语学校负责管理

难民手艺品之推销——由本会所附设之学生商店负责主持

一分运动——每日由各会员于日常费用中俭省一分作为救济难民之用者

难民儿童营养调查工作——由各会员自愿服务而参加者[22]

抗战爆发以来，圣玛利亚学生国光会持续通过“一分捐款运动”“慈善音乐会”“代购国货”“推销难民生产品”“时事研究会”“救国储金”等不同形式的活动给予学生最生动也是最深刻的爱国主义教育，其目的始终是一致的，那就是将家国情怀通过实践牢牢地扎根在圣玛利亚女校学生心中。

鉴于战时伤员救护力量不足，中华医学会立即组织会员参加各种救护队伍，并发起医务救济捐款活动。由于战事激烈，伤员激增，各医院人满为患，中华医学会立即筹款二三千元，准备筹建一所救护医院，但医院建在何处，成了令人头痛的难题。中华医学会前任会长牛惠生的夫人徐蘅是中西女中董事会董事长，经组织董事会商讨后，决定拿出部分校舍作为救护医院。中华医学会聘请北平协和医院李宗恩医生来沪任院长。很快，有200张病床的中华医学会疗病院开始接收伤病员。[23]1937年8月29日，上海公共租界工部局对此事予以正式宣布，英文《大陆报》也做了专题报道。[24]这所设在中西女中校园内的救护医院，以救死扶伤为义不容辞的职责，在抗战时期发挥了不可估量的作用。

此外，中西女中校长薛正还组织学生走出

图4-10　圣玛利亚女校国光会合影
（选自《凤藻》1936年）

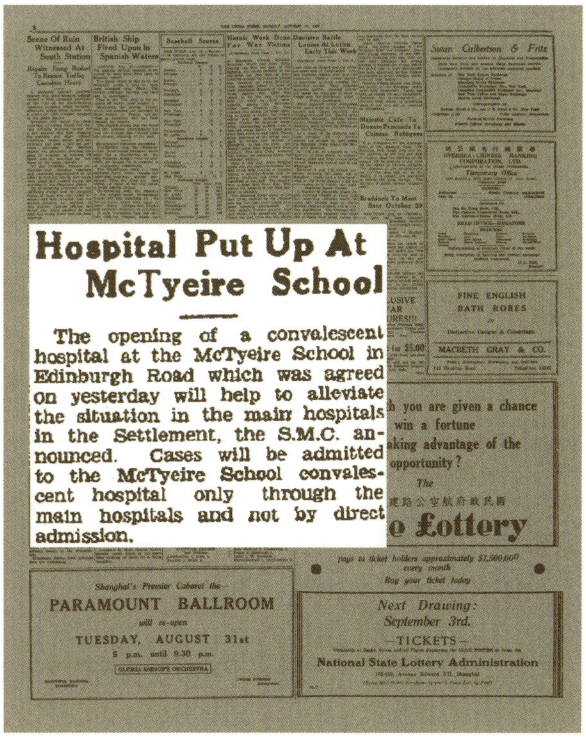

Hospital Put Up At McTyeire School

The opening of a convalescent hospital at the McTyeire School in Edinburgh Road which was agreed on yesterday will help to alleviate the situation in the main hospitals in the Settlement, the S.M.C. announced. Cases will be admitted to the McTyeire School convalescent hospital only through the main hospitals and not by direct admission.

FINE ENGLISH BATH ROBES

MACBETH GRAY & CO.

Shanghai's Premier Cabaret the—
PARAMOUNT BALLROOM
will re-open
TUESDAY, AUGUST 31st

Next Drawing:
September 3rd.
—TICKETS—
National State Lottery Administration

图4-11　“Hospital Put Up At McTyeire School”
(*The China Press*, Aug. 30, 1937)

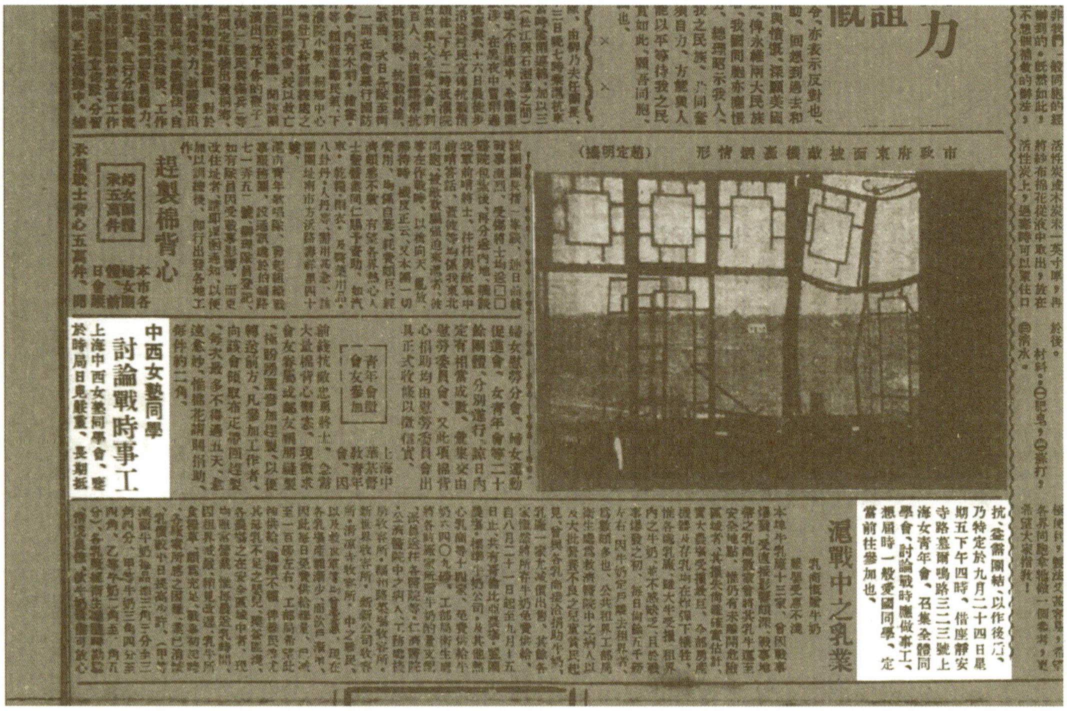
中西女塾同學
討論戰時事工
上海中西女塾同學會、鑒於時局日見嚴重、長期抵抗、益需團結、以作後盾、乃特定於九月二十四日星期五下午四時、借座靜安寺路慕爾鳴路三二三號上海女青年會、召集全體同學會、討論戰時應做事工、想屆時一般愛國同學、定當前往參加也、

图4-12 《中西女塾同学讨论战时事工》
（《申报》1937年9月22日，第2版）

校园，为浴血奋战的十九路军伤员包扎伤口。音乐教师在课堂上教唱抗日救亡歌曲，激发学生的爱国情怀。大批学生义无反顾参加抗日救亡运动，有的学生英勇奔赴抗日前线。[25]

1937年9月，中西女中为上海市学生模范大队募捐活动捐助15元。[26]上海中西女塾同学会鉴于“时局日见严重，长期抵抗益需团结以作后盾”，召集爱国同学于9月24日假座静安寺路慕尔鸣路323号上海基督教女青年会讨论战时应做的工作。[27]1938年12月和1939年1月，中西女中又为上海难民救济协会分别捐助70元、80元。1939年4月，中西女中踊跃参加上海教育界文化界联合发起的难民生产教育经费劝募活动，更是为上海难民救济协会募捐5000余元，其附属小学亦单独募捐1000余元。[28]以上事例，不胜枚举。

全面抗战时期，中西女中有许多同学参加了进步组织上海基督教学生团体联合会和中国共产党的秘密外围组织上海学生界救亡协会，在校内利用图书馆这个阵地推荐进步书刊，还利用课外活动的机会组织同学办墙报、小图书馆，宣传爱国抗日思想。[29]

三、险中求生

1941年12月，太平洋战争爆发后，日军在沦陷时期的上海横征暴敛，恣意妄为。身处险恶环境，上海各界民众包括教育界面临着重重危机。圣玛利亚女校和中西女中等学校也一度被推上风口浪尖，在险象环生中度日如年。

据圣玛利亚女校1947届学生吴其慧回忆：在上学途中，不时会碰到日军阻拦检查。“有一次，我和同伴同学冯华珍在公交车上，行到半途，车突然停了下来，上来了两个日本军人。华珍轻声对我说：快把英文书藏好。她迅即将书藏到座位底下，我则将放在膝上的书本用衣袖遮住，心里十分紧张，不知道会发生什么事。车厢里大家屏住呼吸，鸦雀无声。日本兵巡视了整个车厢，扫了我们一眼，最后用刺刀指着，带走了两名乘客。此情此景令我难以忘怀，每思及此，总有一种说不出的悲愤。”[30]

此时的上海乱象纷呈，绑架、暗杀等案件层出不穷。1941年12月4日晨8时，中西女中附属第一小学学生、宁波籍美商棕榄肥皂公司经理马伯乐的两个儿子马时伟（13岁）、马时运（7岁）像平时一样乘坐家中汽车上学，刚到校门口，突然有三名持枪匪徒冲上前来，恫吓勒令司机下车，然后一名匪徒驾车，两名匪徒看住孩童，向北疾驶而去。案发突然，被绑者既是富商之子，又是中西女中小学部学生，现场更是在中外瞩目的名校中西女中门口，因而备受关注，牵动人心。翌日的沪上两大报《申报》《新闻报》，以及商界报纸《中国商报》都对此案做了报道。《申报》的醒目标题为《中西女塾门口两小学生被绑》，《新闻报》标题为《中西女塾门前两孩被绑》，《中国商报》标题为《昨晨沪西绑案，马伯乐二子被架》。此案还惊动了汪伪上海特别市市长陈公博。1942年1月5日，汪伪上海特别市沪西特别警察总署署长潘达向陈公博呈报了案发情形和侦缉过程。[31] 陈公博迅即发出指令：“呈悉。除分令警察局缉救外，仰仍饬缉匪，务获法办，并设法营救被绑之马时伟、马时运二人出险。”[32] 遗憾的是，关于这起绑架案的结果，两个孩童是否被顺利解救，未见史料记载，不知最终下落如何。

此外，日军更加紧了对上海各个区域土地的强占与征用。1942年9月，日本陆军以加强军后方设施为借口，由上海特务机关长永津佐比重向汪伪上海特别市市长陈公博发出通牒，欲在沪西圣玛利亚女校邻接地块扩大建设，强征土地50余亩，要求相关产权户等迁让。经汪伪上海特别市

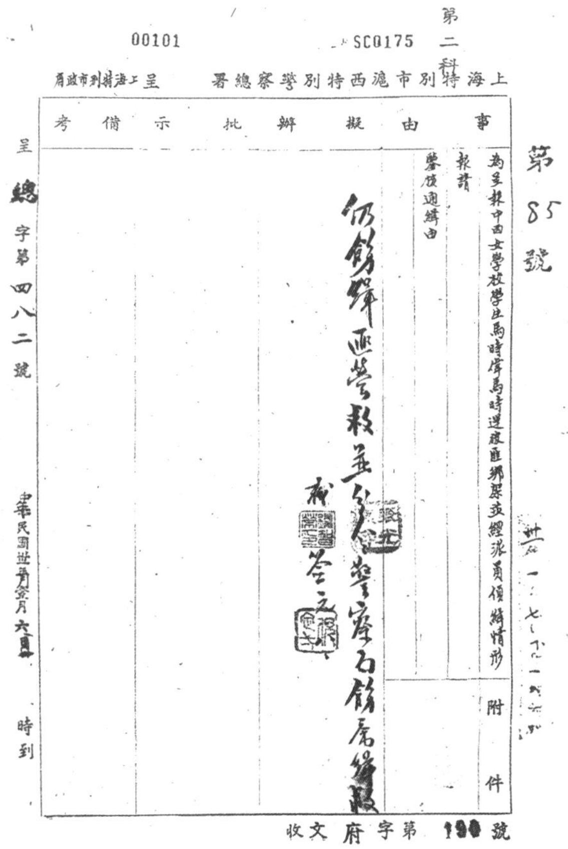
00101　SC0175　第二科

上海特別市滬西特別警察總署呈上海特別市政府文

事由：為呈報中西女學校學生馬時偉馬時運被匪綁架並經派員偵緝情形報請鑒核通緝由

擬辦　批示　備考

呈　總字第四八二號

中華民國卅一年一月六日

時到

附件

收文　府字第 190 號

第 85 號

图4-13　汪伪上海特别市沪西特别警察总署为中西女中小学部学生遭绑架事呈汪伪上海特别市政府函（1942年1月5日）

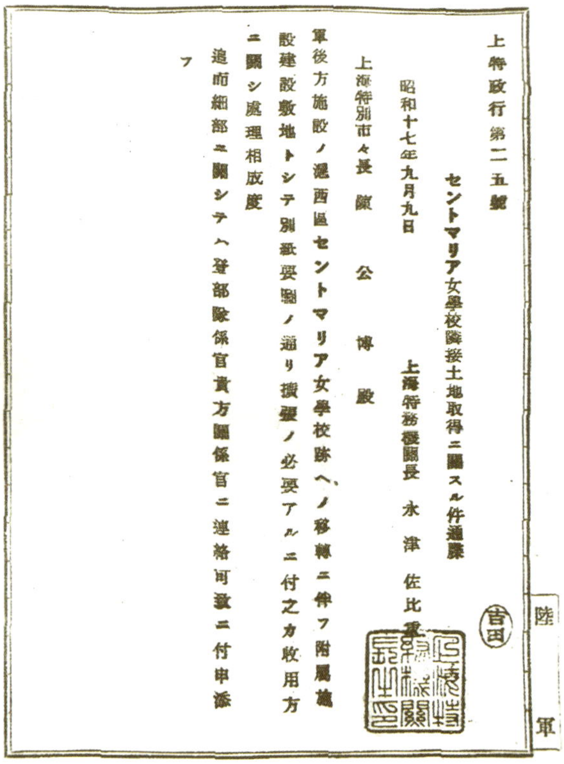

上特政行第二五號

セントマリア女學校隣接土地取得ニ關スル件通牒

昭和十七年九月九日

上海特務機關長　永津佐比重

上海特別市々長　陳公博殿

軍後方施設ノ滬西區セントマリア女學校跡ヘノ移轉ニ伴フ附屬施設建設敷地トシテ別紙要圖ノ通リ擴張ノ必要アルニ付之カ收用方ニ關シ處理相成度

追而細部ニ關シテハ登部隊係官貴方關係官ニ連絡可致ニ付申添フ

吉田

陸軍

图4-14　日军上海特务机关长永津佐比重为强征圣玛利亚女校邻地致陈公博通牒（1942年9月9日）

政府地政局、工务局、社会局、卫生局等一番调查折腾，大费周章。结果到了1943年2月，新任上海特务机关长渡边四郎发来通牒，取消对该地块的征用，一场闹剧才算终了。[33]假使该地块被日军征用成为事实，与之毗邻的圣玛利亚女校必然也难逃厄运。

自1942年冬天起，日军就已有占据中西女中及其附近地块的企图，并先后派人到中西女中校园实地勘察。1942年12月24日，中西女中校长薛正致函陈公博，函称：

呈为保留校舍请求维持事。窃因昨日上午有日本军部高畠中佐率领军部人员来属校视察一切，下午又有宪兵部倚田先生来言，军部拟于必要时用属校全部校舍，命属校设法迁移。闻讯之下惊骇无已，窃思属校学生千余人，皆来自临近，如属校一旦有变，莘莘学生将何处继续其弦歌？此于社会国家之前途关系极大，且属校创立迄今已有五十年之历史，藉市府当局与社会人士之爱护，于沪上固已有口皆碑，且蜚声大江南北，为高尚家庭令嫒入德之门，如遇非常，必致人心慌惑，故此令迁移事不仅为属校存亡之关头，且与社会人士将有极大影响。故请求市长竭力为之斡旋，俾属校能在市府当局指导之下继续努力工作。临颖惶急，不胜待命之至。[34]

获悉日军要强行占据中西女中校舍后，爱校如家的薛正校长心急如焚，她在函中言辞恳切，希望陈公博能出面斡旋，改变日军占用校舍的企图。但在日军高压态势下，汪伪上海特别市市长是不可能阻止的。汪伪上海特别市市政府派外事室卢祺文向日军联络部询问后，于1943年1月11日给薛正做出了如下答复：“呈悉。所请保留校舍，业经派员径询联络部，据答称：‘沪西宪兵队系奉陆军病院高畠中佐之嘱，请通知该校，或将该校改设为陆军病院之预定，惟尚未决定云云。’仰即知照。”[35]尽管日军方面含糊其辞，说尚未决定，但既然已列入征用计划，而且明确要改建为陆军病院，并做了实地勘察，中西女中校园被攫夺只是时间问题了。

一位名叫谢蕴才的女生以中西女中在校生的视角，记下了1943年初亲历的感触：“一九四三年的开端，正是学校陷于万分不安中的时期，谣

呈為保留校舍請求維持事竊因
昨日上午有日本軍部高島中佐率領軍部人員
來屬校視察一切下午又有憲兵部倚田先生來言
軍部擬於必要時用屬校全部校舍命屬校設法遷
移聞訊之下驚駭無已竊思屬校學生千餘人皆來
自臨近如屬校一旦有變革學生將何處繼續
其絃歌此於社會國家之前途關係極大且屬校創
立迄今已有五十年之歷史藉
市府當局與社會人士之愛護于滬上固已有口皆
碑且斐聲大江南北為高尚家庭令媛入德之門
如遇非常必致人心慌惑故此令遷移事不僅為屬校
存亡之關頭且與社會人士將有極大影響故請求
市長竭力為之斡旋俾屬校能在
市府當局指導之下繼續努力工作臨穎惶急不
勝特命之至敬呈
上海特別市市長陳
中西女中校長薛正

图4-15　1942年12月24日，薛正为保留中西女中校舍事致陈公博函

局衔　訓令　善第　号
令　中西女中等十七校
查本局為徹底整理滬西私
立学校，曾於三十一年度一再假令
各校办理校董会登記備案暨学校立案手續，
並由第二科函召該校校長來
局談話，面示办法，並發給表格，乃復
遷延不進行，殊屬非是，茲特令催限
於二月二十八日以前办理備案立
案手續，如有困難情形，務須來
局声明請示，勿再玩忽自誤逾期当予處分
致干咎戾，切切
此令

图4-16　汪伪上海特别市教育局致中西女中等校的“最后通牒”稿（1943年2月）

言散布在学校的每一角，一种大难将临的预感，潜伏在每个同学的心中，这不安的情绪，随着气候温度，一天天的增高。好几次，有武装的日军踏着骄傲沉重的步伐来校中观览，敌人的军车也常在校园里横冲直撞的任意驶行，碧绿平整的草地上，深深的印上了辙迹，我们校舍的命运几乎全握在那残忍无理的敌人手掌中了。"[36]

汪伪上海特别市政府为强化教育统治，1942年起，由汪伪上海特别市教育局通令各私立学校，向该局重新办理校董会备案和学校立案，并召集各私立学校校长谈话，发给填报表格。即便汪伪教育局三令五申，迭次催促，但以中西女中为代表的沪西17所学校为表示抗议，故意拖延不报，不予理睬，这态度令汪伪教育局大为恼火，气急败坏。

1943年2月16日，汗伪教育局发出一份"最后通牒"训令，限令中西女中等17所学校于2月28日前完成备案立案，强调"逾期当予处分"。该训令内容如下：

> 令中西女中等十七校。查本局为彻底整理沪西私立学校，曾于三十一年度一再限令各校办理校董会备案暨学校立案手续，并由第二科函召该校校长来局谈话，面示办法，并发给表格，乃复迟不进行，殊属非是。兹特令催限于二月二十八日以前办理备案立案手续，如有困难情形，务须来局声明请示，逾期当予处分，勿再玩忽自误，致干咎戾。切切。此令。[37]

由这份训令稿的语气，能看出汪伪上海特别市教育局政令不通的无奈，也透露出中西女中等17所私立学校对汪伪政权的不屑和蔑视，从一个侧面说明汪伪政权是无法取得民意认同的，同时也颇见薛正校长等教育家面对傀儡政权绝不卑躬屈膝、不畏强权的凛然正气与风骨。

1943年5月，由汪伪上海特别市市长陈公博兼主任委员的汪伪新国民运动促进委员会上海特别市分会，拟组织上海、江苏、浙江等地公务员及青少年团人员计600人，连同军队官兵约200人，共约800人，于8月在上海举办为期一个月的"新国民运动"暑期集训。如此人员众多、时间较长的集训，欲寻觅一个各方面都适宜的场所，在沦陷时期的上海并非易事。组织者大费一番周折之后，把目光瞄向了中西女中。

为此，汪伪新国民运动促进委员会上海特别市分会于5月19日专门致函汪伪上海特别市市政府，要求商借中西女中作为"新国民运动"暑期集训处。该函称："查忆定盘路中西女校所有校舍尚称适用，各项设置亦属完备，相应函请贵府商借该校全部房舍及设备，以利进行。"[38]汪伪上海特别市市政府接函后，交由汪伪教育局负责办理。汪伪教育局代理局长林炯庵派员前往中西女中接洽，与薛正校长进行商讨。

薛正答复道："现办有暑期学校，学生约一百五十余人，六月一日开始上课，八月七日期满。所余房屋仅足容纳四百余人，且因敌产问题尚未解决，如属需要借用，须请得友邦之许可方能出借。"据此，林炯庵只得如实向陈公博做了呈报。[39]陈公博也就以市长名义函复自己兼主任委员的汪伪新国民运动促

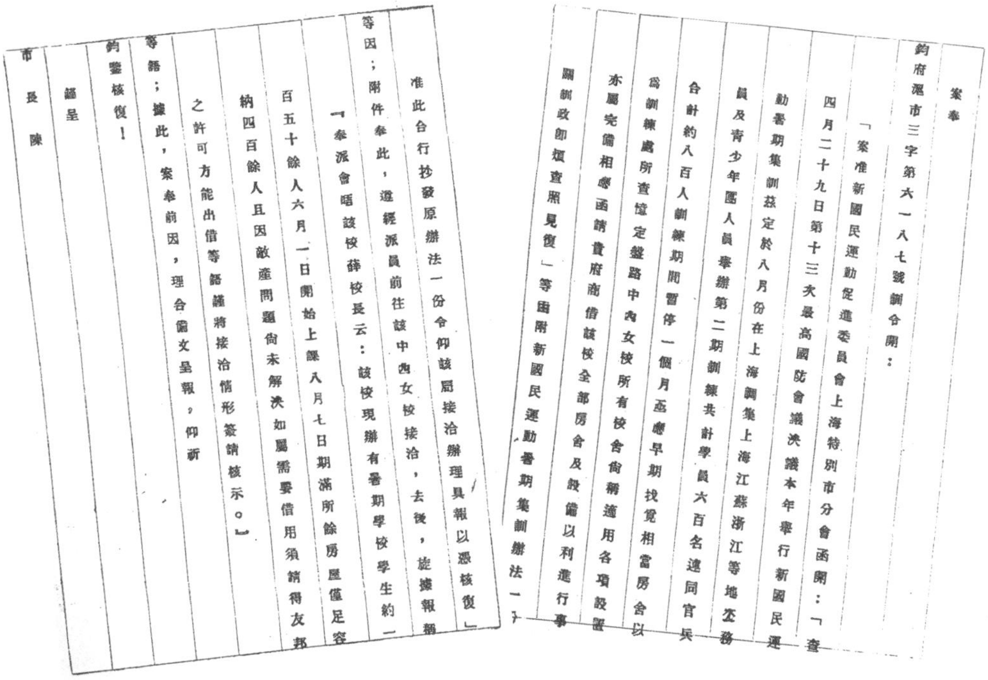
案奉
鈞府滬市三字第六一八七號訓令開：
「案准新國民運動促進委員會上海特別市分會函開：「查
四月二十九日第十三次最高國防會議決議本年舉行新國民運
動暑期集訓茲定於八月份在上海調集上海江蘇浙江等地公務
員及青少年團人員舉辦第二期訓練共計學員六百名連同官兵
合計約八百人訓練期間暫停一個月亟應早期找覓相當房舍以
為訓練處所查憶定盤路中西女校所有校舍尚稱適用各項設置
亦屬完備相應函請貴府商借該校全部房舍及設備以利進行事
關訓政即煩查照見復」等由附新國民運動暑期集訓辦法一份
准此合行抄發原辦法一份令仰該局接洽辦理具報以憑核復」
等因；附件奉此，遵經派員前往該中西女校接洽，去後，旋據報稱
「奉派會晤該校薛校長云：該校現辦有暑期學校學生約一
百五十餘人六月一日開始上課八月七日期滿所餘房屋僅足容
納四百餘人且因敵產問題尚未解決如屬需要借用須請得友邦
之許可方能出借等語謹將接洽情形簽請核示。」
等語；據此，案奉前因，理合備文呈報，仰祈
鈞鑒核復！
謹呈
市長陳

图4-17　林炯庵向陈公博呈报薛正关于无法出借校舍的答复（1943年6月15日）

进委员会上海特别市分会，此事遂不了了之。商借校舍一事的往来交涉，看来虽小，但显示出中西女中校长薛正在面对汪伪政府时的不卑不亢、有理有节。而且她还利用日本人把中西女中认定为美方“敌产”的理由，话中有话，言下之意汪伪政府如果硬来的话，先要经过日本人同意方可。用日本人吓退汪伪，这点充分显露出她在交涉中的聪明机智和策略战术，从结果来看，不仅理由充分，也是十分奏效的。

1943年夏，中西女中正式接到被日军强征为陆军第二病院的通牒，无可避免的厄运终于降临。薛正义愤填膺，抱着明知不可能实现的一丝希望，亲自到日本陆军司令部交涉了六次之多，但终究无济于事。日军强行要求中西女中搬迁至海格路原英童学校校址，并派了两个士兵提前驻守校门。全体师生闻讯后，都无比痛恨，但又无法改变事实。

据学生谢蕴才记录：“学校提早结束，但暑期学校照常开办，消息好像很使人快慰。但门口的茶房却给两个日兵代替了，据说无论谁经过校门，一定要向那两位宝贝鞠躬，可是我从来没见人实行过，为了要探得确实消息，我每天到学校去，而且准八时到，事情一天天的恶化，我们被迫离开这儿的时期看来也愈趋愈近了。”[40]

为使校图书馆的书籍不致散失，校方决定让学生尽可能多借回家，分散保存在学生家中，以防出现更多的意外风险。[41]谢蕴才就记下了暑假中与同学一起前往校图书馆借书的场景：“学校立刻就要搬了，有许多东西，恐怕来不及搬出，图书馆的书，就尽量让同学借回家去，将来再还到新校舍。……我们两

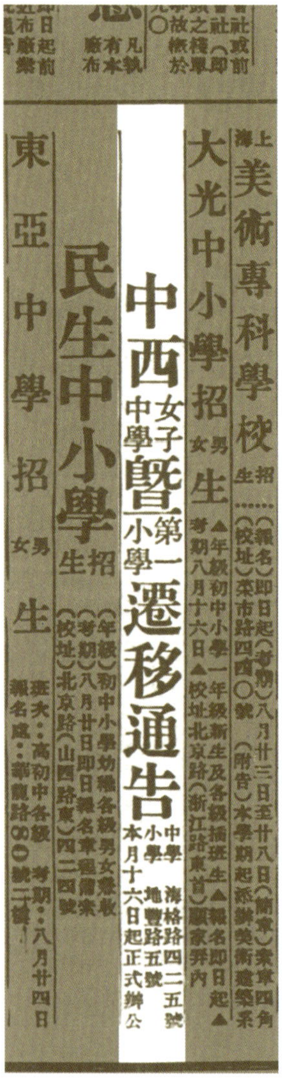
上海美術專科學校招生
大光中小學招男女生
中西女子中學暨第一小學遷移通告
中學 海格路四二五號
小學 地豐路五號
本月十六日起正式辦公
民生中小學招男女生
東亞中學招男女生

图4-18 中西女中在《申报》发布迁移公告（1943年8月13日）

人就奔到学校，穿过了那一道防线——两个东洋兵——直窜到莲吉生堂，又一口气奔到三楼图书馆，那里已经有许多高班的同学在帮忙，江先生[42]借书的桌子上挤满了人，黑压压的一堆，……这时也没有人去注意图书馆的规则了，我们走进贮书间，里面也挤满了人，书已借去了一大半。”[43]1941年入学的周瑞珍在1947年毕业前夕写道：“当时同学们抢救书籍用具时的那种悲愤情绪，我们怎么也不能忘怀。”[44]

1943年8月初，一位署名“曼妙”的记者感慨道：“此刻中西女学因为美产而停闭（美国教会所开设），其忆定盘路的房子，闻将于此设一医院。当日的贵族女学校，行将风流云散了。”[45]在日军占领时期的上海，这所久负盛名的女子中学，竟被日本侵略者占据为军队医院，令人不胜叹惋。

在日军淫威之下，中西女中师生们不得不忍受屈辱，满怀愤慨，噙着眼泪，依依不舍地陆续搬离忆定盘路校址。师生们满怀悲愤地忙着抢运图书和教学用具，当装满图书的最后一辆卡车驶出校门，日军岗哨正要拦车检查，此时天亦同悲，下起了雨，为防止书籍被淋湿，薛正带领在场的师生们脱下雨衣遮盖。日军终于放行，师生们走出校门后，回首告别校园，泪雨难分，心头泣血。[46]

1943年8月13日，中西女中在《申报》发布极为简短的迁移通告：“中西女子中学暨第一小学迁移通告。中学：海格路四二五号。小学：地丰路五号。本月十六日起正式办公。”[47]8月16日起，中西女中正式在海格路425号办公，附属第一小学则迁至地丰路5号办公。家国之痛、被迫迁校之恨，这在中西女中发展史上，无疑是一个难以抹去的莫大耻辱。自此，中西女中师生们开始了寄人篱下的颠沛生活。海格路临时校舍规模较忆定盘路小得多，教室不敷使用，不得已全部改为走读，每日仅上课半天。师生们赴校途中经常遇到日军封锁，在路旁等待半小时乃至一个多小时，是家常便饭。[48]

转眼到了1943年9月，汪伪上海特别市市政府外事室卢祺文奉派与日本驻沪总领事馆书记官接洽关于日本上海第二陆军病院拟在中西女中附近设立病院宿舍事宜，据该书记官称：“关于此案，因上海陆军部业已正式令该地产业管理者（即上海业广地产公司）转知该处住户立即迁让，故对于通知贵市府令饬该处住民从速迁移一节，本馆为慎重起见，只用口头通知。”[49]这样一来，连中西女中邻近的地块也被日军占据。

在抗战时期的烽火和离乱中，享誉世界的圣玛利亚女校与中西女中两所沪上名校，都经历了不正

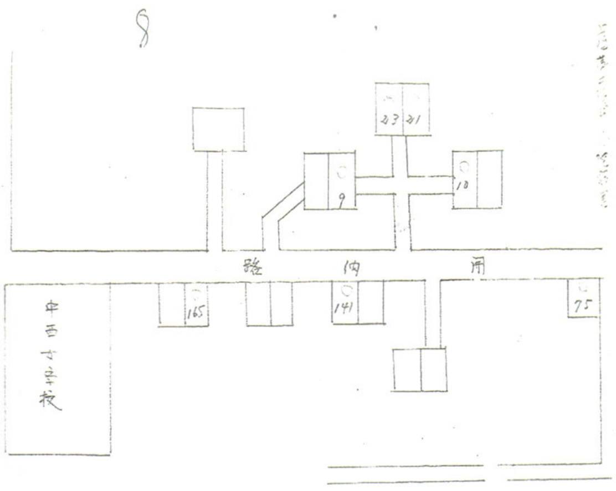

图4-19　日本上海第二陆军病院拟在中西女中附近设立宿舍的略图（1943年9月）

常的播迁，坎坷历尽，艰辛备尝。圣玛利亚女校因战事影响，不得已租赁南京路大陆商场临时校舍，在喧嚣闹市中依然书声琅琅。中西女中不仅校园被日军强行占据改为医院，师生被迫寄人篱下，而且外籍教师被关进集中营，受尽非人折磨。两校师生们在日寇和汪伪政权的双重枷锁下，度过了非常时期颠沛流离、艰苦卓绝的岁月，在炮声隆隆、炸弹纷飞中，保持心神不乱，课程不断，秩序井然，成绩斐然，在生计维艰的情况下，延续着教学相长，文脉传承，弦歌不断，人才辈出，创造了乱世中的教育奇迹。

第二节　重返旧地：战后复校

1945年8月，日本无条件投降，中国抗战胜利，天日重光，“胜利消息传来，恍若旱后霖雨，快慰奚似”[50]。圣玛利亚女校和中西女中终于等来了复校的日子，在重建中迎接解放的曙光。

一、圣玛利亚女校：从立案到合并

1946年9月，圣玛利亚女校搬回了修整一新的白利南路校址，历经磨难的圣玛利亚校园开始恢复昔日的热闹，一些外籍教师重回校园，学校还迎来了许多新同学，也恢复了住宿制。美丽宁静的校园，修缮一新的校舍，配备齐全的设施，舒适宽敞的宿舍，令回到母校的师生们身心愉悦。“教室又大又明亮，阳光充沛。宿舍四个人一个房间……澡堂里有大荷花缸，每间一个，还有冷热水。食堂里的蛋炒饭最好吃，加几丝卷心菜，回想起来仍味道十足。”[51]学生们在宽敞的教学楼静心学习，在健身房、运动场挥洒汗水，在格致楼里做理化生实验，悠扬的琴声、歌声，动人的舞姿、戏剧轮番在校园里登场，每一位圣玛利亚人心中都充满失而复得的喜悦，对平静的校园生活倍感珍惜。

图4-20　圣玛利亚女校陆朱兰贞校长

从1942年起，陆朱兰贞女士临危受命，肩负起校长重任，抗战胜利后，又完成了将圣玛利亚女校重新迁回白利南路校址的过程，她的坚守和执着更为学校的发展带来了新的契机，1947年6月，圣玛利亚女校在上海市教育局申请立案终于获得了批准，不仅在学校发展史上具有重要意义，更是对毕业生的升学与就业产生最实际的效用。之前很长一段时期，因美国圣公会拒绝向中国政府立案，圣约翰大学和圣玛利亚女校的学历得不到中国政府的承认，学生的升学与就业都受到很大的制约。

在学校申请立案的过程中，校董会起到了至关重要的主导作用。《上海市教育局关于私立圣玛利亚女中呈请立案文件》[52]收录了《私立圣玛利亚女子中学校董会章程》，呈现了1947年的办学情况，全方位记录了圣玛利亚女校的立案始末。

窃查本市圣玛利亚女子中学向系美国圣公会所创办，迄今已历六十余年，目的在求以基督牺牲服务之精神，办理女子教育，前因格于环境未及立案，今由伟国等组织圣玛利亚女子中学校董会，根据政府法令，教育目的及创立人办学宗旨，办理该校以维持效率与德育标准。兹谨遵照法令填呈私立学校校董会立案用表，一式两纸，呈请立案，谨请核准，实为公便，此呈。

为呈报调查私立圣玛利亚中学呈请立案经过情形请鉴核事

奉派后遵即前往白利南路圣玛利亚中学作实地调查，当由校长欧伟国接见，查该校校董会及学校开办最近，皆已核准，兹再将调查呈请立案经过情形分述于后：

一、校史——该校创办已七十余年，中途曾经改易校名，如以创办年起算，则有九十余年历史。

二、校舍——该校环境幽雅谧静，校舍完全系西式建筑，占地面积相当宽阔，房屋形式及采光均合教学要求，分布亦皆适宜。除教室、办公室外，尚有健身房、自修室、实验室、诊疗室、礼堂、图书馆、膳堂、师生男女寝室等等，皆整齐清洁。至于应有各项图书、仪器及标本等，亦皆充实。

三、教学——该校设有高中、初中及预科三部，教职员三十五人，学生数二百九十人，每教室容纳数最多为三十余人，最少为二十余人，相当舒适，教师资历除相当小学高级程度之预科系中学毕业生任教外，中学部教师大都大学毕业，并有相当教学经验，管教皆认真。至于课程设施，依照教育部规定，惟中学部物理化学课本，系用原文本，由西人任教，学生尚能了解，现为适合教育部规定起见，已逐步添用中文本，以原有原文本为参考资料。

四、经济——该校经济收入以学生数甚少，不敷应用，所幸校董会尚能切实负责辅助，据该校长声称：本学期不敷数约二千万元，校董会可负责弥补，至于学校修理及购置费用，校友会亦能竭力协助。

意见：综上情形，认为该校历史悠久，规模甚大，设备亦称充实，至于训教设施，皆能认真办理，且该校长对学校领导工作甚为努力，尤属难得，该校呈请立案一节请准其所请，以资鼓励，是否有当伏乞。

私立圣玛利亚女子中学校董会章程（节选）

一、名称

校董会之名称为私立圣玛利亚女子中学校董会

二、办事处

校董会之办事处设于上海长宁路六十五号

三、宗旨

校董会根据中华民国教育宗旨及其实施方针与设立人办学目的，办理上海私立圣玛利亚女子中学并维持其最高教育效率及德育标准

四、组织

校董会之组织如下

甲　设立人指派四人

乙　同学会选举三人

丙　由上列二项当选人之全体同意推聘社会知名人士二人

丁　校长得列席校董会但无表决权

五、任期

校董任期除第一任另由附则订明外，各为三年，如遇空缺，由指派选举或推聘之团体补充之

六、职权

校董会之职权如下

（一）关于财务者

甲　负责筹划全校经费

乙　通过每年度全校预算案并指派查账员检查账目

丙　执管全校所有款项及所受委托保管之财产

丁　处理其他财务事项

（二）关于行政者

甲　聘任校长呈报主管教育行政机关认可[53]

正式立案后，许多圣玛利亚毕业生选择出国留学，归国后成为科学、医学、艺术、外事、教育等各行业的优秀人才，为祖国建设做出巨大贡献。

1949年5月27日，上海解放。6月，圣玛利亚女校1949届初、高中毕业典礼隆重举行。是年夏，陆朱兰贞校长不幸被意外劫杀。开学在即，校董会董事长欧伟国先生聘任洪德应为校长，他毕业于美国宾夕法尼亚大学，是圣玛利亚女校历史上唯一的一位男校长，虽在任时间不长，但他带领学校走过了新中国成立之初的关键三年。

1949年10月1日，中华人民共和国成立。1952届的学生扛着国旗参加游行，校园里也呈现出一派欣欣向荣的新气象。“腰鼓队排练敲出了激越的鼓声，校园里响彻着《民主青年进行曲》高昂的旋律。学校请来加拿大民主战士文幼章（James Gareth Endicott）来演讲为和平事业斗争的历程，请来电影艺术家孙道临讲述自己的亲身经历，开设了新的课程‘政治课’，来提高学生们的认识。”[54]

圣玛利亚女校学生们的政治热情十分高涨，在课余自发组织上街义卖、募捐慰劳解放军、腰鼓队宣传活动等。1950年5月，学校的新民主主义青年团组织正式建立，一批优秀青年女学生加

图4-21　圣玛利亚女校洪德应校长

图4-22　圣玛利亚女校郭秀梅校长

入团组织，娄丽娜任首任学校团支部书记。1951年，圣玛利亚女校少年先锋队正式成立。

1950年6月，朝鲜战争爆发，美国出兵朝鲜半岛，派遣第七舰队进入台湾海峡，新中国对美国在华创办学校的政策和态度发生了转变。12月，中央人民政府政务院颁布《关于处理接受美国津贴的文化教育救济机关及宗教团体的方针的决定》，圣约翰大学和圣玛利亚女中与美国圣公会完全脱离关系。1951年，圣玛利亚的外籍教师被圣公会召回。虽然外籍教师走了，但圣玛利亚的办学依旧照常，一批年轻有为的毕业生选择留校做教师，成为圣玛利亚女校的新生力量。

在这样的背景下，教会学校被定性为“帝国主义文化侵略的工具”，圣玛利亚女校的学生也在时代洪流中不断转变思想，积极接受新的教育，以高昂的热情投入抗美援朝、参军参干运动中。由于当时的客观形势，洪德应校长感到其牧师的身份不再适合担任校长，便主动提出辞职。1952年1月，郭秀梅校长来到圣玛利亚女校任职，她是圣玛利亚女校1935届毕业生，后就读于燕京大学、圣约翰大学教育系，1942年毕业，1946年赴哥伦比亚大学教育学院，获教育硕士学位后于1951年归国。

1952年，随着全国范围内的高校院系调整，教会中学进行了撤销、合并和重新组建新学校的行动。6月，圣玛利亚女校接到通知：取消私立中学和教会学校，与中西女中合并为上海市第三女子中学，搬出圣玛利亚校区，搬入中西女中校舍。7月5日早上，郭秀梅校长亲手摘下“圣玛利亚女校”校牌，全校学生排着整齐的队伍步行到中西女中参加上海市第三女子中学成立大会。下午，1952届毕业典礼如期举行，两校学生们穿上统一的白衬衫和蓝西裤，在五四楼前面朝大草地上照了一张“上海市第三女中第一届毕业生”合影。毕业典礼后，这批刚刚成年的女学生就开始了第一次思想改造学习，开启了人生新篇章。

二、中西女中：热烈澎湃的爱国情怀

经过校长薛正的多番奔波和交涉，中西女中终于收回忆定盘路校舍。此时，原本葱茏清雅、环境优美的中西女中校园，被日军强行占据两年多之后，多处房屋被拆毁，小桥已断，原本宽阔平整的草坪成了坑坑洼洼的泥潭，整个校园满目疮痍，一片狼藉，“但见荒榛断梗，残壁颓垣，其萧条景象，不可言状”[55]。面对凄凉惨状，师生们痛心不已。薛正以惊人的毅力和组织才能，全力主持校园修复工作。经过足足两个月的不懈努力，学生们于10月回到校舍，恢复正常的上课秩序。薛正还组织学生参加校园劳动，美化草坪。[56]

1942年入校同学对于抗战胜利后的复校深有感触：“复校是我们最快乐的一天，走廊里人来人往，笑声盈耳，劫后的校舍现出了一种萧条的神气，幸而师长们惨淡经营，辛苦修葺，才复了旧观。这时我们的课外活动，突见增加，甚么事都兴致很高。”[57]1940年入学、1946年毕业的严似苏是复校后的首批毕业生之一，她无比感慨地说：“悠悠六载，与母校共‘流亡’，同‘光复’，若能长毋相忘则幸甚矣！”[58]有一位名叫蒋见微的同学时隔两年后在《复校回忆》中写道：“我们终究应该是欢喜的，因为我们终究回来了！经过千辛万苦的修理，校舍已经渐复旧观，天还是那样蓝，风还是那样悠悠，那青烟般的回忆，说不出是如何滋味！”[59]

中西女中的历年毕业纪念刊《墨梯》年刊，自1917年创刊，每年都是由毕业生负责编辑，教师予以指导。薛正认为：“观历年《墨梯》，可察知逐年学生进修之成绩、思想之转变及时代之趋势，不啻一部校史也。”在抗战中的艰难条件下，《墨梯》年刊仅出版到1941年。薛正回顾了太平洋战争爆发后的停刊原因：“珍珠港事变后，西籍教员皆入集中营，沪上情形转恶，学校亦由日军强迫迁徙海格路上课。是时一切因陋就简，每日工作繁忙，课余莫不精力疲惫，又加言论不自由，生活费高涨漫无止境，《墨梯》遂不得不停刊矣。”抗战后复校，才由1946届学生联袂已毕业的1942、1943、1944、1945各届学生，开始编辑出版1942—1946年五年合刊，最终于1946年夏印行。薛正对这期特殊的《墨梯》年刊和中西女中学生的精神风貌给予高度评价：“际此物价暴涨，诸同学不畏艰难，努力奋斗，卒底于成，其爱护学校之精神奕奕纸上。然则

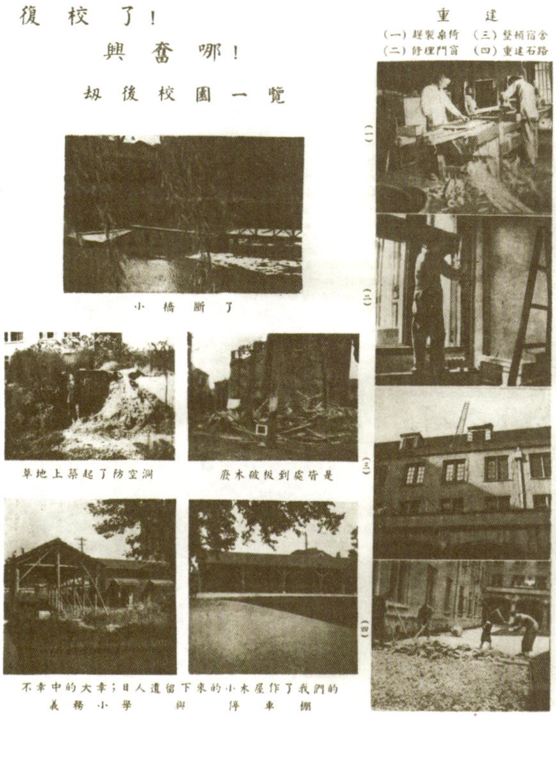

图4-23　1945年复校时中西女中校园的破败情景

图4-24　中西女中初三年级（摄于1946年，上海市第三女子中学档案室提供）

图4-25　中西女中1946届毕业合影（上海市第三女子中学档案室提供）

图4-26　中西女中1946年特级（预备年级）毕业后，成为市三女中1952届（上海市第三女子中学档案室提供）

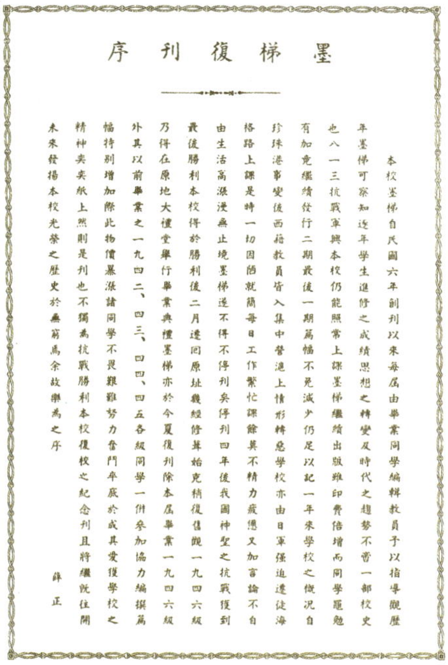
墨梯復刊序

本校墨梯自民國六年創刊以來每屆由畢業同學編輯教員予以指導觀歷年墨梯可察知逐年學生進修之成績思想之轉變及時代之趨勢不啻一部校史也八一三抗戰軍興本校仍能照常上課墨梯繼續出版雖印費倍增而同學黽勉有加竟繼續發行二期最後一期篇幅不免減少仍足以記一年來學校之概況自珍珠港事變後西籍教員皆入集中營滬上情形轉惡學校亦由日軍強迫遷徙海格路上課是時一切因陋就簡每日工作繁忙課餘莫不精力疲憊又加言論不自由生活高漲漫無止境墨梯遂不得不停刊矣停刊四年後我國神聖之抗戰獲到最後勝利本校得於勝利後二月遷回原址幾經修葺始克稍復舊觀一九四六級乃得在原地大禮堂舉行畢業典禮墨梯亦於今夏復刊除本屆畢業一九四六級外其以前畢業之一九四二、四三、四四、四五各級同學一併參加協力編撰篇幅特別增加際此物價暴漲諸同學不畏艱難努力奮鬥卒底於成其愛護學校之精神奕奕紙上然則是刊也不獨為抗戰勝利本校復校之紀念刊且將繼既往開未來發揚本校光榮之歷史於無窮焉余故樂為之序

薛正

图4-27　薛正所作《〈墨梯〉复刊序》（1946年）

图4-28　中西女中数学教师张小如

是刊也，不独为抗战胜利本校复校之纪念刊，且将继既往，开未来，发扬本校光荣之历史于无穷焉！”[60]

中西女中复校之初，有一些衣衫褴褛的穷孩子常到校园里捡破烂。年轻的数学教师、中共秘密党员张小如见他们可怜，主动把孩子们组织起来看管校园，并许诺校园修好后教他们念书。薛正对此事很是赞赏，于是中西女中义务小学应运而生，张小如担任校长。张小如在中西女中初三以上班级中，选了一批既品学兼优又乐意服务的“小先生”，共同努力办校。张小如还时常让“小先生”们思考问题，接触社会，进行家访，访贫问苦，接受实践教育。义务小学的学生虽然家境贫寒，与“小先生”们的优渥家境有着霄壤之别，但他们有强烈的求知欲和认真劲儿。这种反差，也激励着“小先生”们更深刻地理解社会现状，把义务小学办好的动力更强了。[61]

1947年，高二学生陈佩珍写作《中西乐园里的生活》，特地提到义务小学：“除了上课外，有的同学还执教于义务小学，他们在日本人留下的木屋里上课。义务小学校长张小如先生和别的先生是更忙了。”[62]后来加入中国共产党的瞿明明、罗明凤等，都曾是义务小学的“小先生”。1937年进入中西女中附属第二小学、直至1950年高中毕业的瞿明明曾回忆当时的思想变化：“1945年抗战胜利后，张小如老师在学校里办起了义务小学，我当上了‘小先生’，在对贫困学生的家访中认识了国民党政府的腐败。”[63]

抗战胜利后，不少“接收大员”自重庆返沪。有的国民党官员厚颜向中西女中提出，自家女儿能否不经过考试即入学。在这一问题上，薛正秉持按照考试择优录取原则，不讲情面，决不松口破例。薛正刚正不阿的态度，不但引起国民党政要的不悦，而且令中西女中的美籍顾问也十

图4-29 中西女中义务小学研究辅导会

图4-30 中西女中义务小学学生

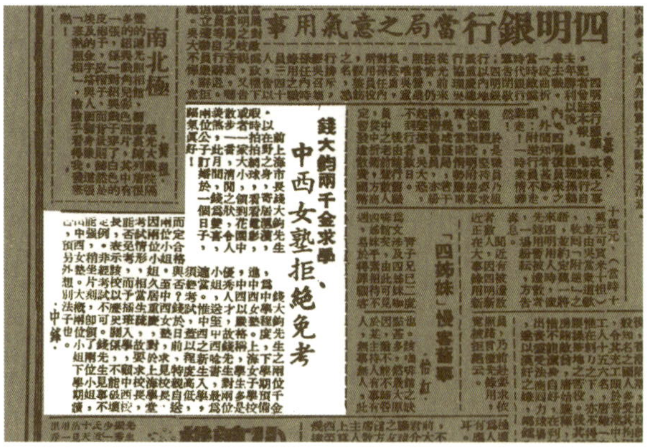

錢大鈞兩千金求學
中西女塾拒絕免考

图4-31 钱大钧女儿求学欲免考，遭中西女中拒绝的报道（《罗宾汉》1946年7月25日，第2版）

分不满，但在招生规则面前也无话可说。[64] 1946年7月，一份名为《罗宾汉》的报纸上，就刊登过曾任上海市市长的钱大钧为两个女儿求学中西女中遭拒的消息。钱大钧以女儿“久居重庆，对于上海学堂考试情形，相当生疏”为由，问询能否免考而以插班形式入中西女中读书，结果自然是吃了闭门羹。[65]

第三节 追求光明：迎接解放

解放战争时期，蒋介石在国统区加紧镇压爱国民主运动，激起了民众义愤，掀起反内战、反饥饿、反迫害、争民主、争自由的斗争浪潮。1946年12月沈崇事件发生后，全国学生掀起了声势浩大的抗暴斗争。中西女中学生自治会会长胡燊伊从交通大学学生会传来沈崇事件的消息，立即召开全校大会，控诉美军暴行，激起教职员工和学生的民族自尊和爱国热忱，大家高呼“要为受侮同学雪耻”，并当场发起抗议签名。在国统区民众和学生掀起的反内战、反饥饿、反迫害、争民主、争自由的斗争中，中西女中有不少学生参加了女青年会学生部、少女部、学生礼拜堂的团契活动，举办讲座，进行义卖，到贫民区访贫问苦，还有学生参加过交通大学游行，等等。1949年4月1日，南京发生学生赴京遭国民党政府镇压而造成的流血事件。声援南京“四一”惨案的消息从交通大学传来，中西女中学生自治会会长罗明凤召集全校师生声援大会，会议决议通电慰问，并为受伤同学募捐。[66]

这一时期，中西女中有多名毕业生英勇投入粉碎蒋介石内战的斗争中，并踊跃参加争取国际舆论广泛支持等大量工作。1942年毕业的吴经，

介紹中西學生自治會

初二 龔正賢

中西眞是一個好學校，辦理完善，敎授得法。學生團體有一個組織，便是學生自治會。它的宗旨是訓練學生自治能力，養成同學的自治精神。現在讓我把自治會的工作情形，詳述於下。

自治會的職員有會長、副會長，（兼司庫），書記各一人，工作分五部執行，各部有正副部長二人。學生每級每組各舉代表一人。

自治會的五部工作是：服務部、拾遺部、販賣部、交誼部、淸潔部。服務部設有一個校工夜校，由高中同學自由担任敎師。拾遺部是訓練同學誠實的美德，別人的東西不擅自拾取，並且還幫助同學找尋失物。販賣部專售各種文具，每星期開放一次，目的是便利同學。交誼部的目的是促進同學的友誼，連絡同學的感情，設有縫級班，國語訓練班，戲劇研究班等。同學可以自由參加。淸潔部是訓練大家保持淸潔整齊，有負責人檢査課室、卧室、凡最淸潔的學期終都有獎品。

你想，這五部工作對於學校，對於同學的幫助是何等重大！自治會職員及各組代表每星期開一次會。凡犯規的同學由自治會派人査問，勸告，或責罰，俾收互助之功。每隔三星期全校同學舉行一次大會，凡有提議都可以提出討論，或由職員報告，還有獎品獎勵成績優秀的同學，和課室卧室最整潔的同學。我覺得自治會對於我們的益處，實在太大了。今天剛開過自治會，我感覺這個組織實在有意義，所以提筆介紹。

图4-32　中西女中学生自治会简介（1947年）

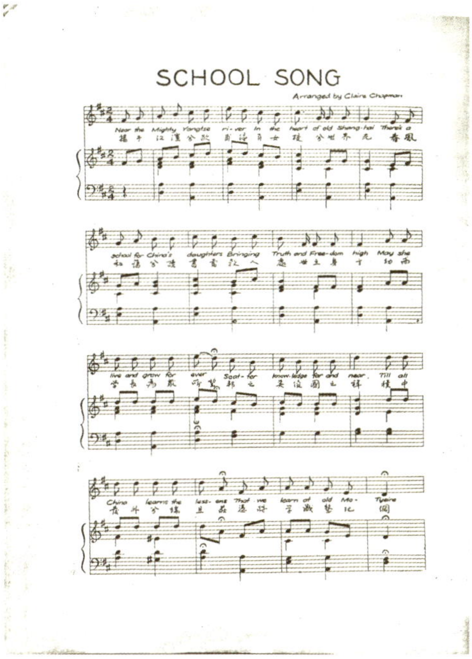

图4-33　中西女中校歌

中西女子中學會通訊錄

姓名		地址	電話
		1900 年	
孫素馨	曹夫人	小沙渡路培成女中	
史鳳寶		松江慕衞女校	
顏慶連	舒厚誠夫人	漢口	
		1903 年	
吳卓生	劉廷芳夫人	美國	
蘇羅生	裡同慶夫人	梵皇渡路 181 號約翰靑年會	
黃馥梅	鈕惕生夫人	愚園路 492 號轉	
		1904 年	
陳昭悅		林森中路啓秀女中	
		1905 年	
陸秀珍	張履鰲夫人	愚園路 930 號	
史鳳珠	王文顯夫人	聖約翰大學 7 號	20502
		1907 年	
潘桂馨	李淸茂夫人	安和寺路 348 號	
蔡紀珍	胡淸泰夫人	海格路 600 弄 31 號	20120
		1908 年	
曹美貞		山西	
章增佩	薛夫人	格羅希路 25 弄 20 號	71552
程婉珍	裘夫人	已故	
		1909 年	
毛鳳娟	陳景韓夫人	汶林路 15 號	74703
黃素娥	李順義夫人	山西太原府（山西大學）首義街 41 號	
		1910 年	
唐玉瑞	蔣廷黻夫人	美國	
嚴順貞	歸夫人	南京路女子商業儲蓄銀行	
丁樊英		天津天津女中醫院	
		1914 年	
郭志超	胡詒德夫人	南京	
馬秀娥	史悠蓉夫人	北泥城橋鴻祥里 54 號	
潘珍寶	鄺夫人	趙主教路柳林村 2 號	
沈　均		新閘路沁園邨 29 號	34866

图4-34　1947年中西女中历届校友通讯录

图4-35　1947年中西女中《墨梯年刊》封面

图4-36　中西女中校园（摄于1947年）

图4-37　中西女中学生自治会（摄于1947年）

图4-38　中西女中歌咏团（摄于1947年）

1946年奉调到江苏金坛维文职校新四军浙东游击队后方医院当院长，在炮火中抢救伤员，不遗余力。1943年毕业的顾孟琴，1947年秋天奉调至台北做学运工作，1950年春去香港做交通联络工作。1942年毕业的蒋琳琳，解放战争中奉派到晋察冀新华分社负责英语广播，她是解放区新华社1947年9月首次对外英语广播的播音员。[67]

1949年3月，中西女中高二学生瞿明明在校外加入中国共产党后，正式关系转入中西女中。上海解放前夕，瞿明明把即将毕业的罗明凤和汪绍兰发展为党员，4月中旬组成一个党小组，由中共静安区委委员王芷涯负责领导。党小组成立伊始，迅即着手秘密组建党的外围组织，定名为中西女中新民主主义青年社（简称“新青社”），拟定章程，发展社员，最初仅有六七人，到解放初，已壮大至20人，蔚然可观。党小组一方面将学生中的积极分子秘密发展为新青社社员，同时通过校内的学生自治会和义务小学，团结和发动各级各班同学，踊跃开展迎接城市解放的各项准备工作，如组织学习、组织应变、保管物品、调查周围地形和环境情况、编制地形图、训练救护包扎等，并秘密组建人民宣传队，制作准备迎接解放的宣传品。这些活动的开展，都得到中西女中进步教师和工友的支持。数学教师张小如、语文教师袁炜彤此时已参加教师地下党的外围组织“教协”，她们团结10余名教师，组成一支教师积极分子队伍，包括徐尚均、陈家志、蒋心英、彭大泳、张凯、黄聪、王微兰、田莲素等。工友沈石林也加入“教协”，把工友们团结起来，支持学生的斗争活动。义务小学的学生也积极参加，学生宣传队伍更为壮大。

据当时的组织者瞿明明回忆，“学生队伍可

以马上拉出去上街和下厂宣传”[68]。上海解放前夕，为迅速组织护校斗争，学生自治会开了一次全校大会。当训育主任前来阻拦时，全校集合的铃声已然响起，400余名师生集中到大礼堂开会，学生自治会会长发言号召保护学校、免遭国民党破坏。这时，教务长当场宣布学校停课，训育处电话通知家长来接。不少学生被接回家中，但仍有近百名学生留下来，参加救护包扎队、人民宣传队、保卫组、物品保管组等护校队组。[69]

5月27日上海解放时，中西女中以新青社为骨干的同学们成了人民宣传队队员，戴上臂章，向市民和工人宣传“上海解放了，国民党垮台了”“政权回到了人民的手中”“欢迎中国人民解放军进城”等口号。[70]中西女中师生与工友在追求光明的道路上携手奋进，为上海真正回到人民手中贡献了积极力量。

中西女中在抗战胜利后复校，师生们回到魂牵梦萦的忆定盘路校舍，感慨万千，当她们面对断壁残垣、凌乱不堪的校园时，又痛心不已。师生们经过千辛万苦努力修缮，终于渐复旧观，恢复正常教学秩序，同时成立义务小学，师生共管，造福社会。

三年解放战争期间，中西女中进步学生们爱国激情高涨，在反饥饿、反内战、反迫害等系列爱国运动中经历风雨，挥洒青春，迸发出极大能量，不少毕业生奔赴解放区走上革命道路。上海解放前夕，在中共党组织领导下，中西女中进步师生向往光明，沉着应变，在护校、宣传等方面，踊跃为迎接城市解放、走向新生，为冲破黎明前的黑暗、实现人民的上海做出了应有贡献。

图4-39　中西女中1947届学生（上海市第三女子中学档案室提供）

图4-40　中西女中初一年级（摄于1948年，上海市第三女子中学档案室提供）

图4-41　中西女中学生参加游行（1949年）

注释

[1] 胡金仙:《一九三八年级级史》,载《凤藻》1938年。

[2] 胡金仙:《一九三八年级级史》,载《凤藻》1938年。

[3] 上海市第三女子中学组编,徐永初、陈瑾瑜主编:《圣玛利亚女校(1881—1952)》,同济大学出版社2014年版,第50页。

[4]《校史》,载《凤藻》1941年。

[5] 上海市第三女子中学组编,徐永初、陈瑾瑜主编:《追忆圣玛利亚女校》,同济大学出版社2014年版,第91页。

[6]《圣玛利亚女校昨行毕业典礼》,《申报》1941年5月30日,第9版。

[7]《校史》,载《凤藻》1941年。

[8] 上海市第三女子中学组编,徐永初、陈瑾瑜主编:《追忆圣玛利亚女校》,第73页。

[9]《中西女子中学暨第一、二小学开学通告》,《申报》1937年10月1日,第1版。

[10]《各校消息·中西女中》,《申报》1937年10月3日,第6版。

[11]《苏州私立景海女子师范学校开学并招生通告》,《申报》1937年10月3日,第2版。

[12]《中西女中紧要通告》,《申报》1937年11月1日,第1版;《新闻报》同日,第1版。

[13]《中西女中复课通告》,《申报》1937年11月5日,第2版;《新闻报》同日,第1版。

[14] 汪绍兰、瞿明明:《冲出象牙之塔　投入时代洪流——中西女中的学生运动》,载中共上海市委党史研究室、中共上海地下组织斗争史陈列馆编:《解放战争时期第二条战线中的上海学生运动史料选编》(下),上海社会科学院出版社2017年版,第631页。

[15] 周瑞珍:《一九四七级史》,《墨梯》1947年。

[16]《级史》,《墨梯》1948年。

[17]《女青年会援绥会募捐御寒衣着》,《申报》1936年12月10日,第17版。

[18]《中西女中同学捐援绥慰劳金》,《申报》1936年12月10日,第17版。

[19]《上海女青年会援绥捐款物品》,《申报》1937年1月8日,第10版。

[20]《上海各界川灾救济会鸣谢启事(第五号)》,《申报》1937年7月4日,第11版。

[21]《圣玛利亚女校课外组织简章》,年代不详,上海市第三女子中学档案室藏。

[22] 上海市第三女子中学组编,徐永初、陈瑾瑜主编:《圣玛利亚女校(1881—1952)》,第125页。

[23] 张圣芬:《抗日战争中的中华医学会》,载中华医学会编著:《百年魂　中国梦——纪念中华医学会百年诞辰征文集萃》,中华医学电子音像出版社2015年版,第60页。

[24] "Hospital Put Up At McTyeire School", *The China Press*, Aug. 30, 1937.

[25] 周瑞珍:《女子教育家薛正的世纪历程》,载上海市第三女子中学组编,徐永初、陈瑾瑜主编:《追寻圣玛利亚校友足

迹》，同济大学出版社2014年版，第31页。

[26]《上海市学生模范大队募捐报告（第一号）》，《申报》1937年9月13日，第8版。

[27]《中西女塾同学讨论战时事工》，《申报》1937年9月22日，第2版。

[28]《上海难民救济协会收款汇报（第七号）》，《申报》1938年12月26日，第13版；《上海难民救济协会收款汇报（第十三号）》，《申报》1939年1月30日，第14版；《劝募难民生产教费，学校成绩优良》，《申报》1939年4月13日，第13版。

[29] 汪绍兰、瞿明明：《冲出象牙之塔　投入时代洪流——中西女中的学生运动》，载中共上海市委党史研究室、中共上海地下组织斗争史陈列馆编：《解放战争时期第二条战线中的上海学生运动史料选编》（下），第631页。

[30] 上海市第三女子中学组编，徐永初、陈瑾瑜主编：《追忆圣玛利亚女校》，第72—73页。

[31] 汪伪上海特别市沪西特别警察总署为中西女中小学部学生遭绑架事呈汪伪上海特别市政府函，1942年1月5日，上海市档案馆藏，卷宗号：R1-6-167。

[32] 陈公博致汪伪上海特别市沪西特别警察总署指令，1942年1月19日发出，上海市档案馆藏，卷宗号：R1-6-167。

[33] 日军上海特务机关致汪伪上海特别市政府通牒，1942年9月9日、1943年2月18日，上海市档案馆藏，卷宗号：R1-9-272。

[34] 薛正为保留中西女中校舍事致陈公博函，1942年12月24日，上海市档案馆藏，卷宗号：R1-8-667。

[35] 汪伪上海特别市政府复薛正函稿，1943年1月11日发出，上海市档案馆藏，卷宗号：R1-8-667。

[36] 谢蕴才：《学校生活片断——抢救书籍》，载《墨梯》1942—1946年。

[37] 汪伪上海特别市教育局致中西女中等十七校训令，1943年2月16日，上海市档案馆藏，卷宗号：R48-1-296-134。

[38] 汪伪新国民运动促进委员会上海特别市分会为函请商借中西女校为暑期集训处所事致汪伪上海特别市政府函，1943年5月19日，上海市档案馆藏，卷宗号：R1-18-1717。

[39] 林炯庵呈陈公博函，1943年6月15日，上海市档案馆藏，卷宗号：R1-18-1717。

[40] 谢蕴才：《学校生活片断——抢救书籍》，载《墨梯》1942—1946年。

[41]《上海市第三女子中学图书馆》，载朱庆祚主编：《上海图书馆事业志》，上海社会科学院出版社1996年版，第261页。

[42] 江先生，指江梅鹃，中西女中图书馆主任。

[43] 谢蕴才：《学校生活片断——抢救书籍》，载《墨梯》1942—1946年。

[44] 周瑞珍：《一九四七级史》，载《墨梯》1947年。

[45] 曼妙：《中西女学风流云散》，《海报》1943年8月4日。

[46] 周瑞珍：《女子教育家薛正的世纪历程》，载上海市第三女子中学组编，徐永初、陈瑾瑜主编：《追寻圣玛利亚校友足迹》，第31页。

[47]《中西女子中学暨第一小学迁移通告》，《申报》1943年8月13日，第1版。

[48] 周瑞珍：《女子教育家薛正的世纪历程》，载上海市第三女子中学组编，徐永初、陈瑾瑜主编：《追寻圣玛利亚校友足迹》，第31页。

[49] 卢祺文签呈，1943年9月11日，上海市档案馆藏，卷宗号：R1-8-667。

[50] 严似苏：《一九四六级级史》，载《墨梯》1942—1946年。

[51] 上海市第三女子中学组编，徐永初、陈瑾瑜主编：《圣玛利亚女校（1881—1952）》，第57页。

[52]《上海市教育局关于私立圣玛利亚女中呈请立案文件》，1947年，上海市档案馆藏，卷宗号：Q235-2-2210。

[53]《上海市教育局关于私立圣玛利亚女中呈请立案文件》，1947年，上海市档案馆藏，卷宗号：Q235-2-2210。

［54］上海市第三女子中学组编，徐永初、陈瑾瑜主编:《圣玛利亚女校（1881—1952）》，第59页。

［55］严似苏:《一九四六级级史》，载《墨梯》1942—1946年。

［56］周瑞珍:《女子教育家薛正的世纪历程》，载上海市第三女子中学组编，徐永初、陈瑾瑜主编:《追寻圣玛利亚校友足迹》，第32页。

［57］《级史》，载《墨梯》1948年。

［58］严似苏:《一九四六级级史》，载《墨梯》1942—1946年。

［59］蒋见微:《复校回忆》，载《墨梯》1947年。

［60］薛正:《〈墨梯〉复刊序》，载《墨梯》1942—1946年。

［61］姚世明:《一所教会女校的巨变——上海中西女中学生运动片断》，载《上海解放四十周年纪念文集》编辑组编:《上海解放四十周年纪念文集》，学林出版社1989年版，第358—359页。

［62］陈佩珍:《中西乐园里的生活》，载《墨梯》1947年。

［63］瞿明明:《中西女中是我难忘的家》，载中西女中校史编写组组编，陈瑾瑜编著:《回忆中西女中（1949—1952）》，同济大学出版社2016年版，第39页。

［64］周瑞珍:《女子教育家薛正的世纪历程》，载上海市第三女子中学组编，徐永初、陈瑾瑜主编:《追寻圣玛利亚校友足迹》，第32页。

［65］中锋:《钱大钧两千金求学，中西女塾拒绝免考》，《罗宾汉》1946年7月25日，第2版。

［66］瞿明明:《上海市第三女子中学前身中西女中（1919—1952）学生运动和党团活动的回顾》，2002年4月，上海市第三女子中学档案室藏。

［67］瞿明明:《上海市第三女子中学前身中西女中（1919—1952）学生运动和党团活动的回顾》，2002年4月，上海市第三女子中学档案室藏。

［68］瞿明明:《上海市第三女子中学前身中西女中（1919—1952）学生运动和党团活动的回顾》，2002年4月，上海市第三女子中学档案室藏。

［69］姚世明:《一所教会女校的巨变——上海中西女中学生运动片断》，载《上海解放四十周年纪念文集》编辑组编:《上海解放四十周年纪念文集》，第362—363页。

［70］瞿明明:《中西女中是我难忘的家》，载中西女中校史编写组组编，陈瑾瑜编著:《回忆中西女中（1949—1952）》，第40页。

第五章

进入新时期：上海市第三女子中学

进入新时期：上海市第三女子中学

图5-1 上海市第三女中第一届毕业生合影（摄于1952年7月5日，上海市第三女子中学档案室提供）

1949年5月27日，人民解放军进驻上海，美国《生活》杂志为此发表评论说：“各项消息指出了一个历史性的事实，即国民党的时代已经结束。”[1]上海和中国其他地方一样随之发生了翻天覆地的变化。不久，市军管会接收上海公私各学校。上海是近代中国教育最为发达的地区，也是知识分子最集中的地区。上海积极贯彻中央政府的各项决策，在接管和整顿教育的过程中，进行了一系列脱胎换骨式的改造。中西女中和圣玛利亚女校作为教会学校，相继开设了政治课，取消了宗教课，成立党团组织，进行反帝爱国教育，迎来了一个又一个运动的高潮。中央政府于1950年底考虑着手接办各地的教会学校。上海在中央政府的部署下，于1951年开始有步骤地对教会学校进行接管。1952年7月，圣玛利亚女校和中西女中由上海市教育局接办，合并为上海市第三女子中学（以下简称“市三女中”）。新生的市三女中被迅即纳入了新中国社会主义教育事业的轨道，遵循国家的教育方针和政策，结合自身的实际，在教学方面进行了一系列的调整和改革，建立了新的教学秩序。学校教育质量稳步发展，为培养社会主义所需要的人才奠定了较好的基础。

第一节　学校的接收、接管与改造

1949年5月27日，上海解放。中西女中的大铁门早一天已经加上了一把大铁锁，但从义务小学的边门不断有学生面带笑容地走出来，她们手臂上戴上了蓝底黑字的人民宣传队的臂章，欢迎人民解放军进城接管。[2]当时还是中西女中高中学生的傅家祥日后回忆，她一听到解放的消息，马上和同学一起到巨鹿路张启莹家集合，然后到大同大学集中，出发到工厂宣传。她们高唱《东方红》等歌曲，到处红旗飞舞，一片欢乐的景象，沉浸在无比幸福、欢乐之中。[3]还有很多同学参加人民保卫队，阻止敌人破坏，保卫人民财产安全。[4]

早在上海解放前夕，以随军南下干部为主的上海市军事管制委员会已在江苏丹阳成立。4月25日，中国人民解放军总部发布布告说："保护一切公私学校、医院、文化教育机关、体育场所和一切公益事业。凡在这些机关供职的人员，均望照常供职，人民解放军一律保护，不受侵犯。"[5]上海解放当天，上海市军事管制委员会即宣告成立，其下属的文化教育接管委员会下属市政教育处等机构。同日，戴伯韬代表上海市军事管制委员会文化教育接管委员会市政教育处，正式接管旧上海市教育机关。紧接着，便着手接管各类公私学校。由于战乱，上海的学校在上海解放前后曾不同程度地出现停课。5月30日，上海市军事管制委员会发出复课号召。从31日开始，全市各学校陆续复课，教学秩序逐步稳定。6月1日，各区接管委员会也相继成立，均设有文教股，负责接管相关学校。1949年9月1日，新的上海市教育局在市政教育处的基础上宣告成立，并从军管会中分离出来，成为市政府所属的工作部门。次年，各区人民政府相继成立，文教股改为文教科。1957年1月，市委决定，在区文教科的基础上，升格成立区教育局。

1949年8月新学期开学之后，这些教会学校出现了一些明显的变化。首先根据要求，各学校成立新的校务委员会作为学校的决策机构，并要求其中有学生代表。根据规定，新的校务委员会的主要任务是：决定校务方针，并设计校务方案；通过预算及审核决算；厘定及审核各项章则；聘请及解聘教职员。另外就是取消训导处，教务处改为教导处，要求学校开设政治课，取消宗教课，停止校内宗教活动，增派政治教师到校，逐步建立学校团组织和少年儿童先锋队。

如前所述，上海解放前，中西女中就有较为良好的进步思想基础，进步学生经动员参加过革命活动的达70%以上，因此，学校接管过渡工作进行得较为平稳。学校自从薛正赴美之后，本由校政会临时负责学校行政工作，此时校政会原班人马组成校务委员会，积极分子、教工会主席袁炜彤当选为校委会成员，原来的外籍顾问费雪珍（Blackford）逐渐退出。[6]

按照规定，学校必须开设政治课，聘请政治教师，并且要向市政教育处报请审查批准。政治学科当

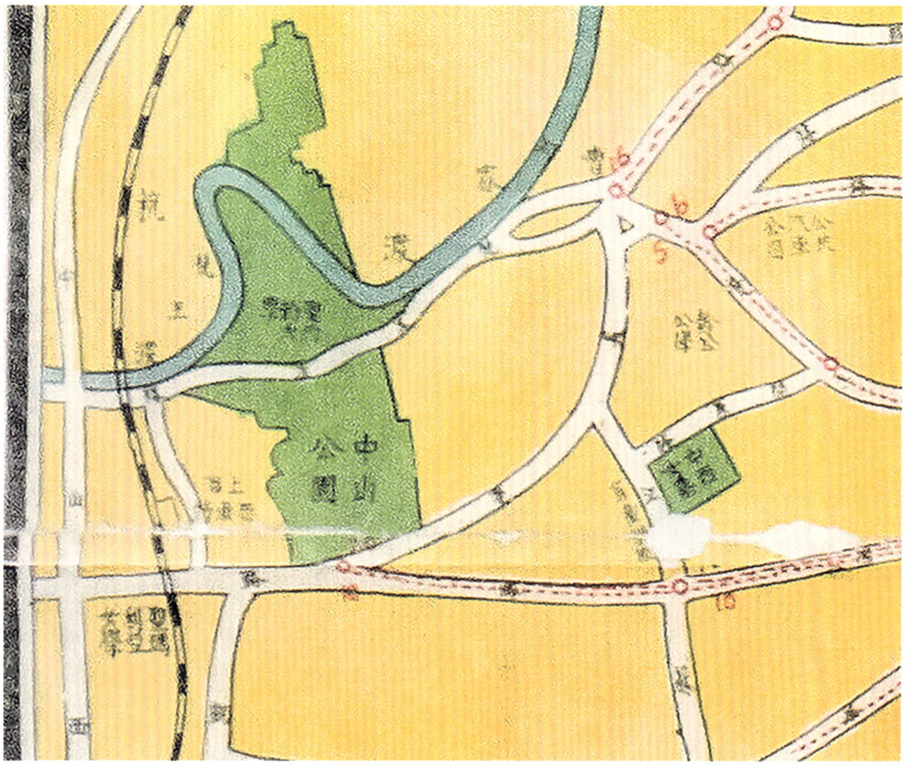

图5-2　1950年标注『圣玛利亚女学』『中西女中』（选自《最新上海市街图》）

时是一门崭新的学科，很缺教师。上海解放后不久即开办了政治教育研究会，培训政治教师，然后再分配到各个学校，这样在一定程度上保证了政治课的教育质量。私立学校可以自行聘用政治教师，也可以要求分配。政治教师既可以在学校通过政治课宣传思想，又可以团结进步力量，及时汇报学校动态，在改造旧学校的过程中，有着重要的作用。

中西女中由于之前已经存在了党的力量，因此经上级批准，政治教师由校内的张小如和袁炜彤两位教师担任。她们积极关心校内的情况，引导积极分子去团结、帮助广大同学共同进步。1949年6月，市学联号召学生团结起来，向大众宣传人民币的价值，防止银元买卖，保障人民生活。中西女中的学生们积极参加反银元斗争，上街捉银元贩子。不久，国家又号召购买胜利折实公债，学生们积极分担国家困难，购买公债，搞得热火朝天。这时，原有的校内秘密进步组织新青社已不能适应形势。1949年8月，经原校内党小组和团区工委领导商量决定，在学校内公开成立一个学生社团，定名“火炬社”，替代秘密的新青社，作为党的外围组织，为组织新民主主义青年团做好准备。[7]原来的新青社社员成了当然的火炬社社员，又吸收了更多的积极分子入社。这样，在袁炜彤和张小如及党小组的引导下，以火炬社为主体的学校革命力量逐渐形成。

暑假期间，经过火炬社的大力宣传，中西女中掀起了南下西南服务团、北上文工团的报名热潮，最后，1949届罗明凤、王明蕃（后改名王刃）被批准去了大西南；1952届瞿英英（后改名朱英）、李扬巽

图5-3　中西女中1950级学生合影（选自《墨梯》年刊，20世纪50年代初）

图5-4　中西女中的管理层（选自《墨梯》年刊，20世纪50年代初）

图5-5　中西女中校园（选自《墨梯》年刊，20世纪50年代初）

（后改名李斌）、周佩（后改名周丹）、曹雯雯（后改名邹雯）参加了上海青年文工团，以后与新安旅行团合并为上海歌剧院；1950届孙侣雪、1950届孙惠芬（后改名沈静）、1952届王妙琪（后改名王冀）参加了北上文工团，分别被分到中国青年艺术剧院和中国儿童艺术剧院。另外，1949届汪绍兰参加了第一届政治教师培训，被派往吴淞中学。此时，当年地下党小组的三个党员中，已有罗明凤、汪绍兰相继离开学校，瞿明明编入校际联合支部，并任支部书记。[8]

新学期开始后不久，徐汇区团工委派人到学校协助成立临时团工委，积极做好建团的宣传、组织工作。11月10日，中西女中临时团支部成立，上级团委来上团课。又经过一个月的筹备，1949年12月9日，上海市教会学校第一个团组织——中西女中新民主主义青年团总支成立了，瞿明明担任了团总支书记，傅家祥被选为团总支宣传委员。[9]1950年上半年，发展陈怀琳、张启莹、傅家祥入党。瞿明明和陈、张二人1950年7月毕业离开后，傅家祥（时为高二学生）仍编入校际联合支部。此时，张小如老师已经于1950年5月底重新入党。在区委领导下，中西女中成立了教师学生联合党支部，成员为张小如、傅家祥和新调入的政治教师马福祥三人，由张小如担任支部书记。[10]在党组织的领导下，政治老师和团总支从各方面进行思想教育，引导学生树立正确的人生观，走革命道路。许多学生思想有了转变，向往进步，争取入团成为当时中西女中学生的主流。1950年2月6日，国民党当局对上海进行野蛮空袭，制造了震惊海内外的“二六轰炸”。当时中西女中组织了护校队，全校展开反轰炸活动，师生员工发起糊窗运动，一天时间全校窗门都已糊好。日后学校总结，师生员工团结搞工作，就是自这个时候开始。[11]

1949年10月，新中国成立的消息传到了大洋彼岸的美国，薛正听说之后，心情无比激动，急切地想要回国。此时她离完成博士论文只有几个月时间了，哥伦比亚大学的教授劝她说：你写完论文可以得到博士学位，现在放弃论文，马上回国，岂不是太可惜了？但爱国的热情在她胸中燃烧，她已经等不及了。她的导师无奈之下只能叮嘱她在五年之内再去美国完成博士论文。此时薛正回国心切，她从纽约穿越整个美国，赶到洛杉矶，设法在那儿买到了货船票回国。1950年4月，薛正返回祖国。轮船到达青岛时，按照规定升起了中国国旗后进港。这时，一个外国水手竖起大拇指对她说，现在中国了不起了。薛正肃立在旗杆下，含着热泪第一次看到国旗升起在外国轮船上，感到了作为一个中国人的骄傲，想到她将在新中国的国土上培养一批批新中国的巾帼英才，更加兴奋不已。薛正从青岛先到北京，参观了北师大女附中、北京市教育局等单位，看到了新中国成立后的新气象。一回到上海，薛正就到上海市教育局报到，要求参加教育工作。当时市教育局的领导同志亲切地接见了她，并说：“我们共产党仍然请你当校长。”薛正校长回到了阔别数年的学校。同学们在欢迎仪式上看到她身穿列宁装，两个小腿上扎了绑带，惊讶她似乎不像刚从美国回来的人，倒像从解放区来的老革命。薛正如此穿着，正表示了她要顺应潮流，投身新中国教育事业的决心。[12]

随着薛正的回归，在1950年新学期开始后，中西女中的各项组织进一步健全。学校本与市西中学及沪江女子中学共同组成教职员工工会，此时经过学习工会法、向区工会申请、民主选举，成立基层工会，教职员工政治学习即由该会领导，经常进行。是年春，经全体教职员协商，对教职员工薪金进行了

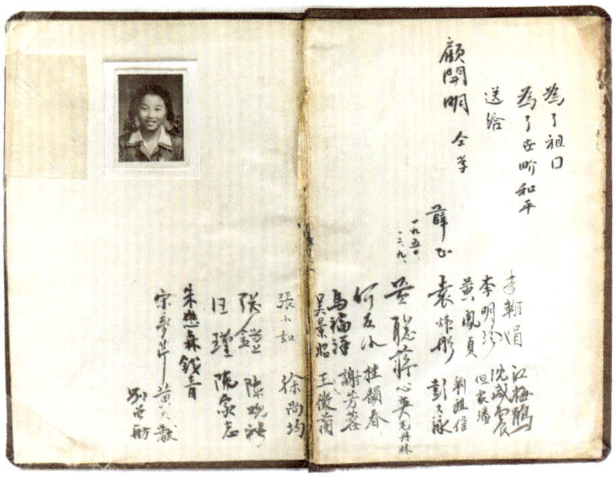

图5-6　校长薛正赠予学生顾开明的日记本（1950年12月9日）

调整，决定完全按照各人担任课目的钟点计算，职员最低为每周16小时、最高22小时，教员最低18小时、最高25小时，校长薪金为最低职员的两倍，即32小时，工友薪金为担任23小时之教师的一半。这也是学校民主协商的新表现。[13]不过新的薪资方案使得部分教师利益受损，引发了一些矛盾。[14]学生组织原为学生自治会，4月间由全体同学酝酿改组为学生会，先由政治老师领导各级同学学习学生会组织法，然后发动全体同学竞选助选，选定本届执事。[15]1951年学生会换届时，团总支委员司罗素当上了学生会主席，并担任了上海市学联执委。[16]1950年秋季开学前，新的中西女中校委会正式成立，校长为当然委员，教职员中共举6人，同学代表2人，共9人。同时由教职员中公举3人，工友、学生代表各1人，成立经济审核委员会，“审核预决算及稽核作用，务求合理”[17]。

和中西女中一片热火朝天相比，圣玛利亚女校似乎相对平静。6月，圣玛利亚女校为1949届初、高中毕业生举行了隆重的毕业典礼。负责接待的初三学生李葵和她的同学都穿上了代表本班级色的淡紫色旗袍，迎接所有家长和前来观礼的来宾。大家像站岗似的自校门口起，在来宾必经之道协助指点方向，介绍当天的日程，或带路引领入座等。来宾们知道这些同学也是当天的初中毕业生时，纷纷向她们道喜。高三的毕业生一个个身穿白色长旗袍，胸前佩戴鲜花，根据她们姓氏的字母排列顺序，于毕业进行曲的音乐旋律中步入，一一上台领取文凭，宾客鼓掌声不断。林立的白杨树随风飘拂，玫瑰花送来阵阵清香，一切都是如此地优雅美丽。[18]但表面的平静背后其实却是暗流涌动。首先就是校长陆朱兰贞女士在暑假提出了辞职。她提出的辞职理由是“学校劫后之创痍已次第平复，非复当年急难疾呼之时期”，希望“稍事宁休”。[19]此时已经开学在即，经校董会紧急讨论，校董会董事长欧伟国先生亲自上门聘请洪德应为校长，洪德应校长也就成为圣玛利亚女校历史上唯一的一位男性校长。[20]洪德应校长毕业于美国宾夕法尼亚大学，获西方文学及神学两个硕士学位，当时还教授高中英语及宗教知识课等，同时还在中华圣公会办的中央神学院（位于圣约翰大学校园内）兼课。

陆朱兰贞校长遭意外劫杀后，陆朱兰贞校长的兄长朱友渔一家捐建校长宿舍并取名“兰贞馆”以作纪念。当年约大的校长宿舍叫“白宫”，师生便昵称兰贞馆作“小白宫”。[21]陆朱兰贞校长是圣玛利亚女校历史上第一位中国人校长，带领圣玛利亚女校度过了最艰难的战争岁月，她为圣玛利亚女校做出的贡献永远不可磨灭。

暑假结束后，军管会派来了圣约翰大学教育系毕业的俞慧耕老师和复旦大学新闻系的刘昌玉老师到圣玛利亚女校担任政治教师。多年以后，俞慧耕老师回忆那一天说："1949年9月，当我跨入这座米黄色高墙和朱红色屋顶的校园时，一群天真活泼的女孩伸长着脖子，在二楼教室窗口观望，她们以极大的好奇心等待着我的到来。她们预想由军管会教育局派来的教师，一定是身穿军装、头戴军帽、脚踏草鞋的女八路。出乎意外，来的却是一位刚跨出原圣约翰大学校门的年轻教师，身穿一件细小格浅绿色的旗袍，脚踏白皮鞋，头上没有军帽，还是一头烫发。她们中有的同学竟不约而同地大叫起来：'哎呀，怎么搞的？'我就在这'哎呀'声中走近了她们的生活，走进了她们的内心世界。"[22] 刘昌玉老师则神情端庄，经常身穿列宁式女上装。两位老师的到来为学校注入了一股清新空气，带来了全新观念。[23] 俞慧耕专门请来自己在圣约翰大学的老师、正在访华的加拿大民主战士文幼章来演讲他为和平事业斗争的历程，又请来电影艺术家孙道临讲述自己的亲身经历，以提高学生们的认识。[24] 当时还是初中生的郑天真则记得刘昌玉讲《可爱的中国》时声情并茂的样子，在学生心目中播下了爱国的种子。[25] 对学生中的思想问题，她们采取了非常耐心的引导、说服、教育的态度，带着浓浓的爱，循循善诱。平静的圣玛利亚女校内部开始泛起波澜，校园里响彻着《民主青年进行曲》高昂的旋律。日后成为著名京剧表演艺术家的李世济和她的同学亲切地叫俞慧耕老师为"阿耕"，在"阿耕"的教导下，她们排练起了腰鼓，响应号召，积极参加各种社会活动，报名参军参干。[26] 初中女生娄丽娜回忆，俞慧耕老师表现出来的那种宽宏大度和博爱的精神让她深受影响，当年她跟着俞老师上街义卖小红花以募款慰劳解放军，组织腰鼓队做宣传，组织"十一"游行，为世界青年联欢节缝制万国旗……活动一个接着一个。正是在这些轰轰烈烈、如火如荼的活动中，她感到了生命的快乐和充实，懂得了共产党就是要为穷人翻身闹革命的道理，树立了要为共产主义奋斗终生的理想。也正是在俞老师言传身教的影响下，她在考大学时选择了北京师范大学中文系。[27]

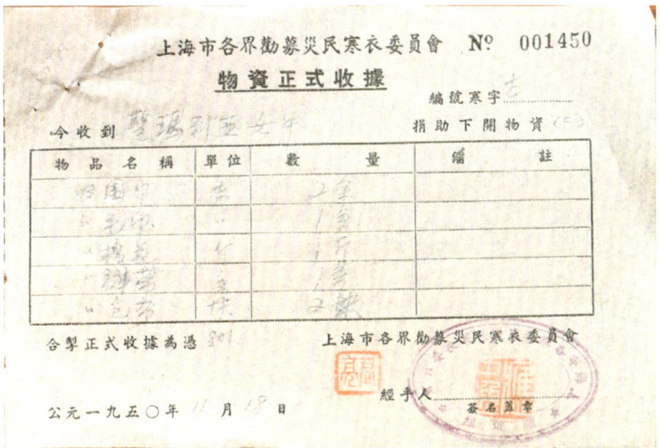
上海市各界勸募災民寒衣委員會　№ 001450

物資正式收據

編號寒字

今收到　聖瑪利亞女中　捐助下開物資

物品名稱	單位	數量	備註
[illegible]	[illegible]	[illegible]	
[illegible]	[illegible]	[illegible]	
[illegible]	[illegible]	[illegible]	
[illegible]	[illegible]	[illegible]	
[illegible]	[illegible]	[illegible]	

合掣正式收據為憑　801

上海市各界勸募災民寒衣委員會

經手人　簽名蓋章

公元一九五〇年 11 月 18 日

图5-7　圣玛利亚女校参加上海各界捐募活动（1950年）

1950年5月，圣玛利亚女校也成立了新民主主义青年团组织，一批优秀青年加入团组织。娄丽娜、张瑞云、鲁佑君等成为圣玛利亚女校首批青年团员，娄丽娜任首任校团支部书记。据1952届张瑞云回忆："记得我是圣玛利亚女校1950年5月第一批入团，圣玛利亚是团支部，入团后我任团支部组织委员。娄丽娜当时初三，任团支部书记，我和她常到长宁路上中山公园附近长宁区委员会开会、听党课。"1951年，圣玛利亚女校还成立了少先队，张瑞云改任少年委员，经常和徐乃玎等少先队干部一起工作，一起到中山公园参加六一儿童节活动。[28] 日后成为中国工程院院士的闻玉梅教授是圣玛利亚女校1951届的学生，

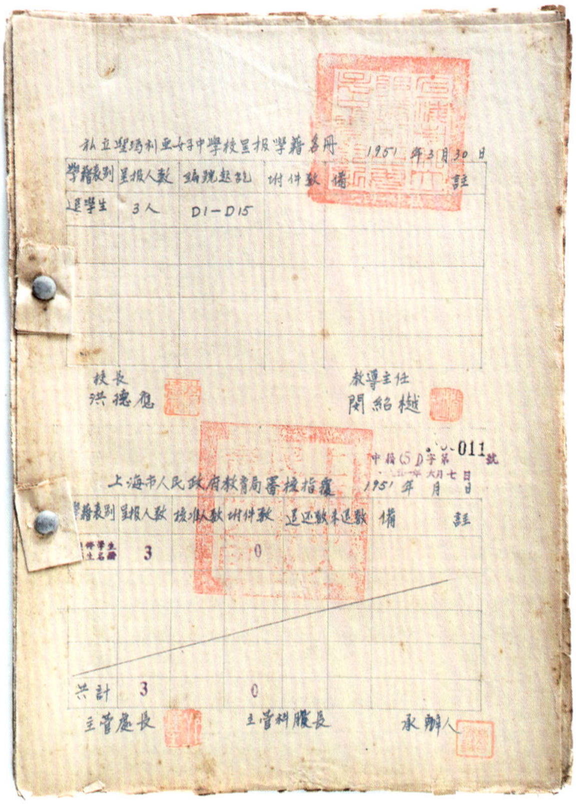
私立圣玛利亚女子中學校呈报學籍名册 1951年3月30日

學籍表別	呈报人數	編號起訖	附件數	備 註
退學生	3人	D1—D15		

校長 洪德應
教導主任 閔紹樾

上海市人民政府教育局審核指復 1951年 月 日

學籍表別	呈报人數	核准人數	附件數	退还數	未退數	備 註
	3		0			
共計	3		0			

主管處長 主管科股長 承辦人

图5-8 圣玛利亚女校呈报学籍名册（1951年）

毕业前加入了青年团。她回忆，在中学时代接受的爱国主义教育、思想品德教育，让她认清了奋斗的方向。她至今深切感到中学时代对塑造一个人、形成人生观是很重要的时期。[29]

新中国成立初期任上海市教育局局长的戴伯韬曾说："执行文教政策改造学校，其中心关键在于改造师生的思想观点，这主要就是站在人民的立场上去教育学生，用理论与实际一致的辩证唯物论的观点和方法去教育学生。"[30]无论是宏观的学校教育培养目标、学校系统结构，还是微观的教学内容、教学方法，甚至是师生的头脑世界，在新中国成立以后的改造中都发生了剧烈而深刻的变化。这种变化声势浩大，一浪高过一浪，席卷着每一个人。为尽快与旧社会脱离，拥抱新社会，圣玛利亚女校和中西女中都积极主动适应新变化，让师生们在直接的社会服务和社会活动中感受新时代的强劲脉搏。学校日益重视日常思想政治工作，开始围绕爱国主义教育这条主线，在当时进行的一系列重大政治运动中，都联系不同时期的时事政治，帮助学生了解和拥护国家的有关政策，以提高学生的思想政治觉悟。

据张小如老师当时对中西女中学生家庭成分的统计，其中厂长，银行经理，贸易公司、保险公司、轮船公司等企业的老板占了30%；工务局、银行、邮局等机关的高级职员占了10%；会计师、工程师、建筑师等技术人员占了20%；小工商业家占了10%；教师、医生等自由职业者占了20%；失业及其他人员占了10%；可见大部分学生家庭都属于社会上层，生活优裕。[31]1950年进校的范巴陵是中西女中历史上第一个免费生。[32]圣玛利亚女校的情况也基本类似。经过政治学习，学生的觉悟有了很大提高，但也存在着一些问题。张小如老师曾经对其中一个班级的学生情况进行过调查，班级中团员共16人，其中7人是积极分子，6个新团员有强烈的进步要求，也有两三名团员时常要闹情绪，对工作很有妨碍。中间偏左的同学有十五六人，由于形势的发展，一学期来的学习，以及进步同学的帮助，对政治教员及团员已开始消除成见，有了进步的要求。中间分子有六七人，对政治不关心，但在一年以来胜利形势的影响下，多少比以前清醒了些。有宗教信仰的有三四人。其余的同学10多人是属于享乐派的，唱歌、看美国电影、参加舞会是她们的主要兴趣，政治思想教育对她们影响较少。[33]

1950年春季学期开学时，外部敌对势力的轰炸和经济封锁让上海一度出现了困难，部分同学家庭经济受到了一定的影响。由于对形势认识不够清楚，同学们在情绪上较为紊乱，甚至一部分团员也因看不清前途而苦闷起来。不久，随着形势的逐渐变化以及政治老师的耐心教育，学生思想开始起了变化。政治老师结合同学喜爱文艺小说这一特点，介绍了许多有关改造小资产阶级知识分子及适合青年特点的参考书，如《夏红秋》《思想问题》《钢铁是怎样炼成的》等，然后在小组中进行漫谈，讨论书中人物的优缺点和思想转变的过程，启发同学联系自己。政治老师号召同学展开批评与自我批评来认识自己，提高自己。一开始同学们思想还存在着顾虑，怕暴露自己的缺点。这时团员积极带头开展批评，进行思想检讨，起到了带头表率作用。刚刚成立不久的学生会认为应该抓紧这个机会把同学提高一步，巩固收获，在庆祝上海解放一周年时，提出举行迎接上海解放一周年、回忆自己这一年来的优缺点的活动。在纪念大会上，学生会总结了中西女中一年来的情况，首先肯定了中西女中是在进步中，然后指出了目前阻碍同学进步的绊脚石，主要是还留恋过去的生活，要求同学在原有基础上把自己提高一步。同时把高二团员郑依柳的思想总结成典型，改编成活报剧《郑依柳的转变》，在大会上演出，由郑依柳亲自表演。郑依柳在活报剧中深刻地暴露、分析、批判了自己思想中存在的问题，生动地叙述了她如何与旧生活决裂、进行思想转变的过程。由于这个活报剧所反映的问题，也就是中西同学普遍存在着的问题，演出时很多同学受到了触动，感动得痛哭。演出结束后，每个同学都认真地反思自己，更进一步地向进步力量靠拢，引起了一场“原子裂变”，掀起了一股入团的热潮，不到一个星期就有20多个同学申请入团。[34] 由于这次演出的影响很大，很多学校都来邀请出去表演，各大新闻媒体争相报道。郑依柳还专门在1950年6月16日《解放日报》上撰文《我的转变》，介绍自己思想转变的心路历程。中西女中进行思想教育的经验也被作为全

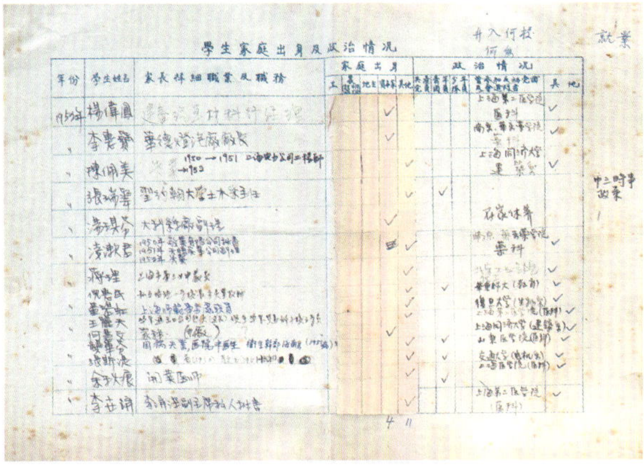
学生家庭出身及政治情况

图5-9　圣玛利亚女校学生家庭出身情况表（1952年）

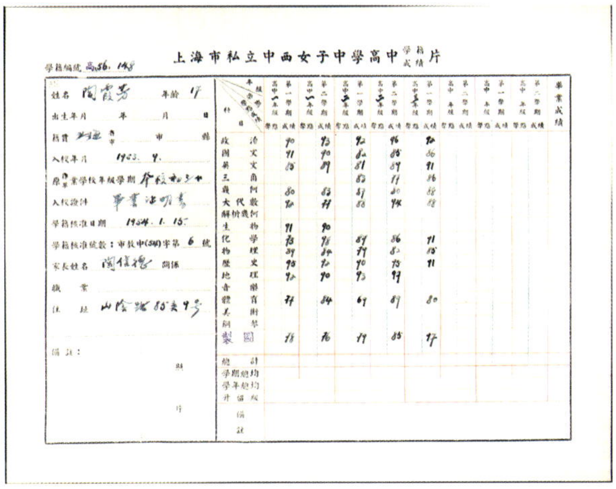
上海市私立中西女子中學高中學籍成績片

图5-10　中西女中学籍片、成绩片（20世纪50年代初）

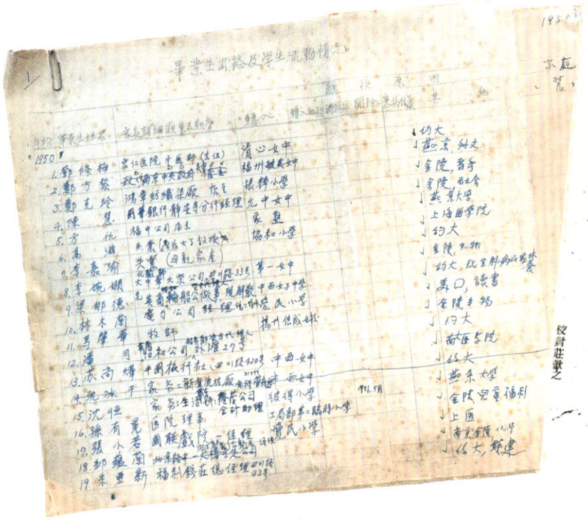

图5-11 圣玛利亚女中毕业生出路及学生流动情况表（1950年）

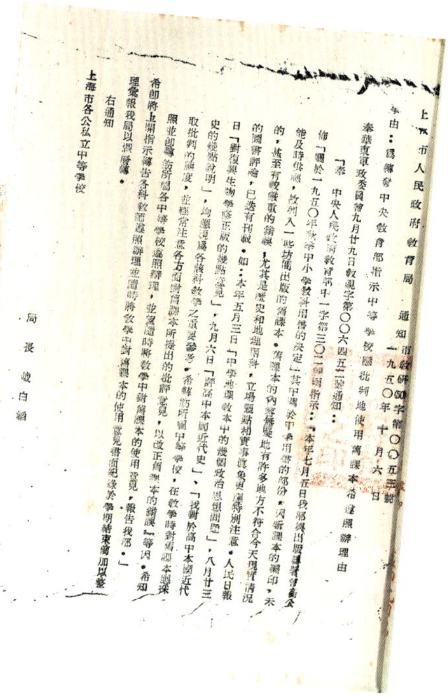

图5-12 圣玛利亚女中档案：1950年上海市教育局『关于批判地使用旧课本』的通知

市教会学校的典型得到了重点宣传。[35]

1950年9月开学时，圣玛利亚女校和中西女中有了更加明显的变化。招收的新生数比以往增加了一倍，并出现了免费学生。初中一年级新生的教材全部采用政府颁布的新教材，英文课不再沿用以前的原版文学作品，而是采用国家统一颁布的英文课本，只不过其他年级还仍然延续原来的英文教材。外籍老师葛继恩（Jean. F. Craig）回忆，当时要求全体教师学习新的课程安排，还有针对不同课程的培训班，其中全市中学地理课教师的培训就在中西女中进行。[36]

1950年10月1日，国庆一周年游行是件大事，两个学校的师生都发动起来进行各种准备活动。一放学就能听到小鼓队的同学们在勤奋练习，激越的鼓点敲出了青春的节奏；秧歌队在大草坪上排练，舞动的红绸带飞出了一道道红色曲线；其他同学忙着制作横幅、标语、彩旗；草地上、操场上走着一队队彩排队伍。国庆前夜，参加游行的同学都住在学校里，第二天早上4点钟即起床，6点钟游行队伍就从学校出发。虽然那天风雨交加，却挡不住大家的满腔热情。当天的游行队伍中，中西女中1952届的同学扛着五星红旗走在最前面，紧跟着的是小鼓队，小鼓队后面是头扎白毛巾、腰缠红腰带的秧歌队，接着是举着标语彩旗的大队人马。[37]就在同一个游行队伍中，还有英姿飒爽的圣玛利亚腰鼓队，前排是1952届的同学。[38]游行队伍所到之处，马路两边观看的群众人山人海。

1950年10月，应朝鲜党和政府的请求，中国人民志愿军开赴朝鲜战场，对广大师生进行抗美援朝、保家卫国的宣传教育显得特别重要。此时，上海教育界还订立了关心国防、支持抗美援朝的“爱国公约”，圣玛利亚女校和中西女中也与许多学校一样订立并履行爱国公约，开展了多种形式的课外活动，进行爱国宣传。中西女中专门成立了由校委会、工会、学生会、青年团、政治教员5位代表组成的领导小组，后又扩大为9人，展开各种实际行动支援抗美援朝。如由各级导师领导同学揭穿帝国主义的侵略阴谋，用挑战法激励师生员工捐献子弹，写慰劳中朝战士的书信，及捐献慰劳袋、手套等。1951年初，中西女中筹备了“揭露美帝文化侵略展览会”，举办肃清美帝文化侵略的理论学习，排活报剧，开控诉会，进一步批判恐美、崇美、亲美思想，产生了很大的影响。[39]当时有教师担心学生们支持抗美援朝活动会影响教会的拨款，薛正坚定地回答：“不论是哪个国家，哪个民族，哪种宗教办教育，要求学生爱祖国都是第一要义。中西女中办在中国，中国学生爱自己的国家，天经地义。”[40]4月24日，全校召开师生员工抗美援朝代表会议，一致通过爱国公约。圣玛利亚也积极开展爱国思想教育运动，1951届学生配合了当时的政治宣传，演出了揭露好莱坞黑幕的《女演员之死》。这是学生根据《大众电影》登载的一个故事改编的，有点类似活报剧，用音乐和朗诵把不同的场景串联起来，效果相当好，也显示出了学生们的政治热忱。圣玛利亚女校还和圣约翰中学合办红旗文工团，请了舞蹈和声乐老师，每星期日两个小时学习舞蹈、唱歌、音乐指挥等，进行革命宣传。初一学生鲁佑君热心文娱活动，当时苏联红军舞盛行，鲁佑君女扮男装，穿了演出的服装，登台演出，还学会了指挥。[41]

1950年10月10日，中共中央发出《关于镇压反革命活动的指示》，要求镇压那些罪大恶极、怙恶不悛、新中国成立后继续作恶的反革命分子。从1951年上半年起，全国各地大张旗鼓地开始了镇反运动。4月27日，中西女中成立肃反委员会，组织学生参加全市公审大会，发动校内反革命子女揭发检举。[42]

图5-13　中西女中1951级学生合影（选自《墨梯》年刊，20世纪50年代初）

共青团员卢成栩在接受教育后，写了一封公开信，刊登在1951年5月8日的《中国青年报》上，控诉她的父亲、曾任国民党国防部中将的卢旭的罪行，在当时影响极大。[43]

1950年12月1日，中央军委和国务院发布《关于招收青年学生、青年工人参加各种军事干部学校的联合决定》。在团市委召开的上海市教会学校参加军干校的动员大会上，郑依柳做了有关自己思想转变的发言，并当场报名参干。她的行动震动了教会学校和校内的学生，参军参干运动波澜壮阔地在校园内掀起。圣玛利亚女校和中西女中有很多学生积极响应号召，参加国防建设，报名参加军事干校，“当祖国需要的时候，我们马上拿起枪，跨过鸭绿江……”的歌声响彻校园。中西女中有个高三女生，父母坚决不同意女儿上前线，把她反锁在花园洋房二楼，女生用绝食抗议，全班同学跑去声援。[44]1951年1月9日，中西女中第一批军干校的同学出发了，1951届郑依柳，1952届陆以津、陈添弥到外文干校；1952届刘慧彰，1953届汪正阳、黄兆芝到空军干校；1952届包蕴奇、1954届沈佩英到防空干校。第二批于1951年7月出发，有11人，他们是1951届沈济莘，1952届陆玲湄，1954届王六如、方绮纨、边肇贤、陆维娴、许嘉瑾、王品君、盛皆英，1955届孙蓝、盛新英。7月17日的《解放日报》还专门报道了中西女中留校学生向参干学生写保证书。同时，为了市政建设的需要，学校动员1951届高中毕业的团骨干卢成栩、佘守锜、盛茵、朱理平、鲍培珍、杨怡生等放弃高考，参加革命工作。此外，因党团工作的需要，1950届孙怀琳、丁一明（团总支委员）作为建团骨干考入圣约翰大学；1950届张启莹、赵国明（团总支副书记）作为建团骨干考入沪江大学。当时教会大学的学费要比国立大学高很多，但这些品学兼优的新青社骨干都愉快地服从了革命的需要。在反帝、反轰炸、镇反斗争中，团总支根据区委的要求，推选了政治可靠、英语口语能力较强的5位团干部直接参加公安战线工作，她们是1951届钱元佩、严瑛，1952届俞芷倩、张亦英，1953届顾开明。[45]圣玛利亚女校的学生同样以她们青春的热情投入这一火热的运动中，全校先后有10位同学参军参干。第一批有1951届邓修竹、张竞芳、蔡清秀，1952届汝谅，1954届余月华。第二批有1952届江浦珠、邢季琼，1953届郎一声、朱婉年，1957届徐瑞英。洪德应校长为她们开欢送会，她们胸前戴上了大红花，留下了英姿飒爽的时代风采。邢季琼回忆说，参军后没有像她原先想象的那样到抗美援朝前线去，而是考入上海第二军医大学医疗系学习。1956年毕业后战争已结束，她留校任教。张瑞云也报名参加军干校，可惜没有被批准。她回忆道，当时有一批上海市参加军干校的女中学生在圣玛利亚女校集中，她去服务，照顾她们在教室过一夜，心里觉得非常羡慕。[46]1952年，就在圣玛利亚女校、中西女中合并前夕，中西女中的司罗素、傅家祥还有圣玛利亚女校的董蔚玲林、张瑞云同学被团区委命令留校当政治辅导员。她们4个人本来一心想上大学，但是组织决定必须无条件服从，4个人约到中山公园，“自己做自己的思想工作”，从此将一生献给了教育事业。[47]

1951年11月20日，毛泽东提出开展“三反”斗争，即反贪污、反浪费、反官僚主义。1952年1月，中共中央又发出指示，在大中城市开展“五反”斗争，“五反”即反行贿、反偷税漏税、反盗骗国家财产、反偷工减料、反盗窃国家经济情报。1952年3月24日，市教育局、市教育工作者工会召集市属公立和私立中等学校校长、教导主任、政治教师等在上海市体育馆召开大会，传达全市教师“五反”学习计

图5-14　中西女中1952级学生合影（选自《墨梯》年刊，20世纪50年代初）

划的精神和要点，要求教师们利用业余时间，向里弄居民宣传“五反”斗争。

1950年底，中西女中在回顾一年的工作时，这样总结：“综观一年来工作的经过，可以证明本校师生员工的政治觉悟确在逐步提高，各方面已经奠定了团结的基础，将来的工作无疑地可以愉快地展开。”[48]

第二节　两校合并和市三女中的创立

1951年夏，圣玛利亚女校体育馆内举行了1951届毕业典礼。1951届的级色是浅蓝色，全体毕业生穿的旗袍选用浅蓝色，胸花采用粉红的苍兰。在毕业典礼上，学生们一个个随着庄严的*Pomp & Circumstance March*音乐，上台从洪校长手中接过毕业文凭，心头洋溢着对老师、家长的感谢，充分享受那份庄重。之后，就在大草坪上摄影留念。[49]在这一刻，时间似乎是凝固的，仿佛一切都没有变化。可是很多人心里都清楚，一场大变革正在降临到每个人的头上。

几乎就在同时，1950年6月，朝鲜战争爆发，美国出兵朝鲜半岛，派遣第七舰队进入台湾海峡。西方国家日益敌视新中国，在中国，教会学校的存在意义也日益受到人民大众的质疑。

1949年10月，中西女中教会组织在小礼堂由牧师讲圣经，火炬社的成员就针对牧师讲道的内容进行了专门的批判。[50]此后，随着青年团组织在学校中发挥的作用越来越大，一些团契骨干开始退出，并

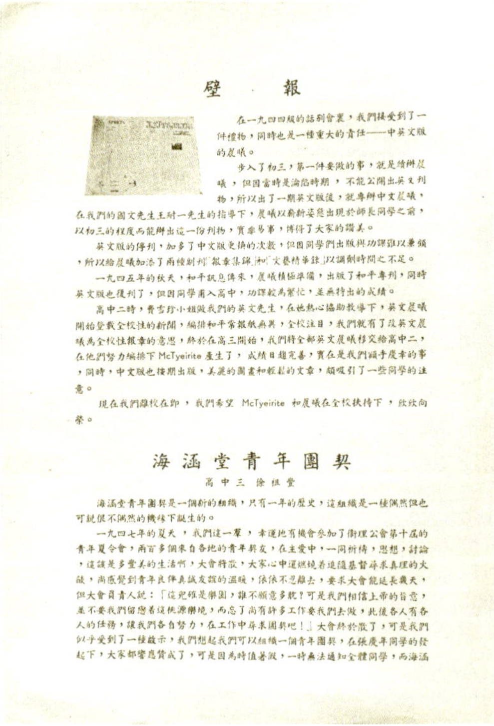

壁　報

在一九四四級的話別會裏，我們接受到了一件禮物，同時也是一種重大的責任——中英文版的晨曦。

步入了初三，第一件要做的事，就是續辦晨曦，但因當時是淪陷時期，不能公開出英文刊物，所以出了一期英文版後，就專辦中文晨曦，在我們的國文先生王耐一先生的指導下，晨曦以嶄新姿態出現於師長同學之前，以初三的程度而能辦出這一份刊物，實非易事，博得了大家的讚美。

英文版的停刊，加多了中文版更換的次數，但因同學們出版與功課難以兼顧，所以給晨曦加添了兩種副刊「報章集錦」和「文藝精華錄」以調劑時間之不足。

一九四五年的秋天，和平訊息傳來，晨曦積極準備，出版了和平專刊，同時英文版也復刊了，但因同學甫入高中，功課較為繁忙，並無特出的成績。

高中二時，費雪珍小姐做我們的英文先生，在她熱心協助教導下，英文晨曦開始登載全校性的新聞，編排和平常報紙無異，全校注目，我們就有了改英文晨曦為全校性報章的意思，終於在高三開始，我們將全部英文晨曦移交給高中二，在他們努力編排下 McTyeirite 產生了，成績日趨完善，實在是我們額手慶幸的事，同時，中文版也按期出版，美麗的圖畫和輕鬆的文章，頗吸引了一些同學的注意。

現在我們離校在即，我們希望 McTyeirite 和晨曦在全校扶持下，欣欣向榮。

海涵堂青年團契

高中三　徐祖萱

海涵堂青年團契是一個新的組織，只有一年的歷史，這組織是一種偶然但也可說很不偶然的機緣下誕生的。

一九四七年的夏天，我們這一羣，幸運地有機會參加了衛理公會第十屆的青年夏令會，兩百多個來自各地的青年契友，在主愛中，一同祈禱，思想，討論，這該是多豐美的生活啊，大會將散，大家心中還燃燒着追隨基督尋求真理的火燄，尚感覺到青年良伴真誠友誼的溫暖，依依不忍離去，要求大會能延長幾天，但大會負責人說：「這兒雖是樂園，誰不願意多耽？可是我們相信上帝的旨意，並不要我們留戀着這桃源樂境，而忘了尚有許多工作要我們去做，此後各人有各人的任務，讓我們各自努力，在工作中尋求團契吧！」大會終於散了，可是我們似乎受到了一種啟示，我們想起我們可以組織一個青年團契，在張慶年同學的發起下，大家都響應贊成了，可是因為時值暑假，一時無法通知全體同學，而海涵

图5-15 《海涵堂青年团契》（选自《墨梯》年刊，20世纪50年代初）

申请加入青年团。青年团和团契之间的斗争也日趋白热化，宗教团契在校内开始丧失了它的地位。[51] 据葛继恩回忆，当时海涵堂和主日学校还依然照旧。学生的家长们和朋友们把她们的教会成员身份转到了海涵堂，海涵堂的执行委员会不再有学生参加，而是改由成年人组成，但还是有很多学生仍视海涵堂为她们的教会。中西女中取消了宗教课后，附小周日早上的宗教活动仍照常进行了一段时间，有12名初中一年级和二年级的学生自愿来教小学的主日课。此外，外籍教师的宿舍在每星期二晚上开放，专为基督徒教师们举行祈祷会。[52] 韩瑞士（Ruth Harris）还想按照教会指示，以校外的黑石公寓为中西女中学生团契的活动场所，但遭到薛正校长的坚决反对。[53] 这些宗教活动在校园里维持了一阵子，直到1951年海涵堂和卫理公会景文堂合并，于衡山路成立沪西礼拜堂，学校内部的宗教活动遂告终止。[54]

1950年朝鲜战争打响后，团契和青年团之间的冲突更加尖锐。当时全校掀起了轰轰烈烈的和平签名运动，有的契友假装要签名，暗地里却在名单上把许多人的名字涂掉，并阻止进步学生捐款支援抗美援朝运动。韩瑞士一度穿上了人民装指挥唱《咱们工人有力量》，但当同学们要求她唱抗美援朝歌时，她坚决拒绝了。[55]

1950年7月，美国基督教卫理公会华特主教（Bishop Ward）建议在华全体传教士离开中国。薛正校长曾要求英语老师留下，葛继恩等人答应了她的要求，但是不久形势就急转直下。[56] 1950年11月28日，美国代表奥斯汀在联合国安理会发言中，将圣约翰大学等教会大学视为美国对华的“恩赐”和“友谊”。他的这种言论在当时特定的历史氛围中，被看成对教会学校师生乃至整个中国的挑衅和侮辱。12月4日，团上海市工委召开中西、清心、沪江、圣约翰等7校党团支部书记联席会议，布置反美抗议运动。在团市工委和各级团组织的领导下，圣玛利亚女校、中西女中等教会学校的学生纷纷召开了各种形式的控诉会，揭露帝国主义在中国办教育的真正目的，让年轻学生认清西方思想的影响和危害。圣约翰师生员工于12月5日发表抗议宣言，7日又有500余人举行控诉大会，并通电全国教会学校联合声讨奥斯汀的言论。12月9日上海举行10万人游行，圣玛利亚女校和中西女中的师生们全部都参加这一游行活动。[57]

1950年12月26日，美国政府在不照会中国

政府的情况下，单方面宣布冻结中国在美全部资产，并规定非经特别许可，任何转引财产到中国大陆的企图均为违法。对此，中国政府立即做出反应，宣布冻结美国在华所有资产。12月29日，政务院发布《关于处理接受美国津贴的文化教育救济机关及宗教团体的方针的决定》，表达了中国政府坚决收回教育权的决心，并于同日通过了《接受外国津贴及外贸经营之文化教育救济机关及宗教团体登记条例》以便于管理。圣玛利亚女校和中西女中宣布与美国完全脱离关系。

在这种情况下，圣玛利亚女校和中西女中的外籍教师们不得不陆续黯然离开学校回国。必须肯定的是，她们中的很多人确实为两所学校奉献了自己的智慧和才能，努力为我们的女孩子们提供了高质量的教学，为此贡献了青春，也受到了学生们的尊敬。很多外籍教师远离故土来到中国，只是愿意做一名好教师，培养一批好学生，实现自己的价值。许多老师对圣玛利亚女校和中西女中都怀有深厚的感情，即使离开学校很长时间之后，还与学校的海外校友们一直保持联系，改革开放之后，她们还专程来旧地重游。[58]

除了外籍教师之外，部分中国教师也相继离开。如中西女中原教务长陈观裕在1951年秋季去了香港。[59]在这种情况下，学校出现了教师空缺，解决教师缺员问题成为当务之急。圣玛利亚女校的中国教职员工聚在一起议论起来，“学校难道就这样散了吗？不过少了几个洋人，我们就办不下去了吗？”大家决定自己办学校。英语教师缺少，原来圣玛利亚女校总是将学习成绩好的学生留校工作，如教务处的郑慧君老师英文就很好，可以改行教英文；缺少美术教师，教导主任闵绍樾老师想到语文教师李太太的女儿李家松正是美术专科学校毕业的，可以招聘进来当美术教师。此外，经本校教师介绍和推荐，又招聘了毕业于圣约翰大学的钟国端、徐祖颐、刘天佑，毕业于东南体专的陆羽，毕业于之江大学土木工程系的汝乃华等一批年轻有为的各科教师。他们成为学校的新生力量，以后又是新中国教育战线上的骨干力量。[60]

由于那时的客观形势，圣玛利亚女校洪德应校长感到其牧师身份已不适合再担任女中校长，主动提出辞职，参加了思想改造学习班，随后服从分配去浦东陆行中学工作。洪德应校长受命于危难之际，帮助学校平稳度过了新中国成立之初的1949年秋至教会学校转制前这一关键时段，他为圣玛利亚女校做出的贡献值得铭记。[61]接替洪德应校长的是著名教育家郭秀梅女士，她是圣玛利亚女校1935届毕业生，同时又是著名爱国宗教

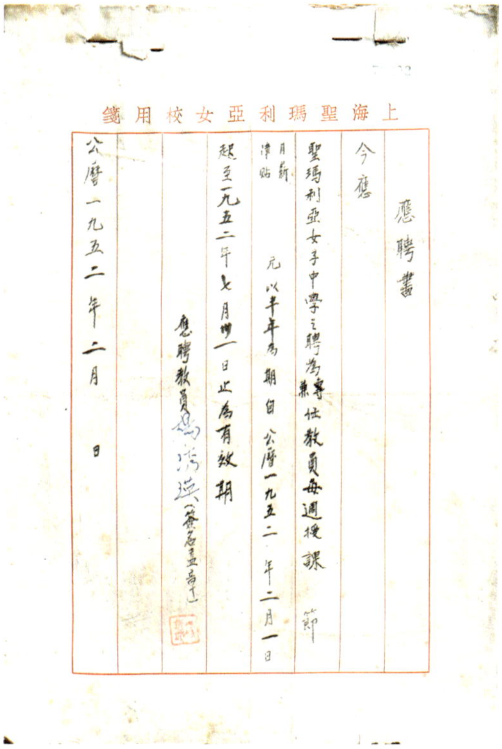
上海聖瑪利亞女校用箋

應聘書

今應

聖瑪利亞女子中學之聘為專任教員每週授課 節

月薪 津貼 元以半年為期自公曆一九五二年二月一日

起至一九五二年七月卅一日止為有效期

應聘教員 楊綉瑛（簽名蓋章）

公曆一九五二年二月 日

图5-16 圣玛利亚女校杨绣瑛教师的应聘书（1952年）

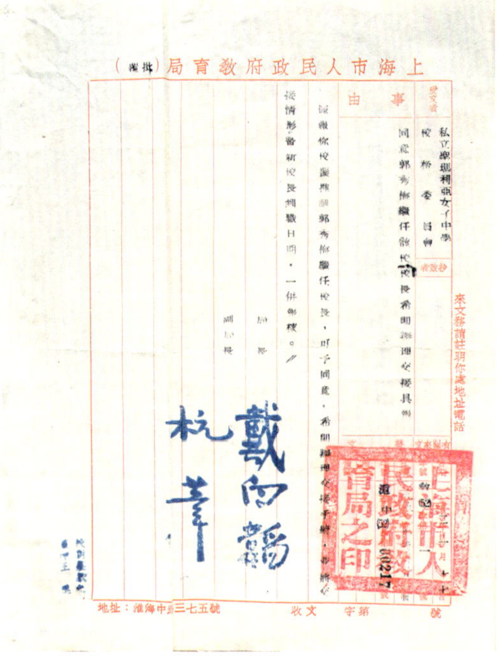
上海市人民政府教育局

图5–17 郭秀梅校长的任命文件（1952年）

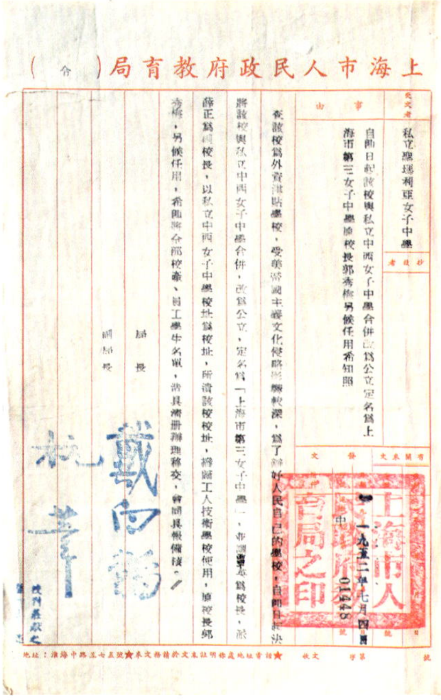
上海市人民政府教育局

图5–18 圣玛利亚女校与中西女中合并的相关文件

人士丁光训的夫人，她是当时最合适的校长人选。郭校长除了担任校长，还担任英语主课老师。她流畅的外语、豪爽的风格、精确的课文分析与讲解博得了同学的欣赏、爱戴和敬重。同学们认为，用一句上海话“刮拉松脆”来比喻郭校长的为人和开朗的气质是再恰当也没有了。[62]

1951年1月10日，教育部发出《关于处理接受美国津贴的教会学校及其他教育机关的指示》，要求当年将所有接受美国津贴的各级学校处理完毕。接受其他外国津贴的学校除个别政治上十分反动者应收归自办外，一般的履行登记，加强管理。对接受美国津贴的教会学校，又视情况做三种不同的处理：一是经费全部或绝大部分由美国津贴之学校，其财源断绝后，又未改为中国人私人出资办理的，接收为公立学校；二是经费之一部分来自美国津贴，一部分来自其他外国津贴者，应改组其董事会与学校行政，其行政权必属于中国校长，政府在停止美国津贴后应酌予补助，但表现反动者政府应予以接办；三是经费之一部分来自美国津贴，大部分靠学费收入及中国人私募者，改为完全由中国人自办的私立学校，当其经费有困难时，政府可予以适当补助。其中中等学校由各大行政区教育部（文教部）直接领导处理。[63]

上海是教会在中国办学的重镇。在政务院的决定发布后，华东军政委员会立即就执行政务院的决定并发布了指示。[64] 上海教会学校学生反美爱国联合会也发表意见：“上海过去是美帝国主义对华侵略的堡垒，而教会学校也就是帝国主义文化侵略的据点……彻底肃清美帝对我们文化侵略的影响，确立爱祖国、爱人民自尊心的观念……深入开展反美爱国运动，使全上海的教会学校与帝国主义的关系从此一刀两断！使我们的学校回到中国人民怀抱！”[65]

1951年2月，华东教育部召开华东区处理外国津贴中等学校会议。圣玛利亚女校和中西女中都派员出席会议，其中中西女中出席的是薛正校长、陈家志老师和学生会主席司罗素。[66]到会的学校领导和师生代表向大会控诉了他们亲身体会到的美帝的压迫和侮辱。会议还确定了对美国津贴学校的四种处理方案：（1）立即由政府接办；（2）政府定期接办；（3）改组行政领导，暂归私人办理；（4）继续由私人办理。对于其他外国津贴中等学校，一般只予登记，加强领导，进行逐步改造。[67]

此后，上海在中央政府的部署下，根据地方特点，于1951年开始有步骤地对教会学校进行接管。上海第一所被接管的教会学校是接受美国津贴的伯特利中学，于1951年4月被接管，改名为“沪西中学”。1952年6月，圣玛利亚女校和中西女中都接到通知，两所合并为上海市第三女子中学。圣玛利亚女校搬出原校区，搬到中西女中校址。6月19日，市三女中建校委员会正式成立，并校准备工作有组织地进行着。此时正逢期末，大考期间，两校各班级间首先互相通信、互相祝贺。大考完毕后，两校各级又联合起来筹备联欢会。七一那一天，两校青年团、少年队和初一、初二全体同学过了一个愉快的团日和庆祝七一联欢大会。[68]

1952年7月4日，圣玛利亚女校正式接到了上海市教育局中等教育处的沪教中（52）字第01448号文：

> 查该校为外资津贴学校，受美帝国主义文化侵略影响较深，为了办好人民自己的学校，自即日起决定将该校与私立中西女子中学合并，改为公立，定名为“上海市第三女子中学”，并调覃英为校长，派薛正为副校长，以私立中西女子学校为校址。所遗该校校址，拨归工人技术学校使用，原校长郭秀梅，另候任用，希即将全部校产、员工学生名单，造具清册办理移交，会同具报备核。[69]

据俞慧耕老师回忆：“学校合并前，由市教育局杭苇副局长召开全市教会中学会议，阐明合并意义，一句话：‘党的教育事业应由国家统一管理，不能各行其是。’当时，我们都认为十年树木，百年树人，由国家统一管理，取消私立学校，这是天经地义的事，都兴高采烈地服从安排……圣玛利亚女校和中西女中，在以往历史过程中并不很和睦，而是相互比高低……学生中大部分对要别离美丽的母校都依依不舍，但考虑到可免去高昂的学杂费，也就接受这个突如其来的事实……大部分教职员工都能服从决定，认为大势所趋，没有任何怨言，仅个别教师还是不愿意去中西，提出提前退休，我们也不勉为其难，我同意按她们的意愿办理。”总体而言，接管工作十分顺利，这是新中国成立后几年对师生进行反帝爱国教育，热爱党、热爱祖国、热爱人民的思想教育的成果。

1952年7月5日早上，郭秀梅校长亲手摘下了“圣玛利亚女校”校牌，将它放进房间。全校学生排成整齐的队伍，由教师带领步行到江苏路155号原中西女中的校址参加市三女中成立大会。中西女中原长方形的校牌已经摘下，师生们正在将“上海市第三女子中学”的长条形校牌往门柱上挂。见圣玛利亚女校同学到了，中西女中同学热情地迎上去。[70]成立大会在原中西女中大礼堂举行，市教育局杭苇副局长庄严地宣布了接办中西女中、圣玛利亚女校，成立上海市第三女子中学的命令后，向市三女中全体师生员工指出了今后努力的方向：首先要加紧思想改造；要做到向工农开门；并且要紧密地团结起来，为搞好人民教育事业而努力。接着，由青年团上海市工作委员会代表、上海纺织工业第一工人子弟学校学生代表、市立五爱中学学生会代表，向市三女中的全体师生员工祝贺。俞慧耕老师、薛正校长分别代表圣玛利亚女校和中西女中发言，此外新民主主义青年团市委陈一心和学生代表、少先队员代表发言。新成立的上海市第三女子中学由覃英为校长，薛正为副校长。[71]两校教导主任仍旧，事务主任改由陈家志担任。校教职员除个别调动外，全部留用。[72]覃英是著名左翼作家王鲁彦的夫人，新中国成立前一直参加地下民主运动，上海解放后参加学校接管工作，担任上海新沪中学校长。原圣玛利亚女校校长郭秀梅由上海市教育局另行安排担任上海市第二女子中学校长。1952年7月5日，市政府接管圣玛利亚后一起合并，当时的党员有覃英、张小如、傅家祥、俞慧耕、娄警予（学生）5人，支部书记是张小如。[73]

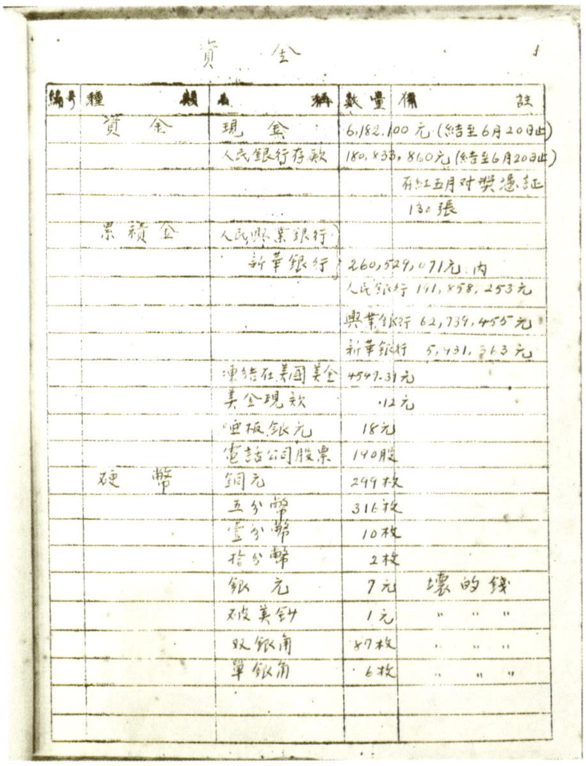

資金　1

編号	種類	名稱	數量	備註
	資金	現金	6,182,100元	(結至6月20日止)
		人民銀行存款	180,833,860元	(結至6月20日止)
				存紅五月对獎憑証
				130張
	累積金	人民興業銀行		
		新華銀行	260,529,071元 内	
			人民銀行 191,858,253元	
			興業銀行 62,739,455元	
			新華銀行 5,931,363元	
		凍結在美國美金	4547.31元	
		美金現款	.12元	
		啞板銀元	18元	
		電話公司股票	140股	
	硬幣	銅元	299枚	
		五分幣	316枚	
		壹分幣	10枚	
		拾分幣	2枚	
		銀元	7元	壞的錢
		破美鈔	1元	" " "
		双銀角	87枚	" " "
		單銀角	6枚	" " "

图5-19 《中西女中移交给市三女中时的清册》
（1952年，上海市第三女子中学档案室藏）

下午是1952届的毕业典礼。中西女中高三的两个班和圣玛利亚女校的一个班按顺序被编为市三女中的一、二、三班，学生统一穿上了白衬衫和蓝西裤，在五四楼面朝大草地的台阶上按自右至左的次序排成七行，照了一张“上海市第三女中第一届毕业生”合影照。

圣玛利亚女校校园在1952年9月后成为上海纺织工业学校（后更名“上海高等专科学校”）校舍，一部分图书资料搬到了市三女中，大部分外文资料调拨给上海外国语学院，其他仪器、设备、课桌椅等，也都经政府统一调拨，有的归入市三女中，有的调拨给其他学校。根据档案记录，圣玛利亚女校移交财产包括土地、房屋、家具、工具、医疗设备、体育设备、仪器、文娱设备等，其中土地包括房屋基地、草地、球场等计65亩，房屋包括教室办公室、教室、实验室、图书馆、体育馆、学生宿舍、宿舍饭厅等总计10482.11平方米。[74]

新成立的市三女中占地77.74亩，其中有

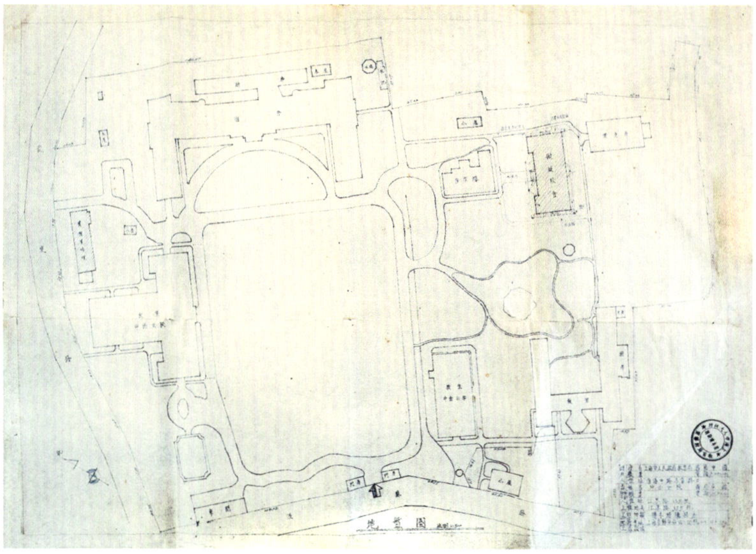

图5-20　市三女中地盘图（1952年）

图5-21　1952年上海市第三女子中学挂牌

13.05亩交给当时的为群小学使用。原来的景莲堂改名为“五四大楼”，宿舍楼改名为“五一大楼”。当时清点资产，还有现金6182100元、人民银行存款180833860元、累积金260529071元，冻结在美国的美金有4547.31美元，此外还有电话公司股票190股。

两个学校合并成一个学校，需要做很多工作，以保证各项工作的顺利过渡。首先是资产的清点和整理。经过资产整理后，学校发现有几个问题：一是校园面积很大，但操场面积很小，体育活动不易展开；二是音乐教室比重过大；三是两校合并后，校具式样繁多，质量参差不齐，个别教室甚至用双人桌椅和单人桌椅拼凑而成。最重要的问题是由于两个学校之前没有建立规范的财产管理制度，对财产没有进行登记和管理，导致了大量的资源浪费，如储存了大量食物、医务材料、药品等，都是美国剩余物资，期限多在十年以上，大多已经无法使用；又如宿舍四楼小间杂物内清出电话总机一架，系日寇留下，此机系电话公司财产，电话公司曾登报寻找此类总机，但学校根本不知有此物，直至此次资产清点后才发现。根据上述问题，市三女中重新建立完善了财产管理制度，包括：一是由专人负责盘盈盘亏数字，按月造表，做到心中有数；二是建立取用库存物资及领用物品制度，做到精确统计，按月汇报；三是各部门做好预算，由总务处掌握经费支出；四是号召全校师生员工爱护公共财物，关心校产保养，响应增产节约号召。[75]

财产的统一只是小事，更重要的是人心的统一。由于两所学校之前就有点互相看不起，相互“别苗头”，导致合并后，校内小圈子很多。另外，合并之后，学校规模不断扩大，引进了一批新教师。1952年发展到了31个班，95个教职员中旧人员占三分之二，新的占三分之一。1953年发展到了41个班，110

个教职员中旧职员占一半强。1954年发展到了47个班，128个教职员中旧的占了一半左右。新旧教职员之间一度也有不调和的情况。另外，虽然师生经过政治学习和思想改造，作风有了很大的转变，但是等级观念、享乐主义、爱虚荣等问题依然存在。教师工作上普遍重业务、轻政治，政治思想工作不易深入、巩固。[76]

1953年1月，政务院文化教育委员会在北京召开，会议提出文教工作的方针是“整顿巩固，重点发展，提高质量，稳步前进”，其中提出了要整顿巩固中小学。同时为了规范中小学生的日常行为，维护教学秩序，严肃学校纪律，加强对学生各方面的教育和引导，上海市教育局于1953年9月制定并公布了《中学生守则》（21条）、《小学生守则》（20条）。到1954年秋，全市各校普遍而有步骤地推行学生守则，以提高学生的政治觉悟，改善学校教学秩序，使学生养成遵守纪律、端正仪表的行为习惯。此后，市教育局对学校的指导日益具体，要求日益明确，学校也有了较具体的计划。教师通过总路线学习，政治思想有了进一步的提高，教学工作也有了较明确的方向，各项工作陆续推进，学校面貌有了明显的改善。首先是改进了组织领导，加强了校务会议的领导作用，开始以面向教学为中心，制订了工作计划，各方面按照计划要求进行工作，扭转了工作推进依靠运动的情况，学校管理进入了正规化阶段。其次是在教学工作中强调既管教又管导，既重视文化教育，又重视思想道德教育。开展集体备课，互相观摩、评议，加强教研组工作，通过自觉纪律教育和学生守则教育的研究，加强培养学生的道德水准。再次是通过自觉纪律教育、学生守则的执行、课堂教育的点滴改进、课外活动的展开，以及宪法、时事教育的进行，针对学生日常生活作风、学习态度的问题，提出更加严格的要求，学生生活作风有了明显转变，集体主义、团结友爱精神开始树立起来。[77]

合并后，学校还按照要求，重新进行了工资评定。当时实行以“工资分”（即以一定数量之粮、布、油、盐、柴五种实物的价格综合折算成货币工资额的一种单位）为单位的工资标准，按照教职员工所任职务的繁简、业务能力、平时表现，以及适当照顾资历的原则，评定工资等级，定出各个等级的工资。全国中等学校共分23个等级。1953年底，工资分重新进行了评定，其中覃英定为14级，工资分500；薛正为15级，工资分470。[78]自1955年7月起，根据国务院《关于国家机关工作人员全部实行工资制和改革货币工资制的命令》，学校开始执行经教育部修订的教职员工货币工资标准，取消了工资分制。

随着学校经费开支列入市政教育经费计划，教职工纳入国家工作人员编制，教职员自己还可申请补助金，生育有产假，病了有公费医疗，死了还有丧葬费和抚恤金。[79]1958年，学校贯彻了退休条例，有6位老教师带着愉快的情绪回家去了。在学校里工作了三十多年的吴景昭老师说：“做梦也没有想到今天能这样幸福，不工作还每月按时到最近的银行去取一半的工资。我现在过着安乐舒适的生活，准备好参加社会工作，来报答党和人民对我的关怀。”[80]

正如市三女中在报告中总结的，新成立的市三女中完全由市教育局直接领导管理，经济上完全割断了和美帝国主义的关系，同时也脱离了教会的控制，完全是公立性质的人民学校了。[81]

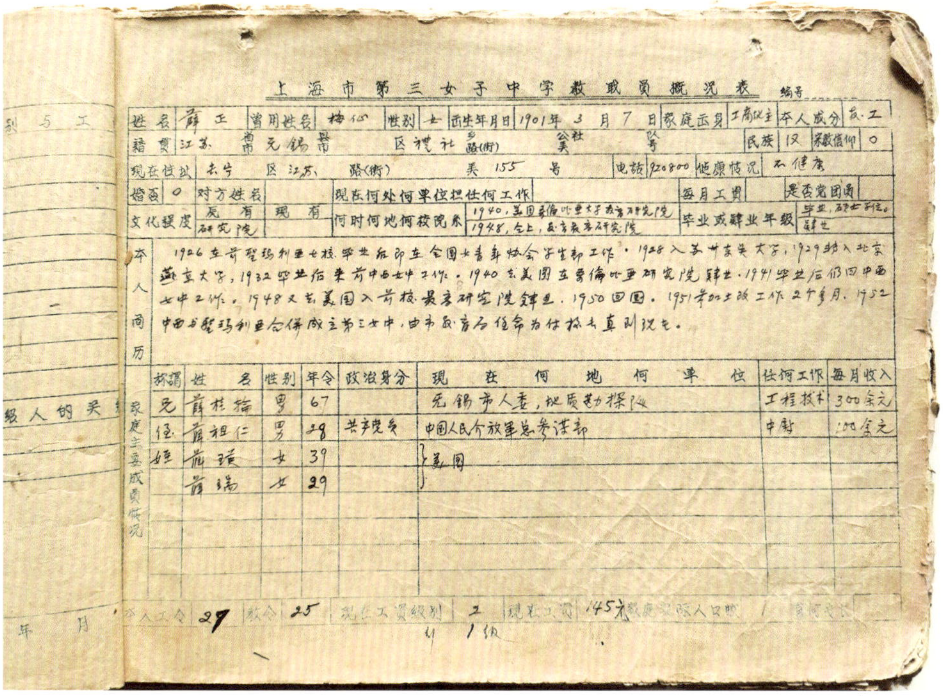
上海市第三女子中学教职员概况表　编号

姓名	薛正	曾用姓名	梅仙	性别	女	出生年月日	1901年3月7日	家庭出身	工商业主	本人成分	教工
籍贯	江苏省无锡县 区 乡 公社 队							民族	汉	宗教信仰	0
现在住址	长宁区江苏路（街）155号					电话	920800	健康情况	不健康		
婚否	0	对方姓名		现在何处何单位担任何工作				每月工资		是否党团员	
文化程度	原有：研究院	现有		何时何地何校院系	1940，美国哥伦比亚大学教育研究院；1948，仝上，教育教育研究院			毕业或肄业年级	毕业，硕士学位。肄业		

本人简历：1926在前圣玛利亚女校毕业后即在全国女青年协会学生部工作。1928入苏州东吴大学，1929转入北京燕京大学，1932毕业后来前中西女中工作。1940去美国在哥伦比亚研究院肄业。1941毕业后仍回中西女中工作。1948又去美国入前校教育研究院肄业。1950回国。1951参加土改工作2个多月。1952中西与圣玛利亚合併成立第三女中，由市教育局任命为该校副校长。

家庭主要成员情况：

称谓	姓名	性别	年令	政治身分	现在何地何单位	任何工作	每月收入
兄	薛桂轮	男	67		无锡市人委，地质勘探队	工程技术	300余元
侄	薛祖仁	男	28	共产党员	中国人民解放军总参谋部	中尉	100余元
姪	薛瑛	女	39		美国		
	薛瑞	女	29		美国		

本人工令 27　教令 25　现在工资级别 2（外1级）　现在工资 145元　家庭实际人口数 1

图5–22　市三女中学教职员概况表摘选：薛正副校长（20世纪50年代）

第三节　百花齐放的新教育

市三女中在度过短暂的合并阵痛期之后，完成了从“旧”到“新”的转变，学制、教学内容、教学方法、考试制度，甚至师生的教学话语系统都发生了深刻的变化。整个学校呈现出百花齐放、欣欣向荣的景象。

1953年5月，经毛泽东主席提出并由中共中央决定，“要办重点中学”。1953年6月，全国第二次教育工作会议上提出《关于有重点地办好一些中学和师范的意见》；7月，教育部通知各地要有重点地办好一些中学和师范学校，并取得经验，指导一般，其中责成上海市要办好10所重点中学。遵照毛泽东主席的指示精神及教育部提出的意见，1954年，上海市政府批准市东中学、市西中学、上海中学、育才中学、继光中学、复兴中学、虹口中学、第一女中、第二女中、第三女中10所中学为重点中学；要求这些重点中学不要规模过大，要努力改善各种条件，认真办好，取得经验。对于重点中学，国家和上海市有关部门要求其模范地贯彻党的教育方针，更好地按教育规定办事，不断创造经验，更多地培养高质量的学生，在办学水平上起到示范作用。比如可以适当扩大和加深重点学科的教学内容（如高中增设解析几何，初中增设外国语等）；适当扩大重点学科的师资编制等。当时教育部门在部署一些教育教学改革措施时，常常部署重点中学先行一步，积累实践经验，据此以指导面上的工作。新成立的市三女中作为全市的重点中学得到了快速的发展。

首先是学校规模的扩张。1952年7月并校时，初中有20个班，高中有13个班，共计33个班级，共有学生1284人。到1958年秋，全校47个班（高中21班，初中26班），共有学生2349人（现有人数2308人），比建校初期增加了一倍，比中西女中时代更是增加了四倍多。1952—1958年六年间，培养初中毕业生2740名、高中毕业生1655名，总计培养了4395名毕业生，为高等学校输送了1317名学生。[82]

学生人数的迅速增长和建校之后采取开门办学的政策有着密切的关系。新中国成立以后，教育向工农开门便成为教育工作者重要的政治任务。1949年12月召开的第一次全国教育工作会议即明确指出："学校要为工农子女和工农青年开门。"市三女中成立之后，积极贯彻向工农开门的政策，大力招收工人子弟，成立之初就在两校原有班级总数基础上增加了两个班级，在招生上做到切实面向工农。1952年成立时，全校工农出身的共有17人，占1.4%，而资本家出身的有560人，地主富农有4人，总计564人，占总人数的44%。到了1958年，学生中工农出身的有529人，其他劳动者571人，总计1100人，占总人数的48%，而资本家、地主富农出身的学生比例下降到23%。[83]乐赛娣曾经是童工，做工时被机器轧断了右臂，在政府的关心下，18岁进入市三女中学习，入学后她努力学习，成绩优异，还入了党，毕业后留校任团委书记。[84]1952年，全校共有团员151人、少先队员302人；到了1958年，团员增加到287人，少先队员则达到1080人。[85]当时市三从初一到初三每一个班是一个中队，最多一届全初中组建了有18个中队的大队部，所有人全是红领巾。[86]

同时，学校的硬件条件也有了明显的改善。市三女中成立后，在原有五一楼、五四楼的基础上，又新建了六一大楼，作为初中部的教室。改造了科学馆，扩建了操场跑道，修建了实验室，添购了大批设备，图书室添购了3万多册书、70余种杂志，实验仪器、体育用具可以说应有尽有。当时学校主要建筑的情况如下：五四大楼主要为教室、行政办公室，包括教室22间，办公室7间，会客室、会议室各1间，大礼堂1座，可容1200人开会，图书室1层。五一大楼主要包括教室11间，小礼堂1间，可容300人开会，平时也作为室内操场，学生饭堂2间，还有实验室、宿舍、卫生室等，四楼还有琴科教室、琴科教师办公室若干间。六一大楼是初中部教室，包括教室14间，办公室3间，实验室，物理、化学各1间。此外还有教师宿舍1幢，健身房1座，球场2组，200米跑道1圈，其中图书室可供200人同时阅览。新中国成立前，中西女中除4000册外文书外，中文书藏量仅有1000册。1959年，市三女中藏书量达37400多册，到60年代中期，已经达到了5万多册。图书馆藏书之多，可以和当时的一些大学一比高下。饭堂可供1200人同时用餐。此外还有健身房1座，可供一班同学进行体育活动。健身房前有新球场1方，计篮球场或排球场2个。音乐室则介于六一大楼、五一大楼之间，底层为音乐室、少先队办公室及体育教研室，二楼、三楼为教师及教师家属宿舍。五四大楼及五一大楼前有大草坪一整块，可供2500人进行集体体操。[87]

1955年，林静担任市三女中的校长兼书记，林静是抗战时期参加革命的老干部，1959年改任新成立的长宁区教工红专学院书记，接替她担任党支部书记的是施瑛。施瑛原名邵幼青，毕业于中国女中，读书时就是地下党务本支部的支委，此后长期从事地下工作。她和林静既熟悉教育工作，又是坚定的共产党员，确保了市三女中的正确方向。薛正于1960年正式接任校长一职，她对市三女中的热爱让每个人

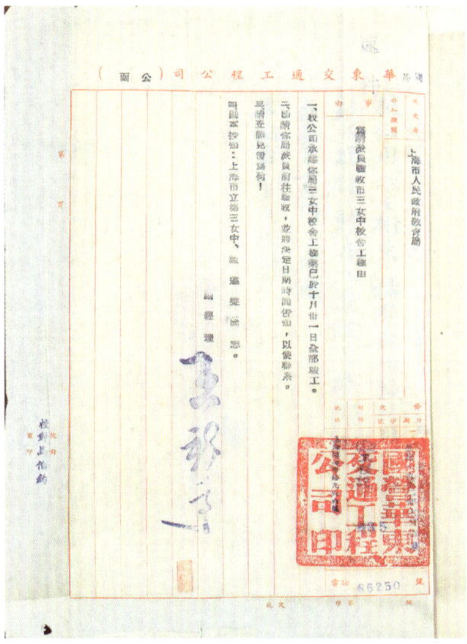

图5-23　市三女中《工程合同》（1952年，上海市第三女子中学档案室藏）

52年

上海市人民政府教育局第三女中教室工程合同

图5-24《上海市人民政府教育局第三女中教室工程合同》（1952年，上海市第三女子中学档案室藏）

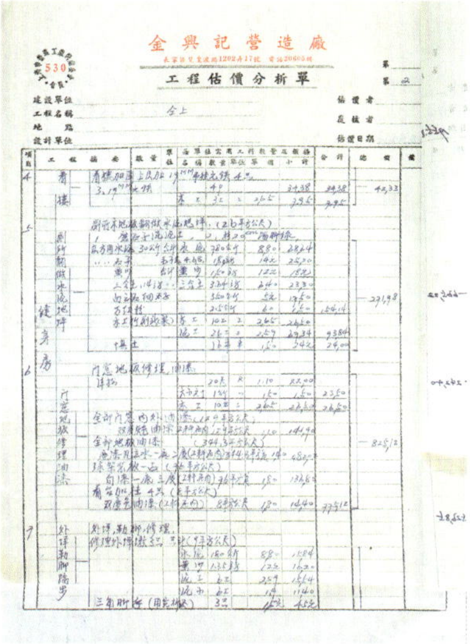

图5-25　市三女中《工程合同》（1955年8月，上海市第三女子中学档案室藏）

都能感受到。1960年，她作为特邀代表出席全国教育和文化、卫生、体育、新闻方面社会主义建设先进单位和先进工作者代表大会。在学生管理方面，圣玛利亚女校和中西女中之前采用的仍是传统的训育管理和级任、导师制。此后，训育管理和级任导师制度被逐步废除，改由校长和教导主任负责全校学生的思想政治工作，各班设班主任。当时市三女中在校长领导下，下设教导处、总务处、卫生室。教学方面分11个教研组，即语文、数学、外语、物理、化学、生物、历史、地理、政治、体育、艺术。学校有各种会议，如行政集体研究工作，固定每周一次；校务会议，不定期，必要时召开；全体教职员工大会，不定期召开；党政工团联席会议，一月一次；教研组长会议，半月一次；班主任会议。每个假期时，行政部门拟订下学期工作计划草案，经校务会议一致通过，各个教研组长也列席会议。学期计划通过后，各教研组和班主任也制订自己的计划。等到开学后，学校计划再向全体教职员工传达报告，到了第六周至第八周，再进行计划进程的检查。这就保证了整个学期各项工作有计划地进行。[88]

市三女中成立后，面临最大的问题就是思想的改造，而取得成就最大的也是思想的改造。薛正校长承认，市三女中学生的确很娇，不但在家里不劳动，在学校也不劳动，因为劳动是公认为“下贱人”的工作。中西女中时代，全校不满500个学生，工友倒有50个。市三女中成立之后，这种情况依然存在。生活怕艰苦，没有劳动习惯，“饭来张口，衣来伸手”的现象比比皆是。[89]1953届高中毕业生中有一个分配到济南，她竟带了个佣人去。有的学生不愿意去外地，在报名单上填第一志愿是上海，第二志愿是上海，第三志愿是上海，而且干脆填着不愿意服从分配。[90]

学校、团组织、少先队帮助她们树立正确的认识，使她们逐步改变，市三女中学生的精神风貌和道德品质有了明显改善，学习纪律普遍好转，成绩显著提高，良好的生活和行为习惯也悄然养成。

学校深入贯彻党的教育方针，在德育方面进行爱祖国、爱人民、爱科学、爱劳动、爱护公共财物的“五爱”教育，共产主义道德教育和革命传统教育，开展访问革命老前辈、“学雷锋”活动，在学生们的心灵中种下了良好品质的种子，帮助她们确立正确的革命人生观。

培养劳动观念、开展劳动教育是这一阶段思想教育的内容之一。初中学生下厂，高中学生下乡，通过下厂、下乡劳动，培养学习的劳动能力，思想上树立了劳动光荣的观念和艰苦奋斗的作风。学校里一幢幢大楼的墙壁都由学生在技工老师傅指导下自己进行粉刷，初三学生说：“我们在这里受到很多教育，现在我们一定要把粉刷工作做得特别好，留在母校作一个很好的纪念。”她们热爱自己的劳动，也能尊敬别人的劳动。劳动在学校里已成为很普遍的工作，老师们也和学生一起劳动，天天都是自己打扫办公室，因此全校师生无论在校园、在农村、在工厂都一样辛勤地劳动着，而且还以自己工作得像农民和工人而感到自豪。不久，这所2500余人的学校里只需要19位工友了。[91]为了让少先队员在社会大课堂中树立为人民服务的思想，学校大队部组织各中队的每一个小队轮流在每天放学后，由小队长带队到市少年宫和中苏友好大厦义务劳动，干小服务员工作，遇上外宾还有交流外语、提高外语水平的学习机会。有一年搞小五年计划，发动红领巾收集废铜烂铁、捐献红领巾一号飞机，女同学们狠心剪下心爱的长辫卖

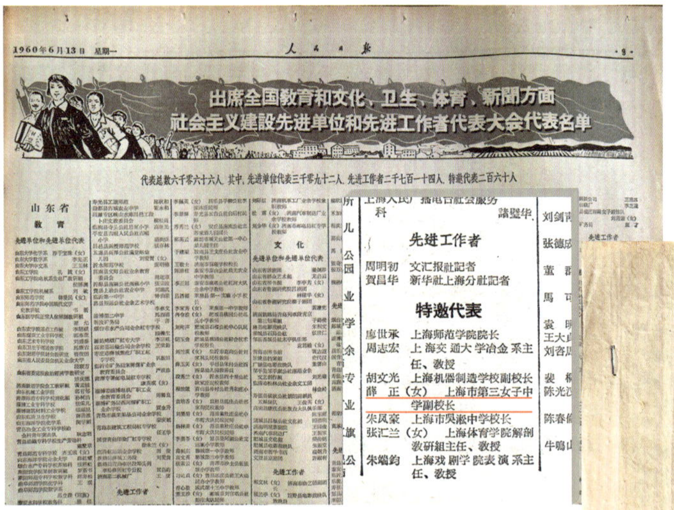
1960年6月13日 星期一 人民日报 ·9·

出席全国教育和文化、卫生、体育、新闻方面社会主义建设先进单位和先进工作者代表大会代表名单

代表总数六千零六十六人，其中，先进单位代表三千零九十二人，先进工作者二千七百一十四人，特邀代表二百六十人

山东省

教育

先进工作者

周明初 文汇报社記者
賀昌华 新华社上海分社記者

特邀代表

廖世承 上海师范学院院长
周志宏 上海交通大学冶金系主任、教授
胡文光 上海机器制造学校副校长
薛正（女） 上海市第三女子中学副校长
朱凤豪 上海市吳淞中学校长
张汇兰（女） 上海体育学院解剖教研組主任、教授
朱端鈞 上海戏剧学院表演系主任、教授

图5-26 市三女中副校长薛正作为特邀代表出席全国教育和文化、卫生、体育、新闻方面社会主义建设先进单位和先进工作者代表大会（《人民日报》1960年6月13日，第9版）

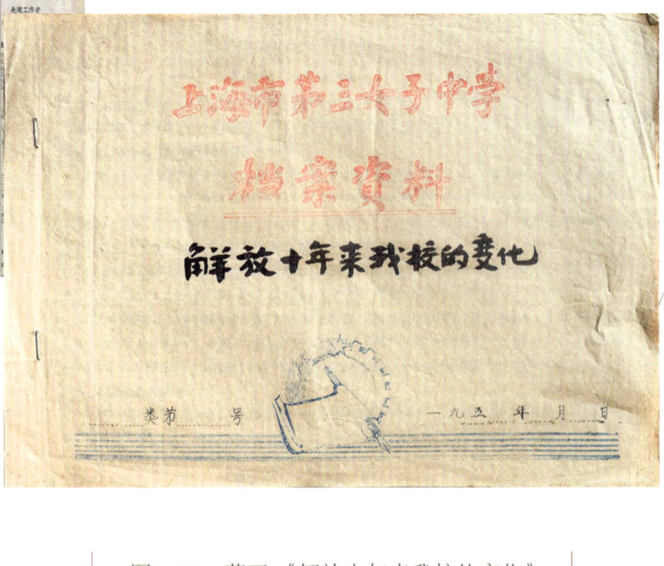

图5-27 薛正：《解放十年来我校的变化》

给废品回收站，也做捐献。市三女中的少先队员积极参加，成绩突出，受到团市委表彰。[92]

过去圣玛利亚女校和中西女中的女生毕业后，最大的理想是去国外留学，找个对象；而今天学生们认为学习是党和国家交给她们的革命任务，学好是为了建设祖国。少先队还专门召开“我的理想”“我们都有一个志愿”的主题队会。几十年过去，确实有队员真的实现了自己当年的理想，成了医生、人民教师、工程师，像她们当年的理想一样，祖国的需要就是自己的志愿，将青春奉献给了祖国。学生们都觉得不但要自己学好，还要尽量使大家学好，平日功课学习得比较好的学生往往很关心班级中学习比较差的同学。测验后，发现有人成绩不好，班干部非常着急，甚至开夜车、找原因，务使同学们能对症下药、克服困难。假使有学生遇到什么不幸事件或是病了，同学们都要想尽办法为缺席同学补习功课。她们认为，国家需要每个青少年，决不能让任何人随便掉队。学生中间，在一个班里、在一个年级里以及在全校里经常开经验交流会，相互促进，相互提高，因此青少年学生都是朝气蓬勃，干劲冲天。[93]

过去，《飘》是女学生心目中的至宝，随着学校开展红领巾读书活动、红旗读书运动，英烈故事和《青春之歌》《红旗谱》等成了同学们争相阅读的作品。全校以英雄为榜样，开展向英雄学习的活动，少先队和共青团都召开以英雄名字为自己中队和班级命名的主题会，先是全班讨论确定哪一位作为大家学习的榜样，统一意见，以这一位英雄为某某班、某某中队命名。然后人人去读和这位英雄有关的书籍，读后结合自己主要的学习任务和平时的实际行动，拟订学什么，然

成績是不容抹煞的！

上海市第三女子中学　薛正

图5-28　市三女中薛正撰写文章《成绩是不容抹煞的！》（《文汇报》1957年6月28日，第3版）

后订出中队、班级命名计划，向队部、学校报请批准。[94]全校先后命名了“刘胡兰班”“董存瑞班”“吴运铎班”“卓娅班”“阿角班”，召开命名会的一天，将举行隆重、热烈又严肃的主题会，邀请学校领导老师参加，其他班级派代表来参加祝贺。正式命名会后，全班、全中队都要掀起学英雄见行动的热潮。[95]

随着教师队伍建设不断加强，精神面貌也焕然一新。教职员工树立了主人翁观念，一心一意要把学校办好，把学生教好。[96]教师们一面辛辛苦苦地当先生，一面很虚心地相互学习，不但要求提高业务，也迫切要求学习政治。通过学习，

图5-29　市三女中历届毕业生概况表（20世纪50年代）

教师们明确了教育工作是党给予的光荣任务，必须专心致志地为无产阶级政治服务，为国家培养有觉悟、有文化和健康的劳动者，精神饱满地投入到如何备好课、如何教好每堂课、教懂每个学生的研究上，认真钻研教材，互相观摩听课，交流经验，每个教研组可以说已形成一个很协调的车轮向前进。[97]

薛正校长曾说过："一个人的能力是有限的，尽其一生对国家的贡献也是微乎其微的。而通过教育，可以培养出成千上万有能力的人，她（他）们的能力加起来对国家的贡献就大了。"[98]曾任市三女中副校长的李美云老师回忆，当时学校提出的口号是"学居里夫人"。针对女中的特点，要求学生们不但要以踏实、认真的态度学习，而且要有一种创新精神，要开拓进取，尤其强调教得轻松、学得活泼，要学生多动脑、多问为什么、多用不同的思路去想同一个问题，来提高学生的自主、创新能力。[99]很多市三女中毕业的学生日后都回忆，称母校老师的教诲一直激励她们坦荡豁达、努力上进，这让她们终生受益、终生难忘。黄凤贞、范敬敏、黄薇贞、章星老师的数学课，徐尚均、顾启泰老师的物理课，刘葆宏老师的化学课，张玉芬、肖庆璋老师的语文课，刘天佑老师的英语课，蔡乃焕老师的地理课，白砥民先生生动的历史课至今仍在她们的脑海中留下深刻的印象。很多人都认为，市三女中的老师称得上是世界一流的中学老师。

物理老师徐尚均在1956年被评为市级先进工作者和优秀教师。凡是徐老师教过或当过班主任的班级，无论当面背后，没有一个学生不说她好。大家敬佩她高尚的师德和助人为乐、刚直不阿、胸怀坦荡的品德。对功课不好的同学，她不辞辛苦地在课余为她们"开小灶"；对社会工作忙的同学，她给她们补课；对生活困难的同学，她在经济上给予资助。黄兆芝同学要去参军，她一宿未眠，为学生做了一副手套，还绣上了花。她把学生当作自己的孩子，呵护备至。她教高中物理，总先去熟悉初中和大学的物理教材，以此来摆正高中物理在其间承上启下的位置。她每上一堂课，都要先明确这堂课的教学目的，设计教学过程和提问内容，并确定提问的对象，使教学层次分明、课堂气氛活跃。她对批改作业非常重视，从中获取教学信息的反馈。她说："学生作业里的错误，反映出我教学中的不足。"同学们都说："女中的学生爱上数理化，徐老师功不可没。"[100]著名科学家、1956届校友王兰娟就是受到徐老师的启发，开始对光学产生了浓厚的兴趣。[101]对刚踏上讲坛的青年教师，她倾囊相授，总是细心地看他们的备课笔记，专心地听他们上课，并耐心地帮助总结教学经验。同在市三女中教物理的顾启泰老师动情地说："在我们的心里一直把她当作自己的好老师，徐老师不只把教书

图5-30　物理教研组集体备课（20世纪50年代）

图5-31　徐尚均老师上物理公开课（1954年）

当作一种神圣的事业，甚至是一门精心育人的艺术。”[102]

顾启泰老师善于激发学生的学习兴趣，点拨思路，增强能力。高俭明回忆说：“复旦大学毕业后被分配到北京师范大学教书，实在没教学经验。于是就拼命想顾老师当时是怎么教的，自己也模仿着教，还蛮有效果。”他还非常关心同学，有位同学家里经济拮据，不准备报考大学。顾老师知道这情况后，背着学生，直接去家里与父母商量，他分析了学生的学习和品行，据理力争动员家长支持子女考大学。

图5-32 市女三中实验室安培表
（20世纪50年代）

父母很受感动，表示一定克服家庭困难，创造条件让女儿参加高考。该同学在大学录取后被选为留苏预备生，后来又进入了清华大学深造，毕业后一直在国防科研单位勤奋地工作，成了一名高级工程师。她感激地说，是顾老师改变了她的人生。另一位同学因成绩、品德优秀，被推荐报考北京邮电学院。高考前夕，父亲突然病故，这意外的打击使该同学毅然决定放弃高考，帮助母亲挑起家庭经济的重担。顾老师得知后，着急地赶去学生家里，与她母亲推心置腹地交谈。于是，这位同学又实现了大学梦，毕业后一直留在中科院从事计算机工作，并担任了公司总经理，直至退休。她也感慨地说："没有顾老师及时、细致的工作，也不会有我的今天。"[103]

时至今日，还有很多同学记得每堂数学课，上课铃声一响，辫子盘在头上的范敬敏老师手提小黑板踏进教室的情形。一上课，范老师就马上拿出一叠小纸条，上面是有关前一堂课内容的小测验题目，叫到名字的同学就抽签，上黑板演算。她督促学生们今日事今日毕，常备不懈；然后挂出小黑板，上面整整齐齐地写着本堂课的关键内容，不是证明过程就是公式推导；讲授内容清清楚楚，不允许混杂一点似是而非的概念；课外作业交上去后，把每个人的错误和不妥之处都找出来，必要时还把同学叫到办公室，当面指出，务必让本人清楚错在何处，改正为止；组织得井井有条的课堂教学，严谨、严格和严密的教学全过程对学生一生影响很大。范老师有一句名言："不要想当然。"要求每前进一步都要有根有据，成为很多学生终生遵循的原则。[104]日后成为科技部部长的朱丽兰一直记得教学严谨的范老师，觉得她不只是教几何定律本身，更是教给学生一种思想方法，日后她以逻辑思维严密著称，就是深受范老师训练的结果。[105]而1956届毕业生陈亚珠院士同样也因此养成了一丝不苟、注重细节的良好习惯，严谨和认真成为她日后为人处世的标准和尺度。[106]

市三女中的英语教学更是有口皆碑，王兰娟校友记得，上学的第一年，用的都是原版教材，从此之后好像开了一扇窗，一个崭新的大世界向她敞开了胸怀。后来，她翻阅文献资料，市三女中打下的外语基础帮了她很大的忙。[107]朱丽兰部长从市三女中毕业后，学校直接送她到苏联学习，虽然学的是俄文，但正是由于在母校打下了扎实的语言基础，让她借助英语很快掌握了俄文。[108]1956届学生曾点回忆，改革开放以后，她们这一届同学由于出色的业务水平和英语水平，公派出国的访问学者特别多，尤其是英语发音准确、听说自如，让很多人都会赞叹：不愧是市三女中出来的学生。[109]

罗迟慧老师一生从事生物教学。1952届的陈莺回忆，罗老师上的生物课不仅教书本知识，还教学生如何动手，如解剖青蛙、用显微镜做生物实验，并要求我们将显微镜下看到的东西画到实验报告上。罗老师主张通过实践加深感性认识。为了有一块生物实验园地，好让学生有自己动手的机会，她多次同学校商量，终于争取到实验楼旁的一小块地。她带领学生一起种菜，看着种子发芽、生长、开花、结果。她还教学生解剖兔子，饲养蜜蜂，观察动物的生理结构、生活习性。50年代初，她曾在校中主办"从猿到人"生物展览会，她还为校园里的花木挂上写有中文与拉丁文学名的识别牌。[110]

历史课常常是死记硬背的课，学生们既不会重视也不感兴趣，但当时的老师却带领学生饶有兴趣地走进这历史的长河。有一次讲农民运动，他要学生们讨论"他们打到这里是应该保持半壁江山还是继续前进"。同学们的讨论热烈空前，仿佛个个成了战略家。他告诉学生们："你们不能死记硬背，但我要求你们记住的，你们应该终生不忘。"为了让学生记牢《南京条约》签订的年份，他用上海话讲"一把四两"，并很夸张地伸开五指做出日本人抓银子的姿势，于是学生们都记住了"1842年"。化学老师用当时流行的秧歌调编了化学价："氟氯溴碘钠钾银，一二汞铜一三金，二价氧镁钙钡锌……"学生们唱起来朗朗上口。正是这样生动活泼的教学，不仅教给了学生知识，也教给了她们获取知识的方法，激活了她们的头脑。[111]市三女中的美术及制图课也有极高的质量。曾点回忆，她们一届有5个同学考入清华大学土建系。要想进建筑学专业还要经过一次一整天的美术考试，结果5人中4人被录取，足以证实市三女中的美术教育质量之高。[112]

市三女中每一届的学生中都会不断涌现出一批"三好"学生，有的还被评为市和区的"三好"积极分子，毕业后大多升入自己理想的学校。老师们却根据国家需要，多次放弃了自己进入大学深造的机会，把青春献给了新中国的教育事业。市三女中学生的共同印象是，这里的老师不仅传授了知识和技能，还教会了她们如何做人。章星老师对同学的特长十分了解，在填写高考志愿时，主动为学生出主意。她发现王凤同学既有美术天分又很有创意，就建议她消除顾虑报考清华大学土建系。日后王凤成为一名优秀的高级注册建筑师，市三女中新校门的设计是她的创作，显示了她对母校的一片爱心。学生们的成长同样离不开少先队大队辅导员王昌恒、团委书记傅家祥、学生会主席司罗素等老师的教导。她们不断给学生们"压担子"，要求她们不但要学习好，也要身体好、工作好，做一个德才兼备、全面发展的人。[113]

之前在圣玛利亚女校和中西女中，体育一直是传统优势项目，不过旧中国虽然很多学校都重视体育活动，但只是分散和放任自流的，体育只是少数人的爱好。新中国成立后，中学的体育课程一直被作为必修课并予以强调。1952年，毛泽东提出"发展体育运动，增强人民体质"的号召。1953年，毛泽东又提出了"身体好、学习好、工作好"三好口号，这对广大学生是一个极大的鼓舞，当时很多学校把能否达到体锻标准作为评选"三好"学生的硬条件。1952年起，全国开始推行"准备劳动与卫国体育制度"（简称"劳卫制"）。学生身体素质大大提高，体育成绩有了大飞跃，可以说是学校体育发展的一个高峰。在这样的时代背景下，很多同学都养成了热爱体育锻炼的习惯。每一个班级都有篮球队、排

图5-33　1950年7月10日应红白队邀请赴无锡比赛篮球（前排左一为中西1950届曹云云，后排左三为叶湘筠，前排左三为中西1947届校友张罗罗）

图5-34　中西女中女子排球队

图5-35　1950年，中西女中排球队获上海市女子排球赛冠军留影（前排左一为老师刘祖信，后排左五为1953届校友王六如，后排右二为1952届校友肖嘉珣）

图5-36　市三女中蟋蟀队在上海市女子垒球比赛中获得冠军（1953年）

图5-37　市三女中篮球队（20世纪50年代）

图5-38　1954年5月，『红五月音乐会』少先队在排练合唱（《文汇报》1954年6月1日）

球队，每年都组织班级间的联赛。每天放学后，学校的操场里满是学生的身影，她们都在进行着各式的体育运动，使她们的中学生活变得丰富多彩、绚丽无比。市三女中校队在中学生运动会上获得田径、体操、游泳等比赛的优异成绩，1950年中西女中获得全市排球中学生联赛（九人制）冠军，1952年更是同时获得上海市中学联赛篮球、排球冠军[114]；1953年，市三女中获上海市垒球联赛女子组冠军，1959年获中学生排球联赛女子组亚军，显示了体育教育的辉煌成果。[115]很多年以后，许多同学依然清晰地记得，1951年中学篮球联赛在当时的市体育馆（后改名为“卢湾体育馆”，今已拆除）进行，当时中西女中的许多学生、老师都出动捧场。中西女中战胜启秀女中、培明女中获得冠军，拉拉队把市体育馆的屋顶都要掀掉了。第二天语文课，袁炜彤老师用了整整一堂课，绘声绘色地讲述夺冠的精彩情景。市三女中还培养了优秀的体育人才，如1950届的曹云云参加了八一女篮，1952届的肖嘉珣是当年中西女中的垒、篮、排球三冠王成员，曾代表上海市女子垒球队参加首届全运会获得第三名。篮球健将朱亚爱入选了上海和华东代表队，是上海运动员中的第一位共产党员，曾任上海市体育运动委员会副主任，曾参与《女篮5号》电影的拍摄工作。1954届的方绮纨担任山东省部队女篮教练，另外如朱丽亚、王汝录等同学尚未毕业就被抽调到省市专业队；韩丕瑾、邵紫菀、邹江香等同学提前被保送进体院；不少同学成了高校的主力队员、市队队长；有的终生从事专业体育工作[116]；而更多的学生则通过体育锻炼提高了身体素质。曾担任过校女子排球队队长的张乃瑞考入了清华大学土建系，是清华大学女子排球队的主力队员，在全运会华北赛区获得亚军，成为国家二级运动员。[117]据学校的统计，由于推进劳卫制，全校1957年度肺结核属高活动性的86人，1958年减少到了35人；1957年度有活动性的7人，1958年减少到2人。砂眼人数1958年1月占总人数的23%，12月下降到6.5%，1959年1月下降到5%。

市三女中的体育运动是和刘祖信老师联系在一起的。很多学生都记得她，个子不高，身躯微胖，但动作异常灵活；眼睛不大，但闪烁着关爱的光芒；声音有些嘶哑，但口令充满激情；她的头发略微发白，却无法遮掩住她全身散发出的热烈气息。这就是学生们喜爱的刘祖信老师。肖嘉珣永远难忘刘祖信老师教她三步上篮，“跨、踏、跳！跨、踏、跳！”的口令一直到今天还牢记着。刘老师根据女生特点，在体育课上进行形体操教学。她更是闻名遐迩的市三女中团体操的创始人和灵魂。每年国庆活动上，市三女中的同学都要参加表演，当浩浩荡荡的游行队伍走过人民广场时，最后压台的就是市三女中的团体操，凭着健康、整齐、活泼、优美和出人意料的变化，赢得了阵阵掌声，使每个市三人引以为豪。当时全校初二至高二的学生，参加团体操的多达700—800人，哑铃操、棒操、绳操、和平花操、彩球操、红旗操等，每年一个花样。刘老师组织团体操有自己的一套办法，先带领老师编好动作，再把团体操的画面分割成块，把块又分割成片，每一片找个“小先生”带教，直至熟练，最后再合练。当时身高只有1.36米、被刘老师叫作“小不点儿”的吴香海就是团体操的“小先生”。她回忆，“小先生”还是替补队员，要熟悉每一个位置的动作，谁生病就顶替谁。有一次，观礼台响起一片掌声，淹没了音乐的声音，大家有点慌乱。吴香海立刻叫道：“跟着我，都跟着我！”大家立刻跟上。一个跟一个，动作就呈现一片波浪形，于是，又响起一片掌声。后来刘老师就把动作吸收了，编成“舞龙”。[118]

几乎当年市三女中所有的学生都记得音乐老师何义法和“椭圆形”。何义法老师是位音乐艺术造诣很深、教学认真负责、对自己专业非常执着的声乐老师。她的美妙歌声悦耳动人，她的音质醇厚、柔润，充盈着强烈的音乐感召力，经常使学生沉醉在“美”的享受中。虽然她的教学对象是一群刚入中学的初中生，但是她坚持用严谨正规的声乐教学方法教育、培养她们，如美声练声法、视唱、听唱及正确换气方法等等。在课间，她还用一架老式的手摇唱机放唱片介绍优秀音乐作品，提高学生们的欣赏能力和音乐素质，学生们从中也学会了分辨美与丑，提高了艺术修养。为了让学生学会美声练声法，她时常举起右手，将食指和拇指圈成椭圆形示意，并且高声提醒：“椭圆形！椭圆形！”直至同学们都纠正了口型，她才肯罢休。学生不懂什么叫切分音，唱歌时总掌握不好节奏，何老师就耐心地说：“切分音就跟切菜一样，有快有慢，音调有长有短，嘣，嘣—，嘣，嘣—，嘣。”她一面唱，一面用手在桌面上敲打节奏。就这样经过反复形象的教育，不厌其烦的训练，何老师终于使这些调皮的女孩子提高了音乐素养，渐渐地喜欢上了音乐。[119]

何义法老师热爱音乐教育，从不张扬自己的成绩，而是以她特有的方式引导学生，用她认真负责的工作作风潜移默化地教育着学生。曾点记得，有一次上音乐课，音乐老师何义法忘了带笔，就问哪一位同学可以借支笔给她，曾点坐在第一排，随即就把铅笔递给了她。谁知因她把笔尖对着了老师，于是何老师就“训”了她们整整一节课，要她们牢记住当你递东西给别人时，一定不能把尖的一端对着对方，这是一个基本的礼貌。[120]1960届的杨乡还记得在初二的时候，她偷偷地自己作词作曲，创作了一首反对侵略的歌曲，经过犹豫再三，鼓足勇气把歌篇交给了何老师。何老师对歌曲进行修改，尤其在结尾增加了重复段落，使整首歌曲更趋于完整后，交给大家排练，最终在长宁区群众文艺会演中获得了创作奖和演出奖。[121]何老师大力支持新生事物的精神，鼓励着一代又一代的学生，让这些市三学子从小养成特有的优良品质。

在何老师的带领下，学生们成立了音乐兴趣小组，在课余时间到音乐教室练习唱歌，何老师钢琴伴奏，指导学生排练，不仅练习大合唱的齐唱，还练习二部轮唱、高低声部重唱等等。学生的演唱水平大有提高。1954年，市三女中的女声合唱小组参加了上海市中学生歌咏比赛，得了第一名，后来又去电台录音，并在电台播放。当时，在何义法先生指导下，曾点担任合唱指挥，同届同学陈陈钢琴伴奏，麦木兰领唱。1956年，她们3人都考进了清华大学。由于中学时打下的文艺基础，曾点成了清华大学文工团团长，陈陈是清华大学钢琴第一把手，麦木兰是清华的女高音歌唱家。[122]合唱队还应邀为电台录制了动画片《小猫钓鱼》主题歌《劳动最光荣》等歌曲，为电影制片厂拍《小梅的梦》配音，为动画片《小英雄》灌唱片，并经常在电台播出，在当时产生了很大的影响。

除音乐兴趣小组之外，市三女中在每天放学课后还有舞蹈队、戏剧队、球队、美术组、巧手小组，每逢节假日，还要举办各种各样的文娱活动。其中最引人注目、影响最大的就是每学期由大队部举行的各种各样的歌咏比赛、文娱会演，其中最大规模的就是5月的“红五月音乐会”和12月的文艺会演。1954届的丁铮宜和黄淑帧还没进入市三女中的时候就向往这里的梦幻般的大礼堂舞台，等到她们成为市

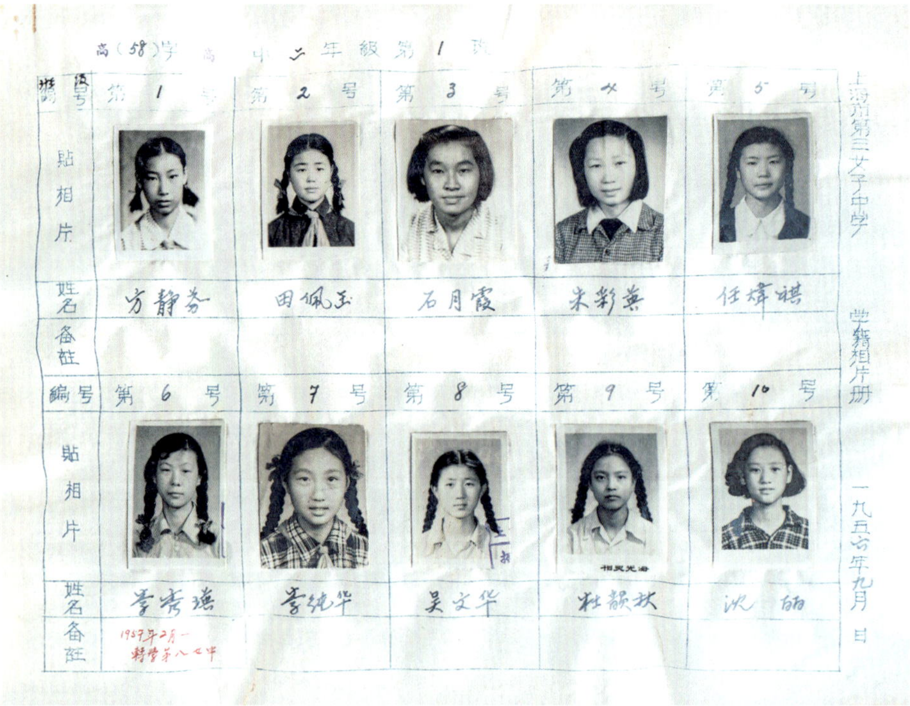

图5-39 市三女中学籍相片册（1956年9月）

三女中的高一学生之后，就在行政办公室的支持下成立戏剧社团，自编自导了童话剧《雪女王》。演出时一度因为手忙脚乱，火炬道具不慎点燃幕布，但是学校根本没有责怪处罚她们，而是换上新幕，再度公演。精彩的演出、座无虚席的盛况、雪女王华美的服饰、强盗窟逼真的布景包括幕布点燃的情景成了这一代市三人永远也抹不去的记忆。[123]范巴陵、黄淑帧、丁铮宜、尤赐圻、魏美德、何晓琦、杨乡、严厚薇，一届又一届的女孩子成为话剧团的骨干。此后，话剧团又和大队辅导员王昌恒老师创办的红领巾话剧队合并，苏乐慈、张明子、江海莉等相继加入，演出了《雪女王》《祝福》《破旧的别墅》等一出又一出轰动全校乃至全市各学校的戏剧。[124]学校的领导和教师十分支持社团的活动，白砥民、杨震老师为她们说戏，帮助完善剧本，木工间的老师傅帮助她们制造道具，还有很多老师和她们一起认真排练演出。[125]

当时市三女中有艺术才能的大有人在，会跳芭蕾的不少，会弹钢琴的更多，会演时乐器、歌咏、舞蹈、戏曲、话剧……各色俱全。所以，每当学校有大型活动时，除了社团要演出外，各班都踊跃报名。由于节目太多，甚至要事先审查筛选。除了话剧以外，还有独唱、小合唱、舞蹈、表演唱等多种形式的演出，很多节目曾经数次被选中在“上海之春音乐会”上演出。严厚薇至今还记得有个班级的《荷花灯舞》，服装很专业，一袭长裙，裙摆上四枝荷花亭亭玉立，在灯光照射下泛着粼粼的波光，似雾似纱。芭蕾舞《天鹅湖》中“四个小天鹅”的片断常有人选，要属1963届人称“小外国人”的高醇莉的班跳得最好。[126]让魏美德印象深刻的有学生们表演的《纺织姑娘》《小路》《五个女儿五朵花》等歌曲。独唱《纺织姑娘》的是麦木兰。《五个女儿五朵花》是五个女生的表演唱。罗马尼亚歌曲《照镜子》是由后台

图5-40　薛正校长（后排左一）、李美云副校长（后排右一）与印尼归国侨生合影（1956年夏）

图5-41　市三女中欢迎归侨学生来校学习（1956年）

配唱，前台一人表演，创意和效果都很好，饱受欢迎。[127]

如此多彩丰富的文娱活动，不仅活跃了学校的气氛，其实也为学生们提供了无所顾忌的参与机会，为学生个性发展提供了肥沃的土壤。市三女中的大礼堂就是提供给学生们去尝试、去体验的舞台。当时所有的演出都是学生自己组织、自己排练、自己发海报，服装、道具、布景、灯光、音响效果等也全由学生自己动手。那些五彩纷呈的演出包含了众多同学的智慧和创造性的劳动，也由此锻炼了她们的能力，她们中涌现出了众多文娱人才。1952届毕业生李世济、1954届初中毕业生沈小梅是著名京剧表演艺术家。1954届毕业生顾圣婴曾经于1957年在莫斯科获第六届世界青年联欢节钢琴比赛金质奖章，1958年获第十四届日内瓦国际音乐比赛女子钢琴最高奖，1964年在比利时伊丽莎白王太后国际钢琴比赛中获奖。郑佩佩、沈殿霞是著名影视明星。周慧珺是著名书法家。舞蹈队的孟一芳毕业后去了上海歌舞剧院。日后为《新民晚报》文艺版记者、全国人大代表李葵南在高二时，前线歌舞团就来学校协商，为了部队文艺骨干培养的需要而被带走了。歌剧队的尤赐圻（艺名尤嘉）进了上海电影制片厂，拍了电影《枯木逢春》。黄蜀芹、黄海芹进入电影制片厂当了编导。孔祥玉、丁铮宜、苏乐慈进入上海戏剧学院，终生从事艺术创作和表演。而更多的学生则通过这种锻炼，丰富了她们的人生体验，为进入更大的舞台奠定了基础。戏剧社团第一任团长、1956届的范巴陵日后成为嘉兴市副市长。弹得一手好钢琴的1956届陈陈是华东六省一市理科状元，同时获得清华大学和中央音乐学院的毕业文凭。1957届的黄淑帧初进学校时只是个一说话就会脸红的腼腆女孩，成为话剧团第二任团长后她的性格彻底改变，最终成了著名的遗传学专家。[128]一个又一个例子都证明，市三女中培养出了一批批全面发展的优秀人才。

当时市三女中的课外活动丰富多彩，除了音乐、艺术、戏剧、体育外，还有不少同学参加区、市少年宫、科技站的课外活动。学校还针对女生特点成立了巧手小组。巧手小组的活动丰富多彩，吸引了众多的女同学，有用玻璃丝编织的小花鹿、小花篮，有用碎布缝翻的各种小工艺品、用绒布贴成的各种图案。这些精巧细腻的手工劳作，陶冶了同学们的性情。另外，饲养小组养兔、养鸡，红十字青少年学做小医生，也使同学们兴味无穷。有一次，少先队在一个中队搞了一次主题队会，名称是“燕子的宴会”，当时队员严厚薇扮演宴会主人，向大家介绍，小燕子是益鸟，要爱护。这一次主题队会反响很大，团市委专门组织市三少先队在大光明电影院向全市中小学辅导员做了介绍。至于每年五一、十一以及重大活动，完成团市委交给的仪仗队表演，以及接待外宾，向外宾献花，与外宾联欢，到市少年宫、青年宫搞活动等任务，对于当时的市三女中来说更是司空见惯的事。[129]很多学生早已经习惯于在读好书外还要做许多社会工作，这让她们得到了充分的锻炼。所以，在这一阶段出现了许多高质量的优秀学生，如日后的全国工商联副主席、全国政协常委任文燕，全国妇联副主席、上海市妇联主任谭茀芸，全国“三八红旗手”、著名微生物学家司马慧兰，上海市劳动模范、日后相继成为市三女中校长和副校长的何亚男、乌美媚，新中国培养的第一个女工学博士、全国政协委员倪以信，获得全国第七届巾帼发明奖的徐文洁，曾任上海大学党委副书记的毛杏云都是这一阶段的学生。

值得一提的是，20世纪50年代的市三女中还有一批特殊的学生，即来自东南亚的归侨学生。新中国成立后，在东南亚地区掀起了爱国热潮，再加上此时部分国家出现了“反华”“排华”的逆流，很多华侨子女返回国内。这些归侨学生一般是先在广州、集美等地华侨补习学校适应几个月或一年，然后陆续分到上海、北京、广州等地。在上海就有市三女中、控江中学、曹杨中学等几所学校接纳归侨学生。仅在市三女中就读的归侨学生最多时就达106人。当时这些侨生大多才十三四岁，远离父母、亲人，加上气候不适应、语言又生疏，确实在生活与学习中遇到了许多困难。市三女中专门安排一位住校的老师和专门管宿舍的老师照顾她们；在一些节假日比如中秋节、春节的时候，班里有华侨的班主任、团支书、团员和学校领导都与她们一起过节，让她们有种在家里的温馨的感觉，让她们觉得她们其实并不孤单。在困难时期，个别老师还把自己的牛奶让给她们喝。当有疑问或作业有困难时，或者考试不顺利时，老师们总是不厌其烦地为她们辅导，直到问题解决为止。有位学生脸上长了疔，自己挑破了，脸部马上肿大，医院检查后认为有生命危险。校领导非常着急，请求医院立即邀请全市最好的专家不惜代价抢救她，终于把她从死亡线上拉了回来，《解放日报》还专门报道了这件事。这批侨生在学校时已有不少人或加入了共青团，或被推举为各级学生干部，还有许多人放弃当时政府对归侨学生的照顾，再三要求与其他同学同吃、同住、同劳动。[130]

20世纪50年代是市三女中一段美好的岁月，整个校园里总是充满了繁荣欢乐的气氛。陈亚珠院士每当回忆半个多世纪前的那段中学时光，记忆中总是教室窗外成排的青翠树木，宽敞的教室，高高的天花板，那些对教学认真负责而显得严肃的女先生，以及在午后，明媚的光线透过宽大干净的玻璃窗斜斜地在地板上投下一个个金色的方块。[131]中学时代的六年，只是人生旅程中短暂的一段，但它对一个人价值观的形成和政治信仰的追求、对待科学的态度和思考问题的方式都起着十分重要的作用。学生们永远难忘爱美、爱化妆、衣着漂亮、抹着口红、仪态优雅的何义法老师。[132]著名导演黄蜀芹一直为生命长河里有市三女中这么一段美丽时光而感到幸运，她感谢学校让她能够认识自己、认识自己与社会的关系，培养出一代代有理想的、知性的青年女性。[133]市三女中为学生们创造出了绝好的生长环境，她们在这个氛围里成长，个性得到充分发展，没有束缚，自由自在，培养出了自尊、自信、自强的精神。日后即使她们碰到各种难题，甚至在各种政治运动中大难临头，她们心中都会默默地说：“我是市三人，我永远不会倒下去！”[134]

此时，国家正处于调整时期，一些政策也迅速影响到教育领域。

注释

[1] 转引自《上海通史》第11卷《当代政治》，上海人民出版社1999年版，第5页。

[2]《中西女中1949—1952年有关学生运动简况》，上海市第三女子中学档案室藏。

[3] 傅家祥:《黎明前的觉醒》，上海市第三女子中学档案室藏。

[4]《中西女中1949—1952年有关学生运动简况》，上海市第三女子中学档案室藏。

[5] 中央教育科学研究所:《中华人民共和国教育大事记（1949—1982）》，教育科学出版社1983年版，第9页。

[6]《市三女中成立前后的经济情况、组织领导、教学业务、思想教育等问题的报告》，上海市档案馆藏，卷宗号：B105-5-1236-43。

[7]《中西女中1949—1952年有关学生运动简况》，上海市第三女子中学档案室藏。

[8] 瞿明明:《中西女中爱国学生运动的回顾》，上海市第三女子中学档案室藏。

[9]《中西女中1949—1952年有关学生运动简况》，上海市第三女子中学档案室藏。

[10] 瞿明明:《中西女中爱国学生运动的回顾》，上海市第三女子中学档案室藏。

[11]《上海市私立中西女子中学1950年工作概况报告》，上海市第三女子中学档案室藏。

[12] 中西女中校史编写组组编，陈瑾瑜编著:《中西女中（1892—1952）》，同济大学出版社2016年版，第62—64页。

[13]《上海市私立中西女子中学1950年工作概况报告》，上海市第三女子中学档案室藏。

[14]《市三女中成立前后的经济情况、组织领导、教学业务、思想教育等问题的报告》，上海市档案馆藏，卷宗号：B105-5-1236-43。

[15]《上海市私立中西女子中学1950年工作概况报告》，上海市第三女子中学档案室藏。

[16] 司罗素:《感受，感恩》，载中西女中校史编写组组编，陈瑾瑜编著:《回忆中西女中（1949—1952）》，同济大学出版社2016年版，第113页。

[17]《上海市私立中西女子中学1950年工作概况报告》，上海市第三女子中学档案室藏。

[18] 李葵:《古典芭蕾，我终身的事业》，载上海市第三女子中学组编，徐永初、陈瑾瑜主编:《追寻圣玛利亚校友足迹》，同济大学出版社2014年版，第146—147页。

[19] 洪士豪:《陆朱兰贞女士传》，感谢陈瑾瑜女士提供。

[20] 洪侣明:《忆父亲洪德应牧师》，载上海市第三女子中学组编，徐永初、陈瑾瑜主编:《追忆圣玛利亚女校》，同济大学出版社2016年版，第255页。

[21] 罗元旭:《东成西就：七个华人基督教家族与中西交流百年》，生活·读书·新知三联书店2014年版，第416页。

[22] 俞慧耕:《音乐：神圣的魅力》，学苑音像出版社2004年版，第1—2页。

[23] 郑天真:《回忆在脑海深处》，载上海市第三女子中学组编，载徐永初、陈瑾瑜主编:《追忆圣玛利亚女校》，第218页。

[24] 俞慧耕:《音乐：神圣的魅力》，第2—3页。

[25] 郑天真:《回忆在脑海深处》，载上海市第三女子中学组编，徐永初、陈瑾瑜主编:《追忆圣玛利亚女校》，第218页。

[26]《“爱瞌睡”的学生》，载上海市第三女子中学编:《百年女中》，2002年刊印，第154页。

[27] 娄丽娜:《回忆圣玛利亚女中团支部》，载上海市第三女子中学组编，徐永初、陈瑾瑜主编:《追忆圣玛利亚女校》，第255页。

[28] 上海市第三女子中学组编，徐永初、陈瑾瑜主编:《圣玛利亚女校（1881—1952）》，同济大学出版社2016年版，第60页。

[29]《科技征途上的步行者》，载上海市第三女子中学编:《百年女中》，第139页。

[30] 戴伯韬:《怎样研究和贯彻新教育政策》，《新教育》1950年创刊号。

[31] 张小如:《通过典型事例教育了同学》，上海市第三女子中学档案室藏。

[32] 范巴陵:《向永恒的母亲致敬》，载中西女中校史编写组组编，陈瑾瑜编著:《回忆中西女中（1949—1952）》，第200页。

[33] 张小如:《通过典型事例教育了同学》，上海市第三女子中学档案室藏。

[34] 张小如:《通过典型事例教育了同学》，上海市第三女子中学档案室藏。

[35]《用典型启发进行思想教育：中西女中思想教育收效》，《解放日报》1950年6月9日。

[36]《上海中西女子中学简史》，载中西女中校史编写组组编，陈瑾瑜编著:《中西女中（1892—1952）》，第198页。

[37] 中西女中校史编写组组编，陈瑾瑜编著:《中西女中（1892—1952）》，第198页。

[38] 上海市第三女子中学组编，徐永初、陈瑾瑜主编:《圣玛利亚女校（1881—1952）》，第60页。

[39]《中西女中1949—1952年有关学生运动简况》，上海市第三女子中学档案室藏。

[40] 范巴陵:《向永恒的母亲致敬》，载中西女中校史编写组组编，陈瑾瑜主编:《回忆中西女中（1949—1952）》，第202页。

[41] 鲁佑君:《圣玛利亚初中三年对我的影响》，载上海市第三女子中学组编，徐永初、陈瑾瑜主编:《追忆圣玛利亚女校》，第223页。

[42]《中西女中1949—1952年有关学生运动简况》，上海市第三女子中学档案室藏。

[43]《控诉特务头子卢旭的罪行》，载中国新民主主义青年团上海市工作委员会编:《在团的教育下》，青年出版社1951年版，第53—56页。

[44] 范巴陵:《向永恒的母亲致敬》，载中西女中校史编写组组编，陈瑾瑜编著:《回忆中西女中（1949—1952）》，第200页。

[45] 瞿明明:《中西女中爱国学生运动的回顾》，载上海市第三女子中学编:《百年女中》，第127页。

[46] 上海市第三女子中学组编，徐永初、陈瑾瑜主编:《圣玛利亚女校（1881—1952）》，第62页。

[47] 司罗素:《感受，感恩》，载中西女中校史编写组组编，陈瑾瑜编著:《回忆中西女中（1949—1952）》，第113页。

[48]《上海市私立中西女子中学1950年工作概况报告》，上海市第三女子中学档案室藏。

[49] 陈韵昭等:《校园舞台》，载上海市第三女子中学组编，徐永初、陈瑾瑜主编:《追忆圣玛利亚女校》，第153页。

[50]《中西女中1949—1952年有关学生运动简况》，上海市第三女子中学档案室藏。

[51]《上海中西女子中学简史》，载中西女中校史编写组组编，陈瑾瑜编著:《中西女中（1892—1952）》，第68页。

[52]《上海中西女子中学简史》，载中西女中校史编写组组编，陈瑾瑜编著:《中西女中（1892—1952）》，第198页。

[53] 中西女中校史编写组组编，陈瑾瑜编著:《中西女中（1892—1952）》，第140页。

[54]《上海中西女子中学简史》，载中西女中校史编写组组编，陈瑾瑜编著：《中西女中（1892—1952）》，第198页。

[55]《上海中西女子中学简史》，载中西女中校史编写组组编，陈瑾瑜编著：《中西女中（1892—1952）》，第69页。

[56]《上海中西女子中学简史》，载中西女中校史编写组组编，陈瑾瑜编著：《中西女中（1892—1952）》，第199页。

[57] 毕晓敏：《上海青年抗美援朝运动述略》，载胡献忠主编：《政治组织的结构性联动：纪念中国共青团成立95周年理论研讨会论文集》，新华出版社2017年版，第276页。

[58]《上海中西女子中学简史》，载中西女中校史编写组组编，陈瑾瑜编著：《中西女中（1892—1952）》，第200—202页。

[59] 上海市第三女子中学组编，徐永初、陈瑾瑜主编：《圣玛利亚女校（1881—1952）》，第61页。

[60]《上海中西女子中学简史》，载中西女中校史编写组组编，陈瑾瑜编著：《中西女中（1892—1952）》，第199页。

[61] 洪侣明：《忆父亲洪德应牧师》，载上海市第三女子中学组编，徐永初、陈瑾瑜主编：《追忆圣玛利亚女校》，第255页。

[62] 李葵：《忆郭秀梅校长》，载上海市第三女子中学组编，徐永初、陈瑾瑜主编：《追忆圣玛利亚女校》，第261页。

[63]《关于处理接受美国津贴的教会学校及其他教育机关的指示》，中华人民共和国教育部办公厅：《教育文献法令汇编1949—1952》，内部资料，1958年，第63—65页。

[64]《华东军政委员会发布指示》，《文汇报》1951年1月26日。

[65]《坚决拥护政务院的决定，深入开展反美爱国运动》，《文汇报》1951年1月10日。

[66] 司罗素：《感受，感恩》，载中西女中校史编写组组编，陈瑾瑜编著：《回忆中西女中（1949—1952）》，第113页。

[67]《华东处理外国津贴中等学校会议闭幕》，《文汇报》1951年2月27日。

[68]《欢呼上海市第三女中学的诞生》，《文汇报》1952年7月6日，第3版。

[69] 上海市第三女子中学档案室藏。

[70] 上海市第三女子中学组编，徐永初、陈瑾瑜主编：《圣玛利亚女校（1881—1952）》，第61页。

[71]《中西和圣玛利亚两女中合并上海市第三女子中学昨成立》，《文汇报》1952年7月6日，第3版。

[72]《市三女中成立前后的经济情况、组织领导、教学业务、思想教育等问题的报告》，上海市档案馆藏，卷宗号：B105-5-1236-43。

[73] 中西女中校史编写组组编、陈瑾瑜编著：《中西女中（1892—1952）》，第70页。

[74]《上海纺织工业学校财产清册》，上海市档案馆藏，卷宗号：B105-5-820。

[75]《市三女中清查财产书面总结》，上海市第三女子中学档案室藏。

[76]《市三女中成立前后的经济情况、组织领导、教学业务、思想教育等问题的报告》，上海市档案馆藏，卷宗号：B105-5-1236-43。

[77] 薛正：《谈谈解放十年我校的转变》，上海市第三女子中学档案室藏。

[78]《中等以上学校校长工资评定表》，上海市档案馆藏，卷宗号：B105-5-262。

[79] 薛正：《成绩是不容抹煞的！》，《文汇报》1957年6月28日，第3版。

[80] 薛正：《谈谈解放十年我校的转变》，上海市第三女子中学档案室藏。

[81]《市三女中成立前后的经济情况、组织领导、教学业务、思想教育等问题的报告》，上海市档案馆藏，卷宗号：B105-5-1236-43。

[82]《学校基本情况》，上海市第三女子中学档案室藏。

[83]《学校基本情况》，上海市第三女子中学档案室藏。

[84] 沈景华：《“洋学堂”翻身记：从中西、圣玛利来到市立第三女中》，载《上海解放十年》征文编辑委员会编：《上海解

放十年》，上海文艺出版社1960年版，第428—429页。

［85］《学校基本情况》，上海市第三女子中学档案室藏。

［86］ 王昌恒：《回忆在市三做少先队辅导员的八年》，上海市第三女子中学档案室藏。

［87］《上海市第三女子中学三年计划》，上海市档案馆藏，卷宗号：B105-5-1179-1。

［88］《校史资料》，上海市第三女子中学档案室藏。

［89］ 薛正：《谈谈解放十年我校的转变》，上海市第三女子中学档案室藏。

［90］《校史资料》，上海市第三女子中学档案室藏。

［91］ 薛正：《谈谈解放十年我校的转变》，上海市第三女子中学档案室藏。

［92］ 王昌恒：《回忆在市三做少先队辅导员的八年》，上海市第三女子中学档案室藏。

［93］ 薛正：《谈谈解放十年我校的转变》，上海市第三女子中学档案室藏。

［94］ 王昌恒：《回忆在市三做少先队辅导员的八年》，上海市第三女子中学档案室藏。

［95］《校史资料》，上海市第三女子中学档案室藏。

［96］ 薛正：《成绩是不容抹煞的！》，《文汇报》1957年6月28日，第3版。

［97］ 薛正：《谈谈解放十年我校的转变》，上海市第三女子中学档案室藏。

［98］ 1956届校友：《亲爱的母校，女儿未曾远离》，载上海市第三女子中学编：《百年女中》，第194页。

［99］《市三教育百年回眸》，上海市第三女子中学档案室藏。

［100］ 1955届校友：《桃李芬芳，冬夏长青》，载上海市第三女子中学编：《百年女中》，第188页。

［101］《诠释"完美"的女性》，载上海市第三女子中学编：《百年女中》，第204页。

［102］ 1955届校友：《桃李芬芳，冬夏长青》，载上海市第三女子中学编：《百年女中》，第188页。

［103］ 杨燠华等：《深深的敬意》，载上海市第三女子中学编：《百年女中》，第211页。

［104］《我在寻找那叶扁舟》，载上海市第三女子中学编：《百年女中》，第311页。

［105］《从科学家到女部长》，载上海市第三女子中学编：《百年女中》，第183页。

［106］《执著的追求》，载上海市第三女子中学编：《百年女中》，第190页。

［107］《诠释"完美"的女性》，载上海市第三女子中学编：《百年女中》，第205页。

［108］《从科学家到女部长》，载上海市第三女子中学编：《百年女中》，第183页。

［109］ 曾点：《人生的重要一站》，载上海市第三女子中学编：《百年女中》，第109页。

［110］ 沈子梨、乌心怡：《罗迟慧老师》，载上海市第三女子中学组编，徐永初、陈瑾瑜主编：《追寻圣玛利亚校友足迹》，第181—182页。

［111］ 汪中仪：《"不能死记硬背"》，载上海市第三女子中学编：《百年女中》，第225—226页。

［112］ 曾点：《人生的重要一站》，载上海市第三女子中学编：《百年女中》，第109页。

［113］ 1956届校友：《亲爱的母校，女儿未曾远离》，载上海市第三女子中学编：《百年女中》，第196页。

［114］ 肖嘉珣：《中西女中的体育》，载中西女中校史编写组组编，陈瑾瑜编著：《回忆中西女中（1949—1952）》，第115—120页。

［115］《校史资料》，上海市第三女子中学档案室藏。

［116］ 黄海芹：《青春和快乐》，载上海市第三女子中学编：《百年女中》，第229—230页。

［117］《校友的心声》，载上海市第三女子中学编：《百年女中》，第301页。

［118］ 黄海芹:《青春和快乐》，载上海市第三女子中学编:《百年女中》，第230—231页。

［119］ 杨乡等:《永恒的旋律》，载上海市第三女子中学编:《百年女中》，第249—251页。

［120］ 曾点:《人生的重要一站》，载上海市第三女子中学编:《百年女中》，第108页。

［121］ 杨乡等:《永恒的旋律》，载上海市第三女子中学编:《百年女中》，第250页。

［122］ 曾点:《人生的重要一站》，载上海市第三女子中学编:《百年女中》，第109页。

［123］ 丁铮宜:《舞台》，载上海市第三女子中学编:《百年女中》，第222页。

［124］ 严厚薇:《永远闪光的记忆》，载上海市第三女子中学编:《百年女中》，第232页。

［125］ 丁铮宜:《舞台》，载上海市第三女子中学编:《百年女中》，第223页。

［126］ 严厚薇:《永远闪光的记忆》，载上海市第三女子中学编:《百年女中》，第233页。

［127］《校友的心声》，载上海市第三女子中学编:《百年女中》，第299页。

［128］《基因探秘者》，载上海市第三女子中学编:《百年女中》，第216页。

［129］ 王昌恒:《回忆在市三做少先队辅导员的八年》，上海市第三女子中学档案室藏。

［130］ 金经国:《爱国信念至今无悔》，载上海市第三女子中学编:《百年女中》，第290—291页。

［131］《执著的追求》，载上海市第三女子中学编:《百年女中》，第190页。

［132］ 汪中仪:《“不能死记硬背”》，载上海市第三女子中学编:《百年女中》，第225页。

［133］ 黄蜀芹:《我的市三情结》，载上海市第三女子中学编:《百年女中》，第213—215页。

［134］ 汤幼淳:《我是“市三人”》，载上海市第三女子中学编:《百年女中》，第227页。

第六章

困难与调整时期

困难与调整时期

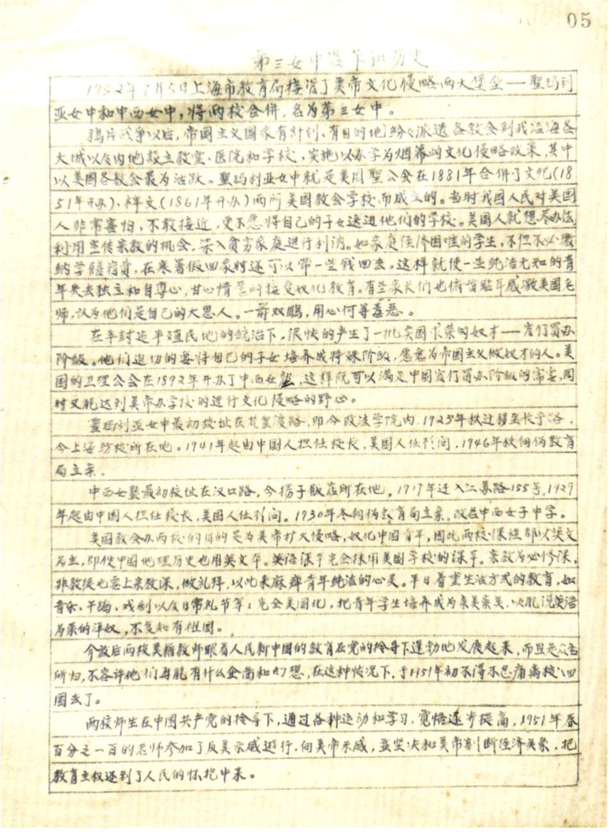
05

第三女中沿革和历史

1952年7月5日上海市教育局接管了美帝文化侵略的大堡垒——圣玛利亚女中和中西女中，将两校合并，名为第三女中。

鸦片战争以后，帝国主义国家有计划、有目的地纷纷派遣各教会到我沿海各大城以及内地设立教堂、医院和学校，实施以办学为烟幕的文化侵略政策，其中以美国各教会最为活跃。圣玛利亚女中就是美国圣公会在1881年合并了文纪（1851年开办）、裨文（1861年开办）两所美国教会学校而成立的。当时我国人民对美国人非常害怕，不敢接近，更不愿将自己的子女送进他们的学校。美国人就想尽办法利用宣传宗教的机会，深入贫苦家庭进行利诱。如家庭经济困难的学生，不但不必缴纳学膳宿费，在寒暑假回家时还可以带一些钱回去。这样就使一些纯洁无知的青年失去独立和自尊心，甘心情愿的接受奴化教育。有些家长们也俯首贴耳感激美国老师，认为他们是自己的大恩人。一箭双雕，用心何等毒恶。

在半封建半殖民地的统治下，很快的产生了一批卖国求荣的奴才——官僚买办阶级。他们迫切的要将自己的子女培养成特殊阶级，愿意为帝国主义做奴才的人。美国的卫理公会在1892年开办了中西女塾，这样既可以满足中国官僚买办阶级的需要，同时又能达到美帝办学校的进行文化侵略的野心。

圣玛利亚女中最初校址在梵皇渡路，即今政法学院内，1923年秋迁移至长宁路，今上海纺校所在地。1941年起由中国人担任校长，美国人任顾问，1946年秋向伪教育局立案。

中西女塾最初校址在汉口路，今扬子饭店所在地，1917年迁入江苏路155号，1929年起由中国人担任校长，美国人任顾问。1930年冬向伪教育局立案，改名中西女子中学。

美国教会办两校的目的是为美帝扩大侵略，奴化中国青年，因此两校课程都以英文为主，即使中国地理历史也用英文本。英语课本完全采用美国学校的课本。宗教为必修课，非教徒也要上宗教课，做礼拜，以此来麻痹青年纯洁的心灵。平日着重生活方式的教育，如音乐、舞蹈、戏剧以及日常礼节等，完全美国化，把青年学生培养成为亲美崇美、以能说英语为荣的洋奴，不复知有祖国。

解放后两校美籍教师眼看人民新中国的教育在党的领导下蓬勃地发展起来，而且是众望所归，不容许他们再能有什么企图和幻想，在这种情况下，于1951年初不得不忍痛离校回国去了。

两校师生在中国共产党的领导下，通过各种运动和学习，觉悟逐步提高，1951年春百分之一百的老师参加了反美示威游行，向美帝示威，坚决和美帝割断经济关系，把教育主权还到了人民的怀抱中来。

图6-1 《第三女中沿革和历史》（1958年）

从1957年起，市三女中和全国其他地方一样都卷入到了政治运动之中，使得刚刚起步的对社会主义建设事业的探索扭转了方向，一些好的做法逐渐被抛弃，“左”的思想日益发展。此后，1958年的“大跃进”更是让教育事业的发展陷入了混乱的局面，学校教学秩序被打乱，教育工作背离客观规律，教育质量降低。虽然随着“调整、巩固、充实、提高”八字方针的推进，学校的发展一度走向正轨，但不久，“文化大革命”爆发，管理体制被肢解，教师队伍被离散，教学设施被破坏，课程设置被打乱，学生思想被毒害，学校正常教学秩序无法建立，教育质量严重下降，市三女中一度成为“文化大革命”的重灾区，而广大教师、学生也进行了不同方式和不同程度的抵制和斗争。

第一节 “大跃进”中的市三女中

1957年2月27日，毛泽东在最高国务会议上做了题为《关于正确处理人民内部矛盾的问题》的讲话，指出：“我们的教育方针，应该使受教育者在德育、智育、体育几方面都得到发展，成为有社会主义觉悟的有文化的劳动者。”1958年1月，毛泽东又提出了“两个必须”（即教育必须为无产阶级政治服务，必须同生产劳动相结合），提出劳动人民要知识化，知识分子要劳动化，这些讲话在当时具有深远的影响。由此，一场以“正确处理人民内部矛盾”为主题，以“反对官僚主义、反对宗派主义、反对主观主义”为内容的整风运动在全国兴起。4月27日，党中央发出《关于整风运动的指示》。5月6日，教育部党组发动全体教师帮助党整风，并具体订出五项办法。5月11日，中共上海市委第一书记柯庆施在市委宣传工作会议上做了长达三小时的报告，宣布上海整风运动开始。上海教育系统各单位按中央和市委的部署进行整风，先“小鸣小放”，后“大鸣大放”。4月26日，柯庆施主持召开中小学校、职工业余学校和体育界知识分子座谈会，号召普遍发动全市中小学教师，大胆对教育行政领导部门与学校行政领导提出意见。[1]5月8日，市教育局邀请部分中小学教师座谈，进一步要求广大中小学教师大胆地“放”，勇敢地“鸣”。[2]

但是不久，整风运动就发展为反右派运动。1957年6月8日，《人民日报》发表社论《这是为什么?》，号召全国人民行动起来“打退右派分子的进攻”，全国反右派运动的序幕由此拉开。当时，市三女中有教职员141人，最后在这场运动中，全校被划为右派分子9人[3]，“五类分子”7人（其中4人送农村劳动，3人留校劳动）[4]，这些人都不公正地受到降职降薪、开除公职甚至劳动教养等处分，伤害了一大批有才华的教育工作者。

1958年，中共中央开始实施第二个五年计划，并制定了“多、快、好、省地建设社会主义”的总路线，并提出“大跃进”的口号。1958年3月24日至4月4日，教育部在第四次全国教育行政会议上提出“反掉保守思想，促进教育事业大跃进”。9月，毛泽东又发动了所谓的“教育大革命”。这次教育革命从两方面进行，一是教育事业方面的“大跃进”，二是学校内部教育秩序、教育内容、方法与组织形式的改革。教学方面，结合政治，结合生产，结合实际，在形式和方法上也进行了种种革新。

教育“大跃进”的一项重要措施是推动学校劳动教育和勤工俭学的开展。1957年6月5日，《人民日报》发表了题为《一面劳动，一面读书》的社论，1957年下半年起，中学教学计划中便已经正式列入了农业基础知识科，安排在初、高中三年级，每周各2课时。1958年1月，共青团中央做出了《关于在学生中提倡勤工俭学的决定》，教育部于2月间发文支持决定。从当年起，将生产劳动列入中学的正式课程，安排在初、高中各年级，每周2课时。1958年8月13日，毛泽东在天津大学视察时提出“学校办工厂，工厂办学校”，9月12日在视察武汉大学时，肯定了学生自觉要求实行半工半读是好事情，是学校大办工厂的必然趋势，应给予支持和鼓励。[5]在毛泽东的号召下，学校办工厂蔚然成风。据统计，1958年上海市区有98所中学建立了自己的工厂、车间。[6]

1958年秋季开学后，市三女中就规定初中每星期劳动两次，每次4小时；高中每星期一次，每次8小时。10月1日后，又规定，初三到高三支援农村三秋，其中初中到郊区解放人民公社第九大队，高中到嘉定黄渡人民公社第八大队，分别劳动16天。回校后，由于工厂的要求，再加上学校认为，集中劳动对学生帮助大，劳动时间改为初中每星期一次，每次6—7小时，高中三星期学习，一星期劳动，每天劳动8小时，不做晚班。复习、大考期间停止劳动一个月。在黄渡人民公社时，学生们一共割蒜2000亩，捆蒜300亩，收蒜800亩，打豆1500斤，拾蒜1100斤，深耕4亩，积肥14000担，服务人工1525个工，种菜150亩，散菜籽3.5亩，挖山芋1000斤，拔豆梗14亩，拔棉花2.5亩，摘棉花2500斤，拣棉花10斤。另外，还负责扫盲303人，画壁画457幅，画纸画86幅，培养文娱骨干63人，建立俱乐部1所，布置田头识字牌168块、标语353张，打苍蝇90307只，打蚊子1236只，打蟑螂120只，打死老鼠65只。整个学期，初中生从事辅助性手工劳动，分别完成橡胶塑料加工344420只，揿钮1750盆，药品包装2710个工，制作玩具160只、手套500打，纺织间劳动14760个工。高中生从事技术性劳动，分别完成割绒84137.8公尺，织布13270个工，纺纱6630个工，五金加工13640个工，刷照相机零件12120个工。同时，还帮助工厂扫盲，帮助五一照相机厂搞文化走廊，在新安棉织厂搞黑板报等。[7]第一次动员下乡劳动，全校只有7人报名，甚至有同学还带着热水袋下乡。但随着运动的深入，市三女中学生参与劳动已经成为习惯，集中劳动都争先恐后地报名，要求选择最艰苦的劳动。原来社会上普遍认为市三女中学生是娇小姐，但此时，相关的劳动单位基本都改变了这样的看法。[8]

1959年新学期开始，市三女中又将劳动列入教学计划，其中初中每星期两次（分上下午两次），每次劳动3小时，高中每星期两次，每次劳动4小时，高三每星期一次，每次劳动4小时。

表6-1　市三女中学生的劳动情况

年级	劳动内容	每次劳动时间（小时）	人数	劳动性质	活动地点
初一	种花、种树、反土、清洁、厨房助理	3	约50	义务劳动	校园绿化管理
初二	包装、洗瓶、整理	3	25	勤工俭学	中法药厂
初二、初三	育苗、种树、种花、美化园地		50	义务劳动	中山公园
初二	木工修理及饲养鸡兔等			义务劳动	木工饲养
初三	美化校舍、粉刷墙壁		35	义务劳动	油漆粉刷
初三	制造电灯、电话线辅助工作		15	义务劳动	国泰电器厂
初三	制造套鞋、球鞋，整形，制胶		25	义务劳动	大中华橡胶厂
高一	织布、棉纱、扦布、保全	4		勤工俭学	新安棉纺织厂
高一	制三轮汽车零件辅助工作	上午4/下午3.5		义务劳动	实业机械厂
高一	织布、摇纾子等辅助工作	4		义务劳动	福田丝织厂
高一	织布、摇纱等辅助工作	4		义务劳动	兄弟毛纺厂
高二	制作照相机零件等辅助工作	上午4/下午3.5		勤工俭学	五一照相机厂

（续表）

年级	劳动内容	每次劳动时间（小时）	人数	劳动性质	活动地点
高三	割绒、杆绒、补洞、磨刀	4		勤工俭学	市三割绒厂
高三	制造纺织机零件辅助工作	上午4/下午3.5		义务劳动	武夷纺织机械厂
高二	冲床、钻床、电镀辅助工作	上午4/下午3.5		义务劳动	九成五金厂
高二	制各种类型化学试剂	上午4/下午3.5		义务劳动	上海试剂厂
高二	制糖、糖化、蒸煮、蒸馏	上午4/下午3.5		义务劳动	华星酒精厂
高二	专从事蒸煮糖化间主要工作	上午4/下午3.5		义务劳动	上海酒精厂
高二	扫盲	3		义务劳动	扫盲
高三	制马达辅助工作	4		义务劳动	华生电业厂
各年级体弱不适于参加其他劳动的同学	做玩具小狗	3		勤工俭学	玩具厂

*资料来源:《上海市第三女子中学关于学生的劳动情况》，上海市第三女子中学档案室藏。

开展劳动教育和勤工俭学之后，又强调将学习与工农业生产相结合。市三女中初三以上同学组织了150多个科技小组。在活动中，同学制造了电子振荡器、五灯收音机、火箭、水泥、酒精、糠醛、叶绿素、蔷薇花指示剂等几百种东西。参加了棉织厂劳动的同学编出了一本所谓“小字典”，在这里面，他们根据自己所在的工种，介绍了机器的结构及原理、操作工作及其原理。高二（6）班同学根据物理学中传动装置的原理制作一张改进钻孔机的设计图样。高三同学在劳动过程中根据所学原理和劳动实际，编制了许多几何习题，如计算勘探沼气的油井的面积，如计算一尺齿轮翻砂时所需要的钢水等。[9]高二（3）班同学在孔雀机械厂劳动，改手工操作为机械操作，还帮助工厂通宵画革新草图，保证工厂能在第二天的工业会议上献礼。高三（3）班帮助天成工业社搞成自动化穿别针。学校还大搞教育革新，共创造了科技、教具革新255件，搞出87项创新项目，其中有6项是尖端的，如光敏电阻、自动控制、活性染料、胱胺酸，获得了团区委表扬。这一学期大考时，高一物理大问题目中有四问与实际生产相联系，如一问题目是关于机床转动装置方面的题目。高二化学大考试题中有三题是结合农业生产的，包括有关制造化学肥料和采购肥料等方面的问题。学校认为，通过劳动、科技、教具革新等，同学的知识领域大大扩大，更牢固地掌握了一定知识，做到教学、劳动、科技三结合，理论联系实际。学校还发起了诗歌创作的高潮，初、高中同学一共创作了8万多首诗，培养出了一大群“诗人”。[10]

1960年4月，党中央和上海市委发出“大张旗鼓，大搞卫生，大除四害，开展一个翻江倒海的春季爱国卫生运动”的号召。市三女中全校迅速开展运动。许多同学都要求党支部把自己分配到最肮脏、最困难、最艰苦的地方去。礼堂下面三十五年从未有人动过的垃圾被清除，使礼堂焕然一新。学校的荷花

图6-2　学校实验室：国产实验三件套（20世纪50年代）

池四十多年从未动过，同学们和老师一起跳进水池，清除了大量污泥，使污水池变成了清水池。短短几天，就清除了污泥500吨、野草枯梗400担，清理大小阴沟、化粪池242个，擦洗玻璃窗36000块，灭蚊891只，灭蝇8937只，灭臭虫1240只、蟑螂1453只、树蛀虫3万条；还上街宣传，编了3000多首诗歌，用各种曲调演唱，深入食堂、饭店、理发店、小菜场、里弄、公共汽车，根据不同对象进行宣传；出动2788人，受教育的23000多人次，剪指甲3000多人，洗阴沟100多个，劝阻800人，揩痰迹1150处。[11]

“大跃进”中，学校党支部还提出了“练好身体，保卫祖国”“通过劳卫制，做个女战士，随时准备着祖国的召唤”的号召，全校每个人都投入劳卫制锻炼的热潮。很多同学为了有更多的时间锻炼，自动搬到学校教室来打地铺，有的同学为了锻炼方便，把辫子剪了，有的同学一天跑了几十次100米，投了几百次的手榴弹。不到五十天时间，全校除了病弱的学生外，100%达到劳卫制一级和少年级的标准。在劳卫制100%的基础上，根据区委当时的指示，学校又投入全校100%成为等级运动员的战役中去，在五天时间内就完成了全校100%成为田径、球类、航模等级运动员的目标。[12]

但事实上，“大跃进”的实际效果并不如当时文件所说的那样成绩卓著。例如，学校曾称高三学生余曼丽是劳动中表现最好的，基本上能达到普通割绒厂工人平均每小时的工作进度，但是在质量方面却远低于正常标准，正常标准要求每疋出洞率8个，她只能达到5个。[13]余曼丽是所有同学中表现最优秀的，其他同学的劳动质量可想而知。当时还是市三女中初中学生的郑佩佩回忆，“大跃进”时学生们都不怎么读书，天天搞运动。成分不好的她为了表现自己，努力参加劳动，去长风公园挑粪，别人挑一车，她就挑两车，结果被评上“劳动标兵”。学校要求她们搞“创造性劳动”，她们试着研究烘干造纸，结果

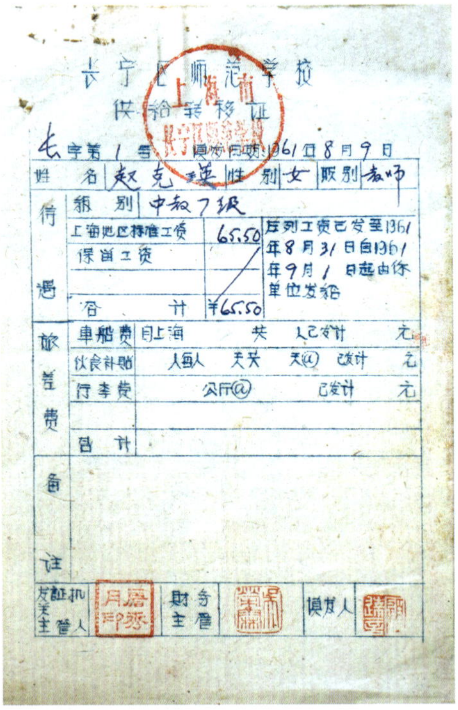
长宁区师范学校
供给转移证
长字第1号 填发日期：1961年8月9日

姓名	赵克英	性别	女	职别	教师
待遇	级别	中教7级			
	上海地区标准工资	65.50	左列工资已发至1961年8月31日自1961年9月1日起由你单位发给		
	保留工资				
	合计	¥65.50			
旅差费	車船费	自上海 共 人已发计 元			
	伙食补贴	人每人 天共 天@ 已发计 元			
	行李费	公斤@ 已发计 元			
	合计				
备注					
发证机关主管人		财务主管		填发人	

图6-3 长宁区师范学校供给转移证（1961年）

只烘出来些糊疙瘩；试验“以糖制糖”，成果是一小勺黑乎乎的焦炭。印象最深的是上屋顶赶麻雀。[14]当时的学校也承认，“大跃进”后，不少同学对学习不够认真，认为学习好没有作用，只要劳动好就行了，因此复习、做作业都抓得不紧。在教师方面，对同学要求有放松现象，经常考查、练习均抓得不够紧。学校发现了这一问题，组织师生学习了教育方针，明确了普通中学的性质任务。在学习方面抓得较紧，各年级同学成绩均有了很大的提高。[15]

这一时期，教学方面取得较大成效的是由高三（7）班发起的创造性学习——“学习排龙”。1960年，在全国大学毛泽东思想的热潮中，这个班的同学在当时的政治老师陈炳福的指导下，组织了毛主席著作学习小组。陈炳福老师要求学习小组重点解决扎实掌握学科基础知识和技能的问题。当时，几何的学习总让大家深感头痛，好几个同学已开了“红灯”，于是陈炳福老师在班里展开了一场围绕“读书好、好读书、读好书”的讨论。林静校长也指出：“牵牛要牵牛鼻子”，要把被动学习变为主动学习。[16]广播大会上，工人同志搞一条龙革新启发了小组的陈佩芬同学。她想：“工人同志排一条龙，提高了生产力，为什么学习不可以排一条龙提高学习质量。”于是，她下定决心要实行一个知识“排龙”计划。当时，党支部书记施瑛老师知道后说：“新生事物，党支部大力支持！”并向她提出了三条原则：一是排一条龙的目的性一定要明确，主要是解决高三毕业班矛盾，能多快好省地提高学习质量。二是必须面向班级，面向年级，发动大家，人人动手，不是少数人关起门来搞。三是主要是为了摸学习规律性、内在联系，因此最重要的是自己动脑筋来解决，不是盲目向外跑。教师要支持、指导[17]，并要求老师们起到“画龙点睛”的作用。副校长李美云老师、数学教研组组长范敬敏老师重点对“排龙”进行了指导。当时，同学们的积极性非常高，课本中红蓝笔线、虚实线、大小注释随处可见：有的同学从图书馆借来了参考书，总务处送来了学习用具……1960年3月，学生们合手出了初稿，并“向三八节献礼”。[18]

“排龙”实质上就是摸索知识的内在联系和发展规律，学生们通过“排龙”把每个知识概念的来龙去脉弄清楚了，学习能力加强了，成绩就有明显提高。高三（7）班在开学统测时，几何课优良率只有18.3%，及格率也只有59.1%；学期初第一次统测优良率更只有2.2%，及格率27.2%；而“排龙”后参加第二次统测时优良率已经达到了40.4%，及格率达89.3%。几何成绩

图6-4　数学教研组集体备课，讨论教学中的问题（1958年）

图6-5　数学教研组进行教学研讨，朱尧文老师做示范教学（1958年）

名列全年级第一。第三次几何统测得到满分的更达到了96%。学生学习方法获得突破以后，学校要求教师创造性教学。党支部专门召开了扩大会，在会上介绍了“几何一条龙”，号召大家进行教学革命。全校初三以上各年级的同学都参与到了“排龙”学习的热潮里，师生共成立了144个小组，解决教学中的问题。[19]学校党支部和团委及时表扬了同学们的学习热情和创新精神，进一步强调学生最重要的是学习，学习应该以学生为主体。团区委、团市委闻讯后也予以表彰。随之，高三（7）班和团支部先后被评为先进集体、优秀团支部，并把学生们探索学习规律、掌握知识内在联系的实践拍成电视片。市三女中也因此被评为上海1960年文教方面先进单位。这一年7月，高三（7）班在高考中取得了优异的成绩。[20]

值得一提的是，薛正校长此时把握住了学校发展的正确方向。“大跃进”的时候，学校要养猪种菜，有人主张把大草坪挖掉种菜，薛校长坚决不同意。有人说薛正不关心人，只关心草地。薛校长听说后，就公开说，我正是从关心学生出发，才不让毁掉这块草坪，没有大草坪，灰沙多了，就影响学生的学习生活环境。[21]在那个激进的年代，薛正校长以她的冷静和坚韧维持着市三女中的风范。

第二节　进入调整时期

1961年1月14—18日，中共八届九中全会在北京召开，会议听取了《关于1960年国民经济计划执行情况和1961年国民经济计划主要指标的报告》，正式通过了“调整、巩固、充实、提高”的“八字方针”。各项建设事业进入收缩整顿阶段。随着国家政策的调整，上海教育用三年时间进行了大的调整和充实，市三女中也在这一时期逐步走上健康发展的轨道，在60年代初焕发出生机。

早在1959年7月，毛泽东引用《礼记》上“文武之道，一张一弛”这句话，提出要贯彻“弛”的方针，以调整当时比较紧张的阶级关系和同民主党派的关系，端正知识分子工作的方向。

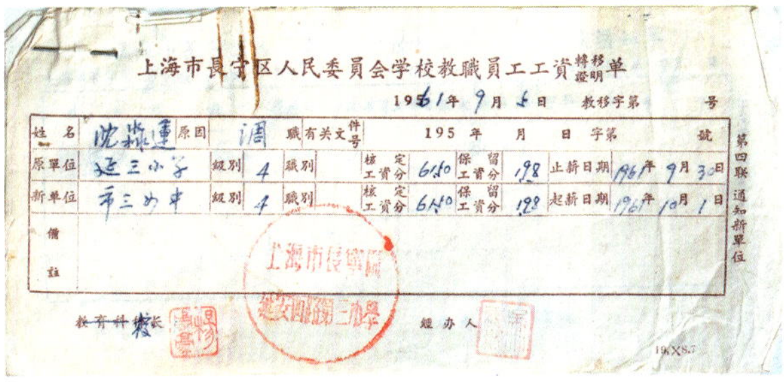

上海市長宁区人民委員会学校教職員工工資轉移證明單

1961年9月5日 教移字第 号

姓名	沈荪蓮	原因	调	職有关文件号	195 年 月 日 字第 號				
原單位	延三小学	級別	4	職別		核定工資分	61.50	保留工資分	1.98	止薪日期 1961年9月30日
新單位	市三女中	級別	4	職別		核定工資分	61.50	保留工資分	1.98	起薪日期 1961年10月1日
備註									

第四聯 通知新單位

教育科校長　經办人

19X8.7

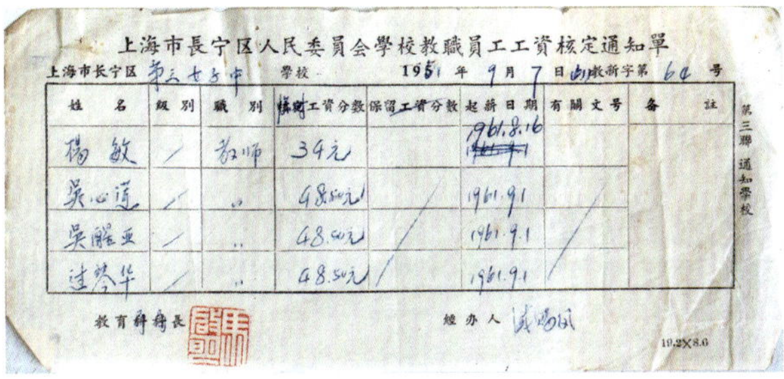

上海市長宁区人民委員会學校教職員工工資核定通知單

上海市长宁区 市三女子中 學校 1961年9月7日 61教新字第 64 号

姓名	級別	職別	核定工資分數	保留工資分數	起薪日期	有關文号	备註
楊敏	/	教师	34元		1961.8.16		
吴心道	/	〃	48.50元	/	1961.9.1	/	
吳醒亚	/	〃	48.50元	/	1961.9.1	/	
过琴华	/	〃	48.50元	/	1961.9.1	/	

第三聯 通知學校

教育科科長　經办人

19.2X8.6

图6-6　市三女中教师工资单（1961年）

1961年以后，根据“调整、巩固、充实、提高”的“八字方针”，中央对教育工作政策进行了调整。1961年9月15日，中央批准试行《教育部直属高等学校暂行工作条例（草案）》（简称“高教六十条”），提出要执行党的知识分子政策、以教学为主、提高教育质量等。1963年3月23日，中共中央批准试行《全日制中学暂行工作条例（草案）》（简称《中学五十条》）。1963年5月23日，教育部又重新制定和颁布了《中学生守则（草案）》。而上海市则领先全国，很早就已经根据“八字方针”，自行采取措施，总结中小学教育“大跃进”的经验教训，着手建立起一套规范性的工作制度。1961年4月，市教育局开始起草《上海市全日制中学工作条例（草案）》，经过在重点学校试行后，对条例反复修改，于1962年5月定稿，印发至全市所有全日制中小学。另外，1961年初，上海市教育局又对原学生守则进行了修订、试行，形成《上海市中学生守则（草案）》，于1962年在全市中学试行，作为学生的行为规范和操行评定标准。守则主要着眼于学生的为人、为学、为事，语言简洁，指导性强，便于学生理解执行，产生了良好的效果，再加上广泛开展“学雷锋”活动，使全市中学的气象为之一新，普遍形成了认真读书、尊师守纪、拾金不昧的好风尚。这一系列措施使得上海普通教育在全国较早地完成了整顿充实的任务，步入健康发展的态势。

随着“八字方针”的落实，加上“学雷锋”等号召，学生的精神面貌发生了很大变化，市三女中的教学秩序在20世纪60年代初日趋正常。当时，各区县建立了中学各科教研中心组，经常组织中小学教师进修和集体备课。学校也根据实际采取措施，大力提倡“少而精、启发式”教学，要求教师上课突出重点，讲深、讲透基本内容，强调课堂教学“五认真”（认真备课，认真上课，认真辅导，认真批改作业，认真考查）。

1960届学生李绍贤刚刚高中毕业，就进入母校担任英语老师。她清楚地记得，20世纪60年代初，英语教研组聚集了一批经验丰富的老教师，她们勤勤恳恳、埋头苦干，有着雄厚的语言功底和丰富的教学经验，激励她发奋努力。第一年，她跟着师傅刘天佑老师教高一，从ABC教起。刘老师对她的业务学习提出了严格的要求：听“灵格风”唱片时，要逐字逐句模仿，并录下自己的读音加以比较；临摹英语字帖时，要一个个字母研究，勤练书法；要阅读英语原版书，学习“许国璋英语”，进修大专课程……逐步打好扎实的基本功。他发现高一学生初学英语拼读单词有困难，只会用读字母的方法背单词，就带着李绍贤对每个学生进行面对面的辅导和正音。她们告诉学生，读“a:”就像张大嘴巴让医生检查扁桃体，发“-th”的声音时要把舌尖放在上下齿之间。学生一个一个地读音标、读单词、读课文，教师们对一个一个音素、一个一个单词、一句一句语调进行纠正。几天下来，她的扁桃体肿了，舌尖也咬破了，但学生的语音语调有了明显的提高，自己的语音语调也起了根本性的变化。从此，每教一套教材，尤其是进口教材，她总是认真地模仿语音语调，直到学得几乎完全一样。

图6-7 藏书《中学化学实验成败关键》盖有上海第三女子中学教导处章

她要求学生也这样模仿，学习洋腔洋调，使她们的语音语调纯正、优美。工作没几个年头，李绍贤就被任命为备课组组长。刘老师要求老师们在暑假中通读一学期、一学年的教材，把单词、词组、句型整理出来，并制订出详细的教学要求和计划。这一良好的工作习惯的形成，令她得益终生。从此，她每教一套新教材，必定先整理、分析、研究教材，然后梳理、归纳出它的教学要求。

这时，学校号召进行教学改革。刘天佑老师日夜思索，整个暑期伏案工作，认真研究、整理教材中的词汇和句型，然后将词汇有机地融合进各种句型，创造性地编纂了市三女中英语“三百句”，开展了句型教学。在当时那个语法翻译法盛行的年代，刘老师已开始了以句型教学为中心的教改探索，可谓走在了时代的前列。这英语“三百句”使许多学生得益，为她们今后的英语学习打下了扎实的基础。在她的带领下，“市三牌英语”创建起来，逐渐形成了市三女中英语教学的特色。在高校中，在社会上，人们只要一听她的发音，一看她的英语成绩，就知道她是市三女中的毕业生，市三女中的知名度也不断提高。这里倾注了刘天佑老师对教学的潜心研究、创新和奉献，凝聚了一代人对市三女中的热爱、对教育事业的忠诚。

当时，市三女中尤其重视培养像李绍贤老师这样的青年教师，采取以老带新、个别帮助的方式，鼓励青年教师向老教师学习怎样上好一堂课。当时，李绍贤指定的师傅是蒋心英老师。在跟蒋老师的几年中，李绍贤老师对每一堂课的教学都有了深一层的理解和体验。当时，蒋老师每次都手把手地仔细指导，毫无保留地传授宝贵经

1961年11月25日 星期六

抓住課堂教学 指导課外閱讀

启发讀书兴趣 培养讀书习慣

——上海第三女中語文教师努力提高学生讀写能力

医疗器械 精益求精

图6-8 上海第三女中语文教师努力提高学生读写能力（《文汇报》1961年11月25日，第2版）

验。蒋老师还经常带她参加兄弟学校的备课活动，一起培训其他青年教师。她清楚地记得，有一个暑假，全组教师讨论研究如何教好初中学生的第一堂字母课，然后借了小学生让李绍贤老师试教，大家再进行评课研究。当时，青年教师一个个地上校公开课、区公开课、市公开课，而老教师则在幕后策划、指导，做着无名英雄。薛正校长亲自参加外语备课活动，教研组组长洪之阶老师带头实验新教材，青年教师就是这样在老教师的严格熏陶、悉心指导、精心雕琢下潜移默化地逐步成熟成长起来的。[22]

语文老师则在教学中做到课内外结合，努力激发学生的读书兴趣，培养学生的读书习惯，提高学生的阅读和写作能力。教师们首先抓住课堂教学这重要一环，围绕课文中心，努力把词句、结构和写作特点有重点地讲清讲透，让学生理解与掌握课文的基础知识，并在此基础上化知识为技能，不仅使学生知其然，而且知其所以然。例如，很多学生感到写文章比较困难，教师们在讲《改造我们的学习》等课文时，就联系以往学过的课文，进行比较分析，使学生了解为什么要这样写，这样写有什么优点，以及题材与形式的关系，丰富学生的写作知识。命题作文时有意识地和课文、学生实际紧密地联系起来，使学生学以致用。教师们在讲课时，尽量使学生有思维活动的余地，激发和培养她们独立思考的习惯。如在讲述《梁生宝买稻种》一课时，教师就让大家考虑一下：第一段写景在文章中起什么作用？这样，学生积极开动脑筋、活跃思想，课堂教学气氛也活跃了，学习积极性有了提高。语文教师还注意培养学生朗读和背诵的兴趣，在讲清讲透基础知识和思想内容的基础上，以多种形式让学生在课堂上有朗读的机会，有意识地让学生体会朗读和背诵对加深理解课文内容、丰富学生词汇的作用。教师们还很重视学生的课外阅读，根据学生年龄、知识水平和教学内容，指导学生阅读与课文有关的文艺作品和科学小品。教师们还注意培养学生自己独立分析作品的能力，引起学生更高的读书欲望，具体指导学生分析作品，吸收作品在用词造句、写作技巧上的优点，做好读书笔记和书评。当时，学校把100多名爱好文艺的学生组织起来，成立“文学小组”和“书评小组”，仅一年多时间就写了100多篇书评和影评，向同学推荐了很多好的短篇小说和革命回忆录。教师们还经常在周末组织学生参加朗诵比赛、故事会等适合青少年特点的兴趣活动，请有经验的语文老师指导，很受学生欢迎。正是在这些老师认真的指导下，学校的多数班级已培养起较好的学风，每天早上，读书声不绝于耳；中午，她们便成了学校图书阅览室的常客。学生们树立了认真、踏实、好学的学习态度，知识视野扩大了，写作水平也有所提高。[23]

图6-9　上海市第三女子中学图书馆章

校图书馆也积极改进工作方式。图书馆工作人员只有4名，平时工作十分繁忙，但还是努力根据学生们的需要随时改进工作。学校在征求学生对图书馆工作的意见时发现，过去通过图书干事统借统还的借书办法是一种怕麻烦、图安逸的做法，于是建立了新的借书制度，借书率一下子提高了两倍。随着教学改革的深入，学生的学习越来越主动，要求更方便地借到自己需要的参考书。当时，图书馆为了保证学生的正课学习时间，规定学生借文艺书不能当天还了重借，而参考书却不受这样的限制。学校响应学生的要求，给每个学生加发了一张参考书借阅卡，让她们可以随时借阅，还设了"参考书预定箱"，每天按预定单配好书，通知借书人来借。这样一来，借书率又提高了一倍。高一、初二的教室距离图书馆较远，学生抽课间的几分钟时间来图书馆还书，总跑得上气不接下气。图书馆看到这种情况，采用上门收书的办法，以便学生腾出更多的时间来更好地开展课余活动。由于图书馆的服务到位，学生逐渐对图书馆产生了感情。每天在课余时间，都有不少学生主动去图书馆服务。[24]

学校还充分发挥校园民主，主动听取学生的意见，不断改进学校工作。1967届初中毕业生李宏回忆，1965年下半学期，学校召开第一届教职员工师生代表大会，倾听教职员工和学生对教改的意见。她被初二（5）班推荐为学生代表。分组讨论时，李美云副校长和她在一组，当时教师们和高年级的学生都热烈地发言，提教改意见。她则提出，学生们上午上到第四节课时，肚子饿得咕咕叫，没法集中精力听讲，希望学校在课间供应些点心。没过一个月，班主任老师来收粮票和钱，上午第三节课后可供应一两淡馒头。过了不久，又有豆浆供应，受到了师生们的普遍欢迎。又过了不久，东海、省吾、长宁等中学也相继有课间点心供应了。一个普通中学生提的小小的意见，会得到校领导的采纳，并得到社会的重视，让她深受感动。[25]

学校还十分重视学生的思想道德水平。1965届高三（1）班的谭成策回忆，她们这个班是市三女中历史上一个特殊的班级，为了教学改革的需要，50位同学全部从本校初三年级各个班学习最优秀的同学中选出，而且配备的任课老师都是教研组组长，称得上是一流的，经常有客人甚至是外宾到校观摩教学。但是在她们成长的过程中，让她印象最深的是：老师在教学生知识的同时，也培养学生树立正确的人生观。优越的条件往往会使学生们形成骄、娇二气，有的学生待人接物冷冰冰，缺乏集体主义精神。班主任和任课老师们对她们进行了耐心的教育和引导，告诉学生们，社会主义建设需要有扎实的文化基础，你们一定要学好各门功课，但社会主义建设更需要有健康的思想、良好的修养、远大的理想和

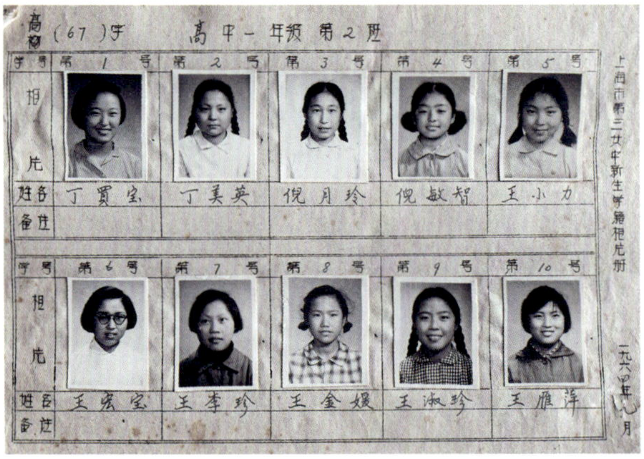

图6-10　市三女中学籍相片册（1964年）

图6-11　市三女中学学籍相片册（1965年）

抱负，才能挑起建设社会主义的重任，不要以为学习成绩好了，就可以骄傲自满，目中无人，瞧不起别人；要培养自己的一颗热忱的心，要关心集体、帮助别人，同时要有吃苦精神，肩不能挑、手不能提的人会被社会淘汰掉的；从学生时代起就要修炼自己，提高素质，将来才能成为祖国的有用之才，成为国家的栋梁。所以，她们离开学校时，基本都树立了正确的人生观和世界观，为日后走向工作岗位、发展事业奠定了扎实的基础。[26]

正是在这样的环境的熏陶之下，学生们不仅在学习上非常追求上进，在其他方面也非常积极向上。例如，许多学生都会在课余时间积极为社区、街道和社会做贡献。她自己也报名并成为一名志愿者，为街道的卫生贡献一份自己的力量。班上几乎每位同学都主动把握机会，积极参加了各项社会活动，群体精神积极向上，得到了广泛的好评。这一阶段的学生毕业以后，在工作岗位上都表现出很高的工作热情和认真踏实的作风，许多学生毕业后响应党的号召到祖国最需要的地方去，不少学生在填写报考大学志愿时把国家利益和个人志愿结合起来，报考祖国建设需要的专业。从1956年起，有一部分同学响应党的“上山下乡”号召，自觉地到农村这个广阔天地里去锻炼。1957年，瞿和和中学毕业，留校在团委工作。通过学习和思想斗争，她毅然报名去安徽上山下乡，参加农林业生产。12月23日，正在上海视察工作的周恩来总理亲笔题词：“庆祝上海的四千五百个青年学生‘下乡上山’，参加农林业生产。希望你们能在同农民共同劳动和集体生活中，建立起自己的劳动观点和群众观点，把自己逐渐锻炼成为既有政治觉悟又有文化知识的集体化的农民，并且在把我国建设成为一个具有现代工业、现代农业和现代科学文化的社会主义强国的进程中做出更多更大的贡献。”受总理的鼓舞，瞿和和与知青们满怀豪情，高唱《青年团员之歌》，于12月29日登上江华轮，离开了繁华的大上海，奔赴皖南山区。和她同去安徽“上山下乡”的还有同班同学杨丽和1957届初中毕业的应爱娜。应爱娜此后一直苦干在农业第一线，留守在农村，曾当过妇女干部，获得了很多人的尊敬和钦佩。[27] 1963年，上海市委、市政府根据党中央、国务院的要求和上海的实际情况，开始大规模动员知识青年到新疆去参加边疆的开发和建设。鱼珊玲是市三女中1962届的毕业生，出身资产阶级家庭，父母都在香港。毕业后没有考上大学、正在准备来年再考的她，不顾父母的阻挡，响应党的号召，报名去新疆，决定在建设边疆中锻炼和改造自己。她说："我立志要用自己的双手，写下自己鲜红鲜红的历史。"1963年夏，她告别黄浦江，踏上西去的列车，来到塔克拉玛干沙漠边缘的农一师胜利十七场，开始投入到建设边疆的生活中，成为建设边疆、保卫边疆的知识青年的代表。她的先进思想和事迹曾刊登在各大报刊上，《中国青年报》还为此发表了社论，她本人多次受到党和国家领导人的表彰及接见。1965年，鱼珊玲加入了中国共产党。此后她经历了无数生活的磨难与曲折，但是最终实现了自己的诺言，将美好的青春献给了边疆，献给了塔里木。[28]

这一阶段，市三女中为培养对国家有用的人才做出了一系列有益的探索，虽然这一努力因"文革"而中断，但对受惠对象的影响却延续到"文革"结束以后。当时，一大批"老三届"学生（1966、1967、1968年三届初、高中毕业生）有的甚至只读完初中或一年高中，却凭借扎实的基本功，在1977和1978两年的高考中脱颖而出，顺利进入高校学习。回首当年的岁月，她们对母校充满了感激。

第三节　"文革"十年

1966年5月开始，在中国发生了"文化大革命"，整个国家陷入空前的浩劫中，给中国人民带来了巨大的灾难和创伤。教育部门在"文化大革命"中是首当其冲的部门之一，也是"重灾区"，教育领域在此期间所遭受的破坏在教育史上是罕见的。上海教育系统大多数学校的学生和教职员工卷入了运动，市三女中党政组织瘫痪，领导干部和教师遭到残酷的批判斗争，学生的德智体全面受到了严重破坏，国家财产蒙受了巨大损失。

1966年5月7日，毛泽东在一封信中说：学生"不但学文，也要学工、学农、学军，也要批判资产阶级。学制要缩短，教育要革命，资产阶级知识分子统治我们学校的现象，再也不能继续下去了"。1966年5月16日，中共中央政治局扩大会议通过了《中国共产党中央委员会通知》(即《五一六通知》)，由此拉开了全国"文化大革命"运动的序幕。6月1日晚上，市三女中党支部开会，号召全体党员和全体师生积极投入到这场运动中去，写大字报，揭发批判学校一切有问题的人和事。从此，学校万古不变的上课秩序被打乱了，学生们时不时绕校园游行，还时不时参加上海的游行。[29]

1966年6月13日，中央和国务院发出《关于改革高等学校招生考试办法的通知》，认为招生考试"基本上没有跳出资产阶级考试制度的框框""必须彻底改革"，并决定当年高校招生工作推迟半年。同日，中央和国务院批转教育部《关于改革高级中学招生办法的请示报告》，废除高级中学招生考试，走群众路线，实行推荐与选拔相结合。

由于当时学校教育基本处于瘫痪状态，学生大量涌向社会，影响了人们正常的生产、生活，引起群众的不满。1966年12月31日，中央和国务院发出通知，委托人民解放军对大中学师生进行短期军政训

图6-12 藏书《科学小实验》盖有上海市第三中学革命委员会图书室章

图6-13 藏书《科学小实验》盖有『距离不要太近』字样

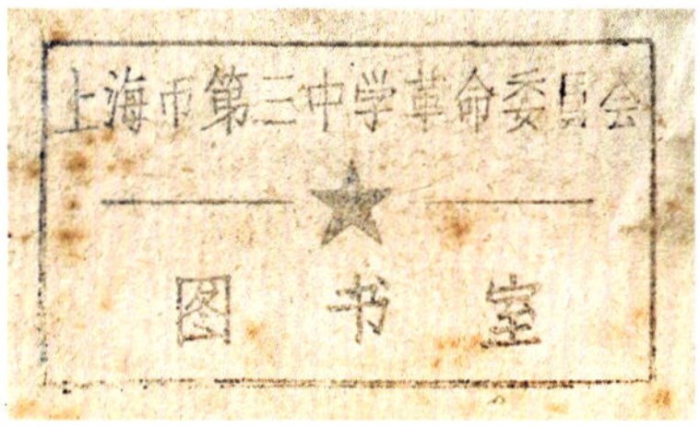

图6-14 上海市第三中学革命委员会图书室章

练。1967年2月19日，中央发出《关于中学无产阶级文化大革命的意见（供讨论和试行用）》，规定自3月1日起，中学师生一律返校，一边上课，一边“闹革命”。上海市动员中等学校的造反派立即停止串联，一律回校，紧急行动起来，“复课闹革命”。3月7日，中央又发出《关于大专院校当前无产阶级文化大革命的规定（草案）》，规定3月20日前，师生一律返校，分期分批进行短期军政训练。不久，上海市万余名中学师生便在文化革命广场召开了“坚决贯彻中共中央《关于中学无产阶级文化大革命的意见》——杀回学校去，复课闹革命誓师大会”，学生们逐渐回校复课，但是回校后，仍然继续“闹革命”，继续批判“资产阶级反动路线”。

1967年，开始添招男生。1968年，市三女中更名为“市三中学”。至1976年，全校学生2385名，女生1162名，仅占一半。[30]同年，学校成立革命委员会。为稳定学校秩序，中央决定派临时工作队进驻学校。由于大量干部在“文革”中被打倒，知识分子又不被信任，只有派工人前往。这支工人的队伍被称为“工人毛泽东思想宣传队”，简称“工宣队”。早在1967年8月25日，中共中央、国务院、中央军委、中央文革小组便发出《关于派工人宣传队进学校的通知》，要求各地仿照北京的办法，“把大中城市的大中小学校逐步管起来”，“以优秀的产业工人为主体，配合人民解放军战士，组成毛泽东思想宣传队，分批分期，进入各学校”。1968年9月初，上海市组织了几万名产业工人陆续进驻上海市1700多所中小学、中等专业技术学校和幼儿园，工宣队也进驻了市三中学。同年12月，工宣队进驻上海市教育局，主持教育局的工作，各区县的教育部门也逐渐由工宣队把持。工宣队到校后，即与军宣队、师生员工中的“革命派”实现所谓的“三结合”，取得学校领导权，开展“斗、批、改”，“天天学习毛泽东著作，日日批判资产阶级”成为师生员工的必修课。[31]此后，遵照“教改的问题，主要是教员问题”的指示，组成工农兵讲师团，“占领”讲台，往教师队伍中“掺沙子”，参与学校的教学工作。据1976年的统计，当时市三中学有工农兵讲师49名，其中专职1名、兼职48名，工人讲师27名，农民讲师21名，解放军讲师1名。[32]工宣队员和工农兵讲师进驻学校，使教师队伍结构发生改变，教师地位急剧下降，教师工作锐减，给学校教育带来了混乱，同时也影响了工厂和农村的正常生产秩序。

1968年元旦，两报一刊又提出要彻底清查所谓混在阶级队伍内部的一小撮叛徒、特务、党内走资派以及没有改造好的“五类分子”，于是清理阶级队伍的运动在全国展开。此后，上海教育界在驻校军队和工宣队的领导下，开展了“清理阶级队伍”运动，对所谓的“地、富、反、坏、右、特务、叛徒、走资派、漏网右派、国民党残渣余孽”来一次“大清查”。这些被“清理”出来的人多被冠以“隐藏在革命队伍里的叛徒、特务、反革命分子、顽固不化的走资派”之类的罪名，被“批深、批透、批倒、批臭”。许多优秀的教师被戴上“反动学术权威”的帽子，受到不同程度的迫害，许多人不堪摧残，含恨而死，也有一些教师被打成“牛鬼蛇神”后，精神上受到折磨。

1968年10月4日，《人民日报》刊登柳河“五七”干校经验，在“编者按”中传达了毛泽东关于“干部下放劳动”的号召。自“文化大革命”开始，由于大学不招生、工厂不招工，商业和其他服务业处于停滞状态，整个社会缺乏容纳岗位，当时全国近1000万名初、高中毕业生无法分配。1968年12月，为响应毛泽东关于“知识青年到农村去，接受贫下中农再教育很有必要”的号召，上海从1969年1月开始组织中学生“上山下乡”。市三女中1966—1968年三届初、高中学生全部毕业离校，其中大多数“上山下乡”，到农村插队落户。1968—1972年，上海共有近百万知识青年赴各地农村落户，占全国的比重超过10%。[33] 据统计，1968年，市三女中共有659名初中毕业生，到农村插队落户的有208名，高中毕业生406名，到农村插队落户的有219名；1969年，共有313名初中毕业生，到农村插队落户的有261名，高中毕业生208名，到农村插队落户的有168名；1970年，初中毕业生471名，到农村插队落户的有423

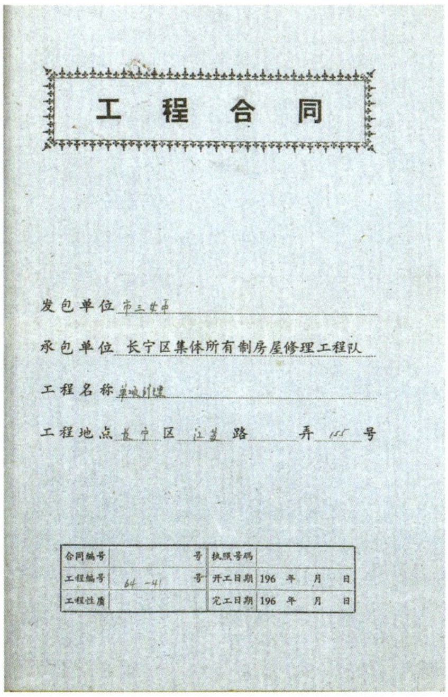
工程合同

发包单位

承包单位　长宁区集体所有制房屋修理工程队

工程名称

工程地点　区　路　弄　号

合同编号	号	执照号码	
工程编号	64—41 号	开工日期	196　年　月　日
工程性质		完工日期	196　年　月　日

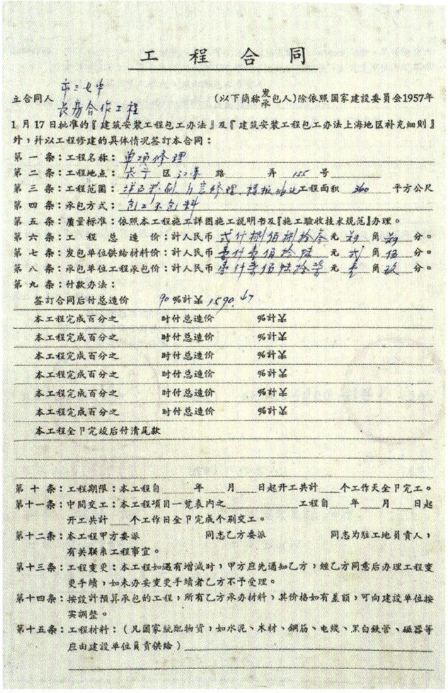
工程合同

立合同人　（以下简称发/承包人）除依照国家建设委员会1957年1月17日批准的『建筑安装工程包工办法』及『建筑安装工程包工办法上海地区补充细则』外，并以工程修建的具体情况签订本合同：

第一条：工程名称：单项修理

第二条：工程地点：长宁　区　路　弄　155　号

第三条：工程范围：　工程面积　360　平方公尺

第四条：承包方式：

第五条：质量标准：依照本工程施工详图施工说明书及『施工验收技术规范』办理。

第六条：工程总造价：计人民币　元　角　分。

第七条：发包单位供给材料价：计人民币　元　角　分。

第八条：承包单位工程承包价：计人民币　元　角　分。

第九条：付款办法：

签订合同后付总造价　90 %计¥ 1590.67

本工程完成百分之　时付总造价　%计¥

本工程完成百分之　时付总造价　%计¥

本工程完成百分之　时付总造价　%计¥

本工程完成百分之　时付总造价　%计¥

本工程完成百分之　时付总造价　%计¥

本工程完成百分之　时付总造价　%计¥

本工程全部完竣后付清尾款

第十条：工程期限：本工程自　年　月　日起开工共计　个工作天全部完工。

第十一条：中间交工：本工程项目一览表内之　工程自　年　月　日起开工共计　个工作日全部完成个别交工。

第十二条：本工程甲方委派　同志乙方委派　同志为驻工地负责人，有关联系工程事宜。

第十三条：工程变更：本工程如遇有增减时，甲方应先通知乙方，经乙方同意后办理工程变更手续，如未办妥变更手续者乙方不予受理。

第十四条：按设计预算承包的工程，所有乙方承办材料，其价格如有差额，可向建设单位按实调整。

第十五条：工程材料：（凡国家统配物资，如水泥、木材、钢筋、电线、黑白铁管、磁器等应由建设单位负责供给）

图6-15　市三女中工程合同（1964年，上海市第三女子中学档案室藏）

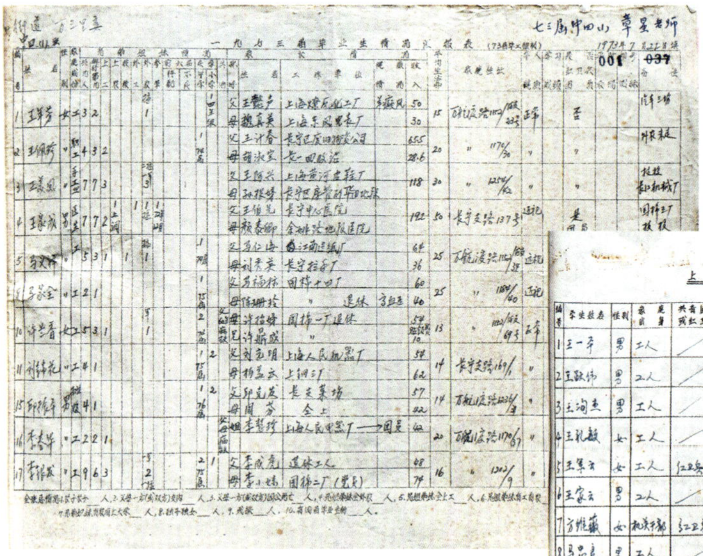

图6-16　上海市第三中学1973届毕业生情况汇报表

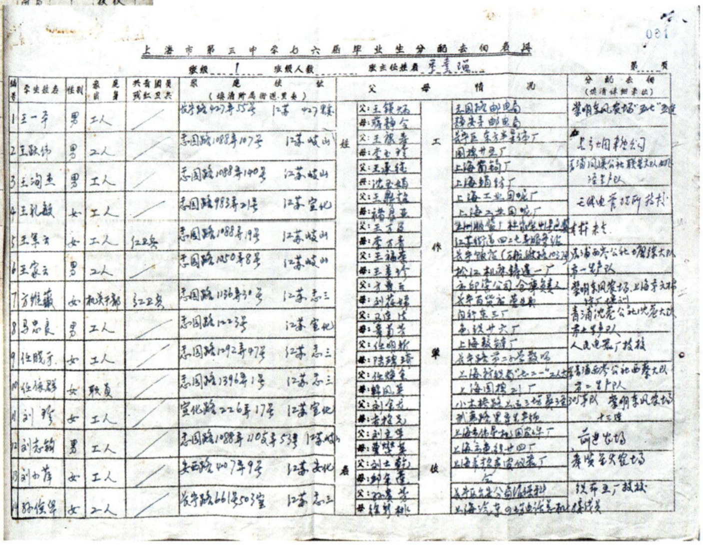

图6-17　上海市第三中学1976届毕业生分配去向名册

名；1971年，初中毕业生586名，到农村插队落户的有213名。仅1968—1971年，到农村插队落户的毕业生有近1500名，占了毕业生总数的56.45%。事实上，到农村插队落户一直延续到了1976年。[34]

1969年6月19日，以市革委会文件的形式印发了《上海市中小学教育革命纲要》。这份纲要相当于上海中小学教育的一个纲领性文件，要求中小学要办成无产阶级新型学校，由工宣队直接领导；学生要发扬“造反有理”的精神，参加阶级斗争、生产斗争、科学实验三大革命运动；中小学学制由十二年缩短为九年，市区“五四”分段，郊县“五二二”分段。1970年起，市三中学实行四年一贯制，年级称为“连”，班级称为“排”。1971年，全校共设58个班级，学生总计3072名。[35]

根据市三的各班任课教师安排表，1969年，学校设7门课：政治2节，语文4节，数学5节，外语3节，生物2节，革命文艺2节，军事体育2节；另外还有“天天读”5节。“天天读”，就是根据林彪的要求，每天上学的第一件事是学习毛泽东著作一小时，而且是“雷打不动一切让路，也不得迟到早退，不得擅自更改挪动”。1973年以后，“天天读”随着林彪的覆灭而取消，课程则改为政治2节、语文6节、数学6节、外语3节、工业基础知识3节、农业基础知识2节、农业卫生1节、地理1节，此外还有革命文艺、卫生、军体、劳动课。另外，学生还要在学工、学农、学军中与工农兵同学习、同批判、同劳动。[36]

当时，教材上强调政治挂帅和阶级斗争，篇幅比以前小，知识内容比以前浅，充斥着大量的阶级斗争思想内容和反智主张，存在着严重的形式主义倾向，且违背学生的认知规律。在考试制度方面，取消考试，即使保留考试，内容和形式已与从前大不相同，基本形同虚设。

1970年起，高中恢复招生，当时采用的招生办法是“自愿报名，群众推荐，学校审核”。1971年以后，则采取推荐与考试相结合的办法招收新生。这一切所谓“教育改革”的结果诚如史家所言：“教学内容混杂、跳跃，不成系统，既削弱了基础知识、基础理论教学，又没有科学地反映工农业生产实践的知识、技能；既脱离学生的认识规律与实际水平，又脱离教师的实际。”[37]大搞学工、学农、学军和其他政治活动，占去大量时间，挤掉了文化课程的教学时间。据当时的统计，“文革”期间，学校文化课仅占教学时间的35%左右，有的甚至不到30%。一学期以21周计，安排大体如下：开学军训（或学习班）1周；学工或学农4周；“三学”（即学工、学农、学军）前的动员、准备和“三学”后的总结、休息2周；复习、小结、写评语3周；各种政治活动、运动会、文娱会演、集体看电影等约1周以上；实际课堂教学时间一般不满10周。[38]如1971年5—7月整整3个月，学生们都要参加下厂、下乡教育革命，分别去新泾公社美满大队学农，到胶鞋一厂、胶鞋二厂、国营七机厂、人民电器厂等工厂车间学工。[39]据1976年统计，市三中学当时有校办工厂3个、学工工厂7个、挂钩公社1个。[40]

1972届三连四排学生徐勇民后来回忆，当时在学校的三年半时间里，系统的课堂教学根本得不到保证，学工、学农又占一定的时间。老师们也十分无奈，只是希望学生们在校期间能学到更多知识，尽力教导学生如何成为一个对社会有用之人。[41]

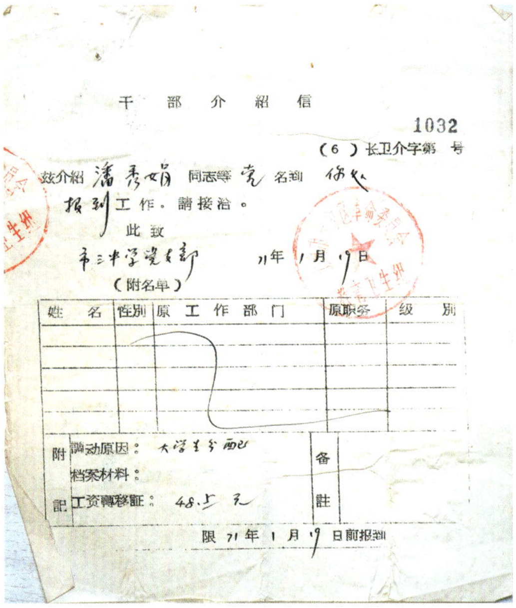
干部介紹信

1032

（6）长卫介字第　号

兹介紹潘秀娟同志等壹名到你处报到工作。請接洽。

此致

市三中学党支部

71年1月19日

（附名单）

姓名	性别	原工作部门	原职务	级别

附記　調动原因：大学生分配　档案材料：　工资轉移証：48.5元　备註

限71年1月19日前报到

图6-18　干部介绍信（1971年）

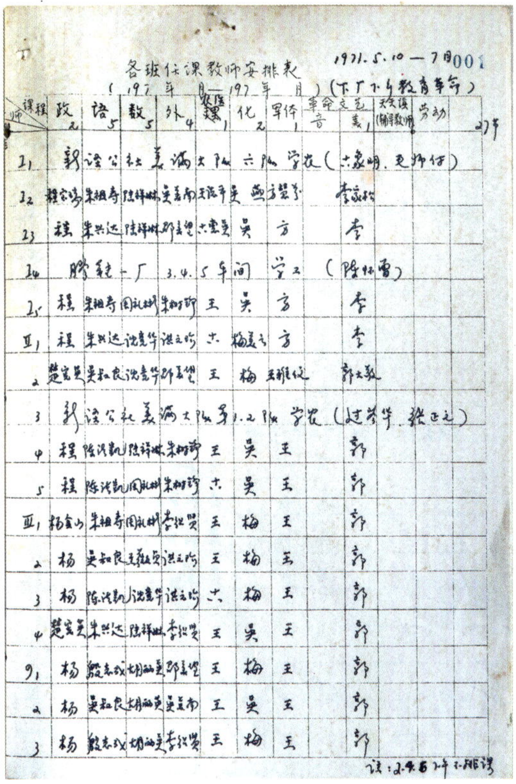
各班任课教师安排表　1971.5.10—7月　001

（197　年　月—197　年　月）（下厂下乡教育革命）

课程/教师	政 2	语 5	数 5	外 4	农医课 1	化 2	军体 1	革命文艺 音	美 1	天天读(辅导教师)	劳动

图6-19　市三中学各班任课教师安排表（1971年）

图6-20　市三中学实验室万用表（20世纪70年代）

图6-21　市三中学实验室金属与合金标本12种（20世纪70年代）

1972—1973年，周恩来提出“落实政策”，恢复了以前的一些合理做法。从1972年7月起，《人民日报》连续报道各地整顿学校秩序、落实知识分子政策、教师陆续回到教学岗位的消息。《光明日报》也发表相应文章，要求坚持对教师“大胆使用，并在使用中加强教育与改造”。1972年4月24日，《人民日报》发表社论《惩前毖后，治病救人》，指出对一切犯错误的同志，要以教育为主，要“团结—批评—团结”，指出新老干部都是党的宝贵财富。据此，上海教育系统的一批干部教师开始从“五七干校”和其他地方调回学校，恢复工作。在“文革”中，薛正校长虽然受到了极“左”路线残酷的迫害，但她还是凭着对党的坚定信念，忍受着巨大的压力，坚持了下来。1972年，随着一批干部的解放，老校长薛正也就此重返教育岗位。

1972年上半年，上海市召开了一系列中小学教育革命座谈会和教育工作会议，提出关于中小学教育工作的六条意见，除了继续开展“批林”等政治运动外，还提出要努力提高教育质量。在教学上也有不少恢复性举措，如语文课重新加强基础知识教学，数学课加强代数、几何、三角等基础知识教学，将文艺课中的音乐、美术重新分开设课。许多教师出于职业道德和责任意识，重新整治学校教学秩序，为提高教学质量确实花了不少心血。他们找补充教材，不厌其烦地一次次讲解，让同学能够在有限的时间内掌握基础知识和基本技能，以便为国民经济的恢复增长造就建设人才。李绍贤老师回忆，当时英语教研组组长洪之阶老师还在带领学生排练英语短剧，废寝忘食。王吉斐老师使最差的学生也爱上了英语，她的手指会跳舞，会模仿两人对话，上课时她常常边演、边跳、边教英语。[42]学生们在经过“文革”早期的狂热后，对一些问题也形成了自己的见解，在学习上也表现出一定的热情，在老师们的鼓舞下，开始扎扎实实、认认真真地学习。

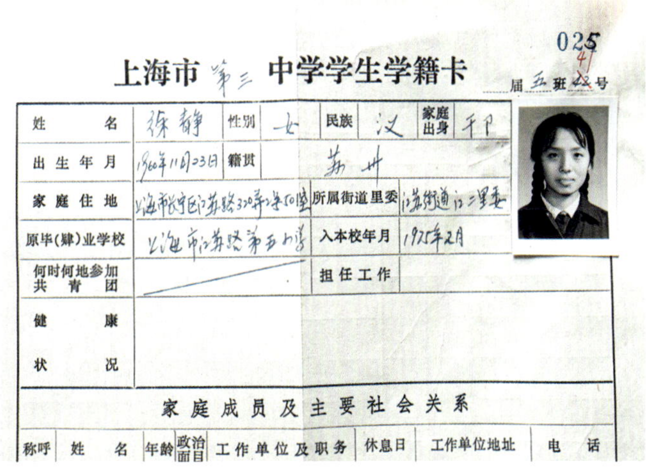
025
上海市第三中学学生学籍卡
届五班　号
姓名：徐静　性别：女　民族：汉　家庭出身
出生年月：1960年11月23日　籍贯：苏州
家庭住地　所属街道里委
原毕(肄)业学校　入本校年月：1975年2月
何时何地参加共青团　担任工作
健康状况
家庭成员及主要社会关系
称呼　姓名　年龄　政治面目　工作单位及职务　休息日　工作单位地址　电话

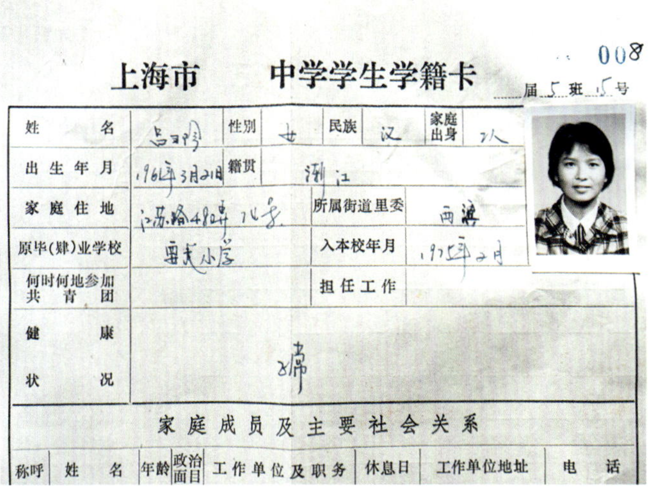
008
上海市　中学学生学籍卡
届5班15号
姓名　性别：女　民族：汉　家庭出身
出生年月：1961年3月21日　籍贯：浙江
家庭住地　所属街道里委
原毕(肄)业学校　入本校年月：1975年2月
何时何地参加共青团　担任工作
健康状况
家庭成员及主要社会关系
称呼　姓名　年龄　政治面目　工作单位及职务　休息日　工作单位地址　电话

图6-22　市三中学学生学籍卡（1975年）

但是，从1973年元旦起，全国风向突变，开始从批“左”转向批“右”。至此，纠“左”的努力被迫中断，极“左”思潮再度在教育领域泛滥成灾。但教师们利用一切有利的机会，排除干扰，坚持教学和科研工作，抓教学质量，将对学校造成的损失降到最低限度。1974年进入市三中学、日后成为上海律师协会会长的朱洪超回忆，学校的老师经常用“社会主义建设需要有文化的工人、农民；没有文化的军队是愚蠢的军队，而愚蠢的军队是不能战胜敌人的”等诸如此类的话语，委婉地表达着他们希望学生努力学习的心愿。他还记得，地理老师把要死记硬背的地理课上得非常生动，在黑板上画出全国及分省地图，全国主要的山脉河流、名山湖泊、矿产资源、城市交通清晰地展示在学生们的面前。所以，当时他虽然未离开上海一步，却熟悉每一省份的山河名胜、地理风俗。令他难忘的还有当时学校平等健康的师生关系，师生彼此像朋友一样。他有一次连夜排队买到了《唐诗一百首》和《宋词一百首》，却发现历史老师也同样买到了这两本，两个人在课余谈论了一个多月。这些都是在那个知识匮乏的时代，市三中学带给他的美好回忆。[43]

1976年10月6日，“文化大革命”结束。此后，市三中学开始进行拨乱反正，逐步清理和清除“左”的错误影响。1978年恢复高考后，朱洪超如愿考入复旦大学分校政治系，一个全新的人生向他展开。而此后，市三中学的发展也进入了一个新的时期。

注释

[1]《中共上海市委书记柯庆施号召全市中小学教师大胆提意见》,《文汇报》1957年4月27日。

[2]《要求教师大胆提意见》,《文汇报》1957年5月10日。

[3]《市三女中关于落实知识分子政策的回顾》，上海市第三女子中学档案室藏。

[4]《学校基本情况》，上海市第三女子中学档案室藏。

[5] 中央教育科学研究所:《中华人民共和国教育大事记(1949—1982)》，教育科学出版社1983年版，第229页。

[6] 陈琳瑚:《坚持党的教育方针，大力提高教育质量》,《文汇报》1959年6月5日。

[7]《上海市第三女子中学关于学生的劳动情况》，上海市第三女子中学档案室藏。

[8]《上海1960年文教方面先进单位登记表》，上海市档案馆藏，卷宗号：A31-2-111-136。

[9]《上海1960年文教方面先进单位登记表》，上海市档案馆藏，卷宗号：A31-2-111-136。

[10]《上海市第三女子中学关于学生的劳动情况》，上海市第三女子中学档案室藏。

[11]《上海市第三女中青少年卫生工作先进事迹》，上海市档案馆藏，卷宗号：C21-2-3050-13。

[12]《市三女中体育大跃进的小结》，上海市第三女子中学档案室藏。

[13]《上海1960年文教方面先进单位登记表》，上海市档案馆藏，卷宗号：A31-2-111-136。

[14] 郑佩佩:《回首一笑七十年》，生活·读书·新知三联书店2016年版，第19—21页。

[15]《上海市第三女子中学关于学生的劳动情况》，上海市第三女子中学档案室藏。

[16] 陈佩芬等:《“牵牛要牵牛鼻子”》，载上海市第三女子中学编:《百年女中》，2002年刊印，第247页。

[17]《上海1960年文教方面先进单位登记表》，上海市档案馆藏，卷宗号：A31-2-111-136。

[18] 陈佩芬等:《“牵牛要牵牛鼻子”》，载上海市第三女子中学编:《百年女中》，第247页。

[19]《上海1960年文教方面先进单位登记表》，上海市档案馆藏，卷宗号：A31-2-111-136。

[20] 陈佩芬等:《“牵牛要牵牛鼻子”》，载上海市第三女子中学编:《百年女中》，第248页。

[21]《女子教育家薛正校长的世纪历程》，载上海市第三女子中学编:《百年女中》，第11页。

[22] 李绍贤:《我的师傅》，载上海市第三女子中学编:《百年女中》，第243—246页。

[23]《上海第三女中语文教师努力提高学生读写能力》,《文汇报》1961年11月25日，第2版。

[24]《市三女中图书馆职工带着问题四学〈为人民服务〉，使学校图书馆成为教学活动组成部分》,《文汇报》1965年7月10日，第2版。

[25] 李宏:《值得纪念的一件小事》，上海市第三女子中学档案室藏。

[26] 谭成策:《母校：女子成长的摇篮》，上海市第三女子中学档案室藏。

[27] 瞿和和:《火热的青春》，载上海市第三女子中学编:《百年女中》，第219—220页。

[28] 鱼珊玲:《青春无悔》，载上海市第三女子中学编:《百年女中》，第254—255页。

[29] 张聂尔:《拥抱生命》,人民文学出版社2001年版,第16页。

[30]《1976年中小学基本情况统计》,上海市第三女子中学档案室藏。

[31]《驻上海高校工人宣传队首战告捷取得经验》,《文汇报》1968年9月21日。

[32]《1976年中小学基本情况统计》,上海市第三女子中学档案室藏。

[33] 蒋纯焦:《上海教育史第三卷(1949—1976)》,上海教育出版社2016年版,第254—255页。

[34]《学校历届毕业生情况表》,载《长宁区教育系统基层单位情况登记簿》,上海市第三女子中学档案室藏。

[35]《学校历年来班级数、学生数统计表》,载《长宁区教育系统基层单位情况登记簿》,上海市第三女子中学档案室藏。

[36]《各班任课教师安排表》,上海市第三女子中学档案室藏。

[37] 郑谦:《被"革命"的教育:"文化大革命"中的"教育革命"》,中国青年出版社1999年版,第348页。

[38] 吕型伟:《上海普通教育史(1949—1989)》,上海教育出版社1994年版,第386—387页。吕型伟(1918—2012),新中国成立后历任上海市东中学校长、上海市教育局处长、上海市教育局副局长等职,兼任中国教育学会副会长、上海市教育学会会长等。

[39]《各班任课教师安排表》,上海市第三女子中学档案室藏。

[40]《1976年中小学基本情况统计》,上海市第三女子中学档案室藏。

[41] 徐勇民:《回忆母校》,上海市第三女子中学档案室藏。

[42] 李绍贤:《我的师傅》,载上海市第三女子中学编:《百年女中》,第246页。

[43] 朱洪超:《定位》,载上海市第三女子中学编:《百年女中》,第264—266页。

第七章

百年女校再铸辉煌

百年女校再铸辉煌

图7-1　学校举行百年校庆庆典（1992年10月18日）

“文革”十年浩劫，上海市第三中学满目疮痍。粉碎“四人帮”以后，学校迅速从“文革”的阴霾中走出，逐渐恢复正常的校园秩序。师生员工振奋精神，同心同德，以崭新的姿态迎接改革开放的新时代。随着国家招生考试制度与正常学制的重新恢复，学校的教学工作渐入正轨，教育质量也开始回升。1978年，中共中央召开十一届三中全会，全国实行改革开放。上海市第三中学办学进入了振兴时期。1981年，学校恢复校名“上海市第三女子中学”。此后，学校以“探索女子教育规律、提供优异的成才环境、培养优秀女子人才”为办学宗旨，重视文理基础知识教学和能力训练，形成“严、实、活”的教风和“勤奋学习，一丝不苟，勇于探索，锐意进取”的学风，并提炼了“求真、勤思、惜时、健美”的校训。[1]

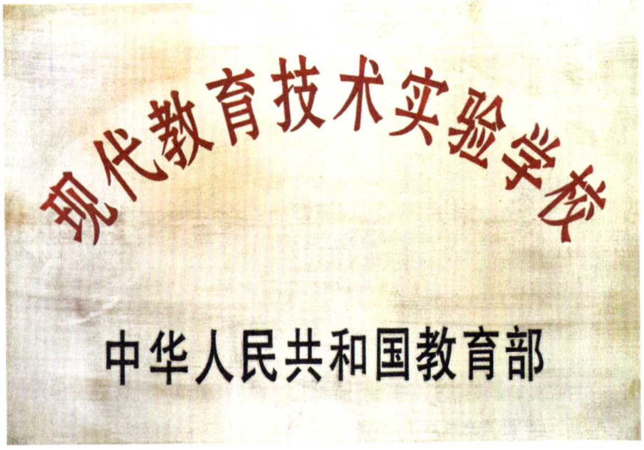

图7-2　教育部授予市三女中“现代教育技术实验学校”称号

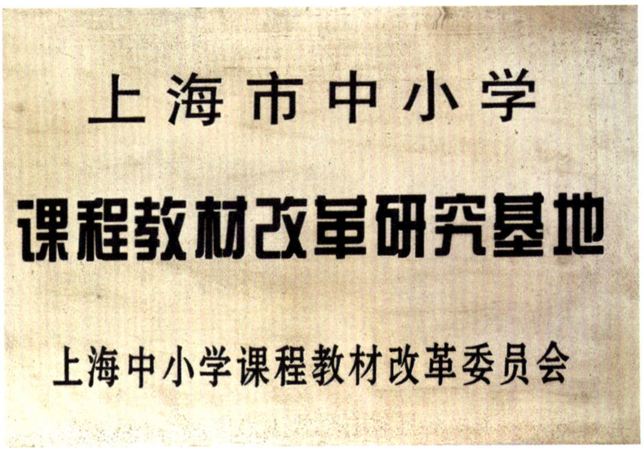

图7-3　市三女中成为“上海市中小学课程教材改革研究基地”

学校迎来了新的发展机遇，硬件设施逐渐改善，办学层次有了很大提升。在改革开放中，学校拓展办学视野。作为在海内外享有极高声誉的女子学校，市三女中很早就与海外一些学校建立了友好关系，开展多方面的合作，探讨交流，共谋发展。在国家实施的“科教兴国”战略背景下，市三女中调整办学思路，积极进行由应试教育转向素质教育的实践探索，同时强化德育工作，优化第二课堂，努力开展教育科研活动。学校先后获得“全国红十字先进集体”“全国群众体育先进单位”“教育部现代教育技术实验学校”“上海市文明单位”“上海市中小学课程教材改革研究基地”“上海市社会实践先进单位”“上海市加强初中教育先进单位”“上海市青年艺术节先进集体”“上海市行为规范示范学校”等荣誉。[2]改革开放以来的市三女中，办学卓有成效，一批学有特长的优秀学子脱颖而出，赢得了社会各界的广泛赞誉。

第一节　市三女中校名的恢复

1977年，国家恢复高等学校招生考试制度，上海市第三中学陆续有学生被各类高校录取，获得进一步深造的机会。这是一个新时代的开启。随着国家招生考试制度与正常学制的重新恢复，市三中学的教学工作也渐入正轨，学校在提高教学质量、培养学生综合素质等方面做了大量工作。1977年5月，上海市召开中小学教育工作会议，“在会议制定的规划草案中，专门讨论分析了认真落实党的知识分子政策，建设一支又红又专的教师队伍的问题”[3]。随着知识分子政策的落实，教师的政治与社会地位逐渐提高，由此保证了教师队伍的稳定。从1977年的第二学年开始，学校重心发生了明显转向，逐渐突出教学工作。此时，学校调整教职员工工资，广大教职员工的工作积极性有了很大提高。学校的各项事业也在恢复之中。

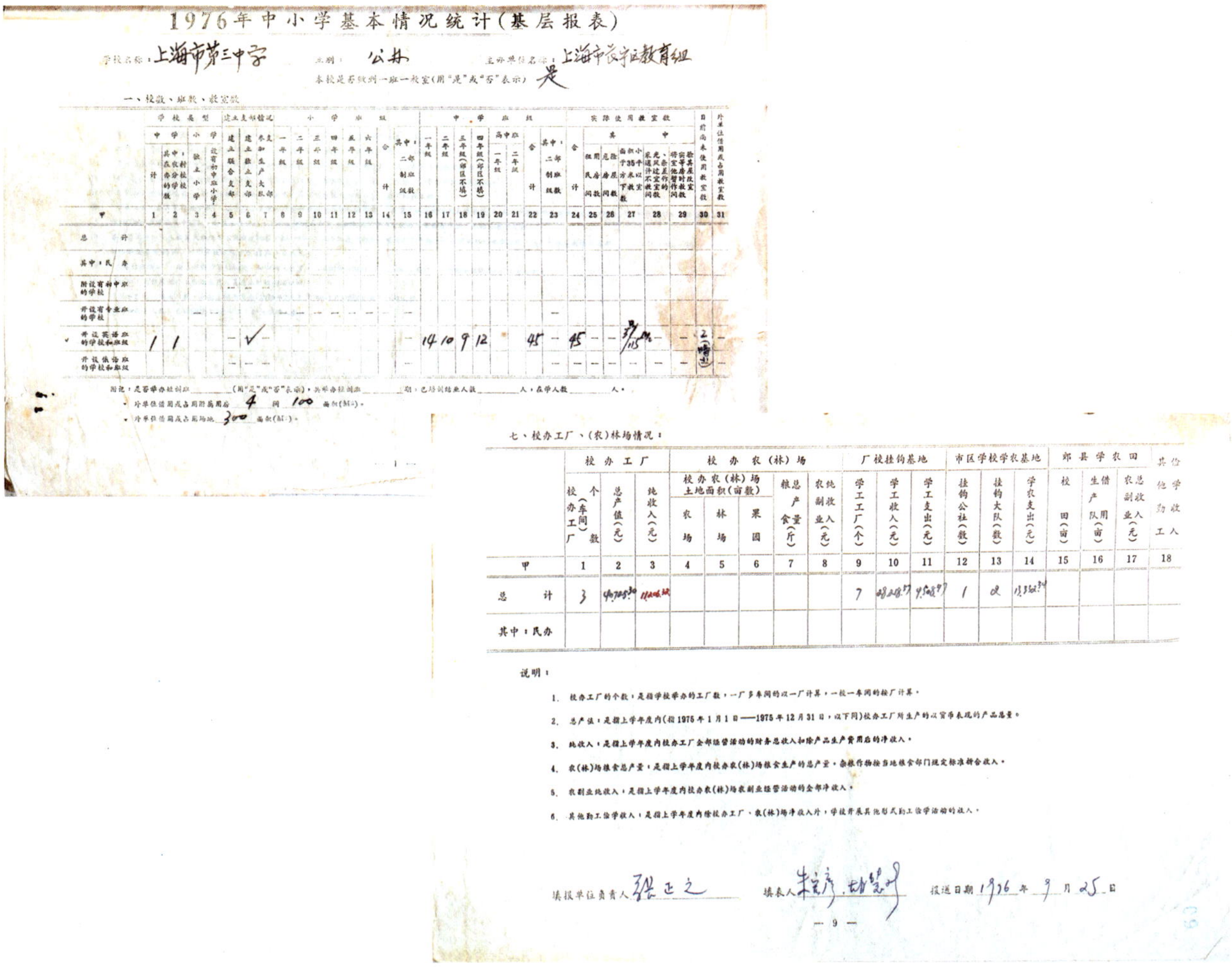
1976年中小学基本情况统计（基层报表）

学校名称：上海市第三中学　类别：公办　主办单位名称：上海市黄浦区教育组

本校是否做到一班一教室（用"是"或"否"表示）是

一、校数、班数、教室数

七、校办工厂、（农）林场情况：

	校办工厂 个数	总产值（元）	纯收入（元）	农场	林场	果园	粮食产量（斤）	农副业收入（元）	学工工厂（个）	学工收入（元）	学工支出（元）	挂钩公社（数）	挂钩大队（数）	学农支出（元）	校田（亩）	生借产队用（亩）	农副业收入（元）	其他勤工人收入
甲	1	2	3	4	5	6	7	8	9	10	11	12	13	14	15	16	17	18
总计	3	[illegible]	[illegible]						7	[illegible]	[illegible]	1	2	[illegible]				
其中：民办																		

说明：

1. 校办工厂的个数，是指学校举办的工厂数，一厂多车间的以一厂计算，一校一车间的按厂计算。
2. 总产值：是指上学年度内（指1975年1月1日——1975年12月31日，以下同）校办工厂所生产的以货币表现的产品总量。
3. 纯收入：是指上学年度内校办工厂全部经营活动的财务总收入扣除产品生产费用后的净收入。
4. 农（林）场粮食总产量：是指上学年度内校办农（林）场粮食生产的总产量。
5. 农副业纯收入：是指上学年度内校办农（林）场农副业经营活动的全部净收入。
6. 其他勤工俭学收入：是指上学年度内除校办工厂、农（林）场净收入外，学校开展其他形式勤工俭学活动的收入。

填报单位负责人：张正之　填表人：[illegible]　报送日期1976年9月25日

— 9 —

图7-4　市三中学基本情况统计表（1976年）

1967年添收男生，自1968年改名"上海市第三中学"，此后至1981年，其间学校兼收男女生。1977年，上海市东海中学并入，学校规模有所扩大。1976—1982年，市三中学教职工人数（在编人数）为：1976年，149人；1977年，151人；1978年，137人；1979年，188人；1980年，182人；1981年，167人。[4]与20世纪50年代相比，教师人数明显增多：1952年为107人；1953年为79人。稳定与建设好这支教师队伍，是这一时期市三中学的工作重点。

1978年，党的十一届三中全会召开，国家实行改革开放，市三中学也开始进入振兴时期。学校领导班子得到充实，薛正任校长，陈炳福、丁贵芬为副校长，林静接替施瑛任市三中学党支部书记，陈炳福、钟修身任副书记。[5]学校改革原有的教育管理体制，逐步实行校长负责制与教师聘任制。与此同时，加强制度建设，推行与实施教师岗位责任制和对各级学校实行监督、评估、奖励等制度。学校积极落实

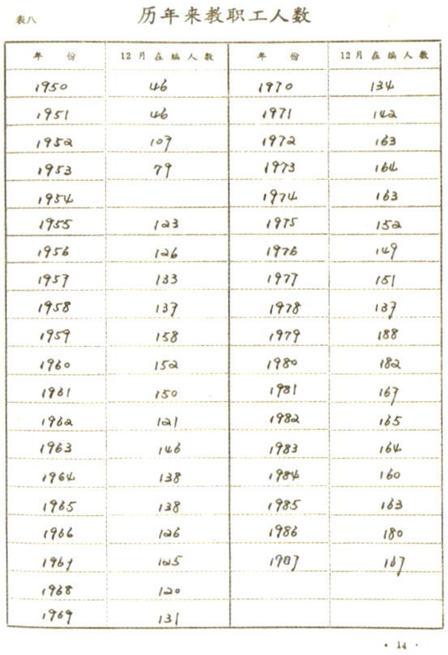

表八

历年来教职工人数

年份	12月在编人数	年份	12月在编人数
1950	46	1970	134
1951	46	1971	142
1952	107	1972	163
1953	79	1973	164
1954		1974	163
1955	123	1975	152
1956	126	1976	149
1957	133	1977	151
1958	137	1978	137
1959	158	1979	188
1960	152	1980	182
1961	150	1981	167
1962	121	1982	165
1963	146	1983	164
1964	138	1984	160
1965	138	1985	163
1966	126	1986	180
1967	125	1987	187
1968	120		
1969	131		

· 14 ·

图7-5 《长宁区教育系统基层单位情况登记簿》（市三女中，1988年11月）

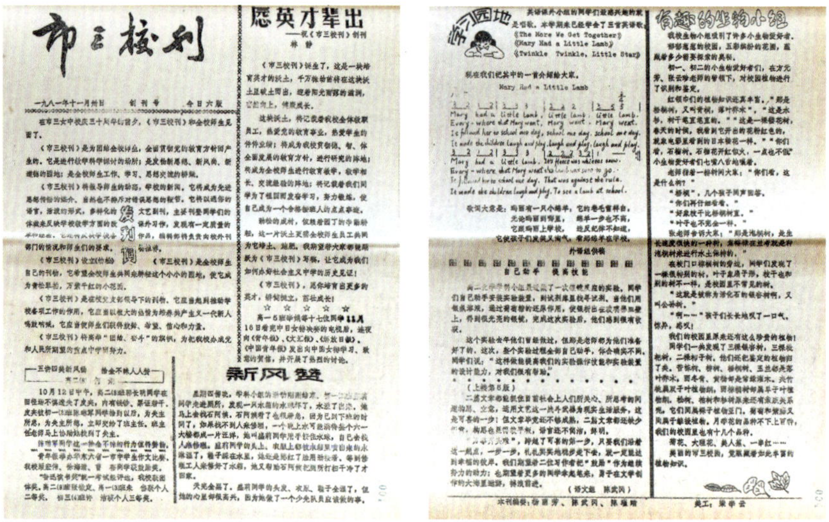

市三校刊

一九八一年十一月卅日　创刊号　今日六版

愿英才辈出

——祝《市三校刊》创刊

新风赞

学习园地

图7-6 《市三校刊》创刊号（1981年11月30日）

知识分子政策，全面复查并清理“文革”时期教师中的冤假错案和此前的历史案件，为恢复正常教育教学活动奠定基础。

1981年，市三中学重新被确立为市重点中学。此时，上海市、长宁区教育部门与学校领导正在考虑恢复女校的事宜。是年5月15日，市三中学《关于上海市第三中学改为女中的请示报告》呈报上海市教育局。5月18日，长宁区教育局向上海市教育局提交《关于市三中学今年招收女生的请示报告》：

市三中学《关于上海市第三中学改为女中的请示报告》已于5月15日呈报市局审批。

现把市三中学今年秋季招生计划补充报告如下：

1.关于高一新生，拟面向全市招生。计划招六个班，每班40人，共计240人，其中本区招收140名（约占60%），向各区招收100名（可以寄宿）。以上100名招生数请市教育局与各区协商安排。

2.关于初一新生，拟在本区和附近的几个区（例如静安、徐汇、普陀等区）招生。计划招四个班，每班40人，共计160人。其中本区招收100名（占60%），向外区招收60名（初中暂不收寄宿生）。以上60名招生数，请市教育局与有关区协商安排。

3.学生入学需参加市、区的统一考试，择优录取。

以上报告，请市教育局审核后，列入今年秋季中学招生计划。[6]

6月，上海市教育局做出《关于上海市第三中学今年招收女生的批复》，同意市三中学“作为试点，今年起招收女生，暂不改校名。高中部住宿应利用现有设备条件，每年招寄宿生八十名，三年总额为二百四十名”[7]。市教育局虽然还没有同意更改校名，但在招生上已按重点女中的办学要求实施：高一新生面向全市招生，可以寄宿；初一新生在长宁区和附近的几个区招生。

恢复女校，是改革开放以来上海市教育部门的一项重要举措。一些教育工作者不断呼吁，要关注女子教育的特殊性，上海要恢复女子中学建制，探讨女中办学的规律。选择在市三中学做试点，既与这所学校的历史发展契合，还与该校薛正校长和市教育局的一些领导的积极推动有关。薛正校长自1954年起当选为上海市第一届人大代表，一直到第八届，20世纪60年代曾任长宁区副区长，80年代任该区人大常委会副主任，在教育界享有很高的知名度，在社会上有一定的影响力。她爱国敬业，钟爱女子教育事业，恢复女校也是她的心愿。薛正校长对女中教育有独到的认识：

> 我从事女中工作以来，深感女子教育的重要性、特殊性和艰巨性。女子占整个人口的一半左右，家庭作为社会的细胞，它的状况如何，将直接影响到社会的发展，因而女子在家庭中所处的地位和所起的作用是举足轻重的，对社会的发展国家的进步都有重大的影响，而妻子对丈夫、母亲对子女所施加的影响又决定于她们自身的思想素质和文化修养，这都说明女子教育办得好坏，对社会有不止一代的影响，这就是我倾毕生精力从事女子教育的重要原因。……女子教育应根据女子特点和日后她们在家庭和社会中的任务，把扬女生之长，发挥女生的优势作为立足点，开设多种多样

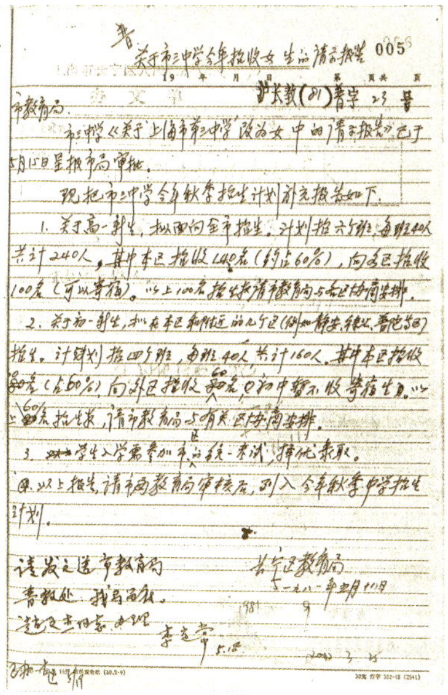

关于市三中学今年招收女生的请示报告 005

沪长教(81)普字23号

市教育局：

市三中学《关于上海市第三中学改为女中的请示报告》已于5月15日呈报市局审批。

现把市三中学今年秋季招生计划补充报告如下：

1. 关于高一新生，拟面向全市招生。计划招六个班，每班40人，共计240人，其中本区招收140名（约占60%），向外区招收100名（可以寄宿）。以上100名招生名额请市教育局与各区协商安排。

2. 关于初一新生，拟在本区和附近的几个区（例如静安、徐汇、普陀等区）招生。计划招四个班，每班40人，共计160人。其中本区招收100名（占60%），向外区招收60名，（初中暂不收寄宿生）。以上60名招生名额，请市教育局与有关区协商安排。

3. 学生入学需参加市区的统一考试，择优录取。

以上报告，请市教育局审核后，列入今年秋季中学招生计划。

长宁区教育局
一九八一年五月十八日

图7-7 《关于市三中学今年招收女生的请示报告》（1981年5月18日）

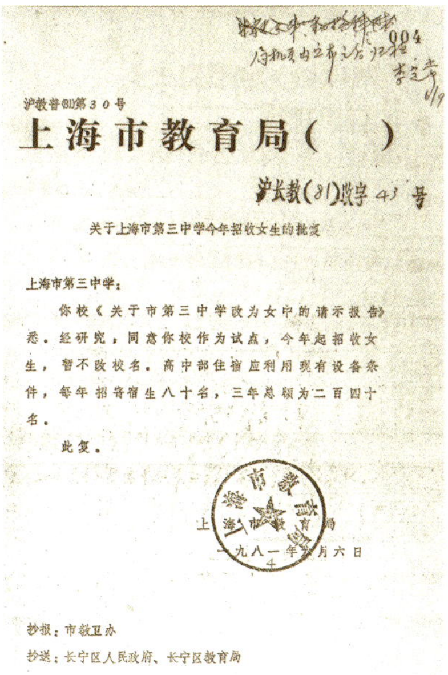

沪教普(81)第30号

上海市教育局（　　）

沪长教(81)收字43号

关于上海市第三中学今年招收女生的批复

上海市第三中学：

你校《关于市第三中学改为女中的请示报告》悉。经研究，同意你校作为试点，今年起招收女生，暂不改校名。高中部住宿应利用现有设备条件，每年招寄宿生八十名，三年总额为二百四十名。

此复。

上海市教育局
一九八一年六月六日

抄报：市教卫办

抄送：长宁区人民政府、长宁区教育局

图7-8 上海市教育局《关于上海市第三中学今年招收女生的批复》（1981年6月6日）

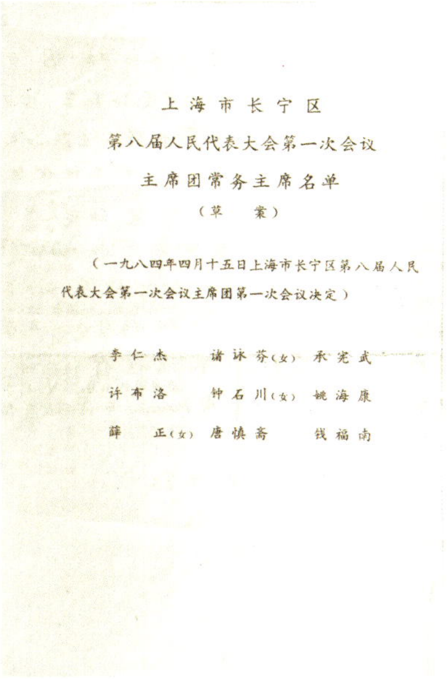

上海市长宁区

第八届人民代表大会第一次会议

主席团常务主席名单

（草　案）

（一九八四年四月十五日上海市长宁区第八届人民代表大会第一次会议主席团第一次会议决定）

李仁杰	诸咏芬（女）	承宪武
许布洛	钟石川（女）	姚海康
薛　正（女）	唐慎斋	钱福南

图7-9 薛正校长出席长宁区八届人大一次会议并任主席团常务主席（1984年）

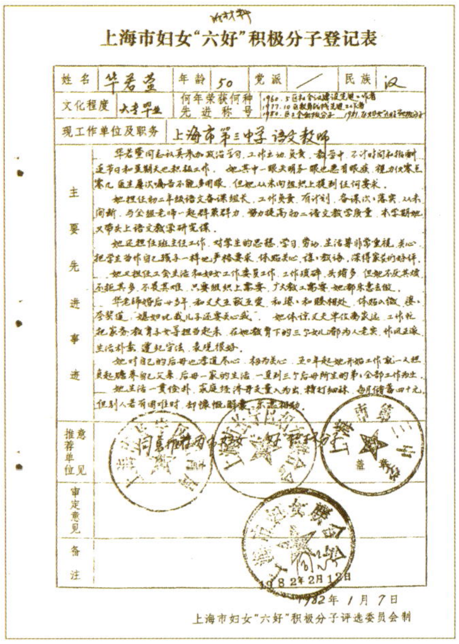

上海市妇女“六好”积极分子登记表

姓名	华若萱	年龄	50	党派	/	民族	汉
文化程度	大专毕业	何年荣获何种先进称号					
现工作单位及职务	上海市第三中学 语文教师						

主要先进事迹：

华若萱同志认真参加政治学习，工作主动负责，教学中不计时间和报酬，连节日和星期天也积极工作。她其中一眼失明多年，眼也患有眼疾，视力仅零点几，医生屡次嘱咐不能多用眼，但她从未向组织上提出任何要求。

她担任初二年级语文备课组长，工作负责，有计划，备课次次落实，从未间断，与全组老师一起群策群力，努力提高初二语文教学质量。本学期她又带头上语文教学研究课。

她还担任班主任工作，对学生的思想、学习、劳动、生活等非常重视，关心，把学生当作自己孩子一样地严格要求，体贴关心，谆谆教诲，深得家长的好评。

她又担任工会生活和妇女工作委员工作，工作琐碎，头绪多，但她不厌其烦，不拒其多，不畏其难，只要组织上需要，广大教工需要，她都乐意去做。

华老师婚后廿多年，和丈夫互敬互爱，和邻里和睦相处，体贴入微，邻里夸奖道：“媳妇比我儿子还要关心我”。她体谅丈夫单位离家远，工作忙，把家务、教育子女等担当起来，在她教育下的三个女儿都为人老实，作风正派，生活朴素，遵纪守法，表现很好。

她对自己的后母也孝道尽心，极为关心，五〇年起她开始工作就一人担负起赡养自己父亲、后母一家的生活，一直到三个后母所生的弟弟全部工作为止。

她生活一贯俭朴，家庭经济开支量入为出，精打细算，每月储蓄四十元，但别人若有困难时，却慷慨解囊，乐于相助。

推荐单位意见

审定意见

备注

1982年2月12日

1982年1月7日

上海市妇女“六好”积极分子评选委员会制

图7-10 上海市妇女『六好』积极分子登记表：市三中学华若萱老师（1982年1月）

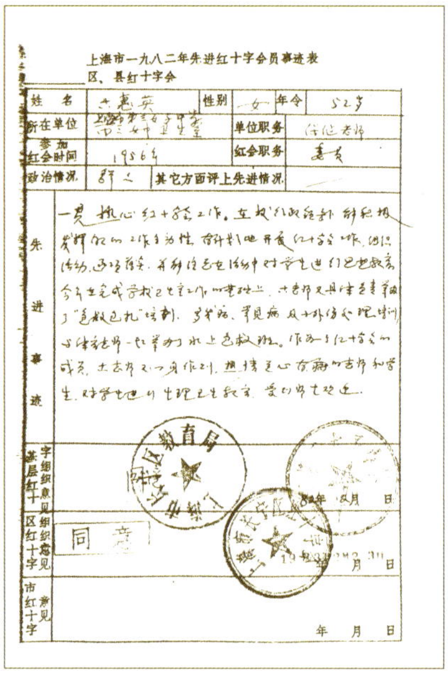

上海市一九八二年先进红十字会员事迹表

区、县红十字会

姓名	戴惠英	性别	女	年令	52岁
所在单位	上海市第三女子中学 市三女中卫生室	单位职务	保健老师		
参加红会时间	1956年	红会职务	委员		
政治情况	群众	其它方面评上先进情况			

先进事迹：一贯热心红十字会工作。……

基层红十字组织意见 82年 月 日

区红十字组织意见 同意 月 日

市红十字意见 年 月 日

图7-11 上海市一九八二年先进红十字会员事迹表：市三女中戴惠英（1983年2月）

的课程。例如女生与男生相比，多数办事细致耐心，但她们在生理上遇到的困难比男生多，往往胆子小、拘谨、顾虑多、怕羞，容易有一定的依赖性。我们如果开设家政课，进行诸如烹调、缝纫、家庭保健美化、礼貌、社交等知识和能力培养，女生在这方面接受能力强，她们在学习过程中将会增强自信力，消除自卑心理，发挥自己的聪明才智，有更大的主动性和积极性。[8]

恢复市三女中办学，也与上海市教育局一些领导的支持分不开。20世纪80年代初任上海市教育局副局长的吕型伟在2006年《在纪念薛正同志诞辰105周年座谈会上的发言》中曾谈到：“‘文革’后恢复女中，这是我的主张。我之所以有这个观念，原因之一是上海与全国的一批女中给我的印象很深，中国的女子教育有特色。我认为，教好一个女子，等于教好一个家庭、一个家族，而教好一个男子，则仅仅是教好一个人。”[9]

这里，需要厘清一个史实。1981年6月市三中学开始“只招收女生”，但并没有改名。关于具体何时恢复原校名，有几种说法，一说1981年7月，一说1982年。我们在市、区与学校的有关档案部门一直没有找到记载恢复校名确切时间的文本。长宁区教育系统的一份档案记载：1981年7月，学校正式更名为“上海市第三女子中学”，并被确定为部分寄宿制的市重点中学。[10]但是，我们在1982年1月的《上海市妇女“六好”积极分子登记表》上发现，学校在报送语文组华若萱老师的主要先进事迹时，仍然盖“上海市第三中学”章。[11]到了1982、1983年，才正式使用“上海市第三女子中学”的名称。[12]从档案来看，1981年已恢复使用“上海市第三女子中学”的名称，但正式确认要到1982年，这中间有一个过程。

无论从招生、管理，还是从学校的对外宣传来看，1981年已实际恢复上海市第三女子中学办学建制，并赋予其重要意义。对此，后来担任市三女中副校长的陈晞老师有一段论述：

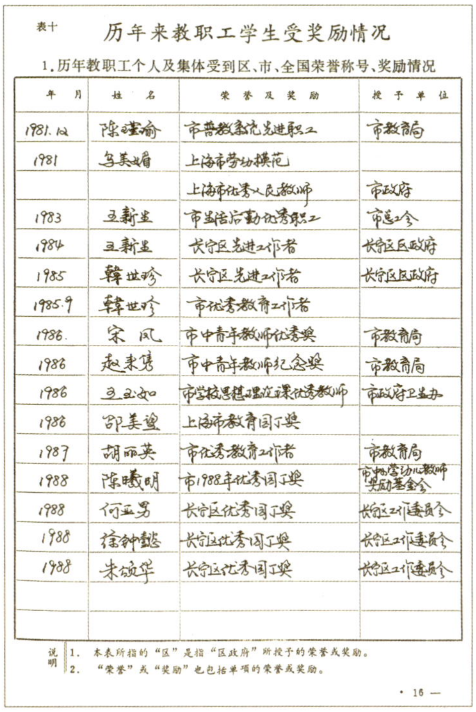

表十　历年来教职工学生受奖励情况

1. 历年教职工个人及集体受到区、市、全国荣誉称号、奖励情况

年　月	姓　名	荣誉及奖励	授予单位
1981.12	陈瑾瑜	市普教系统先进职工	市教育局
1981	乌美媚	上海市劳动模范	
		上海市优秀人民教师	市政府
1983	王新生	市生活后勤优秀职工	市总工会
1984	王新生	长宁区先进工作者	长宁区区政府
1985	韩世珍	长宁区先进工作者	长宁区区政府
1985.9	韩世珍	市优秀教育工作者	
1986.	宋　凤	市中青年教师优秀奖	市教育局
1986	赵来隽	市中青年教师纪念奖	市教育局
1986	王玉如	市学校思想理论课优秀教师	市政府卫生办
1986	邵美瑗	上海市教育园丁奖	
1987	胡丽英	市优秀教育工作者	市教育局
1988	陈曦明	市1988年优秀园丁奖	市中小学幼儿教师奖励基金会
1988	何亚男	长宁区优秀园丁奖	长宁区工作委员会
1988	徐钟懿	长宁区优秀园丁奖	长宁区工作委员会
1988	朱颂华	长宁区优秀园丁奖	长宁区工作委员会

说明　1. 本表所指的“区”是指“区政府”所授予的荣誉或奖励。
2. “荣誉”或“奖励”也包括单项的荣誉或奖励。

· 16 —

图7-12　市三女中学教职工个人及集体受到区、市、全国荣誉称号、奖励情况（1988年11月）

市三女中是一所市重点中学，但更是一所女子中学，多办一所或少办一所重点中学，其意义不会很大，市三女中的意义在于她是一所女中。上海市教育局之所以在1981年恢复我校的女中建制，这是有深谋远虑的，即使从今天看，仍有极大的必要性：一是能够有这样一块实验基地，把女孩子集中在一起，根据女孩子生理、心理的特点，因性施教，探索有利于促进女性全面发展的教育规律；其次，是设置了一个窗口，通过这个窗口，起到与兄弟省市及国外就女子教育问题进行研讨与交流的作用；再者，也反映了在社会主义市场经济条件下办学体制、办学模式多样化的趋势，并为希望自己的女儿能进女子学校接受教育的家长提供了可能性。

因此，我校作为全市唯一的一所女子重点中学，无论从教学方面还是德育工作，都要从女孩子的特点出发，因性施教，扬少女之长，补少女之短，为新一代女性成长创设良好的环境，最大限度地开发与培养女性的潜能，在女子教育方面创出特色。这才是市三女中存在和发展的价值所在。[13]

基于对多项重要性、必要性的考量，20世纪80年代初上海市教育部门决定在市三中学恢复女子中学建制，不再招收男生，同时恢复原校名，并将学校确定为部分寄宿制的市重点中学。1982年，市三女中即被列为上海市首批办好的重点中学之一，面向全市招收新生。

经过薛正校长与全校师生的共同努力，市三女中的教学质量明显提升，办学声誉迅速恢复。

表7-1　市三女中教职工个人及集体获得上海市级荣誉称号、奖励情况（1981—1988年）

年份	姓名	荣誉及奖励	授予单位
1981	陈瑾瑜	上海市普教系统先进职工	市教育局
1981	乌美媚	上海市劳动模范	
		上海市优秀人民教师	市政府
1983	王新生	上海市生活后勤优秀职工	市总工会
1985	韩世珍	上海市优秀教育工作者	
1986	宋凤	上海市中青年教师优秀奖	市教育局

（续表）

年份	姓名	荣誉及奖励	授予单位
1986	赵耒隽	上海市中青年教师纪念奖	市教育局
1986	王玉如	上海市学校思想理论课优秀教师	市政府卫生办
1986	邵美望	上海市教育园丁奖	
1987	胡丽英	上海市优秀教育工作者	市教育局
1988	陈曦明	上海市1988年优秀园丁奖	市中小学幼儿教师奖励基金会

注："荣誉"或"奖励"也包括单项的荣誉或奖励。

*资料来源：《长宁区教育系统基层单位情况登记簿》（上海市第二女子中学），上海市长宁区教育局，1988年11月。

市三女中顺应时代，开拓进取，在保持高考成绩稳定的基础上，积极参加各类竞赛活动，亦屡创佳绩。经过一段时期的恢复与振兴，市三女中进入了良好的发展时期。

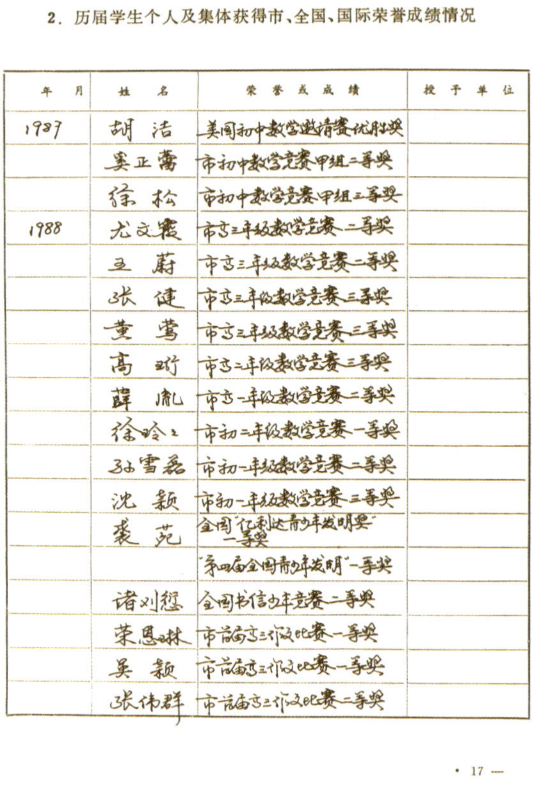

2．历届学生个人及集体获得市、全国、国际荣誉成绩情况

年月	姓名	荣誉或成绩	授予单位
1987	胡洁	美国初中数学邀请赛优胜奖	
	奚正蔼	市初中数学竞赛甲组二等奖	
	徐松	市初中数学竞赛甲组三等奖	
1988	尤文霞	市高三年级数学竞赛二等奖	
	王蔚	市高三年级数学竞赛二等奖	
	张健	市高三年级数学竞赛三等奖	
	黄莺	市高三年级数学竞赛三等奖	
	高翊	市高二年级数学竞赛三等奖	
	薛胤	市高一年级数学竞赛二等奖	
	徐玲玲	市初二年级数学竞赛一等奖	
	孙雪磊	市初一年级数学竞赛二等奖	
	沈颖	市初一年级数学竞赛三等奖	
	裘苑	全国"亿利达青少年发明奖"一等奖	
		"第四届全国青少年发明"一等奖	
	诸刘煜	全国书信少年竞赛二等奖	
	荣恩琳	市首届高三作文比赛一等奖	
	吴颖	市首届高三作文比赛一等奖	
	张伟群	市首届高三作文比赛二等奖	

· 17 —

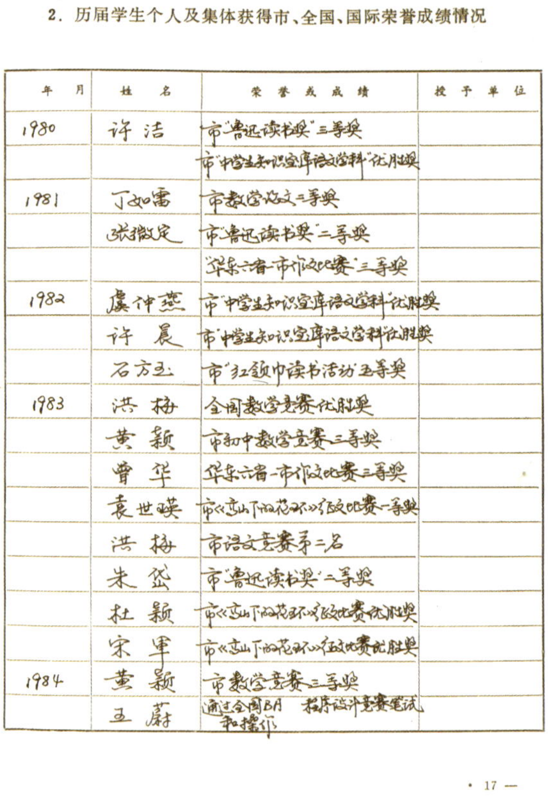

2．历届学生个人及集体获得市、全国、国际荣誉成绩情况

年月	姓名	荣誉或成绩	授予单位
1980	许洁	市"鲁迅读书奖"三等奖	
		市"中学生知识宝库语文学科"优胜奖	
1981	丁如雷	市数学论文三等奖	
	张徽定	市"鲁迅读书奖"二等奖	
		"华东六省一市作文比赛"三等奖	
1982	虞仲燕	市"中学生知识宝库语文学科"优胜奖	
	许晨	市"中学生知识宝库语文学科"优胜奖	
	石方玉	市"红领巾读书活动"五等奖	
1983	洪梅	全国数学竞赛优胜奖	
	黄颖	市初中数学竞赛三等奖	
	曹华	华东六省一市作文比赛三等奖	
	袁世瑛	市《高山下的花环》征文比赛一等奖	
	洪梅	市语文竞赛第二名	
	朱岱	市"鲁迅读书奖"二等奖	
	杜颖	市《高山下的花环》征文比赛优胜奖	
	宋军	市《高山下的花环》征文比赛优胜奖	
1984	黄颖	市数学竞赛三等奖	
	王蔚	通过全国BA 程序设计竞赛笔试和操作	

· 17 —

图7-13　市三女中学生获得荣誉（1988年11月）

第二节　开拓进取的市三女中

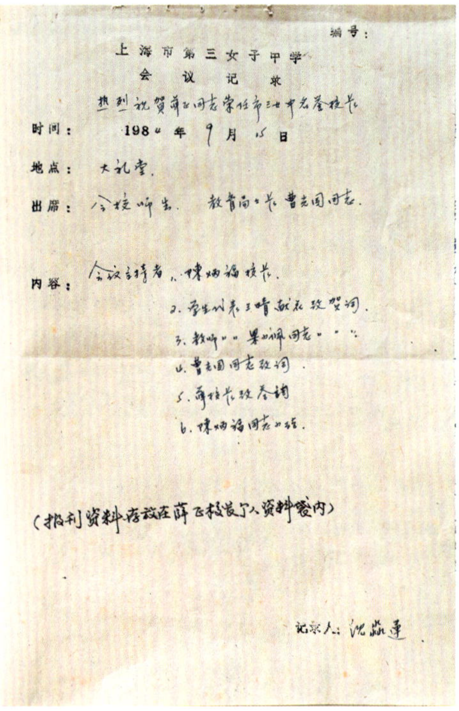
编号：

上海市第三女子中学

会议记录

热烈祝贺薛正同志荣任市三女中名誉校长

时间：1984年9月15日

地点：大礼堂

出席：全校师生　教育局局长曹志园同志

内容：会议主持者 1. 陈炳福校长

2. 学生代表王晴献花致贺词

3. 教师代表

4. 曹志园同志致词

5. 薛校长致答词

6. 陈炳福同志小结

（报刊资料存放在薛正校长个人资料袋内）

记录人：

图7-14　热烈祝贺薛正荣任市三女中名誉校长，学校会议记录（1984年9月）

改革开放以来，我国的中小学教育也进入了全面改革的新阶段。如何办学，如何改革，成为一个时代的命题。1983年9月9日，邓小平为北京景山学校题词，提出“三个面向”，即“教育要面向现代化，面向世界，面向未来”，为新时期教育改革指明了方向。1985年5月27日，中共中央正式颁布《中共中央关于教育体制改革的决定》（简称《决定》）。《决定》指出，要从根本上改变我国教育事业的落后状况和教育体制的弊端，必须从教育体制入手，有系统地进行改革。《决定》指出，教育必须为社会主义建设服务，社会主义建设必须依靠教育。教育体制改革的根本目的，是提高民族素质，多出人才、出好人才；把发展基础教育的责任交给地方，实行基础教育由地方负责、分级管理的原则。

市三女中按照邓小平关于教育“三个面向”的指示，认真贯彻中共中央的《决定》，全力推进学校管理体制的改革，坚持社会主义办学方向，全面贯彻教育方针，模范执行教育法规和有关政策，积极探讨学校机构改革与教学管理经验。1984年，陈炳福出任校长，德高望重的薛正成为学校的名誉校长。市三女中根据学校的实际情况，逐步实施教育体制改革，就如何办新时期的女子中学进行了全方位的探讨。

首先，恢复办学传统，根据新时代发展需要确立新的育人目标。

教育的根本任务在“立德树人”，教育的基本目标为“五育并举”。20世纪八九十年代，薛正等学校领导根据学校的办学传统，结合亲身实践，制定了女子教育的培养目标：“每位女性，要有坚强的意志，虚心求教的精神，目光远大，明辨是非，看到自己对家庭、社会的责任所在与影响所及，为祖国的繁荣、人民的幸福贡献聪明才智。”[14]这一目标既融合了圣玛利亚女校“公诚勤敏”和中西女中“Live, Love, Grow”（生活、爱和成长）的校训，又诠释了新时代对新女性所应具备的特质的要求。作为教师，就要“以教育为己任，为国家作贡献”，薛校长在一篇文章中写道：“对于一个教育工作者来说，幸福和欢乐莫过于自己的学生成长并且为国家出力了。在我无数的学生中有许多人已成长为蜚声海内外的巾帼英才，如著名科学家黄量，教育学家陈观裕，建筑学家陈晋明，心理学家张家琳，营养教育专家马立群，钢琴演奏家顾圣婴，企业家吴舜文。还有立志艰苦奋斗、不图安逸享受的支疆模范鱼珊玲、为国家

图7-15 市三女中举行恢复女中后第一届团代会（1985年5月2日）

图7-16 市三女中举行少年团校开学典礼（1991年12月）

核工业作出贡献的女科学家杨海棠、曾获得电工哲学博士学位的陈陈、在艺术上颇有造诣的女书法家周慧珺……还有许多在外交、翻译、新闻、广播、科技、医务、教育、文艺等业务上的骨干和尖子。她们都是卓有成就的女性，这些同学在中学时期打下的基础，无疑对她们以后在各自事业上的发展和成就起了很好的作用，这证明我献身于女子教育事业60多年是有意义的。”[15] 1984年，上海市人民政府任命薛正为市三女中名誉校长。

中学阶段是青少年世界观、人生观、价值观形成的重要时期。尤其到了高中阶段，女中学生很容易受到社会上各种习俗、思潮的影响。于是，学校有意识、有针对性地加强教育，注重引导。学校在1982年就成立了学生党章学习小组，1990年又建立了青年党校。市三女中的青年党校，让优秀高中学生学习理论，帮助提高学生的政治思想素质，重点培养入党积极分子。青年党校“是学校德育工作的深化和延伸，又是德育工作实效性的集中体现，进入党校培训的高中学生达三百余人，其中51名学员在高中期间被发展入党，其余大部分学员进入高校后经一、二年教育培养也相继入党”[16]。学校以爱国主义教育为主线，强调培养品德高尚、气质高雅、秀外慧中、德才兼备的现代女性，既要弘扬中华民族传统女子美德，又要体现改革开放的时代要求，做文明人、现代人。

加强党对学校的领导，重视党组织的建设。1987年3月16日，根据市三女中党员的实际情况（支部已有党员36人），中共市三女中党支部向上级党组织提交“要求批准建立中共市三总支”的请示报告。[17]不久，市三女中党总支部成立。9月25日，中共上海市长宁区教育工作委员会做出《关于成立中共上海市第三女子中学党总支委员会的批复》：同意陈炳福、乌美媚、沈淼莲、韩世珍、陈瑾瑜五位同志组成总支部委员会，并决定由陈炳福同志担任总支部委员会书记。[18]2000年6月，中共上海市第三女子中学党委成立，由杨振国任市三女中党委书记，兼任纪委书记。[19]

其次，积极探索，彰显市三女中的办学特色。

市三女中办学历史悠久，特色鲜明。如何在改革开放的新时代继续办好上海的这所著名女校，是学校师生一直在思索的问题。

改革开放以来的市三女中的特色办学，各个阶段各有侧重，内中有些许的差异，但互有关联，有其内在的演变逻辑。学校作为“上海市唯一的一所重点女子中学，以探索女子成才规律，提供优异的成才

图7-17　党总支书记、校长陈炳福同志和党章学习小组的学生在谈心，自右至左：孔峥、朱敏、吴晓霓、朱燕、张峥、龚隽、陈炳福校长、董晓慧、于丹玲、陈瑜华、沈淼莲老师（总支委员）、王炜（《解放日报》，1989年7月20日）

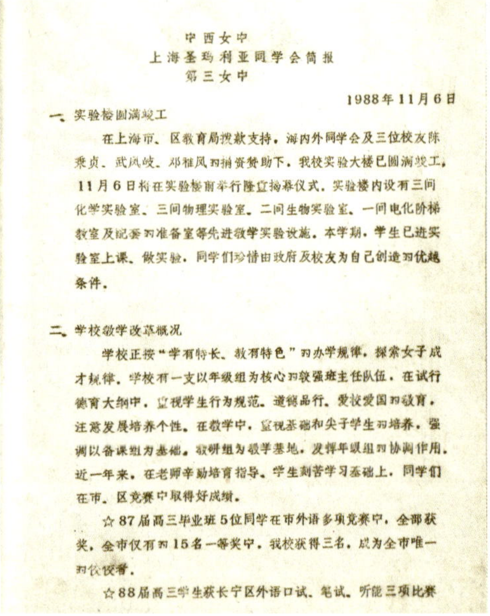
中西女中
上海圣玛利亚同学会简报
第三女中

1988年11月6日

一、实验楼圆满竣工

在上海市、区教育局拨款支持，海内外同学会及三位校友陈秉贞、武凤岐、邓稚凤的捐资赞助下，我校实验大楼已圆满竣工，11月6日将在实验楼前举行隆重揭幕仪式。实验楼内设有三间化学实验室、三间物理实验室、二间生物实验室、一间电化阶梯教室及配套的准备室等先进教学实验设施。本学期，学生已进实验室上课、做实验，同学们珍惜由政府及校友为自己创造的优越条件。

二、学校教学改革概况

学校正按“学有特长、教有特色”的办学规律，探索女子成才规律。学校有一支以年级组为核心的较强班主任队伍，在试行德育大纲中，重视学生行为规范、道德品行、爱校爱国的教育，注意发展培养个性。在教学中，重视基础和尖子学生的培养，强调以备课组为基础，教研组为教学基地，发挥年级组的协调作用。近一年来，在老师辛勤培育指导、学生刻苦学习基础上，同学们在市、区竞赛中取得好成绩。

☆87届高三毕业班5位同学在市外语多项竞赛中，全部获奖，全市仅有的15名一等奖中，我校获得三名，成为全市唯一的佼佼者。

☆88届高三学生获长宁区外语口试、笔试、听能三项比赛

图7-18 《上海中西女中、圣玛利亚、第三女中同学会简报》（1988年）

环境，启迪女子成才意识，挖掘女子内在潜力，发挥女子个性特长，培养高素质、高质量的优秀女子人才为目的”。所以，学校“贯彻德、智、体、美、劳全面发展的教育方针，坚持又红又专、文理并重、手脑并用、文茂才斐、外语有特色的办学路子”。为此，要做到五个“重视”：

我们重视德育，培养学生热爱祖国、热爱人民，有高尚的道德情操、强烈的社会责任感和无私的奉献精神。我们重视基础知识教学和开发学生的智力和能力，务使扬长补短、格物而致知，使她们既有扎实的科学理论知识又有实际的动手能力。我们重视体育，注重增强全体学生的体质，使她们具有健、美的体魄。我们重视美育，使学生有欣赏美、鉴别美和创造美的能力。我们重视发挥女生个性特长，注重素质、修养方面的培养和熏陶，坚持理论与实践的结合，把中华民族的传统美德和社会主义时代精神相融合，使她们成为德才兼备、娴静高雅、秀外慧中、锐意进取、不让须眉的“自尊、自信、自强”的女子英才。[20]

彼时的市三女中，注重校风建设，确立了“严、实、活”的教风，“勤奋学习，一丝不苟，勇于探索，锐意进取”的学风，汇成了“求真、勤思、惜时、健美”的校训。校训对于学生的成才具有重大影响。

1988年的《上海中西女中、圣玛利亚、第三女中同学会简报》这样记载学校正在进行的教学改革：

学校正按“学有特长、教有特色”的办学规律，探索女子成才规律。学校有一支以年级组为核心的较强班主任队伍。在试行德育大纲中，重视学生行为规范、道德品行、爱国爱校的教育，注意发展培养个性。在教学中，重视基础和尖子学生的培养，强调以备课组为基础、教研组为教学基地，发挥年级组的协调作用。近一年来，在老师辛勤培育指导、学生刻苦学习基础上，同学们在市、区竞赛中取得好成绩。[21]

在教育改革的大潮中，历经多年探索，学校始终认定由应试教育向素质教育转轨的必然趋势，重视发展学生的个性，以“全面加特长”为培养目标，初步形成了外语、体育、艺术教育的特色。市三女中的办学特色主要体现在几个方面：

一是以英语为代表的学科教育特色；二是以管乐队、民乐队为代表的艺术教育特

色；三是以垒球队为代表的体育活动特色。英语是我校的传统特色，我校毕业生英语的听说读写能力，尤其是英语交际能力是为大家所公认的。女孩子在语言方面要强于男孩。我们针对女孩子的特点，扬长避短，因性施教，不仅是英语，还有语文，也要扬女孩子的优势，能写一笔漂亮的字，能写一手好文章。

管乐队、民乐队是我校高水平演奏队，属上海市重点队，还有合唱团、舞蹈队、书法、绘画、篆刻、工艺、钢琴等等。女孩子要有点艺术品味，琴棋书画要懂一点，这样气质就不一样。美育不仅可以陶冶情操，而且对学生的智力发展、创造力的激发都大有益处。

我校垒球队是上海中学生高水平运动队，除此还有排球队、田径队、桥牌队，最主要的是群众性的体育活动。学校十分重视全体学生体质的增强，每天广播操前长跑400—800米，十几年如一日。学生体锻达标率保持在95%以上，"秀外慧中"需要健康的体魄支持。同时，体育活动对于学生学会合作、学会关心及培养学生吃苦耐劳精神、拼搏精神、顽强的毅力等都有积极的作用。[22]

在市三女中的办学历程中，几代人积极探索，形成了不少适应女子发展的特色项目。

校垒球队连续三年在全国少年垒球比赛中获得冠军；田径、排球、桥牌等项目也均在市、区比赛中多次获得好成绩。学校连续多年被评为全国和上海市的群众体育先进单位。

1991年，学校建立了全市第一支女子管乐

图7-19　市三女中举办春季田径运动会（1984年）

图7-20　2018全国少年垒球锦标赛（无锡赛区）暨训练营

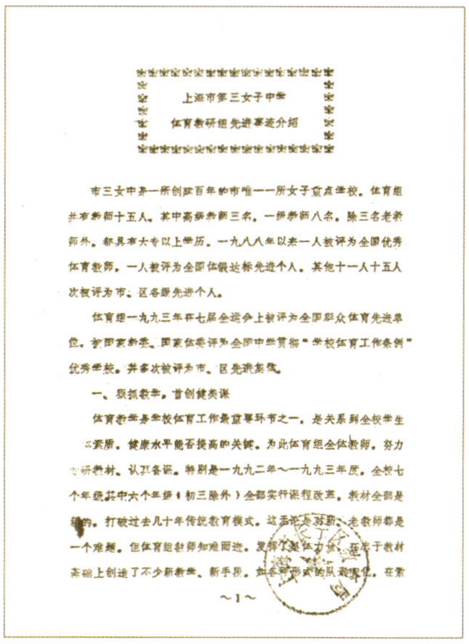

上海市第三女子中学

体育教研组先进事迹介绍

市三女中是一所创办百年的市唯一一所女子重点学校。体育组共有教师十五人。其中高级教师三名。一级教师八名。除三名老教师外。都具有大专以上学历。一九八八年以来一人被评为全国优秀体育教师。一人被评为全国体锻达标先进个人。其他十一人十五人次被评为市、区各级先进个人。

体育组一九九三年在七届全运会上被评为全国群众体育先进单位。被国家教委、国家体委评为全国中学贯彻"学校体育工作条例"优秀学校。并多次被评为市、区先进集体。

一、狠抓教学，首创健美课

体育教学是学校体育工作最重要环节之一。是关系到全校学生素质。健康水平能否提高的关键。为此体育组全体教师。努力钻研教材。认真备课。特别是一九九二年～一九九三年度。全校七个年级其中六个年级（初三除外）全部实行课程改革。教材全部是新的。打破过去几十年传统教育模式。这无论是对新、老教师都是一个难题。但体育组教师知难而进。发挥了集体力量。在忠于教材基础上创造了不少新教学、新手段。如各种形式的队列队形。在紧

~1~

图7-21　市三女中的上海市模范集体（班组）的先进事迹材料（1994年）

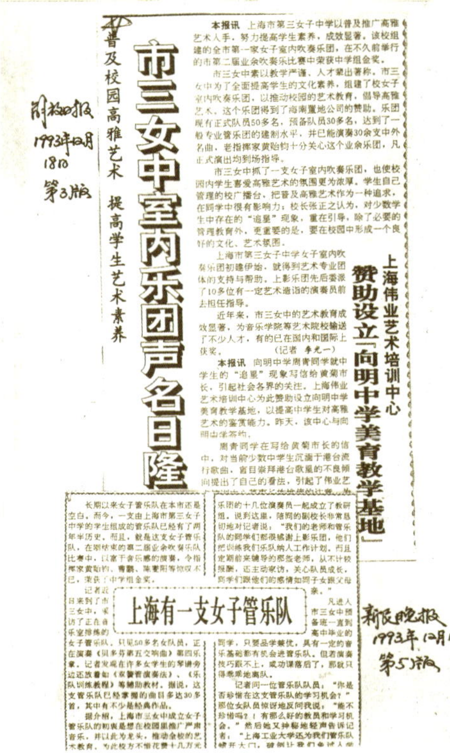

解放日报 1993年12月18日 第3版

市三女中室内乐团声名日隆

普及校园高雅艺术　提高学生艺术素养

本报讯　上海市第三女子中学以普及推广高雅艺术入手，努力提高学生素养，成效显著。该校组建的全市第一家女子室内吹奏乐团，在不久前举行的市第二届业余吹奏乐比赛中荣获中学组金奖。

市三女中素以教学严谨、人才辈出著称。市三女中为了全面提高学生的文化素养，组建了校女子室内吹奏乐团，以推动校园的艺术教育，倡导高雅艺术。这个乐团得到了海南置地公司的赞助。乐团现有正式队员50多名，预备队员30多名，达到了一般专业管乐团的建制水平，并已能演奏30余支中外名曲，老指挥家黄贻钧十分关心这个业余乐团，凡正式演出均到场指导。

市三女中抓了一支女子室内吹奏乐团，也使校园内学生喜爱高雅艺术的氛围更为浓厚。学生自己管理的校广播台，把普及高雅艺术作为一种追求，在同学中很有影响力；校长张正之认为，对少数学生中存在的"追星"现象，重在引导，除了必要的管理教育外，更重要的是，要在校园中形成一个良好的文化、艺术氛围。

上海市第三女子中学女子室内吹奏乐团初建伊始，就得到艺术专业团体的支持与帮助，上影乐团先后委派了10多位有一定艺术造诣的演奏员前去担任指导。

近年来，市三女中的艺术教育成效显著，为音乐学院等艺术院校输送了不少人才，有的已在国内和国际上获奖。　（记者　李光一）

上海伟业艺术培训中心赞助设立「向明中学美育教学基地」

本报讯　向明中学周青同学就中学生的"追星"现象写信给黄菊市长，引起社会各界的关注。上海伟业艺术培训中心为此赞助设立向明中学美育教学基地，以提高中学生对高雅艺术的鉴赏能力。昨天，该中心与向明中学签约。

周青同学在写给黄菊市长的信中，对当前少数中学生沉湎于港台流行歌曲，盲目崇拜港台歌星的不良倾向提出了自己的看法，引起了伟业艺……

新民晚报 1993年12月15日 第5版

上海有一支女子管乐队

长期以来女子管乐队在本市还是空白。而今，一支由上海市第三女子中学的学生组成的管乐队已经有了两年半历史。而且，就是这支女子管乐队，在刚结束的第二届业余吹奏乐队比赛中，以富于音乐感的演奏，令指挥家黄贻钧、曹鹏、陈燮阳等惊叹不已，荣获了中学组金奖。

记者近日来到了市三女中，采访了正在音乐室排练的女子管乐队，只见50多名女队员，正在演奏《贝多芬第五交响曲》第四乐章。记者发现在许多女学生的琴谱旁边还放着如《双簧管演奏法》、《乐队训练教程》等辅助教材。据说，这支管乐队已经掌握的曲目多达30多首，其中有不少是经典作品。

据介绍，上海市三女中成立女子管乐队的初衷是想在校园里推广严肃音乐，并以此为龙头，推动全校的艺术教育。为此校方不惜花费十几万元……

乐团的十几位演奏员一起成立了教研组。说到这里，陪同的副校长非常恳切地对记者说："我们的老师和管乐队的同学们都很感谢上影乐团，他们把训练我们乐队纳入工作计划，而且定期前来辅导的那些老师，从不计较报酬，还主动家访，关心队员成长，同学们跟他们的感情如同子女跟父母亲。"

凡进入市三女中预备班一直到高中毕业的同学，只要品学兼优，具有一定的音乐基础都有机会进管乐队。但若演奏技巧跟不上，或功课落后了，那就只得乖乖地离队。

记者问一位管乐队队员："你是否珍惜在这支管乐队的学习机会？"那位女队员惊讶地反问我说："能不珍惜吗？！有那么好的教员和学习机会。"然后她又神秘地轻声告诉记者："上海工业大学还为我们管乐队敞开大门，破例让我们免试入学……

图7-22　《解放日报》《新民晚报》报道市三女中室内乐团（1993年12月）

图7-23　市三女中学管乐队赴台参加活动（摄于1995年9月4日）

队，以管乐队为龙头发展了合唱、舞蹈、民乐、手工艺、书法、篆刻、绘画、钢琴、集邮、艺术插花、摄影等多种形式的艺术教育活动，培养学生欣赏美、鉴别美和创造美的能力。1994年5月7日，校管乐队在上海音乐厅举行了首次专场音乐会。1994年10月，校管乐队受上海市政府委派代表上海市进京参加国庆四十五周年演出，受到中央有关部门好评。校管乐队多次在上海市业余室内吹奏乐队演奏比赛中获得金奖和第一名，还到港台地区做访问演出，被誉为"和平小使者，友情传海峡"[23]。

学校开展垒球运动也是历史悠久。这项运动在学校校史上已持续了几个世纪。早在19世纪中后期，圣玛利亚女校、中西女中就有垒球运动的传统，校方定期组织年级垒球赛。到了20世纪50年代初期，徐美珍、肖嘉珣等学生组建了校女子垒球队，颇有名声；六七十年代坚持组队比赛，成绩突出；80年代初期，成为首批上海市13所高水平运动队之一。1991年，在我国女子垒球运动普遍萎缩的情况下，市三女中等附设了垒球学校。为此，长宁区教育局在1990—1991学年度专门为市三女中垒球学校（班）拨款7500元。[24]学校把垒球知识纳入体育课，作为体锻内容，以吸引更多的垒球苗苗。1992年，在市三女中一百周年校庆上专门安排了一场女子垒球比赛，得到了国内外校友的一致好评。[25]

1994年，张正之继任校长。作为市三女中的新校长，他说，"我必须深刻地思考：将一所怎样的市三女中带入21世纪？如何使市三女中再创辉煌？我上任之时，正值上海市开展一期课改的试验工作，我参与制定了市三女中的整体改革方案，并实际领导了市三女中一期课改的试验工作。同时，邓小平同志'教育要面向现代化，面向世界，面向未来'的思想促使我进一步思考：进入90年代中期的市三女中如何才能焕发青春，始终顺应世界科技和经济的进步，走在教育

图7-24　校垒球队（摄于1993年）

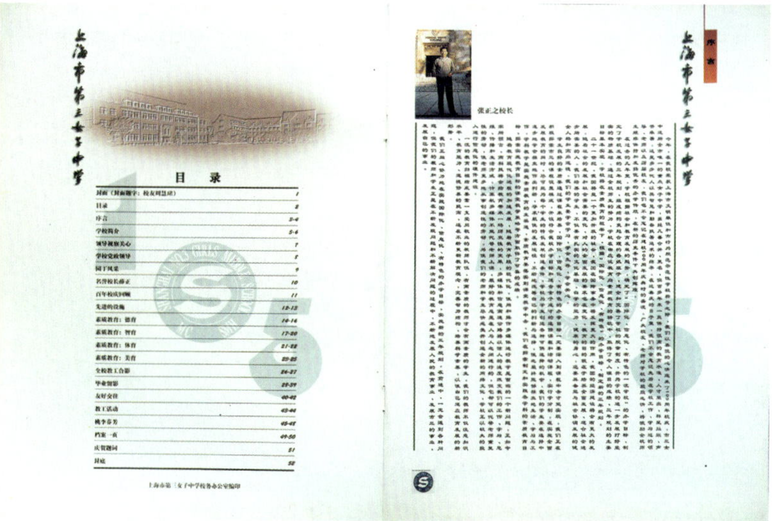
上海市第三女子中学
目　录
张正之校长

图7-25《上海市第三女子中学105周年校庆特刊》，张正之校长撰写序言（1997年刊印）

发展的前列？教育的本质是什么？如何根据市三女中的历史和基础提出一个符合市三女中实际的办学目标？"[26]张正之任校长后的第一件事就是制订一个目标明确的发展规划。经过充分调研与论证，张校长提出了"把市三女中办成国际化、信息化、有特色的学校"，并以此为办学目标，制订了学校发展的三年规划，在学校管理、德育工作、文化素质教学、教学模式、教师队伍建设、硬件建设、改善办学条件、教学科研、提高教师福利待遇方面均提出具体要求。到1997年，市三女中"国际化、信息化、有特色"办学目标的初步框架已经建立起来：

（1）建立了一批国际友好、姐妹学校，实现了师生之间范围广泛和有一定规模的人员交流。

（2）实现了友好学校和姐妹学校之间在管理、课程、教授等方面的交流，比较深入地实现了中外文化的选择、加工和融合。

（3）将“国际化、信息化”深入到课程领域。

（4）通过国际化教育加强对爱国主义的理解。

（5）初步形成了师生利用网络的人文环境。

（6）校园网的建成促使师生初步尝试了教与学的革命，推进了素质教育。

（7）市三女中初步形成的特色是：学生有扎实的文化基础，有生动活泼的环境，有明显的语言特长，有广泛和良好的艺术修养，有合作意识。

（8）以人为本，着眼于21世纪培养“可持续发展的人”。[27]

通过几年的实践，办学成效显著。

表7-2　市三女中在全国、上海市各项竞赛中获团体奖情况（1993—1995年）

学科	获奖团体	获奖赛事名称	获奖名次
体育	校女垒队	1993年全国少年女垒“萌芽杯”	第一名
		1994年全国少年女垒“萌芽杯”冬训赛	第一名
		1994年全国少年女垒“萌芽杯”儿童甲组	第二名
		1995年上海市第十届运动会垒球女子少年组	第一名
	高中女排	1993年上海市中学生“育苗杯”排球赛	第三名
		1994年上海市中学生“育苗杯”排球赛	第一名
艺术	校管乐队	1993年上海市第二届业余吹奏乐队比赛	第一名
	高一合唱队	1993年上海市第一届重点中学歌咏比赛	第一名
		1994年上海市中学生歌咏比赛	一等奖
打字	初中组	1994年上海市第七届“飞鱼杯”中小学生英文打字竞赛	第一名
	高中组	1994年上海市第七届“飞鱼杯”中小学生英文打字竞赛	第一名
政治	高二年级	1994年上海市中学生《香港特别行政区基本法》知识竞赛电视决赛	第三名
劳技	高一年级	1994年上海市高中生烹饪大赛电视决赛	第二名

*资料来源：上海市第三女子中学编:《上海市第三女子中学年刊》，1995年刊印，第23页。

表7-3　市三女中在全国、上海市各科竞赛中的获奖学生名单（1993—1995年）

学科	获奖学生名单
数学	孙雪磊、陈丽华、方方、朗佳、夏洪蕾、陈超、陈赟霞、钱静芬、杨页、子嫣、徐晓冬、张韵炜、朱伟琳、朱丽虹、王岱青、杨婻、袁虹、秦忆、林华、沈颖、周吉妤、胡蒙兆、黄超白、徐昕、吴霜蕾、乐文婕、徐玮、龙敏、乐韵、陈淳、黄洁萍、成震、盛昌昌、顾珺彦、姜莹、包长越
物理	孙冰若、沈颖、汪怡敏、任艳莉、陈淳、杨春怡、王琰、章上珠、周艳菁、周莉、王乃容、许乃君

（续表）

学科	获奖学生名单
化学	蒋灵、李静、孙雪磊、张晔蓉、陈超、沈颖、汪志敏、王琰、姜莹、金颖、蔡锴哗、方晓岚
英语	杨敏、林原、卢克非、陈蕾、吴蕴哲、杨唯璐、张悦纳、胡颖、朱妍红、乔英、刘怡静、石磊玫、任艳莉、政音、申世安、包彦君、江婕、王莹、钱静芳、陈佳音、汪妍、斯文、赵莹、林岚、陈莉莉、侯晓静、尚岚、蔡宏、朱燕、陈瑾
语文	李芳菲、蒋灵、乔怡、张琛蓉、袁勤、葛惠芳、张佩珺、胡昕婴、胡蒙兆、薛隽、许菁、林浩美、章海默、吕晨、肖曼乐、是卓群、顾佳韵、方思诗、潘倩菲、蔡蕾、高莲芳、陈静、刘俊、陈立贤、姜楠、方立萍、侯晓静、杜惠美、张欣、李霄洁、刘梦洁、张丽佳、杨珺、张玲、杨甜、郁莹、徐璐倩、杨锷、吴之颖、范佳蔚、周琦、金仁凤、刘佳瑶、朱珍、陈萌、王琰、邵颖、杜天丽、汪佳佳、任梦汝、关旭、金晓琳、王晓蓉
政治	张榕华、山鹰、张哲慧、潘一蕾
国际象棋	朱肖松、韩秉劼
环境保护	张晔蓉、姜莹、徐思嘉、张晗、陈静、周吉好、张卿、龚燕、谈诤、陈洁、钱静芳、鲁琳
生物	庄启南
科学论坛	张晔蓉、吴璟、蔡蕾、蔡珩、刘怡静、姜莹、杨天蔚
英文打字	唐琦俊、汤雅静、政音、石磊玫、何敏、李琛
计算机	姜莹
体育	桑雅君、严静、严婷婷、顾晶晶、王如菁、赵羚羚、颜绮绮、严青、叶菁、张帆、郑晓薇

*资料来源：上海市第三女子中学编：《上海市第三女子中学年刊》，1995年刊印，第22页。

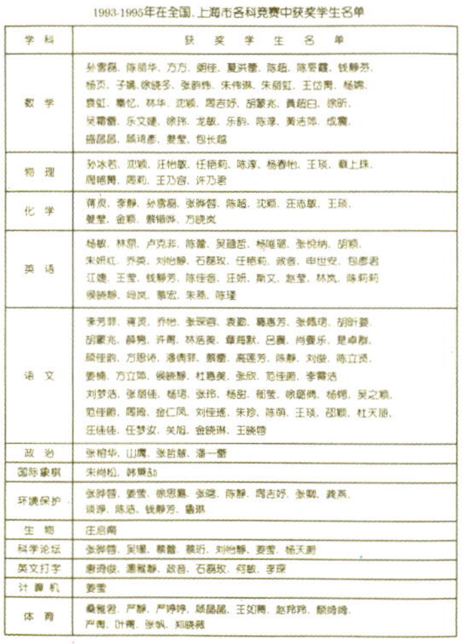
1993-1995年在全国、上海市各科竞赛中获奖学生名单

图7-26　1993—1995年市三女中学生在全国、上海各类竞赛中的获奖名单（选自《上海市第三女子中学年刊》创刊号）

1993-1995年在全国、上海市各项竞赛中获团体奖

学科	获奖团体	获奖名称	获奖名次
体育	校女垒队	93年全国少年女垒"萌芽杯"	第一名
		94年全国少年女垒"萌芽杯"冬训赛	第一名
		94年全国少年女垒"萌芽杯"儿童甲组	第二名
		95年上海市第十届运动会垒球女子少年组	第一名
	高中女排	93年上海市中学生"育苗杯"排球赛	第三名
		94年上海市中学生"育苗杯"排球赛	第一名
艺术	校管乐队	93年上海市第二届业余吹奏乐队比赛	第一名
	高一合唱队	93年上海市第一届重点中学歌咏比赛	第一名
		94年上海市中学生歌咏比赛	一等奖
打字	初中组	94年上海市第七届"飞鱼杯"中小学生英文打字竞赛	第一名
	高中组	94年上海市第七届"飞鱼杯"中小学生英文打字竞赛	第一名
政治	高二年级	94年上海市中学生《香港特别行政区基本法》知识竞赛电视决赛	第三名
劳技	高一年级	94年上海市高中生烹饪大赛电视决赛	第二名

图7-27　1993—1995年市三女中学生在全国、上海各类竞赛中获得的团体奖项

1994—1997年间，学校先后获得“上海市文明单位”“上海市中学行为规范示范校”等荣誉称号。此外，1994年，学校体育组获得“上海市劳动模范先进集体”称号；1995年，学校外语组被评为“上海市劳动模范先进集体”；1997年，学校体育组荣获“全国体锻达标先进单位”称号，政治组荣获上海市“三八红旗集体”称号。1997年10月31日，在市三女中召开了有11所海外学校和30余所国内学校参加的“21世纪国际教育研讨会”。11月25—31日，国家教委在学校召开“全国中小学实践教学与应用现代教育技术”现场会。

市三女中的一些领导、老师也从各个方面探讨学校的特色办学问题。陈晞副校长曾撰写《因性施教，培养秀外慧中女子人才的实践与思考》，围绕“因性施教”，确立“秀外慧中”的办学目标，并就市三女中特色办学的实践等进行分析。根据时代的要求，学校确定了培养女生的目标：以校友宋庆龄为楷模，培养品德高尚、气质高贵、秀外慧中的新女性。其中，对“秀外慧中”做了具体诠释：

> 在不同的时期可以赋予不同的内容和要求，我们认为，秀外，主要指有健康的形体，行为文明，言谈举止文雅大方，懂礼仪（包括国际交往中的礼仪），衣着打扮得体等；慧中，最重要的是对社会主义的信念，有崇高的理想，热爱祖国，这些对重点中学的学生来说，尤为重要。还有就是有高尚的道德、扎实的文化基础知识，有一定艺术修养，有悟性，有灵气，有自信心，能尊重人、理解人、接纳人等等。总之，我们希望培养出来的女孩子，要气质典雅高贵。高贵，不是不尊重人，不是摆阔显富。当然也不是娇滴滴受不了委屈吃不起苦，那是小家碧玉而不是大家闺秀。要眼光长远，心胸开阔，有节制地做一切事情，始终保持有尊严、谦和的外表和平静的内心，努力做一个对社会对他人有利的人。“秀外”主要是指外在的形象，“慧中”是指内在的素质。“秀外慧中”是“外树形象，内强素质”在女中的特定涵义。[28]

在文中，陈晞从多个方面总结了市三女中特色办学的实践，包括：（一）以少年团校、青年党校为组织形式，对学生进行世界观、人生观、价值观教育，帮助学生树立崇高理想，在优秀学生中培养青年共产主义者。（二）创设良好的校园文化环境。（三）加强对女学生行为规范养成的教育。（四）发挥学校教育与社区教育双向功能，通过学生的自主活动，在服务他人、服务社会中达到自我教育、自我实现的目的。（五）通过“国际化、信息化、有特色”的办学目标的实施，提高学生的自尊心、自信心，增强学生的社会主义信念和爱国心。

市三女中的领导与老师的观察是细致的，也了解女生的一些特点：“女孩子一般比男孩心细情柔，比较善于处理多种琐碎细小的事务，容易接近人、理解人、沟通人，比较富有同情心。根据女生特点，我们的活动设计，不仅是女学生喜闻乐见的活动，而且注重在日常生活和活动中培养学生的道德品质，让学生积极主动地参与学校和社区的活动，从人皆有之的恻隐之心，上升为爱心和责任心。我们的学生在社会上自觉参与帮困助残、志愿服务和献爱心的各种公益活动。我校各个团支部都有志愿者服务队的活动，她们定期开展敬老助残活动。现在我校共有21支志愿者服务队，她们开展为孤老、退休教师、敬老院服务活动，辅导小学生，为里弄出黑板报、大扫除，宣传‘七不’等。在社会大课堂里，丰富了学生们的阅历，锻炼了学生的社会活动能力和工作能力以及组织能力，在服务他人、服务社会的过程中，使自己的思想境界得到升华，增强了关心他人、关心社会的观念，真正体会到‘你快乐，所以我快乐’的境界。”[29]女子学校就要结合女生的这些特点来办校。

为了实现传统名校向现代化名校的转型，市三女中特别注意信息化建设。学校加强学生计算机操作和编程能力的培养，在全校安装了电视监控系统，学校图书馆信息网络也与上海市教育信息中心联网。学校还努力实现学校、教师、家庭、社会一体化的社会教育，让女孩子掌握现代技术手段，在高新技术发展迅速的时代，能自主地搜集信息、处理信息、分析信息，由此增强了市三女中学生的自信心，为她们今后进入高校和踏上社会寻求发展提供了便利，在适应时代的发展中抢占机遇，增加竞争力。关于这一时期市三女中的“国际化”办学情况，在下面的章节中有专门论述。

再次，以“上海市第三女子中学申报上海市实验性示范性高中”为重点，学校不断创新，开拓进取。

1998年4月，何亚男出任市三女中校长。学校以改革、发展、稳定的要求，继续深化校内管理改革，按照一级抓一级的办法，健全岗位责任制和目标考核制。在教学上，在一期课改的基础上，有了新的目标。学校提出要勇于创新、敢于实践、善于钻研，“强化课改实验基地的改革意识，着力推进二期课改。在必修课、选修、活动三个板块合理配套的基础上，重视抓好选修课和活动课”，巩固强化特色课程。[30]具体抓好课堂教学的主渠道，以教研组、备课组为基地，开展各学科素质教育目标、策略、方法、模式和评估的探索，结合学校网络、信息库建设，大力推广应用现代教学技术，优化课堂教学，切实提高教学质量。“继续开拓发展教学特色，加强高中英语牛津教材科研和英语教学特色研究，提高英语教学质量。”[31]继续保持市三女中的英语特色，与此同时，各学科都要发扬“严、实、活”的教风，根据女生的特点，因材施教，重视美育、计算机教学和科技教育，使学校的办学特色更加突出。在何校长任内，学校抓住时机，重点做好申报上海市实验性示范性高中规划的工作。在21世纪初，学校成为上海市首批实验性示范性高中。

作为一所列为重点建设的学校，有关部门逐渐加大在市三女中的投入，校园设施不断完善。

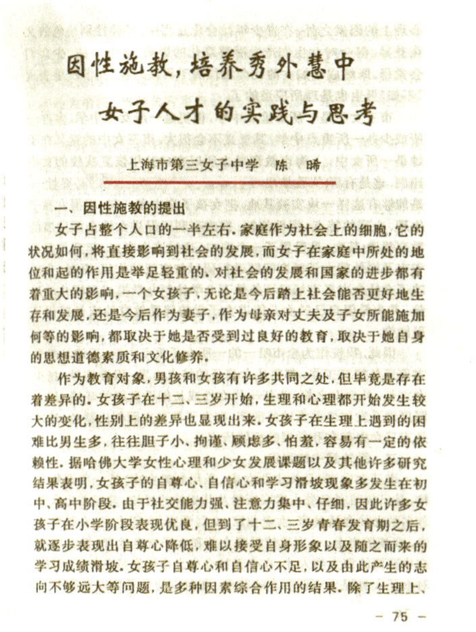
因性施教，培养秀外慧中女子人才的实践与思考

上海市第三女子中学　陈　晞

一、因性施教的提出

女子占整个人口的一半左右。家庭作为社会上的细胞，它的状况如何，将直接影响到社会的发展，而女子在家庭中所处的地位和起的作用是举足轻重的。对社会的发展和国家的进步都有着重大的影响，一个女孩子，无论是今后踏上社会能否更好地生存和发展，还是今后作为妻子，作为母亲对丈夫及子女所能施加何等的影响，都取决于她是否受到过良好的教育，取决于她自身的思想道德素质和文化修养。

作为教育对象，男孩和女孩有许多共同之处，但毕竟是存在着差异的。女孩子在十二、三岁开始，生理和心理都开始发生较大的变化，性别上的差异也显现出来。女孩子在生理上遇到的困难比男生多，往往胆子小、拘谨、顾虑多、怕羞，容易有一定的依赖性。据哈佛大学女性心理和少女发展课题以及其他许多研究结果表明，女孩子的自尊心、自信心和学习滑坡现象多发生在初中、高中阶段。由于社交能力强、注意力集中、仔细，因此许多女孩子在小学阶段表现优良，但到了十二、三岁青春发育期之后，就逐步表现出自尊心降低，难以接受自身形象以及随之而来的学习成绩滑坡。女孩子自尊心和自信心不足，以及由此产生的志向不够远大等问题，是多种因素综合作用的结果。除了生理上、

— 75 —

图7-28　陈晞：《因性施教，培养秀外慧中女子人才的实践与思考》（选自《新时期学校德育的探索》，1998年刊印）

表7-4　市三女中建筑概况一（至1987年底）

<table>
<tr><th colspan="2">项目</th><th colspan="2">建校时</th><th colspan="2">1987年底</th><th>备注</th></tr>
<tr><td rowspan="13">学校占地面积</td><td>建筑面积（平方米）</td><td colspan="2">16979.7</td><td colspan="2">20348.5</td><td></td></tr>
<tr><td>绿化面积（平方米）</td><td colspan="2">14828</td><td colspan="2">13728</td><td></td></tr>
<tr><td rowspan="9">运动场地</td><td>具体内容</td><td>数量</td><td>具体内容</td><td>数量</td><td></td></tr>
<tr><td>体操房</td><td>1</td><td>体操房</td><td>1</td><td></td></tr>
<tr><td></td><td></td><td>风雨棚</td><td>1</td><td></td></tr>
<tr><td></td><td></td><td>水泥篮排球场</td><td>1</td><td></td></tr>
<tr><td></td><td></td><td>乒乓房</td><td>4</td><td></td></tr>
<tr><td></td><td></td><td>单双杠区</td><td>1</td><td></td></tr>
<tr><td></td><td></td><td>足球场及跑道</td><td>1</td><td></td></tr>
<tr><td></td><td></td><td>铅球区</td><td>1</td><td></td></tr>
<tr><td></td><td></td><td>游泳池</td><td>1</td><td></td></tr>
<tr><td>合计面积（平方米）</td><td colspan="2">31807.7</td><td colspan="2">34076.5</td><td></td></tr>
<tr><td>其他（平方米）</td><td colspan="2">29959.25</td><td colspan="2">8257</td><td></td></tr>
<tr><td colspan="2">合计</td><td colspan="2">61766.95（计83.5亩）</td><td colspan="2">42333.5（计63.5亩）</td><td>划给江五小学20亩</td></tr>
<tr><td colspan="2" rowspan="11">教室</td><td>每间面积（平方米）</td><td>间数</td><td>每间面积（平方米）</td><td>间数</td><td></td></tr>
<tr><td>56</td><td>2</td><td>56</td><td>2</td><td></td></tr>
<tr><td>61</td><td>3</td><td>61</td><td>3</td><td></td></tr>
<tr><td>63</td><td>9</td><td>63</td><td>9</td><td></td></tr>
<tr><td>77.1</td><td>2</td><td>77.1</td><td>2</td><td></td></tr>
<tr><td>64.8</td><td>2</td><td>64.8</td><td>2</td><td></td></tr>
<tr><td>76</td><td>1</td><td>76</td><td>1</td><td></td></tr>
<tr><td>54</td><td>1</td><td>54</td><td>1</td><td></td></tr>
<tr><td></td><td></td><td>42</td><td>6</td><td></td></tr>
<tr><td></td><td></td><td>40</td><td>4</td><td></td></tr>
<tr><td></td><td></td><td>43.9</td><td>4</td><td></td></tr>
<tr><td colspan="2">合计</td><td>451.9</td><td>20</td><td>577.8</td><td>34</td><td></td></tr>
</table>

表7-5　市三女中建筑概况二（至1987年底）

<table>
<tr><th>项目</th><th colspan="2">建校时</th><th colspan="2">1987年底</th><th rowspan="2">备注</th></tr>
<tr><th>名称</th><th>每间面积（平方米）</th><th>间数</th><th>每间面积（平方米）</th><th>间数</th></tr>
<tr><td rowspan="2">计算机房</td><td></td><td></td><td>58.85</td><td>2</td><td></td></tr>
<tr><td></td><td></td><td>45.76</td><td>1</td><td></td></tr>
<tr><td rowspan="2">电化室</td><td></td><td></td><td>48.8</td><td>1</td><td></td></tr>
<tr><td></td><td></td><td>60.6</td><td>1</td><td></td></tr>
</table>

（续表）

项目		建校时		1987年底		备注
名称		每间面积（平方米）	间数	每间面积（平方米）	间数	
语音室				22.6	1	
				82	1	
阶梯教室				129.6	1	
实验室				85.8	3	
实验室				84.24	3	
实验室				20.03	1	
实验室				12	1	
合计				650.28	16	
办公室		19	13	19	13	“五一”北二楼办公室
		44.8	1	44.8	2	校长室“五四”底
		16.7	1	16.7	1	支部办公室“五四”底
		25	1	25	1	教导处“五四”底
		55	1	55	1	总务处“五四”底
		/	/	46	1	油印间
		8×2=16	2	16	2	教师休息室
				24.4	3	“六一”楼教师办公室
合计		176.5	19	246.9	24	
名称	合计面积（平方米）	每间面积（平方米）	间数	每间面积（平方米）	间数	备注
图书馆	409.4	204.7	2	204.7	2	
礼堂	664.28	664.28	1	664.28	1	
体操房	523.6	523.6	1	523.6	1	
仓库	60			60	1	
校办厂	1099.1			1099.1	9	
风雨棚	800			800	1	
乒乓房	144			36	4	
食堂	学生食堂	84.2	2	84.2	2	
	教工食堂					
	合计					
宿舍	学生宿舍	19	39	19	39	
	教工宿舍					
	合计					
其他建筑						

*资料来源：《长宁区教育系统基层单位情况登记簿》（上海市第三女子中学之“表二”），上海市长宁区教育局，1988年11月。

校园内的一些项目陆续得到改建扩建，涉及教学楼、实验室、图书馆、宿舍、食堂等。1993年9月，学校新校门落成。[32]一些项目的建设起到了改善市三女中的校园环境、教学条件、生活设施的作用，同时也为校园各类活动的开展提供了有利条件。与此同时，校园里也出现了新景观。如1996年11月3日，学校与上海市中西、圣玛利亚、第三女子中学同学会（简称“同学会”）在大草坪举行薛正校长铜像揭幕仪式。

在市三女中的校园设施与校园文化建设中，同学会与校友们发挥了很大的作用。广大校友关心母校，曾以多种方式支持学校发展。此以校友参与的学校实验楼建设为例。1988年11月，由上海市、长宁区教育局拨款，在海内外同学会及三位校友陈秉贞、武凤岐、徐景奂的捐资赞助下，市三女中实验大楼圆满竣工，并于1988年11月6日在实验楼前举行了揭幕仪式。实验室内设有3间化学实验室、3间物理实验室、2间生物实验室、1间电化阶梯教室，还有配套的准备室等先进的教学实验设施。自1988年下半年起，市三女中的学生就能在新建的实验室上课、做实验。[33]

在研究20世纪八九十年代市三女中的校史时，学校开办的校办厂引起了研究者的注意。市三女中有一家校办厂，始建于1980年9月，起初主要是为了方便学生的勤工俭学。该厂起初主要从事五金加工与纸品加工，后规模逐渐扩大，发展为生产注塑、电器等；后改名“上海强华电器厂”，成为一家颇有影响的校办企业。

图7-29 校友资助实验设施

图7-30 中西1946届蔡詠芳资助健身房修缮

图7-31 王培芳、王培丽捐助电脑房揭牌

图7-32　同学会活动日举行薛正名誉校长铜像揭幕仪式（1996年11月3日）

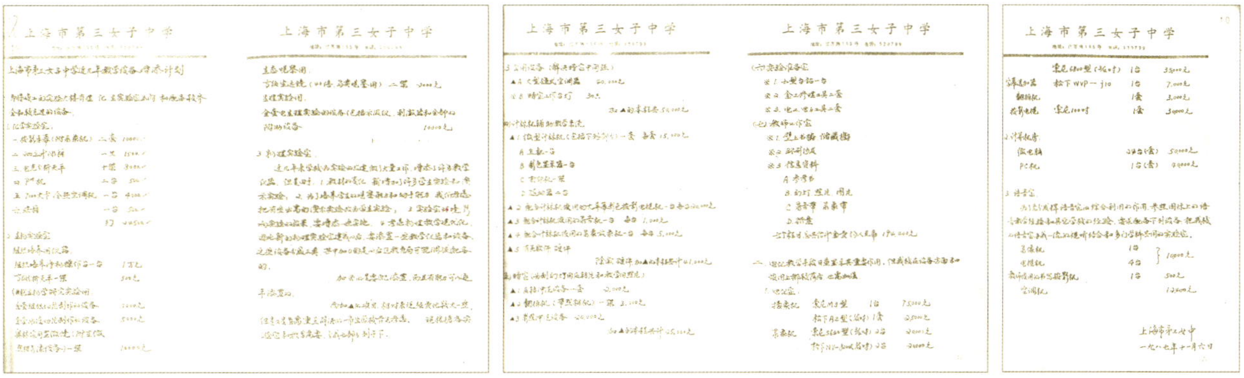

图7-33　市三女中增添设备的项目和计划（1987年）

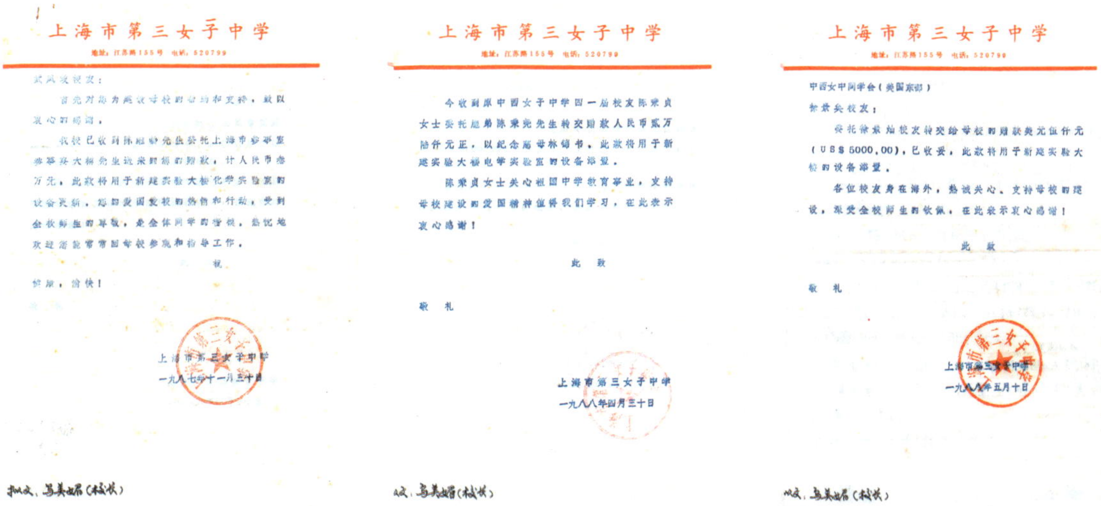

上海市第三女子中学
地址：江苏路155号　电话：520799

武凤珍校友：

首先对您为纯收母校的关怀和支持，致以衷心的感谢。

我校已收到陈??先生委托上海市参事室参事孙大??先生送来的捐款，计人民币叁万元，此款将用于新建实验大楼化学实验室的设备更新。您的爱国爱校的热情和行动，受到全校师生的尊敬，是全体同学的榜样，热忱地欢迎您能常常回母校参观和指导工作。

祝

健康，愉快！

上海市第三女子中学
一九八七年十一月三十日

上海市第三女子中学
地址：江苏路155号　电话：520799

今收到原中西女子中学四一届校友陈秉贞女士委托胞弟陈秉先先生转交捐款人民币贰万陆仟元正，以纪念慈母林锦书。此款将用于新建实验大楼电学实验室的设备添置。

陈秉贞女士关心祖国中学教育事业，支持母校建设的爱国精神值得我们学习，在此表示衷心感谢！

此致

敬礼

上海市第三女子中学
一九八八年四月三十日

上海市第三女子中学
地址：江苏路155号　电话：520799

中西女中同学会（美国东部）

你们好！

各位校友：

委托徐慕灿校友转交给母校的赠款美元伍仟元（US$5000.00），已收妥，此款将用于新建实验大楼的设备添置。

各位校友身在海外，热诚关心、支持母校的建设，深受全校师生的钦佩，在此表示衷心感谢！

此致

敬礼

上海市第三女子中学
一九八八年五月十日

图7-34　回复捐建母校实验楼校友的信函（1988年）

表7-6　市三女中勤工俭学、校办工厂情况

校厂（或第三产业）名称	上海强华电器厂（原名上海市三女中校办厂）			
建立时间	1980年9月			
负责人	沈文锵　耿长玛		分管领导	陈炳福
生产项目	五金加工　纸品加工			
	五金加工　电器产品　注塑（现有）			
历年来生产经营情况				
年份	生产经营主要项目	年产值（元）	年利润（元）	获奖情况
1980	五金加工	12000	7000	
1981	五金加工　纸品加工	24000	16000	
1982	五金加工　纸品加工	32000	19000	
1983	五金加工　纸品加工	48000	42000	
1984	五金加工　纸品加工	76000	71000	
1985	五金加工　纸品加工	126000	120000	
1986	五金加工　纸品加工	174000	142000	
1987	五金加工　注塑　电器	227631	160079	
1988	五金加工　注塑　电器	357269	226000	

*资料来源：《长宁区教育系统基层单位情况登记簿》（上海市第三女子中学），上海市长宁区教育局，1988年11月。

何亚男是1998—2002年担任市三女中校长。她刚上任，恰逢美国总统克林顿访问中国，夫人希拉里·克林顿来到市三女中访问。何校长用英文致欢迎词，希拉里向师生们做了近四十分钟的演讲，随后，在场八位学生用英文向希拉里提了问题，双方进行了现场交流。希拉里称誉：市三女中拥有“一流的学生，一流的英语水平”。何亚男校长带领大家提出了“国内一流、国际知名、特色鲜明的女子高中”的办学目标，还提出以“独立、能干、关爱、优雅”（IACE）为特征的育人目标。“IACE女孩”的评选，对市三女中学生产生怎样的影响？一是，这项评选中，学生是主动的，而不是被动的；二是，这项评选激起学生内在的动力，激励学生加强自我锻炼，朝着“独立、能干、关爱、优雅”的目标前进；三是，这项评选受到学生欢迎，学生每年把申报和评选“IACE女孩”当作一个盛大的节日。

市三女中的英语学科特色提高到一个新水平。在教材使用、课堂教学和开设选修课上，采取了许多新做法：其一，初中教学以引进教材为主，部编教材为辅；高中年级以部编教材为主，辅以新概念英语作为听说教材等；其二，注重“听、说、读、写”，推进了“听说”领先的课堂教学，学生的“听说”能力明显提高；其三，英语听力测试以及英语词汇测试成绩计入学期总分；其四，英语教学注重与学校文化相融合，开设了选修课，如英语竞赛、英语写作、英语阅读等，以满足不同层次学生的需求。1998年2月起，学校承担引进“牛津英语”教材的试点工作，是上海市唯一一所全面实施引进教材的学校，

起了积极的引领辐射作用。在20世纪末和21世纪初，在上海和全国历届英语演讲比赛和英语口语竞赛中，市三女中都获得优异成绩。

值得一提的是上海市第三女子初级中学的成立。1999年9月，根据上海市政府关于重点中学初、高中脱钩的规定，从新学年起，学校停止招生初中学生，同期成立上海市第三女子初级中学。上海市第三女子初级中学与上海市第三女子中学同根同源。学校建校后，以七一楼为女初教学楼，与市三女中共享校园及教育教学等资源。学校传承和发展了市三女中的办学理念、女生教育教学特色，根据初中女生身心特征和成人成才规律，明确了学校的育人目标，培养率真（Natural）、独立（Independent）、关爱（Caring）、优雅（Elegant）的"NICE GIRL"。围绕育人目标，学校构建了"综合素养培育课程"框架体系，形成了赤、橙、黄、绿、青、蓝、紫"七彩社团"课后服务课程40门，体现了新时代背景下树德、增智、育美的综合育人目标。品格修养课程与德育活动相融合，兼顾女生的个人成长和社会性发展。学校相继获得"全国示范家长学校""全国青少年校园排球体育传统特色学校""上海市级优秀教师专业发展学校""上海市首批艺术特色学校"等殊荣。[34]

作为一所重点建设的女子中学，市三女中的办学特色重新凸显，受到各界瞩目。这一时期，整个校园朝气蓬勃，一派欣欣向荣。

图7-35　上海市第三女子初级中学现任行政班子（摄于2022年9月）

图7-36　上海市第三女子初级中学教学大楼（七一楼）

图7-37　上海市第三女子初级中学都市菜园创新乐园

图7-38　市三女初舞蹈课

图7-39　市三女初合唱团

第三节　开放办学

市三女中是1952年圣玛利亚女中与中西女校合并后正式成立的。作为教会学校，这两所女校因其独特的办学背景，自创办之时就具有开阔的国际视野，在办学实践中逐渐形成了各自的风格与特色。无论是提倡“含中咀西”“积中发外”，还是以培养“亦中亦西的女子通才”为宗旨，都凸显了女校面向世界的胸怀。

新中国成立后，在特殊的时局下，我国与西方的关系发生了重大转变，对外交流的格局也随之变化。在20世纪50年代市三女中的办学中，引人注目的是那些来自东南亚的归侨学生。在市三女中就读的归侨学生，最多时达到100余人。当时也有一些来自社会主义国家的代表团来访，主要是参观、考察，开展友好交流活动。

自1978年实行改革开放以来，整个中国的社会面貌为之一变，我国进入全面改革中小学教育的新阶段。1983年，邓小平提出教育的“三个面向”，其中提到教育要“面向世界”。市三女中利用自身的有利条件及在海外拥有的广泛的影响力，在改革开放的大时局中迎来了良好的发展机遇。市三女中很早就提出要冲破传统的封闭式办学模式，组织学校教师出国进修，聘请外籍教师来校上课，还与海外同类学校建立姐妹关系，开展经常性的业务交往活动，使学校的教育工作呈现出生动活泼的局面。在对外交流方面，同学会发挥了很大的作用，在1984年制定的同学会章程中，就提到了同学会会员应履行的义务，其中要求会员“加强与全国各地（包括台、港、澳地区）及国外校友之间的联系，为办好母校促进四化建设贡献力量”[35]。此后的章程中均包含此内容。

普通教育如何面向世界，实现办学国际化？市三女中一直在探索之中。“胸怀祖国，放眼世界”，市三女中利用各种资源，拓展国际交流的多种途径，学校的外事活动也逐渐增多。以1986年为例：5月17日，市三女中全体师生观看澳大利亚青年交响乐团演出；10月15日，学校组织400名学生去虹桥机场迎接英国女王来上海访问；10月23日，美国外宾来校参观访问。[36]学校则抓住时机，从外语教学等工作

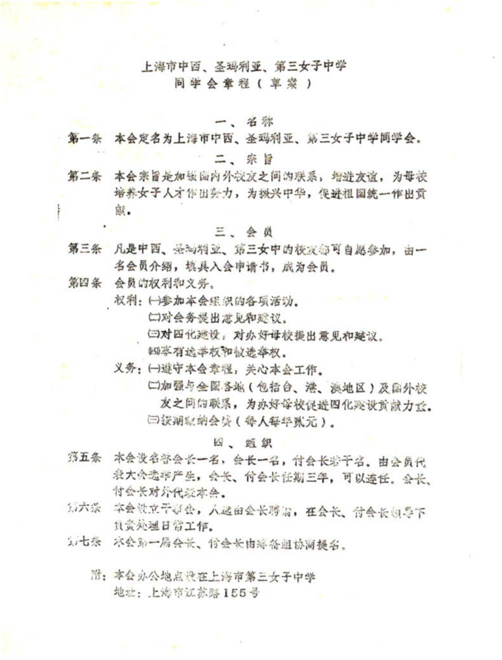

上海市中西、圣玛利亚、第三女子中学
同学会章程（草案）

一、名称

第一条　本会定名为上海市中西、圣玛利亚、第三女子中学同学会。

二、宗旨

第二条　本会宗旨是加强国内外校友之间的联系，增进友谊，为母校培养女子人才作出努力，为振兴中华，促进祖国统一作出贡献。

三、会员

第三条　凡是中西、圣玛利亚、第三女中的校友都可自愿参加，由一名会员介绍，填具入会申请书，成为会员。

第四条　会员的权利和义务。

权利：㈠参加本会组织的各项活动。
㈡对会务提出意见和建议。
㈢对四化建设，对办好母校提出意见和建议。
㈣享有选举权和被选举权。

义务：㈠遵守本会章程，关心本会工作。
㈡加强与全国各地（包括台、港、澳地区）及国外校友之间的联系，为办好母校促进四化建设贡献力量。
㈢按期缴纳会费（每人每年贰元）。

四、组织

第五条　本会设名誉会长一名，会长一名，付会长若干名。由会员代表大会选举产生，会长、付会长任期三年，可以连任。会长、付会长对外代表本会。

第六条　本会设立干事会，人选由会长聘请，在会长、付会长领导下负责处理日常工作。

第七条　本会第一届会长、付会长由筹备组协商提名。

附：本会办公地点设在上海市第三女子中学
地址：上海市江苏路155号

图7-40《上海市中西、圣玛利亚、第三女子中学同学会章程（草案）》（1980年）

中寻找突破口。1990年，上海市普教系统首批正式聘请长期任课的6位外籍教师抵沪，分别到上海的5所中学任教，其中就有市三女中。这6位教师来自美国，都是有着几十年教龄的退休教师。“他们在美国退休教师团体与中国教育国际交流协会的组织下来中国，在大同中学、市三女中、建平中学、建青实验学校和上海外国语学校从事教学。”[37]

作为上海对外开放的窗口学校，市三女中的国际交往频繁。“1988年与日本横滨国际女子学院翠陵高级中学建立姐妹学校关系。1989年9月，上海‘美国学校’按约迁入学校的六一大楼，相互进行教学交流。1992年，与美国华盛顿州皮雅勒普（Puyallup）学区进行师资交流。1989年，学校先后接受美籍教师4名。1991年始，该校成为全区（长宁区）外语教师培训基地，每年暑假培训外语师资，为此，10名美籍教师在校讲课。”[38]这里，根据学校相关档案，就1990—1999年市三女中的海外交流（含港澳台地区）情况，摘选部分内容：

1992年11月，市三女中首批师生代表团一行10人访问日本。

1995年8月29日至9月9日，市三女中室内吹奏乐团应邀访问台北市立第一女子高级中学、中山女中、“建国”高中等。

1995年12月，香港嘉诺撒圣心书院首批师生代表团访问市三女中。

1992年8月，台北一女中乐仪队来沪，与市三女中管乐队开展交流。

1997年3月，市三女中行政代表团访问印度尼西亚北雅加达国际学校。

1997年3月，日本福知山淑德女子学院140余人修学旅游团访问市三女中。

1997年4月，法国圣玛利亚女子学院师生代表团访问市三女中。[39]

20世纪八九十年代，市三女中在推进国际化方面的主要措施是引进“美国学校”等国际学校；建立姐妹学校并促成姐妹学校之间建立联系，形成“连环”；互派教师和学生交流（时间一周至一年不等）；姐妹学校之间的学生作品交流展出和通信交流；举办“教育论坛”；在对方学校开设中国文化课程；等等。这里，要重点介绍上海的“美国学校”。据张正之校长回忆：

随着开放步伐不断加大，在上海工作的外国朋友逐年增加，需要解决其子女的入学问题，可当时没有招收外国学生的专门学

图7-41　美国总统夫人希拉里（左一）在何亚男校长陪同下来观看学生画国画（1998年）

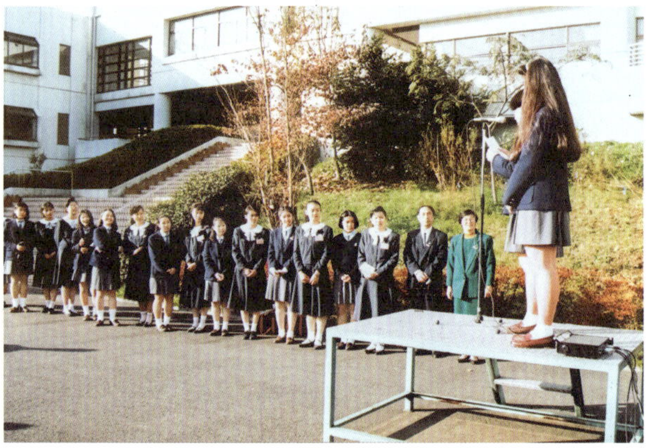

图7-42　市三女中师生赴日访问友好学校（1992年11月23—30日）

图7-43　市三女中代表团赴台与友好学校交流（摄于1995年9月）

图7-44　市三女中乐队赴台（摄于1995年9月4日）

校，也没有哪所学校开设国际课程，更没有相应的教材、教师和办学机制，这似乎影响了投资环境。上海市教育局提出要恢复上海“美国学校”的意向，记得是副局长吕型伟提出的，由副局长凌同光具体负责，要在全市选择适合办“美国学校”的处所。我们觉得这是一个走向“国际化”的好机会，时任市三女中校长陈炳福、我和乌美媚参与了这一项工作。

在学校选址上，上海部分重点中学之间曾经有过小小的竞争。对于办学过程和国际课程，大家虽都没有什么了解，可总觉得：有一个“美国学校”还是挺好的，因为有利于国际交流，能够了解国外教育情况，也挺时髦。为此，很多学校都想办。我则觉得：市三女中作为“美国学校”的校址，具有得天独厚的优势，非常恰当，是最能被外国朋友所接受的，因为历史上市三女中就是一个国际化的学校，由美国人创办，又有如此美丽宽敞的校园。

这个项目要由美国领事馆同意。为了争取把“美国学校”办在市三女中，学校特别邀请美国驻上海总领事滕祖龙和夫人来校参观，也把其他国家的领事与夫人一同请来，介绍市三女中前身中西女中和圣玛利亚女校与美国的渊源，阐述如今的办学情况和发展远景。领事与夫人们听后连连点头，很快达成一致：“美国学校”决定恢复于市三女中校园。

有了近在咫尺的“美国学校”，中外交流方便多了。市三女中的老师可以去“美国学校”兼课，课堂教学、教材的交流增多。尤其是每到中西独具文化特色的传统节日，师生间有了更加广泛的交往，学生穿着民族服装，手拿各种道具参加演出，欢乐中增强了友谊。这不但促进了市三女中办学的国际化，也使学校有了一笔可观的收入。[40]

图7-45 张正之校长（右三）带团赴日本友好学校交流访问

图7-46 市三女中赴南澳渥尔福德女子学校访问（1998年8月）

1988年11月22日，市三女中召开行政会议，商讨联合开设上海“美国学校”事宜。1989年4月11日，上海市第三女子中学与上海“美国学校”签订合作办学协议仪式在学校小礼堂举行；9月，上海“美国学校”按约迁入学校的六一楼，相互进行教学交流。[41]

市三女中以其深厚的历史底蕴、显著的办学特色获得了与海内外学校频繁接触的机遇。学校先后与日本、美国、英国、澳大利亚、印度尼西亚、韩国，以及中国香港、台湾地区等10余所知名学校签订合作协议。

图7-47 市三女中的线上国际交流

表7-7 市三女中"友好交流学校"一览表(1988—2002年)

年份	"友好交流学校"名称
1988	日本横滨国际女子学院翠陵高级中学
1989	上海"美国学校"
1992	美国华盛顿州皮雅勒普学区
1994	美国加州旧金山中美国际学校
1995	台北市立第一女子高级中学
1995	台北中山女子中学
1995	台北市"建国"高中
1995	香港嘉诺撒圣心书院
1996	澳大利亚布里斯班女子文法学校
1996	日本大阪府普尔学院中学部
1996	印度尼西亚北雅加达国际学校合办长宁国际学校
1997	韩国真景女子高等商业学校
1997	澳大利亚渥尔福德(Walford)女子学校
2000	澳大利亚墨尔本坎博维尔女子学校
2001	英国伦敦格雷科特亨斯匹特(Gray Coat Hospital)女子学校
2002	美国康州戴莉安(Darien)高中

*资料来源:《上海市第三女子中学105周年校庆特刊》,1997年刊印,第40页;《上海市第三女子中学110周年校庆特刊》,2002年刊印,第37页。

1997年,在校庆一百零五周年之际,学校邀请友好学校代表共同就"21世纪中学教育"交流信息、相互探索,以加强友谊、真诚合作。至1998年10月,学校已与美国、日本、澳大利亚以及中国港台地区等的13所学校建立友好关系,互派师生开展教学交流活动。通过交流,学生增强了社会主义的信念和自豪感,增强了对祖国的热爱,学会了许多礼仪规范。在交往中,师生们也懂得了相互尊重不同文化的重要性。"市三女中的学生在出国访问活动中,落落大方,不亢不卑,受到海外舆论的高度评价,称赞'这些女学生秀外慧中,气质高雅,确实不同一般'。在1998年6月底接待美国第一夫人希拉里的活动中,学生的表现也受到有关方面的高度赞扬。"[42]

值得一提的是,市三女中为了适应对外开放的需要,切实提高学生的对外交流水平,秉承学校办学传统,将英语教学列为学校特色。学校在外语教学中为学生创设各种语言环境,在和谐宽松的气氛中坚持用英语进行交际;在与海外友好学校的交流中,坚持以"Home Stay"形式将英语学习和文化交流延伸到班级活动和家庭生活中。

市三女中的海外教育交流与合作非常广泛,通过不同的途径与形式,拓展了师生们的国际视野与跨

图7-48　德国班贝格玛利亚-瓦尔德一级文理中学友谊树前留影（2019年7月23日）

图7-49　澳大利亚布里斯班女子文法学校师生代表团来校访问，何亚男校长（左一）参加接待，介绍学校情况（1998年）

文化交际能力。频繁的交往、交流，增强了市三女中师生对外交往的意识和能力，包括语言能力、学习能力、文化品格与思维方式等。

开放办学，为市三女中师生开拓了广阔的平台，也为市三女中走向世界开辟了一条新渠道。

第四节　同学会的成立与迎来百年校庆

无论是圣玛利亚女校，还是中西女中，自成立伊始，就十分重视立校纪念，思源感恩。新中国成立后，圣玛利亚女校、中西女中仍照常举行校庆纪念活动。1952年7月，圣玛利亚女校和中西女中合并，成立上海市第三女子中学。自改革开放以来，学校又重新恢复校庆活动，并赋予其新的内容与意义。1982年8月1日，市三女中近两千名校友和师生举行了建校三十周年纪念活动。《文汇报》以《市三女中阔步跨进“而立”之年　三代校友和师生参加校庆》为题进行专题报道：

> 昨天，上海市第三女子中学近二千名校友和师生举行了建校三十周年纪念活动。八十二岁的薛正校长主持了盛会。
>
> 市三女中是本市“文革”后最先恢复的一所女子中学。它的前身中西女中是一所教会学校，已有六十多年的历史。本世纪初，宋庆龄、宋美龄两姐妹都就读于此。一九五二年，人民政府将中西女中和圣玛利亚女中合并，命名为上海市第三女子中学。三十多年来，该校共培养了一万二千七百多名学生，向全国各条战线输送了人才。[43]

《文汇报》的这篇报道非常详细，描绘了一些生动的场面：会上，全国劳动模范、上海市纺织局工

市三女中阔步跨进"而立"之年

三代校友和师生参加校庆

本报讯 昨天，上海市第三女子中学近二千名校友和师生举行了建校三十周年纪念活动。八十二岁的薛正校长主持了盛会。

市三女中是本市"文革"后最先恢复的一所女子中学。它的前身中西女中是一所教会学校，已有六十多年的历史。本世纪初，宋庆龄、宋美龄两姐妹都就读于此。一九五二年，人民政府将中西女中和圣玛利亚女中合并，命名为上海市第三女子中学。三十多年来，该校共培养了一万二千七百多名学生，向全国各条战线输送了人才。

会上，全国劳动模范、市纺织局工程师、五四届毕业生谭茀芸怀着兴奋的心情，向母校汇报自己毕业后在科技事业上作出的贡献。最近，她已被任命为市纺织机械公司技术副经理。国家名誉主席宋庆龄同志的外甥女、国际妇婴保健医院医生牛恩美（五二届毕业生）刚从美国进修归来，她以激动的心情，回顾了自己在母校所受到扎实的基础教育，表达了毅然回国研究乳癌和子宫内膜癌治疗方法的决心。《当代人》导演、《啊，摇篮》和《天云山传奇》副导演、五七届毕业生黄蜀芹，目前正准备拍摄根据小说《青春万岁》改编、反映一所女子中学学生生活的新影片，她表示一定要把这部影片拍好，为母校献上一份厚礼。

昨天，市三女中洋溢着一派节日的气氛，来自各条战线的校友，济济一堂，欢叙别后之情。不少校友是祖孙三代携手同来。抗战期间协助宋庆龄同志转运药品到解放区去的德国友人兰驼亚先生的孙女、七九届毕业生兰音和她的母亲、五八届毕业生裘织云以及她的七十八岁的老外婆、二六届毕业生吴梅俪，相互搀扶着来参加校庆活动。电影演员尤嘉是该校五八届毕业生，曾是市三女中话剧团团长。昨天她即兴表演了精彩的节目。

许多因故不能前来参加活动的校友，也纷纷来信来电表示祝贺。女书法家周慧珺还专门为母校书写了新校牌。

参加大会的校友集体赠给母校一座二米高的别具风格的落地座钟。他们希望小妹妹们要珍惜时间，刻苦学习，为建设祖国早日成才。

（本报通讯员 杨丽芳 本报记者 周圆）

图为校长薛正（左起第五人）和校友们在一起。 陆鼎心摄

图7-50 《市三女中阔步跨进"而立"之年 三代校友和师生参加校庆》（《文汇报》1982年8月2日，第1版）

市三女中将成立同学会

本报讯 记者昨天获悉：历史悠久的上海市第三女子中学即将成立同学会。这个组织的宗旨是加强与国内外校友之间的联系，为母校多培养女子人才作出努力，为祖国的繁荣和统一作出贡献。

市三女中的前身是中西女中和圣玛利亚女中，共有九十多年的历史。在昨天的筹备会上，决定十月中下旬召开校友大会，届时将邀请海外的校友参加，并一致选举薛正担任同学会名誉会长，谭茀芸担任会长。在昨日的筹备会上，谭茀芸还向记者透露了一个信息：上海市妇女儿童服务中心将在市三女中开办经营管理、服装设计、书法绘画等讲座。

（周圆）

图7-51 《市三女中将成立同学会》（《文汇报》1984年9月24日，第2版）

程师、1954届毕业生谭茀芸怀着兴奋的心情，向母校汇报自己毕业后在科技事业上做出的贡献。国家名誉主席宋庆龄同志的外甥女、国际妇婴保健医院医生牛恩美（1952届毕业生）刚从美国进修归来，她以激动的心情，回顾自己在母校所受到扎实的基础教育，并表达了毅然回国研究乳癌和子宫内膜癌治疗方法的决心。《当代人》导演、《啊，摇篮》和《天云山传奇》副导演、1957届毕业生黄蜀芹，此时正准备拍摄根据小说《青春万岁》改编、反映一所女子中学学生生活的新影片，她表示一定要把这部影片拍好，为母校献上一份厚礼。校庆日那天，市三女中洋溢着一派节日的气氛，来自各条战线的校友，济济一堂，欢叙别后之情。不少校友是祖孙三代携手同来。抗战期间协助宋庆龄同志转运药品到解放区去的德国友人兰驼亚先生的孙女、1979届毕业生兰音，她的母亲、1958届毕业生裘织云，以及她78岁的外婆、1926届毕业生吴梅俪，相互搀扶着来参加校庆活动。电影演员尤嘉是1958届毕业生，曾是市三女中话剧团团长。她即兴表演了精彩的节目。许多因故不能前来参加活动的校友，也纷纷来信来电表示对母校的祝贺。书法家周慧珺还专门为母校书写新校牌。前来参加校庆大会的校友，还集体赠给母校一座两米高的别具风格的落地座钟。她们希望小学妹们珍惜时间，刻苦学习，为建设祖国早日成才。[44]

这次校庆活动在海内外产生了很大影响。在改革开放的背景下，历史上的圣玛利亚女校、中西女中的“西式教育”又唤起了人们的记忆，如何向西方学习、推动改革开放，以及更好地发挥校友们的作用，一度成为大家关注的话题。对于广大老校友而言，“建校三十周年”也是一个敏感话题。圣玛利亚女校，其历史可以追溯到圣玛利亚女书院，创办于清光绪七年（1881）。中西女中原校名为“中西女塾”，成立于清光绪十八年（1892）。建校的历史如何计算，不同时期的校友对此都有自己的想法。也就是在这种情况下，1984年9月，市三女中成立了同学会，“这个组织的宗旨是加强与国内外校友之间的联系，为母校多培养女子人才作出努力，为祖国的繁荣和统一作出贡献”。在这次成立会上，校友们都回顾了历史：“市三女中的前身是中西女中和圣玛利亚女中，共有九十多年的历史。”[45]

下面，主要介绍上海市中西、圣玛利亚、第三女子中学同学会的成立及其所开展的主要活动。[46]

一、同学会的成立

1979年秋，应旅居海外的校友的邀请，薛正校长到美国、香港等地进行访问。在访问期间，薛正校长得知美国旧金山和纽约，加拿大的东、西部，以及香港、台湾地区都已先后成立了中西女中同学会，每年都聚会活动，圣玛利亚校友也常相聚；得知海内外校友间的联系正在加强；得知海内外校友普遍热切希望上海母校成立同学会，以便加强全国和世界各地校友间的沟通、联络。返沪后，薛正校长将创立同学会的设想请示了中共上海市委统战部，长宁区委、区政府，并得到了赞同和支持。

在上海校友们的热烈响应下，薛正校长召集成立同学会筹备小组，于1984年10月27日上午在学校五四大楼101室召开同学会第一次筹备会议，草拟同学会的章程。经薛正校长提议，筹备小组通过，同学会取名为“上海中西、圣玛利亚、第三女子中学同学会”[47]。那天风和日丽，阳光明媚，校园里的一串红、鸡冠花开得十分红火，大草地绿草如茵，红花绿叶呈现一派欣欣向荣的气象。全体与会校友在五四楼的西侧门外合影，留下了改革开放后第一次同学会筹备会的影像记录。参加同学会筹备会议的有：薛正（圣1926届）、荣漱仁（1935届）、黄凤贞（1936届）、郭秀珍（1938届）、荣毅珍（1939届）、葛成筠（圣1941届）、吴合（1942届）、林静怡（1946届）、邓敬仪（1947届）、吴玎玎（1949届）、瞿明明（1950届）、司罗素（1952届）、牛恩美（1952届）、董蔚玲（圣1952届）、谭茀芸（1954届）、林楚娟（1954届）、高振华（1954届）、荣智和（1956届）、尤嘉（1958届）、乌美媚（1960届）、周圆（1980届），共21人。

1984年10月28日上午，在五四楼大礼堂隆重举行了上海市中西、圣玛利亚、第三女子中学同学会成立大会。校友们从全国各地和海外来到母校，同窗好友久别重逢，无比喜悦。中共上海市委统战部部长张承宗、市教育局局长姚庄行、长宁区副区长蒋澄澜、美国旧金山中西同学会会长陈晋明等前来祝贺，纽约中西同学会、香港中西同学会及北京、安徽等地的校友纷纷发来贺电、贺信，书法家周慧珺校友献字献画，校友和在校学生表演了节目。在成立大会上，大家一致同意：薛正校长为上海同学会名誉

图7-52　上海同学会成立，筹备组成员合影（同学会提供）

图7-53　上海同学会成立大会上薛正校长讲话（同学会提供）

图7-54　圣玛利亚北京校友（同学会提供）

图7-55　中西女中香港校友（同学会提供）

图7-56　中西同学会台湾校友唱校歌（同学会提供）

图7-57　美国旧金山中西同学会（同学会提供）

图7-58 美国纽约中西同学会（同学会提供）

会长，1954届校友谭茀芸为会长；一致通过《同学会章程》，赞成同学会宗旨：加强海内外校友之间的联系，增进友谊，为母校培养女子人才做出努力，为振兴中华、促进祖国统一做出贡献。此后，同学会每年都要举行成立纪念活动，如1986年11月2日，举行同学会成立两周年纪念活动。1987年11月1日，同学会成立三周年，300多名校友来母校共庆中西女中建校九十五周年、圣玛利亚女校建校一百零六周年、市三女中建校三十五周年。美国旧金山中西同学会会长陈晋明、1946届校友林静怡、1947届校友俞锡莹来校庆祝。[48]

上海同学会成立后，国内先后成立了北京中西同学会、武汉中西同学会等。美国旧金山中西同学会、美国纽约和加拿大中西同学会、香港中西同学会、台湾中西同学会、澳大利亚悉尼中西同学会也先后和母校取得了联系。由此，分散在全国各地和港澳台以及海外的历届校友都团结在母校同学会的周围。她们为母校的发展、为祖国的希望工程做了很多的工作，奉献了她们的一片爱心。

二、同学会的主要活动

自1984年至今，上海市中西、圣玛利亚、第三女子中学同学会已经成立三十八年，1984年开始为民政局正式登记注册的社团组织，1998年1月16日申请退出社团登记，1月26日获得批准。现为校友自愿组织的松散的团体。曾任会长的有谭茀芸（1954届）、荣漱仁（1935届）、郭秀珍（1938届）、任文燕（1961届），现任会长何亚男（1964届）。此外还有凌励立（圣1938届）、葛成筠（圣1941届）、司罗素（1952届）、荣智和（1956届）、毛杏云（1959届）、乌美媚（1960届）、宋凤（1967届）、张邦浩（1969届）、刘玉明（1976届）、严晋（1977届）、倪红缨（1979届）、王丽（1987届）、孔峥（1989届）、卜翌（1992届）等历任副会长和诸多同学会理事多年来为同学会积极努力地工作。[49]

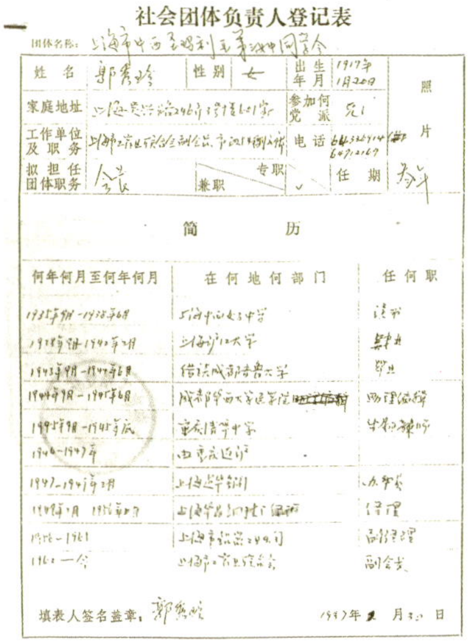
社会团体负责人登记表

团体名称：上海市中西圣玛利亚第三女子中学同学会

姓名	郭秀珍	性别	女	出生年月	1917年1月20日
家庭地址	[illegible]			参加何党派	无
工作单位及职务	[illegible]			电话	[illegible]
拟担任团体职务	会长	专职 / 兼职	✓	任期	叁年

简历

何年何月至何年何月	在何地何部门	任何职
1935年9月-1938年6月	上海中西女子中学	读书
1938年9月-1940年7月	上海沪江大学	肄业
1943年9月-1944年6月	借读成都齐鲁大学	毕业
1944年9月-1945年6月	成都华西大学医学院	[illegible]
1945年9月-1945年底	重庆清华中学	生物教师
1946-1947年	由重庆返沪	
1947-1949年2月	[illegible]	[illegible]
1949年1月 1956年	[illegible]	经理
1956-1961	[illegible]	副经理
1961—今	[illegible]	副会长

填表人签名盖章：郭秀珍　　1987年　月20日

图7-59　上海市中西、圣玛利亚、第三女子中学同学会社会团体负责人登记表（1987年）

1. 组织校友返校日

上海同学会自成立起，就确定了每年11月的第一个星期日是校友返校日。每逢这一天，母校的校园都会被打扮得格外漂亮。校门口有在校就读的学妹们礼仪迎宾，大草坪周围和水泥跑道边每隔两米插一面彩旗，大礼堂主席台前放满了盛开的盆花，五彩缤纷，喜气洋洋。这一天，各届校友都会来校，分散到门上贴着届别标志的教室里和自己的同窗姐妹聚会。而正逢毕业三十、四十、五十周年的校友们便走进大礼堂，按届别坐在为她们安排好的座位上，参加她们自主主持的联合庆祝活动。舞台上方的横幅上书写着本年庆贺活动的届别，舞台的背景屏幕打上亲切的祝贺词。校友和在校学妹们会演出一些节目，校管乐队的演奏通常都是作为开场节目，把欢乐的气氛搞得浓浓的。

每一次聚会，学校和同学会均以简讯、录像、报告等形式向校友们汇报这段时间以来学校的发展，传递和发扬校友的事迹、友情及信息。

美国旧金山中西同学会每年10月初举行联谊活动，年轻校友主动接送老校友，会场挂上印有墨绿色校训“Live, Love, Grow”的校旗，校友们唱着校歌，会上报告母校近况，汇报交流信息，热闹聚餐。香港中西同学会前任会长为1941届校友陈秉贞，现任会长为1954届校友孙树荃，校友们每年相约，聚会叙旧。

1988年10月，由部分校友捐资，同学会印刷了第一本《上海市中西、圣玛利亚、第三女子中学同学会通讯录》，收录上海、北京、香港、美国东部纽约和加拿大、美国西部旧金山等地同学通讯录。分散于太平洋两岸的上海市第三女子中学及其前身中西女中、圣玛利亚女校的校友们开始通过这本通讯录互相有了联系，并吸引更多的校友参加了同学会。以后，圣玛利亚女校和各届同学会也都新编了通讯录，同学之间互相关心，收集了影像，制作成光盘，保留了中学时代美好的回忆。

北京中西同学会前任会长是1939届曹宝贞，现任会长为1956届关霭雯，常以年级组织聚会。20世纪90年代后，薛正校长居住在北京，每年参加北京同学会的活动。1992年9月，北京中西同学会和专程从海外回来的美国旧金山中西同学会会长陈晋明一起祝贺薛校长九十诞辰。就在这次祝寿会后，薛正校长以自己资助10名希望工程女学生的事启发陈晋明投身祖国的希望工程。美国东部纽约和加拿大中西同学会会长1945届蔡至文，香港中西同学会前任会长1941届陈秉贞，以及澳大利亚校友林太琏，也都积极发动校友参与祖国的希望工程。1954届校友谭茀芸为开拓学校对外开放的渠道、开阔师生的眼界，帮助联系了香港的姐妹学校，每年开展教学交流。1956届校友王凤是华东建筑设计院的高级工程师，1993年在江苏路拓宽工程时，为母校设计了新校门。1992届校友卜翌为学校的校庆活动设计了礼品。

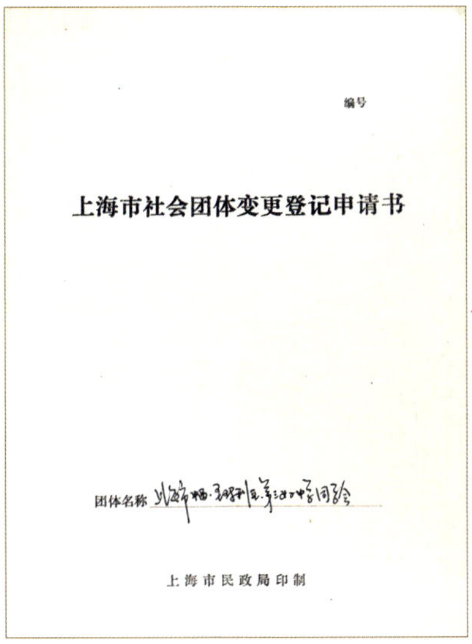

编号

上海市社会团体变更登记申请书

团体名称　上海市中西、圣玛利亚、第三女子中学同学会

上海市民政局印制

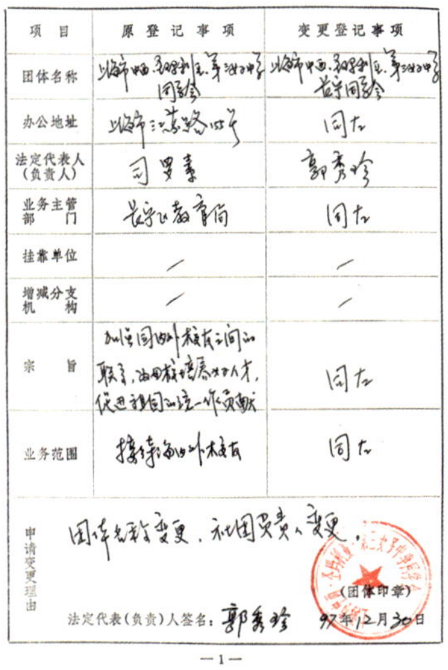

项　目	原登记事项	变更登记事项
团体名称	上海市中西、圣玛利亚、第三女子中学同学会	上海市中西、圣玛利亚、第三女子中学[illegible]同学会
办公地址	上海市江苏路[illegible]号	同左
法定代表人（负责人）	[illegible]	郭秀玲
业务主管部门	长宁区教育局	同左
挂靠单位	/	/
增减分支机构	/	/
宗　旨	加强国内外校友之间的联系，为母校培养人才，促进祖国的统一作贡献	同左
业务范围	接待海内外校友	同左
申请变更理由	团体名称变更，社团负责人变更。	

（团体印章）

法定代表（负责）人签名：郭秀玲　97年12月30日

—1—

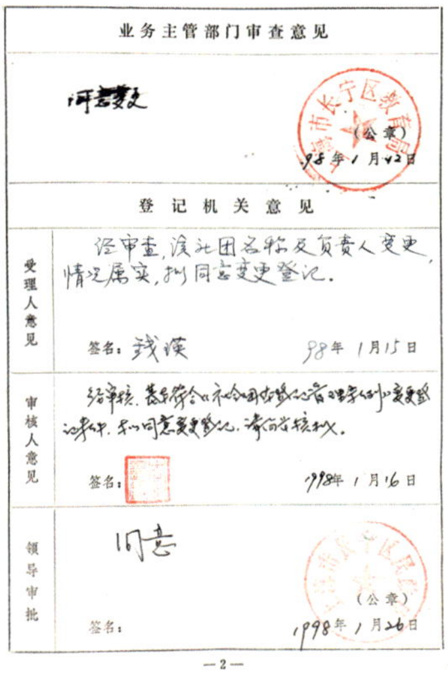

业务主管部门审查意见

同意变更

（公章）

98年1月12日

登记机关意见

受理人意见：经审查，该社团名称及负责人变更情况属实，拟同意变更登记。

签名：钱[illegible]　98年1月15日

审核人意见：经审核，基本符合《社会团体登记管理条例》变更登记条件，拟同意变更登记，请领导核批。

签名：　1998年1月16日

领导审批：同意

（公章）

签名：　1998年1月26日

—2—

图7-60　上海市中西、圣玛利亚、第三女子中学同学会社团变更登记档案（1998年）

中西女中
上海市　圣玛利亚　同学会
第三女子中学

简　讯

一九九九年十一月七日

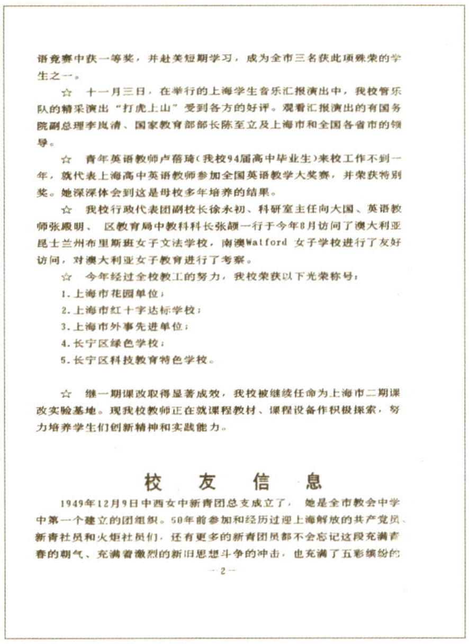

语竞赛中获一等奖，并赴美短期学习，成为全市三名获此项殊荣的学生之一。

☆　十一月三日，在举行的上海学生音乐汇报演出中，我校管乐队的精采演出“打虎上山”受到各方的好评。观看汇报演出的有国务院副总理李岚清、国家教育部部长陈至立及上海市和全国各省市的领导。

☆　青年英语教师卢蓓琦（我校94届高中毕业生）来校工作不到一年，就代表上海高中英语教师参加全国英语教学大奖赛，并荣获特别奖。她深深体会到这是母校多年培养的结果。

☆　我校行政代表团副校长徐永初、科研室主任向大国、英语教师张殿明、区教育局中教科科长张颉一行于今年8月访问了澳大利亚昆士兰州布里斯班女子文法学校，南澳Watford 女子学校进行了友好访问，对澳大利亚女子教育进行了考察。

☆　今年经过全校教工的努力，我校荣获以下光荣称号：

1. 上海市花园单位；
2. 上海市红十字达标学校；
3. 上海市外事先进单位；
4. 长宁区绿色学校；
5. 长宁区科技教育特色学校。

☆　继一期课改取得显著成效，我校被继续任命为上海市二期课改实验基地。现我校教师正在就课程教材、课程设备作积极探索，努力培养学生们创新精神和实践能力。

校　友　信　息

1949年12月9日中西女中新青团总支成立了，她是全市教会中学中第一个建立的团组织。50年前参加和经历过迎上海解放的共产党员、新青社员和火炬社员们，还有更多的新青团员都不会忘记这段充满青春的朝气、充满着激烈的新旧思想斗争的冲击，也充满了五彩缤纷的

—2—

图7-61《上海市中西女中、圣玛利亚、第三女子中学同学会简讯》（1999年刊印）刊登「校友信息」

1949年参加地下党的老党员和参加新民主主义青年团的老团员们，时刻关心着母校学妹们的健康成长。1989年5月上海解放四十周年、1999年共青团成立五十周年时，瞿明明、汪绍兰两位老地下党员和第一批新民主主义青年团团员为在校学生举行报告会、座谈会，讲述那激情燃烧的岁月。当20多位老团员在“一二·九歌咏会”上唱起那催人奋进的革命歌曲时，台下的师生响起经久不息的掌声，台上的校友热泪盈眶。校友高摄渊、陈晋明、刘禄曾、王积康、牛恩美、谭茀芸、司马蕙兰、陈陈、黄蜀芹、黄

图7-62　来母校参加市三女中建团四十周年活动的校友，前排左起：司罗素、严瑛、郑依柳、汪绍兰；后排左起：俞芷倩、瞿明明、傅家祥（1989年5月）

淑帧、黄璋、毛杏云、吴尔愉等先进模范人物为全校同学所做的自立、自强的精彩报告在学生中引起强烈的反响，使她们成了学生心目中的楷模。

同学会也经常在学校举办一些纪念活动。1993年1月28日，《文汇报》刊登题为《市三女中等师生相聚会，颂扬宋庆龄高尚情操》的报道，其中写道："昨天是国家名誉主席宋庆龄诞辰一百周年。宋庆龄的母校——上海市第三女子中学和上海中西、圣玛利亚、第三女中同学会举行了纪念活动。市三女中的前身是中西女塾和圣玛利亚女中。宋庆龄曾于1898—1907年在中西女塾求学，后被公派赴美留学。"[50]

2.校友关心母校和老师

1977年后，海外校友开始回国探亲、参观母校。当时学校的各项设施都还比较落后和陈旧，她们看在眼里，记在心里，回去以后即在海外校友中反映这些情况。于是不久以后，一箱箱的原版英文图书、儿童版的大英百科全书、经典儿童文学作品、音像资料都陆陆续续寄来学校。还有的校友捐赠了当时国内还很少见的复印机。1928届校友吴美英第一次回国到母校即赠送一本《英汉大辞典》，后来又捐款给图书馆，帮助增添图书资料。

1986年，中西1946届校友蔡詠芳回到母校，看到学生时代最喜爱的健身房苍老破旧了，捐款30万元港币修缮健身房。旧金山中西同学会、香港中西同学会各赠送钢琴一架。

1988年，旧金山、纽约和加拿大、香港、台湾、北京、上海等地同学会及中西校友陈秉贞、武凤岐、邓稚凤等为新建造的实验楼捐款添置各实验室的设施。中西1951届校友王培芳、王培丽捐赠50台电脑，学校建立两个计算机教室。

1992年百年校庆，台湾校友吴舜文捐资10万美元。学校用这笔款购置了42架电子钢琴，建立了电子钢琴教室。12月，1961届顾生美、1956届张大羽及其女儿赠送了数架钢琴给母校。

1996年，薛正校长逝世一周年，同学会决定募捐为薛正校长塑铜像。上海同学会校友集体捐款，陈秉贞、王培蒂、龚妮娜、顾生美、虞庆英个人捐款。在11月的校友会活动上，铜像揭幕仪式举行。为纪念薛正校长，校友们还以薛正校长的名义设立薛正教育基金。吴丁善珍、胡其珏、邵美望捐赠的款项，1992年百年校庆由旧金山、纽约和加拿大、香港、台湾中西校友会捐款近12000美元设立的吴蕙士（中西1930届校友，教师）奖学金、圣玛利亚海外校友捐赠的郑慧君（圣玛利亚1932届校友，教师）奖学金以及以市三女中教师蒋心英名义设立的奖学金都一并归入薛正教育基金。

3.校友为祖国教育事业奉献爱心

1995年秋季，江西育才中学育英女子高中班招收了42名家境贫困、品学兼优的初中毕业女学生，1997年又招收了第二届42名。这84名学生就是陈晋明会长发起、1951届校友陈宗慈负责操办的薛正希望工程的学生。中西海外校友资助这项工程达130余万元人民币。香港中西同学会陈秉贞及旅居澳大利亚的林太琏校友也参与了此项工程。这些学生中有56名（近70%）上了大学，其中还有5人获得硕士学位，1人获得博士学位。薛正希望工程彻底改变了她们的命运！陈宗慈校友资助的学生李淑婷是唯一一位获得博士学位的学生。从1995年至2013年，在这十八年期间，陈宗慈不间断地关心李淑婷，资助她学费。李淑婷也以自己的刻苦努力和勤工俭学完成了她的学业，成为大学老师。

1986年，圣玛利亚1945届校友刘锦銮设立曦之教育基金，以纪念她早逝的长子欧阳曦之。她在香港捐资创办养老院和幼儿园；在安徽省捐资建立农村小学；90年代资助了数名大学毕业生赴美深造；1997年开始资助中国农业大学经济困难学生，至今已有二十五年，每年的资助名额在100—120名之间。每年，刘锦銮都会向基金会注入100万元。2010年，中国农业大学为刘锦銮女士颁发了“中国农业大学杰出教育贡献奖”。

圣玛利亚1952届沈慧俐身为航空发动机方面的科研人员，为了帮助贫困失学的女孩圆上学梦，克服了常人难以想象的困难，拿出自己搞科研积攒的20万元，又借了十几万元，经陕西省教育厅批准，1987年4月创办了一所社会助学性质的民办学校——爱华女子自修大学。这是一所招收高考落榜生、对全体学生全程免费的学校，沈慧俐通过组织学生勤工俭学维持学校的运转，二十年中改变了数千女孩的命运。她为此做到了鞠躬尽瘁，死而后已。2008年9月27日，她走完了人生之路。在她去世两个月后，她入围了“CCTV 2008感动中国人物”的候选名单。

1997年，中西1953届校友林太琏赴陕西彬县，经过实地考察后，看到小学校脱落的泥墙和漏雨的屋顶、残缺的课桌椅和缺少书本文具的学生，决定发动澳大利亚的扶轮社成员资助当地的教育。扶轮社

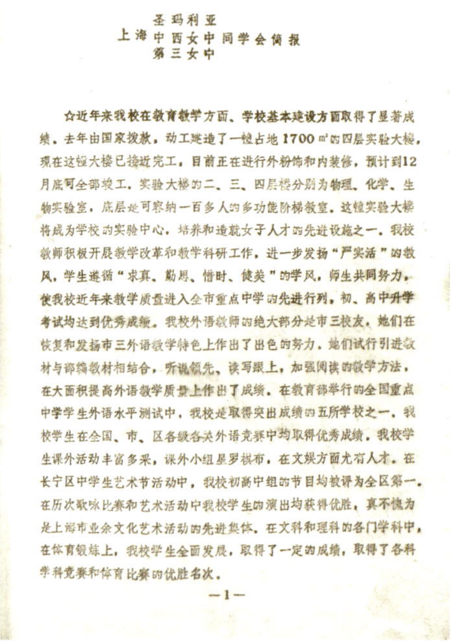

圣玛利亚
上海 中西女中 同学会简报
第三女中

☆近年来我校在教育教学方面、学校基本建设方面取得了显著成绩。去年由国家拨款，动工建造了一幢占地1700㎡的四层实验大楼，现在这幢大楼已接近完工，目前正在进行外粉饰和内装修，预计到12月底可全部竣工。实验大楼的二、三、四层楼分别为物理、化学、生物实验室，底层是可容纳一百多人的多功能阶梯教室。这幢实验大楼将成为学校的实验中心，培养和造就女子人才的先进设施之一。我校教师积极开展教学改革和教学科研工作，进一步发扬“严实活”的教风，学生遵循“求真、勤思、惜时、健美”的学风，师生共同努力，使我校近年来教学质量进入全市重点中学的先进行列，初、高中升学考试均达到优秀成绩。我校外语教师的绝大部分是市三校友，她们在恢复和发扬市三外语教学特色上作出了出色的努力，她们试行引进教材与部编教材相结合，听说领先、读写跟上，加强阅读的教学方法，在大面积提高外语教学质量上作出了成绩。在教育部举行的全国重点中学学生外语水平测试中，我校是取得突出成绩的五所学校之一。我校学生在全国、市、区各级各类外语竞赛中均取得优秀成绩。我校学生课外活动丰富多采，课外小组星罗棋布，在文娱方面尤有人才。在长宁区中学生艺术节活动中，我校初高中组的节目均被评为全区第一。在历次歌咏比赛和艺术活动中我校学生的演出均获得优胜，真不愧为是上海市业余文化艺术活动的先进集体。在文科和理科的各门学科中，在体育锻炼上，我校学生全面发展，取得了一定的成绩，取得了各科学科竞赛和体育比赛的优胜名次。

—1—

图7-63 《上海中西女中、圣玛利亚、第三女中同学会简报》(1987年)

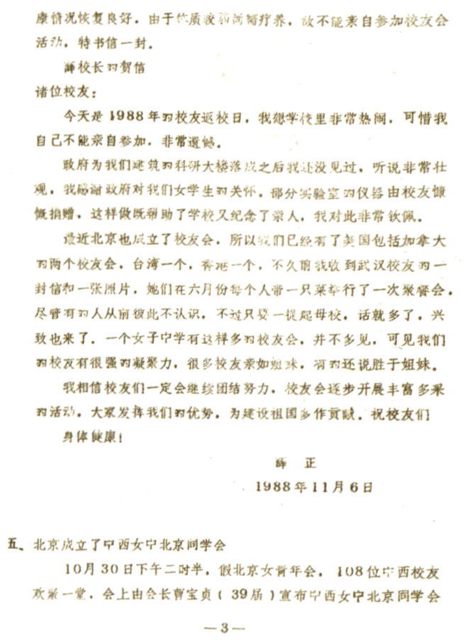

康情况恢复良好。由于体质衰弱尚需疗养，故不能亲自参加校友会活动，特书信一封。

薛校长的贺信

诸位校友：

今天是1988年的校友返校日，我想学校里非常热闹，可惜我自己不能亲自参加，非常遗憾。

政府为我们建筑的科研大楼落成之后我还没见过，听说非常壮观，我感谢政府对我们女学生的关怀。部分实验室的仪器由校友慷慨捐赠，这样做既帮助了学校又纪念了亲人，我对此非常钦佩。

最近北京也成立了校友会，所以我们已经有了美国包括加拿大的两个校友会，台湾一个，香港一个，不久前我收到武汉校友的一封信和一张照片，她们在六月份每个人带一只菜举行了一次聚餐会，尽管有的人从前彼此不认识，不过只要一提起母校，话就多了，兴致也来了。一个女子中学有这样多的校友会，并不多见，可见我们的校友有很强的凝聚力，很多校友亲如姐妹，有的还说胜于姐妹。

我相信校友们一定会继续团结努力，校友会逐步开展丰富多采的活动，大家发挥我们的优势，为建设祖国多作贡献，祝校友们

身体健康！

薛 正

1988年11月6日

五、北京成立了中西女中北京同学会

10月30日下午二时半，假北京女青年会，108位中西校友欢聚一堂，会上由会长曹宝贞（39届）宣布中西女中北京同学会

—3—

图7-64 《上海中西女中、圣玛利亚、第三女中同学会简报》(1988年)

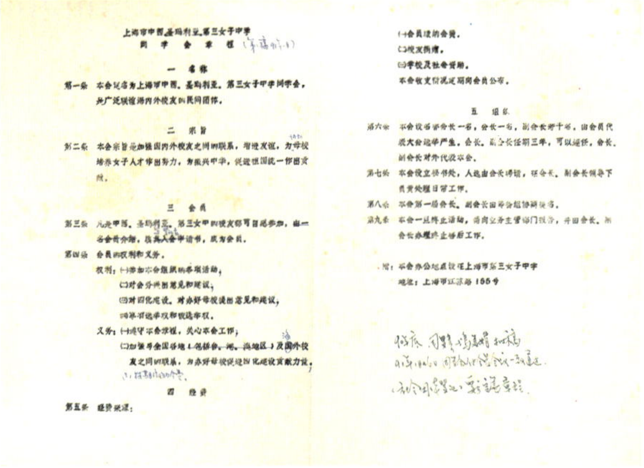

上海市中西、圣玛利亚、第三女子中学
同学会章程

一 名称

第一条 本会定名为上海市中西、圣玛利亚、第三女子中学同学会，是广泛联谊海内外校友的民间团体。

二 宗旨

第二条 本会宗旨是加强国内外校友之间的联系，增进友谊，为母校培养女子人才作出努力，为振兴中华，促进祖国统一作出贡献。

三 会员

第三条 凡是中西、圣玛利亚、第三女中的校友都可自愿参加，由一名会员介绍，填具入会申请书，成为会员。

第四条 会员的权利和义务。
权利：(一)参加本会组织的各项活动；
(二)对会务提出意见和建议；
(三)对四化建设、对办好母校提出意见和建议；
(四)享有选举权和被选举权。
义务：(一)遵守本会章程，关心本会工作；
(二)加强与全国各地（包括台、港、澳地区）及国外校友之间的联系，为办好母校促进四化建设贡献力量。

四 经费

第五条 经费来源：
(一)会员缴纳会费。
(二)校友捐赠。
(三)学校及社会资助。
本会收支情况定期向会员公布。

五 组织

第六条 本会设名誉会长一名，会长一名，副会长若干名，由会员代表大会选举产生。会长、副会长任期三年，可以连任。会长、副会长对外代表本会。

第七条 本会设立秘书处，人选由会长聘请，在会长、副会长领导下负责处理日常工作。

第八条 本会第一届会长、副会长由筹备组协商推荐。

第九条 本会一旦终止活动，须向业务主管部门报告，并由会长、副会长办理终止善后工作。

附：本会办公地点设在上海市第三女子中学
地址：上海市江苏路155号

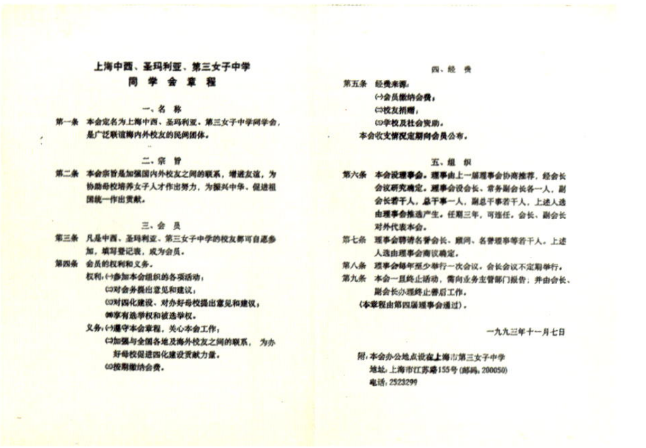

上海中西、圣玛利亚、第三女子中学
同学会章程

一、名称

第一条 本会定名为上海中西、圣玛利亚、第三女子中学同学会，是广泛联谊海内外校友的民间团体。

二、宗旨

第二条 本会宗旨是加强国内外校友之间的联系，增进友谊，为协助母校培养女子人才作出努力，为振兴中华、促进祖国统一作出贡献。

三、会员

第三条 凡是中西、圣玛利亚、第三女子中学的校友都可自愿参加，填写登记表，成为会员。

第四条 会员的权利和义务。
权利：(一)参加本会组织的各项活动；
(二)对会务提出意见和建议；
(三)对四化建设、对办好母校提出意见和建议；
(四)享有选举权和被选举权。
义务：(一)遵守本会章程，关心本会工作；
(二)加强与全国各地及海外校友之间的联系，为办好母校促进四化建设贡献力量。
(三)按期缴纳会费。

四、经费

第五条 经费来源：
(一)会员缴纳会费；
(二)校友捐赠；
(三)学校及社会资助。
本会收支情况定期向会员公布。

五、组织

第六条 本会设理事会。理事由上一届理事会协商推荐，经会长会议研究确定。理事会设会长、常务副会长各一人，副会长若干人，总干事一人，副总干事若干人，上述人选由理事会推选产生，任期三年，可连任。会长、副会长对外代表本会。

第七条 理事会聘请名誉会长、顾问、名誉理事等若干人。上述人选由理事会商议确定。

第八条 理事会每年至少举行一次会议，会长会议不定期举行。

第九条 本会一旦终止活动，需向业务主管部门报告；并由会长、副会长办理终止善后工作。

（本章程由第四届理事会通过）。

一九九三年十一月七日

附：本会办公地点设在上海市第三女子中学
地址：上海市江苏路155号（邮编：200050）
电话：2523299

图7-65 《上海市中西、圣玛利亚、第三女子中学同学会章程》(1991年)

图7-66 《上海市中西、圣玛利亚、第三女子中学同学会章程》(1993年)

是不论种族、文化、信仰的非政治、非宗教性的世界慈善机构。在林太琏家族的参与和动员下，她们八年在彬县建成20所希望小学，改善了当地的办学环境。

上海市中西、圣玛利亚、第三女子中学同学会自成立以来，都一直努力成为联系海内外广大校友与母校的桥梁和纽带，为增进校友及师生友谊、促进母校发展、培养女子人才做出了积极的贡献。薛正校

长在一次同学会上说："一个女子中学有这样多的校友会，并不多见，可见我们的校友有很强的凝聚力，很多校友亲如姐妹，有的还说胜于姐妹。我相信校友们一定会继续团结努力，校友会逐步开展丰富多彩的活动。大家发挥我们的优势，为建设祖国多作贡献。"[51]

每个年级都设有若干名理事，负责同学会的联络和组织事宜。同学会每年召集理事开会，商量有关工作，组成了一个有序的校友联络网。同学会刊印简报，并不断修改、完善本会的章程，有《上海市中西、圣玛利亚、第三女子中学同学会章程》1984年和1993年等版本。

三、协办或参与校庆活动

上海市中西、圣玛利亚、第三女子中学同学会参与校庆是另一项重要活动。

1982年8月，市三女中举办了一次市三女中成立三十周年的校庆。20世纪80年代初，由于还没有完全摆脱"左"的思想的影响，校庆活动把市三女中的前身——圣玛利亚女校和中西女中的校友都排斥在外，这不利于团结广大的校友。1991年，在即将迎来中西女中建校一百周年的前一年，学校和同学会就开始筹备百年校庆活动。学校通过同学会向国内外校友发出邀请函，在《文汇报》等都登载了校庆活动的通知，欢迎海内外、港澳台的校友们回母校看看；并专门向中西校友宋美龄发出邀请函，托吴舜文校友转寄，希望她能回母校看看，可惜的是没有得到她的回复。

1992年10月18日，在市三女中举行了隆重的中西、圣玛利亚、市三女中百年校庆庆典。广大校友以各种形式参加庆祝活动，社会各界人士纷纷发来贺电、贺信。11月18日，中共中央政治局委员、国家教委主任李铁映，中共上海市委副书记陈至立等来校视察。这一年的校庆活动，在市三女中的建校史上具有特殊的意义。

虽然薛正校长由于年龄和身体的原因，未能从北京赶来上海参加百年校庆，但是她寄来了一份录音讲话，对参加这次校庆活动的海内外校友表示热烈的欢迎，并祝庆典活动取得圆满的成功。百年校庆取得了团结海内外校友的良好效果。中西1934届校友吴舜文回到母校，她是台湾著名的企业家、"汽车皇后"。她在参加了庆典活动后，立即向母校捐款10万美元。香港同学会专门为校庆制作了胸前印有中西校训"Live, Love, Grow"图案的T恤衫。中西校友是这次校庆活动中极为活跃的一个群体，她们在举行正式庆典的前一天，在小礼堂举行了中西女中成立一百周年庆祝活动，并在晚上举行围绕校园的烛光游行活动。毕竟，能这样快乐地在母校举行她们喜欢的纪念活动，对于一些海外校友来说，离开母校四十多年来还是第一次。

1992年的百年校庆期间，在位于五四楼四楼的图书馆阅览室，第一次用活动展板展出了百年校史，还有实物展示，其中有学校图书馆、档案室保存的中西女中和圣玛利亚女校的年刊《墨梯》《凤藻》等，还有校友捐赠的成套的精美著作。

其间，学校编辑了市三女中的第一本年刊（《上海市第三女子中学　百年校友纪念册》，由1958届

图7-67　“百年校庆回顾”（选自《上海市第三女子中学105周年校庆特刊》，1997年刊印）

图7-68　上海市第三女子中学举行建校105周年纪念庆典（1997年10月）

图7-69　市三女中百年校庆纪念册

图7-70　《上海第市三女子中学105周年校庆特刊》（1997年刊印）

校友、书法家周慧珺题写了“百年校庆纪念册”七个烫金大字），概括反映了百年女中的历史和风貌，并表达了校友们对母校的期望和祝贺。一些校友积极参与，如圣玛利亚1939届校友程芍华、1947届校友石美莲到上海图书馆、上海市档案馆、国际和平妇幼保健院等帮助查找校友资料。

自1992年后，学校逢五、十周年都要举办隆重的校庆活动。除了庆典大会外，还有大草地上的校园钢琴音乐会、师生大合唱等音乐艺术活动以及大礼堂里的在校学生和校友的演出活动；校史馆开放参观；水泥跑道上以活动展板展示学校近年来的教育教学成果。

1997年，为纪念学校建校105周年，学校编印《上海市第三女子中学105周年校庆特刊》。[52] 11月3日，学校举行建校105周年校庆庆典。中共中央政治局委员、上海市委书记黄菊发来贺信。国家教育委员会也专门发来贺信，其中写道："值此你校建校105周年之际，向你们表示热烈的祝贺！向辛勤耕耘的广大教职员工和努力学习的全体学生表示亲切的问候！上海市第三女子中学是一所历史悠久的学校，拥有一支素质好、水平高、力量雄厚的师资队伍，治学严谨，重视教学质量。先后为国家输送了一批又一批的优秀毕业生，为培养杰出人才打下了基础。今天，学校继承和发扬了优良传统，从严治校，强化管理，坚持有特色的办学目标，教育教学质量稳步提高，不断取得了新的成绩。希望你们在今后的工作中，认真学习、贯彻党的十五大精神，继续全面贯彻教育方针，面向全体学生，全面提高教育质量，认真实施素质教育，努力办出学校特色，为我国的教育事业做出新的、更大的贡献！"[53] 市三女中的办学获得了较高评价。

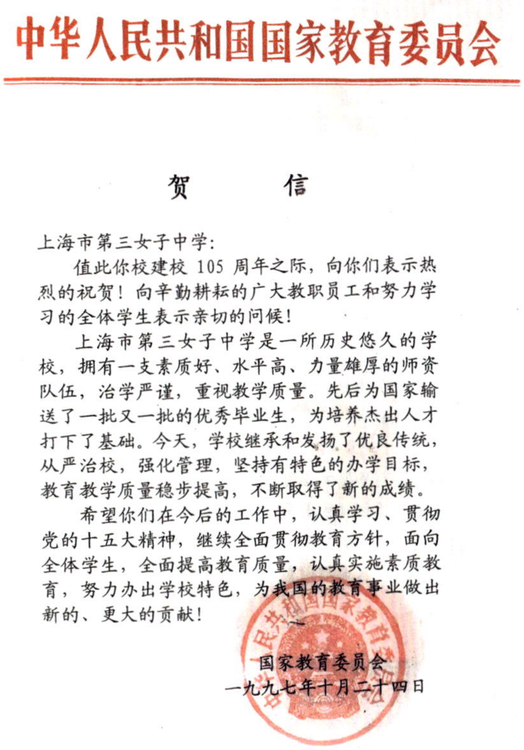
中华人民共和国国家教育委员会

贺　　信

上海市第三女子中学：

值此你校建校105周年之际，向你们表示热烈的祝贺！向辛勤耕耘的广大教职员工和努力学习的全体学生表示亲切的问候！

上海市第三女子中学是一所历史悠久的学校，拥有一支素质好、水平高、力量雄厚的师资队伍，治学严谨，重视教学质量。先后为国家输送了一批又一批的优秀毕业生，为培养杰出人才打下了基础。今天，学校继承和发扬了优良传统，从严治校，强化管理，坚持有特色的办学目标，教育教学质量稳步提高，不断取得了新的成绩。

希望你们在今后的工作中，认真学习、贯彻党的十五大精神，继续全面贯彻教育方针，面向全体学生，全面提高教育质量，认真实施素质教育，努力办出学校特色，为我国的教育事业做出新的、更大的贡献！

国家教育委员会

一九九七年十月二十四日

图7-71　上海市第三女子中学建校105周年，国家教育委员会发来贺信（1997年10月）

作为百年老校、名校，市三女中厚积薄发，重新焕发出新的生机与活力，为创建一流示范性学校，为上海、为中国的女子教育发展做出自己的贡献。

注释

[1]《上海市第三女子中学简介（概况）》，载上海市第三女子中学校务办公室编印:《上海市第三女子中学105周年校庆特刊》，1997年刊印，上海市第三女子中学档案室藏。

[2]《上海市第三女子中学简介（概况）》，载上海市第三女子中学校务办公室编印:《上海市第三女子中学105周年校庆特刊》，上海市第三女子中学档案室藏。

[3] 金忠明等:《上海教育史》(第四卷)，上海教育出版社2019年版，第11—12页。

[4]《长宁区教育系统基层单位情况登记簿》(上海市第三女子中学)，上海市长宁区教育局，1988年11月。

[5] 上海市第三女子中学编:《上海市第三女子中学110周年校庆特刊》，2002年刊印，第9页。

[6]《关于市三中学今年招收女生的请示报告》，1981年5月18日，上海市第三女子中学档案室藏。

[7] 上海市教育局《关于上海市第三中学今年招收女生的批复》，1981年6月6日，沪教普〔81〕第30号，上海市第三女子中学档案室藏。

[8] 薛正:《以教育为己任，为国家作贡献》，1992年11月，载上海市第三女子中学编:《百年校庆纪念册》，1992年刊印，第7—8页。

[9] 吕型伟:《在纪念薛正同志诞辰105周年座谈会上的发言》，2006年，载《吕型伟教育文集》(第三卷)，上海教育出版社2007年版，第384—385页。

[10]《长宁区教育系统基层单位情况登记簿》(上海市第三女子中学)，上海市长宁区教育局，1988年11月。

[11]《上海市妇女“六好”积极分子登记表》，上海市第三中学华若萱老师，1982年1月，上海市档案馆藏，卷宗号：C31-5-44-12。

[12]《上海市一九八二年先进红十字会员事迹表》，上海市第三女子中学戴惠英，1983年2月，上海市档案馆藏，卷宗号：C63-1-87-27。

[13] 陈晞:《因性施教，培养秀外慧中女子人才的实践与思考》，载《新时期学校德育的探索——1998年京津沪三市德育研讨会暨长宁区第六届德育研讨会论文集》，1998年刊印，第76页。

[14] 谭茀芸为《中西女中》所撰“序言”，载中西女中校史编写组组编，陈瑾瑜编著:《中西女中（1892—1952）》，同济大学出版社2016年版，第13页。

[15] 薛正:《以教育为己任，为国家作贡献》，1992年11月，载上海市第三女子中学编:《百年校庆纪念册》，第7—8页。

[16] 陈晞:《因性施教，培养秀外慧中女子人才的实践与思考》，载《新时期学校德育的探索》，1998年刊印，第75—81页。

[17]《关于建立中共市三（女中）总支委员会请示报告》，1987年3月16日，上海市第三女子中学档案室藏。

[18]《关于成立中共上海市第三女子中学党总支委员会的批复》，1987年9月25日，上海市第三女子中学档案室藏。

[19] 2000年6月2日，中共长宁区教育工作委员会印发《关于中共上海市第三女子中学委员会及中共上海市第三女子纪律检查委员会选举结果的批复》，同意杨振国任市三女中党委书记，兼任纪委书记。6月9日，中共上海市第三女子中学党

委举行成立大会。详见《关于中共上海市第三女子中学委员会及中共上海市第三女子中学纪律检查委员会选举结果的批复》，2000年6月2日，上海市第三女子中学档案室藏。

[20] 陈炳福撰写“前言”，载上海市第三女子中学编:《百年校庆纪念册》，第3页。陈炳福，1984—1993年任校长。

[21]《上海中西女中、圣玛利亚、第三女中同学会简报》，1988年11月6日刊印，上海市第三女子中学档案室藏。

[22] 陈晞:《因性施教，培养秀外慧中女子人才的实践与思考》，载《新时期学校德育的探索》，第80—81页。

[23]《上海市第三女子中学简介（概况）》，载上海市第三女子中学校务办公室编印:《上海市第三女子中学105周年校庆特刊》，1997年刊印，上海市第三女子中学档案室藏。

[24]《本校1991年关于女子“垒校”活动经费的申请、请示和批复》，1991年1月，上海市第三女子中学档案室藏。

[25] 2000年上海市实施体教结合，市三女中垒球队被命名为“学校试办二线”运动队。

[26] 张正之:《创建“国际化、信息化、有特色”的一流女子学校》，在纪念建校110周年庆典上的讲话，2002年。

[27] 张正之:《创建“国际化、信息化、有特色”的一流女子学校》，在纪念建校110周年庆典上的讲话，2002年。

[28] 陈晞:《因性施教，培养秀外慧中女子人才的实践与思考》，载《新时期学校德育的探索》，第77页。

[29] 陈晞:《因性施教，培养秀外慧中女子人才的实践与思考》，载《新时期学校德育的探索》，第75—81页。

[30]《上海市第三女子中学1998学年度第二学期工作要点》，1999年2月，上海市第三女子中学档案室藏。

[31]《上海市第三女子中学1998学年度第二学期工作要点》，1999年2月，上海市第三女子中学档案室藏。

[32] 据“市三女中大事记”，上海市第三女子中学档案室提供。

[33]《上海中西、圣玛利亚、第三女中同学会简报》，1988年11月6日刊印，上海市第三女子中学档案室藏。

[34] 相关资料由上海市第三女子初级中学提供。

[35]《上海市中西、圣玛利亚、第三女子中学同学会章程》，1984年10月，上海市中西、圣玛利亚、第三女子中学同学会提供。

[36] 详见“市三女中大事记”，上海市第三女子中学档案室提供。

[37]《上海普教系统第一次，五所中学迎来外籍教师》，《解放日报》1990年3月8日，第1版。

[38] 长宁区志编纂委员会编:《长宁区志》，上海社会科学院出版社1999年版，第894—896页。

[39] 综合参考“市三女中大事记”、《上海市第三女子中学105周年校庆特刊》、《上海市第三女子中学110周年校庆特刊》等。

[40] 张正之校长口述:《继承发扬、五育并举：我与市三女中的不解之缘》，上海市第三女子中学校务办公室提供，2021年12月。

[41] 到了20世纪90年代中期，随着开放力度不断加大，来上海工作的外国朋友剧增，“美国学校学生数也急遽上升，而当时外国学生又习惯专车接送，每天上学和放学时，市三校门口的江苏路，车水马龙，接送学生的车一辆挨着一辆，排有几百米长，有时把路堵得水泄不通，不同程度地妨碍了附近居民生活，也影响了市三女中的发展。之后，双方都希望学校能够迁往远郊”（张正之校长口述:《继承发扬、五育并举：我与市三女中的不解之缘》）。

[42] 陈晞:《因性施教，培养秀外慧中女子人才的实践与思考》，载《新时期学校德育的探索》，第80页。

[43]《市三女中阔步跨进“而立”之年：三代校友和师生参加校庆》，《文汇报》1982年8月2日，第1版。

[44]《市三女中阔步跨进“而立”之年：三代校友和师生参加校庆》，《文汇报》1982年8月2日，第1版。

[45]《市三女中将成立同学会》，《文汇报》1984年9月24日，第2版。

[46] 本节内容由上海市中西、圣玛利亚、第三女子中学同学会提供，陈瑾瑜执笔，2021年12月。根据章节需要与相关档案

资料，适当做了调整、补充。

[47] 一般写作“上海市中西、圣玛利亚、第三女子中学同学会”。

[48] 详见“市三女中大事记”，上海市第三女子中学档案室提供。

[49] 上海市中西、圣玛利亚、第三女子中学同学会上海同学会历届会长、副会长名单等，详见本书附录，由上海市中西、圣玛利亚、第三女子中学同学会提供。

[50]《市三女中等师生昨聚会，颂扬宋庆龄高尚情操》，《文汇报》1993年1月28日，第3版。

[51] 薛正校长的讲话，由上海市中西、圣玛利亚、第三女子中学同学会提供。

[52] 上海市第三女子中学校务办公室编印：《上海市第三女子中学105周年校庆特刊》。

[53] 中华人民共和国国家教育委员会致上海市第三女子中学建校105周年贺信，1997年10月24日。

第八章

新世纪的市三女中

新世纪的市三女中

图8-1　上海市第三女子中学校园（摄于2021年7月7日）

进入21世纪后，上海市第三女子中学迎来新的发展机遇。学校确立的办学目标为“建设国内一流、国际知名、特色鲜明的现代女子高中”，旨在培养德才兼备、秀外慧中的现代化开放型女子人才。作为上海市唯一的一所重点女子中学、首批上海市实验性示范性高中，市三女中在海内外享有很高的知名度，被誉为“女子人才的摇篮”，尤其在特色办学方面，市三女中始终坚守“探索女子成长成才规律，营造女子成才氛围，启迪女子成才意识，挖掘女子内在潜能，发挥女子个性特长”的办学理念，以培养以“IACE”为特征的优秀女子人才为目标。学校通过课程与教学改革、教师专业发展、教育科研等方面的研究和实践，极大丰富了办学内涵。

新世纪，新气象，市三女中进一步探讨女子成长的规律，构建女中学生成才的模式，使其培养“女子人才的摇篮”的办学体系日臻完善。近年来，学校积极开展研究性学习，并尝试与信息技术进行整合，注重高中特色化建

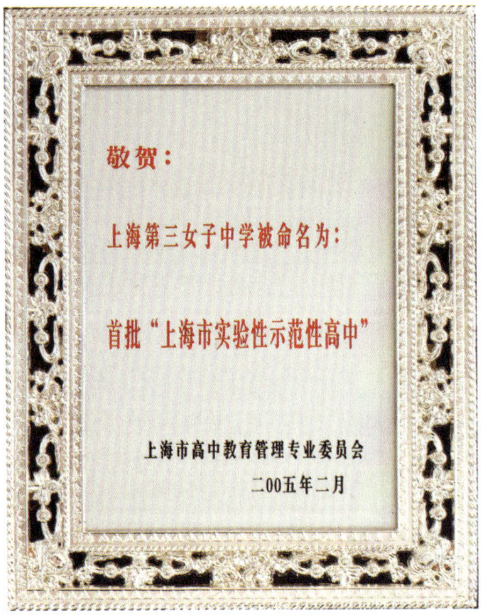

图8-2　市三女中成为首批“上海市实验性示范性高中”（2005年）

图8-3　市三女中被授予“全国三八红旗集体”称号（2020年）

设，加快特色课程的开发。学校在传承中创新，多方拓展，切实提高教学质量。学校各项事业整体发展，学生综合素质全面提升，追求卓越，持之以恒，为上海乃至中国的女子教育做出很大的贡献。

如今的市三女中以其深厚的历史底蕴和显著的办学特色，在女子教育领域独树一帜，愈来愈受到海内外各界的关注。

第一节　成为首批上海市实验性示范性高中

市三女中继承优良的办学传统，遵循办学规律，根据国家与社会的需要，结合本校的实际情况，适时更新教育教学理念，自觉提出了符合时代特点的教育改革新思路，与时俱进，创新发展。

在市三女中的办学史上，有几个关键节点值得关注。1952年，中西女中、圣玛利亚女校正式由上海市人民政府接管合并，成立上海市第三女子中学。1954年，上海市政府批准确立10所学校为重点中学，市三女中为其一。上海市政府“要求这些重点中学不要规模过大，要努力改善各种条件，认真办好，取得经验”[1]。此后，市三女中一直被列为上海市重点中学进行建设。市三女中为新中国培养了一大批杰出的女性人才。“文革”中，市三女中更名为上海市第三中学，兼收男生，此时起为男女混校。国家实行改革开放后，恢复女中建制，市三女中又进入了发展振兴时期。2000年上海市有33所重点中学，市三女中仍名列其中。[2]而此时，上海已在实施上海市实验性示范性高中的申报工作。

1998年4月，何亚男出任市三女中校长，徐永初、陈晞任副校长。学校抓住时机，重点围绕申报上海市实验性示范性高中规划开展工作。根据上海市教委推进市实验性示范性高中建设工作的一系列意见，市三女中在认真总结工作的基础上，发动全体教职工，认真分析学校发展的基本条件和基本经验，研究未来发展需要解决的问题，并就今后几年工作的指导思想、学校办学目标、学生培养目标，以及学校管理、德育、教学、师资、教科研等方面的具体目标和内容做出规划。经过反复讨论以后，相关规划在1999年10月26日七届六次校教代会上通过。随后向上级教育主管部门申报上海市实验性示范性高中规划预审。1999年10月26日，学校提交《上海市第三女子中学关于申报上海市实验性示范性高中规划预审的报告》，全面梳理了这一时期的办学情况：

市三女中是一所百年老校，在几代学人的努力下，成为一所在国内外享有盛誉、办学水平高、特色鲜明的女子中学。多年来、按照邓小平关于教育三个面向的指示，坚持社会主义办学方向，全面贯彻党的教育方针，模范执行教育法规和有关政策，在创建国际化、信息化、有特色的一流女子中学的办目标中取得显著成绩，学校社会声誉高。

学校有素质优良和强有力的领导班子，有一套科学的管理制度，有一支德才兼备、结构合理、教有特色的教师队伍。

学校坚持教育改革，是市一期、二期课改试验基地，是教育部现代教育技术实验学校，在全面推进素质教育过程中初步形成了外语、艺术、体育等方面的特色。

学校在办学经费、人员编制、校园、校舍、仪器、图书、设备等方面基本符合示范高中的办学标准，并在区府和区教育局规划下落实校舍基建和设备更新。

学校有明确的办学目标，有教育教学改革的设想和工作步骤，在全面实施素质教育中把德育工作放在重要地位，有明确的德育目标和工作机制，能针对女学生的特点，有较高的德育工作水平和实效。

学校在教育改革中能以科研项目“女中学生个性发展”“学校信息化”“外语特色”等为抓手，促进学校整体发展。

学校具有支持全面实施素质教育的保障系统，重视教师队伍的建设，有培训和有利于青年教师成长的机制，能够对一般普通高中起示范作用，并在师训等方面发挥基地作用。[3]

这份预审报告对市三女中的现状做了较为系统的评估。报告中提到学校坚持教育改革，是上海市一期、二期课改试验基地，也是教育部现代教育技术实验学校，并在全面推进素质教育过程中形成了外语、艺术、体育等方面的特色。这一时期，市三女中的社会影响力在不断扩大。1998年9月24日，中国—联合国401项目赴上海素质教育考察团来市三女中参观。11月20日，京津沪三市德育研讨会在市三女中召开。是年，市三女中被评为“上海市花园单位”，学校还获得上海市初中英语竞赛团体一等奖，上海市布谷鸟学生音乐节班组歌队合唱一等奖、重点高中合唱比赛一等奖、民乐吹奏比赛一等奖、西洋乐吹奏比赛一等奖；周蕴凌、政音同学获得上海市重点中学高中英语比赛一等奖，王欣、王颖同学荣获

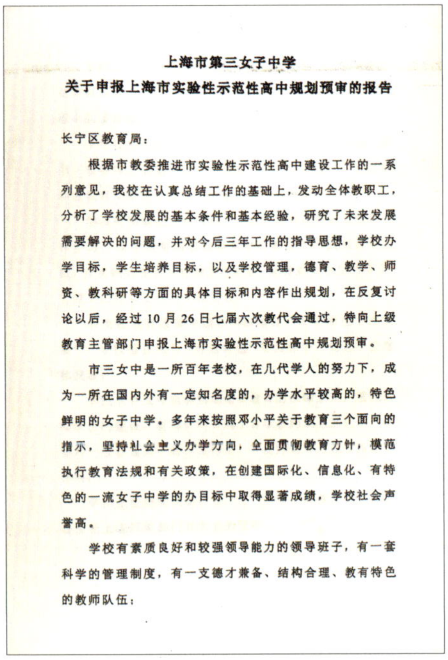

上海市第三女子中学

关于申报上海市实验性示范性高中规划预审的报告

长宁区教育局：

根据市教委推进市实验性示范性高中建设工作的一系列意见，我校在认真总结工作的基础上，发动全体教职工，分析了学校发展的基本条件和基本经验，研究了未来发展需要解决的问题，并对今后三年工作的指导思想，学校办学目标，学生培养目标，以及学校管理，德育、教学、师资、教科研等方面的具体目标和内容作出规划，在反复讨论以后，经过10月26日七届六次教代会通过，特向上级教育主管部门申报上海市实验性示范性高中规划预审。

市三女中是一所百年老校，在几代学人的努力下，成为一所在国内外有一定知名度的，办学水平较高的，特色鲜明的女子中学。多年来按照邓小平关于教育三个面向的指示，坚持社会主义办学方向，全面贯彻教育方针，模范执行教育法规和有关政策，在创建国际化、信息化、有特色的一流女子中学的办目标中取得显著成绩，学校社会声誉高。

学校有素质良好和较强领导能力的领导班子，有一套科学的管理制度，有一支德才兼备、结构合理、教有特色的教师队伍；

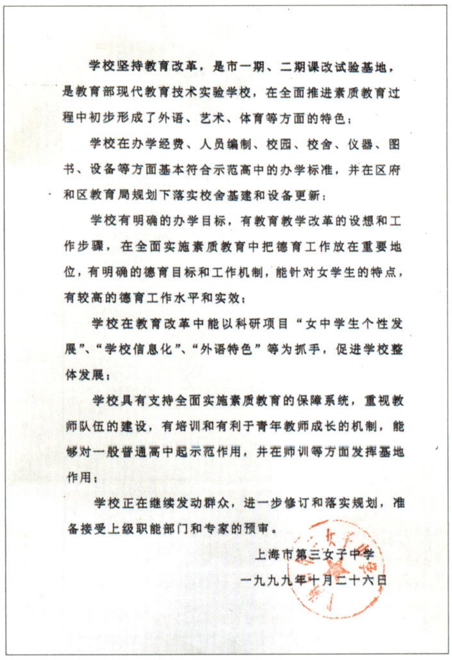

学校坚持教育改革，是市一期、二期课改试验基地，是教育部现代教育技术实验学校，在全面推进素质教育过程中初步形成了外语、艺术、体育等方面的特色；

学校在办学经费、人员编制、校园、校舍、仪器、图书、设备等方面基本符合示范高中的办学标准，并在区府和区教育局规划下落实校舍基建和设备更新；

学校有明确的办学目标，有教育教学改革的设想和工作步骤，在全面实施素质教育中把德育工作放在重要地位，有明确的德育目标和工作机制，能针对女学生的特点，有较高的德育工作水平和实效；

学校在教育改革中能以科研项目“女中学生个性发展”、“学校信息化”、“外语特色”等为抓手，促进学校整体发展；

学校具有支持全面实施素质教育的保障系统，重视教师队伍的建设，有培训和有利于青年教师成长的机制，能够对一般普通高中起示范作用，并在师训等方面发挥基地作用；

学校正在继续发动群众，进一步修订和落实规划，准备接受上级职能部门和专家的预审。

上海市第三女子中学

一九九九年十月二十六日

图8-4《上海市第三女子中学关于申报上海市实验性示范性高中规划预审的报告》（1999年10月26日）

上海市初中英语竞赛一等奖。1999年，学校又相继荣获“上海市文明单位”“上海市群众体育示范学校”“上海市优秀外事接待单位”等称号。多位师生在各项比赛中获奖：卢蓓琦老师获得全国高中英语教师教学特别奖、全国第二届中学英语优质课竞赛特等奖，蒋逸萍老师获得全国中学化学教师优秀课二等奖，沈月星老师获得上海市中青年教师教学评比一等奖；周蕴凌同学获得上海市第六届中学生科普英语竞赛一等奖，于慧泉同学获得上海市“白猫杯”青少年应用化学竞赛（高中）一等奖等。

到了21世纪初，学校在申报上海市实验性示范性高中方面取得重大进展。学校经过多次修订与落实规划，准备接受上级职能部门和专家的预审。何亚男校长后来有一段回忆，谈到她任校长四年多，“正是上海市首批实验性示范性学校创建以及市二期课程教材改革开始之际。……我的主要工作就是带领全校教职员工开展创建实验性示范性工作，制定创建规划。在传承的基础上有所创新，是我们的目标。在历任校长的努力下，市三成为一所在国内外享有声誉的女中，有着深厚的积淀。20世纪80年代，陈炳福校长为恢复和打造女中特色竭尽全力。到90年代，张正之校长提出了‘国际化、信息化、有特色’的办学目标。1999年4月学校接受市政府教育督导室‘文革’后对我校的第一次督导，对我校的工作进行指导。在此基础上，我们进一步明确学校定位，确定办学目标——通过努力，把市三女中办成一所国内一流、国际知名的女子中学，其特色为国际化、信息化与个性化。同时确定了学校的育人目标——培养德才兼备、秀外慧中的现代化开放型女子人才，其基本特征为‘独立、能干、关爱、优雅’（IACE: Independence, Ability, Care, Elegance）。IACE还有另一层意思：I ACE，即我是最好的”[4]。

其间，学校各项工作都有较大突破。2000

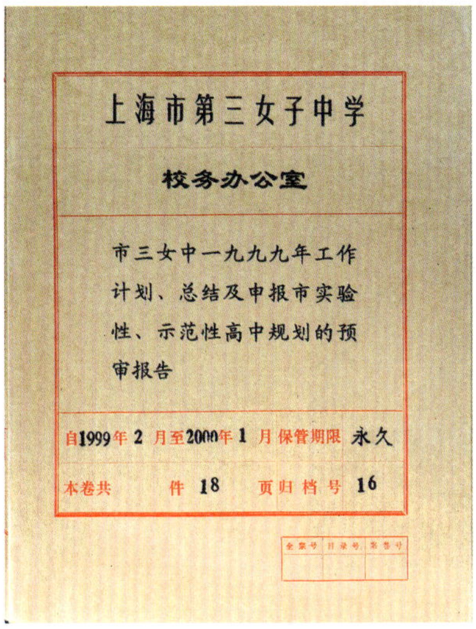

上海市第三女子中学

校务办公室

市三女中一九九九年工作计划、总结及申报市实验性、示范性高中规划的预审报告

自1999年 2 月至2000年 1 月保管期限　永久

本卷共　　件 18　　页归档号 16

图8-5　市三女中申报上海市实验性示范性学校档案（1999—2000年）

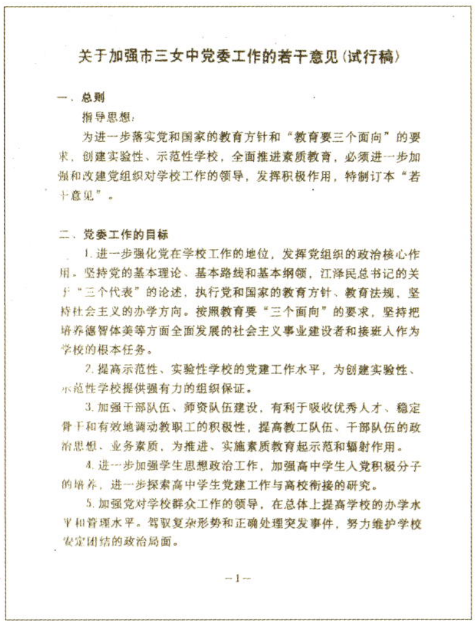

关于加强市三女中党委工作的若干意见（试行稿）

一、总则

指导思想：

为进一步落实党和国家的教育方针和“教育要三个面向”的要求，创建实验性、示范性学校，全面推进素质教育，必须进一步加强和改建党组织对学校工作的领导，发挥积极作用，特制订本“若干意见”。

二、党委工作的目标

1. 进一步强化党在学校工作的地位，发挥党组织的政治核心作用。坚持党的基本理论、基本路线和基本纲领，江泽民总书记的关于“三个代表”的论述，执行党和国家的教育方针、教育法规，坚持社会主义的办学方向。按照教育要“三个面向”的要求，坚持把培养德智体美等方面全面发展的社会主义事业建设者和接班人作为学校的根本任务。

2. 提高示范性、实验性学校的党建工作水平，为创建实验性、示范性学校提供强有力的组织保证。

3. 加强干部队伍、师资队伍建设，有利于吸收优秀人才、稳定骨干和有效地调动教职工的积极性，提高教工队伍、干部队伍的政治思想、业务素质，为推进、实施素质教育起示范和辐射作用。

4. 进一步加强学生思想政治工作，加强高中学生入党积极分子的培养，进一步探索高中学生党建工作与高校衔接的研究。

5. 加强党对学校群众工作的领导，在总体上提高学校的办学水平和管理水平。驾驭复杂形势和正确处理突发事件，努力维护学校安定团结的政治局面。

—1—

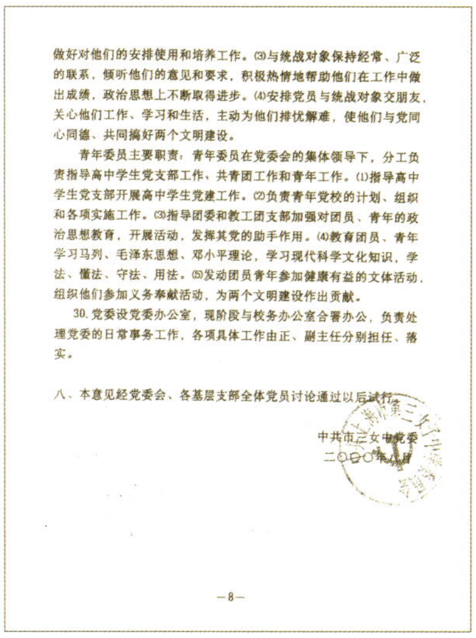

做好对他们的安排使用和培养工作。(3)与统战对象保持经常、广泛的联系，倾听他们的意见和要求，积极热情地帮助他们在工作中做出成绩，政治思想上不断取得进步。(4)安排党员与统战对象交朋友，关心他们工作、学习和生活，主动为他们排忧解难，使他们与党同心同德、共同搞好两个文明建设。

青年委员主要职责：青年委员在党委会的集体领导下，分工负责指导高中学生党支部工作、共青团工作和青年工作。(1)指导高中学生党支部开展高中学生党建工作。(2)负责青年党校的计划、组织和各项实施工作。(3)指导团委和教工团支部加强对团员、青年的政治思想教育，开展活动，发挥其党的助手作用。(4)教育团员、青年学习马列、毛泽东思想、邓小平理论，学习现代科学文化知识，学法、懂法、守法、用法。(5)发动团员青年参加健康有益的文体活动，组织他们参加义务奉献活动，为两个文明建设作出贡献。

30. 党委设党委办公室，现阶段与校务办公室合署办公，负责处理党委的日常事务工作，各项具体工作由正、副主任分别担任、落实。

八、本意见经党委会、各基层支部全体党员讨论通过以后试行。

中共市三女中党委

二〇〇〇年

—8—

图8-6　市三女中党委工作档案资料（2000年）

年5月24日，教育专家对市三女中承担的教育科研课题“21世纪女中学生群体成长规律研究”进行论证。学校2000年获得“上海市绿色学校”称号，2001年获评“上海市科技教育特色学校”“上海市行为规范示范学校”等。这里，何校长特别提到有关部门特别是长宁区领导对市三女中基础建设的投入：“在长宁区委、区政府的关心和支持下，在时任区长姜樑的直接领导和区教育局的规划调配下，决定江五小学移至曹家堰，购买了纸盒十四厂的一块土地，建造七一大楼作为市三女初的教学大楼，以保证学校有了三百米的跑道以及室外运动场地，确保学校总面积达到要求，使我校创建实验性示范性学校硬件达标有了保障。”[5] 2001年7月，学校七一楼、科学楼竣工。2002年6月，上海市教委专家组通过了对市三女中创建实验性示范性高中的中期评审。2002年11月7—8日，学校又成功举办“当代女学生教育国际研讨会”。在市三女中创建实验

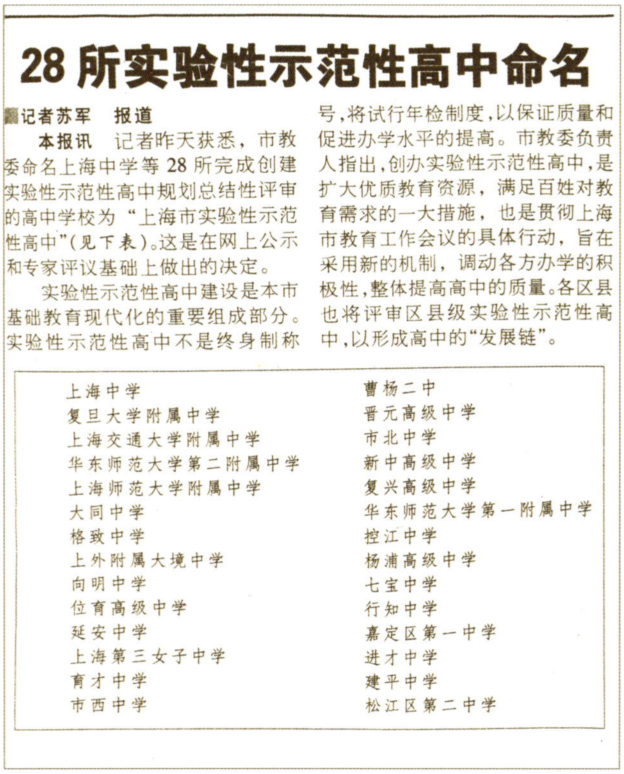

28所实验性示范性高中命名

记者苏军　报道

本报讯　记者昨天获悉，市教委命名上海中学等28所完成创建实验性示范性高中规划总结性评审的高中学校为“上海市实验性示范性高中”(见下表)。这是在网上公示和专家评议基础上做出的决定。

实验性示范性高中建设是本市基础教育现代化的重要组成部分。实验性示范性高中不是终身制称号，将试行年检制度，以保证质量和促进办学水平的提高。市教委负责人指出，创办实验性示范性高中，是扩大优质教育资源，满足百姓对教育需求的一大措施，也是贯彻上海市教育工作会议的具体行动，旨在采用新的机制，调动各方办学的积极性，整体提高高中的质量。各区县也将评审区县级实验性示范性高中，以形成高中的“发展链”。

上海中学	曹杨二中
复旦大学附属中学	晋元高级中学
上海交通大学附属中学	市北中学
华东师范大学第二附属中学	新中高级中学
上海师范大学附属中学	复兴高级中学
大同中学	华东师范大学第一附属中学
格致中学	控江中学
上外附属大境中学	杨浦高级中学
向明中学	七宝中学
位育高级中学	行知中学
延安中学	嘉定区第一中学
上海第三女子中学	进才中学
育才中学	建平中学
市西中学	松江区第二中学

图8-7　《28所实验性示范性高中命名》，上海市第三女子中学名列其中（《文汇报》2005年2月26日）

图8-8　首批上海市实验性示范性高中评审会

性示范性高中的过程中，学校党委积极配合。为创建实验性示范性高中，2000年8月校党委制定了《关于加强市三女中党委工作的若干意见》，为创建实验性示范性学校提供“强有力的组织保证”。

2002年，徐永初任市三女中校长，继续做好申报上海市实验性示范性高中评审的后期工作。2004年4月22—23日，上海市教委对市三女中进行上海市实验性示范性高中申报做终结性评审。2005年2月，上海市教委命名上海中学、上海市第三女子中学等28所完成创建实验性示范性高中规划终结性评审的高中学校为“上海市实验性示范性高中”。这是在网上公示和专家评议基础上做出的决定。实验性示范性高中建设，“是上海市基础教育现代化的重要组成部分”；创办实验性示范性高中，“是扩大优质教育资源，满足百姓对教育需求的一大措施，也是贯彻上海市教育工作会议的具体行动，旨在采用新的机制，调动各方办学的积极性，整体提高高中的质量”。[6] 成为首批上海市实验性示范性高中的市三女中，发展又跨上了一个新阶段。

第二节　课程建设与学科发展

作为一所具有深厚文化底蕴的名校，市三女中一直在丰富与完善自己的办学理念，并赋予其内在的驱动力，徐校长在梳理了原有办学理念的基础上，始终牢记教育家吕型伟先生当时的寄语：“市三是个宝贝，它是国内近代女校历史保存得最完整的唯一一所女校。你的任务不是拼升学率，而是要把市三办出女校味。”她带领全体师生展开了集体讨论，倡导办出女校味，提出了市三的“雅文化”概念，即古雅的历史、典雅的建筑、幽雅的环境和至雅的人文气息。通过让学生了解学校百年历史，接受深厚的文化积淀和人文熏陶，学习高品质、有特色的女校课程，最终成长为“志趣高雅”“学识博雅”“形象优雅”的优秀女生。

在“IACE女孩”的目标基础上，不断丰富和发展其内涵。以女校雅文化为主线，结合女生生涯规划，与“IACE女孩”项目融合，提出适应新时代女生培养要求的课程架构。在课程设置上架构了理想信念类、人文社会类、数理科技类、体育健身类、艺术审美类和综合实践类六大领域课程，积极推进富有本校特色的课程建设，形成了自身的办学特色。

作为上海的传统优质名校，市三女中顺应形势，积极求变，通过卓越学校创建、创新课程体系、联动校内外，将学校推向发展的新高度。

一、课程建设

市三女中创办至今，在教育综合改革方面一直在探索女子成长成才的规律，营造女子成才的氛围，启迪女子成才的意识，挖掘女子的内在潜能，发挥女子的个性特长，形成了自己独特的办学理念。

近年来，学校充分发挥历史资源、教师资源、社会资源、环境资源等优势，重新梳理学校课程，通过理想信念、人文社会、数理科技、体育健身、艺术审美和综合实践这六个课程领域统筹整合各类课程，形成并完善基于核心素养的多元的、开放的、具有国际视野和女校特点的学校课程体系。

表8-1　市三女中课程体系表

课程领域	课程指向	课程模块
理想信念	指向学生信念价值观与家国情怀的培养	金色梦想
		女性领导力
		生涯指导
人文社会	指向学生人文素养与社会科学素养的培养	政治与法律
		语言与文学
		历史与文化
数理科技	指向学生数理逻辑与科技素养的培养	数理与科技
		地理与环境
		生物与化学
体育健身	指向学生身心和谐与健康素质的培养	身心健康
		形体健美
		心理调适
艺术审美	指向学生艺术审美力与创造力的培养	艺术鉴赏
		礼仪修养
		创意设计
综合实践	指向学生问题解决与创新意识的培养	学科融合
		项目研习
		课题研究

*资料来源：上海市第三女子中学校务办公室提供，2021年10月。

学校课程实施抓住“文理兼备，中西融会”两个方面，坚持“搭建多元平台，发掘女生潜能，培育创新素养”的方针，通过课程与教学改革，逐步形成顺应国家教育改革背景的学校新课程与办学新特色，主要体现在以下几个方面：

（一）深化学校课程改革，凸显女校的办学特点，课程设置和教学管理进入新常态

近年来，学校的课程结构得到了整合和优化。围绕六大课程板块，通过必修课程整合、拓展课程延伸、阶段课程补充，增加女子教育的元素，突出女校教育的特点，教师的课程意识和能力有了较大提升，国家课程逐步走向校本化。

在充分领会高考综合改革的理念和政策的基础上，以管理成本可控为原则，制定课程改革实施方案，选择适合校情的课程设置策略和排课组合，充分尊重学生个体需求，开足所有选课组合，合理布局走班方案，达成“一人一课表”的精细化课程管理。不断开展教学研究，改进课堂教学。语数外学科突出课程校本化，六选三学科突出课程融合化，音体美信心突出课程特色化。随着高考综合改革的推进，学校近年来逐步形成了高一普适性、高二选择性、高三分层化的教学模式，使学生在充分认识各学科特点的基础上，做出理性选择，结合学习基础和能力，加强教学针对性，让学生参与最适切的课程，获得最佳的学习成效。

学校坚持综合素质评价导向，明确各职能部门综合素质评价实施工作中的具体责任与工作要求；采取以保证教学质量、学习质量为目的的“教学常规评价”“教学质量评价”和“学生综合评价”等质量管理措施，促进了教学质量的整体提高，近年来学校教育质量稳中有升。

（二）开展以改进教学方式、提高教学有效性为目的的教师专业发展活动，促进教师整体教学能力的提高

女校因其特殊性，要求教师从性别角度对教育对象加以研究，根据性别差异选择合适的教育教学方式促进女生的发展。长期以来，我校探索形成了一套班组项目研修模式作为教师日常研修的形式，通过集体研究各学科的女生学习特点和教学中的瓶颈问题，提高教学的有效性。

班组项目研修使得各教研组都能够结合自己学科的实际，聚焦重点问题，提出研修目标，确定研修内容，开展有实效的研修活动。研修成为教师自觉自愿的行为。在研修过程中，人人都可以成为主讲教师，人人都承担研修组织任务，提高了教师参与校本培训、自主设计校本培训内容的积极性，较好地促进了教师的专业化发展。

学校通过每年的“三课”活动来提高教师的教学实践能力，“三课”包括青年教师转正课、四十岁以下教师评优课、四十岁以上教师说课评比，这些教学活动很好地促进了教师专业水平的提升。

为了更好地让教师主动参与培训，除了市、区级培训平台，学校建立了“市三女中校本研修平台”，平台所提供的课程都是由享誉全国的名师讲授，并以菜单式的选课方式呈现，提高了教师学习时间、空间上的灵活性，满足了不同学科对知识与技能类课程培训的个性化需求。

学校导师团是我校青年教师培养的主要路径之一，导师团培训的一大特色是青年教师团队的主题式研修活动。学校定期举行青年教师专业化训练主题活动。每次活动之前，青年教师认真准备，收集大量材料，活动中充分互动，产生观点的碰撞，活动后通过各种宣传形式推广成果，使全校青年教师都有共

同学习、共同提高的机会，并进一步带动全体教师发展。这种主题式研修活动成为我校促进青年教师快速成长的重要途径。

校本化的研修活动成效显著，青年教师迅速成长。近年来，青年教师获得多项市级以上大奖，包括第七届全国物理教学创新大赛一等奖，第七届全国中小学互动课堂实践观摩活动一等奖，上海市中小学中青年教师教学评选活动一等奖，历年上海基础教育青年教师爱岗敬业教学技能竞赛的特等奖及一、二、三等奖等多项。新冠肺炎疫情期间，有10余位老师参与了上海空中课堂的录制拍摄工作。

（三）以信息化标杆校建设为抓手，初步构建智慧学习生态，适应双新改革的新需求

通过评审，市三女中成为“上海市信息化标杆校”。学校制定《上海市第三女子中学“至雅慧学”智慧学习生态架构方案》，在依托区级学习平台建设“至雅平台”的基础上，努力构建自成闭环的“慧学应用群”，包括“互联校园”“特色课程”“精准教学”“对外交流”等。结合女校育人特色，打造富有女校文化特色的市三女中“至雅慧学”智慧学习生态架构，推动数字转型，更好地满足双新改革的需求。

（四）建成一批人文、社科、理工、艺体等多个领域的特色课程，有效满足学生多样化的学习需求

“教育剧场”课程面向全体学生，注重学生对真实社会生活的内心体验，让学生在快乐的舞台环境中受到不同艺术形式的熏陶，激活思维，学会合作，提升自信，从而提高学生的综合素养和能力。“教育剧场”课程将继续开掘新内容，赋予其新内涵，在推动学生思维品质提升等方面

图8-9　名师工作室：上海市教育系统饶立钧劳模创新工作室

图8-10　复旦医学院实践点：解剖牛蛙

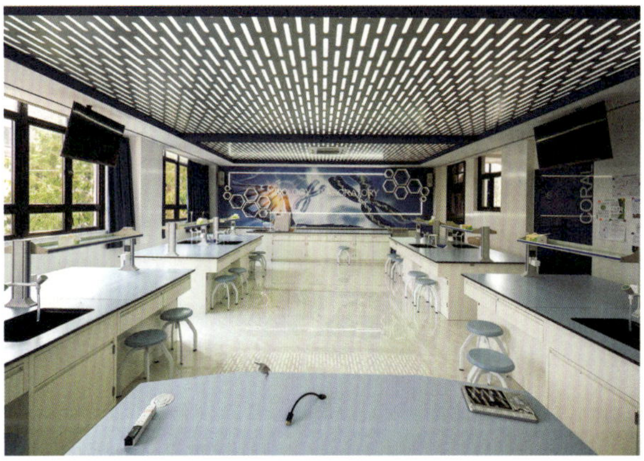

图8-11　学校生物实验室内景（摄于2021年10月27日）

争取新的发展。在“教育剧场”课程成功开发和实施的基础上，学校进一步重视及研发基于跨学科、项目制的以探究为主要学习方式的课程，注重交叉学科课程的建设。

“新媒体素养”课程打破了传统学科的知识壁垒，强调基于真实任务驱动的教学方式，将媒体传播学、新闻写作、文案策划、项目管理、数字媒体制作等多学科知识融合在一起，紧密围绕现实环境中学生所面临的真实媒体任务，采用项目制小组合作的方式，将项目驱动与知识模块化支持结合在一起，探索混合式教学方式。课程利用新媒体创作传播中心实验室的全媒体应用环境，对校内学生现有的校报、微信、微博等媒体实践项目进行整合，依托实验室的有利支持，打造“墨梯之声”全媒体实践平台。

“头脑奥林匹克”课程极富创新性和挑战性，课程打破传统课堂授课和评价形式，以一年一度的OM头脑奥林匹克大赛为载体，根据每年公布的真实任务由学生自行组队参加比赛。课程注重“三动”，即“动手”“动脑”“动口”，采用小组分工协作和圆桌讨论等多种形式的混合式教学，包括结构挑战、信息传递、成本核算、舞台道具制作、特效设计、剧本编写、舞台表演、视频制作、即兴挑战等，重在培养学生的创新能力和团队协作能力。

“中西讲坛”系列课程借助本校教师丰富的知识涉猎与积累，利用校内师生天然形成的沟通默契，在另一种知识层面，向学生诠释学习的意义，拓展了学生的眼界，提升了教师的成就感。“女性领导力素养”“JA学生公司”“模拟政协”“生活中的心理学”等课程通过创设真实的社会活动场景，在尊重女性特质的基础上，培育女生成为思想独立、聪慧能干、温情关爱、言行优雅的“IACE女孩”。“科学实验探究”“irobot@43”“3D打印的技术与创意”等课程打破传统课堂授课和评价形式，注重“动脑”“动口”“动手”，促进学生在科学任务的驱动下采用小组分工协作和圆桌讨论等多种形式解释现象，解决问题，培养学生的创新能力、探究能力和团队协作能力，从本质上提升学生的理科素养。“形体训练”“创意设计”“Drumline行进打击乐”“品味生活系列课程”等课程立足艺术技能与生活趣味的培养，提高女生艺术眼光，提升学生审美修养。

二、课程特色

1.英语学科特色

上海市第三女子中学前身是圣玛利亚女校、中西女中，学校一贯重视外语教学，擅长外语教学，外语教学取得了优异的成绩，成为市三女中的传统教学特色。

市三女中的英语教学实践不仅赋予了学生良好的英语学习能力，培养了大批优秀的英语人才，而且也形成了许多英语教学经验和理论，在英语教学界产生了很大的影响。市三英语，以其一直保持着的教改领先地位和所取得的累累教学成果，获得了良好的社会及国际声誉。“在传承中探索，在提升中优化，在创新中提高”是市三英语教学不断发展的根本所在。

（一）在传承中探索

市三女中英语教学模式和教学改革的发展轨迹：

第一阶段：20世纪70年代末至80年代初的初步尝试；

第二阶段：20世纪80年代初至90年代初的不断探索与特色的逐渐形成；

第三阶段：20世纪90年代初至21世纪初的不断成熟与发展；

第四阶段：21世纪初至今的经验辐射与创新发展。

从整个英语教学改革的历程中，我们可以总结出学校英语教学改革的一个良性循环机制：以英语教学目标的不断明晰发展为前提，通过不断优化英语教学的教材资源，来促进和带动英语教学方法的不断提高，形成合适的教学模式，从而实现教育教学质量的不断提高；持续提高的教育质量更敏感地产生积极推动英语向更高层次发展的强烈需求，这种新的需求进一步明晰化，形成新的教育目标，并以此为基础反思以往的英语教学资源和教学方法，从而带动英语教学资源和教学方法的进一步优化，形成新的教学模式，推动英语教学的新一轮提高。

表8-2　英语教学模式和教学改革在传承中探索的过程

	教学目标	教材	教法	教学模式及效果
第一阶段	学生学习英语的目的应是实际的应用与发展	《英语三百句》、*New Active English*	听说为先，读写跟上；句型结构操练；全英文课堂教学；图片、录音机等教具的运用	听说领先的课堂教学；听说能力明显提高
第二阶段	“创设情境，激活思维，重视交际，培养能力”，提高学生英语的综合运用能力	上海新编教材、*New Concept English*、*Look Listen & Learn*、*English This Way*、*English For Today*、*Walt and Conny*、*Step by Step*	听说为先，读写跟上；情境式课堂教学；在交际中运用语言；现代教具的运用	交际性的课堂教学；应用能力增强
第三阶段	通过创造灵活多样的语言教学行为，使学生主动在兴趣、自信、文化和学力等四个方面都获得积极发展	《牛津英语》、*Step by Step*、*Studio Classroom*、《中学生英语报》	真实的交互式课堂教学；课堂教学与社会生活的结合、现代化教育手段的运用	任务驱动型的课堂教学与学生自主研究性学习结合；语言文化和语言素质提高
第四阶段	以阅读为媒，从知识、文化、思维三个维度培养学生的综合素养，提升学生的学习能力	《牛津英语》、《上海高中英语（上教版）》、《中学生英语报》、原版英语小说	单元整合一体化教学；跨学科项目化教学；多媒体融合教学	本土化“阅读工坊”模式及多模态下“自主阅读”模式的课内外教学的有效融合；深度思维能力和自主学习能力的提升

（二）在提升中优化

英语教学模式和教学改革进一步创新的几个重要突破：英语教学理念的提升，英语教学地位的提升，英语师资水平的提升。

市三英语教学近年来在深化教学改革和构建新的教学模式方面能够快速发展，主要是因为学校思想解放、敢于突破。英语教学理念和英语教学在学校发展中的地位、英语教学师资队伍水平都得到了不断的提升，英语教学发展的各种条件不断优化。学校对英语教改的历程做了全面和深刻的反思、研究，在师资培训、教学改革、国际化教育等方面都进行了突破性的尝试，并形成了一定理论。英语教学突破了学科层面，在学校建设和发展中起到了积极的推动作用，在英语教学界和区域师资培训方面产生了越来越重要的影响。一种以“人文精神”为指导思想，将英语教学与学校的育人目标结合起来，以学校的国际化教育为背景，注重文化传播，强调语言习得的教学模式正在探索并形成。市三英语进入了一个高层次的发展阶段。

表8-3　英语教学模式和教学改革在提升中优化的过程

	英语教学理念	英语教学地位	英语师资培训
第一阶段	注重“听、说、读、写”	历史较久的传统优势学科	形式原始，途径单一，起点较低，积极参加学历进修、立足校内实践成长
第二阶段	注重创设情景，发展交际能力	凸显学校发展水平的重点特色学科	进行国外高层次的培训，提高教师文化修养、语言交际的综合能力及教学观念
第三阶段	“以学生为本”，引进文化概念，将英语教学与学校的育人目标结合起来，与学校的国际化教育结合起来	促进学校发展、推动区域英语教学发展的示范辐射学科	发挥市三英语培训中心的辐射作用，多途径、全方位、主动发展的培训
第四阶段	“以能力为先”，引导学生自主阅读，开发思维空间，强调实践、迁移与创新	以点带面助推区域英语教学整体发展，在市级层面打出学科特色品牌	注重市三教师各梯队的可持续性高端培训；推出一批高质量培训课程，辐射市区各层面教师

（三）在创新中发展

英语教学模式和教学改革不断发展的内在因素探究：

（1）解决好几个关键问题：

树立“一切为了学生”的教学观念——市三英语教改成功的先决条件；

建设不断发展的师资队伍——市三英语教改成功的关键因素；

不断选用先进的教材——市三英语教改成功的最佳切入点。

（2）处理好几个重要关系：

在学校建设中体现互动性——学校建设带动英语教改的发展，英语教改促进学校建设的发展，二者相辅相成，良性互动；

在学科发展中强调人文性——学科发展抛弃了功利性，一切为了学生发展，为了教师发展，才能获得学科根本和持久的发展；

在继承探索中具有前瞻性——市三女中今天所拥有的英语教学经验正是在不断地肯定与否定前一代英语教师教学实践的过程之中不断发展和形成的，因此有深厚的文化底蕴；

在教学改革中注重多元性——市三教改是观念、师资、教材、教法、课程等教学改革的各种因素相辅相成、齐头并进的过程。

（四）市三英语教学改革长盛不衰

市三女中把“学生为本”作为英语教改一以贯之的线索，把师资培训作为英语教改的坚实基础，把不断引进先进教材作为切入点，直接接触各种先进的教学理念，在国际化教育的环境中，努力探索听说法、情景法、结构功能法、交际法、研究法、文化导入法等各种教学模式，始终在英语教改中处于领先地位，成果显著，为英语教学做出了积极贡献。

表8-4　创新中不断发展的市三英语教学模式和英语教改

特点	互动性	人文性	前瞻性	多元性
	学校建设带动英语教改的发展，英语教改促进学校建设的发展	一切为了学生发展，为了教师发展。目标明确，动力足	研究英语改革趋势，不断地主动创新，体现超前意识，始终走在教改前列	观念、师资、教材、教法、课程等同步研究发展，相互促进，有后劲

过程	探索中传承			提升中优化		
	目标	教材	教法	观念	地位	师培
第一阶段	学生学习英语的目的应是实际的应用与发展	《英语三百句》、*New Active English*	听说为先，读写跟上；句型结构操练；全英文课堂教学；图片、录音机等教具的运用	注重“听、说、读、写”	历史较久的传统优势学科	形式原始，途径单一，形式原始，途径单一，积极参加学历进修、立足校内实践成长
第二阶段	“创设情境，激活思维，重视交际，培养能力”，提高学生英语的综合运用能力	上海新编教材、*New Concept English*、*Look Listen & Learn*、*English This Way*、*English For Today*、*Walt and Conny*、*Step by Step*	听说先，读写上；人为创设的小情境式课堂教学；全英文课堂教学；现代教具的运用	注重创设情景，发展交际能力	凸现学校发展水平的重点特色学科	进行国外高层次的培训，提高教师文化修养、语言交际的综合能力及教学观念
第三阶段	通过创造灵活多样的语言教学行为，使学生主动在兴趣、自信、文化和学力等四个方面都获得积极发展	《牛津英语》、《中学生英语报》、*Step by Step Studio Classroom*	真实的情境式课堂教学；全英文课堂教学；生活情景、现代化教具的运用	“以学生为本”引进文化概念，将英语教学与学校的育人目标和学校国际化教育结合起来	促进学校发展、推动区域英语教学发展的示范辐射学科	多途径、全方位、主动发展的培训

（续表）

过程	探索中传承			提升中优化		
	目标	教材	教法	观念	地位	师培
第四阶段	以阅读为媒，从知识、文化、思维三个维度培养学生的综合素养，提升学生的学习能力	《牛津英语》、《上海高中英语（上教版）》、《中学生英语报》、原版英语小说	单元整合一体化教学；跨学科项目化教学；多媒体融合教学	“以能力为先”，引导学生自主阅读，开发思维空间，强调实践、迁移与创新	以点带面助推区域英语教学整体发展，在市级层面打出学科特色品牌	注重市三教师各梯队的可持续性高端培训。推出一批高质量培训课程，辐射市区各层面教师

基础	一流的师资队伍	不断创新的观念	国际化教育环境

这一概括体现了市三英语教改的“两变两不变”。

“两不变”是：以学生为本，教学目标上为了学生、教学方法上想着学生的观念始终不变；教师与学校共同发展、重视师资队伍建设的思路始终不变。“两变”是：教材常新，教法常新。

“两不变”保证了市三女中教改的一贯发展和稳定发展。“两变”保证了市三女中教改的深入发展和不断创新。在探索中传承，在提升中优化，在创新中发展。市三女中的英语教改具有实效性、先进性和借鉴性。

2. 艺术教育特色

上海市第三女子中学是一所百年老校。市三女中在长达近一百三十年的办学过程中，始终注意用艺术陶冶学生情操，净化学生心灵。从新中国成立前的毕业公演、钢琴沙龙，到当今活跃于中学生艺术团中的管乐队、弦乐队、行进打击乐队等，再到一年一度的学校艺术节，长期的艺术熏陶使学校形成了悠久而深厚的艺术教育传统。这正是市三女中长期艺术教育熏陶的结果。悠久而深厚的艺术教育传统，为全面拓展艺术教育奠定了扎实的基础。学校不断传承创新发展，艺术教育成为女中教育的特色品牌。

（一）美育课程，塑造心灵

传承、雕琢、创新，学校坚持面向人人，在艺术教育中培养学生欣赏美、鉴别美的能力。

“金字塔”的塔基是面向全体学生的艺术类基础型课程、渗透于各科教育的学科美育和广泛的艺术活动，为全体学生打下艺术文化的基础。

塔身是多门艺术类拓展型课程以及丰富的社团活动。如话剧社、健美操社、街舞社、动漫社、流音社、吉他社等，为有爱好和有发展的学生提供更大的平台。

塔尖是由音乐学院和专业院团的教授、演奏员们组成的高水准的器乐演奏课程，同时聘请国际行进鼓号联盟DCI专家执教行进打击乐课程，以一流的专业团队为学生高水平的发展提供美的能力，建立“金字塔”型的美育体系，使审美成为学生一生的习惯。

（二）精品课程，广泛美誉

艺术团队享有“广泛美誉”。管乐队、弦乐队、健美操队、行进打击乐队、戏剧社等艺术团队在各类高级别比赛和活动中获得佳绩，并在全国和国际交流活动中展示风采，成为上海的艺术名片。

艺术课程涌现“名牌产品”。“教育剧场”“歌唱艺术欣赏与实践”“钢琴文化鉴赏与实践”“iPad自主乐队”“生活中的实用美术”“品味生活”“中西讲坛”等成为精品艺术课程，长盛不衰。

艺术活动产生“文化效应”。“高雅艺术进校园”“艺术相伴一生”“上海艺术巡礼”等活动为学生的发展提供广泛的选择，成为校园文化的亮丽风景，成为女校文化的显著标志。

（三）学科融合，创新艺术

打破传统教学时空，让教室成为“社会的缩影”。学校创设情境、表达思想，体现文学、音乐、美术、戏剧等多元素艺术融合。“教育剧场”课程的开发与探索，在全国产生较大影响。

女子行进打击乐队将形体表演与器乐表演结合在一起，视听融合，极具观赏性和感染力。经过国内外专家的精心指导以及女生们的刻苦训练，学校曾代表中国女孩参加全球直播的F1赛车开幕式表演。

（四）美育与城市文化勾连

不断拓宽艺术教育渠道，不仅坚持市三女孩每年至少进一次美术馆、博物馆和音乐场馆看美展、听

图8-12　市三女中垒球队

图8-13　市三女中乐队随上海市政府赴法参加中法友好文化年活动，在凡尔赛宫前进行表演（2004年）

音乐会、参观艺术展，还坚持"高雅艺术进校园"，邀请名家名师为女孩们开设讲座。

一隅天地，一片诗意。这片五彩天地让女生们展开了飞翔的翅膀，记录对学校的情感，有鼓励和支持，有勇气和力量，结合自己的兴趣爱好，主动积极规划人生，选择个性发展方向。

（五）艺术践行，服务社会

市三管乐团是第一支踏上祖国宝岛台湾进行艺术交流的上海学生乐团，也是第一支接待日韩学生乐团进行切磋和展演的乐团；在中华人民共和国成立四十五周年的天安门广场国庆活动中，市三管乐团是其中一员；APEC会议和世博会开幕，市三乐团都是迎宾仪仗成员。

学校除了有优秀的各类乐队、教育剧场团队外，每个班级也是一支合唱队，学生们不仅在学校美轮美奂的大礼堂舞台表演，还走进社区、大剧院、音乐厅开展演出活动，不仅锻炼了学生的表演能力，也让学生们为上海艺术普及、市民艺术素养提高做出了自己的贡献。

3.垒球运动特色

上海市第三女子中学是一所百年老校，女子垒球运动在校内拥有悠久的历史，传承至今，成为市三体育教学的品牌项目。20世纪80年代初期，市三女中校女子垒球队成为首批上海市13所高水平运动队之一。

1991年，市三女中·古北中学附设垒球学校成立，由两校联办垒校后，市三女中的"名牌教学"给队员们插上了高飞的翅膀。教学骨干纷纷来垒球班蹲点上课，班主任放弃暑假为队员补课，任课教师因材施教，尽力拉平学生的文化差距。

当时，全市高中有13支高水平运动队，市三女中的女子垒球队是其中一道独特的风景线，曾在全国少年锦标赛上取得三连冠。从这里毕业的学生，有的被输送到一线队伍成为高水平运动员，有的进入华东政法大学高水平运动队，而考入复旦、同济等名校的也有不少。

学校把垒球知识纳入体育课，作为体锻内容，以吸引更多的垒球苗苗。此外，还竭力"描绘"一条龙：古北初中班—市三女中高中班（试办初中班）—上海工大高水平运动队。球员来源充足，出路广阔，学校把垒校办成一个培养体育精英的摇篮。

1992年，在市三女中一百周年校庆上专门安排了一场女子垒球比赛，得到了国内外校友的一致好评。

2000年，上海市实施体教结合，校垒球队被命名为"学校试办二线运动队"；2004年，经市体育局评估、验收，校垒球队正式被命名为"学校办二线运动队"。

2008年，经市体育局再次评估、验收，校垒球队被认定为"学校办二线运动队"，并被国家体育总局手曲棒垒球运动管理中心命名为"国家垒球后备人才训练基地"。其间队员也一直坚持在组队比赛。

在各项市级比赛中，市三垒球队屡获冠军，逐步建立了领军效应。女校女生们在垒球队的训练和比赛中，精进运动技术，提升抗压能力，增强团队意识，诠释体育精神。

多年来，市三女中垒球队向上海市一线垒球队输送了多名运动员。她们代表上海队参加全运会，入选国家队参加一系列国际比赛；向大学高水平垒球队输送了火菲菲、徐丽丽、金晓峥、周轶群、沈静、於怡吉、吴宇玮、聂圣楠、黄蕊等优秀垒球运动员。

校垒球队依靠学校的优质教学资源，走国际化、信息化的道路，曾接待过美国前第一夫人希拉里，得到了高度评价，开启了市三垒球队的辉煌一页。

三、科研助推特色办学

2004年市三女中通过上海市实验性示范性高中评审以后，徐永初校长就提出“课题引领、科研先行”的观点，学校在每个发展阶段都有针对性的引领课题，从“女生群体发展研究”到“女校毕业生发展状况追踪调查研究”，从“中学国际理解教育的研究与实践”到“教师发展自我设计和评价的实践研究”，从“教育剧场课程的开发与实施”到“高中‘大学体验课程’的优化实践研究”，从“高中学科教学中的iPad应用策略研究”到“指向核心素养培育的高中女生项目化学习实践研究”等，形成一条从学生发展研究、学校特色化研究到教师发展研究再到课程发展研究、教学方式研究的主线，由整体到重点，由基础研究到课程开发、策略优化，有着清晰的发展脉络，教科研一方面起到前沿探索的引领作用，另一方面又伴随着学校的各项教育教学改革实验，不断提供材料、数据、案例，促进学校的整体发展。[7]学校的具体做法是：

1.科研先行，课题引领学校发展

多年来，市三女中的学校发展注重科研先行、课题引领，在每个发展阶段都有针对性的引领课题。市三女中课题研究重点的发展演进情况如下：

“女生群体发展研究”——如何针对女生成长成才规律开展女生教育（2001—2004）

“中学国际理解教育的研究与实践”——如何凸显学校国际化办学特色（2004—2007）

“教师发展自我设计和评价的实践研究”——如何提高教师专业化发展水平（2008—2011）

“具有学校特色的‘主题轴’式综合课程建设”——如何构建学校特色化发展课程体系（2010—2012）

“教育剧场课程的开发与实施”——如何开发与实施综合型创新课程（2012—2015）

“高中学科教学中的iPad应用策略研究”——如何应用新技术对学科教学策略进行优化（2015—2018）

“指向核心素养培育的高中女生项目化学习实践研究”——如何通过学习方式的变革培养女生的能力发展（2019—2022）[8]

2.全员参与，研修促进学科建设

学校注重科研先行，在每个发展阶段都有针对性的引领课题，通过全员式班组项目研修活动，引导

图8–14　市三女中举办国际教育论坛：中外女生教育比较研究（2007年11月2日）

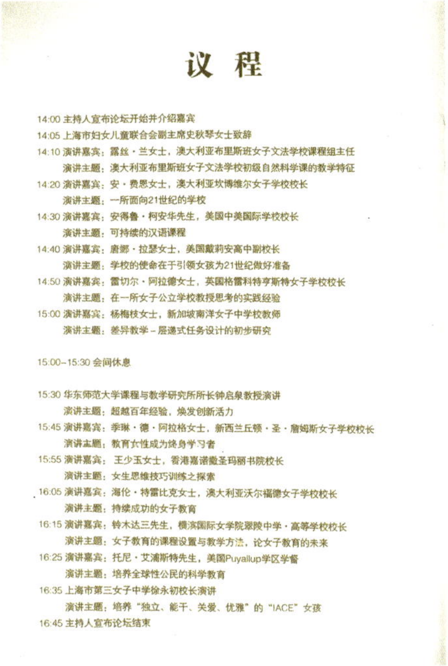

议　程

14:00 主持人宣布论坛开始并介绍嘉宾
14:05 上海市妇女儿童联合会副主席史秋琴女士致辞
14:10 演讲嘉宾：露丝·兰女士，澳大利亚布里斯班女子文法学校课程组主任
　　演讲主题：澳大利亚布里斯班女子文法学校初级自然科学课的教学特征
14:20 演讲嘉宾：安·费恩女士，澳大利亚坎博维尔女子学校校长
　　演讲主题：一所面向21世纪的学校
14:30 演讲嘉宾：安得鲁·柯安华先生，美国中美国际学校校长
　　演讲主题：可持续的汉语课程
14:40 演讲嘉宾：磨娜·拉瑟女士，美国戴莉安高中副校长
　　演讲主题：学校的使命在于引领女孩为21世纪做好准备
14:50 演讲嘉宾：雷切尔·阿拉德女士，英国格雷科特亨斯特女子学校校长
　　演讲主题：在一所女子公立学校教授思考的实践经验
15:00 演讲嘉宾：杨梅枝女士，新加坡南洋女子中学校教师
　　演讲主题：差异教学－层递式任务设计的初步研究

15:00–15:30 会间休息

15:30 华东师范大学课程与教学研究所所长钟启泉教授演讲
　　演讲主题：超越百年经验，焕发创新活力
15:45 演讲嘉宾：季琳·德·阿拉格女士，新西兰丘顿·圣·詹姆斯女子学校校长
　　演讲主题：教育女性成为终身学习者
15:55 演讲嘉宾：王少玉女士，香港嘉诺撒圣玛丽书院校长
　　演讲主题：女生思维技巧训练之探索
16:05 演讲嘉宾：海伦·特雷比克女士，澳大利亚沃尔福德女子学校校长
　　演讲主题：持续成功的女子教育
16:15 演讲嘉宾：铃木达三先生，横滨国际女学院翠陵中学·高等学校校长
　　演讲主题：女子教育的课程设置与教学方法，论女子教育的未来
16:25 演讲嘉宾：托尼·艾浦斯特先生，美国Puyallup学区学督
　　演讲主题：培养全球性公民的科学教育
16:35 上海市第三女子中学徐永初校长演讲
　　演讲主题：培养“独立、能干、关爱、优雅”的“IACE”女孩
16:45 主持人宣布论坛结束

图8–15　市三女中举办国际教育论坛议程（2007年11月2日）

教师更加关注女校特色发展，积极研究女生教育，增强教师教科研的意识，提高教师的研究与实践能力。

随着近几年将教科研放到引领学校整体工作的位置上，学校不断加大宣传力度，不断制定相应的管理制度和激励措施引导教师开展教科研活动，学校已形成比较浓厚的科研氛围。教师自觉开展教育研究的人数比例越来越高，开展科研的积极性、主动性明显提高，每学年每位教师至少完成一篇论文，完成率达100%。

有了全员参与教科研活动的基础，学校的课题研究、项目研究进展才比较扎实，且和教育教学实践紧密结合，有效地推动了学校的发展与变革。

长期以来，学校探索形成了一套班组项目研修模式，将其作为教师日常研修的形式，通过集体研究各学科的女生学习特点和教学中的瓶颈问题，提高教学的有效性。

班组项目研修有一整套流程。教研组在学校研修方案的基础上制订班组研修计划，包括研修项目主题、主要针对的问题、组内每位老师承担的任务、每次的内容安排、最后的成果形式等等。每两周进行一次研修活动，由教研组组长主持，组内教师轮流主讲。学校还设计了项目研修管理手册，教研组可以对每一次研修活动的内容、发现的问题以及积累的资料做详尽的记录，便于到学期结束时进行成果总结和资料整理。

班组项目研修使得各教研组都能够结合自己学科的实际，聚焦重点问题，提出研修目标，确定研修内容，开展有实效的研修活动。这一形式改变了过去培训“一言堂”的情形，研修成为教师自觉自愿的行为。在研修过程中，人人都可以成为主讲教师，人人都承担研修组织任务，提高了教师参与校本培训、自主设计校本培训内容的积极性，较好地促进了教师的专业化发展。

此外，学校又将班组项目研修与学校课题结合在一起，将学校的引领课题分解为各个层面的子项目，突出女校的研究方向和重点，如围绕学校课题“指向核心素养培育的高中女生项目化学习实践研究”开展各学科的子项目研究，使得班组项目研修更突出对女生学习特点的研究，着眼女生核心素养的提升，更加符合女中教师专业发展的需求。教师们的一些重要研究成果，有的在学术期刊上发表，有的通过参加各类论坛进行宣读。[9]学校也通过举办中外教育论坛，介绍市三女中在女子教育中的一些做法与经验。

需要指出的是市三女中在引领全国女生教育研究的发展方面所做出的努力。市三女中作为中国陶行知研究会女生教育专业委员会的副理事长单位，在全国女生教育研究领域有一定的影响。学校每年参与组织女生教育专业委员会的学术年会、论文评比等工作。2019年11月14—15日，中国陶行知研究会女生教育专委会第二十届年会暨纪念中陶会女专委成立二十周年大会在市三女中举行，来自全国近30所学校的100多位嘉宾云集市三女中研究“情绪管理与女生健康成长”这一主题。二十周年年会也被誉为全国女生教育研究的里程碑。

3. 实效显现，成果带动教改推进

近年来，学校结题的引领课题对教改的推进带来非常显著的积极影响。

（一）“教育剧场课程的开发与实施”

如何通过一门课程的课堂教学培养学生的综

图8-16　徐永初校长与多伦多大学开展项目合作活动

图8-17　中陶会在市三女中举办论坛（2019年11月）

图8-18　市三女中管乐队参加庆祝建党一百周年艺术周活动

图8-19《教育剧场——女中的创新课程》

上海市级教学成果奖

获奖证书

获奖成果：《教育剧场》课程的开发与实施

获 奖 者：徐永初　徐　萍　杨黎兰　蔡文琪　陆　武　把　伟

完成单位：上海市第三女子中学

获奖等级：一等奖

证书编号：J-1-2017062

上海市教育委员会
上海市人力资源和社会保障局
二〇一七年

图8-20 市三女中『教育剧场课程的开发与实施』获得上海市级教学成果一等奖（2017年）

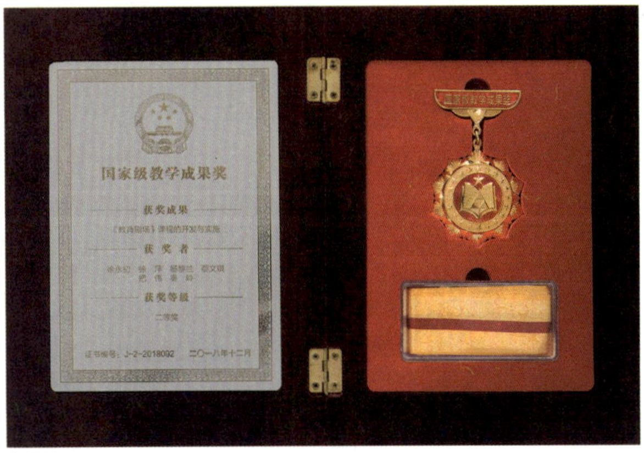

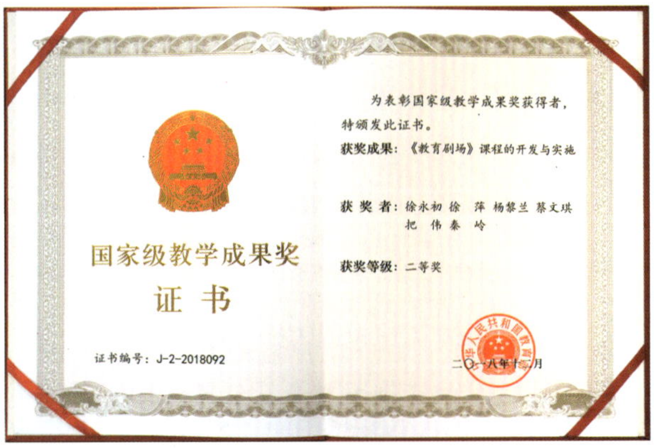
为表彰国家级教学成果奖获得者，特颁发此证书。

获奖成果：《教育剧场》课程的开发与实施

获 奖 者：徐永初　徐　萍　杨黎兰　蔡文琪　把　伟　秦　岭

获奖等级：二等奖

国家级教学成果奖

证　书

证书编号：J-2-2018092

二〇一八年十二月

图8-21　市三女中“教育剧场课程的开发与实施”获得国家教学成果二等奖（2018年）

合素养和提升学生的综合能力，始终是高中教育需要关注与亟待解决的问题。学校开发与实施的“教育剧场”创新课程在一定程度上解决了这一难题。

“教育剧场”课程是一门不同于以往“戏剧课程”的新型课程，研究成果体现在以下方面：

（1）通过理论研究、政策分析与对学校文化传统的梳理，依托百年女校丰厚的戏剧素养培育经验，采用行动研究的方式，开发并实施了具有跨学科、综合性特点的“教育剧场”创新课程。

（2）打破课堂空间限制，引入社会生活情境，运用戏剧元素实践了基于情境创设的体验式学习、基于多元资源利用的合作式学习、基于学生自主构建教学活动的生成性学习等多种学习方式。

（3）学生在“教育剧场”的学习过程中，增强同理心，提升批判性思维能力，对自我价值、社会责任等问题形成深度认识。

“教育剧场”课程最大的特点是突破单一学科的课程限制，体现出综合性、实践性、跨学科等特点，培养学生的综合素养。课程立足女校，关注女生成长，将中西交融的学校文化传统的“大情境”与基于“教育剧场”课程实施“剧场”这一特定“小情境”相结合，融合了语文、历史、艺术等多学科知识，鼓励教师根据女生特点开展课堂教学活动，运用戏剧元素指导学生进行知识迁移，帮助学生更加了解自我、他人和社会；提升自信，更敢于表达与表现自我；提升团队合作意识与能力；激发深层思考与创新，学会换位思考与批判性思维。

自课题立项以来，“教育剧场”课程进行了10余次全国和市级的公开教学展示，课程教师赴全国各地讲学，北京十一中、人大附中等名校派教师前来观摩学习，《文汇报》《上海教育》等媒体多次专版报道，产生了广泛的社会影响。最终课题成果获得了2018年国家教学成果二等奖。教师荣获第二届全国教育改革创新优秀教师奖等多项荣誉，课程团队编写的《教育剧场——女中的创新课程》一书于2017年由上海教育出版社出版。

（二）“高中学科教学中的iPad应用策略研究”

学校提出“以革新的教育理念引领课堂创新的实践，以全新的教育技术丰富课堂创新的呈现”的核心理念，在课题的引领下，在各科教学中创新课堂理念、丰富课堂模式，力求将技术融于教育，同时满足学生的学习需求，使学生的学习趋于自主化、共享化、多样化。

通过研究，学校的课堂教学产生了许多变化：

（1）学习方式的变化。通过iPad的运用，可以实现学生真正的交互式学习。将iPad应用于教学，学生可以“按需学习”，即每个学生根据自己实际的学习基础和接受能力，选择适合自己水平的学习内容和练习，教师也可以采取个别化教学或者小组合作学习的教学模式进行教学。在学习过程中，教师可以很方便地关注到每一位学生，让每一位学生都能参与课堂互动，实现教师与学生之间的有效沟通交流，这是其他多媒体工具所不具备的。

（2）教学资源的开发与管理的变化。利用iPad，可以存储多种版本的电子版的课本内容。教师可以根据自己的体验，利用iPad的集成功能将学习材料整理制作成学习课程；或者通过iTunes U软件下载世界知名学校的免费课堂音频、视频或公开课，让学生通过自己的兴趣选择资源。将这些资源转化为课堂教学资源，拓展了课堂教学内容，激发了学生的学习热情。全新的iPad教学资源必将为课堂注入新的能量。

（3）教学形式和评价方式的变化。iPad的出现带来了全新的课堂教学形式。教师可以根据每位学生实际的学习基础和学习能力，设定难易不同的教学内容；学生根据教学安排，用iPad下载相关的应用程序和教学资源，进行自主学习。教师不仅可以用iPad授课，还可以通过相关软件和平台监控学生的学习进度，并管理教学资料等。即使不在课堂，教师也可以通过在线工具如QQ、微博、博客、微信等方式与学生实现互动，也可实现生生之间的交流互动。这种互动不限制在课堂上，在课外时间也可以进行。iPad进课堂，是一种新的教学方式，可以更好地激发学生的学习兴趣，使课堂触手可及。在课堂之外，

图8-22　市三女中学生在上海市青少年科技创新大赛展示厅向参观者介绍课题（2016年10月）

还可以通过App Store提供的各类益智类学习软件，让学生在不知不觉中学到知识，让学习变得丰富有趣。

（三）"高中'大学体验课程'的优化实践研究"

本课题通过对大学体验课程实践过程进行总结与反思，形成完整的课程方案，进行大学体验课程设计的优化研究，搭建合理的课程框架，确定课程管理的流程模式，进行大学体验课程管理与评价的优化研究，构建有效的评价体系。

（1）一定程度解决了学生缺乏专业体验的问题。新高考方案推出后，高中学生的选课范围扩大了，时间提前了，学生高一结束就面临着今后学习方向乃至职业领域大方向的选择，若学校在这个时间点上能为他们提供更多的亲身体验作为参考，将有助于他们做出更加合理的选择。许多学生进入高校后，对专业的满意度不高，主要原因是想象的学校、专业与现实的学校、专业相距甚远。因此，早期的了解和体验有助于学生进行更理性、更合乎个人发展特点地做出选择。大学体验课程正适应了这样的需求，这类课程的优化研究也成为当务之急。女生在理科学习上有时存在一定的畏难情绪，而大学体验课程轮转周期短的特点决定了它是以理科学习为主的，这正好能够拓展女生理科学习的视野，为她们在理科方向的选择上增加感性体验，消除畏难情绪。

（2）一定程度解决了高中体验性课程开设的问题。上海市教育综合改革"实施课程、教材、教学、评价一体化改革"的任务中指出：引导学校创造性地执行课程要求，培养学生的主动学习、问题解决和动手实践能力。在课程实施过程中，注重通过项目活动、亲身体验等形式，拓展多种学习方式，强化教学过程的实践性和体验性，培养学生的创新精神和实践能力。而大学体验课程的实施也正符合这一课程改革的要求。

（3）一定程度解决了高中生生涯规划意识薄弱的问题。新高考改革对高中课程建设提出了新的要求。高考除了要为高等学校选拔新生服务之外，为素质教育和高中课程教学服务也是一项重要的任务。这就要求中学重视学生的生涯规划教育，重视学生的个性和兴趣培养，同时引导学生结合自己的兴趣，选择适合自己的科目。学生的生涯规划教育，不能单靠生涯规划一门课或一个专题的学习来完成，而需要给学生更多体验职业，了解不同学科、专业的机会。我校设计和实施的大学体验课程正符合这样的要求，学生通过进入大学进行短期体验，了解学科、专业领域，培养自己的兴趣，发现自己的专长。

（四）"高中学生研究性学习课程的管理与实施研究"

为配合研究性学习活动课程的实施，学校申报了长宁区级重点课题"高中学生研究性学习课

图8-23　上海市地理特级教师徐宽洪

图8-24　上海市英语特级教师何亚男

图8-25　上海市英语特级教师宋凤

图8-26　上海市数学特级教师熊秋菊

图8-27　上海市地理特级教师王海萍

图8-28　上海市物理特级教师於丰

程的管理与实施研究”，开展相应的跟踪研究。研究内容包括：

（1）对研究性学习课程实施现状的研究。了解学生、指导老师、管理老师对高中生研究性学习课程的感受和看法，通过学生追踪问卷了解课程学习带来的帮助和影响。了解课程的开设与学生需求的契合程度以及对学生后续学习的影响；对进行指导和参与管理的教师进行调查，了解课程实施的情况，发现优势和不足，找到需要改进提高的点；在调查研究的基础上进行反思，不断提出优化课程的工作思路。

（2）对研究性学习课程进一步优化的研究。包括课程设计的优化：根据学生的需要，增强课程与实际生活的联系，增强个性化选择范围；课程实施过程的优化：前期动员、选题指导、方案设计、指导教师配备、校外资源利用、后期评价等各个环节的优化；课程管理的优化：课程管理小组的人员调整、各个步骤的时间跨度优化以及加强过程中的反馈与改进。

（3）对研究性学习课程评价体系的研究。包括评价方式的选择、评价结果的效用，尤其是与高中生综合素养评价之间的对接，课程信息收集的过程化研究，最终信息输入的有效性、合理性研究，信息的透明性、公正性检测，等等。

在课程建设与学科发展方面，市三女中一直积极探讨与摸索。经过多年的实践，学校做到了几个“结合”：一是与学校课题研究相结合，突出跨学科的专题性新课程开发和建设；二是与社会发展的人才素质相结合；三是与学校传统特色相结合。

无论是课程建设还是教学研究，关键在于师资。学校的发展需要一支优秀的师资队伍。经过长期的培育，市三女中逐渐拥有了一支优质的师资队伍。据2019年6月统计，学校在编教职员工108人，其中教师96人，拥有研究生学历23人，拥有硕士学位32人，占教师总人数的33%；领军人才、专业技术拔尖人才、学科带头人等40余人；特级及正高级教师5人。[10]

四、在开放中办学

市三女中坚持特色办学、优质办学。学校要发展，就需要拓展视野，在开放的大格局中办学。在这一过程中，市三女中积极开展多种层次、各种形式的合作与交流，“对校内外不同来源、不同层次、不同结构、不同内容的资源，按照规划实施的需要进行汲取、梳理、分拣、归类、有机融合、重组或再创新，使资源配置和资源运用更具针对性、条理性、合理性和灵活性，提升规划实施的整体效益”[11]。具体包括：（1）建立校外基地，拓展学生的活动空间。（2）加强与著名高校、科研院所的合作，建立科学、人文、艺术等研究基地，了解学科前沿，开拓师生视野，引导学生往更高的阶段发展。（3）做好与家长的联络、沟通，招募家长志愿者等。凝聚家长优质资源，优化学生成长生态。着手探索家校各级家委会的转型发展，建立平等有效的家校沟通平台，让家校共育的理念更清晰。聘请若干家庭教育专家，开设形式多样的“家校学堂”，扩大德育的空间和影响，形成市三女中家校教育特色。（4）建立与校友的

图8-29　市三女中海外友好学校交流旗帜（摄于2021年10月27日）

联系，合理利用校友资源。（5）积极引进社会、社区资源，实行资源共享。凡此，增加了学校课程的丰富性、专业性与科学性，有利于学生综合素质的提升、办学水平的提高。学校充分挖掘、整合、优化各类教育资源，通过有效利用家委会、校友、社会力量等，构建开放办学的格局，让学校教育融入相互影响、相互促进的共同成长的协同办学体系中，使学校教育的途径更加广阔、手段更加丰富，从整体上优化学生成长生态。

在开放办学中，具有鲜明特色的是与海内外学校的交流。在对外交流中，市三女中具有独特的历史优势，这也是学校长期形成的办学特点。市三女中充分利用16所海内外友好学校的优质办学资源，汲取这些友好学校在女生教育方面的先进理念，通过校际师生互访交流，有计划地进行学科交流切磋，参考借鉴其有效做法，为学校的女生教育教学融入多元文化元素，丰富本校女生教育的内涵。

进入21世纪，学校更加重视对外交流，开展经常性的业务交往活动。在交流中拓展视野，在交往中增加见识。开放办学，为学校师生开拓了更广阔的平台，也为学校走向海外开辟了一条新渠道。通过交流，各校互相切磋，共同提高。

表8-5　2002—2020年市三女中对外交流活动情况

年份	出访批次	出访人次	来访批次	来访人次
2000—2004	22	180	23	240
2005	5	69	5	64

（续表）

年份	出访批次	出访人次	来访批次	来访人次
2006	7	76	6	84
2007	6	65	6	80
2008	6	70	7	109
2009	5	62	7	105
2010	4	27	8	137
2011	3	31	7	122
2012	3	17	7	120
2013	6	54	6	106
2014	4	33	7	122
2015	3	38	8	96
2016	7	80	15	188
2017	4	54	7	125
2018	5	49	9	117
2019	5	41	4	111
2020	线上交流			

*资料来源：上海市第三女子中学校务办公室提供，2021年10月。

表8-6　市三女中缔结友好学校一览表

序号	友好学校名称	国家或地区	缔结友好关系时间
1	横滨国际女子学院翠陵高级中学	日本	1988
2	华盛顿州皮雅勒普学区	美国	1992
3	北雅加达国际学校	印度尼西亚	1996
4	布里斯班女子文法学校	澳大利亚	1996
5	南澳沃尔福德女子学校	澳大利亚	1997
6	真景女子高等商业学校	韩国	1997
7	墨尔本坎博维尔女子文法学校	澳大利亚	2000
8	旧金山中美国际学校	美国	2002
9	康涅狄格州戴莉安高级中学	美国	2002
10	伦敦格雷科特亨斯匹特女子学校	英国	2002
11	惠灵顿丘顿·圣詹姆斯女子学校	新西兰	2004
12	南洋女子中学	新加坡	2006
13	加利福尼亚州凯斯特丽亚女中	美国	2008
14	多伦多大学	加拿大	2008

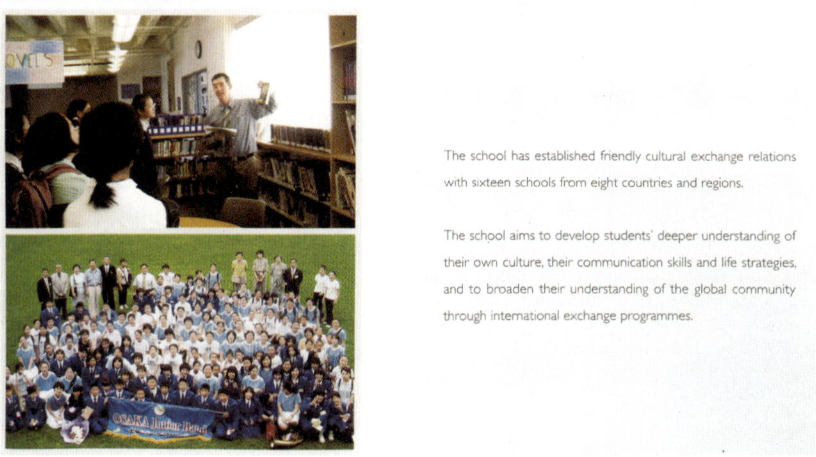

图8-30　校刊中介绍的对外交流活动，选自《上海第三女子中学115周年校庆纪念》（2007年11月刊印）

图8-31　市三女中、南洋女中学生为纪念树浇水、培土（2019年）

（续表）

序号	友好学校名称	国家或地区	缔结友好关系时间
15	莱佛士女中	新加坡	2010
16	台中晓明女子高级中学	中国台湾	2010
17	拔萃女书院	中国香港	2010
18	嘉诺撒圣心书院	中国香港	2010
19	台北市私立卫理女子高级中学	中国台湾	2012
20	西澳珀斯长老会女子学校	澳大利亚	2012
21	玛利亚·瓦尔德一级文理中学	德国	2014
22	卡莱芒·马洛高级中学	法国	2016

*资料来源：上海市第三女子中学校务办公室提供，2021年10月。

市三女中坚持改革，不断开拓，自2000年以来获得了大量荣誉与称号。

表8-7　2000—2021年市三女中获得国家级、上海市级荣誉或称号（据不完全统计）

获奖名称	时间	颁发部门（单位）
上海市二线高水平运动队（垒球）试点学校	2000.4	上海市体育运动委员会
上海市绿色学校	2000.12	上海市环境教育协调委员会

（续表一）

获奖名称	时间	颁发部门（单位）
上海市艺术教育工作先进集体	2001.2	上海市教育委员会
上海市中小学双语教育试验研究中心组（首批特邀研究单位）	2001.6	上海市教委教学研究室
上海市青少年垒球比赛第一名	2001.12	上海市青少年训练管理中心
上海市行为规范示范学校	2001	上海市教委
上海市科技教育特色学校	2001	上海市科学技术委员会
上海市试办二线运动队一等奖	2002.1	上海市教委、市体委
（史地组）上海市红旗班组	2002.1	上海市总工会
教育部中学校长培训中心定点教育考察学校	2002.4	教育部中学校长培训中心
上海市教育系统社会主义精神文明十佳好事提名奖	2002.5	上海市精神文明建设委员会
“中小学数字图书馆”试验学校	2002.12	中央教育科学研究所
2001—2002年度上海市文明单位	2003.8	上海市人民政府
全国聘请外国文教专家工作先进单位	2003.11	国家外国专家局
拥军优属模范单位	2003	上海市委
上海市学生艺术团	2003	上海市艺术教育委员会
上海市艺术教育特色学校	2004.5	上海市教委
2004—2007年全国绿色学校创建活动先进学校	2004.12	国家环境保护总局、教育部
上海市中小学双语教学实验学校	2005.1	上海市教委教学研究室
贯彻《学校体育工作条例》优秀学校	2005.1	上海市教委、市体育局
首批上海市实验性示范性高中	2005.2	上海市高中教育管理专业委员会
上海市中小学行为规范示范校	2005.3	上海市教委
上海市普教系统德育工作先进集体	2005.3	上海市教委
2004—2007年全国绿色学校创建活动先进学校	2005.3	国家环境保护总局、教育部
2003—2004年度上海市文明单位	2005.5	上海市人民政府
第三届（2003—2005年）学校心理健康教育先进集体	2006.1	上海市中小学心理辅导协会
2005年度上海市优秀非职业乐团	2006.6	上海市文化广播影视管理局
中瑞合作“环境小硕士”中国项目试点学校	2007.1	国家环境保护总局
（环保社团）十佳绿色社团	2007.1	上海市环境教育协调委员会中小学办公室
上海市学校艺术教育先进单位	2007.3	上海市教委
2005—2006年度上海市文明单位	2007.4	上海市人民政府
（“女儿红”校报社）上海市中学生明星社团	2007.6	上海市团委、教委、学生联合会
上海市艺术教育特色学校	2008.9	上海市教委
第四届（2006—2008年）学校心理健康教育先进集体	2009.1	上海市中小学心理辅导协会
上海市科普体验实践基地	2010	上海科普教育发展基金会
第二期上海市普教系统“双名工程”王志刚、徐永初名校长培训基地（2008—2010年）	2010	上海市教委

（续表二）

获奖名称	时间	颁发部门（单位）
上海市红十字工作示范学校	2011.3	上海市红十字会
“中小学科学探究学校与创新人才培养机制实验研究”项目实验学校	2011.4	教育部基础教育课程教材发展中心
2010年度上海市科技教育特色示范学校	2011.5	上海市科普工作联席会议
2009—2010年度上海市文明单位	2011	上海市人民政府
上海市优秀体育后备人才（二线）运动队	2009—2011	上海市体育局
2011—2012年度上海市文明单位	2013.4	上海市人民政府
2011—2012年度青年文明号	2013.4	共青团上海市委
2013—2014年度上海市文明单位	2015.4	上海市人民政府
上海市优秀体育后备人才二线运动队（2015—2018年）	2016	上海市体育局、上海市教育委员会
2015—2016年度上海市文明单位	2017.4	上海市人民政府
上海中小学新科学新技术创新课程平台试点学校	2017.5	上海中小学新科技新技术创新课程平台
长三角最具文化影响力学校	2017.9	中国长三角校长高峰论坛组委会
（“教育剧场课程的开发与实施”）上海市级教学成果一等奖	2017	上海市教委等
2017年度全国五四红旗团委	2018.5	共青团中央
上海市中小学校卫生工作先进单位	2018.7	上海市中小学幼儿教师奖励基金会等
（“教育剧场课程的开发与实施”）首届全国女学生教育与科研创新奖	2018.11	中国陶行知研究会
2018年度市级优秀教师专业发展学校	2019.1	上海市教委
（英语组）巾帼文明岗	2019.3	中华全国妇女联合会
2017—2018年度上海市文明校园	2019.4	上海市人民政府
（英语教研组）工人先锋号	2019.8	上海市总工会
2019年第八届全国云课堂活动优秀组织单位	2019.9	中国信息协会教育分会等
全国三八红旗集体	2020.1	中华全国妇女联合会
未来教师实践基地	2020	长三角教育人才服务联盟
2019—2020年度上海市文明单位	2021.4	上海市人民政府
上海市中小学行为规范示范校	2018—2021	上海市教委等

*资料来源：上海市第三女子中学校务办公室提供，2021年10月。

新世纪，新发展。市三女中在传承中创新，不断焕发出新的活力。传统名校正在实现向现代化一流学校的转型。

图8-32　市三女中被上海市人民政府评为“上海市文明校园”（2019年）

图8-33　市二女中获评“全国环境教育示范学校”（2012年12月）

图8-34　市三女中垒球队参加全国和上海市垒球锦标赛荣获冠亚军

图8-35　市三女中获评“2017年度全国五四红旗团委”（2018年5月）

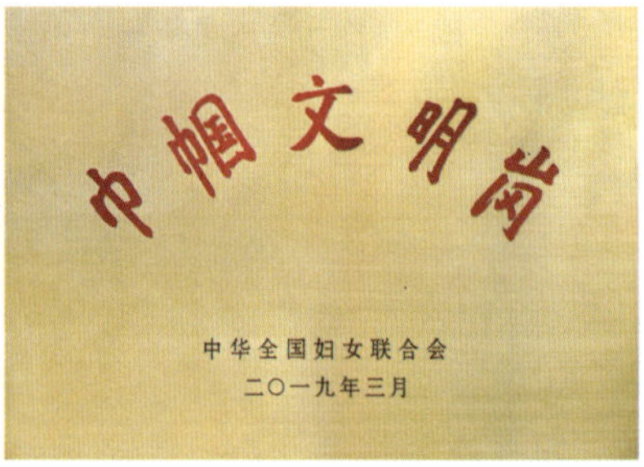

图8-36　市三女中英语组被中华全国妇女联合会授予“巾帼文明岗”称号（2019年）

图8-37　市三女子吹奏乐团屡获全国、市级比赛一等奖（部分奖牌），OM团队屡获上海头脑奥林匹克创新大赛第一名（部分奖牌）

第三节　培养“IACE女孩”

1998年，市三女中提出了培养“德才兼备、秀外慧中的现代化开放型女子人才”的育人目标，其基本特征为“独立（Independence）、能干（Ability）、关爱（Care）、优雅（Elegance）”。[12]英文缩写为“IACE”。何亚男校长提到：“IACE还有另一层意思：I ACE，即我是最好的。”[13]1998年，学校举行首届“IACE女孩”评选活动。

市三女中提出培养“IACE女孩”，主要是基于女校历史、女生特点、女性发展，努力探索女子成长成才规律，营造女子成才氛围，启迪女子成才意识，挖掘女子内在潜能，发挥女子个性特长，为培养具有强烈社会责任感、秀外慧中的优秀女子人才奠定基础。在办学过程中，学校结合社会和教育的发展，将女子成人、成才、成功教育自觉贯穿于学校的整个工作之中。

学校在几轮课改中努力探索女生学习特点，使学校教学更符合女生的学习规律，学习质量有进一步的提高，在体现女子教学特点方面取得较大进展，显示出市三女中的教学个性。此后，学校不断丰富“IACE”的内涵，结合民族精神、生命教育，完善“IACE”的表述。在徐永初任校长时期，学校积极探索女生教育规律，拓展德育空间，丰富德育内涵，形成既有女校特色，又有时代特点的德育课程群。学校以女校“雅文化”为主线，结合生涯规划教育，与“IACE女孩”特色项目有效融合，构建“追寻金色梦想”三年系列活动：

> 高一的“放飞梦想”活动中，突出立志成才教育，探索女性成功之路；高二的“走进经典”活动中，突出树立理想教育，提高人文素养，培养优雅气质；高三的“责任，我承诺”活动中，突出职业生涯教育，加强女性的社会责任和家庭责任意识培养。历时三年，学校帮助女孩们共同编织起美丽的梦想，由感性到理性地交给女孩一把“寻梦的天梯”，演绎着“有梦就有未来”的人生理想。[14]

图8-38　“520学姐加油”主题活动

图8-39　在宋庆龄纪念馆举行十八岁成人仪式

市三女中“IACE”活动也在创新中发展，让“IACE”活动形式多样化，如在学生中征集“IACE”创意设计、“IACE女孩”海选、“IACE女孩”进班演讲、“IACE”小助理等活动取得良好效果。学校编写了“IACE”校本教材，使“IACE”活动发展成为学生人人参与的校本课程，体现出新颖、活泼、自主的特点，彰显了品牌效应。[15]在学校的办学实践中，市三女中逐渐做到了“IACE”课程系列化：

> 围绕育人目标，开发一批重点特色课程，每个目标下有若干课程支撑，主题有所侧重，形成比较全面的“IACE”系列课程框架。
>
> 1.独立——加强成才意识，突出生涯规划。包括女性精英研讨系列、生涯规划指导系列。
>
> 2.能干——加强全球意识，突出团队合作。包括境外课题交流系列、女生心理辅导系列。
>
> 3.关爱——加强责任意识，突出公益精神。包括女性慈善案例研究系列、特色班公益实践系列。
>
> 4.优雅——加强礼仪意识，突出艺术素养。开设礼仪系列课程、艺术系列课程。[16]

结合学校“IACE”的育人目标，学校确立的特色化发展课程理念也是“IACE”，即实施“基于学生兴趣的（Interesting）、丰富的（Abundant）、致力于培养学生创造性的（Creative）、个性化的（Everyone）”课程方案。这四个理念的具体内涵为：兴趣——课程基于学生的兴趣，基于学生对自然、社会和人自身的关注，发现、培养、发展学生的兴趣；丰富——课程是丰富多样的，涵盖自然科学、人文艺术等各大领域，立足于促进学生的全面发展；创造——课程致力于培养学生的创新意识、创新能力和创新人格，提升学生的创造力；个性——课程关注每一个学生发展的现实性和可能性，发展学生的特长，最大限度地开发每一个学生的潜能。[17]市三女中逐渐建立起“IACE”培训课程：

> 1.面向“IACE女孩”的领导力培养课程，提升“IACE女孩”的领导力，培养一批具有市三气质的学生领袖。每年暑假开展领导力培养夏令营活动，包括社会调查、参与学校管理、班级活动创意设计和实践、高雅艺术欣赏四大系列。
>
> 2.面向学生干部的管理课程提升学生干部的执行力和创新力，建立一支能干高效的学生干部队伍，形成“IACE女孩”的培养梯队。每学期三次主题培训。开学初，活动计划设计培训：制订有创意的班级和部门计划。期中，专职工作论坛：有“班长论坛”“劳动委员论坛”等，提高班级管理的有效性。期末，干部述职：写好总结，提高演讲能力。
>
> 3.全体学生的“IACE”体验课程，提升“IACE”育人目标对全体学生的影响力。高一：了解“IACE”育人目标；学习《女校女生》。高二：参与“IACE女孩”评选活动；“IACE女孩”进班演讲和交流。高三：每人完成自传“IACE和我”。……学校编辑为校本教材《“IACE和我”优秀自传集》。[18]

近年来，学校围绕“IACE”育人目标，更加注重构建高中生涯发展指导的目标、内容、途径与方法体系，“增强女生生涯发展意识，将学生视野从校园引向现实世界，锤炼适应未来社会与职业变化需要的核心技能与重要品格。提高教师生涯发展指导能力，逐步形成、完善体现女生特点的培养模式与全员导师模式”。具体措施包括：一、完善学生生涯教育目标、内容和实施方案，确立各年级生涯教育的重点。二、开发多元的生涯规划辅导课程，构建完整的生涯规划教育体系。三、携手智能教育平台，优化导师指导策略，推进“女校特色”生涯教育。同时提出了达成的指标（标志）：确立各年级生涯教育重点，建立学生成长档案袋制度和个案分析制度。帮助学生更好地解决在不同学段面临的人生课题。打造全员导师队伍，课堂教学渗透生涯辅导。开发多元的生涯规划辅导课程，构建完整的生涯规划教育体系。[19]

通过多年的探讨与实践，“IACE”不仅在市三女中师生中有很高的认可度，在上海市也有一定的知名度。“IACE”已经是市三女中的品牌，成为市三女中校园文化的核心表现，并不断推动着学校事业的发展。

第四节　学校七彩社团

培养“IACE女孩”是一个系统，其中还包括学生社团的组织等。在历史上，无论是圣玛利女校还是中西女中，校园生活丰富多彩，各类社团活跃。让学生广泛参与社团活动，也是培养学生能力的重要方式。市三女中加强社团指导，提升优秀社团品质，教研组参与社团建设，并利用社会资源，扩大社团课程的发展力。学校逐渐形成“七彩社团”系列，具体可表述为：

“赤”：忠诚正义——理论学习类社团（青年党校、宋庆龄研究社……）
“橙”：活力激情——体育健身类社团（空手道社、街舞社……）
“黄”：热情温暖——志愿服务类社团（社区服务队、公益社……）
“绿”：生命自然——生命环保类社团（环保社、水质测量队……）
“青”：青涩成长——思辨实践类社团（辩论社、学生公司……）
“蓝”：深邃浩瀚——学术科技类社团（天文社、心理社……）
“紫”：优雅高贵——文学艺术类社团（戏剧社、矜雅社……）[20]

这一概括既形象又生动，市三女中组织的这些社团活动，适应女生特点，适应女生参与，适应女生培养，且具有引领性的特点。

市三女中秉承办学传统，提倡学生自主活动，鼓励学生自主建立社团，以年级为单位组织。每学期开始，老社团招募社团成员，学生可以自主组建社团。20世纪五六十年代，市三女中的一些社团在当时的上海女校中成立较早，影响较大。改革开放以来，市三女中在社团活动中继续保持特色，在许多方面发挥着影响力。

表8-8 2021学年度市三女中社团一览表

序号	社名	指导老师	社长	社员范围	活动地点	现有人数
1	商学社	朱文静	桑李清	高一、高二学生	五一楼团委活动室	34
2	戏剧社	何雨婷	刘思远	高一、高二学生	五一楼小礼堂	40
3	环保社	张洁清、严自律	曹旖晓	高一、高二学生	五一楼团委活动室	12
4	文学社	管骏捷	董曌	高一、高二学生	五一楼团委活动室	14
5	街舞社	武钰婕	何雅欣	高一、高二学生	体育馆	31
6	电音社	古嘉铮	姜昀婕	高一、高二学生	音乐教室	14
7	流音社	古嘉铮	沈嘉雯	高一、高二学生	五一楼团委活动室	13
8	矜雅社	郁文戈	陈颖萌	高一、高二学生	五一楼团委活动室	12
9	吉他社	古嘉铮	李欣雨	高一、高二学生	五一楼团委活动室	12
10	天工社	徐轶伦	张焉然	高一、高二学生	五一楼团委活动室	16
11	Wetv社	苗勇胜	忻佳怡	高一、高二学生	学生电视台	12
12	篮球社	陈铖	朱心怡	高一、高二学生	体育馆、操场	5
13	乒乓球社	王琪	张路阳	高一、高二学生	体育馆、乒乓房	10
14	纸牌社	钱仲薇	张路阳	高一、高二学生	五一楼团委活动室	6
15	英辩社	王琪	马佳妮	高一、高二学生	五一楼团委活动室	9
16	辩论社	王琪	沈芷嫣	高一、高二学生	五一楼团委活动室	22
17	法学社	杨成义	王筱娴	高一、高二学生	五一楼团委活动室	16
18	模联社	王秀芬	谢思媛	高一、高二学生	五一楼团委活动室	14
19	配音社	闪艳	张轶凡	高一、高二学生	五一楼团委活动室	26
20	心理社	陈伟琳	周娉婷	高一、高二学生	科学楼心理教室	20
21	韩语社	外聘	张含笑	高一、高二学生	五一楼团委活动室	8
22	日语社	外聘	何秋漪	高一、高二学生	五一楼团委活动室	14
23	模政社	闪艳	邵彦婷	高一、高二学生	五一楼综合会议室	27

*资料来源：上海市第三女子中学校务办公室提供，2022年1月。

市三女中的学生社团不仅数量多，而且涉及面广，特别反映了女校的特色。这里，选取几个社团予以介绍，并用她们自己的语言予以陈述。

模拟政协社团。2017年，基于学生的实际需要和兴趣，学生自主组建团队，并配合指导老师，在课余时间开展社会实践活动，形成了提案、报告等，先后参与了第四届上海市青少年模拟政协与第五届全国青少年模拟政协，获得了相应的成果和荣誉。2018年，模拟政协以选修课为载体，形成专业化团队指导，依托课程，学生更加专业化、科学化地展开社会实践和调研，产出并完善新闻发言、答辩、提案等一系列步骤，以模拟政协委员的身份为社会事建言献策，参与了第六届全国青少年模拟政协、第五届上海市青少年模拟政协的活动，收获颇丰，载誉而归。2019年，学生的实际成长与收获促使我校模拟政协持续性发展，成为有指导老师、专业课程和稳定社团成员的模拟政协社团。在选修课上，社团成员们发现问题、分析问题、解决问题，并在教师指导下完善研究过程；在课余时间，社员们也会自发组织活动，例如在我校“IACE女孩”的评选中，正好有建言献策的环节，社员们为候选人们提供了培训，介绍了策略模板，帮助“IACE女孩”们走进规范化建言的世界。

在市三女中，模拟政协既是选修课，也是团委管理下的社团，服务广大团员学生，配合各项团委活动。可以说，它既是一项中学思想政治学科的课外实践活动，又是中学生综合素养培育的学校社团活动；既是中学生参与社会生活、体验国家发展的活动；又是中学生充分展示综合素养、展现社会责任意识的活动，是很好地培养和提高青少年的发现问题能力、分析问题能力、解决问题能力、合作交流能力的活动，更有力地形成政治引领，坚定道路自信。

女儿红文学社。女儿红文学社，以“继百年之气象，承人文之风采”为宗旨，集聚校内热爱文学创作、倾心人文艺术的同学，凝聚成社团核心刊物《桥》。在这里，所有的文学思维完全可以发挥至极，碰撞，交融……在这里，汇聚了一群对文学有饱满热情的同学。校刊已走过百年，我们继承了这百年来的文学余韵。校刊依然有其独特的魅力。几孤风月，屡变星霜，百年前后，热爱文学的心不变，醉心写作的痴不变。在继承的同时，我社也努力创新，尝试将最传统的文学形式写文章扩展为编剧、批注、交流阅读等，同时也借助新媒体推广校刊，能让更多同学参与。以班级为顺序，年级由高到低，进行传阅，自由，时间宽裕。每一个同学结合自身经历及阅读感悟，能够随心所欲地用不同的颜色在书上批注。月末时书本传回社长处，社团成员于图书馆集中讨论读书感悟，甚至在结束后将一些特别的感受截

图8-40　模拟政协社团成员参与第六届全国青少年模拟政协活动合照（摄于2019年8月，模拟政协社团提供）

图8-41　市三女中模拟政协社团成员在商谈相关议题（摄于2019年5月，模拟政协社团提供）

图8-42　市三女中社团女儿红文学社招新
（摄于2020年，文学社提供）

图8-43　《桥》（文学社提供）

取摘录，或是录制成音频，或是准备着在未来的校刊里刊登，鼓励大家的参与。同时也可以看到，对书本上的同一内容，同学们有着不同的理解，为对书本内容的理解增加了丰富度，同学们也更好地了解到彼此的价值观。

文学社的刊物——《桥》。厚重的封面，引人注目的文章标题，小说、散文、诗歌……同学们对新出炉的校刊表现出强烈的兴趣，大抵正是因为其内容丰富多元，比起语文课的习作，不拘于形式。大家对校刊的内容进行阅读，并各抒己见。其中，“诗歌”部分尤其受到青睐，古诗词与现代诗的碰撞与交融，产生了奇妙的、莫衷一是的美感，同学们对作者的文采赞赏有加。继承一百多年的文学精神，在新世纪发扬余热的同时，融入创新的元素，能够让我社希望更多的同学参与文学、创作文学的心愿得以实现。我社将继续发展，努力改善目前的不足，提升自我。让我社在未来更加精彩。

APEX商学社。APEX商学社于2007年9月1日正式成立，是由一群爱好经济学，并有志于提高自我经济学素质、发展自我能力的本校学生在JA志愿者的支持下自愿组成的群众性社团组织。在平时的常规活动中，我们主要以授课为主，包括了商业计划案的书写与格式，财务报表的制作，消费心理学，如何选择一个好的代工厂，如何选择快递公司，等等；然后分组模拟经营一个公司，进行实践；并于年末进行各个公司的展示，出示自己前期的商业计划书以及年末的财务报表。启动资金由商学社基金提供。我们还会教授MESE的用法，如怎样看懂一份全英文的短报表，如何分析短报表并从中获取信息来改进下一轮的决策，以获得更大的市场占有率。同时，我们还会请来各家公司的志愿者为我们开展讲座和课程，让我们的社员对社会上真正的公司运营有更深入的了解。

商学社的初始建立理念在于，让现代的中学生与社会接轨，通过理论学习和社会实践来提升自我的经济素养，并且养成良好的理财意识和习惯。不过随着社团成员的更新换代，社团活动难免会有不稳定性。由于流行趋势与社员人数等原因，商学社的活动内容有了更大的包容性，逐渐偏向制作学校周边，为学校做宣传。社团也专门招募了美术功底好的画手组，社内有销售经验的社员也会教授其他社员。未来的商学社将会兼并两种理念，为对经营有兴趣的学生们提供学习交流的空间，继续发展下去。本着得于社会还于社会的理念，本社将盈利项目的盈利投于商学社基金中，方便以后商学社社员的活动开展。

戏剧社。市三女中戏剧社成立于1952年，是一个拥有七十年历史的社团，却始终因每一届成员的不同而改变着自己的模样。它所带来的与表达的东西带着创作出它的每一个人身上的影子，在她们离开后又回归到一种等待被赋予色彩的状态。

戏剧社先后排演了大量戏剧，主要作品有：《倾城之恋》《霸王别姬》《红楼梦》《滚滚红尘》《雷雨》《红与黑》《傻女孩和怪老树》，音乐剧《猫》，原创话剧《祭》《水银祸》《风雨长歌——薛正》，肢体剧《小王子》《寻找小猫的妈妈》《河流》，大型音乐剧《悲惨世界》，论坛剧《洋流》，等等。

《风雨长歌》作为市三女中一百二十周年的校庆大戏，记录了市三女中历史上最具影响力的校长薛正为女子教育做出的无悔奉献。从收集资料，到创作剧本，再到演员排练，最后再加上灯光音效，几乎每一步都是由市三的学生在指导老师的帮助下逐步完成的，并于校庆当天首次登台演出，使不少老校友感动落泪。

《小王子》是戏剧社2014年的年度大戏，5月底在小剧场首演，献给高一的同学们，获得掌声与感动无数。

2015年的年度大戏是《寻找小猫的妈妈》。作为一部肢体剧，《寻找小猫的妈妈》对女孩们的身体素质有较高要求。经历了最初的筛选，以及历时短短二十天、每天放学两小时的辛苦排练等重重考验，女孩们凭借毅力与热爱，最终不负众望，呈现出一部精彩的戏剧，在首演时便感动

图8-44　OM团队荣获头脑奥林匹克大赛上海赛区第一名

图8-45　商学社获JA学生公司全国比赛第三名（2019年）

图8-46　环保社曾荣获上海市明星社团

图8-47 市三女中女子吹奏乐团历任团长与指挥

图8-48 《悲惨世界》剧照（摄于2020年4月，戏剧社提供）

了台下无数观众。2015年末，在新加坡导演Nick的带领下，高一、高二的同学们还编演了两幕肢体剧《河流》（*Shadow in the White*）。

2016年6月3日，年度大戏、音乐剧《悲惨世界》在百年女校的大礼堂隆重献演，超过220名学生先后参与其中。一天之内，两场连演，超过2000人次到场观摩演出。《悲惨世界》是百年女校学子的综合表现能力的集中展示，女孩们凭着对艺术的热爱和执着，在短短三十一天中就从零起步，以课程中的习得与自身努力为观众带来了这台令人叹为观止的演出；《悲惨世界》更是市三女中近年来创新型课程建设、艺术美育教育成果的集中展现。不仅语文、英语、音乐、历史、美术等学科素养融入其中，更有教育剧场、健美、新媒体课程、iPad课程、行进乐队等学校新课程的集体亮相。各科教师形成团队，多种知识融为一体，显示了课程综合的美好前景。上海著名指挥家，曾获国务院“表演艺术突出贡献奖”，也是市三女中乐队艺术顾问的曹鹏等出席这两场大型音乐剧的演出，并给予较高评价。

2018年，年度大戏《她》在市三女中五一楼小剧场上演。作品大胆采用灵魂穿越与心灵对话的方式，在与特蕾莎修女、草间弥生、Papi酱等女性的隔空对话中，展现出了女生们对当下生活、学习现状的思考，表达出她们对于“成长时间”与“个人价值”的思辨性探索。

2019年，年度大戏《洋流》在中国陶行知研究会女生教育专业委员会第二十届年会暨纪念中陶会专委成立二十周年大会上上演。《洋流》首次在女中采用论坛剧场的形式，前十六分钟的现实主义正剧演出层层铺垫、一波三折，矛盾层出不穷，从视觉效果、听觉效果到观影感受都是极好的。尤其是对于“洋流”这个意象的运用，它首先最直观地体现出矛盾的起因：背洋流图，次日要考试；其次，寒暖流交汇处时常有雾，体现了不断挣扎中的女主角越发迷茫的心态；“洋流”是寒暖流的交汇处，代表着母女、师生、同学间忽冷忽热的关怀；“洋流”象征着时光的流逝，为最后结局的爆发提供合理性。短暂的研讨后，该剧进入了“论坛剧”环节：任何观众都可以随时上场代替任何角色进行演出，以帮助主人公解决她所面临的问题，使故事走向不同的结局。观众中的学生、各地区校长、教师踊跃尝试：有的扮演女主角，拒绝了纠缠不休使她无法复习的同学；有的扮演剧中的老师，顺利解决了学生会工作的分工以及其与学业之间的冲突；有的扮演母亲，不再逼迫孩子取得高分，而是帮助孩子平衡好学业、人际关系、心理压力、学生工作方方面面之间的关系……论坛剧的形式使每一个人都有强烈的参与感，讨论的又是中学生当下直面的现实问题，因而效果强烈。在场的许多校长都表示，要把这一形式借鉴回自己的学校中去。

“向往、梦想、追寻、自由”，戏剧社为每一个对戏剧感兴趣的孩子提供了接触戏剧这一艺术形式

图8-49 《洋流》表演团队合影（摄于2019年11月，戏剧社提供）

图8-50　学校电视台，有校园新闻等栏目（摄于2021年10月27日）

图8-51　学生晨操

图8-52　校运动会

图8-53　校运动会入场式班级表演

的机会，帮助她们寻找真相，并尊重她们的独特性。

环保社。市三女中的优秀社团，曾被评为上海市级明星社团。本社集合了一批优秀的成员和积极参与各种活动并常贡献出自己力量的核心团队，每个人都在环保社这个大家庭中发光发热，任劳任怨，在积极参与的同时将环保的理念不断扩散出去，每年大量新成员的加入也给环保社输送了新鲜血液，使其蓬勃不息。

环保社是一个以实践为主的社团，这一年里，我们的活动包括垃圾分类、多肉种植、制作环保动画、社团招新、环保意识宣传等，让社员们学到了新的环保知识，增强了实践操作能力，同时增强了她们的工作能力，培养了自信心和积极性。对于每次活动，同学们都做出总结，以便在下次实践活动中能更进一步。

环保社在践行环保的同时，给环保理念多加了一份温情。我们种植多肉，是为了让大家感到温暖：无论身在何处，这里，在市三的校园里，有一株小生命在等待着你。我们参加根与芽协会二十周年庆典，感受到不同年龄、不同工种的人对于保护环境的那一份自发的热爱和热情。或许我不认识你，我也不了解你，但是我们都有一颗赤子之心。虽然我们只是高中生，但是我们也愿意去做一些我们力所能及的，或者已经超出我们的责任范围的事情。

环保社和根与芽组织、荷兰Marine dream海梦基金会以及AIESEC大学生志愿者组织等国际组织有长期合作。为了进一步开展环保社活动，我们请他们来给我们提供帮助。在社员用心的努力下，一切付出都显得值得。No pain，no gain，我们愿意以最初真诚的心，带着绿色理念，把环保理念传递给更多的人。环保社的成员亦会携手共进，在彼此遇见的年华里播下种子，愿它在冒出新芽之后茁壮成长。[21]

市三女中的学生非常活跃，她们举办各类活动，参加各种比赛，发挥着她们的影响力。她们活泼可爱，洋溢着青春的活力。市三女中涌现的这些社团反映了女生特点、女校特色。在学校的统一管理下，市三女中的学生社团以自主参与为原则，社团负责人是学生，学校委派指导教师参与活动，加强指导。这些学生社团的涌现，丰富与活跃了市三女中的校园生活，同时也从不同方面培养了她们的兴趣，锻炼了她们的能力。

第五节　独特文脉传承与校庆活动

上海市第三女子中学作为享誉海内外的女子学校，培养了大批女子人才，如宋氏三姐妹；教育家俞庆棠、薛正；外交家龚澎、龚普生、陈依弥；科技部原部长朱丽兰，中国科学院院士黄量，中国工程院院士闻玉梅、陈亚珠；企业家吴舜文；社会活动家荣漱仁、邓稚凤、陈晋明、谭茀芸；文学家张爱玲、许磊然；艺术家牛恩德、顾圣婴、李世济、黄蜀芹、周慧珺……英才辈出，群星璀璨，被誉为“女子人才的摇篮”。

作为老校、名校，市三女中拥有独特的文脉。重视校史研究，构建历史记忆，传承文脉，成为近年来一些历史名校的一项重要任务。市三女中建立了校史馆，可以展示自己厚重的历史。与此同时，师生们也一直在努力营造富有特色的校园文化。这方面包含的内容非常广泛，如守护自己的校园文化，开展多种多样的社团活动。这里，我们选取几个方面予以介绍。

一、校歌、校训、校徽等

历史上的圣玛利亚女校、中西女中各有自己的校歌、校训、校徽，甚至还有级训、级色、级花等。[22]

作为圣玛利亚女校、中西女中办学的“继承者”，两所女校历史上的校歌也被如今的上海市第三女子中学所改编、传唱。《上海市第三女子中学章程》中明确写道：“学校校歌：改编圣玛利亚女中和中西女中的校歌为市三女中校歌。”[23]一般而言，学校举行开学典礼、毕业典礼等活动，使用的是改编过的圣玛利亚校歌。改编过的中西女中的校歌，则用于校庆、歌会等。[24]

“圣玛利亚女校校歌的歌词有英文和中文各四段，据1919届王绯霞对其子女讲述，校歌原文是英文，是她将歌词翻译成中文。王绯霞1919年从圣玛利亚书院毕业后，1920—1921年留在圣玛利亚任教低年级的国文、习字等课程，兼管学校图书馆。也许是她在这段时间里将校歌歌词译成了中文。”[25]三段歌词，第一段讲同学友谊和读书、游戏等学校生活；第二段讲行为规范、心智锻炼和体魄锻炼。第三段讲毕业进入社会后以爱心回报社会，回报师恩，服务大众。最后以“念兹在兹，永不忘汝，玛利亚女校”作为全歌的结尾，表达了对母校的怀念和感恩之情。圣玛利亚校友每次聚会必唱校歌，激情澎湃，唱完英文唱中文，似乎又回到了少女时代。[26]

中西女中的校歌也是中西女中校友们聚会时必唱的，此为学校精神之象征。据介绍，中西校歌最早发表在1933年的《墨梯》年刊上，这期年刊全文刊登了题为*McTyeire*的英文歌词和谱曲后的校歌*McTyeire School Song*，并注明“由克莱尔·查普曼小姐提供”（Arranged by Miss Claire Chapman）。

市三女中在1981年复校之后提出“求真、勤思、惜时、健美”的校训。后在《上海市第三女子中学章程》中予以确认。[27]结合新的时代背景，学校不断赋予其新的办学内涵，诠释如下：

> “求真”，即求真务实的科学精神。用著名科学家周光召的话来说就是“追求真理、实事求是”。我们同学今后走上社会，就要秉着这种求真务实的精神去服务社会。
>
> “勤思”，即独立思考、善于辨识。对于今天的高中生来说，面对浩如烟海的信息世界，需要培养起独立思考的能力，学会判断和辨识，不人云亦云，客观地看待各种社会现象和问题。
>
> “惜时”，即懂得自我规划，珍惜现在的时间去为将来做准备。每个学生都需要考虑自己的未来以及现在可以为未来做些什么准备。有了人生规划才会珍惜现在的时间，做一个时刻为将来做准备的人。
>
> “健美”，即健康的身心。身心健康是一个人正常学习、工作和生活的必备条件。每个同学要培

养健康的生活习惯和良好的锻炼习惯，保持充沛的精力和蓬勃的朝气，为将来的发展打好基础。[28]

关于市三女中的标识（校徽），据《上海市第三女子中学章程》第八条："学校标识如图，以上海市第三女子中学简称和简称中两个字的首字母'S'为主体，外圈为学校英文表述以及前身两所女校'中西女中'和'圣玛利亚女中'的英文缩写，说明学校的历史渊源。"[29]

后成为：

学校办学的相关内容，均体现在2015年颁行的《上海市第三女子中学章程》中。该章程的制定与实施，可以更好地规范学校内部的管理体制和运行机制，有利于推进学校依法治校、全面提高教育教学质量和办学水平。

二、校园变迁

圣玛利亚女校与中西女中办学历史悠久，校园各有渊源。这些校园承载了几代女校人的美好回忆。陈从周、章明主编的《上海近代建筑史稿》专门提及圣玛利亚女校和中西女中的校园与建筑：

这是两所美国教会设立的规模比较大的女子中学。

1881年，美国圣公会在梵皇渡路创办圣玛利亚女中，1923年迁到白利南路（今长宁路）。学校

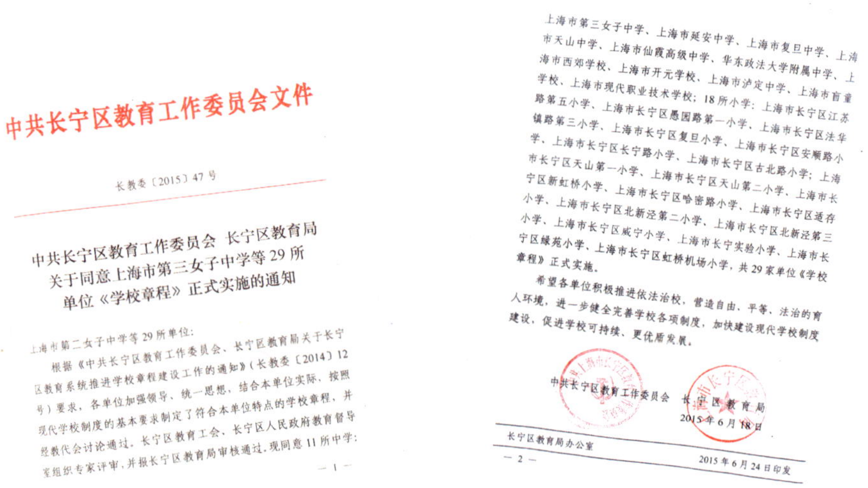

中共长宁区教育工作委员会文件

长教委〔2015〕47号

中共长宁区教育工作委员会 长宁区教育局
关于同意上海市第三女子中学等29所
单位《学校章程》正式实施的通知

上海市第二女子中学等29所单位:
根据《中共长宁区教育工作委员会、长宁区教育局关于长宁
区教育系统推进学校章程建设工作的通知》(长教委〔2014〕12
号)要求,各单位加强领导、统一思想,结合本单位实际,按照
现代学校制度的基本要求制定了符合本单位特点的学校章程,并
经教代会讨论通过。长宁区教育工会、长宁区人民政府教育督导
室组织专家评审,并报长宁区教育局审核通过。现同意11所中学:

— 1 —

上海市第三女子中学、上海市延安中学、上海市复旦中学、上海
市天山中学、上海市仙霞高级中学、华东政法大学附属中学、上
海市西郊学校、上海市开元学校、上海市泸定中学、上海市盲童
学校、上海市现代职业技术学校;18所小学:上海市长宁区江苏
路第五小学、上海市长宁区愚园路第一小学、上海市长宁区法华
镇路第三小学、上海市长宁区复旦小学、上海市长宁区安顺路小
学、上海市长宁区长宁路小学、上海市长宁区古北路小学;上海
市长宁区天山第一小学、上海市长宁区天山第二小学、上海市长
宁区新虹桥小学、上海市长宁区哈密路小学、上海市长宁区适存
小学、上海市长宁区北新泾第二小学、上海市长宁区北新泾第三
小学、上海市长宁区威宁小学、上海市长宁实验小学、上海市长
宁区绿苑小学、上海市长宁区虹桥机场小学,共29家单位《学校
章程》正式实施。
希望各单位积极推进依法治校,营造自由、平等、法治的育
人环境,进一步健全完善学校各项制度,加快建设现代学校制度
建设,促进学校可持续、更优质发展。

中共长宁区教育工作委员会 长宁区教育局
2015年6月18日

长宁区教育局办公室 2015年6月24日印发

— 2 —

图8-54 关于上海市第三女子中学等校《学校章程》正式实施的通知(2015年)

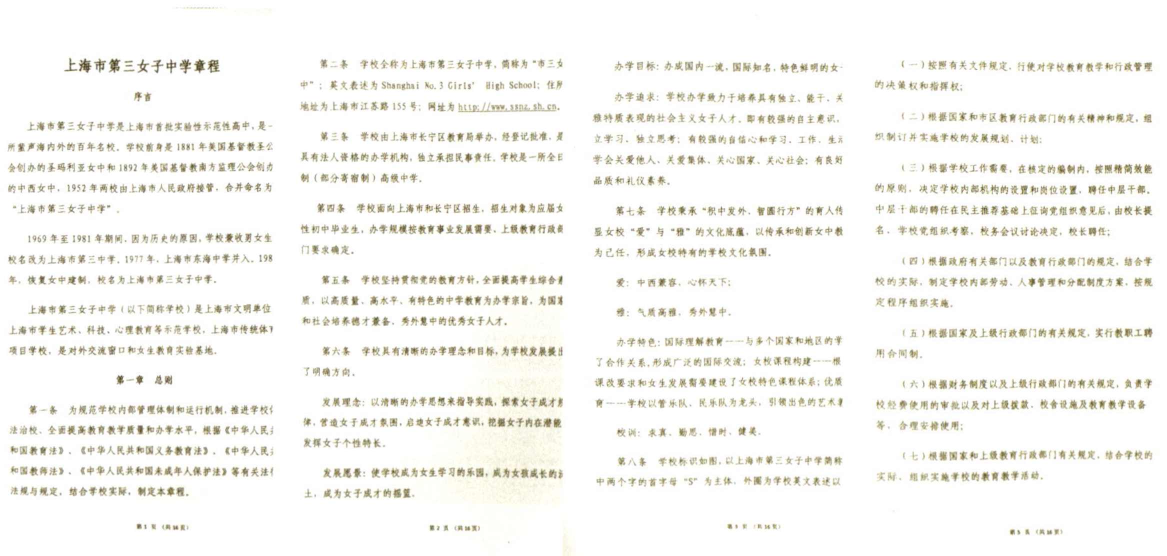

上海市第三女子中学章程

序言

上海市第三女子中学是上海市首批实验性示范性高中,是一
所蜚声海内外的百年名校。学校前身是1881年美国基督教圣公
会创办的圣玛利亚女中和1892年美国基督教南方监理公会创办
的中西女中,1952年两校由上海市人民政府接管,合并命名为
"上海市第三女子中学"。

1969年至1981年期间,因为历史的原因,学校兼收男女生
校名改为上海市第三中学,1977年,上海市东海中学并入。198
年,恢复女中建制,校名为上海市第三女子中学。

上海市第三女子中学(以下简称学校)是上海市文明单位
上海市学生艺术、科技、心理教育等示范学校,上海市传统体
项目学校,是对外交流窗口和女生教育实验基地。

第一章 总则

第一条 为规范学校内部管理体制和运行机制,推进学校
法治校、全面提高教育教学质量和办学水平,根据《中华人民
和国教育法》、《中华人民共和国义务教育法》、《中华人民
和国教师法》、《中华人民共和国未成年人保护法》等有关法
法规与规定,结合学校实际,制定本章程。

第1页(共16页)

第二条 学校全称为上海市第三女子中学,简称为"市三女
中";英文表述为Shanghai No.3 Girls' High School;住所
地址为上海市江苏路155号;网址为http://www.ssnz.sh.cn。

第三条 学校由上海市长宁区教育局举办,经登记批准,是
具有法人资格的办学机构,独立承担民事责任。学校是一所全日
制(部分寄宿制)高级中学。

第四条 学校面向上海市和长宁区招生,招生对象为应届女
性初中毕业生,办学规模按教育事业发展需要、上级教育行政部
门要求确定。

第五条 学校坚持贯彻党的教育方针,全面提高学生综合素
质,以高质量、高水平、有特色的中学教育为办学宗旨,为国家
和社会培养德才兼备、秀外慧中的优秀女子人才。

第六条 学校具有清晰的办学理念和目标,为学校发展提出
了明确方向。

发展理念:以清晰的办学思想来指导实践,探索女子成才规
律,营造女子成才氛围,启迪女子成才意识,挖掘女子内在潜能
发挥女子个性特长。

发展愿景:使学校成为女生学习的乐园,成为女孩成长的
土,成为女子成才的摇篮。

第2页(共16页)

办学目标:办成国内一流,国际知名,特色鲜明的女

办学追求:学校办学致力于培养具有独立、能干、关
雅特质表现的社会主义女子人才。即有较强的自主意识,
立学习、独立思考;有较强的自信心和学习、工作、生
学会关爱他人、关爱集体、关心国家、关心社会;有良好
品质和礼仪素养。

第七条 学校秉承"积中发外、智圆行方"的育人传
显女校"爱"与"雅"的文化底蕴,以传承和创新女中教
为己任,形成女校特有的学校文化氛围。

爱:中西兼容,心怀天下;

雅:气质高雅,秀外慧中。

办学特色:国际理解教育——与多个国家和地区的学
了合作关系,形成广泛的国际交流;女校课程构建——根
课改要求和女生发展需要建设了女校特色课程体系;优质
育——学校以管乐队、民乐队为龙头,引领出色的艺术

校训:求真、勤思、惜时、健美。

第八条 学校标识如图,以上海市第三女子中学简称
中两个字的首字母"S"为主体,外圈为学校英文表述以

第3页(共16页)

(一)按照有关文件规定,行使对学校教育教学和行政管理
的决策权和指挥权;

(二)根据国家和市区教育行政部门的有关精神和规定,组
织制订并实施学校的发展规划、计划;

(三)根据学校工作需要,在核定的编制内,按照精简效能
的原则,决定学校内部机构的设置和岗位设置,聘任中层干部,
中层干部的聘任在民主推荐基础上征询党组织意见后,由校长提
名、学校党组织考察,校务会议讨论决定,校长聘任;

(四)根据政府有关部门以及教育行政部门的规定,结合学
校的实际,制定学校内部劳动、人事管理和分配制度方案,按规
定程序组织实施。

(五)根据国家及上级行政部门的有关规定,实行教职工聘
用合同制。

(六)根据财务制度以及上级行政部门的有关规定,负责学
校经费使用的审批以及对上级拨款、校舍设施及教育教学设备
等,合理安排使用;

(七)根据国家和上级教育行政部门有关规定,结合学校的
实际,组织实施学校的教育教学活动。

第5页(共16页)

图8-55 《上海市第三女子中学章程》(2015年)

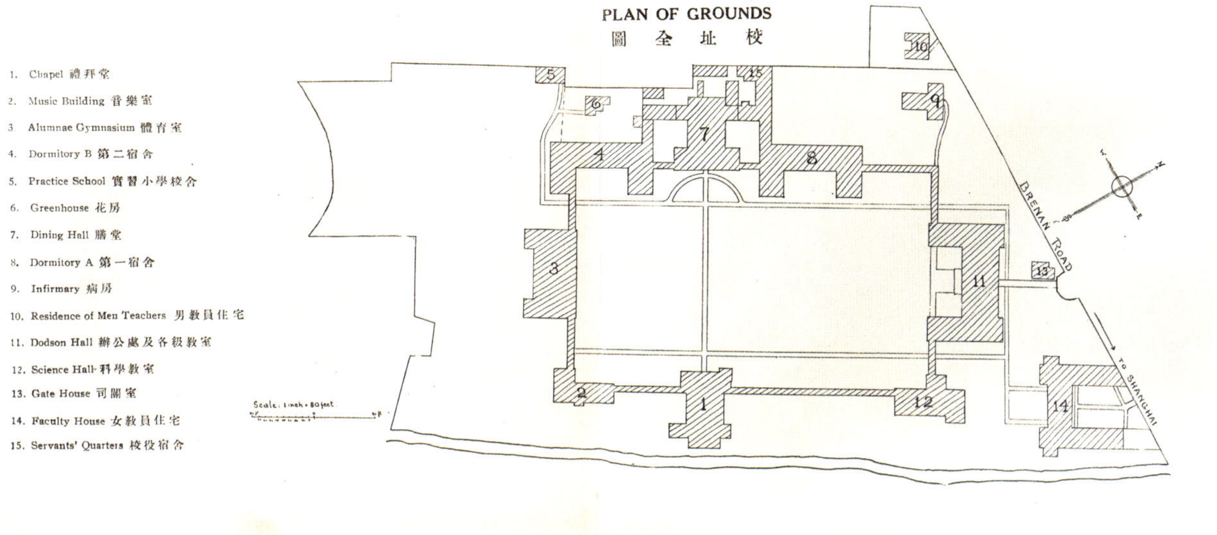

图8-56　圣玛利亚女校校址全图（选自《圣玛利亚女校五十周［年］纪念特刊》）

图8-57　圣玛利亚女校旧址模型

图8-58　圣玛利亚女校旧址（摄于2022年7月18日）

占地56亩，建筑群的布置采取有规则地围绕草坪排列的手法，形成周边式布置。办公室和教室的大楼平面为U形，成为联立体。

中西女塾（今第三女中）由美国监理会创办，建校于1890年，原在汉口路，后迁江苏路，1930年改为中西女子中学。其主要建筑是1935年建造的景莲楼（今五四大楼），平面为⊥形，这个建筑的南向一字形部系三层半混合结构的行政办公室和教室楼，其后面为一层砖木结构的大礼堂。[30]

并配有圣玛利亚女中办公室、教室的大楼及中西女塾的景莲堂的照片。[31]

1952年7月，中西女中、圣玛利亚女校正式由上海市人民政府接管合并，成立上海市第三女子中学，校址在原中西女中校址（今江苏路155号）。9月，圣玛利亚女校校舍成为上海纺织工业学校的一部分（1961年该校与上海纺织高等专科学校合并，1999年并入东华大学），目前仅存部分遗迹。

中西女塾创办时位处汉口路西藏路转角，1917年学校购置忆定盘路经家花园。忆定盘路始辟筑于1905年，1943年10月改以江苏省名命名，中西女中校园地址也变为江苏路155号。关于忆定盘路校园的演变，在此前的章节中也有详细介绍。市三女中编撰《中西女中（1892—1952）》一书，专门列有“校园”一章，围绕校址变迁、校园全貌、校园风光，娓娓道来。[32]校友们也有对忆定盘路校园的很多回忆，如1942届校友唐嫣写道：

> 学校设备先进，环境优美，有音乐室、美术室等文艺设备，以及体育馆等体育设施。我们组成了排球、篮球、网球、垒球队，获得德、智、体全面发展。同学们朝夕相处，真诚相待地成了终生挚友。课余在草坪上、林木间散步，吐露心声。弯弯的池塘、浪漫的紫藤花廊是我们的最爱，让人留恋忘返。我们的宿舍设备齐全，卧室清静，娱乐室温馨，起坐间整洁宜人。[33]

通过校友的描述，可以很好地了解彼时中西女中的校园。一位1947届的校友还谈到，1942年学校被日军侵占，改为陆军医院，全校师生被侵略军赶到海格路（今华山路）英童公学校址上课，直到1945年抗战胜利后才得以返回母校。[34]就校园演变而言，从中西女中到市三女中，脉络清晰，自成一体，形成了独特的时空。

学校的校址尽管未变，但校园环境与景观还是发生了很大的变化。第七章曾介绍1987年上海市第三女子中学建筑概况（详见表7-4、表7-5），在此根据相关档案资料与学校大事记，以编年形式予以记录（节选部分）：

> 1953年，在原有五一楼、五四楼的基础上，新建了六一楼，作为初中部的教室。
>
> 1974年，因“备战、备荒”，学校挖掘防空洞……五一楼前的小草地被改造成水泥篮球场。
>
> 1991年，因建造中西大厦，荷花池被拆除。
>
> 1993年9月，学校新校门落成。
>
> 2001年7月，七一楼、科学楼竣工。
>
> 2012年，完成五四楼修缮工程。
>
> 2013年，完成五一楼修缮工程和五一楼前小草坪景观修复工程。
>
> 2017年，新建体育馆竣工。
>
> 2018年，完成学生宿舍楼修缮工程（该楼原为学校六一楼）。
>
> ……

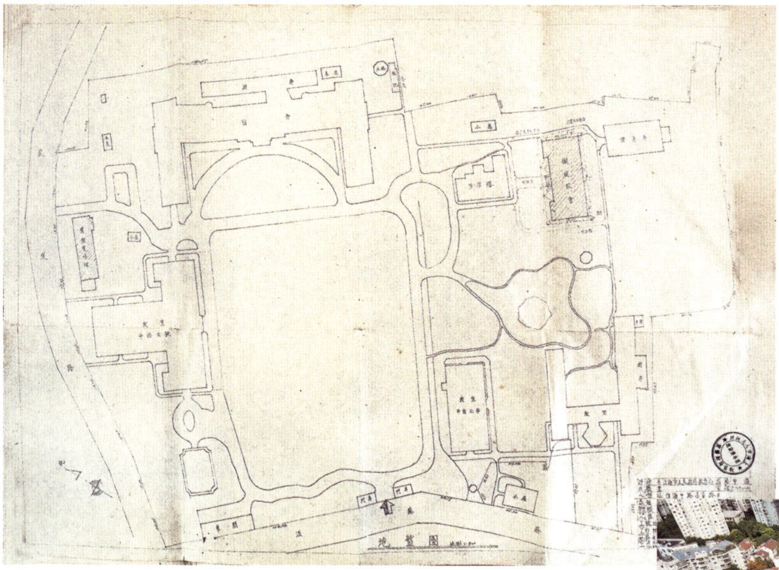

图8-59　市三女中地盘图（1952年）

图8-60　市三女中校园俯瞰图
（摄于2021年11月18日）

岁月沧桑，江苏路155号校园内的每一幢建筑，一砖一瓦，一草一木，都寄托着师生们的特殊情感与记忆。

2014年，中西女中旧址（今江苏路155号）作为近现代重要史迹及代表性建筑，被列入“新增市级文物保护单位名单”。[35]早前，中西女中时期的一些建筑已被列入“上海市优秀历史建筑”名录，其中就有景莲堂（今五四楼）等。[36]

景莲堂，也称“景莲楼”，现为市三女中的五四楼，建于1935年，建筑平面为⊥形（倒T字），四层钢筋混凝土结构，属哥特式美国学院风格。景莲堂由匈牙利建筑师邬达克设计，主体部分立面为三层，尚有一层为顶层。建筑面积为4.9万平方英尺，北侧一层为砖木结构大礼堂，有1192个座位。景莲堂主入口设在南面正中，为两层楼高的平缓尖券门厅，内含叶状连券菱饰，有三个彩色尖券式玻璃窗。门厅内装有豪华吊灯，进门厅可直接进入一层大礼堂。礼堂内装有豪华吊灯，正前方为舞台，礼堂两侧均为尖券式彩色玻璃窗。门厅的东西两侧为走廊，教室分布在走廊的南北两侧，每间教室采光都很充足。

图8-61 五一楼长廊
（摄于2022年1月17日）

图8-62 中西女中旧址被评为“优秀历史建筑”

走进市三女中的校园，这里的楼宇、场馆、道路、亭榭等，都是学校重要的基础设施，也是校园文化环境的组成部分。楼宇、场馆、道路、亭榭乃至树木的名称，都是一所学校办学传统与特色、独特人文风貌的集中展示，是学校办学理念、文化传承和价值追求的集中体现。

在百年名校研究中，我们也一直关注这些学校的图书馆建设与藏书情况，这也是衡量一所学校是否具有深厚底蕴的一大因素。历史上，圣玛利亚女校与中西女中的藏书十分丰富。市三女中的图书馆也很独特，值得探访。

这里，也要提到上海市第三女子初级中学的校园。何亚男校长曾有一段回忆：“20世纪末，重点中

图8-63　市三女中五四楼（摄于2021年7月7日）

图8-64　市三女中五四楼
（摄于2021年7月7日）

图8-65　海涵堂（今五一楼）铭牌

图8-66　中西女中校门（选自《上海第三女子中学115周年校庆纪念》，2007年11月刊印）

图8-67　市三女中大门（摄于2022年6月27日）

图8-68　中西女塾早年建造的学生宿舍楼（今五一楼）

图8-69　市三女中五一楼等（摄于2021年10月27日）

图8-70　中西女中科学楼老照片

图8-71　科学楼（摄于2022年1月17日）

图8-72 市三女中体育场（摄于2021年11月18日）

图8-73 五四楼大厅

图8-74 体育馆（摄于2022年1月17日）

图8-75 市三女中大礼堂

图8-76 市三女中校园一瞥（摄于2021年7月7日）

图8-77 大礼堂彩色玻璃窗

图8-78 市三女中校园一瞥：水塔（摄于2020年5月）

图8-79 1975届校友徐锦鑫捐建的荷花池

图8-80 市三女中学生宿舍（摄于2021年10月27日）

图8-81 市三女中图书馆（摄于2022年1月17日）

图8-82 市三女中图书馆内部全景（摄于2022年1月17日）

图8-83　市三女中校园航拍图（摄于2021年11月18日）

图8-84　市三女中五一楼（摄于2021年11月18日）

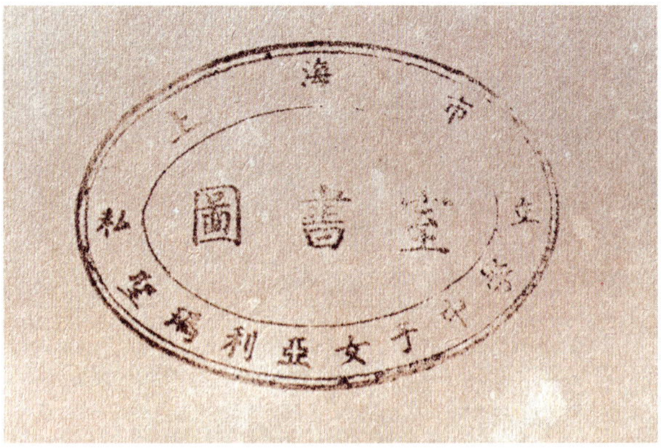

图8-85　圣玛利亚女子中学图书室藏书章

图8-86　中西女子中学图书馆藏书章

图8-87　市三女中图书馆藏书

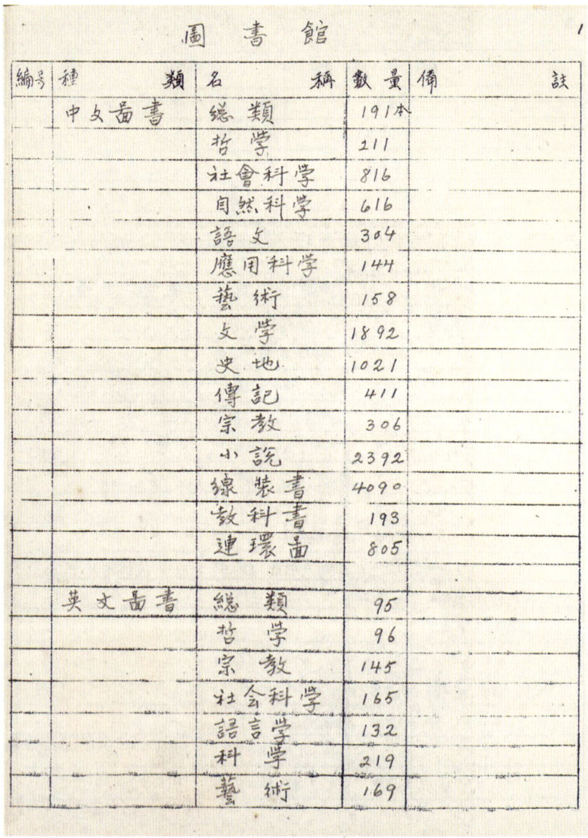

圖書館　　1

编号	種類	名稱	數量	備註
	中文圖書	總類	191本	
		哲学	211	
		社會科学	816	
		自然科学	616	
		語文	304	
		應用科学	144	
		藝術	158	
		文学	1892	
		史地	1021	
		傳記	411	
		宗教	306	
		小説	2392	
		線裝書	4090	
		教科書	193	
		連環圖	805	
	英文圖書	總類	95	
		哲学	96	
		宗教	145	
		社会科学	165	
		語言学	132	
		科学	219	
		藝術	169	

图8-88　中西女中移交给市三女中的图书清册
（1952年，上海市第三女子中学档案室藏）

学的高中与初中‘脱钩’，对我校来说，可能就只有高中部了。基于对学校的办学传统和特色以及女学生教育的考虑，我作为市人大代表提出建案，建立一所女子初中。提案得到了市教委和区教育局的支持，建立上海市第三女子初级中学，其校长及法人由高中的副校长徐永初担任，常务副校长及书记由教育局委派王悦成担任。初中有其独立的教学大楼，就是现在的七一大楼，大楼名字是由时任长宁区委副书记分管教育的张丽丽提出的，一是与五四大楼、五一大楼、六一大楼体现一致性，另外也体现了党对女生教育的关心重视和支持。科学楼、体育场地、专用教室等教学资源共享，形成了在一个大校园的空间中三所没有围墙隔离的学校的格局：市三女中、市三女初、长宁国际。”[37]

这座校园，保留着市三女中人的集体记忆，成为她们永远的依恋。这是一座精致的校园，也是市三女中文脉传承的重要载体。

三、注重校史研究，重视红色资源的挖掘与传承

构建历史记忆，传承学校文脉，市三女中历届校领导与广大校友都十分重视校史研究。多年来，学校、同学会组织人员通过多种渠道，广泛搜集整理校史资料，并以校史资料为基础，加强校史研究。近年来相继刊印了大量校史研究成果，主要包括：《圣玛利亚女校（1881—1952）》，上海市第三女子中学组编，徐永初、陈瑾瑜主编，同济大学出版社2014年版；《追忆圣玛利亚女校》，上海市第三女子中学组编，徐永初、陈瑾瑜主编，同济大学出版社2014年版；《追寻圣玛利亚校友足迹》，上海市第三女子中学组编，徐永初、陈瑾瑜主编，同济大学出版社2014年版；《中西女中（1892—1952）》，中西女中校史编写组组编，陈瑾瑜编著，同济大学出版社2016年版；《回忆中西女中（1900—1948）》，中西女中校史编写组组编，张珑编，同济大学出版社2016年版。

2014年7月5日，“圣玛利亚女校”系列书籍的新书发布会在市三女中召开。发布会现场联通北京分会场，圣玛利亚女校在京校友以即时视频的方式与上海主会场现场互动。2016年7月5日，由同济大学出版社出版的“中西女中”校史丛书（一套三册）新书发布会在市三女中举行。这些书籍的编写与出版，是在学校与同学会的共同努力下完成的，也凝聚着广大校友的心血，“2014年和2016年，圣玛利亚和中西的校友以高度的责任心，在学校以及同学会的支持下，积极撰稿，完成了圣玛利亚、中西女中两套丛书，为母校留下了宝贵的学校早期历史资料。其中圣玛利亚1948届徐智、1950届朱亚新、1952届张瑞云、1955届夏甘霖和中西1947届陈晋明、张罗罗、张珑等和市三女中陈瑾瑜老师为这两套书的编辑出版花费了大量的时间、心血与精力，做出了贡献”[38]。

值得重视的是，学校的校史中也蕴含着“红色记忆”，这里有几条线索可以梳理：一是在新民主主义革命时期，有一批学生积极投身于中国共产党领导的革命，做出了自己的贡献。相关内容，在一些校友的事迹和故事中可以挖掘，在校友瞿明明撰写的《中西女中爱国学生运动的回顾》，以及上海市第三女子中学档案室所藏的文本《中西女中1949—1952年有关学生运动简况》等中都有具体的反映。二是

图8-89 『圣玛利亚女校』系列，同济大学出版社2014年出版

图8-90 『中西女中』系列，同济大学出版社2016年出版

上海解放、新中国成立后，圣玛利亚女校和中西女中作为教会学校，先后进行了改造，成立党、团组织，加强反帝爱国教育。在社会主义革命和建设时期，学校为国家培养了一大批优秀人才，涌现出很多杰出人士。《文汇报》1957年6月28日第3版还刊登了上海市第三女子中学薛正撰写的文章，题为《成绩是不容抹煞的!》。此外，还有新中国成立初期市三女中的归侨生培养，等等。这些内容还需要系统梳理、解读。

学校与同学会也经常召开相关的纪念会、座谈会。作为国家名誉主席宋庆龄的母校，学校引以为荣。1993年1月27日，在宋庆龄诞辰一百周年之际，“市三女中的老校友、教师和学生代表颂扬了宋庆龄的光辉业绩及高尚情操，表示要学习她爱国爱人民的崇高精神，努力把市三女中办成教育质量一流的女子人才摇篮。中国福利会向该校赠送了宋庆龄遗著《为新中国而奋斗》、作家柯岩的《永恒的魅力》

图8-91　前来母校参加活动的中西女中老教师、学生党员、老团员，与市三女中学校领导、学生团员代表合影留念（摄于1999年11月7日）

图8-92　学习老红军段德彰，在学校五四楼前合影（拍摄具体时间不详，上海市第三女子中学档案室提供）

及宋庆龄诞辰一百周年纪念画册”[39]。1989年5月，学校邀请司罗素、严瑛、郑依柳、汪绍兰、俞芷倩、瞿明明、傅家祥等来母校参加市三女中建团四十周年活动。1999年11月7日，中西女中老教师、学生党员、老团员前来母校参加活动，与市三女中学校领导、学生团员代表座谈。学校还经常邀请老红军来校做报告，进行革命传统教育。

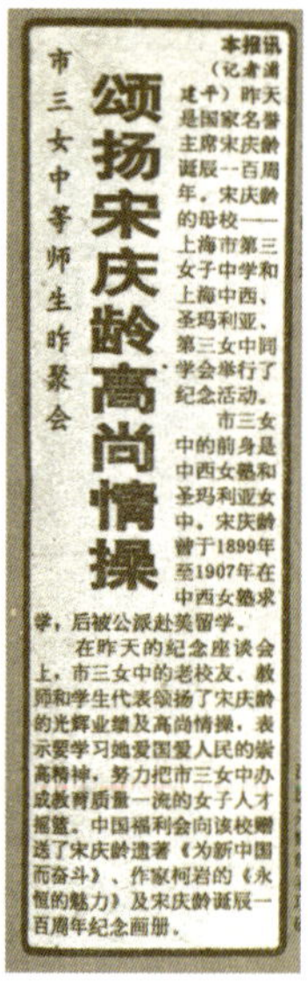

市三女中等师生昨聚会

颂扬宋庆龄高尚情操

本报讯（记者浦建平）昨天是国家名誉主席宋庆龄诞辰一百周年。宋庆龄的母校——上海市第三女子中学和上海中西、圣玛利亚、第三女中同学会举行了纪念活动。

市三女中的前身是中西女塾和圣玛利亚女中。宋庆龄曾于1899年至1907年在中西女塾求学，后被公派赴美留学。

在昨天的纪念座谈会上，市三女中的老校友、教师和学生代表颂扬了宋庆龄的光辉业绩及高尚情操，表示要学习她爱国爱人民的崇高精神，努力把市三女中办成教育质量一流的女子人才摇篮。中国福利会向该校赠送了宋庆龄遗著《为新中国而奋斗》、作家柯岩的《永恒的魅力》及宋庆龄诞辰一百周年纪念画册。

图8-93《市三女中等师生昨聚会 颂扬宋庆龄高尚情操》（《文汇报》1993年1月28日，第3版）

四、新世纪以来的同学会与校庆活动

同学会自1984年9月成立以来，做了大量工作。跨入21世纪，除在校史资料的整理与研究方面投入精力，为母校写史、存史外，同学会还保持着极大的热情关心母校，关爱老师。[40]

1.感恩母校，踊跃捐赠

此举数例：2000年，1975届校友徐锦鑫捐资建造荷花池、改造大草坪。2002年，中西1932届校友张令昭捐赠10万美元给母校，用于发展理科教学和建设网络生物实验室。早在1992年，她曾给母校捐赠10万元港币。此外还有著名钢琴家、1953届校友牛恩德赠送母校一架钢琴。2013年，圣玛利亚1945届校友刘锦銮资助出版圣玛利亚女校校史和回忆书籍。2017年，中西校友陈晋明在海外中西校友中号召捐资出版中西女中校史和回忆书籍。2017年，1984届校友冯琛赠送学校20台mini苹果电脑。

2.情系母校，关爱老师

每年，同学会在返校聚会时为广大校友创设与老师相聚的机会，校友们惦记着培育自己成长的老师，关心着他们的生活和健康，为老师祝寿，请老师参加市内旅游、聚会，校友的真诚温暖着老师。当郑慧君老师长年患病、卧床不起时，圣玛利亚校友拿出医药费，请来最好的医生，上门为她治疗。当1956、1958届的理事得知范敬敏老师的家人患病时，立即发动同学筹款相助。黄凤贞老师孤单一人卧床，生活难以自理，1951、1958、1967届校友经常去探望照料，送菜，送生活用品。钱涛老师病危，1957届校友陪伴送终。1976届校友刘玉明义务做辩护律师，为退休老师解决了住房纠纷。王丽天、张皙校友亲自为老教师做白内障手术，治疗眼病。葛成筠校友热心为母校退休、在校教师检查眼病。年轻校友也帮助患病的老教师解决就医和住院的问题。薛正校长重病期间，上海同学会委托副会长司罗素、乌美媚专程前去北京探望。在美国的校友告诉上海同学会，高龄单身外籍老师葛继恩遇盗受伤，上海同学会立即写了慰问信，捐款给外语组，寄去合影照，使老师很感动。退休后到美国的蒋心英老师年纪大了，在美国进修的英语组教师支持她回国养老，经常探望，陪同她参加母校退休老师的活动。她很感动，临终前留下遗嘱，捐赠居住房产及存款，价值达120万元。学校为她设立了“蒋心英奖学金”，以完成她的遗愿。

图8-94　1975届校友徐锦鑫捐建大草坪（同学会提供）

图8-95　1975届校友徐锦鑫捐建荷花池（同学会提供）

图8-96　1956届校友陈亚珠院士和潘敬芳校长共同为“陈亚珠奖（助）学金”揭牌

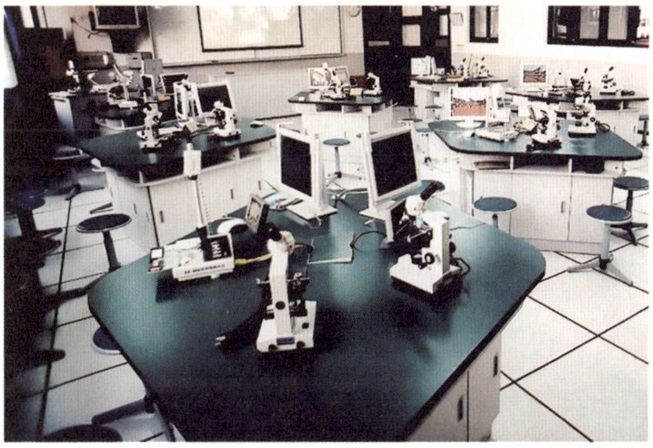

图8-97　中西1932届校友张令昭捐建网络生物实验室（同学会提供）

3.关心祖国教育事业，奉献爱心

这里要特别提到陈晋明校友与她们的春蕾工程。春蕾工程是在商洛和安康县的44个贫困村里挑选出1000名女孩，以美国九〇学社的名义建立“春蕾女童”奖学金。2000年，陈晋明受全国妇联邀请访问陕西、甘肃等地。在美国九〇学社的支持下，她发起了龙年基金，其目标为：在甘肃漳县培训农村妇女和在陕西建立“春蕾女童”奖学金。前者的工作包括建成妇女儿童中心大楼。大楼有四层，共约1400平方米，用来开展扫除文盲及农业科学技术培训，让妇女能通过学习掌握文化和技术，成为有农业技术的劳动者。这幢大楼还为这个有188000位居民的地区建立了第二个托儿所，帮助省妇联建成了占地700平方米的技术性很强的暖房，后者应对干燥寒冷的地区非常有用。十二年中，陈晋明不顾年迈体弱，跋山涉水，先后9次深入陕西安康和商洛的大山、学校和女童的家里，为学生送去关爱和温暖。她又为1000名女童就读的22所学校配备电脑室、语音室、取暖设备，为学校修下水管道；还出资组织女童参加社会实践，选送优秀女童赴上海市第三女子中学参加夏令营；扶助未考上高中的女童接受中等技术教育；为考上高中的学生捐赠学费和电脑；为残疾女童捐赠电动轮椅等。对这1000名女童中能考上高一级学校的，九〇学社都继续资助，直到她们完成最高学业。到2010年，共有275名“春蕾女孩”从重点高中毕业，另有200名医疗保健、护理、学前教育和计算机等专业的学生从职业培训学校毕业。在这275名孩子中，有172名（62.5%）考上了四年制的大学或大专。在主修教育学的学生中，有19名争取到了教育基金，从2014年起在家乡的学校里从事两年义务教学工作。12名主修医学、护理或其他卫生保健专业的学生则从2015年起作为实习医师，回乡在社区里服务两年。她们以自己的知识回馈家乡、报答恩人。

陈晋明助学的故事还没有完，在汶川地震发生后，她又向千阳县和眉县重灾区捐助200多万元修建了两所小学。1956届校友曾点毕业于清华大学土建系，也参与了这两所希望小学的设计和资助工作。十多年来，陈晋明共为陕西女童教育募集和捐助善款达1700多万元。2011年，经陕西省妇联推荐，陈晋明被中国儿童少年基金会评选为“中国儿童慈善30年感动中国人物”。

在校友中，像陈晋明这样行助学善举的还有多人。她们在接受了母校良好的教育后都认识到，只有改变中国儿童和青少年的受教育状况，才能彻底改变他们的命运。

1960届校友王培蒂的祖父一百年前在舟山中学创办时曾捐款500银元。王培蒂自接手家族企业后，延续了家族一百年前的善举，向家乡定海一中、定海五中、南海实验学校、高峰小学等学校无偿捐献巨资，建造图书馆、体育馆、科技馆、体艺馆、塑胶田径场、学生宿舍楼等，添置了生物实验室设备，总值达2118万元；1988年又在定海一中设立“启宇奖学教金”；2006年起在舟山市设立“侨缘莲心王福元大学生助学金”；十五年来已资助了舟山中学、定海一中、普陀中学、南海实验学校等10所学校中考入大学的100余名家庭贫困的大学生，为家乡的人才培养做出了贡献。

中西1951届校友雷璧芬在清华大学和苏州第十六中学设立“雷滋蕃公助学金”，对中西校友陈晋明主持的江西育才中学薛正希望工程（设立育英班等）、陕西春蕾工程等均予以全力资助。

1959届初中校友周采茨是著名京剧大师周信芳的小女儿，目前是上海慈善基金会之巾帼圆桌基金的创办人和会长，专为患有高痊愈能力但受生命威胁疾病的小孩服务。基金会成立至今已资助100多个孩子。

1965届初中校友沈翠英在汶川地震后卖掉自己的一套房子，将450万元捐给地震灾区建造希望小学。接着，她又把四川省都江堰市的猕猴桃产业作为自己的扶持对象，帮助果农脱贫，即使自己亏损也要把扶贫工作继续做下去。

2021年，1965届校友、中国工程院院士陈亚珠捐赠给母校20万元，设立了“陈亚珠院士奖（助）学金”，用于奖励市三女中优秀学生，由学校学生奖学金评审委员会组织实施。

这些校友的大爱之心是中西女中“生活、爱和成长”精神、圣玛利亚女校“公诚勤敏”“非以役人，

图8-98　美国九〇学社资助1000名陕西"春蕾女童"（同学会提供）

图8-99　江西育才中学薛正育英班毕业的学生应邀参加市三女中一百二十周年校庆时与陈晋明、陈宗慈等聚会（2012年10月，同学会提供）

图8-100　上海中西、圣玛利亚、第三女中同学会成立二十周年纪念大会举行

乃役于人”和市三女中“独立、能干、关爱、优雅”精神的体现。校友们在这些精神的熏陶下，勤奋工作，正直做人，为母校争光，为社会服务。

4.学校、同学会举办校庆纪念活动

学校自成功举办建校100周年、105周年等校庆纪念活动以来，以后每逢5、10周年，均要举办大规模的庆祝活动，同时发行纪念刊等。

2002年，学校迎来建校110周年纪念。10月，学校刊印《上海市第三女子中学110周年校庆特刊》，内有徐永初校长撰写的序，刊登学校沿革图、校长名录、大事记、新中国成立后学校负责人，刊发校友风采照片，还有校友捐赠情况等。[41]《市三教育》第三期，作为“女子教育专辑”，内设校长论坛、育人目标研究、女子教育研究、女校研究等，发表一组论文，以此纪念建校110周年。

2002年，在建校110周年校庆之际，在七一楼五楼建成了校史馆。2012年，又将校史馆搬到了科学楼五楼，更新内容并增加了圣玛利亚女校和中西女中的校址模型。其间，为编著《百年女中》，同学会与校领导多次商议，向海内外校友征稿，70余位校友撰写了回忆文章。《百年女中》是1949年后第一本由校友亲笔撰写的回忆录。

2007年，为庆祝建校115周年，11月，学校刊印《上海市第三女子中学115周年校庆纪念》，以“历经百年的学校”“女子成才的摇篮”“文化交流的窗口”“女校研究的基地”等为题组稿，同时配发大量照片。[42]

2012年，为迎接120周年校庆，学校组织158名“IACE女孩”，采访78位各行各业的各届校友，形成78篇文章，汇编成一本《校友故事》。校友们以自己敬业爱岗、无私奉献的精神给学妹们树立了榜样。11月，学校举办庆祝建校120周年系列活动，包括召开主题为“提升教师领导力：推动课堂新变革”的中外中学校长研讨会。11月3日，市三女中举行庆祝建校120周年庆典，《文汇报》予以报道：“被誉为‘女子人才的摇篮’的市三女中是一所蜚声海外的百年名校，学校以‘独立、能干、关爱、优雅’为育人目标，120年来培养了一大批优秀女性人才。目前，市三女中建立了具有女校特色的综合课程体系，提供包括学科探索、现代科技、语言素养、艺术鉴赏、世界文化、女子成才、品味生活、体育保健等一百多门课程，旨在培养具有人文素养与科学素养的复合型现代女性人才。”[43]

2017年，为学校建校125周年。是年12月，市三女中举行建校125周年校庆活动。

“弦歌不断声声远，事业如棋局局新。”2022年，学校又将迎来建校130周年华诞。学校领导多次召开会议，与同学会、广大校友进行商谈，筹划如何做好130周年校庆的纪念活动。2021年上半年，学校与上海社会科学院校史研究团队合作，成立校史研究小组。课题组成员从海内外搜集与整理了一批原始文献档案，对学校校史进行系统梳理，深入挖掘，并从千余幅图片中精选300幅，采取以图释文的方式，撰写一部校史专著，由潘敬芳、马学强主编，在130周年校庆之际由商务印书馆出版。校史是对一所学校发展历程的真实记录，是校园文化建设的重要内容。出版一部系统、完整、准确的校史研究著作，有助于彰显学校的办学特色，丰富学校的文化内涵，对提升学校的办学水平和扩大学校的社会影响具有重要意义。

图8-101　同学会刊印的《简讯》(2000年)

图8-102 《上海市第三女子中学110周年校庆特刊》(2002年10月刊印)

图8-103 《市三教育》第三期(女子教育专辑,纪念校庆110周年,2002年刊印)

图8-104 《百年女中——对母校的回忆》(内部刊印)

图8-105　上海市第三女子中学校史陈列馆

图8-106　校史馆内场景（摄于2021年10月27日）

图8-107　市三女中举行建校110周年庆典

图8-108 《上海市第三女子中学115周年校庆纪念》（2007年11月刊印）

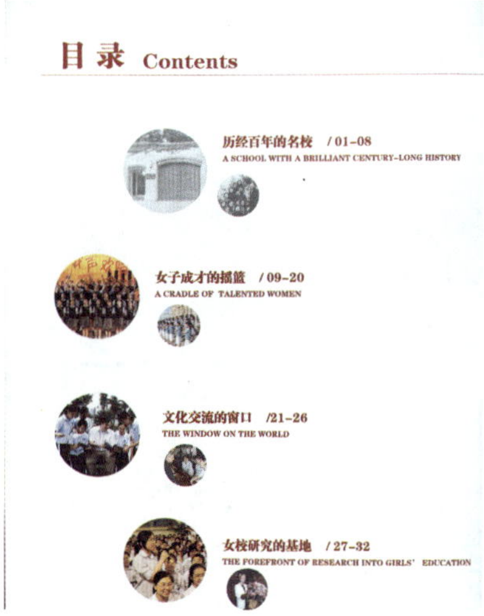

图8-109 《上海市第三女子中学115周年校庆纪念》目录

图8-110 《校友故事》（2012年内部刊印）

2022年8月8日，上海市第三女子中学发布“上海市第三女子中学建校130周年校庆第一号公告”：

上海市第三女子中学现为上海市首批实验性示范性高中，是唯一的公办女子中学，更是一所深具文化底蕴，追求教育本真，蜚声海内外的百年名校。今年，我们将迎来建校130周年校庆！

学校前身是1881年美国基督教圣公会创办的圣玛利亚女校和1892年基督教南方监理公会创办的中西女中，1952年两校由上海市人民政府接管，合并命名为“上海市第三女子中学”。星霜荏苒，居诸不息。回望过去，学校行而不辍，秉承“求真、勤思、惜时、健美”的校训，弘扬优良校风，用责任和信念铸就育人的使命与光荣，培养了一大批杰出女性，她们在各自的领域绽放着耀眼光芒。承女中精神之源，新的时代，学校以“独立、能干、关爱、优雅”（IACE）的育人目标，以“言行优雅、学识博雅、志趣高雅”的“雅文化”育人特质，培养出一批批秀外慧中的优秀女子人才，藉浓墨丹青写意梦想与匠志，用智慧和探索延续市三的教育辉煌。

百卅载春华秋实，弦歌不辍；几代人躬耕树蕙，芳华待灼。

学校将于2022年11月6日（周日）举办建校130周年校庆盛典，并在校庆期间开展公开教学展示交流、国际论坛等系列活动。我们诚邀所有关心、支持学校教育事业发展的领导、海内外校友、历届教职工及社会各界朋友莅临指导，话同窗情谊，谱美好蓝图！

特此公告，敬祈周知！

学校向各位校友发出邀请，并诚邀海内外各界人士于2022年11月6日前来出席建校130周年校庆盛典。

图8-111　市三女中校园航拍图（摄于2021年11月18日）

图8-112　市三女中举行115周年校庆活动

图8-113　市三女中举行120周年校庆纪念

图8-114　市三女中举行建校125周年庆典演出

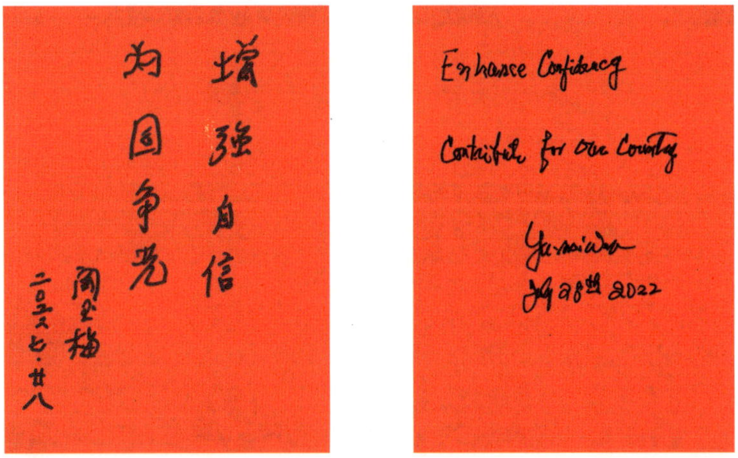

图8-115　校友闻玉梅院士为市三女中130周年校庆题词

图8-116　校友陈亚珠院士为市三女中130周年校庆题词

图8-117 市三女中校园（摄于2021年7月7日）

图8-118 上海市第三女子中学现任行政班子（2022年9月），前排从左至右：郁文革、张闽、潘敬芳、刘芸、夏磊；后排从左至右：华立昊、秦岭、杨志军、蒋逸萍、张宜岚、吴喆、董亚芳、苏莹、陈煜、把伟、苗勇胜、严自律

上海市第三女子中学在任教职员工（2022年9月）

图8-119　语文组：前排从左至右：蔡文琪、耿双鸣、刘芸、王峥、徐萍、姜丽；后排从左至右：管骏捷、杨黎兰、鲁慧敏、何雨婷、焦昊苏、秦岭、史菊辉、倪伊芯、马佳忆、柴云凡、华雯露（摄于2022年9月）

图8-120　数学组：前排从左至右：庄少南、袁晟亮、刘国友、朱凡昌、张闽、王春久、夏德凡、严雯；后排从左至右：薛文荣、李蓉、曹广红、陆燕、刘平、裘莹莹、郑雪、颜雯婕（摄于2022年9月）

图8-121　英语组：前排从左至右：张驭麟、杨纯莉、钱仲薇、韩毓音、岳孟杰、蔡珠文；后排从左至右：徐迪、陈嘉璐、孙倩如、王琪、陈斯莹、饶立钧、华磊、韩喆、丁燕婷、刘逸成、吴喆（摄于2022年9月）

图8-122　生物组：从左至右：张洁清、刘芳、周旭峰、董亚芳、张舒蕾（摄于2022年9月）

图8-123　物理组：前排从左至右：徐彤、王胤、於丰；后排从左至右：严自律、陈铖、冯丽川、杨志军（摄于2022年9月）

图8-124　化学组前排从左至右：张翼、王珊珊、李瑾；后排从左至右：朱超、夏磊、李建强、吴倩（摄于2022年9月）

图8-125　政治组：从左至右：闪艳、王秀芳、杨成义、李军、苏莹（摄于2022年9月）

图8-126　史地组：前排从左至右：蒋晔、吴群、潘敬芳、王海萍、周蓉；后排从左至右：郁文革、朱文静、俞文晶、陈倩、陈煜（摄于2022年9月）

图8-127 信息、心理组：从左至右：陈玮琳、把伟、邵伟琳、苗勇胜、王梓莘（摄于2022年9月）

图8-128 音美组：从左至右：祝倩、古嘉峥、徐轶伦（摄于2022年9月）

图8-129　体育组：前排从左至右：武钰婕、韩晓丽、华立昊、沈苏、葛海春；后排（中间）：李琳（摄于2022年9月）

图8-130　两处员工：前排从左至右：梅洁、王露晨、张洁清、盛佳君、张宜岚；后排从左至右：陈国春、黄海波、唐莹、毛杰伟、沈宏强、张晓华（摄于2022年9月）

注释

[1]《上海普通教育志》编纂委员会编:《上海普通教育志》,上海社会科学院出版社2015年版,第230页。1954年,上海市政府批准市东中学、市西中学、上海中学、育才中学、继光中学、复兴中学、虹口中学、第一女子中学、第二女子中学、第三女子中学10所为重点中学。

[2]《上海普通教育志》编纂委员会编:《上海普通教育志》,第231页。

[3]《上海市第三女子中学关于申报上海市实验性示范性高中规划预审的报告》,1999年10月26日,上海市第三女子中学档案室藏。

[4]《我的回顾》,何亚男校长口述,上海市第三女中校务办公室提供,2021年12月。

[5]《我的回顾》,何亚男校长口述,上海市第三女中校务办公室提供,2021年12月。

[6]《28所实验性示范性高中命名》,《文汇报》2005年2月26日,国内新闻版。

[7] 徐永初校长口述:《徐永初校长访谈》,2022年1月,上海市第三女中校务办公室提供。

[8] 由上海市第三女子中学校务办公室提供。

[9] 如2007年4月27日,市三女中的把伟、岳青林老师应邀赴马来西亚参加坤成校友会组织的"女子中等教育国际研讨会";2019年10月25日,市三女中徐永初校长参加第二届上海教育女性国际论坛,做题为《女性成长中的教育意义》的报告。

[10] 此数据详见《上海市第三女子中学五年发展规划》(2019年9月至2024年7月)。该规划经上海市第三女子中学教代会2019年6月25日审议通过,上海市第三女子中学档案室藏。

[11]《上海市第三女子中学五年发展规划》(2019年9月至2024年7月),上海市第三女子中学档案室藏。

[12] 上海市第三女子中学编:《上海市第三女子中学110周年校庆特刊》,2002年刊印,第7页。

[13]《我的回顾》,何亚男校长口述,上海市第三女中校务办公室提供,2021年12月。

[14] 徐永初校长口述:《徐永初校长访谈》,2022年1月,上海市第三女中校务办公室提供。

[15] 围绕如何培养"IACE女孩",市三女中发展规划文本中都有明确的体现,详见《上海市第三女子中学新三年发展规划》(2003年9月至2006年9月)、《上海市第三女子中学三年发展规划》(2010年1月至2012年12月)、《上海市第三女子中学五年发展规划(讨论稿)》(2014年1月至2018年12月),等等。

[16]《上海市第三女子中学五年发展规划(讨论稿)》(2014年1月至2018年12月),上海市第三女子中学档案室藏。

[17] 由上海市第三女子中学校务办公室提供,2021年12月。

[18] 由上海市第三女子中学校务办公室提供,2021年12月。

[19]《上海市第三女子中学五年发展规划》(2019年9月至2024年7月),上海市第三女子中学档案室藏。

[20]《上海市第三女子中学五年发展规划(讨论稿)》(2014年1月至2018年12月),上海市第三女子中学档案室藏。

[21] 本部分文字、图片均由上海市第三女子中学相关社团提供。

[22] 分别参见上海市第三女子中学组编,徐永初、陈瑾瑜主编:《圣玛利亚女校(1881—1952)》,同济大学出版社2014年

版，第65—68页；中西女中校史编写组组编，陈瑾瑜编著:《中西女中（1892—1952）》，同济大学出版社2016年版，第71—76页。

［23］《上海市第三女子中学章程》，本章程于2015年4月10日经上海市第三女子中学第十二届教职员工代表大会第二次会议审议通过，上海市第三女子中学档案室藏。

［24］据上海市第三女子中学校务办公室介绍。

［25］上海市第三女子中学组编，徐永初、陈瑾瑜主编:《圣玛利亚女校（1881—1952）》，第67页。

［26］上海市第三女子中学组编，徐永初、陈瑾瑜主编:《圣玛利亚女校（1881—1952）》，第68页。

［27］《上海市第三女子中学章程》（2015年），上海市第三女子中学档案室藏。

［28］由上海市第三女子中学校务办公室提供。

［29］《上海市第三女子中学章程》（2015年），上海市第三女子中学档案室藏。

［30］陈从周、章明主编:《上海近代建筑史稿》，上海三联书店1988年版，第116页。

［31］陈从周、章明主编:《上海近代建筑史稿》，第118、119页。

［32］详见中西女中校史编写组组编，陈瑾瑜编著:《中西女中（1892—1952）》，第78—92页。

［33］唐嫣:《阔别七十余载忆母校，喜重逢》，载中西女中校史编写组组编，陈瑾瑜编著:《回忆中西女中（1949—1952）》，同济大学出版社2016年版，第185—186页。

［34］张罗罗:《回忆和感恩》，载中西女中校史编写组组编，陈瑾瑜编著:《回忆中西女中（1949—1952）》，第262页。

［35］《上海市人民政府关于核定并公布上海市文物保护单位的通知》，上海市人民政府文件，沪府发〔2014〕29号，2014年4月4日。

［36］上海市地方志办公室编著:《上海名建筑志》，上海社会科学院出版社2005年版，第860—869页。

［37］何亚男校长口述:《我的回顾》，2021年12月，上海市第三女子中学校务办公室提供。

［38］由上海市中西、圣玛利亚、第三女子中学同学会提供，陈瑾瑜执笔，2021年12月。

［39］《市三女中等师生昨聚会，颂扬宋庆龄高尚情操》，《文汇报》1993年1月28日，第3版。

［40］本节内容由上海市中西、圣玛利亚、第三女子中学同学会提供，陈瑾瑜执笔，2021年12月。根据章节需要与相关档案资料，适当做了调整、补充。

［41］上海市第三女子中学编:《上海市第三女子中学110周年校庆特刊》，2002年刊印。

［42］上海市第三女子中学编:《上海第三女子中学115周年校庆纪念》，2007年刊印。

［43］《市三女中庆建校120周年，陈至立发贺信，刘云耕出席》，《文汇报》2012年11月4日，第1版。

附录

附录一

学校沿革图

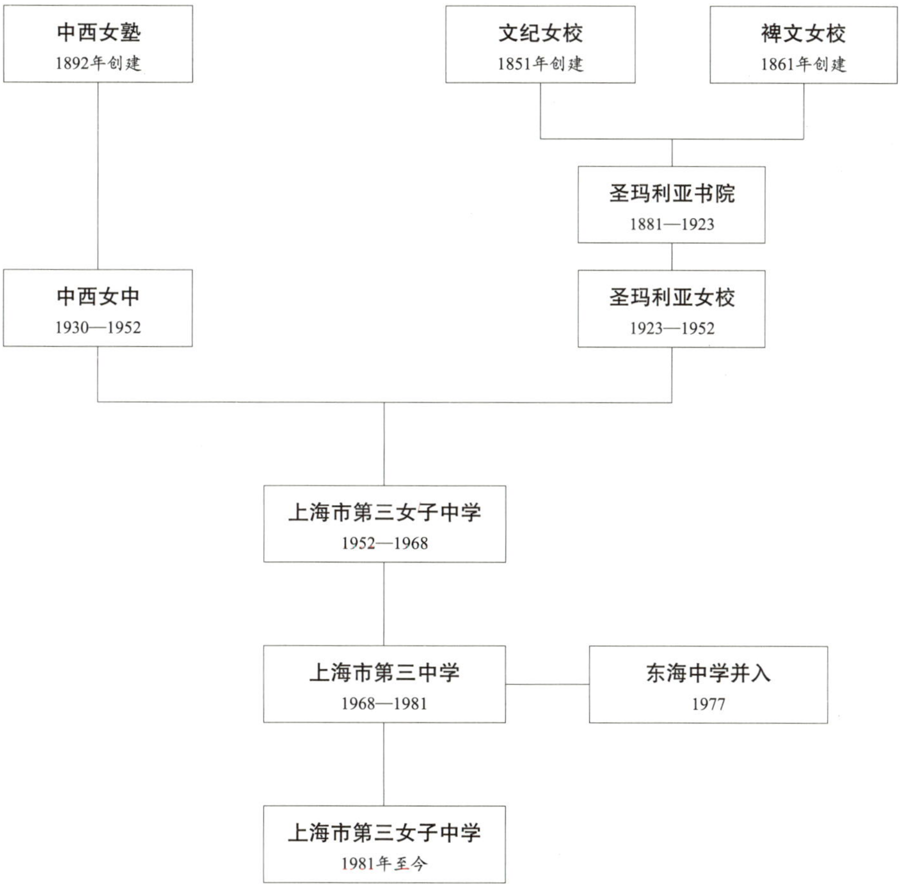

*资料来源：上海市第三女子中学校务办公室提供。

大事记

【圣玛利亚女校大事记（1881—1952年）】

1881年（清光绪七年）

6月，圣约翰书院创办人施约瑟（Samnel Isaac Joseph Schereschewsky）将美国圣公会创办的文纪、裨文两所女校合并迁入圣约翰书院内，取校名圣玛利亚女书院，美国女传教士文海莉（Ms. Henrietta Farris）为首任总监督，圣公会首位中国传教士黄光彩的大女儿黄素娥协助管理学生事务。第一年招收学生28人。

1883年（光绪九年）

是年，黄素娥成为圣玛利亚书院首任华人校长。

1885年（光绪十一年）

经过两年的筹办，圣玛利亚书院的女传教士正式开办育婴堂（St. Mary's Orphanage），中文名“玉成堂”，由黄素娥兼管主持工作，由教会收留抚养的弃儿长大后可进入圣玛利亚书院读书，毕业后参加教会妇女工作。

1888年（光绪十四年）

是年，黄素娥与圣约翰书院美国青年教师卜舫济结婚，同年，卜舫济荣升为圣约翰书院监督。

是年，圣玛利亚书院因学生增加添建新屋。

1890年（光绪十六年）

是年，美国女传教士孙罗以接替黄素娥担任圣玛利亚校长。

1893年（光绪十九年）

是年，玉成堂与圣玛利亚书院合并，成为书院的预科。

1900年（光绪二十六年）

是年，朱静贞女士成为圣玛利亚书院的第一位中学毕业生。

1901年（光绪二十七年）

是年，圣公会女传教部和圣玛利亚书院向美国母会争取到“丁玛利女士纪念特别款”，用于改建书院校舍，新楼思丁堂于1903年落成。

1903年（光绪二十九年）

是年，设琴科。

1904年（光绪三十年）

1月23日，玉成堂新屋落成，育婴堂从圣玛利亚书院分出，独立管理。

1905年（光绪三十一年）

是年，成立唱诗班。

1906年（光绪三十二年）

是年，康女士（Miss Crummer）来校，任英文部主任，设法改进教学。

1908年（光绪三十四年）

是年，设师范科，学校图书馆创办。

1914年

是年，创设圣玛利亚同学会。

1915年

是年夏，孙罗以校长根据美国学校的学制，将八年改为十二年新学制，初小四年，高小四年，高中四年。

1916年
是年，爱拉女士（Miss S. Oehler）来校任教，大力提倡体育运动。

1918年
是年，停办育婴堂，房屋收回作为科学楼和医院用。

1919年
6月初，成立学生会，参加上海学生联合会，成为其中一个分会。
6月24日，圣玛利亚女校举行游艺会。《申报》记载："因集资组织义务学校事，假静安寺路卡德路口浩灵戏院（Olympic之意，盖浩灵也）布演杂剧。计自下午四时开幕至六时许闭幕，到者千余人，集得入场券费达一千元以上。"
是年，设立年刊编辑委员会，取名《凤藻》，学生组成编辑部，以毕业班学生为主，教师作顾问。

1920年
1月5日，举行孙罗以校长离任回国欢送庆祝典礼。
4月1日，孙罗以校长乘船回国，她在圣玛利亚女校任职时间长达三十二年。
6月24日，圣玛利亚女校举行毕业礼。据《申报》报道："圣玛利亚现有学生258人，学生组织有传道会、音乐会、体育会等，毕业生自1900年至1920年，共计125人"。
6月25、28日，为筹募建造新校舍款项，举办义演两场，售出一千多张戏票，筹得1400元。
是年，在白利南路（今长宁路）购地建新校舍，民国十二年（1923）迁入新址。

1921年
4月17日，于白利南路举行新校舍开工礼。
5月10日，举行思孙堂奠基礼。

1922年
6月9日，1922届毕业生在校中排演莎士比亚戏剧，出售门票所得400元，捐作母校新舍之用。

1923年
5月，新校舍竣工。
6月27日，圣玛利亚女校最后一次在老校舍举行毕业典礼。
7月2日，圣玛利亚书院搬入白利南路65号新校舍，改名为圣玛利亚女校。

1924年
5月21日，举行新校舍落成后的第一届毕业典礼。
10月13日，因江浙战争停课两周。
是年，圣玛利亚女校将旧学制改为中国教育部颁布的壬戌学制，高中三年，初中三年，中文在高三之上，另设两年特级，英文在中学之下，设预科两年，即小学五、六年级。设实习小学。

1925年
6月2日，"五卅惨案"发生后，学生罢课、游行，组织募捐。
是年，动工建造新礼拜堂，至1926年春落成，12月14日，筹办多时的电机风琴安装完成。

1926年
是年，复活节在新礼拜堂内举行首次礼拜，10月28日行祝圣礼。

1927年
1月7日，北伐军进军上海，学校停学一年半。

1928年
9月，学校复课，人数减至170人。

1931年
是年，圣玛利亚女校建校五十周年，学校刊印《圣玛利亚女校五十周（年）纪念特刊》（*ST. MARY'S HALL, Shanghai China, 1881–1931*）。

1933年
1月起，号召募捐支援东北义勇军。
9月，刊印《圣玛利亚同学会记录簿》，特记曰："本同学会自民国三年创始以来，距今二十余载，昔先同学倡导于前，而吾侪后同学追随于后。每年届期开会，聚乐一堂，继续进展日与月，盛缘一二八之时，日兵犯境，遍地烽烟，不遑宁处。本会弦歌因之辍响，以至历来议案遗失，次由大会决议前议案既无可稽，而后议案继续者以作准绳也，故特略序。"

1936年
5月，圣约翰校务委员会通过决议，接受圣玛利亚女中毕业生为走读生。
11月28日，圣玛利亚女校召开同学会。

1937年
是年，傅德校长辞职，金希姒女士（F. D. Mackinnon）继任校长。
是年，淞沪抗战爆发，圣玛利亚校舍被日军占领，与圣约翰大学一起租赁南京路大陆商场四楼为临时校舍，实习小学停办。

1939年
是年秋，圣玛利亚借圣约翰校园内的斐蔚堂作为校舍。圣玛利亚女校在斐蔚堂的教学活动从1939年秋持续到1946年秋，前后七年。

1940年
金希姒校长回国考察，顾怀琳（Miss Gwendolyn Loet Copper）任代理校长。

1941年
5月29日，圣玛利亚女校假圣约翰交谊室举行毕业典礼及六十周年纪念。
是年，抗战局势严峻，圣玛利亚所有外籍教师均撤退回国，仅留顾怀琳女士担任代理校长。

1942年
是年，陆朱兰贞接任校长，她是圣玛利亚书院1917届毕业生。

1943年
是年，被迫开设日语课。

1946年
9月，圣玛利亚女校搬回修整一新的白利南路校址，开始新的发展阶段。

1947年
6月，圣玛利亚女校在上海市教育局申请立案获得批准。

1949年
6月，圣玛利亚女校为1949届初毕业生举行毕业典礼。
是年，陆朱兰贞女士去世，校董会董事长欧伟国先生聘任洪德应为校长，他是圣玛利亚女校历史上唯一的一位男性校长。

1950年
10月1日，学生参加新中国成立一周年国庆游行。
12月，中央人民政府政务院颁布相关文件，圣玛利亚女中与美国圣公会完全脱离关系。
是年，圣玛利亚女校建立新民主主义青年团组织，一批优秀青年加入团组织。

1951年
是年，外籍教师被圣公会召回。

1952年
1月，郭秀梅接任校长，她是圣玛利亚女校1935届毕业生。
7月，圣玛利亚女校与中西女中合并，改名为上海市第三女子中学，搬出圣玛利亚校区，搬到中西女中校址。

【中西女中大事记（1892—1952年）】

1892年（清光绪十八年）
是年，中西女塾（西名墨梯学校），由基督教美国监理会传教士林乐知（Young John Allen）受卫理公会委托创办，校址在上海西藏中路汉口路，首任校长为劳拉·阿思科·海淑德（Laura Askew Haygood）。关于校舍，1890年2月在汉口路与西藏路转角兴建，1891年中西女塾校舍落成。
是年，中西女塾的音乐教师雷诺兹小姐（Miss S. B. Reynolds）创办怀特曼文学社（Wightman Literary Society）。该社的主要活动是鼓励学生通过音乐和表演的形式，生动地将外国著名的文学作品表现出来，以此来锻炼学生的表达和交际能力。

1894年（光绪二十年）
4月，海淑德校长返回美国亚特兰大休养身体，学校事务由海伦·莲吉生（Helen Lee Richardson）接办。

1896年（光绪二十二年）
11月，海伦·莲吉生接任中西女塾的第二任校长。

1899年（光绪二十五年）
是年底，中西女塾扩充新屋，建成一座三层教学楼，命名为“麦加沃克纪念堂”（McGavock Memorial）。

1900年（光绪二十六年）
4月29日，前任校长海淑德因病逝世。

6月，中西女塾产生第一届的毕业生，分别是孙素馨、史凤宝和颜庆莲。

1904年（光绪三十年）

是年，为了整合教育资源，监理会决定撤销三一堂女塾建制，部分高年级的学生升入中西女塾，剩下的低年级学生全部转入松江的慕卫女校。随着三一堂女塾并入中西女塾，宋霭龄、宋庆龄、宋美龄进入中西女塾继续学习。

是年底，宋霭龄肄业前往美国卫斯理安女子学院留学。

1907年（光绪三十三年）

是年，中西女塾借用慕尔堂楼房一所开设附属小学。至此，小学部分离出来。

是年，宋庆龄与宋美龄肄业前往美国卫斯理安女子学院留学。

1911年（宣统三年）

4月20日，上海龙华孤儿院开新院落成周年纪念大会，并为小学科行毕业式，中西女塾女生奏琴并演唱英文歌曲，力劝来宾捐助经费。

6月2日，中国青年会发起音乐演剧慈善会，中西女塾四十名女生登台合唱。

1912年

是年，中西女塾借用慕尔堂后屋两间作为教室。

1913年

是年，中西女塾买下慕尔堂的整块地基，将慕尔堂作为学校礼堂和教室，旧时礼堂改作宿舍。此时汉口路校区中共有四座建筑，校园面积较最初扩充了一倍。

1914年

7月1日，北京清华学校借庚子赔款设游美基金，选派若干名学生赴美游学，由上海女青年会招考录取女学生。中西女塾的汤蔼林、周淑英、唐玉瑞、张端珍、王瑞娴、林荀6名学生被录取。

12月10日，校方与学生们因管理制度产生分歧，80余名学生相继离校以示抗议。当晚，57名学生被家长送回学校，缴纳5元报名费，并保证以后遵守纪律，其余20余名学生均被退学。

12月15日，中西女塾的教师与罢学的学生家长们在商务印书馆创始人夏瑞芳的家中进行商谈，决定组织一个六人委员会，负责寻找一所合适的学校，让退学的20余名学生得以复学。

12月28日，六人委员会多方奔走，最后与启秀女学的徐校长商妥，20余名学生进入启秀女学继续学业。

是年，学校始设烹饪课，初时为选修课。

1915年

5月21日，中西女塾全体学生前往观看远东运动会。

是年，中西女塾附属小学迁往九江路。

是年，始设幼稚园，建立起自幼稚园至高中的完整教育体系。

1917年

7月19日，莲吉生校长辞世。

是年，经中外人士捐款和学生义演募捐，购忆定盘路（今江苏路）占地89亩的经家花园建校，是年迁入。

是年底，中西女塾将原经家花园的车库和谷仓改成科学楼，马厩改成训练场，一半的温室改成膳堂和音乐厅，以扩大校园规模。

1918年

5月22日，中西女塾举行春季运动会，学生、学生家属及来宾约五百人来校观看。

5月24日，中西女塾全体约200人加入美国红十字会。

是年，校方再次扩大校园规模，将两层的科学楼扩建成三层小楼。同时准备建造一幢新的宿舍楼，向各大洋行和建筑所征集设计方案，最终采纳克利洋行建筑师邬达克（Laszlo Edward Hudec）提交的哥特式学院派方案。

1919年

5月29日，中西女塾在《申报》上发表《中西女塾服务于罢课问题之意见》，申明罢课目的和斗争方法，积极参与五四运动。

6月7日，忆定盘路4号盲童学校举行游艺会，中西女塾学生表演舞蹈。

7月1—3日，中西女塾借博物院路兰心大戏院（Lyceum Theatre）演出西剧《女子》（*Every Women*），演出收入专为中西女塾学生会开设义务学校、推广平民教育之用。

10月12日，中西女塾教员夏露德女士当选为上海学生联合会教育科书记。

10月25日，中西女塾召开校友会，讨论校务进行方法。

10月，美国南方卫理公会在湖州举行传教士大会，议决在沪起筑三所教堂和一幢中西女塾宿舍楼，教会将为该项建筑计划提供38万美元的资金援助。其中提供给中西女塾的资金为10万美元。

11月3日，中西女塾拟新建一幢宿舍楼，邀请各界知名人士到校开会筹商，增募建筑费20万两。唐少川、克银汉（美总领事）、聂云台、宋汉章、曹雪赓、赵晋卿、席立功、郭标（永安总理）、胡文甫（大理院推事）、王省三、杨堂、邬克权、洛霞（美副领事）、唐少川夫人、黄佐庭夫人、报界张竹平、戈绍发、沙谷士奇等人莅临。先由学校教员展示学生成绩，阅览校刊《墨梯》，次举行歌唱、奏琴、舞蹈演艺会，最后各位来宾进行演说。

11月6日，中西女塾全体教职员和曾肄业的学生们在三马路召开同学会成立大会，到者700余人。先选举职员：宋霭龄被选为同学会的正主席，宋美龄、周濮泉任书记，沈彬贞任会计，鲍列伯女士及黄佐庭夫人薛葩为顾问。次讨论各同学如何辅助母校发展，又议及今日我国女子对于社会上之服务与女子普及教育暨改良诸大问题。

11月21日，中西女塾校友会在汉口路校舍开临时讨论会。

11月22日，法租界民生女学举行艺术会，中西女塾学生表演海里舞蹈、演唱祖国歌以及大合唱。

12月11日，忆定盘路中西女塾篮球队与北四川路美国学校篮球队在中西女塾篮球场比赛。

1920年

2月7日，中西女塾举行恳亲大会，凡是学生家属，无论男女均可参加。

2月25日，中西女塾借教员住宅开交谊会，欢迎增建校舍的募捐董事唐少川、沈仲礼、朱葆三、温宗尧、宋汉章、陈光甫、穆藕初、郭标、吴焕荣、邝富灼、曹锡赓、聂云台诸君，尚有中西来宾潘慎文、朱少屏、李载民、杨筱堂、曹省三、胡宗本、都立华、夏奇峰诸君，叶苏本清夫人、胡崇礼夫人、温庆珍、孙芹忠、夏罗以、夏露德、施惠珍、王文生、王理生、施美珍诸女士，该校中西职教员贝厚德、鲍列伯、柏克德、德丽霞、苏梅德、梅蔼兰、李淑德、吴玉芳、沈彬贞、潘玉梅、王紫英、海梅、史凤宝、沈均、朱润之、倪逢梅、马雪珍、吴玉芳、林美德、张敏锡、方恩锡、张庆娥、宋蕴珍、许秀英诸女士数十人。

5月7日，中西女塾高才生吴玉芳女士在慕尔堂举行毕业演诵式。昨晚到者有黄汉梁博士、黄佐庭夫人等数百人。由该校教员张敏锡、朱润之、沈彬贞、沈均诸女士招待入座。吴玉芳的演诵，题为《虹之足》，共分二节，中间由马锡珍女士助以英文歌。

5月21—22日，中西女塾校友会借黄浦滩22号前德国总会（中国银行新屋），开大展览会，陈列各种货品，任人观览购取。有马玉山糖果公司愿尽义务赠送糖果，由中西女塾学生出售，售得之款全数捐入该校。杭州、长沙、北京等处亦均有货物寄来，陈列出售。来宾约数千人，孙中山、唐绍仪、王正廷均偕其夫人莅会，颜惠庆公使、美按察使罗平吉、徐季龙等。亦均与会。中西女塾学生举行演艺，如苏格兰舞蹈、法国舞蹈、诗歌短剧、钢琴独奏、唱歌以及《雪绯霞》歌剧，数次演艺，均卖满座。

6月16日，盲童学校举行第一次毕业典礼。由杨筱堂为盲童学校捐募经费最多数的三所学校颁发奖品。第一为圣玛利亚女学，获得唐少川所赠的一面银盾；第二为美国学校，获得王儒堂所赠的一面银盾；第三为中西女塾，获得一册惠勃斯脱大字典。

6月21日，上海学生联合会选举出第三届职员。中西女塾在内务科、外务科、财政科和社会科均有任职。

7月17日，中西女塾学生分会与上海女子社会服务团协商，将中西女塾学生分会于7月28、29日两天游艺所得的券资，捐献一半为平粜之用。

7月28日，中西女塾举行游艺会，演出《绿衣童》《睡美人》等西剧。演出所得之一半收入，用于捐助平粜。

9月5日，中西女塾应广大青年之请求，特设英文专修科。程度：师范或中学毕业生曾读四五年英文者为合格。课程：与本校预科一、二年级英文略同。学费：半年30元、验身费2元、报名费1元，住读生因校舍不敷，暂不收取。时间：上午9时至12时，每星期授课15小时。地址：汉口路21号。

11月25日，中西女塾全体学生为山西旱灾捐助733元。

12月1日，中西女塾在西藏路4号举行同学会会议。因中西女塾为扩张规模，新建建筑，需款甚巨，故同学会答应担任征集25000两作为母校的建筑费。

是年，学校用购买忆定盘路新校舍剩下的资金，在校园南面建造一幢三层楼的教师公寓，称为“教师之家”，用于外籍教师住宿。“教师之家”竣工后，外籍教师们迁入，莲吉生堂的原教师宿舍均被改作教室。

1921年

2月21日，中西女塾校友会在哈同路60号黄佐庭夫人宅内开会。到者除会员外，来宾有本校校长贝厚德女士、教员德丽霞女士与胶州路贫儿教养院富兰雅夫人。

4月15日，中西女塾借慕尔堂举行音乐专科毕业典礼。此届同时毕业者，计有三人，分别为俞素青、郭美丽和王理生。

5月28日，中西女塾在忆定盘路1号举行新校舍建筑礼。先由正科学生唱英文歌，次由潘慎文进行祷告，校长贝厚德女士宣告开会宗旨并致欢迎词。同学会会长吴玉芳女士与校友会代表蔡秉九夫人也进行简短的演说。最后，来宾们前往新宿舍楼观置首石礼。

6月1日，中西女塾正科四年级的学生们借博物院路的兰心大戏院演出歌剧《翠鸟》，演出所得全部用于新宿舍楼的建设。

6月27日，中西女塾在慕尔堂举行毕业礼，请江长川牧师为主持人。

6月28日，在慕尔堂举行音乐会，演出节目有何慧如钢琴独奏、彭望荃背诵、毕业生周湄云钢琴独奏、中学唱歌班合唱、方恩锡钢琴独奏、梅华铨夫人独唱、毕业生谈振华背诵、夏玛利钢琴独奏。

6月29日，在慕尔堂举行正科毕业典礼，此届毕业生共有21人，为历年来毕业人数最多的一届。

11月21日，新宿舍楼竣工，命名为"蓝柏-克洛普顿楼"（Lambuth-Clopton Hall）。举行盛大的新校舍落成礼，邀请学生家属和各界人士来校参观。该幢建筑现为上海市第三女子中学五一楼。

1922年

6月3日，上海学生联合会在三益里事务所召开各校代表会，中西女塾当选为下届理事学校之一。

1923年

6月27日，中西女塾举行毕业典礼。

8月10日，中西女塾举行各校教员交谊大会，有唱诗、钢琴、游戏、茶点及英文故事表演，最后还有团体游戏。

10月10日，为纪念国庆，全体师生休假一日。

10月13日，举行毕业生游艺会。

1924年

1月13日，中西女塾举行国文文艺会，进行歌诵、演讲、辩论、演奏国乐以及艺术表演等。

4月12日，中西女塾与民立女中在中西女塾的室内操场进行司令球比赛，请高梓女士为公证人。共赛四次，为3:1、0:3、3:2、0:0，总计为6:6，未分胜负。

4月16日，学校决定将校友会、同学会及在校同学募捐的24000余元，作为建筑健身房之用。

4月23日，中西女塾与爱国女中在北四川路横浜桥精武体育会运动场比赛队球，公证人为女青年会黄翠英女士，参观者200余人。

5月22日，中西女塾举行体育表演会。

5月24日，举行毕业生之艺术表演会。

6月25日，举行毕业典礼。

12月23日，中西女塾参加全市音乐大会。

1925年

4月4日，中西女塾举行健身房落成礼。

5月2日，远东运动会全国预选大会召开第二日，中西女塾学生表演舞蹈*Wild Bird Dance*（《野鸟》），中西女塾附属小学的小学生们表演舞蹈*Fairy Dance*（《仙女舞》）。

6月1日，"五卅惨案"发生后，中西女塾自今日起罢课三日，学生不准出校，但派学生代表三名和教员三人参与学生总会，并由学生会组织编辑部及印刷部担任编印一切事宜，演讲部在学生中宣传爱国思想，其余各部如书法部、图画部、缝纫部、手工部、烹饪部，出售各种货品，对上海学生总会进行经济援助。

6月6日，学校因各处罢市，采买食料不易，且恐有意外危险。故由教职员和学生们共同决定，自今日起放假并将延后开学报名至9月9日。

1926年

1月17日，中西女塾参与组织"福麻会"，致力于救济麻风病患者，并捐助大洋60元以资助该会。

5月8日，中西女塾学生在校内大礼堂表演歌剧《薛尔维亚》（*Sylvia*），入场券每张售洋一元，所得收入全部捐助于"福麻会"。

5月15日，在校内操场举行春季舞蹈会。

5月24日，在大礼堂举行本年音乐大会，邀请学生家属前往观看。表演节目为钢琴演奏及唱歌，以展示学生在校的音乐成绩。

10月3日，举行以"为什么要拒毒"为主题的演讲会。

11月5日，中西女塾琴学科学生演出歌剧《歌盗》，以筹集创设中西音乐研究会的经费。

1927年

3月23日，中西女塾开会决定升旗庆祝国民革命军到达上海，并有学生自治会代表和教职员演讲，唱国歌与校歌等节目。

5月9日，中西女塾举行"五九"国耻纪念会，其节目有唱歌和学生演讲等，并邀请国立暨南大学王雨生教授演讲。

5月23日，举行音乐年会。

6月4日，中西女塾、各界妇女联合会、妇女运动委员会、务本女学等30多个团体开会议决成立后援会，抗议英国捕头强奸中国妇女。

6月5日，以中西女塾、各界妇女联合会、妇女节制会和市党部妇女部四个团体为代表，会见交涉员郭泰祺，请其提出抗议并与英方据理力争。

6月24日，举行丁卯级毕业典礼。本届毕业生服装统一，均为白绸长马甲丝袜白鞋袖，衣服左侧簪有绿色绢花。

1928年

4月20日，高中二年级学生在校内大礼堂演出西剧《一日误一日假》，所得收入均捐助于福麻会。

9月，学校复课，人数减至170人。

1929年

1月18日，中西女塾己巳级生在校内大礼堂举行游艺会，为《墨梯》校刊筹款。

3月5日，在校内举行各班篮球锦标比赛。

7月，汉口路21号的中西女塾第一附属小学，迁至极司斐而路21号。

9月，监理公会聘请杨锡珍担任中西女塾首位华人校长，英文部主任殷罗德（Louise Robinson）为校务顾问。

12月，举行文学研究会。

1930年

1月16日，中西女塾与两江女子体育学校在中西女塾篮球场进行篮球比赛。

6月21日，中西女塾举行音乐会。

9月，监理会代表江长川将中西女塾的校董会章程与校董名单呈请上海市教育局，请求进行校董会立案。

12月，中西女塾改名为“中西女子中学校”（简称“中西女中”），校董会正式成立。

1931年

6月29日，中西女中举行毕业典礼，此届毕业人数为高中部21人、初中32人、小学部53人。

7月14日，中西女中举行毕业礼，与会来宾及学生家属等400余人。

7月，校董会主席杨永清向上海市教育局申请学校立案。

8月，中西女中第一附属小学校新迁入忆定盘路37号。

10月1日，中西女中与上海女权同盟会、中华妇女节制会、博文女中、民立女中、沪江大学、启明女学、南洋女中等80多个团体组织成立“救国大同盟”，发表宣言通电，宣誓对日经济绝交。

11月3日，中西女中日前开会议决全体捐款，共捐得大洋300元、单夹棉衣裤349件和袜子20双，今日由学生代表下照孙亲自送交中慈幼协会，委托该会代为捐助前线灾民。

11月24日，中西女中捐款大洋728元支援东北义勇军。

12月，中西女中正式立案。

1932年

2月6日，中西女中发布通告，因时局关系，故暂缓开学与招考新生的日期。

3月13日，中西女中发布通告，定于3月21日上午9时考试，新生28日2时正式上课。

7月，中西女中第二小学校及附设幼儿园由海宁路太原坊迁至法租界西爱咸斯路65号。

1933年

6月，中西女中高中部毕业生38名，初中部毕业生70余名。

11月，新莲吉生堂开工。

1934年

5月8日，中西女中原定于5月5日举行体育表演，因天雨顺延，拟延至本月12日举行，但因日内气候渐热，学校决定于今日（8日）下午4时半表演。

7月，中西女中第二附属小学在法租界的西爱咸斯路与台拉斯脱路转角，新建一座新式校舍。

1935年

10月4日，《申报》记载中西女中校圃琼花开放：“前晚开放计三十五朵，历三小时即收缩复常。琼花历代视为瑞卉，本埠花圃植者殊少绿，该花恒历数十年开放一次，且辄在夜间，时间至暂，愈不为人所习见，物以稀见为贵偶然发见，诧为祥瑞。”

11月2日，中西女中举行四十周年纪念活动。

是年，新莲吉生堂完工。该幢建筑于1994年被评为上海市优秀历史建筑，现为上海市第三女子中学景莲堂，又称五四楼。

1936年

6月29日，中西女中举行第卅届毕业礼。

12月10日，《申报》报道：“上海中西女子中学壬申级同学本爱国热忱，一致输将，昨特将所捐国币二十元，交由本馆代汇绥远，慰劳前方御侮将士。”

12月，薛正被聘为第二任华人校长。

1937年

10月，上海市教会学校的青年会（青年团契）代表集会，1939届学生曹宝贞代表中西女中参加会议。

11月1日，学校在《申报》上发出《中西女中紧要通告》：

"本校为安全计，定于11月1日起暂行继续停课，复课之期将在《申》《新》报公布。第一小学定于2日起暂移西爱咸斯路420号上课，时间为下午一时至四时，务希注意，特此通告。"

1938年

5月，在西侨青年会举行欢迎世界学联代表柯尔曼等人的活动，"上海联"（全称"上海基督教学生团体联合会"）代表、中西女校1939届学生曹宝贞等参加并介绍上海学生界抗日救亡的情况。

10月，"上海联"健全领导机构，选举出第一届的执委会，由沪江、圣约翰、东吴、之江、麦伦、中西、清心等七校代表组成，曹宝贞代表中西女中参加执委并任服务部部长。

1939年

3月10日，中西女中篮球赛揭幕，参加者崇德、墨梯（中西女中）、圣心、启秀、工部局女中及美童六校，采单循环制，用女子规则。

4月8日，墨梯对崇德，最后墨梯获得冠军，中西女中篮球闭幕。

1943、1944年

日军强占校舍，学校迁至海格路（今华山路）420号上课。据瞿明明回忆："中西女中在上海沦陷后不久，1944年被迫迁出原址，由日军占领作陆军医院，而暂借海格路（华山路）英童学校（现为中福会幼儿园）上课，高中、初中分上、下午上课。"

1945年

抗战胜利迁回原址复校。

1947年

3月31日，中西女中举行同学会。

5月31日，曾就读于中西女中的蒋英来沪举办独唱会，《申报》5月19日、5月29日分别以《蒋英独唱会——著名抒情女高音》《介绍蒋英小姐独唱会》予以报道。

1948年

3月21日，中西女中附属第二小学在永嘉路420号该校举行校友会。

1949年

是年底，中西女中建立新民主主义青年团总支委员会。

1951年

1月9日，中西女中第一批军干校的同学出发：郑依柳（1951届）、陆以津（1952届）、陈添弥（1952届）到外文干校；汪正阳（1953届）、黄兆芝（1953届）、刘慧彰（1952届）到空军干校；包蕴奇（1952届）、沈佩英（1954届）到防空干校。

7月，中西女中第二批军干校的同学出发，有11人：沈济莘（1951届）、王六如（1954届）、方绮纨（1954届）、陆岭湄（1952届）、边肇贤（1954届）、陆维娴（1954届）、许嘉瑾（1954届）、王品君（1954届）、盛皆英（1954届）、孙以蓝（1955届）、盛新英（1955届）。

1952年

7月，由人民政府接管，中西女中和圣玛利亚女校合并，改名为上海市第三女子中学。

【上海市第三女子中学大事记（1952—2022年）】

1952年

6月19日，市三女中建校委员会正式成立。

6月，圣玛利亚女校和中西女中接到通知，两校拟合并为上海市第三女子中学。

7月4日，圣玛利亚女校和中西女中正式接到了上海市教育局中等教育处关于两校合并的文件。

7月5日，中西女中、圣玛利亚女校正式由上海市人民政府接管合并，成立上海市第三女子中学，校址在原中西女中校址（江苏路155号）。是日，市三女中成立大会召开。市教育局杭苇副局长宣布了接办中西、圣玛利亚，成立上海市第三女子中学的命令。青年团上海市工作委员会代表、上海纺织工业第一工人子弟学校学生代表、市立五爱中学学生会代表，向市三女中的全体师生员工祝贺。俞慧耕老师、薛正校长分别代表圣玛利亚女校和中西女中发言，新民主主义青年团市委陈一心和学生代表，少先队员代表发言。新成立的上海市第三女子中学由覃英为校长，薛正为副校长。两校教导主任仍旧，事务主任改由陈家志担任。校教职员除个别调动外，全部留用。原圣玛利亚校长郭秀梅由上海市教育局另行安排担任上海市第二女子中学校长。圣玛利亚女校校址在9月后成为上海纺织工业学校（后更名上海高等专科学校）校舍。

是年，中西女中同时荣获上海市中学联赛篮球、排球冠军。

是年，覃英任市三女中校长（任期1952—1955），薛正任副校长（任期1952—1960），张小如任校党支部书记（任期1952—1955）。

1953年

6月19日，《文汇报》第2版刊登上海市第三女子中学学生会的报道《本市第三女中全体同学坚决协助政府肃清帝国主义间谍活动》。

是年，在原有五一楼、五四楼的基础上，新建了六一大楼，作为初中部的教室。

是年，我校荣获上海市垒球联赛女子组冠军。

1954年

是年，上海市政府批准市东中学、市西中学、上海中学、育才中学、继光中学、复兴中学、虹口中学，第一、第二、第三女中10所中学为重点中学。

是年，我校女声合唱小组参加了上海市中学生歌咏比赛，荣获第一名。

1955年

是年，林静任校长兼党支部书记（任期1955—1960）。

1957年

6月28日，《文汇报》第3版刊登上海市第三女子中学薛正撰写的《成绩是不容抹煞的！》

是年，1954届毕业生顾圣婴在莫斯科获第六届世界青年联欢节钢琴比赛金质奖章，此后，顾圣婴又于1958年荣获第十四届日内瓦国际音乐比赛女子钢琴最高奖，1964年在比利时伊丽莎白王太后国际钢琴比赛中获奖。

1958年

是年，我校开始进行教育“大跃进”，大炼钢铁，推动学校劳动教育和勤工俭学。

是年，我校党支部提出了“练好身体，保卫祖国”“通过劳卫制，做个女战士，随时准备着祖国的召唤”的体育“大跃进”运动。

1959年

是年，上海确定重点中学23所，市三女中名列其中。

是年，施瑛任党支部书记（任期1960—1966）。

1960年

3月，高三（7）班发起创造性学习，进行“学习排龙”，被团区委、团市委予以表彰。高三（7）班和团支部先后获评为先进集体、优秀团支部，并把学生们探索学习规律、掌握知识内在联系的实践拍成电视剧。我校也因此评为上海1960年文教方面先进单位。

4月，我校响应党中央和上海市委发出的“大张旗鼓，大搞卫生，大除四害，开展一个翻江倒海的春季爱国卫生运动”的号召，开展爱国卫生运动。

6月13日，《人民日报》报道，提到我校副校长薛正作为特邀代表出席“全国教育和文化、卫生、体育、新闻方面社会主义建设先进单位和先进工作者代表大会”。

是年，林静校长离任，薛正接任校长（任期1960—1984），李美云任副校长（任期1959—1966）。

1961年

11月25日，《文汇报》第2版发表《抓住课堂教学，指导课外阅读，启发读书兴趣，培养读书习惯：上海第三女中语文教师努力提高学生读写能力》。

1962年

是年，市三女中再度被评为市重点中学。

1963年

是年夏，我校1962届毕业生鱼珊玲响应党的号召，报名去新疆，成为建设边疆，保卫边疆的知识青年的代表。她的先进思想和事迹刊登在各大报刊，《中国青年报》还为此发表了社论，本人多次受到党和国家领导人的表彰及接见。

1964年

马忆冰任副校长（任期1964—1966），李美云任校代理党支部书记（任期1964—1966），胡守珍任校党支部副书记（任期1964—1966）。

1965年

7月10日，《文汇报》第2版报道“市三女中图书馆职工带着问题四学《为人民服务》，使学校图书馆成为教学活动组成部分”。

下半学期，学校召开第一届教职员工师生代表大会，倾听教职员工和学生对教改的意见。

1966年

是年，“文化大革命”开始。

是年，刘天佑、沈永林任副校长（任期1966年）。

1967年

是年，学校开始添招男生。

1968年

是年，改名“上海市第三中学”。市三中学成立革命委员会，工宣队进校。

1969年

1月起，上海组织中学生上山下乡。我校1966—1968年三届初高中学生全部毕业离校，其中大多数“上山下乡”，到农村插队落户。

1970年

是年起，我校实行四年一贯制，年级称为连，班级称为排。

是年，刘建礼任校党支部副书记（任期1970—1976）。

1971年

5—7月，学生们下厂下乡教育革命，分别去新泾公社美满大队学农，到胶鞋一厂、胶鞋二厂、国营七机厂、人民电器厂等工厂车间学工。

1972年

是年，上海教育系统的一批干部教师开始从“五七干校”和其他地方调回学校，恢复工作。老校长薛正重返教育岗位。

1976年

是年，“文化大革命”结束。我校开始进行拨乱反正，逐步清理和清除“左”的错误影响。

1977年

8月，东海中学撤销，并入我校。

是年，施瑛任市三中学党支部书记（任期1977—1978），钟修身任副书记（任期1977—1978）。丁贵芬任副校长（任期1977—1982），陈炳福任校党支部副书记（任期1977—1982）、副校长（任期1977—1984）。

1978年

是年，林静接替施瑛任校党支部书记（任期1978—1982）。

1980年

10月21日，我校召开首届教职工代表大会。

11月15日，上海乐团、上海合唱团在学校大礼堂进行音乐演出。

是年，凌同光任副校长（任期1980—1981）。

1981年

4月19日，在沪西体育场举行校春季运动会。

5月15日，上海市第三中学《关于上海市第三中学改为女中的请示报告》呈报上海市教育局。

5月18日，长宁区教育局向上海市教育局提交《关于市三中学今年招收女生的请示报告》。

6月6日，上海市教育局做出《关于上海市第三中学今年招收女生的批复》，其中有：“同意你校作为试点，今年起招收女生，暂不改校名。高中部住宿应利用现有设备条件，每年招寄宿生八十名，三年总额为二百四十名。”

6月30日，全校教工在小礼堂庆祝建党六十周年大会。

9月，学校提出“求真、勤思、惜时、健美”的校训。

10月11日，在大礼堂举行校园歌声音乐会，全校学生参加。

是年，上海市教育局决定恢复女子中学建制，同时恢复原校名“上海市第三女子中学”，并确定为部分寄宿制的市重点中学。

1982年

3月，乌美娟老师荣获1981年度“上海市劳动模范”称号。

8月1日，我校近2000名校友和师生举行建校三十周年纪念活动。八十二岁的薛正校长主持盛会。次日《文汇报》第1版予以报道。

是年，我校被列为上海市首批办好的重点中学之一，面向全市招收新生。

是年，王湘任副校长（任期1982—1984）。

1983年

9月5日，在江湾体育场进行全运会团体体操彩排。

9月22日，全校师生沪西体育场观看曲棍球比赛。

11月29日，高二年级全体师生赴青浦任屯村开展社会调查。

12月29日，全体师生在大礼堂参加纪念毛主席诞生九十周年歌咏大会。

是年，陈炳福任党支部书记（任期1983—1987）。

1984年

5月16日，长宁区人大代表视察我校。

5月19日，在校大礼堂举行“市三之春”音乐会。

5月25日，校教工歌咏队参加区庆祝上海解放三十五周年大会。

9月24日，《文汇报》第2版刊登“市三女中将成立同学会”的消息：“历史悠久的上海市第三女子中学即将成立同学会。这个组织的宗旨是加强与国内外校友之间的联系，为母校多培养女子人才作出努力，为祖国的繁荣和统一作出贡献。”

9月28日，在大礼堂举行全校国庆三十五周年欢庆大会。

10月，上海市人民政府任命薛正为上海市第三女子中学名誉校长。

是月，中西女中、圣玛利亚女校、市三女中（含市三中学）同学会举行成立大会。

是年，陈炳福任校长（任期1984—1994），乌美媚任副校长（任期1984—1997）。

1985年

5月13日，我校举办艺术周义演活动。

12月10日，我校初二至高三年级前往大礼堂参加纪念“一二·九”五十周年大会。

1986年

5月6日，在儿童剧场举行“五四”庆祝会，观看话剧《飞吧！海燕》。

5月17日，全体师生观看澳大利亚青年交响乐演出。

5月，科技活动周。

9月18日，青年文学评论家毛时安与上海社会科学院陆海明在小礼堂作关于对琼瑶小说分析的辅导报告。

10月15日，我校组织400名学生去虹桥机场迎接英国女王来上海访问。

10月22日，河北省教育参观团来我校听课、参观。

11月2日，举行同学会成立两周年纪念活动。

12月13日，我校石方颖、毛海蓉同学在“1986年华东六省一市中学生作文比赛”荣获一等奖。

是年，顾启泰任副校长（任期1986—1989），韩世珍任副校长（任期1986—1996），沈淼莲任校党支部副书记（任期1986—1987）。

1987年

2月18日，上海戏曲学校昆剧班搬入我校，并开始上课。

3月16日，中共市三女中支部向中共长宁区教育局党委提交《关于建立中共市三女中总支委员会请示报告》，请示要求批准建立中共市三女中党总支。

4月17日，美国纽约州财政税务厅厅长、纽约州税务委员会主席赵光华及其父母来校参观访问。其母梁淑仪为我校中西女中1944届毕业生。由薛正名誉校长接待。

5月24日，顾氏家族代表顾乾麟一行5人由香港来校访问。

6月3日，波兰妇女代表团来访。

6月10日，美国教育代表团（ACET-0609）来校参观访问。

6月26日，中西女中校友、美国圣地亚哥大学教授卓以玉女士率团17人参观访问我校，并拜访薛正名誉校长。

7月31日，日本天童市国际交流协会教育界师生代表团来访。

8月5日，学校公布校职称评审小组名单。

9月25日，中共上海市长宁区教育工作委员会作出《关于成立中共上海市第三女子中学党总支委员会的批复》。陈炳福任党总支书记。

10月5日，英国驻沪总领事欧义恩及克拉克（英国广播公司远东部主任）来校参观。

10月6日，全国政协委员、上海音乐学院副教授陆春明到本校为学生作爱国主义教育报告，并为学生演奏乐曲。

10月24日，由学生会、市三之音举办的“金秋送爽”在大礼堂举行，参加区中学生艺术节节目精粹汇报。

11月1日，同学会成立三周年，300多名校友来校共庆中西女校建校九十五周年、圣玛利亚女校建校一百零五周年，市三女中建校三十五周年。美国西部旧金山同学会会长陈晋明，1947届校友林静怡、俞锡莹来校庆祝。

11月14日，美国西雅图红十字会代表团来我校参观访问。

11月20日，国家教育委员会督导研讨班来我校视察。

12月29日，我校乌美媚副校长参加中西女中1935届毕业生、同学会会长荣漱仁同志追悼大会。

是年，陈炳福任校党总支书记（任期1987—1994）。

1988年

4月14日，学校接待各国领事馆人员和外办人员，参观校园，并研讨开办国际儿童学校事宜。

4月16日，学校召开首届家长委员会成立大会。

4月24日，顾氏家族代表顾乾麟在我校举行“叔蘋奖学金第25期”发奖大会暨“得奖学生成就展览会”。

4月26日，日本横滨国际女子学院翠陵高级中学代表访华，代表团莅临我校参观访问。我校与日本横滨国际女子学院翠陵高级中学建立姐妹学校关系。

6月27日，我校教师代表团陈炳福、张正之、胡丽英、何亚男一行访日。

6月28日，日本横滨国际女子学院翠陵高级中学与我校签订友好交流协议。

11月22日，我校举行行政会议，商讨联合开设上海美国学校一事。

1989年

1月3日，日本婴幼儿教育代表团来我校访问。

2月22日，澳大利亚国际英语学院院长狄麦克和教务主任柯爱文来校访问。

3月1日，美国领事馆人员与我校签订中美合作办校的合同（草签）。

4月11日，在本校小礼堂举行上海市第三女子中学与上海美国学校签订合作办学协议。

9月29日，全校师生、上海戏曲学校昆剧班、美国学校的师生参加了在大礼堂举行的"建国四十周年庆祝活动"。

9月，上海美国学校按约迁入学校的六一大楼，相互进行教学交流。

1990年

2月6日，日本枚方市教育代表团一行6人来我校做友好访问。

2月8日，乌美媚副校长代表全校师生前往北京，为我校名誉校长薛正祝九十大寿。

6月1日，我校队列操代表全市中学生少先队队列操参加表演。

是年，张正之任副校长（任期1990—1993）。

1991年

6月25日，日本横滨国际女子学院翠陵高级中学来我校访问。

10月30月，高二全体师生赴奉贤学农，为期10天。

11月3日，本校学生参加市中学生五项全能文艺比赛演出，电视台进行转播。

是年，成立市三女中吹奏乐团，聘请俞先明任乐团指挥。

是年，华盛顿Puyallup学区第一位交流教师Arbuckle来校。

1992年

7月28日，新华社刊登消息："被誉为'少年爱迪生'的上海市第三女子中学高中学生裘苑，今年被免试直升上海交通大学试点班深造。"据介绍：1988年裘苑首次发明制作"迷踪棋"，获上海市青少年创造发明一等奖。五年来，她坚持利用课余时间，创造发明电子视听监察器、广泛焊锡剂、自动输液报警器等14件作品，全部得奖，并连续五年获亿利达青少年创造发明奖。她制作的自动输液报警器，还获得国际发明展银牌。

10月18日，举行学校百年校庆庆典。

11月18日，中共中央政治局委员、国家教委主任李铁映，中共上海市委副书记陈至立视察我校。

11月23日，乌美媚副校长和张浩达教导主任率领本校8位学生赴日访问。

12月26日，在小礼堂举行"中西大厦开工典礼"。

是年，学校与美国华盛顿州Puyallup学区教师交流项目开始进行。陶丽筠老师参加互换教师项目赴美国西雅图任教。

1993年

1月28日，《文汇报》刊登题为《市三女中等师生相聚会，颂扬宋庆龄高尚情操》的报道，其中写道："昨天是国家名誉主席宋庆龄诞辰一百周年。宋庆龄的母校——上海市第三女子中学和上海中西、圣玛利亚、第三女中同学会举行了纪念活动。市三女中的前身是中西女塾和圣玛利亚女中。宋庆龄曾于1899年至1907年在中西女塾求学，后被公派赴美留学。"

3月1日，《中国第一人》作者张聂尔（本校1966届高中毕业生）来母校与师生见面。

5月28日，本校大礼堂举行"庆祝市三女中吹奏乐团成立两周年"活动。

5月，校友王培芳、王培丽捐赠电脑，副市长谢丽娟、政协副主席毛经权、交通大学校长翁史烈等出席。

7月，我校附属垒球学校成立。

是月，加拿大百慕兰堂学校歌舞团来我校访问演出。

9月，学校新校门落成。

10月，在本校101室召开"缅怀覃英同志"座谈会，覃英为1952年上海市第三女子中学成立后的首任校长。

12月30日，中日青年垒球赛在本校大草地举行，学校组织全体学生观看。

是年，学校荣获全国少年女垒赛（萌芽杯）第一名；上海市第一届重点中学歌咏比赛第一名；上海市第二届业余吹奏乐队比赛第一名。

1994年

1月，学校荣获上海第二届业余管乐队比赛（B组）金奖；全国少儿女子垒球队冬训比赛第一名、体育道德风尚奖。

4月，杜国英老师赴澳大利亚昆士兰学校任教。

5月7日，校管乐队在上海音乐厅举行首次专场音乐会。

7月，我校部分教师在井冈山召开研讨会，制订学校新三年规划。

10月1日，我校管乐队由上海市府委派，赴北京劳动人民文化宫参加国庆演出。
10月11日，我校与美国华盛顿州Puyallup学区签订教育交流协议。
10月16日，张正之校长、乌美媚副校长应邀参加美国中西同学会活动。
11月，同学会成立十周年，市、区领导前来庆贺。
是年，我校提出“国际化、信息化、有特色”的办学目标。
是年，我校体育组荣获“上海市劳动模范先进集体”称号；我校荣获上海市中学生“育苗杯”排球赛第一名；上海市中学生歌咏比赛一等奖。
是年，经长宁区教育局安排，自新学年起，我校与市三附校（原安化二中）结对，承担指导和带教任务。
是年，徐宽洪老师获评上海市特级教师。
是年，张正之任校长（任期1994—1998），张浩达任副校长（任期1994—1998），乌美媚任校党总支副书记（任期1994—1995）。

1995年

1月25日，我校师生代表赴海南省文昌县瞻仰宋庆龄祖居。
3月15日，日本横滨国际女子学院翠陵高级中学新校长中岛宽、副校长阿部巖率团访问我校。
4月2日，日本普尔学院吹奏乐团来校访问演出。
4月8日，上海市体育工作现场会在我校召开。
5月21日，著名的教育工作者、民进中央参议员、长宁区人大常委会原副主任、上海市第三女子中学名誉校长薛正因病医治无效在北京逝世，享年九十四岁（据《文汇报》1995年5月27日）。
5月26日，全校师生在大礼堂举行纪念抗战胜利五十周年歌咏会。
5月，中西大厦封顶完工。
6月，《上海市第三女子中学年刊》（创刊号）创刊。
7月22日，1995年全国少年女子垒球比赛在我校举行，校垒球队荣获佳绩。
7月，校管乐队访问台北市第一女子高级中学、台北中山女子中学、台北市“建国”中学。据《文汇报》9月1日报道：这支乐团成立虽只有三年多时间，却已声名远扬。1993年11月该团在华东地区业余管乐比赛中以总分第一获中学组金奖。1994年5月在上海音乐厅举行了专场音乐会，10月赴北京参加新中国成立四十五周年文艺展演。
10月6日，菲律宾经贸代表团一行来我校参观。
10月16日，我校第四届科技活动周开幕。
10月18日，著名桥梁专家朱志豪来校为学生做科技报告。
10月24日，我校代表团一行赴日本参加日本横滨国际女子学院翠陵高级中学建校十周年庆典。
11月，我校向市、区开放高中课程教材改革新教材各学科教学观摩课。
12月13日，我校高一年级教材改革公开教学课向全市进行开放展示。
12月25日，香港嘉诺撒圣心书院师生代表团来我校进行短期交流。
12月30日，上海大学、市三女中在上海音乐厅联合举办新年音乐会，中共上海市委副书记陈至立、长宁区教育党工委书记王湘等出席。
是年，潘凌云老师荣获上海市优秀教育工作者；吴喆老师获上海市青年教师教学大奖赛一等奖。
是年，我校被评为“上海市文明单位”。
是年，朱肖松同学荣获上海市中小学生国际象棋冠军赛中学女子组第一名；朱伟琳、陆海舟、胡蓉荣同学荣获第十一届美国初中数学竞赛二等奖；校女子垒球队荣获上海市第十届运动会少年女垒比赛第一名；学校高中女子垒球队荣获95全国少年女垒（英伦杯）赛第一名。
是年，乌美媚任校党总支书记（任期1995—1997）。

1996年

1月9日，长宁区代区长姜樑一行来校视察工作。
3月6日，日本福知山淑德高校代表团来校交流访问，并和我校学生联欢。
4月1日，澳大利亚布里斯班女子文法学院师生代表团来我校学习交流。
4月3日，澳门圣罗撒女子学校教师来校参观访问。
4月11日，国家教委、人民教育出版社数学教材编委在我校召开西区重点中学数学教研组长会议，交流新教材试行情况。
4月30日，上海国际交流协会、美国NACEL文化交流中心主办的上海市重点中学高中英语比赛，我校高二（5）班秦忆获第二名并获邀于暑假赴美国学习考察两个月。
4月，张燕驰、常化老师应邀到香港圣心书院任教一个月。
5月1日，我校外语组荣获上海市劳模集体称号。
5月10日，举行我校与印尼北雅加达国际学校合办长宁国际学校签字仪式。
6月3日，科普活动周开幕。
6月7日，香港圣心书院赖得锺及Mrs. Eliane Siu两位老师来校做短期访问。
7月19日，我校垒球队22人赴北京参加全国希望杯垒球比赛，荣获亚军。

7月30日，上海美国学校与我校合作关系终止。

10月，我校荣获上海市第二届学生艺术节重点高中组合唱一等奖、综合专场器乐比赛二等奖、集体舞高中组创作一等奖、高中组表演一等奖。

11月3日，在大草坪举行薛正校长铜像揭幕仪式。

12月6日，市教委在我校举行全市中、青年文科教师评优复赛公开课。

12月，我校荣获“上海市中学行为规范示范校”称号。

是年，王婧、王菁兰同学荣获上海市高中英语一等奖；马思清、乐文婕同学荣获全国初中化学竞赛二等奖，上海市初中化学竞赛一等奖；许乃君同学荣获上海市“白猫杯”应用化学与技能竞赛一等奖；秦忆同学荣获上海市第四届中学生科普英语竞赛一等奖；朱肖松同学荣获上海市少年儿童国际象棋赛冠军；马思清、乐文婕、徐晓冬同学获全国初中数学联赛上海赛区一等奖，龙敏、卢茵、顾晶晶同学荣获二等奖。

是年，何亚男获评上海市特级教师。

1997年

1月26日，我校第二批赴香港师生访问团由陈方、张潞曾两位老师带领10位学生参观香港圣心书院进行学习交流活动。

2月28日，我校举行导师组成立大会。

3月1日，市三女中吹奏乐团在上海音乐厅举行97年新春音乐会，出席音乐会的有市文化局副局长贺寿昌，市教委陈之慰、凌同光，市对外文化交流协会秘书长唐长发等市领导，长宁区副区长王慧敏、区教育党工委书记王湘、区教育局长高平等一同出席。

3月4日，据《文汇报》报道：“上海市第三女子中学室内吹奏团推出名为《少女音韵》的CD片，成为上海市音像市场由中学生灌制的首张CD片。”

3月6日，我校行政代表团由张正之为团长、长宁区教育局局长高平为顾问，赴印尼雅加达与北雅加达国际学校进行交流并签订协议。

3月，全国政协委员、著名科学家、上海大学校长钱伟长教授莅临我校。

4月7日，上海市1997年精神文明建设工作会议在我校大礼堂举行，我校被评为“上海市文明单位”。

4月25日，湖南省委书记王茂林来校视察，并题字留念“为培养跨世纪优秀人才而努力奋斗”。

5月29日，美国国会议员助手团来校参观交流。

6月24日，朝鲜教育代表团来校参观交流。

7月31日，韩国真京商业高等女校来我校参观交流，双方学生同台演出，双方校长签订了两校师生交流计划的协议书。

9月27日，澳大利亚Walford Anglican School for Girls代表团来校参观访问。

9月，吴喆老师赴金山区金山中学支教（任教一年）。

10月16日，国家教委基础教育司金学高副司长、国家教委基础教育处处长、上海市教委办许家同副主任等来校视察计算机网络及应用情况。

10月31日，在我校小礼堂召开“21世纪国际教育研讨会”。

11月3日，举行建校一百零五周年校庆庆典。中共中央政治局委员、上海市委书记黄菊和国家教委等分别发来贺信。

11月25—31日，国家教委在我校召开“全国中小学实践教学与应用现代教育技术”现场会。

12月26日，香港教育代表团、香港宋庆龄基金会艺术交流团来校参观交流。

是年，我校体育组荣获“全国体锻达标先进单位”称号。

是年，我校政治组荣获上海市“三八红旗集体”称号。申世安同学荣获上海市重点中学学生英语竞赛特等奖，获邀暑期访美，政音同学获一等奖；叶尼尼同学荣获全国第六届“华罗庚金杯”少年数学邀请赛二等奖。

是年，何亚男任副校长（任期1997—1998），王小柳任校党总支副书记（任期1997年），吴良福任校党总支副书记（任期1997—1999）。

1998年

3月17日，美国华纳公司总裁夫人来校参观访问。

5月，我校荣获上海市初中英语竞赛团体一等奖。

是月，我校举办首届学生辩论节。

6月30日，美国总统夫人希拉里·克林顿来我校访问，并在大礼堂向师生们做了演讲。

6月，上海市教委主任张伟江等领导专家来我校调研。

8月7日，日本枚方市中贸合同团来我校参观访问。

8月，我校教师代表团访问澳大利亚布里斯班女子文法学校和南澳学校。

9月24日，中国—联合国401项目赴上海素质教育考察团来我校参观。

9月，国家教委组织的贫困地区素质教育代表团来我校交流。

10月10日，市三女中家委会成立。

10月17日，国际中学生运动会意大利学生代表团来校参观访问。

11月1日，校友1000多人回母校聚会，庆祝同学会成立十四周年。

11月20日，1998年京、津、沪三市德育研讨会在我校召开。

11月，我校荣获上海市布谷鸟学生音乐节班组歌队合唱一等奖、重点高中合唱比赛一等奖、民乐吹奏比赛一等奖、西洋乐吹奏比赛一等奖；周蕴凌、政音同学荣获上海市重点中学高中英语比赛一等奖；王欣、王颖同学荣获1998年上海市初中英语竞赛一等奖。

是年，我校提出培养“德才兼备、秀外慧中的现代化开放型女子人才”的育人目标，其基本特征为“独立（Independence）、能干（Ability）、关爱（Care）、优雅（Elegance）”，英文缩写“IACE”。举办首届“IACE女孩”评选。

是年，我校被评为“上海市花园单位”。

是年，何亚男任校长（任期1998—2002），徐永初任副校长（任期1998—2002），陈晞任副校长（任期1998—2003）。

1999年

1月，长宁区女企业家沙龙赞助花季少女成才签约仪式在我校举行。长宁区委副书记张丽丽、区教育局长高平、区妇联主席许玲芳出席仪式。何亚男校长和女企业家沙龙代表在仪式书上签字。

2月8日，上海浦东发展银行长宁支行与市三女中帮助困难学生基金签字仪式在我校举行。

2月，我校荣获“上海市群众体育示范学校”称号。

3月7日，上海市重点中学校长会议在我校小礼堂举行，出席会议的有市教委副主任张民生，以及全市26所重点中学的校长和11所寄宿制高级中学的校长等。

3月27日，上海市第三女子中学与上海市民族乐团合作协议签字仪式在我校举行。学校聘请彭正元、王绍渭担任学校民乐队艺术指导，聘请著名演奏家闵惠芬、著名作曲家顾寇仁为学校民乐队艺术顾问，聘请上海民族乐团为学校民乐指导单位。

4月，我校荣获“上海市优秀外事接待单位”称号。

5月4日，美国马里兰州罗斯学校来访。

5月5日，英国皇家芭蕾舞团来学校访问。

7月24日，我校管乐队赴韩国真景女子高等商学院访问演出。

7月，我校教师代表团访问新加坡、马来西亚、泰国。

8月3日，我校徐永初、向大国、张殿明等教师访问澳大利亚姐妹学校。

9月9日，中共长宁区委副书记张丽丽、区教育党工委书记郭培群、区教育局长高平来校视察、调研工作。

10月8日，我校借上海音乐厅举行校园音乐会。参加音乐会的领导有上海市人大常委会主任陈铁迪、市府殷一璀秘书长、市教委副主任张民生，长宁区委书记茅明贵、区长姜樑、区人大主任叶公展、区政协主席齐允海、区教育局党工委书记郭培群、区教育局局长高平等。东方电视台、上海教育电视台、《解放日报》、《文汇报》、《新民晚报》等均报道了这次活动。

11月，我校史地组被评为“上海市文明班组”。

12月9日，我校举行纪念市三女中建团五十周年大会，我校校友、国家科技部部长朱丽兰致辞。

是年，卢蓓琦老师荣获全国高中英语教师教学特别奖、全国第二届中学英语优质课竞赛特等奖；蒋逸萍老师荣获全国中学化学教师优秀课二等奖；沈月星老师荣获上海市中青年教师教学评比一等奖。

是年，周蕴凌同学荣获上海市第六届中学生科普英语竞赛一等奖；于慧泉同学荣获上海市“白猫杯”青少年应用化学竞赛（高中）一等奖。

是年，我校荣获1997—1998年度“上海市文明单位”称号。政治组被评为上海市优秀教研组。校垒球队荣获上海市第十一届运动会高中女垒第一名。

是年，根据市政府关于重点中学初、高中脱钩的规定，从新学年起，学校停止招生初中学生，同期成立上海市第三女子初级中学。

是年，吴良福任副校长（任期1999—2005）；杨振国任党总支书记（任期1999—2000），徐永初兼任初中校长（任期1999—2002）。

2000年

3月23日，由上海市教委邀请的澳大利亚昆士兰州教育部长迪恩·韦尔斯一行11人来校访问、参观。

3月29日，长宁区外语培训中心挂牌仪式。

3月，中共上海市委组织部长罗世谦、中共长宁区委书记茅明贵等来我校调研。

4月，我校被评为上海市二线高水平运动队（垒球）试点学校。我校档案工作通过市级先进评审。

是月，澳大利亚昆士兰州教育部长来校访问。

5月8日，新加坡教育代表团来校进行访问。

5月24日，教育专家对我校承担的教育科研课题“21世纪女中学生群体成长规律研究”进行论证。

5月，我校获评“1996—1998年度上海市红十字会先进集体”称号；我校荣获上海市第一届青少年运动会垒球比赛第一名。

6月2日，中共长宁区教育工作委员会印发《关于中共上海市第三女子中学委员会及中共上海市第三女子中学纪律检查委员会选举结果的批复》，同意杨振国任我校党委书记，兼任纪委书记。
6月9日，中共上海市第三女子中学党委举行成立大会。
6月12日，英国皇家管乐团来校友好访问并指导乐团演奏。
9月15日，英国议员代表团来校访问。
10月，我校熊秋菊老师率领学生赴南京参加首届全国高中青年数学教师优秀课观摩与评比活动，荣获一等奖。
11月7日，校友会举办迎接新世纪校友活动。
12月，我校荣获上海市“绿色学校”称号。
是年，宋凤老师被评为全国优秀外语教师；熊秋菊老师荣获上海市青年教师教学特等奖。
是年，杨天蔚同学获上海市第十届青少年发明创造比赛一等奖。
是年，杨振国任校党委书记，兼任纪委书记（任期2000—2006）。

2001年

2月，我校荣获上海市“白猫杯”青少年应用知识与技能竞赛高中组第一名。
3月22日，美国夏洛特女子学校音乐团的师生与我校管乐团、民乐团在市三大礼堂联袂演出。
3月，上海市教委专家组通过对我校创建实验性、示范性高中规划的评审。
4月7日，澳大利亚坎博尔女子学校师生代表团来访。
4月16日，美国西雅图罗斯福学校爵士乐团来访。
4月23日，澳大利亚图扎姆高中乐队来访演出。
6月25日，举办大型党建座谈——纪念中国共产党建党八十周年。
6月29日，北美菁英交响乐队来我校交流演出。
6月，香港中小学校长访沪教育考察团来校访问。
是月，新加坡教育代表团来校访问。
7月，七一楼、科学楼竣工。
8月29日，APEC中小企业部长来校访问。
9月，学校与澳大利亚墨尔本坎博维尔女子学校签订友好交流协议。
11月15日，京津沪渝德育研讨会参会代表团来我校参观交流。
11月20日，团市委在我校举行“十八岁成人仪式现场会”。
12月，我校丁燕婷、卢蓓琦老师荣获上海市中青年教师教学评优一等奖。
是月，我校获评“根与芽”挂牌学校。我校环保社荣获2001年上海市中学生明星社团。
是年，何亚男校长荣获2000年度“上海市劳动模范”称号。
是年，我校获评上海市科技教育特色学校、上海市行为规范示范学校。

2002年

3月31日，美国旧金山国际学校学生来访。
3月，校友陈亚珠院士、闻玉梅院士、前国家科技部部长朱丽兰相继回母校座谈。
4月14日，英国Grey Coat Hospital学校师生来访。
5月12日，我校管乐队在上海大剧院演出。
5月13日，我校举办首届社团节。
6月，我校首批师生代表团赴美国康涅狄格州Darien高级中学伙伴学校进行为期三周的访问与交流。
是月，上海市教委专家组通过对我校创建实验性、示范性高中的中期评审。
10月2日，美国南卡罗莱纳州教育考察团参观我校。
10月28日，校史陈列室揭幕。
11月7—8日，我校举办“当代女学生教育国际研讨会”。
11月9日，我校举行一百一十周年校庆庆典大会。
11月18日，澳大利亚昆士兰州新任教育部长来访并参观我校校史展览。
是年，宋凤老师获评上海市特级教师，何亚男被评为上海市特级校长。
是年，我校荣获上海市布谷鸟学生音乐节合唱比赛一等奖、学生艺术团乐队比赛一等奖。
是年，徐永初任校长（任期2002—2021），陈晞兼任初中校长（任期2002—2003）。

2003年

3月5日，新加坡南洋女子中学代表团来访。
4月21日，我校成立“防范非典工作领导小组”，研讨有关非典防范事宜。
8月21日，中层干部聘任会，从本学期开始中层干部实行两年一聘制。
10月16日，上海市艺术教育委员会来校听取学校艺术教育工作汇报。
10月22日，香港拔萃女子学校来访，丽塔女士进行多媒体制作讲座，校长授予丽塔女士“荣誉校友”称号。
11月11日，英国诺丁翰大学校长杨福家来校做报告。
11月，王轶同学荣获上海市青少年“科技希望之星”称号；赵小玲同学荣获上海市“白猫杯”青少年应用化学与技能竞赛一等奖；魏香君同学荣获上海市第十届中学生科普英语竞赛一等奖。
是月，学校荣获“全国聘请外国文教专家工作先进单位”称号。

是月，徐永初校长荣获上海市中小学十佳青年校长提名。
是月，新加坡南洋女子中学师生代表团访问学校。
是年，韩毓音老师荣获市上海市青年教师英语大赛一等奖；於丰老师荣获上海市中小学中青年教师大奖赛一等奖。
史俊明、徐宽洪、朱丽萍、徐永初编著《绿色家园（双语教育）》（上海科技教育出版社出版，高中用书）、《环境保护》（初中用书）。

2004年

2月16日，美国康州Darien高级中学师生代表团来校访问。
3月11日，著名教育家吕型伟来校向全体教师作“我们究竟在追求什么？——百年教育改革回顾”的报告。
4月22—23日，上海市教委对我校进行上海市实验性示范性高中终结性评审。
4月29日，举办市三女中二期课改展示活动。上海市环保教育、艺术教育展示现场会在我校举行。
5月，张璟同学荣获上海市青少年“科技希望之星”称号。
6月2日，台北中山女子高级中学来访。
6月10日，上海市主要领导来我校视察，听主题班会课。长宁区区委书记薛潮等领导来校召开现场会，讨论扩大校园面积的方案。
6月28日，特级教师于漪来校做报告。
7月30日，香港布操管乐协会交流团来访，并与校管乐队同台演出。
7月，我校管乐队应邀赴法国巴黎参加中法友好年文艺演出活动。
8月21日，日本大阪少儿乐团来我校访问。
8月30日，哈佛校友代表团来我校访问。
9月7日，市级课题“国际理解教育”启动。
9月23日，上海市心理示范校挂牌仪式。
9月，我校熊秋菊老师荣获上海市“优秀教育工作者”称号。
10月2日，我校师生代表团首次赴英国The Grey Coat Hospital友好学校进行访问。
10月26日，全美姐妹城市协会基金会主席来校。
11月7日，我校举行一百一十二周年校庆暨同学会成立二十周年庆祝会。
11月15日，我校代表团启程出访新西兰与新西兰丘顿女子学院，并缔结友好关系。
11月16日，原全国妇联副主席、上海市妇联主席，著名校友谭茀芸来校做题为“知识经济与女子成才”的报告。
12月1日，上海市双语教学实验工作交流会在我校召开。
12月17日，克罗地亚议会代表团来访。
12月19日，学校管乐队受邀参加曹鹏教授八十华诞音乐会上演出。
是年，我校荣获“上海市双语教学实验学校”称号。张闽老师、刘虹老师获上海市“优秀双语教师”称号。
是年，我校荣获“上海市艺术教育特色学校”称号，“沪体杯”全国垒球锦标赛冠军。

2005年

1月26日，韩国汉城永登浦女子高中校长一行来校访问。
1月29日，校民乐队参加长江三角洲地区学生民乐展演。
2月，上海市教委命名上海市第三女子中学等28所完成创建实验性示范性高中规划终结性评审的高中学校为首批“上海市实验性示范性高中”。
3月24日，全国劳模杨怀远来校做报告。
3月，我校荣获“上海市普教系统德育工作先进集体”“上海市中学行为规范示范校”等称号。
4月1日，台湾台中女中来访。
5月7日，我校管乐队在上海音乐厅“上海之春国际音乐节春之烂漫”管乐专场音乐会上演出。
5月24日，香港教育署一行来校访问。
6月6日，澳大利亚布里斯班女子文法学校校长Ms. Amanda Bell来访。
6月10日，我校举办美术作品展：“初夏的沉醉”——与艺术家牵手。
9月7日，国家环保总局、欧洲国际环境教育基金会、市区环境教育领导来校视察。
11月6日，我校举行一百一十三周年校庆，中西、圣玛利亚、市三女中（第三中学）同学会成立二十一周年，纪念薛正校长逝世十周年。
12月6日，新加坡瑞士村中学代表团来校参观听课。
是年，贺梦瑶、章云舟同学荣获上海市第十八届中学生作文竞赛一等奖。
是年，我校内设机构改革和调整，设立校务办（含党办）、教育处（含德育、教学、教务）、总务处、科研室、对外交流中心、艺术教育中心、信息教育中心等。
是年，杨振国被评为上海市特级书记。

2006年

1月，我校获评第三届（2003—2005）上海市学校心理健康教育先进集体。
3月4日，我校举行薛正校长一百零五周年诞辰纪念会。
3月17日，美国文化部专业文化交流处来访。
6月29日，美国印第安纳大学代表团来访。
9月1日，长宁区委书记薛潮等领导来校参加新学期开学典礼。

9月12日，无锡市第一女子中学代表团来校研讨交流。
9月19日，澳大利亚中小学校长代表团来访。
9月22日，美国大学理事会学生评估团来校。
9月，上海与哥德堡市建交二十周年，哥德堡号邮轮访问上海，市三女中管乐队欢迎哥德堡号进港。
10月20日，国家教育部校长培训班校长来校交流学习。
11月1日，香港官立中小学校长代表团来访。
11月16日，天津南开区校长代表团来校交流学习。
是年，杜国英获第五届全国中小学外语教师园丁奖。
是年，我校荣获上海市学生艺术节比赛一等奖；第三届《上海学生英文报杯》高中学生英语辩论邀请赛冠军。
是年，李德元任副校长（任期2006—2017），陆武任副校长（任期2006—2020），王悦成任校党委副书记（主持工作，任期2006—2012）。

2007年

2月2日，台湾平镇中学师生代表团来校交流演出。
2月24日，台湾实践大学张光正校长率队来访。
3月7日，国家教育部校长培训中心西部校长研修班来校考察。
3月21日，"何亚男英语学科名师培训基地"举行中外教师"同课异构"比较研究活动。
3月28日，英国伊顿公学Mr. Christopher来校座谈交流。
3月，我校获评上海市学校艺术教育先进单位。
4月27日，我校把伟、岳青林老师应邀赴马来西亚参加坤成校友会组织的"女子中等教育国际研讨会"。
5月18日，"延安儿女会"成员来校视察。
5月，荷兰铜管五重奏来校交流演出。
是月，我校举办校园钢琴演奏会。
11月3日，我校举行一百一十五周年校庆庆典大会。
11月24日，美国大学理事会中国事务办公室及部分美国著名学府招生办主任来校访问。
是年，熊秋菊老师荣获"上海市劳动模范"称号；韩毓音老师荣获上海市中青年教师英语新教材教学展评（高中组）一等奖；傅爱芬老师荣获上海市中小学中青年教师教学评选活动中学化学学科一等奖，董亚芳老师荣获中学生命科学学科一等奖。
是年，徐永初校长被评为上海市特级校长。
是年，我校熊秋菊老师荣获2004—2006年度上海市"优秀教育工作者"称号。

2008年

1月3日，Castilleja School师生代表团来访。
3月27日，美国哈佛大学校长一行来访。
5月21日，我校举行"抗震救灾，人人有责"汶川地震募捐活动。
7月，我校举办春蕾计划"领导力培养夏令营"，接待26位陕西安康女童，开展为期一个月的人文、科技、英语等方面的培养课程。
8月，我校获评"上海市艺术教育特色学校"。
11月26日，我校举办"沟通、理解、交流——国际化与学生多元意识培养"校长论坛。

2009年

1月，我校与上海市环境科学院共建，聘请环境科学院专家为校外科技辅导员，指导学生开展科技活动。长江水学校项目启动，开始每月一次苏州河科学考察活动。
是月，美国Castilleja School师生代表团来访，并与我校就"Women in China"主题进行联合采访与研究。
5月，我校学生参加"世博号角行进管乐全国邀请赛"，行进管乐队荣获中学组金奖。
是月，我校师生代表团赴美国旧金山中美国际学校进行为期两周的回访。在学生互访的基础上增派双方一名教师进行为期三周的教学交流与文化传播。
9月，长宁区区委书记卞百平在教师节前夕来我校慰问、调研。
是月，我校退休教师蒋心英生前立下遗嘱，将所有遗产全部用于资助我校贫困学生。学校成立"心英班"。
11月，市教卫党委书记李宣海一行来我校调研。
是月，我校三名学生入选上海市科学会堂"英才俱乐部"。
是年，蔡上逍、倪敏悦同学获第五届上海市中学生迎世博英语大奖赛（高中组）一等奖。仲要同学获第十届沪港澳与新加坡四地中学生阅读征文大赛（上海赛区）一等奖，艾斯泓同学获二等奖。
是年，姜丽老师荣获上海市中小学青年教师教学评优一等奖；卢蓓琦老师荣获上海市中青年教师大奖赛一等奖；丁燕婷老师荣获全国优质课评比一等奖。
是年，学校获评上海市优秀体育后备人才（二线）运动队（2009—2011）；室内女子吹奏乐队获第三届全国艺术展演中学甲组一等奖；弦乐队荣获第三届全国艺术展演上海市西乐专场中学组一等奖。
是年，熊秋菊老师获评上海市特级教师。

2010年

3月，举行"三八"成功女性与"IACE女孩"座谈会。
5月8日，应美国宾夕法尼亚中心、费城交响乐团和美国馆的邀请，学校113名优秀学生代表作为“交流大使”，参观美国馆并观摩费城交响乐团的精彩表演。

5月，我校荣获上海市垒球锦标赛第一名；举办“律动青春、精彩世博”与台湾晓明女中联谊活动；举办“精彩世博、青春共享”与香港拔萃女中联谊。

7月1日，吴喆、李军老师参加上海万博横滨上海友好城市交流会。

7月12日，我校教师代表团赴加拿大多伦多大学继续教育学院进行为期一个月的英语课程培训。

7月，“沪台青少年走进世博千人夏令营”在我校进行。

是月，我校举办微软英特尔“科技女生夏令营”。

10月，我校垒球队荣获第十一届市运会垒球赛第一名。

11月17日，我校特色课程与“真实性任务设计”导师团主题活动向全市展示。

11月20日，我校承办“城市精神与学生发展——2010年上海新加坡中学双边研讨会”。

11月22日，我校师生一行5人应邀赴新加坡莱佛士女校参加女子领袖国际峰会。

11月，我校健美体操队参加上海市中学生健美操比赛规定操、啦啦操，分获一等奖。

12月3日，我校“教育剧场”特色课程教学向市区展示。

是年，翁瑜阳同学荣获上海市英特尔科技创新大赛一等奖、全国青少年科技创新大赛论文二等奖。

是年，我校被评为“上海市科技特色学校”。我校成为第二期上海市普教系统“双名工程”王志刚、徐永初名校长培训基地（2008—2010）。

2011年

1月22日，受台北市市长之邀，我校师生共80人赴台北观摩花博会。

3月4日，美国Wesleyan College副校长一行来访。

3月，我校获评上海市红十字工作示范学校。

4月，上海市普通高中学生创新素养培养实验项目工作推进会在我校举行。

是月，教育部高中多样化有特色发展改革试点工作会议在我校召开。

是月，叔蘋奖学金、怡和公司、剑桥大学嘉宾来访。

5月，澳大利亚珀斯长老会女子学校校长一行来访，并与我校缔结友好关系。

是月，我校获评“2010年度上海市科技教育特色示范学校”。

9月，日本静县垒球队来我校访问交流。

10月，国际生态学校申报会及国际生态学校全国教师培训班在我校举办。

是年，我校完成岗位设置工作；根据需要撤销了艺术教育中心、信息教育中心，将艺术、信息工作纳入教育处。

是年，李德元兼任初中校长（任期2011—2017）。

2012年

1月，王慕遥、聂云非同学荣获得上海市科普英语竞赛一等奖。

3月，我校举办“促进高中教育优质特色多样发展试验”项目交流会。上海市教育学会会长张民生、市教委副主任尹后庆，长宁区教育党工委书记陈设立、区教育局局长贾炜等领导莅临指导。

5月，我校举办“七彩社团节”展示及文艺汇演。

6月，我校《教育剧场课程的开发与实施》被立项为上海市级课题。

7月，朱丽萍老师荣获2011年上海市英语新教材青年教师教学展评一等奖；侯天凌同学荣获得上海市“明日科技之星”称号。

10月2日，《文汇报》报道了学校的办学理念、育人目标，详细介绍我校具有女校特色的综合课程体系。

10月，我校举办“桃李乐筵”校友音乐会。

11月，我校举办庆祝建校一百二十周年系列活动，包括召开主题为“提升教师领导力：推动课堂新变革”的中外中学校长研讨会，《解放日报》《文汇报》等均有报道。

是年，完成五四楼修缮工程。

2013年

1月9日，长宁区政协主席陈建兴、副区长陈志奇等带领部分区政协委员对学校五四楼改造工程项目进行考察。

2月23日，我校在全国中小学生艺术展演活动中荣获金奖。

3月，我校获评2011—2012年度“上海市青年文明号”。

7月1日，上海市第三女子中学官方微博正式上线运行。

8月27日，市教委基教处处长倪闽景，《上海教育》杂志副主编、上海教育新闻中心主任沈祖芸来校讲座。

9月13日，《上海日报》（*Shanghai Daily*）采访徐永初校长，刊发专题报道“Girls Urge to Assert Themselves”（《女孩需要坚守自我》），介绍我校在女生教育和教学创新方面的新尝试和新思考。

9月18日，我校学生社团“矜雅社”赴上海广播电台参加故事广播《萌动60分》中秋晚会演出。

10月，我校学生社团商学社参加上海市经济论坛。

是年，完成五一楼修缮工程。

是年，王悦成任校党委书记（任期2013—2019），张闽任副校长（任期2013至今）。

2014年

2月，台北“建国”高级中学（男中）来访。

3月20日，哈佛大学明星学生代表来访。

4月8日，我校举办“移动时代的创新学习——上海市第十一届示范性中学学生会主席论坛”。

5月，我校荣获上海市行进乐队比赛一等奖。

6月，台北第一女子中学来访。

是月，镇江崇实女中来访。

7月5日，“圣玛利亚女校”系列书籍的新书发布会在我校隆重召开。发布会现场联通北京分会场，圣玛利亚女校在京校友以即时视频的方式与上海主会场现场互动。

8月，我校女子吹奏乐团、弦乐团获欧洲青少年艺术节比赛金奖。

12月4日，副区长赵丹丹一行来我校视察、调研。

是年，我校第一季中西讲坛及品味生活课程开讲。

是年，王海萍获评上海市特级教师，10月赴青浦区东湖中学支教（任教三年）。

2015年

3月27日，美国宾夕法尼亚州Baldwin School师生代表团来访。

5月，新加坡导演何家伟来校指导教育剧场课程。

是月，我校荣获上海市行进乐队比赛特色乐队组一等奖。

6月9日，台北市私立卫理女子高级中学教师代表访问我校。

6月20日，美国The Thacher School师生代表团来访。

6月，於丰、施雯老师荣获上海市首届基础教育教师爱岗敬业教学技能一等奖。

7月8日，美国 Valley Christian Schools师生一行来访。

7月18日，我校代表团首次出访德国班贝格玛丽亚瓦尔德一级文理中学。

7月19日，我校师生赴夏威夷参加全球学生领导力活动。

7月，我校女子吹奏乐团、弦乐团荣获第五届全国中小学生文艺展演上海市选拔赛一等奖。

8月13日，台湾基隆教育代表团来访。

8月28日，“校园国韵·共筑长城——培育和践行社会主义核心价值观现场推进会暨校园文化总结展示会”在我校举行，上海市委宣传部副部长、文明办主任潘敏，长宁区委副书记、区长谢峰等参加本次活动。

10月29日，法属泽西岛教育部长及中小学校长一行来访。

11月，新加坡南洋女中老师Nick来校指导戏剧及OM课程。

12月，我校垒球队荣获全国少年垒球锦标赛上海市第一名，我校排球队荣获上海市校园排球联盟联赛一等奖。

是年，姚润维同学获第六届海峡两岸中小学生作文大赛总决赛高中组一等奖，张一鸣同学荣获二等奖。张海燕同学荣获第十届中国中学生作文大赛（2014—2015）上海赛区特等奖，姚韵婕、周星怡同学荣获一等奖。吴一倩、韩叶霖同学荣获全国中学生数理化学科能力展示活动一等奖。

2016年

1月，徐永初校长荣获“上海市巾帼建功标兵”称号。

2月，钱咨辰、吴佳妮同学获第三十七届世界头脑奥林匹克中国区决赛第二名。

3月，沈思妍、王海昕、章筱箐、茹懿、陈隽婕、杨帆、李明芮同学获第三十一届上海市青少年科技创新大赛一等奖，竺宇瑛、张悦、辛韵、张艺逸同学荣获二等奖。

4月1日，我校商学社参加“全国中学生未来商业精英挑战赛”，荣获最佳组织奖、杰出首席执行官、最佳产品团队、年度最佳销售经理等奖项。

4月，曹祎雯同学荣获中国中学生作文大赛（2015—2016）一等奖、第十一届中国中学生作文大赛上海赛区特等奖，马渊、王芷欣同学荣获二等奖。

是月，我校女儿红文学社制作新一期校刊《桥》及《我与市三》。

是月，我校荣获全国第五届中小学生艺术展演上海市活动艺术表演类西乐（合奏）专场市级学生艺术团一等奖、声乐（合唱）专场实验性示范性高中组二等奖。

5月23日，我校举办“校友的故事”英语演讲比赛。

6月3日，我校排演音乐剧《悲惨世界》。

7月5日，由同济大学出版社出版的《中西女中》校史丛书（一套三册）新书发布会在我校举行。

7月15日，我校学生代表赴京出席全国学联第二十六届委员会——普通中学学生会工作委员会会议。

10月26日，长宁区委副书记、区长顾洪辉，区教育党工委书记王小柳等领导来校调研。

10月，周杰老师荣获第十届全国高中英语优质课大赛一等奖。学校荣获2016年全国全民健身操大赛自编啦啦操一等奖、街舞一等奖。

是年，我校获评上海市优秀体育后备人才二线运动队（2015—2018）。

2017年

1月，朱伊云同学荣获第十五届全国中小学生英语演讲比赛上海赛区决赛高中组一等奖。

2月，我校荣获“头脑奥林匹克活动特色学校”称号，两支参赛队分获第三十八届世界头脑奥林匹克中国区决赛一等奖、二等奖，张翼老师荣获2015—2016年度头脑奥林匹克活动贡献奖。

3月8日，徐永初校长荣获“上海市三八红旗标兵”称号。

3月29日，法国Clement Marot 学校来访。

3月，我校课程专著《教育剧场——女中的创新课程》由上海教育出版社出版。

4月6日，澳大利亚Lauriston Girls’ School校长来访。

4月，孙元园同学荣获第三十二届上海市青少年科技创新大赛一等奖，邵钰泓、胡千童、顾燕婷、杨怡静同学获二等奖。

7月15日，我校代表团出访美国Punahou高中。

是月，上海市教委以我校教师校本培训为案例制作成专题片，在暑期全市校（园）长培训中作为优秀案例进行宣传推广。

是月，我校乐队应美国对外事务处邀请，赴华盛顿及纽约，参加美国独立日大游行、纪念肯尼迪总统诞辰一百周年音乐会、华盛顿联合火车站音乐会、巴尔的摩草坪音乐会、纽约帝国大厦室外音乐会等活动。

9月，我校荣获“长三角最具文化影响力学校”称号。

是月，周杰老师荣获上海市中小学中青年教师教学评选活动一等奖。

12月，我校举行一百二十五周年校庆活动。

是年，我校体育馆竣工。

是年，我校荣获2017—2018年首届“上海市文明校园”称号。

是年，陆武兼任初中校长（任期2017—2020）。

2018年

1月16日，副区长孟庆源等领导来校调研。

3月2日，我校与台湾晓明女中共话“女性成长”。

3月8日，徐永初校长荣获“全国三八红旗手”称号。

3月，我校《教育剧场课程的开发与实施》荣获上海市基础教育教学成果奖一等奖；陆青蓝同学荣获第三十三届上海市青少年科技创新大赛青少年科技创新成果一等奖，刘依芃、张沈玥、孙羽婷、范悦翀、许安琪、王丹雯同学荣获二等奖。

4月，日本柏市立柏高中乐队来访与我校乐队交流演出。

5月4日，我校团委荣获共青团中央颁发的“全国五四红旗团委”荣誉称号。

5月22日，美国国务院体育大使来访，与我校高二年级及垒球队学生对话。

8月1日，我校代表团出访澳大利亚Walford女校。

8月，我校《教育剧场课程的开发与实施》荣获国家基础教育教学成果奖二等奖。

12月1日，上海市纪念改革开放四十周年学生文艺汇演在我校进行。

12月4日，香港圣公会属校校长代表团在国家教育部长江学者、圣公宗（香港）中学委员会主席、香港大学梁贯成教授的带领下来校参观访问。

12月22日，我校《教育剧场课程》成果展示。市教委副主任贾炜、市教委人事处调研员孙鸿、《上海教育》杂志社总编陈骁等领导来校观摩。

是年，完成学生宿舍楼修缮工程。

是年，聘请林友声为乐团指挥。

是年，钟懿任市三女中副校长（任期2018—2019）。

2019年

1月，我校获评“2018年度市级优秀教师专业发展学校”“上海市中小学行为规范示范校（2018—2022年）”。

3月8日，我校外语组荣获“全国巾帼文明岗”称号。

是日，我校於丰老师荣获2017—2018年度上海市教育系统“三八红旗手”称号。

3月16日，我校组队参加第四十届世界头脑奥林匹克选拔赛暨2019年上海头脑奥林匹克创新大赛，并获全国第一名。

4月19日，我校举办“百年五四・百年女中”——纪念五四运动一百周年主题集会。

4月26日，我校聘请区人民检察院副检察长黄冬生为法治副校长。

是月，徐迪老师荣获2019年上海市高中英语教学展示活动教学展示一等奖。

5月13日，我校第一届科技“运动会”开幕（由“机器人大作战”“科普英语朗读者”等项目组成）。

5月20日，我校举办女校清欢“瑶”相呼应——余碧瑶同学绘画展。

5月，饶立钧老师荣获第三届上海基础教育青年教师爱岗敬业教学竞赛特等奖。

6月25日，我校第十三届教职工代表大会第二次会议审议并通过《上海市第三女子中学2019—2024学年五年规划》。

7月3日，我校垒球队参加上海市垒球锦标赛，以全胜战绩获得冠军。

是日，我校参与由上海市台湾同胞联谊会举办的第十四届“舞动青春，唱响未来——沪台中学生才艺交流”接待活动。

7月11日，我校5名女生赴新加坡，参加主题为《面向未来，引领变革：青年之声》，第一届亚洲青少年双语模拟联合国活动，获得海外学校团体最高奖。

7月18日，我校学生公司团队荣获2019 JA中国学生公司上海地区赛优胜学生公司团队，顺利晋级全国决赛。

8月5日，我校模拟政协团队参加第六届“全国青少年模拟政协活动”，荣获最佳团队的荣誉。

8月，我校外语教研组荣获“上海市工人先锋号”称号。饶立钧老师荣获“上海市五一劳动奖章”。

9月2日，我校举行“逐梦人生赛道·征途就此起航”——2019学年第一学期开学典礼，邀请奥运冠军、上海市团市委副书记吴敏霞和世界冠军史美琴出席。

9月3日，饶立钧老师荣获第二届全国中小学青年教师教学竞赛一等奖第一名。

10月17日，徐永初校长赴延安参加“学习贯彻落实习近平总书记文艺工作座谈会重要讲话精神五周年座谈会”，并交流发言。

10月25日，徐永初校长参加第二届上海教育女性国际论坛畅谈“女性成长中的教育意义”，并被市教育系统特聘为普教分会名誉会长及第二届市女教授联谊会副会长。

11月8日，台湾南山高级中学师生来访。

11月14日，中国陶行知研究会女学生教育专业委员会第二十届年会暨纪念中陶会女专委成立二十周年大会在我校举行。

11月30日，“叔蘋八十，再启新承”——叔蘋奖学金建立八十周年庆祝大会暨“关爱青少年成长特别贡献奖”颁奖仪式在我校举行。

12月6日，团市委挂牌我校团委首批共青团新媒体工作站分站。

12月11日，“乐·慧life”2019年新媒体联盟看长宁活动在我校举行。

是年，我校开发新媒体素养培育课程“新媒体课程”“女生领导力课程”助力深化女生研究。

是年，刘芸任校党委副书记（任期2019至今）。

2020年

2月17日，“爱心与责任——战役中的学习”——学校全面开启线上教学。

3月28日，杨志军老师赴新疆克拉玛依市第六中学支教（任教一年半）。

4月4日，“云端之上”我校线上校园开放日。

4月20日，长宁区委副书记、区长王岚、副区长孟庆源，区教育党工委书记姚期，区教育局局长熊秋菊等一行来校视察调研教育教学及防疫工作。

4月23日，上海市教委副主任倪闽景等领导实地调研疫情防控与复学准备工作。

4月27日，高三复学，举行2020届学生18岁成人仪式。

4月，在第三十五届上海市青少年科技创新大赛中，王子菡、裴芳源同学获一等奖，陈蕴琪、陈洋洋、姚婧、缪沁怡同学获二等奖。

7月3日，我校举行党委、纪委换届选举。

7月6日，市委副书记廖国勋、市教卫工作党委书记沈炜、市教委主任王平、区委书记王为人等领导来校检查高考准备工作。

9月24日，我校与台湾晓明女中的学生开展首次线上交流活动。

9月，饶立钧老师荣获2020年“上海市四有好教师”称号；於丰荣获上海市特级教师称号。

10月25日，我校荣获2019年度“全国三八红旗集体”称号。

11月5日，传承创新、践行实验、持续发展——《教育剧场》课题经验交流研讨暨市实验性示范性高中科研室主任沙龙活动在我校举行。

12月25日，上海市委常委、宣传部长周慧琳，长宁区委书记王为人、区委宣传部长夏煜静等一行来校视察调研。

12月，饶立钧老师荣获第十一届全国中小学十佳高中外语教师、外语教师园丁奖。

是月，校友陈亚珠院士向学校捐赠20万元，设立奖助学金。

是年，宋楚翘同学荣获第十八届上海市青少年“明日科技希望之星”称号。

是年，苏莹、朱文静老师荣获上海市中小学中青年教师教学评选一等奖。

是年，我校挂牌为“长三角教育服务联盟未来教师实践基地”。

是年，潘敬芳任副校长（任期2020—2021）。

2021年

1月21日，我校开展“女生爱科学”系列活动。高二学生走进四所科研院所——上海市激光技术研究所、中科院分子细胞科学卓越创新中心、中科院植物科学卓越创新中心与中科院上海有机化学研究所进行研学活动。

3月8日，我校举行“跃三十·乐市三——市三女中女子吹奏乐团成立三十周年音乐会”。校管乐团艺术顾问曹鹏题词：三十而立，巾帼之秀；百鸟报春，名校风彩。

3月15日，我校迎来教育剧场课程十周年，戏剧社年度大戏《你好，陈乐》在我校五四楼大礼堂献演。

3月，我校在“China Thinks Big全球华人创新研究大挑战”获得佳绩。杨朝欣、王谦谦、王婧怡、李娅瑞同学获得全国赛一等奖及“商业大师”奖。

4月9日，“沟通无国界、青春正飞扬”——我校与横滨翠陵中学开展线上交流活动。

5月1日，饶立钧老师荣获“全国五一劳动奖章”。
5月4日，苗勇胜老师荣获“2020年度上海市青年五四奖章”。
5月24日，我校与新加坡南洋女子中学校学生开展线上交流活动。
5月，刘逸成老师荣获第四届上海基础教育青年教师爱岗敬业教学竞赛一等奖。
6月28日，国务院教育督导委员会督导专员唐保国同志带队，上海市教委总督学平辉，市教委督导室主任张慧，长宁区委副书记、区长张伟，副区长陆浩，区教育局局长熊秋菊等相关领导陪同参加教育部五项管理督导，国务院教育部五项管理督导。
7月1日，为庆祝中国共产党成立一百周年，全体党员集中收看庆祝中国共产党成立一百周年大会，重温入党誓词，并观看党史电影《1921》。
9月2日，上海副市长陈通、市教委副主任倪闽景，长宁区委书记王岚、区长张伟、区教育工作党委书记陈新华、区教育局局长熊秋菊一行来我校视察后勤保障工作。
9月27日，“‘宁’的少年派”未成年人新时代文明实践体验营活动在我校正式启动。上海市文明办副主任冯芳，长宁区委宣传部常务副部长、文明办主任周薇，区教育工作党委书记陈新华，区科委党组书记、主任詹镭，区人社局党组书记、局长张源，区妇联主席王慧颖，江苏路街道党工委书记戴涛，团区委副书记孔令琦等出席活动。
9月，上海市公安副局长陈臻、市交警总队长邢培毅，长宁区交警支队长张辉等多次实地调研，在校门口增设了交通信号灯等设施，为建设平安校园保驾护航。
10月13日，在上海国际交流协会大力支持下，中国公共外交协会副会长罗林泉大使来校做讲座。
11月15—17日，我校高一、高二部分学生应邀参加由友好学校新加坡南洋女中主办的“引领社会，共创未来：2021年女性领袖”线上交流活动。
11月16日，区政府党组成员陈颖、区教育工作党委书记陈新华等一行来我校听课调研。
11月，刘逸成老师荣获上海市中小学中青年教师教学评选一等奖。
是年，经“钱学森姓名冠名和肖像使用管理委员会”审批，我校“钱学森班”冠名申请得到批复。
是年，潘敬芳任校长（任期2021至今）。

2022年

2月17日，在2021学年第二学期开学典礼上，上海外国语大学高级翻译学院院长张爱玲教授与潘敬芳校长为我校“上海市教育系统饶立钧劳模创新工作室”揭牌。
2月，我校OM团队荣获2022年上海市头脑奥林匹克创新大赛古典题高中组第一名。
3月10日，我校微团课“百行奋斗铸就百年风华”荣获2021年“未来杯”上海市高中阶段未来演说家大赛一等奖。
3月12日，由于“新冠”疫情的反复，上海市教委决定暂停线下教学。自3月15日起，全校师生开展线上教育教学。学校加强对学生和教师的关护。
3月，刘逸成老师荣获“上海市教育系统三八红旗手”。
5月31日，长宁区委书记王岚，区委副书记、区长张伟，区委副书记纪晓鹏，副区长陈颖，区教育工作党委书记陈新华等领导调研防疫复学工作。
6月1日，长宁副区长陈颖、区疾控中心主任赵文穗、区教育工作党委书记陈新华、区教育局局长熊秋菊等领导检查校内核酸检测工作。
7月6日，上海市委副书记诸葛宇杰、副市长陈群、市教卫工作党委书记沈炜、市教委主任王平、考试院党委书记刘玉祥，长宁区教育工作党委书记陈新华、区教育局局长熊秋菊等领导来校检查高考准备工作。
9月1日，长宁区教育工作党委书记陈新华等领导参加“女校百年又三十，科学雅行弥日新”开学典礼，并和钱学森图书馆对外合作部部长陈燕女士一起为我校“钱学森实验班”揭牌。
9月14日，上海市教委副主任杨振峰、上海市教科院普教所所长徐士强，长宁区教育局局长熊秋菊等领导、专家莅临市三调研指导。
10月10日，1956届校友、2019年度“上海市科技功臣”陈亚珠院士和潘敬芳校长为“陈亚珠院士奖学金”揭牌。
是年，夏磊任副校长（任期2021至今）。

【上海市第三女子初级中学大事记（1999—2002年）】

1999年

是年，根据市政府关于重点中学初、高中脱钩的规定，从新学年起，市三女中停止招生初中学生，同期成立上海市第三女子初级中学。
是年，徐永初任校长（任期1999—2002），王悦成任校党支部书记（任期1999—2003）。

2000年

是年，王悦成兼任副校长（任期2000—2003）。

2002年

是年，陈晞任校长（任期2002—2003）。

2003年

是年，张伟民任校长（任期2003—2008），兼任校党支部书记（任期2003—2006）。蒋逸萍任副校长（任期2003—2013）。

2004年

6月，学校获2004年上海市青少年健美操锦标赛乙组第一名。

是年，秦红任副校长（任期2004年）。

2005年

3月，学校获评“2005年上海市中小学行为规范示范校”。

12月，学校荣获2005年度第六届沪、港、澳、新中学生阅读报告比赛中文初中组冠军。

2006年

是年，许军任校党支部书记（任期2006—2013）。

2007年

12月，我校荣获2007年上海市“布谷鸟”音乐节器乐专场一等奖。

2008年

6月，林羽君同学荣获2008全国少年科技智多星创新项目金奖。何思佳同学荣获2008上海市英特尔创新大赛优秀青少年科学论文一等奖。

是年，熊秋菊任副校长（主持工作，任期2008—2011）。

2009年

5月，我校荣获上海市第八届初中科普英语竞赛A组团体一等奖。

9月，我校荣获全国中小学文艺展演上海市选拔赛管乐队一等奖，弦乐队一等奖。

11月，我校荣获2009全国青少年校园青春健身操大赛上海赛区初中组啦啦队规定动作一等奖，自选动作一等奖；荣获2009年度上海市学生阳光体育大联赛排球（初中女子组）比赛一等奖。

12月，我校荣获2009年度上海市学生阳光体育大联赛初中组啦啦队自选动作比赛特等奖，规定动作比赛一等奖。

2010年

1月，我校获第三届上海市中小学生“小科学家”创想英语擂台赛现场辩论赛（初中组）团体一等奖，2009年度擂主（最佳辩手）。

2月，我校获评“2008—2009年度上海市安全文明校园”。

8月，张丹同学荣获第七届全国青少年英语口语大赛金奖。

11月，我校荣获2010全国青少年校园青春健身操大赛上海赛区初中组啦啦队自选动作特等奖，规定动作一等奖；2010上海市学生阳光体育大联赛初中组啦啦操自选动作特等奖，规定动作一等奖。

12月，陈艳楠同学荣获2010全国中学生数学能力竞赛一等奖。刘钰同学荣获全国青少年英语口语大赛二等奖。郁钰萌同学荣获第7届新少年上海—新加坡中小学现场英语作文赛一等奖。

2011年

1月，沈子犁同学荣获2011上海市中小学现场英语作文比赛初中B组一等奖。

3月，我校荣获第二十六届英特尔上海市青少年科技创新大赛一等奖。

是月，蒋颖雯、孔笑奕、诸成琳同学荣获第二十六届英特尔上海市青少年科技创新大赛科学DV板块一等奖。

9月，汪蓓莉老师荣获“2011年上海市郊区农村义务教育学校委托管理工作新进个人”称号。

10月，钱梦蝶同学荣获2011上海市科技模型节一等奖。

11月14日，接待新加坡莱佛士女中来访。

11月24日，接待香港圣保罗中学校长一行。

是日，接待新西兰马斯顿中学校长。

11月，我校荣获2011全国青少年校园青春健身操大赛上海赛区初中组啦啦队自选动作一等奖。

12月，朱悦盈、余仁方、陈雨佳同学荣获2011全国中学生数学能力竞赛二等奖。汪澄同学荣获2010年全国中小学生英语口语大赛上海赛区一等奖。

是月，我校荣获2011上海市学生音乐节中学组一等奖。

是年，李德元任校长（任期2011—2017）。

2012年

1月，严逸娇、张宇辰同学荣获第八届新少年上海—新加坡中小学生现场英语作文比赛特等奖，杜佳宁、梅可、吴嘉霖、朱怡清同学荣获一等奖。沈子犁同学荣获第五届上海市中小学“小科学家”创想英语擂台赛活动五项全能一等奖。

是月，我校获2012年度上海市学生阳光体育大联赛中小学组健身操初中组舞蹈啦啦操自选动作特等奖。

3月，白安可、蒋皓云、石涵嘉、周艾伦、沈思妍、邵峥泓、李世佳、陈浅语同学荣获第二十七届上海市科技创新大赛一等奖。
4月，沈子犁同学荣获2012上海学生英文报杯上海市初中英语竞赛一等奖。
5月，我校成为“中英气候课堂上海地区加盟校”。
是月，周艾伦同学荣获第十届上海市青少年“明日科技之星”称号。
6月，陈雨佳同学荣获第二十三届全国数学邀请赛二等奖。
7月6日，我校乐队出访德国，参加中德建交四十周年之“巴伐利亚—中国青少年文化周”活动。
8月5日，师生代表团赴新加坡莱佛士女中交流访问。
8月，我校获评“全国示范家长学校”。
11月，接待美国康涅狄格州格林威治书院校长一行来访。
12月2日，师生代表团赴美国康涅狄格州格林威治书院交流访问。
是月，我校荣获2012全国少年校园青春健身操大赛上海赛区初中组小型团体操一等奖，啦啦队自选动作一等奖；2012年上海市青少年垒球锦标赛中学组第一名。
是年，徐斐任副校长（任期2012至今）。

2013年

2月，我校荣获2013年度上海市学生阳光体育大联赛中小学组健身操初中组舞蹈啦啦操自选动作特等奖。
是月，接待美国康涅狄格州格林威治书院校董一行来访。
3月11日，接待美国康涅狄格州格林威治书院师生来校访问与交流。
5月，沈思妍、魏齐心同学荣获第二十八届英特尔上海市青少年科技创新大赛一等奖。
6月20日，接待南美哥伦比亚共和国教育代表团一行来访。
8月2日，师生代表团赴新西兰塞缪尔马斯顿书院交流访问。
是年，夏晓娟任校党支部书记，兼任副校长（任期2013—2015）。

2014年

2月，我校荣获第三十五届世界头脑奥林匹克竞赛中国区决赛二等奖。
3月20日，接待美国亚洲协会全球城市教育网络（GCEN）代表团一行。
3月25日，法国驻沪总领馆官员Hyvernaud Charlotte到访我校，推进与里昂的中学建立联系。
3月，辛春京同学荣获第二十九届英特尔上海市青少年科技创新大赛一等奖。
是月，我校英语教研组荣获“2013年度上海市教育系统巾帼文明岗”称号。
4月2日，接待新加坡圣约瑟国际书院师生代表团来访。
4月18日，接待新西兰塞缪尔马斯顿书院师生来校访问与交流。
4月，吴康妮同学荣获上海市初中生科普英语竞赛一等奖。
5月6日，接待法国驻沪总领馆官员、法国高等教育署专员一行来访。
7月，我校荣获法国弦乐展演奖杯、法国民乐展演奖杯。
10月13日，接待法国公立学校之旅教育代表团一行来访。
10月31日，接待新西兰塞缪尔马斯顿书院副校长一行来访。
12月，董若漪同学荣获第二十八届上海市中学生作文竞赛第一名，徐又悠、李汀岚同学荣获一等奖。
是月，我校荣获2014年上海市民体育大联赛健身操比赛总决赛初中组规定爵士一等奖。

2015年

3月31日，浙江教育厅“浙派名校长工程”20位校长来访。
3月，吴淇毓、余嘉琪、许雯清、张歆怡、刘与同同学荣获第十四届上海市初中生科普英语竞赛一等奖。
是月，我校获评“2015—2017上海市体育传统项目学校”。
4月15日，接待英国伊顿公学行政主任一行来访。
4月16日，教育部校长培训中心2015香港校长团60人参观访问。
6月，我校成为“上海市校园排球联盟首批会员单位”。
是月，宋楚翘、张宇慈同学荣获2015年上海市青少年“白猫杯”生活中的化学竞赛一等奖。
9月23日，接待越共中央各部委代表团来访。
10月13日，接待马来西亚教育学者代表团。
10月21日，华东师大校长培训中心外省市校长代表团来校观课交流。
10月22日，上师大国培校长培训中心校长团一行来校交流访问。
10月29日，接待英国皇家泽西岛教育代表团来访。
12月，夏滢、何梓维同学荣获第二十九届上海市中学生作文竞赛一等奖。
是年，顾悦任副校长（任期2015—2021），徐斐任校党支部副书记（主持工作，任期2015—2020）。

2016年

1月22日，接待澳大利亚墨尔本女子文法学校校长一行来访。
1月，杨淳宁同学荣获第十四届上海市中学生古诗文阅读大赛一等奖。
2月26日，我校形成《2016年市三女初分层作业建设实施方案》。
3月28日，接待英国侨界领袖 Mrs. Aarons一行来访。

3月，胡茜粤同学荣获第十五届上海市初中生科普英语竞赛一等奖。
4月5日，接待法国蕾巴杰赫学校师生来访。
4月8日，英国泽西女中Peter Le Masurier博士来校讲座。
5月18日，接待30位世界银行和教育研究员来校参观。
5月，我校荣获2015学年度"上海市少先队红旗大队"称号。
6月27日，接待美国Brearley School师生来访。
6月，张小菁同学荣获2016年上海市学生绘画书法作品展一等奖。
9月12日，接待英国唐屋女校基金会主席Mrs. Michaelle一行来访。
9月，我校荣获上海市第二届市民运动会健身操总决赛暨2016年上海市健美操锦标赛初中组规定动作爵士啦啦操一等奖。
11月28日，举行高雅艺术进校园音乐会。
11月，陈艺清同学荣获2016年上海市中学生古诗文阅读大赛一等奖。
12月8日，中国教育电视台吉林省专家型校长培训班来校交流。
12月9日，师生代表团赴法国蕾巴杰赫学校访问交流。
12月，郑楠昕同学荣获2016世界奥林匹克数学竞赛中国区选拔赛二等奖。曹锦、尹佳怡、沈卓一同学荣获2016年上海市中学生作文竞赛一等奖。

2017年

2月，顾悦副校长赴新疆克拉玛依市第二中学支教（任教一年半），并于2019年9月获"上海市事业单位脱贫攻坚记功人员"称号。
3月，我校语文教研组获"2015—2016年度上海市教育系统三八红旗集体"称号。
是月，陆时祺、宋雨臻同学荣获第三十二届英特尔上海市青少年科技创新大赛一等奖。
4月12日，接待英国唐屋女校家委会成员Mr. Aaerons及英国拉德格罗夫男校校长Simon Barber一行来访。
4月，我校获评"2015—2016年度上海市教卫工作党委系统文明单位"。
5月8日，我校承办"人工智能背景下的大数据智慧校园论坛"部分活动。
5月，我校获2016—2017年度"上海市少先队红旗大队"称号。
6月9日，接待英国唐屋女校国际交流主任Marya Akhtar一行来访。
10月23日，接待英国泽西女中校长Carl Howard一行来访。
11月2日，举行校庆专场演出。
是年，陆武任校长（任期2017—2020），马琳任副校长（任期2017至今）。.

2018年

4月9日，接待新西兰塞缪尔马斯顿书院校长Narelle Umbers一行来访。
4月，我校团总支获2017年度"上海市五四红旗团支部"称号。
5月23日，接待英国预备学校独立联盟主席Christopher John Davies一行来访。
11月22日，接待英国泽西岛首席部长John Le Fondre一行来访。
是月，王捷老师获"2018年度全国中小学实验教学能手"称号。

2019年

1月，徐乐怡同学荣获上海市初中生科普英语竞赛一等奖。
是月，我校获评"2018年度市级优秀教师专业发展学校"。学校舞蹈团成为"上海学生舞蹈联盟成员单位"。
5月，我校成为"2019—2020年'上海市少先队工作示范校'创建单位""上海学生合唱联盟单位"。
9月，我校荣获"2019第二届青少年口头作文风采电视展示活动"团体组金奖。
10月15日，接待驻英大使馆官员及盎格鲁中华教育基金会主席一行来访。
11月12日，接待英国泽西美术馆Tom Dingle先生来访。
12月2日，召开市三女初、复旦初中、开元学校联合体行动计划研讨会，完成《市三女初、复旦初中、开元学校联合体行动计划（试行稿）》。
12月20日，美国加州大学洛杉矶分校Eric Altice开设讲座"国际教育专题讲座——在全球化进程中，中学生该何为"。

2020年

1月，我校成为"上海学生民乐联盟单位"。
5月7日，我校参加的教育部《义务教育均衡发展背景下因材施教的教学策略研究》课题子课题立项。
6月24日，我校与上海作家协会旗下的上海文学创作中心签订战略合作框架协议。
6月29日，完成制作"'三力'并举，持续激发教师活力"视频，供全市校（园）长交流分享。
8月，刘欣禾、朱玲加、张伊里同学荣获全能脑力王"科学英语说"全国青少年电视展示活动青少组全国百优一等奖。
是月，我校"慧学平台"案例在2020中国国际教育装备（上海）博览会上进行云展。

12月14日，举办“红色记忆　回响市三”——上海文学影视创投峰会之走进校园改编作品朗诵会。

12月，我校少先队获2020年度“全国优秀少先队集体”称号。

是年，徐斐任党支部书记，临时负责我校行政工作（任期2020至今）。

2021年

3月8日，举行市三管乐团成立三十周年音乐会。

6月1日，新西兰塞缪尔马斯顿书院合唱团云端远程参与我校学生艺术节“五月歌会”歌咏决赛。

9月6日，开展校班主任培训，举行年级组长顾问制聘任仪式，进行“五项管理”“双减”工作宣讲。

9月7日，课后服务开启。

9月9日，上海电视台来我校进行“建筑可阅读”节目拍摄。

10月31日，举行第二届长宁妇幼论坛“青春期遇上更年期”系列活动之市三女初专场活动。

10月，法国蕾巴杰赫学校学生与我校伙伴开展中法学生书信交流。

是年，王捷任副校长（任期2021至今）。

2022年

3月14日，因新冠肺炎疫情，开启线上教学。

3月，学校获“上海市绿色学校”称号。

6月13日，初三年级恢复线下教学。

说明：（1）大事记，根据上海市档案馆、上海市长宁区档案馆、上海市第三女子中学档案室等所藏相关档案资料整理，并综合地方志书、文集笔记、近现代报刊等有关学校的记载整理。（2）鉴于该校历史沿革的特殊性，对1952年前的历史，分别撰写圣玛利亚女校大事记、上海中西女中大事记。1952年上海圣玛利亚女校与上海中西女中由上海市人民政府接管，组建新的学校“上海市第三女子中学”，此后的大事记统一编写。（3）大事记截止日期为2022年10月底。（4）民国元年（1912）前，兼采农历；之后遵照新历。（4）1978年以来的大事记，主要由上海市第三女子中学校长办公室提供。（5）1978年以后校长（书记）任职时间以所发公函为准。（6）为行文方便，大事记中有时简称“圣玛利亚女校”“圣玛利亚女中”“中西女塾”“中西女中”“市三女中”“我校”“学校”等。

学校历任校长、副校长名录

1.圣玛利亚女校历任校长名录

姓名	任职时间	备注
文海莉（Henrietta Farris）	1881年6月至1883年	创办之初名为圣玛利亚女书院（St. Mary's Hall），文海莉担任首任总监督
黄素娥	1883—1890年	为书院首任华人校长。1885年起，兼管主持圣玛利亚书院所办的育婴堂玉成堂工作
孙罗以（S. L. Dodson）	1890年至1920年4月	自1888年起在圣玛利亚书院任职，时间长达三十二年，任校长三十年，为圣玛利亚书院任职时间最长的校长
傅德（C. A. Fullerton）	1920年4月至1937年	1923年，圣玛利亚书院搬入白利南路65号新校舍，并改名为“圣玛利亚女校”
金希姒（F. D. Mackinnon）	1937—1941年	抗战期间，圣玛利亚女校先后借大陆商场和圣约翰大学斐蔚堂临时办学，度过最艰难的一段岁月
顾怀琳（G. L. Cooper）	1941年	1941年，抗战形势严峻，全校外籍教师均已回国，顾怀琳留守学校，任代理校长
陆朱兰贞	1942年至1949年8月	1947年，圣玛利亚女校向上海市教育局的立案申请正式通过
洪德应	1949年9月至1952年1月	圣玛利亚女校历史上唯一的男校长
郭秀梅	1952年2—7月	1952年6月，圣玛利亚女校和中西女中合并为上海市第三女子中学，迁入中西女中校址

注：部分圣玛利亚女校校刊《凤藻》刊有时任校长的姓名和照片。

*资料来源：《上海圣玛利亚女学校章程汇录》，1922年刊印，上海市档案馆藏，卷宗号：Q235-3-1，英文部分第4页；《圣玛利亚女校五十周（年）纪念特刊》，1931年刊印，上海社会科学院图书馆藏，第2页；上海市第三女子中学组编，徐永初、陈瑾瑜主编：《圣玛利亚女校（1881—1952）》，同济大学出版社2014年版，第158页。

2. 中西女塾（中西女中）历任校长名录

姓名	任职时间	备注
劳拉·阿思科·海淑德（Laura Askew Haygood）	1892年3月至1896年	中西女塾，西名墨梯学校（McTyeire School）。1894年4月，海淑德校长返回美国亚特兰大休养身体。海伦·莲吉生被任命为中西女塾的代理校长
海伦·莲吉生（Helen Lee Richardson）	1896年11月至1917年7月	海伦·莲吉生1896年11月正式接任校长一职
华德治（Alice Waters）	1917—1919年	
贝厚德（Martha Pyle）	1919—1924年	
葛路得（Lois Cooper）	1924—1925年	
麦玲雪（Sallie Lai Mackiunon）	1925年至1929年9月	据1925年《中西女塾章程》记载："1925年秋季，麦女士任本校校长"
杨锡珍	1929年9月至1936年12月	1930年12月，中西女塾改名为"私立中西女子中学校"（简称"中西女中"）
薛正	1936年12月至1952年7月	1948—1950年，薛正赴哥伦比亚大学攻读教育学博士学位。在她赴美期间，学校日常事务由费雪珍（Miss Mary Blackford）、季凌云（Miss Killingsworth）、吴景昭、王承诗、江梅鹃、王蔼娟、毛丹林、黄友觳和陈观裕组成的校政会负责，并由季凌云、王承诗和陈观裕组成执行委员会，以薛正校长的名义执行校长职权

*资料来源："The Anglo-Chinese School for Girls", *The North-China Herald and Supreme Court & Consular Gazette (1870–1941)*, 1892, p. 352. 薛正:《我所知道的中西女中》，载中国人民政治协商会议上海市委员会、文史资料工作委员会编:《解放前上海的学校》，上海人民出版社1988年版，第315—326页;《中西女塾章程》，上海中西女塾1922年刊印，第1页;《中西女塾章程》，上海中西女塾1925年刊印，第2页；中西女中校史编写组组编，陈瑾瑜编著:《中西女中（1892—1952）》，同济大学出版社2016年版，第36页。

说明:（一）关于华德治、贝厚德、葛路得、麦玲雪四位校长的相关译名问题，乃综合校刊《墨梯》，英文报刊*The North China Desk Hong List*，《申报》，中西女塾1922年章程、1925年章程等。具体为：1.监理会女布道会教士华德治（Alice Waters，1917—1919年任职），1892年来华布道，驻上海。1903年创立松江慕卫女校，1917年夏接任中西女塾校长一职。1917年第4期《中华基督教年鉴》的原文为:"（莲吉生校长）其最大之事业，莫如去年购得忆定盘路金姓花园，计地五十二亩，并有高大洋房一座，改为校舍，以高等四级生移往该处，更拟增建房屋，成一完全之高等学校，而以三马路之旧有之校舍为附属小学之用，惜乎其志未竟，乃于今夏遽尔逝世，校长之任遂由华德治女士权为署理……"1929年第4卷《中国摄影学会画报》刊登华德治校长的照片，照片名录也称为"华校长"。也有译作"瓦特"。2.贝厚德（Martha Pyle，1919—1924年任职），《申报》与学校章程中均译作此名，或译为"派尔"。3.葛路得（Lois Cooper，1924—1925年任职），1925年的学校职员表中译为"克培爱"。但是，仅有此一处文献记载，未找到更多资料以资印证。后翻阅多本著述，均译作"葛路得"，此处采用"葛路得"的译名。也有译为"库珀"。4.麦玲雪（Sallie Lai Mackiunon，1925—1929年任职），1925年章程中译作"麦克伦"。但《申报》《图画时报》等报刊记载，以及其他相关论著，均译作"麦玲雪"，此处使用此译名。有的译为"麦金诺"。

（二）1917—1948年的校刊《墨梯》的英文版首页，均有时任校长的姓名和照片。

3. 上海市第三女子中学历任校长、副校长名录

姓名	职别	任期时间	备注
覃英	校长	1952—1955	1952年7月5日，中西女中、圣玛利亚女校正式由上海市人民政府接管合并，成立上海市第三女子中学
薛正	副校长	1952—1960	
林静	校长	1955—1960	林静任校长兼党支部书记
李美云	副校长	1959—1966	
薛正	校长	1960—1984	1984—1995年为名誉校长
马忆冰	副校长	1964—1966	
刘天佑	副校长	1966	
沈永林	副校长	1966	
陈炳福	副校长	1977—1984	
丁贵芬	副校长	1977—1982	
凌同光	副校长	1980—1981	
王湘	副校长	1982—1984	
陈炳福	校长	1984—1994	
乌美媚	副校长	1984—1997	
顾启泰	副校长	1986—1989	
韩世珍	副校长	1986—1996	
张正之	副校长	1990—1993	
张正之	校长	1994—1998	
张浩达	副校长	1994—1998	
何亚男	副校长	1997—1998	
何亚男	校长	1998—2002	
徐永初	副校长	1998—2002	1999—2002年兼任初级中学校长
陈晞	副校长	1998—2003	2002—2003年兼任初级中学校长
吴良福	副校长	1999—2005	
徐永初	校长	2002—2021	
李德元	副校长	2006—2017	2011—2017年兼任初级中学校长
陆武	副校长	2006—2020	2017—2020年兼任初级中学校长
张闽	副校长	2013年至今	
钟懿	副校长	2018—2019	
潘敬芳	副校长	2020—2021	
潘敬芳	校长	2021年至今	
夏磊	副校长	2021年至今	

*资料来源：据上海市第三女子中学档案室资料整理，并综合参考《上海市第三女子中学105周年校庆特刊》（1997年刊印）、《上海市第三女子中学110周年校庆特刊》（2002年刊印）等。

学校历任党支部（党总支、党委）书记、副书记名录

姓名	职务	任职时间	备注
张小如	党支部书记	1952—1955	1952年7月5日，中西女中、圣玛利亚女校正式由上海市人民政府接管合并，成立上海市第三女子中学
林静	党支部书记	1955—1960	林静任校长兼党支部书记
施瑛	党支部书记	1960—1966	
李美云	代理党支部书记	1964—1966	
胡守珍	党支部副书记	1964—1966	
刘建礼	党支部副书记	1970—1976	“文革”时期工宣队
施瑛	党支部书记	1977—1978	
钟修身	党支部副书记	1977—1978	
林静	党支部书记	1978—1982	
陈炳福	党支部副书记	1978—1982	
陈炳福	党支部书记	1983—1987	
沈淼莲	党支部副书记	1986—1987	
陈炳福	党总支书记	1987—1994	1987年9月25日，中共上海市长宁区教育工作委员会《关于成立中共上海市第三女子中学总支委员会的批复》，陈炳福任校党总支书记
乌美媚	党总支副书记	1994—1995	
乌美媚	党总支书记	1995—1997	
王小柳	党总支副书记	1997	
吴良福	党总支副书记	1997—1999	
杨振国	党总支书记	1999—2000	
杨振国	党委书记	2000—2006	2000年6月2日，中共长宁区教育工作委员会印发《关于中共上海市第三女子中学委员会及中共上海市第三女子中学纪律检查委员会选举结果的批复》，同意杨振国任校党委书记，兼任纪委书记。6月9日，中共上海市第三女子中学委员会举行成立大会

（续表）

姓名	职务	任职时间	备注
王悦成	党委副书记（主持工作）	2006—2012	
王悦成	党委书记	2013—2019	
刘芸	党委副书记	2019年至今	

*资料来源：据上海市第三女子中学档案室资料整理，并综合参考《上海市第三女子中学105周年校庆特刊》（1997年刊印）、《上海市第三女子中学110周年校庆特刊》（2002年刊印）等。

附录五

文献档案选摘

整理说明 从圣玛利亚女子中学（简称“圣玛利亚女校”）、私立中西女子中学（简称“中西女中”）到上海市第三女子中学（简称“市三女中”），一百多年来留下了大量文献资料。此次，上海社会科学院校史研究团队与上海市第三女子中学合作，成立校史研究课题组，从海内外相关机构收集到不少资料，从中选取部分内容，作为“文献档案选摘”。这里有几点说明，一、注重文献的多样性，不仅收录部分原始档案（如章程规制、校务报告），还包括方志记载、报刊报道等。二、在时段上，兼顾几所学校的演变脉络、各校各个时期的发展特点。三、课题组在文献档案的收集与整理中，得到了海内外的一些机构、人士与上海市中西、圣玛利亚、第三女子中学同学会的大力支持与帮助，形成了较为完整的“圣玛利亚女校、中西女中、上海市三女中校史资料库”，总计五六十万字（还有图照1000余张）。这些资料对研究女校的历史均具有重要的参考价值，但限于篇幅，我们仅选摘其中的部分。

目 录

上海私立中西女子中学校（原名中西女塾）校董会章程
上海市教育局关于上海市第三中学今年招收女生的批复
上海市第三女子中学章程（2015年）
上海中西、圣玛利亚、第三女子中学同学会章程（1984年）
上海中西、圣玛利亚、第三女子中学同学会章程（1993年）
上海市中西、圣玛利亚、第三女子中学同学会历届会长、副会长名单

【圣玛利亚女校档案资料选】

上海圣玛利亚女学校章程汇录

公诚勤敏

本校属美国圣公会之一部隶驻沪沪布道郭主教辖下

圣玛利亚女校章程总目

一　本校教职员
二　小　史
三　宗　旨
四　宗　教
五　学　识
六　体格训练（运动、医药）
七　救火练习
八　家长注意（请假、探望、信札、用费、衣服、动作、入校及插班）
九　学膳费
十　免　费
十一　分数之等级
十二　入学试验及补考
十三　升　班
十四　假期住校
十五　卫生之注意
十六　各级课程（中级、高级、补习班）
十七　中西学卒业生同门录
十八　琴学卒业生同门录
十九　师范卒业生同门录

主教　郭斐蔚
牧师　聂高莱

一　本校教职员

校长　文学学士　傅德女士

西学教员

英文科：郭珮珊女士、文学学士 李孟德女士、卜娴礼女士、文学学士 汤女士、文学学士 高女士（初等主任）、沈明珠女士（圣玛利亚）、唐恩美女士（圣玛利亚）、吴淑娟女士（圣玛利亚）

历史科：郭珞珊女士

数学科：顾女士、黄福娟女士（圣玛利亚）

理科：文学学士 那端女士、顾女士、护科学士 斐女士、高君韦女士（圣玛利亚）

法文科：顾女士

教授法：傅德女士、李孟德女士、文学学士 那端女士

美术科：伊理夫人

体育科：顾女士（兵操体操主任）、郭珞珊女士（团体游戏主任）、护科学士 文学学士 霍尔德夫人（女童子军主任）、吴淑娟女士（助教）圣玛利亚、理科学士医学博士 傅爱灵女士（校医）、斐丽琪女士

音乐科：文学学士 梅锡祜（音乐主任）、蔡美宁女士、李翰娟女士 圣玛利亚、朱荷贞女士 圣玛利亚、袁保群女士 圣玛利亚、朱其廉女士 圣玛利亚、胡永馥女士 圣玛利亚

藏书室：李孟德女士、王绯霞女士

国学教员

陈鸿祥 教务主任、陈祝声 国文历史、蒋楫 国文历史、王仲儒 国文、李聿勤女士 国文历史、沈哲英女士 国文历史、高君韦女士 国文、赵崇俊女士 国文、章德苑女士 国文、沈张润之女士 家政

二 小 史

圣玛利亚女校，距上海五里，占牧区二十五英亩，系由二校合并而成。先是上海有女校二，一曰文记（Emma Jones School），一曰裨文（Bridgman Memorial School），文记创设于一八五一年，由Miss Emma Jones开始，彼乃布道会中未出嫁之第一女子，于一八六二年因病回国，由Miss Catherine E. Jones继续进行，未几罹疾而死（一八六三），校务因以中辍。一八七六年，复由Miss Nelson重行开办，仍定原名。迨至一八八一年，与裨文（初为Rev. and Mrs. Syle管理，后为Rev. And Mrs. Thomson管理）合并，始改今称，即现在之梵王渡圣玛利亚也。主持斯校者，先为黄素娥女士（Mrs. F. L. H. Pott），至一八九一年，由Miss Steva L. Dodson接办，始称校长，直管至一九二零年春季，当Miss Steva L. Dodson主斯校时，设有备级、正级、图画、音乐等科，学生达二百五十余人。外间顾来此肄业者，近更踊跃，因校舍狭隘，难于推广，爰建议造所新校舍于白利奈路，刻正进行，该处距约翰大学半里，建造图样并附在总目前面。

三 宗 旨

本校以增进三育、发达学生身心之本能为宗旨，并养成学生有守次序、敦品行、耐勤俭之习惯，对于信心朴素真诚，尤时时施以切实之训话。

四 宗 教

学生除礼拜日及教会重要之日赴礼拜堂祈祷外，每日须到聚集所早祷晚祷，每学生每礼拜须在规定之班内读道学三次，特别班则为受洗礼或振礼者而设，欲受洗者，必得家长或保证人许可之信，方能允准。

五 学 识

本校各科具系教授以高等学识，学生须专心致志，在学期内，家长当使其有充分之时间学习，勿常令其归家，阻止进步，致荒学业。

六 体格训练

体操及规则运动为每学生必习之科，此外还有室外之种种运动，如篮球、网球、校外散步等事，并请有经验之看护妇，专为注意学生之健康。

运 动

（一）兵操体操　周年

（二）团体游戏　周年

（三）散步　周年

（四）网球　开学至十一月，五月至放假

（五）运动比赛　开学至十一月初

（六）篮球　十一月至十二月

（七）司令球　十一月至十二月

（八）打球戏　十一月至四月中

（九）跳舞　中国新年至五月终

（十）女童子军　周年

（十一）体育会　乃学生所组织，推教员一人为顾问，指导一切

医 药

学生偶有小病，即行医治，当来校时，经校医检查，得其许可方可免操练。每日有看护妇周巡寝室，检查学生，如有患病者，即迁入校中养病室，不另取费，如需校医诊治，即请来校，病重即通知家长，如有传染病，则送至工部卫生局，其他疾病，送至以利沙伯医院，一切药品，未经医生允可，不能带来。

七　救火练习

学生平日分队练习救火，有职员管理，一闻警钟，每人于三分钟内即能离开寝室。

八　家长注意

本校保护学生正同家庭保护子女，种种规则，无非训练学生得一良好之习惯，成一社会中高尚之国民，家长或保证人，送学生来校，当必叮嘱其恪守此规则也。

请　假

学生在学期内不得无故请假，如确因要事请假，须由家长或保证人直接函致校长，方能允准。但不能由学生转交，亦不能封在学生信内，书有家长图章者为有效。假满回校，须在六时晚餐以前，回时须立刻报告办公室，以昭郑重。

礼拜日及教会中之放假日照章，学生皆有一部分应做之事。至礼拜六，除功课外，亦有相当之工作，不得藉此请假。大凡学生，请假愈多，进益愈少。因常回家则不静，对于功课自难引起其浓深之趣味，对于身体，且恐渐染晏安之惰性，往往学生由家回校，即入养病室休息，家长如欲子女完全进步，最好勿令其离校，则自能有成也。

复活、圣诞二节，学生仍应在校中，如因意外事故请假，须经校中教员公决，否则不得与大考试验。

探　望

本校学生如有亲友人等来探望，须在四时半以后，礼拜六在一时以后，至亲之青年男子，不准接见。

信　札

学生寄信出校，信面上须写自己之姓名及校名。所有出入信件，须由校长处经过。倘涉可疑，即命当面拆阅。如查出不端之事，即行开除，不稍宽待。作信一门，在作文功课之内，每月作家信一次，交校中办公处，由校长寄出，报告在校中详情，及每月用费，俾家长可得悉其概况也。

用　费

本校提倡节俭与储蓄，凡学生零用，不宜太多。所用之费，须登账记明，以便检查有无浪费。校中为谋家长便利起见，可由学生存款项于校长办公处之银箱，需用多少，凭存单支取，藉此亦可使学生学习银行存款之法。

银钱及贵重之物，不可放在寝室。如有遗失，学校不负责任。

银钱或珠宝等物，不得借入或借出。违此均犯本校切要之规。

衣　服

学生须着平常衣服，不必华丽，一切贵重之物，宜放在家中，衣服及卧具须写姓名，以免错乱。

动　作

学生在寝室所应注意者，床铺须整齐，室中有次序，每日稽查，如遇有学生懈怠或不整洁之处，即报告校长。

学生用膳及点心，须在膳堂，不可在寝室，致碍整洁。

凡守时、清洁、温雅以及高等工作，皆为切要之事，如有学生性情乖僻，不严约束者，即命离校。

入校及插班

学生年龄已过十二岁者，方能入校，入校在九月或二月，英文初班在九月开始，报名愈早愈妙，因报名在先，则寝室可预定。

考试插班在每学期开始，如有学生由他校转入，须带成绩报告单查阅，新生入校须付报名及考试费洋十元，此款在学生来校缴费时扣除。

考试后如学生国学程度不能插入一中者不收。

学生考试时不到，并未述明原因由函知校中，则学额另补他人。

九　学膳费

学膳费　半年五十元

学琴费　每学期十二元

用琴费　每学期风琴二元，钢琴每日一时刻（四十五分）六元、二时刻八元

英文及琴学专修费　半年九十六元

小　费　每学期一元

学生如家住不在中国者，须先存一百五十元，以备不时之需。

每学期终结时，学生如下学期来校，须存十元，此费由下学期学费内扣除，如学生已存此款，下学期不来，须于开学前通

知校中，则此款可发还，如未存此款者，下期来校报名时，须另付五元。

学膳等费，须先一律缴清，领取收据后在办公处记名，学生须持有记名单方能搬进寝室，如中途离校，一切等费，概不退还。

学生须自备铺盖书籍及一切应用之物件。

十　免　费

江苏辖境教士及男女传道之女，均予免费。其由□处主教所荐来者，得半免费。江苏圣公会所立之各公学，可得半费学额二名，惟须由该区区牧及公学委办选定。该生须受过洗礼及有相当之程度者为合格。显道女校每年得由校长荐举免费生一名，惟须在教会而有国学五年程度者为合格，如一学期内有两科不及格者，须仍付全费。

十一　分数之等级

九十五至百分为超等，九十至九十四为甲等，八十至八十九为乙等，七十至七十九为丙等，六十至六十九为丁等，四十至五十九为戊等，零分至三十九为己等。

平均分数为丁等，各科无丁等以下者升班。如一科或两科不及丁等者，须补考，补考时间于下学期开学时行之，考试后，分数仍不及丁等，留级。

凡告假未经原谅，作零分计算。如学生一科目有二十次告假，则无平日积分。考试或小考，不在规定时间举行者，分数不能超过丁等。平日积分为四分之二，小考为四分之一，大考为四分之一。

十二　入学试验及补考

考试时间于本校每期开学日行之，自上午九时起，如学生考试同补考，不在规定时间者，每科须付一元。

每学期终结，每学生每科只能考试一次。每期小考亦不能为不及格之学生通融重行试验。

考试后算学、地理两科照其原有之程度插班。

十三　升　班

学生进步敏捷，经教员奖许者，可随时升班。在阳历十月与三月末次礼拜五时，各学生分数有不及丙等者，教员则报告姓名，存交校长，学生可于办公室处探知。

十四　假期住校

学生住在远埠者，开学时可前三日到校。暑假学生不得住校。短期放假，如耶稣圣诞、阴历年假、复活节，学生得住校中，但膳宿服役费每月须付十元，如假期不到一礼拜，照日□算，每日须付五角。

凡学生住校，膳宿须守校中规定时间，各事须受舍监管理，与平日开学时无异。

学校为方便学生起见，每期放寒暑假时，可迟至礼拜六出校。

十五　卫生之注意

本校有学生二百七十人，关于康健方面，无论何时，自当竭力保护，以尽责任，学生入校时，须经校医检查，依次填明体格。

每日早起，有看护周回巡视，如见学生有病，即令迁入养病院静养，如病重，即通知傅医生来校诊治。

常常劝导学生如有病即须报告校中，勿自因循，然有时不肯报告，因为讳疾忌医，故病益加重。

学生如罹有传染病者，即通知家长，请家长送至工部卫生局医治，既可使病者安逸，又可免传染。如家长不在上海，学校即担任此事，本校既无隔离之地，亦无别法，故不得不立刻迁去，免致使他人亦受危险，学生到医院时，有看护陪送。

学生无大病不必回家，往往学生偶有不适即写信家长，托辞病重，家长自不免有爱惜子女之心，故常允其回家，因此请假甚长，荒课太多，比及回校，以家居习惯之种种不宜，又重行生病，入养病院，虚掷光阴，良为可惜。如学生果生重病，学校自当通知家长，此后希望家长直接函致校长或看护，先调查病状，是否应当回家，则可救此弊也。医药室诊治一切疾病及包裹等伤，但所医者，半多眼刺，此病甚利害，最易传染，患者必需按时诊治，方可除根。本校自一千九百十九年至一千九廿百年，共计医愈十七人。

眼睛格外留心，如学生需用眼镜时，先由看护得其家长允可，后经眼科医生查验，指示可靠之处配以相当之镜，学生往往到上海自由购镜，光之合否全不思及，殊欠妥当，今欲极力免去此弊，故施以合宜之查验也。

牙齿亦须检查，如学生需牙科医生诊治，亦必由看护先得家长之允可，而后至可靠之牙科医生处诊治，总之置学生于中心，无时不代注意，俾其有强健之体格，并希望其毕业后有健康之家庭，且能施行急救之法，藉免意外传来之种种危险也。

十六　各级课程

中　级

第一年

圣经、实用算数教科书、高小新国文（一、二）、普通尺牍、经学（孟子）、国语、高小女子新修身（一、二）、

作文（记事文、信札）、高小新历史（一、二）、习中字帖、地理志略、手工（缝纫）

第二年

圣经、实用算数教科书、高小新国文（二、三）、普通尺牍、经学（孟子）、国语、高小女子新修身（二、三）、作文（记事文、信札）、高小新历史（二、三）、习中字帖、地理志略、手工（缝纫）

第三年

圣经、实用算数教科书、高小新国文（四、五）、普通尺牍、经学（孟子）、国语、高小女子新修身（四、五）、作文（短篇论说、信札）、高小新历史（四、五）、习中字帖、地理志略、手工（缝纫）

第四年

圣经、实用算数教科书、高小新国文（五、六）、普通尺牍、经学（孟子）、国语、高小女子新修身（五、六）、作文（短篇论说、信札）、高小新历史（五、六）、习中字帖、地理志略、手工（缝纫）

高　级

第一年

圣经、作各种文体、国文评注读本（一）、习大字帖、经学（左传）、国语、新制本国史教本、家政、高等尺牍

第二年

圣经、作各种文体、国文评注读本（二）、习大字帖、经学（左传）、国语、新制本国史教本、家政、高等尺牍

第三年

圣经、作各种文体、国文评注读本（三）、习大字帖、经学（论语）、国语、新制本国史教本、家政、高等尺牍

第四年

圣经、作各种文体、国文评注读本（四）、习大字帖、经学（大学、中庸）、国语、新制本国史教本、家政、高等尺牍

补习班

圣经、古文辞类纂、说文提要、经学（六经摘读）、子书（选讲）、史记（选讲）、作各种文体

（附注）上列均系国学科目，本校定为人人必修之科，不得听学生自便任意不读，如学生得有国学文凭者，亦须入补习班。

圣玛利亚女校入校须知各项规则

思孙堂规则

一、上课前后不得大声唤呼

二、星期日、三、六切勿在阅报室及玻璃门前拥观来宾家人等致失礼仪

三、早餐前不得进入思孙堂

四、每星期在规定之会客时间内，凡不会客之学生不得入思孙堂、楼下之走廊及阅报室，以免拥挤有失观瞻

亲属探望规则

一、送物品及探望之时间定于每星期三四点半至五点半、星期六二点至五点、星期日二点至五点，不论家人仆役在此规定时间外一律不得接见

二、凡家属等来校探望学生，皆在会客室及思孙堂楼下会谈，不得入学生寝室，如欲参观校舍须通知办公室，由职教员领导（除三、六、日）

三、禁食之物品如下：熟烧之饭菜（罐头食物）、甘蔗、荸荠、山芋、西瓜子及易于腐败之茶食及西点等

四、除水果外所有食品均须装罐，以免不洁

礼拜堂规则

一、在礼拜堂内须肃静无声，不得互相谈笑

二、进出礼拜堂时不得争先拥挤及谈话

三、礼拜时一切举动以静穆恭敬为要

四、在礼拜堂内不得左右前后回顾

图书室规则

一、进图书室原为自修或参考，故当保守室中安静和秩序，概不许出声诵读及低声细语，出室时须将坐椅置于桌下，不得任意放置免碍整齐

二、在图书室内不得翻阅任何杂志之图画，每晚八时后及星期六上午八时十分起则不在此例

三、欲向图书室借还书籍须在阅书时间内

四、每人在一次中得借书二本（除参考书外），归还时须交给管理员，按书后附纸上所规定之日期，倘或续借，得再许一月，惟须重行签字，逾期者每日罚铜币三枚，以半月为限，过期不缴还者，则取消其借书权。所借各书本室认为必要时得随时缴阅，损坏书册或遗失当酌量赔偿

五、阅书室之书籍不得私自携出室外

六、上课时欲阅参考书者，须有自修室管理员签字之许可纸作证，凡移动参考书者，阅后仍须归还原处

七、参考书于必要时得借出，惟须注意于闭门时取出，在下一次启门时归还，逾时者每小时罚铜币五枚

八、晚上七时之前不得进书室

九、管理员桌上之书籍不可自由移动

膳堂规则

一、膳堂排定之座位不得自由调动

二、掀铃五分钟内须一例入饭堂，违者作不到论

三、谢恩时须肃静无声

四、在膳堂内不得高声谈笑、以筷击碗

五、饭毕出时须依次而行，不可互争前后蜂拥而出

六、膳堂内不得携带书籍及手工

病房规则

一、八时三十分病房一律熄灯

二、浴室电灯用过后须关去

三、每晨七时前不得起身谈话

四、病人不可在窗口与校中人谈话

五、未得护士允许病人不可擅离病房

六、得允许后病人方可沐浴

七、未经护士应允病人不可携带食物来病室

八、夜晚有事起身必穿行步无声之软鞋

琴间规则

一、练琴时不得二人同在一室

二、练琴后须随时关好琴盖，琴书必须安置架上
三、天寒时练琴窗户须严闭
四、晚上练琴毕，出行电灯须熄灭
五、在琴间内不得食物

杂　规

一、学生寄信外出须将校名姓名完全写出再投入办公室处信箱内
二、英文名字不可用
三、姓名拼音须照校中拼法，不得随意
四、请假信须直接寄至校中，以盖章者为有效
五、请假　到校时即须缴校，不缴仍作不到论
六、每次上课应于上课铃响时一律在教室或自修室内，不得在外逗留或草场上散步
七、办公处除有事接洽外，无论何时不得随意进出
八、电话不得随意借用，如有要事，须请办公处先生代打
九、学生如有信送至教员须由办公处转交，不可使唤佣人
十、月假时学生留校者在寝室内及各处须守校中一切规则，并不得会客
十一、假后来校所带包裹等物须自己携至宿舍，若包裹过大者，始可着门房搬送

洗衣规则

一、洗衣时间：每星期一、四，四时一刻至五时半
二、龌龊衣服须包紧送至办公室，另纸书明号码与G字并洗衣件数，数目须正确，否则不洗
三、干洗衣服须与湿洗衣服分开并书明干洗，其他手续与湿洗者同
四、取洁净衣服时间：每星期三、五，四时一刻至五时半
五、领衣地点：阅报室，单号者置于东边一（火炉边），双号者置于对面，干洗者置于桌上

寝室规则

一、不得私入他室，违者记过一次
二、室中床褥桌椅及一切杂物均须整理清楚，废纸等物不得随意抛弃或置之门后
三、不得在廊下奔走谈笑高声怪叫
四、上课时或课后五分钟，如有特别要事入寝室须有一人作伴
五、早晨六时以前不得起身以扰他人
六、晚上熄灯钟鸣后不得私自开灯读书
七、宿舍内不得玩弄乐器
八、寝室洗面室之电灯最后一人出室时须负责关闭
九、自来水龙头用后须关紧
十、睡钟一鸣须急速整备就寝
十一、湿衣须一律晒于晒衣架上，不得飘挂在寝室内
十二、晚上九时半后，学生如有事起床须穿行步无声之布鞋或拖鞋，以免惊醒他人

考试规则

一、非考试时须于自修室或指定之课室自修

二、中英文试题纸均由校中交给，英文试纸当写两面

三、在自修时非得管理员之先准不得离室

四、须待二次下课钟鸣后方可离考试室及自修室

五、下次应考课本得以带入置于课室前侧地上，不能放在座位左右且于全级交卷后始可取阅

六、诸生无论有病与否，非校长特许，不得于考试时居卧室

自修室规则

一、入自修室后，不论何时学生不得谈话

二、除特别原因外，学生不得迟到或早离

三、如有先生命学生迟到或早离自修室者，须持有先生签名之原谅纸注明时间

四、惟欲看参考书之学生得入图书室

五、学生在自修室乃专为自修故，不得写信、读杂志或传授纸条

六、学生在自修室当顾及他人之利益，故不得出声读书、撕碎纸条或将废纸遗弃地上，及桌上削铅笔，或任门窗、窗帘作响

七、如因日光照于书上致不能读书者，得移往最近之空座上

八、往图书者须签名于绿色小纸上

九、如有全班在规定时间外出入自修室者，须将全级同学之姓名写于纸上交于看自修之先生

学生课外服务规则

一、学生课外服务之勤惰以成绩优劣为标准，有优等之成绩者，在暑假给凭时当众宣读之，并在高中三最后一学期报告单上注明课外服务之成绩

二、凡学生在毕业时及报告单上欲得课外工作优良之评语，在校时课外工作至少有十件中须有一件大工作

三、学生课外工作每学期至多不得过五件

四、每学生给与勤惰表一纸以记，每人工作表分三格，首记年份，次记服务之名称，三为勤惰之分数。每年六月十日前，各位先生至办公室领取此纸。记法：成绩最优者记一加号（+），次者加号下添一划（±），再次者记一减号（-），无成绩可言者则记一零号（〇）

五、记分数由学生、先生共同担任之，凡学生课外工作与教职员有直接关系者（如各会之顾问各级之教员），均由教职员负责记其优劣，如无关系者，由该组织之领袖或同人记之（如各会长及同事等）

六、课外工作计分甲、乙、丙三等，兹分列如下：

甲　等

自治会会长、清心会会长、国光会会长、体育会会长、自治会书记、清心会书记、唱诗班班长、儒道部部长、高中三级长、凤藻部总编辑总干事

乙　等

各级级长、各宅宅长、各会副会长、商店经理、商店会计、高级琴会会长、清心会会计、布道部部员、各室膳堂长、服务部部长及部员、秩序部部长及部员、查经部部长及部员、凤藻部中文书记、凤藻部美术股股长及股员、礼拜堂奏琴者、凤藻部中文总编辑、凤藻部各级英文编辑、德育部部长及部员、征求部部长及部员、国光会戏剧部部长及部员、国光会演讲部部长及部员、国光会宣传部部长

丙　等

中文编辑、中文部各级级长、商店贩卖员、自治会纠察员、唱诗班唱诗员、室长、礼拜堂招待员、礼拜堂修饰员、桌长、国光会评议员、国光会宣传部部员、国光会纠察部部长及部员、体育会会计、体育会各级代表、领导课外游戏及早操者、初级毕业会会长、高初二级琴会书记、歌咏团团长、凤藻部英文书记、火操助员、国光会歌咏部部长及部员

火操规则

在寝室内时应注意者：

一、不准谈话

二、闻警铃声即速起身并开电灯

三、如不及穿衣可用他物裹身

四、须待室内各人预备好同时离室

五、离室时须将房门关上，灯不可熄

六、寝室南北两面各成单行，再行至草场，切勿纷乱

七、火操两路队长抵草场后，应依宿舍之次序排列，不得紊乱

八、救火队长须检查学生是否列场，寝舍舍长须将不到者之姓名报告宿舍管理员，再由管理员报告救火首领

九、学生在养病者无须出外

十、火操练习时未得救火首领下令散队，队员始终静默不得互相谈笑

在上课时应注意者：

一、不准谈话

二、各级学生出外须单行，先生须跟随在后，依门最近者先出

三、最后一人离室时须将门关闭，窗可不关

四、各级学生须向前且行至草场后，始依宿舍之次序排列

五、思孙堂楼上各生出外次序如下：东自修室与十六号教室、十八号教室与十七号教室、西自修室与十三号教室

*资料来源：《圣玛利亚女校入校须知各项规则》，年代不详，上海市第三女子中学档案室藏。

圣玛利亚女校学生协进会简章

第一章　定名与宗旨

一、本会定名为圣玛利亚女校学生协进会

二、本会以养成学生自治能力、公共道德及服务合作精神为宗旨

第二章　组织纲目

一、本会由全体学生组织之（凡学生皆为会员）

二、本会组织系统以全体大会及干事会为主干

三、本会开会秩序均依照议院会议规则

第三章　全体大会

一、会　员

　甲、资格：全体学生皆为本会会员

　乙、权利：凡会员皆有投票、选举、提议、复决等权利

　丙、义务：

　　1. 凡会员皆有服从本会规章之义务

　　2. 每次开会会员非有特别原因不得缺席

二、开会时间：每月第二、第四星期之星期六上午九时四十五分

三、职权：凡会员有所提议，均得在大会中提出通过，然后可以实行

第四章　干事会

一、组　织

甲、干事：各级级长为本会干事

乙、职员仍由大会之职员兼任之

丙、顾问先生任指导更正之责

二、开会时间：每月第一、第三星期之星期五下午五时

三、职　权

甲、本会得讨论大会议决案之执行

乙、本会得讨论新提案以备大会时提议

丙、在必要时为大会不及召集，本会得断行会务

丁、本会得选派各项临时委员

四、附属之组织

甲、组织秩序部维持全校之秩序

1. 秩序部由会长、膳堂长、桌长、宅长、室长及纠察员组织之

2. 秩序部之职权维持膳堂、宿舍、自修室、教室、礼拜堂草地及各会集会时之秩序与清洁

第五章

一、任期：各职员（正副会长及书记）均以一年为任期

二、选　举

甲、干事会在选举未举行前（每年阳历四月底）选出一新职员，选举筹备会由学生二人或四人及先生一人组织之，可选出之备选员（正副会长及书记各二人）须在举行选举前一星期公布

乙、新职员之选举在每年阳历五月第一次大会时举行之

丙、正会长须由高中三年级中选举之，副会长则选自高中二，书记选自高中一

丁、如选举时学生有不同意于选举职员筹备会所举出之备选员，得再另选

戊、被选之正会长须有三分之二之票数，副会长及书记均须半数以上之票数

三、职员之职权

甲、会长：负有指导及总理会务之责，兼掌干事会及各附属组织之一切进行事项

乙、副会长：遇正会长缺席时副会长得代行其职务

丙、书记：掌管会中往来一切文件并记录会中及干事会时经过情形

第六章

一、本章得会员三分之二之同意得修改，惟须于二星期前公布意见大会时定夺

二、协进会各职员之职务

甲、会长：负有指导及总理会务之责，兼掌干事会及各附属组织之一切进行事项

乙、副会长：遇正会长缺席时，副会长得代行其职务

丙、书记：掌管会中往来一切文件并记录大会及干事会开会时之经过情形

丁、干事

1. 除代表各级出席干事会外，须负责维持各处之秩序（如草地、会场、课室、自修室、公共场所等）

2. 每次干事会闭会后须将会中通过之议案报告各级

3. 如本级同学有提议，当由干事在干事会中提出讨论

戊、膳堂长：除分派膳堂座位及调查放假时不到人数外，并督察各桌长之能尽责与否

己、桌长：维持一桌之秩序及调查放假时本桌不到之人数

庚、宅长：负分发信件及查察各室长勤惰之责

辛、室长：维持一室之秩序及清洁

壬、纠察员：助同各干事纠察各地之秩序

圣玛利亚学生国光会章程

（一）总　则

1.定名：圣玛利亚学生国光会

2.宗旨：陶养爱国思想

（二）会　员

1.正式会员：本校全体学生

2.名誉会员：本校中国教职员

（三）组　织

1.干事部：本部分下列各股

a.宣传股：剪贴报纸及讽刺画等

b.演讲股：每两星期演讲一次

c.戏剧股：每届大会时表演爱国戏剧

2.评议部：评议会事

3.文牍部：专司记录及往来书札

4.会计部：掌理出入款项

5.营业部：贩卖国货

（四）职员及其职务

1.顾问员一人：指导会务

2.正会长一人：总理一切会务及评议部干事部均直隶于会长统治

3.副会长一人：助会长管理并磋商所有会务，若遇会长因事缺席，副会长须负责代理一切会务

4.中文书记一人：专司开会记录会中来往中文信札，常会时读总理遗嘱

5.英文书记一人：专司本会来往英文信札

6.司库一人：收集会费，管理一切出入账目

7.戏剧股股长一人：遇有机会时得于常会时负责表演爱国剧本

8.演讲股股长一人：每两周担任演讲一次

9.宣传股股长一人：宣贴重要新闻及讽刺画等

10.股员：各股股员助其股长负责一股中事务

11.评议员：每月于大会前集会一次，代表一级评议事会并将议决案转告一级中同学

注：评议员由各级自由选举，每级一人，若一级分几组可每组派一人

（五）选　举

1.时期：每年阳历五月底各部议员派数人为选举委员会筹备员，筹备候选下届职员，但每席候选员至少须有二名，至六月初由全体会员选举之

2.方法：会长须有三分之二以上之选举票始得当选，其余职员各以得票最多者当选

（六）会　员

1.常会费：每学期二角大洋

2.特别费：如有特别事故发生得随时捐纳

（七）会　期

1.常会：每月一次

2.临时会：如有特别事故会长得召集全体会员随时开会

（八）规则：凡集会时会员不得无故缺席且不得扰乱秩序

附录：本会章程如有未尽善处经会员三分之二以上通过可提出修改

修改章程委员会启

学生国光会附属学生商店章程

定名：学生商店

宗旨：为提倡国货及便利学生起见

经费：

（甲）资本由学生国光会担任

（乙）盈余由学生国光会全体会员公决以定用途

店址：设在本校内

组织：

职员：

（甲）正副经理各一人、书记一人、会计四人、买办四人、营业员四人、顾问员一人

（乙）选举：以上诸职员均经学生国光会评议部选出，惟正副经理及顾问员须由该会大会付表决

（丙）任期：除营业员每四星期为一任外，余概一年一任

（丁）职务：正经理总理店务，副经理襄助之，书记掌信札之往来、广告之露布，会计掌出入账目，买办司购办货物，营业员司招待主顾、出售货品，顾问员则专司指导之责

（戊）规　则

（子）营业时间：每星期六上午十时半至十二时

（丑）出入账目：每次结束出入账目每月总结盈亏报告大会

（寅）讨论：每次进货该由总经理召集本店全体职员酌定价格

附注：店中规则如有未尽善处得随时更改

圣玛利亚体育会章程

（一）定名：本会定名为圣玛利亚体育会

（二）宗旨：本会宗旨在促进学生对于体育之兴趣以养成健全之体格

（三）会　员

1.本校学生体育成绩满一百分者得由本会会长在开大会时当众承认该生为本会会员

2.会员毕业后仍可享本会一切权利

3.本校之体育教授亦为本会顾问

4.凡本校先生欲入本会者均为名誉会员

5.会员若无故连缺席二次则取消会员资格

6.会员体育成绩于一年中须得十分否则将取消会员资格

（四）职　员

本会设正副会长各一、书记一、会计一、顾问一及各级代表六人，任职以一年为限

（五）职员任务

1.会长：主持一切会务

2.副会长：协助会长襄理会务，会长缺席时得代行其职

3.书记：管理本会议事部及常会开会时之记录一切来往信札及计算会员之分数

4.会计：管理会中出入款项，惟用款前须得议事部之同意，卸职前有详细收支报告，由议事部检查之

5.顾问员：促进本会会务之进行

6.职员部：总理会中一切事项，如职员有提议事件须由议事部议酌

（六）选举职员

凡高中学生均有被选为职员之资格，顾问员须由担任之预选职员、须由选举委员会选出，于六月大会一星期前将被选者姓名通告各会员，选举法依照民法初步施行

（七）奖　赏

凡满四百分者得银别针一只，八百分者得金牌一只，一千二百分者银盾一只

（八）常　会

每月第三星期六下午七时在健身房开常会，一次常会须有五分之一会员到会后然而才能开会，每次常会之前须有职员部聚会一次

（九）会　费

凡为本会会员者每学期得出会费大洋四角

（十）修　改

本会章程如得三分之二会员之同意，得修改之，且于一星期前通告会员

附　律

1.开会之秩序须依路白之秩序规律

2.选举后会长请新职员就职，旧职员亦于此时退职

3.被革除会员之名须由书记宣布

4.各种游戏须依照一定之规则，惟于比赛时可由职员部及顾问部临时规定

分数制度

1.凡加入早操者半年可得四十分

2.凡坐直行直立直半年可得十分

3.凡于饭后休息二十分钟而不读书者半年可得二十分

4.凡睡时启窗及不蒙首者半年可得十分

5.篮球

a.正式队员半年可得五十分，以后每半年得二十五分

b.预备队员若亦加入比赛者，半年可得四十分

c.非队员而加入比赛者半年可得二十分

6.司令球

a.正式队员半年可得二十五分，以后每半年五分

b.预备队员若亦加入比赛者，半年可得二十五分

7.跳舞：参加特别跳舞者可得十分

8.哥而夫

a.凡比赛成绩在前十名者可得二十五分

b.决赛之二队可得五十分

9.掷绳圈

a.比赛得胜之二人可得十五分

b.比赛得第二名之二人可得十分

c.比赛得第三名之二人可得五分

10.网球

a.凡从丙等升至乙等者可得六十分，以后每年十分

b.凡从乙等升至甲等者可得四十分，以后每年二十五分

c.凡比赛得第一名者可得三十分

d.凡比赛得第二名者可得二十分

e.凡比赛得第三名者可得十分

11.田径赛

a.比赛得第一名者可得二十五分

b.比赛得第二名者可得十五分

c.比赛得第三名者可得十分

12.其他游戏

a.各游戏领袖半年可得四十分，以后每半年二十分

b.新游戏分数可由会员斟酌议定

此等附律若有四分之三会员同意可任意修改之

圣玛利亚高级琴会章程

（一）宗　旨

本会宗旨乃欲激发同学对于音乐之兴趣，增进其弹琴之技术，并使其获得较多之音乐知识

（二）职　员

本会设会长一人、书记一人

（三）职员之任务

1.会长：主持一切集会及次序单之编制

2.书记：保管会员名单，每次集会时须点名并报告会议之记录，书记于开会前当贴布告

（四）职员之选举

1.选举职员应在九月第一次开会之时

2.由会长、在座会员投票互选，但须获有三分之二以上之票数始得当选

（五）本会之集会

1.本会之常会宜在每月第二星期之礼拜六下午

2.本会之大会当一年举行一次

（六）会　员

本会会员必须有先生之举荐，入会前须经会员之选举也

（七）会员生病或外出未得学校之原谅而不赴会场当罚银一元

圣玛利亚初级琴会章程

（一）宗　旨

本会宗旨即欲使每会员能得机会听他人所弹之琴而于个人可多得练习

（二）职员及责任

会长一、书记一

会长有召集会聚报告秩序单之责任

书记有点名记录及报告每次开会经过之责任

（三）选举职员

每年于五月底选举职员，乃由学生中举出选举之例

选举用投票法，每次必须有三分之二人数

（四）入　会

如新会员原加入本会者，须于每学期第一次开会时投入

（五）入会资格

凡具第一级以上之程度者为合格

（六）到　会

每次开会全体必到，如有非因病返家而在校内不到者，须罚下次弹两调

（七）弹　琴

每人在每学期内至少弹一次，一年中之多三次

（八）游艺会

每年有游艺会一次，如英文班唱歌亦可加入

圣玛利亚凤藻部简章

（一）定　名

圣玛利亚凤藻部

（二）宗　旨

选集关于描写学校生活之文字、照片及图画，每年刊行凤藻一册，藉以鼓励同学对于文艺美术之兴趣

（三）组　织

本部内分四部，其名称及职务分配如下：

1. 中文部：征集并选择各中文稿件
2. 英文部：征集并选择各英文稿件
3. 美术部：征集各种学生生活及校景之照片，并绘制刊物中各图案画
4. 广告部：招揽广告，总理一切出入款项

（四）职　员

本部设下列各职员

1. 中文部设总编辑一人，编辑四人，书记一人，顾问一人
2. 英文部设总编辑一人，编辑十余人，书记一人，顾问一人
3. 美术部设主任一人，助员三人，顾问一人
4. 广告部设主任一人，干事三人，顾问一人

（五）选　举

各部职员每年选举一次，其产出方法如下：

1. 各部总编辑或主任均由高中三年级级生互选产出之
2. 英文部编辑由各班选出一人担任之
3. 中文部编辑、书记及英文部书记由高中三年级向其他各级聘请
4. 顾问由高中三年级聘请中英文教员各一人担任之，广告部兼理会计似有未妥，宜改为“总务部”

*资料来源：《圣玛利亚女校课外组织简章》，年代不详，上海市第三女子中学档案室藏。

上海市教育局关于私立圣玛利亚女中呈请立案文件（摘录）

窃查本市圣玛利亚女子中学向系美国圣公会所创办，迄今已历六十余年，目的在求以基督牺牲服务之精神，办理女子教

育，前因格于环境未及立案，今由伟国等组织圣玛利亚女子中学校董会，根据政府法令，教育目的及创立人办学宗旨，办理该校以维持效率与德育标准。兹谨遵照法令填呈私立学校校董会立案用表，一式两纸，呈请立案谨请核准实为公便此呈。

上海市教育局　局长顾　副局长李

为呈报调查私立圣玛利亚中学呈请立案经过情形请鉴核事

奉派后遵即前往白利南路圣玛利亚中学作实地调查，当由校长欧伟国接见，查该校校董会及学校开办最近，皆已核准，兹再将调查呈请立案经过情形分述于后：

一、校史——该校创办已七十余年，中途曾经改易校名，如以创办年起算，则有九十余年历史。

二、校舍——该校环境幽雅谧静，校舍完全系西式建筑，占地面积相当宽阔，房犀形式及采光均合教学要求，分布亦皆适宜。除教室、办公室外，尚有健身房、自修室、实验室、诊疗室、礼堂、图书馆、膳堂、师生男女寝室等等。皆整齐清洁，至于应有各项图书、仪器及标本等，亦皆充实。

三、教学——该校设有高中、初中及预科三部，教职员三十五人，学生数二百九十人，每教室容纳数最多为三十余人，最少为二十余人，相当舒适，教师资历除相当小学高级程度之预科系中学毕业生任教外，中学部教师大都大学毕业，并有相当教学经验，管教皆认真。至于课程设施，依照教育部规定，惟中学部物理化学课本，系用原文本，由西人任教，学生尚能了解，现为适合教育部规定起见，已逐步添用中文本，以原有原文本为参考资料。

四、经济——该校经济收入以学生数甚少，不敷应用，所幸校董会尚能切实负责辅助，据该校长声称：本学期不敷数约二千万元，校董会可负责弥补，至于学校修理及购置费用，校友会亦能竭力协助。

意见：综上情形，认为该校历史悠久，规模甚大，设备亦称充实，至于训教设施，皆能认真办理，且该校长对学校领导工作甚为努力，尤属难得，该校呈请立案一节请准其所请，以资鼓励，是否有当伏乞。

私立圣玛利亚女子中学校董会章程

一　名　称

校董会之名称为私立圣玛利亚女子中学校董会

二　办事处

校董会之办事处设于上海长宁路六十五号

三　宗　旨

校董会根据中华民国教育宗旨及其实施方针与设立人办学目的，办理上海私立圣玛利亚女子中学并维持其最高教育效率及德育标准

四　组　织

校董会之组织如下

（一）设立人指派四人

（二）同学会选举三人

（三）由上列二项当选人之全体同意推聘社会知名人士二人

（四）校长得列席校董会但无表决权

五　任　期

校董任期除第一任另由附则订明外，各为三年，如遇空缺，由指派选举或推聘之团体补充之

六　职　权

校董会之职权如下

（一）关于财务者

甲　负责筹划全校经费

乙　通过每年度全校预算案并指派查账员检查账目

丙　执管全校所有款项及所受委托保管之财产

丁　处理其他财务事项

（二）关于行政者

甲　聘任校长呈报主管教育行政机关认可

七　集　会

校董会每年开常会两次，其中一次为年会，由校长报告全校概况，集会日期在两星期前通告之

校董会董事长得因校董三人之请求召集特会，集会法定人数为五人

八　常务委员及职员

在年会中，校董会应选董事长一人、书记一人，任期各一年

此外校董会又选校董一人与上述职员二人，合组一常务委员会，处理不在集会期中之事务

九　校董会附则

校董会得自订细则但不得与本章程相抵触，修改时须得常会出席校董三分之二之同意

十　校董会章程之修改

校董会章程得依下列办法之修改，提案须在常会中提出讨论，非至下届常会不得表决，非经校董会校董三分之二之同意不得通过，并须呈请主管教育行政机关认可方生效力

*资料来源：《上海市教育局关于私立圣玛利亚女中呈请立案文件》，上海市档案馆藏，卷宗号：Q235-2-2210。

【中西女中档案资料选】

私立中西女子中学校（原名中西女塾）简章（节选）

入校手续

报名书：凡欲报名投考者，须先来校取报名书，以便详细填写，惟不及十二岁足年及中文程度在小学五年级以下者，一概不收。

保证人：每生入校须有保证人，惟保证人以学校认识者为限。

报名费：每生须纳报名费五元，考试费在内，但学生因事不来应试或试而不及格者，该费概不退还。

新生试验及升级

凡学生愿入何级，即须将该级主要科目——国文、英文、算术三种——完全试验。如考初中二年级以上者，须另考科学及历史。考国文程度，初中一二年级试普通记事文及浅近论说，初中三年级及高中试学术论文及本国史（英算考试法，详英文算术类）。录取入校上课后三星期，成绩较优者，得酌量升级，不及者降之。

补修班

凡学生年龄稍长、中文程度较优、志愿多读英文者，可入本校所设之补修班。

缴　费

学生缴纳各费（以学期计）

学费：中学三十五元，高小三十元
补考费：每科每次一元
宿费：十五元
膳费：三十元
科学试验费：二元半
化学试验费：五元
讲义费：高中一元，初中半元
阅览图书费：高初中级二元，五六年级一元
学琴费：三十元（练琴费三元），琴学程度在六年级以上者每学期四十元（练琴费四元）
体育费：两元
医药费：三元
杂费：五元
洗被褥费：三元

每学期终结时，学生如愿继续来校者，须预缴留额费五元，寄宿生另缴定寝室位置费一元。此费于下学期学费内扣除，如下学期不来，此费概不退还。学生于寒暑两假开学时，或任何假期后，无故迟到本校者，每日须付罚款银一元。

试　验

本校学生成绩每六星期结束一次，每次有不及格者，即由校中报告家长，并规定特别时间，由教员监视补课。一学期之成绩，系由平日积分与每次试验分数而得。

成绩等差如下

甲等——九十分至一百分
乙等——八十分至八十九分
丙等——七十分至七十九分
丁等——六十分至六十九分（得补考）
戊等——五十九以下（不得补考）

凡学生得三丁或一戊二丁或二戊者，均须留级。

请假及补课

本校为学生进步计，不愿学生藉端请假。历来学生由家回校时，往往即入养病室休息，殊非所宜。如真有必不得已事，来校请假者，须由家长或监护人以具名盖章函件直接径寄校长处，方生效力。学生因事，每学期准请假一次，如有要事再行请假者，则于下次例假时扣除。

学生于开学时及放假后，无故迟到者，不准补课，例假时不准归家。

凡学生缺课者，须由校长给予补课证方准补课。

假期及规则

本埠学生每二星期得回家一次。惟星期日上午十一时半始准出校，星期一午后三时前一律回校，不准过时。年假暑假不准提前归家。

凡学生家属不在沪地者，则家长须有具名盖章之函，详叙保护人姓名、与学生之关系及详细地址，通知本校办公处，否则该生不得在外寄宿。

如家长有具名盖章之函，准出外购物者，须于是日下午六时前到校。

探望各生日期

本校为学生节俭计，不准带贵重物件到校，免生意外事件。

寄宿生之床位，由舍监指定，不得临时要求移动。
每星期三、六下午四时至六时，学生家属及女友得来校在会客室晤谈。

通　信
学生除家属兄弟外，不得与外界通函。惟家长有盖章函件申明者，不在斯例。

成衣工人及鞋匠
成衣工人及鞋匠，除学生得回家之星期一上午外，平时不准来校。

国文科
初中一年级
国文:《现代初中教科书》，一、二册，商务
历史:《初中本国史》，一册，商务
字学：扫叶（山房）
作文：扫叶（山房）
初中二年级
国文:《现代初中教科书》，三、四册，商务
历史:《初中本国史》，二册，商务
字学：扫叶（山房）
作文：扫叶（山房）
初中三年级
国文:《现代初中教科书》，五、六册，商务
字学：扫叶（山房）
作文：扫叶（山房）
尺牍
高中一年级
党义
国文：选读古今名著
阅读专书:《左传》
修辞学
诗:《诗学入门》(唐）
作文
高中二年级
党义
国文：选读古今名著
阅读专书:《史记》
论理学
诗词：宋元明名著
作文及诗
高中三年级
党义
国文：选读古今名著

阅读专书:《文学概论》《庄子》

论理学

诗词：清代及近人名著

作文及诗词

国文科目，按照各生学力分组，中学部照三三制编订，另有后期小学两级总期。各班程度衔接，按序递升，另订课程节目及学分列诸表内。各生所读各书，酌使译作语体或编成小说及剧本，以资印证。平时各级各生应课作文，由教员择尤（优）揭示，藉以鼓励。至于习字课，系规定时间，令学生课外临摹，每周送请教员批阅。其课外工作，则指定参考书若干种，按照学程分别笔记以验心得与否，并使学生阅览书报，藉充文学常识。又由学生自动组织文艺会，请教员指导，互相研究，并发行会刊，刊登作品，藉收观摩之益。

英　文

历　史

数　学

科　学

杂　科

选　科

（以上各科均英文版教材，略）

体育科

体育为校中重要科中之一，每级每周有四小时，分普通、矫正二种。普通班，除基本操及各种球术外，并有团体游戏及土风舞等，鼓动其游戏兴趣，发展其天然美术性，养成领袖之能力及互助之精神。矫正班，则专为学生改正不良之姿势及施行锻炼，俾体格日趋健全。

琴　科

本科之目的以教授普通音乐知识，俾将来能成音乐专家或音乐教员。

学生修毕琴学后，凡经过一次试验，并有两次或三次公开独奏之经验，然后由学校发给修业证书。考试科目为音乐原理、音乐史、琴学教授法等。

学生得有琴科修业证书后，须再开一琴乐会，得由本校发给琴科毕业文凭，开会时如需人助理，可由本校琴科主任代为延请。但未在高中毕业之学生，暂不给凭。

六年级以下之琴科生，每学期有小考一次。但六年级以上之学生，有一学期音乐理论者，须按期试验。

琴科师范

本科各生于未毕业前，有充分实地练习及试验教授之机会。学生于七年级琴科毕业后，可择低级生一人或二人教授之，以资实习。

（一）教授次数：每人每周教授一次。

（二）演讲及会议：每周举行一次，由琴科主任演讲儿童教授法，并由各学生报告上周成绩及下周计划，互相讨论。

（三）参考：随时由琴科主任指定各种音乐杂志为参考书。

（四）学生对于琴学，性素不近，或对于各科成绩不佳者，本校得随时令其停止学琴。

学　分

凡学生受课若干时节，得若干学分，其课外工作时间较少者，每两节得一学分。

初中课程表

	科目	党义	本国文讲读	作文	英文	历史	数学	公民	科学	地理	乐歌	国画	家政	体育	选科	合计
第一年	每周节数	一	五	二	五	二	五		二	三	二	二		四	二	三十五
	学分数目	一	五	一	五	二	五		二	三	一	一		二	二	三十
第二年	每周节数	一	五	二	五	二	五	二	四		二	二		四	二	三十六
	学分数目	一	五	一	五	二	五	二	三		一	一		二	二	三十
第三年	每周节数	一	五	二	五	三	五		四		二	二	二	四	二	三十七
	学分数目	一	五	一	五	三	五		三		一	一	一	二	二	三十

高中课程表

	科目	党义	本国文	作文	英文	历史	数学	理科	心理学	乐歌	体育	艺术科	选科	合计
第一年	每周节数	一	五	二	五	三	五	四		二	四	二	二	三十五
	学分数目	一	四	一	五	三	五	三		一	二	一	二	二十八
第二年	每周节数	一	五	二	五	三	三	三	三	二	四	二	二	三十五
	学分数目	一	四	一	五	三	三	二	三	一	二	一	二	二十八
第三年	每周节数	一	五	二	五			六		二	四	二	六	三十三
	学分数目	一	四	一	五			四		一	二	一	五	二十四

*资料来源:《私立中西女子中学校（原名中西女塾）章程摘要》，上海市档案馆藏，卷宗号：Q235-1-773。该卷宗注明："本学期修改章程正在印刷中。"

中西女塾（中西女子中学校）学生自治会规程

（一）宿舍规程

每舍有舍长一人，其责任如左（下）：

甲、注意舍中各种事物之整齐清洁。

乙、每晨起身以鸣铃为标准，不准先期早起（鸣铃时间：星期日七时，余均六时）。

丙、早餐前各室各生不准互相走问。

丁、每晚九时鸣预备就寝铃，各生不准往他生寝室。九时二十分鸣整理卧具铃，各生各入本寝室预备就寝，不准出外。九时三十分鸣铃就寝，熄灯寝后不准谈话。

戊、寝室内如有食物，必须置于金属有盖之匣内，以防虫鼠窃食。

己、各生不准于走道内及越窗隔楼等处大声喧扰，致妨校规。

（二）膳堂规程

每桌有桌长，其责务如左（下）：

甲、各桌如有应到未到及迟到之人，即将姓名报告于自治会。

乙、食时不准越桌谈话，及阅书、做手工等事。

丙、食时必用卫生筷。

丁、各生不准命服务膳食时之工人做膳堂外之工作。

（三）教室及自修室规程

教室及自修室均有室长，其任务如左（下）：

甲、教室、自修室从上午八时至十二时，下午一时一刻至四时半。夜间七时至八时，凡受课及温课时间不准谈话及传递字条等。

乙、夜间八时至九时，可以出自修室自由研究，若仍在自修室，仍须照例肃静。

丙、教室自修室均须清洁有秩序。

丁、教师授课时，凡非本级生当赴指定处所自修，不得逗留教室内。

戊、各生当自修时，设有不得已事必须出外者，当将姓名及事由填明自治会簿上，不得径自外出。

（四）星期日自省时间

甲、每值星期日下午二时至三时半，各生须在本寝室内静坐省察以资修养。

乙、自省时，内室长须管理本室之肃静，走道长须管理走道内一律无哗。

附　则

以上各条各生中，如有违纪者，各室各桌各走道长须将姓名报告自治会。

*资料来源：《中西女塾（中西女子中学校）学生自治会规程》，上海市档案馆藏，卷宗号：Q235-1-773。

中西女子中学校重定规则

本规则向经规定，现因开学伊始，重行申明，俾各生特别注意。

1.甲、学生每两星期例假出校者，须于星期日礼祷后，赴办公处取出校证，于星期一下午二时至三时间，各赴办公处手付证片。如有遗失者，惩戒缴洋一元，第二次缴洋二元，方得再给一证。如迟到者，下次例假须于星期日下午四时方许回家。无故不到者，下次例假不准归家。

乙、如有特别事故请假迟到者，与例假迟到者同一办理。

丙、走读生迟到者，须于下星期一下午一时至一时一刻到校缴证。

2.凡学生例假出校，如欲星期日或星期一回校者，均须于下午六句钟前到校。

3.外埠各生每逢校假例假，如须出校者，必请家长具函签名盖章，送校验明，方许出校。

4.各生如有特别事件，必须请假者，由家长先期（至迟须于请假之前一日到校）函致校长，申明理由，从邮政局送校验明后，方许请假，函件必须家长签字盖章。

5.学生设有眼、牙等病，家属证明必须特别延请该专科医生诊视者，务须于两日前函致校长，经允许后，方可出校就医。

6.学生因事告假缺课，必须补足者，返校后速到校长室或训育处取补书证，不得过第二日，迟到不补。

7.甲、学生招待来宾及家属，须在客室内谈话，不得引入寝室。如来宾于规定时间内来探望学生者，须先到办公室职员处接洽，方可晤见。但有特别事由，实属不能稍待，由校长许可者，不在此例。

乙、学生不得送来宾及家属至校门。

8.凡学生家属及女友来校探望，兹照下列时间，星期日下午三时半至六时、星期三下午四时半至六时、星期六下午四时半至六时。

9.各生如有快信挂号物件，及与校长、训育员谈话者，当于规定时间内到办公处接洽。

10.学生发出函件与寄送之信件，信封上均须书明寄信件人姓名、地址。

11.成衣及制衣鞋工人，除学生得回家之星期一、日上午外，平时不准来校。

12.学生不准任意宴会，以崇节俭。但经家长校长许可者，不在此例。

13.学生不准在墙壁、窗门等处涂写字句及黏贴图画。

14.凡食物渣壳及用余水浆，须置一定处所，不准任意抛置倾倒，以崇公德而昭清洁。

*资料来源:《中西女子中学校重定规则》，上海市档案馆藏，卷宗号：Q235-1-773。

上海私立中西女子中学校（原名中西女塾）校董会章程

监理公会上海私立中西高级女子中学校校董会章程

第一条　名　称

本会定名为监理公会上海私立中西高级女子中学校校董会。

第二条　会　址

本会设在中华民国江苏省上海昆山路景林庐五号。

第三条　宗　旨

本会宗旨系基督教监理公会女子部之名义，设立高中、初中各级学校于上海，务期办理完善，造福社会，养成一般良好公民，发展健全人格，以副创办人之本意。本会会员及校内负责人员，均以旨趣相同、品格高尚、学养丰富者，聘请之。

第四条　组　织

本会会员多数为中国人士，其额数及选定方法如左（下）：

由监理会中央委员会推选从事教育事业之宣同志四人。

由监理会中央委员会推选从事教育事业之中国人四人。

由已选之八委员另行选举人员五人。

美国总布道会代表二人（无表决权）。

监理会中央委员会执行委员会会长各一人（无表决权）。

在校董会年会时，选举之会员中如有缺额，得由校董会就原组中临时补充任职，至原人期满为止，任期三年，期满得再被选连任。

初次组织之各委员应分三组：

（甲）组任期一年，（乙）组任期二年，（丙）组任期三年。

所有校董委员，均须本会同志，且至少必有四分之三为本公会教友。

第五条　职员与委员会

本会有选任职员权，并得酌量情形组织各项委员会。

本会为处理中西高级女子中学便利起见，得委托当地现成之机关或个人或特派之委员会进行之。

本会得派代表参与本监理会与其他机关合办学校之校董会。

第六条　职　权

本会有完全处理上海私立中西高级女子中学之权，按照创办者之原旨进行。

本会当规划办学方针，并施行各项职权。

一、关于学校经济者

（甲）规划经费。

（乙）审查预算决算。

（丙）保管及维护校产。

（丁）监察经济事项，惟遇有债务等事，概与校产及创办人无涉。

二、关于学校行政者

（甲）本会得选任校长，俾其完全负责，克尽厥职。如所选任之校长有亏职守时，本会得另选继任。

（乙）议决校长所提事项，如选举顾问、行政人员、校政会会员等。

（丙）本会得酌夺情形，选立当地顾问部。

（丁）本会有开办停办学校之权。

三、关于教育上之标准者

（甲）本会职责所在，当参酌近代教育最良方法，督促本校进行达于高尚标准。

（乙）本校当依本会所规定，作一年度之报告或他种报告。

四、关于校产者

本会有权与创办人（即总布道会）订立契约，包括租借各校校产之合同。

第七条　集　会

本会每年召集常会一次，于每次会期前一月通知。特别会得由会长召集之，或由会员五人以上之书面请求召集之，以有表决权之会员人数三分之二为法定人数。

第八条　附则及修改

本会附则得于年会或特别召集之临时会中，由全体会员三分之二之提议，得开会商酌修改之。惟修改提案须于一个月以前通告全体会员。

上海私立中西女子中学校校董会章程

第一条　名　称

本会定名为上海私立中西女子中学校校董会。

第二条　会　址

本会设在中华民国上海忆定盘路十一号本校内。

第三条　宗　旨

本会设立高中初中各级学校于上海，务期办理完善，造福社会，养成一般良好公民，发展健全人格，以副创办人之本意为宗旨。

第四条　组　织

本校校董会多数为中国人士，其额数及选定方法如左：

由本会中央委员会推选从事教育事业者四人。

由本会中央委员会推选资望素孚者四人。

由已选之八委员中，另行选举人员五人。

由被选委员十三人中，互选委员长一人。

在校董会年会时，选举之校董中，如有缺额，得由校董会就原组中临时补充任职，至原人期满为止，任期三年，期满得再被选连任。

第五条　职员与委员会

本会有退任职员权，并得酌量情形组织各项委员会。

第六条　职　权

本会遵照部章办理上海私立中西高级女子中学，并按照创办者之原旨进行。

本会当规划办学方针，并施行各项职权。

（甲）规划经费。

（乙）审查预算决算。

（丙）保管及维护校产。

（丁）监察并处理经济事项。

第七条　集　会

本会每年召集常会一次，于每次会期前一月通知。临时会得由委员长召集之，或由校董五人以上之书面请求召集之，以有表决权之校董人数三分之二为法定人数。

第八条　附则及修改

本会于年会或特别召集之临时会中，由全体校董三分之二之提议，得开会商酌修改之。惟修改提案须于一个月以前通告全体校董。

*资料来源:《上海私立中西女子中学校（原名中西女塾）校董会章程》，上海市档案馆藏，卷宗号：Q235-1-773。

上海市教育局关于上海市第三中学今年招收女生的批复

上海市第三中学：

你校《关于市第三中学改为女中的请示报告》悉。经研究，同意你校作为试点，今年起招收女生，暂不改校名。高中部住宿应利用现有设备条件，每年招寄宿生八十名，三年总额为二百四十名。

此复。

上海市教育局

一九八一年六月六日

*资料来源：上海市教育局《关于上海市第三中学今年招收女生的批复》，1981年6月6日，上海市第三女子中学档案室藏。

上海市第三女子中学章程（2015年）

序　言

上海市第三女子中学是上海市首批实验性示范性高中，是一所蜚声海内外的百年名校。学校前身是1881年美国基督教圣公会创办的圣玛利亚女中和1892年美国基督教南方监理公会创办的中西女中，1952年两校由上海市人民政府接管，合并命名为“上海市第三女子中学”。

1969 年至1981年期间，因为历史的原因，学校兼收男女生，校名改为上海市第三中学。1977年，上海市东海中学并入。1981年，恢复女中建制，校名为上海市第三女子中学。

上海市第三女子中学（以下简称“学校”）是上海市文明单位，上海市学生艺术、科技、心理教育等示范学校，上海市传统体育项目学校，是对外交流窗口和女生教育实验基地。

第一章　总　则

第一条　为规范学校内部管理体制和运行机制、推进学校依法治校、全面提高教育教学质量和办学水平，根据《中华人民共和国教育法》《中华人民共和国义务教育法》《中华人民共和国教师法》《中华人民共和国未成年人保护法》等有关法律法规与规定，结合学校实际，制定本章程。

第二条　学校全称为上海市第三女子中学，简称为“市三女中”；英文表述为 Shanghai No. 3 Girls’ High School；住所地址为上海市江苏路155号；网址为http://www.ssnz.sh.cn。

第三条　学校由上海市长宁区教育局举办，经登记批准，是具有法人资格的办学机构，独立承担民事责任。学校是一所全日制（部分寄宿制）高级中学。

第四条　学校面向上海市和长宁区招生，招生对象为应届女性初中毕业生，办学规模按教育事业发展需要、上级教育行政部门要求确定。

第五条　学校坚持贯彻党的教育方针，全面提高学生综合素质，以高质量、高水平、有特色的中学教育为办学宗旨，为国家和社会培养德才兼备、秀外慧中的优秀女子人才。

第六条　学校具有清晰的办学理念和目标，为学校发展提出了明确方向。

发展理念：以清晰的办学思想来指导实践，探索女子成才规律，营造女子成才氛围，启迪女子成才意识，挖掘女子内在潜能，发挥女子个性特长。

发展愿景：使学校成为女生学习的乐园，成为女孩成长的沃土，成为女子成才的摇篮。

办学目标：办成国内一流、国际知名、特色鲜明的女子高中。

办学追求：学校办学致力于培养具有独立、能干、关爱、优雅特质表现的社会主义女子人才。即有较强的自主意识，能够独立学习，独立思考；有较强的自信心和学习、工作、生活能力；学会关爱他人、关爱集体、关心国家、关心社会；有良好的道德品质和礼仪素养。

第七条　学校秉承“积中发外、智圆行方”的育人传统，凸显女校“爱”与“雅”的文化底蕴，以传承和创新女中教育特色为己任，形成女校特有的学校文化氛围。爱：中西兼容，心怀天下；雅：气质高雅，秀外慧中。

办学特色：国际理解教育——与多个国家和地区的学校建立了合作关系，形成广泛的国际交流；女校课程构建——根据新的课改要求和女生发展需要建设了女校特色课程体系；优质艺术教育——学校以管乐队、民乐队为龙头，引领出色的艺术教育。

校训：求真、勤思、惜时、健美。

第八条　学校标识如图，以上海市第三女子中学简称和简称中两个字的首字母“S”为主体，外圈为学校英文表述以及前身两所女校“中西女中”和“圣玛利亚女中”的英文缩写，说明学校的历史渊源。

学校纪念日：学校创办于1892年11月，现每年以11月的第一个周六为纪念日。

学校刊物：《桥》《妍理》。前者是女生文科探究、文学创作的期刊，后者是女生理科学习方法探究的期刊。

学校校歌：改编圣玛利亚女中和中西女中的校歌为市三女中校歌。校歌歌词为：扬子江滨兮歇甫傍，有女校兮世界光。春风和蔼兮读书当，教人处世立身方。幼而学长为众所望，邦之英俊国之祥。积中发外兮端且庄，凭将学识整纪纲。更愿身心健与康，驰誉中西翰墨场。智圆行方柔而刚，转移风俗兮趋纯良。精神永兮岁月长，勤勤恳恳名显扬。市三女中兮百世芳，吾校万岁永无疆。

第二章　组织机构和管理体制

第九条　学校实行校长负责制。校长是学校的法人代表，对外代表学校，对内全面负责学校的教育教学和行政管理工作。校长由上海市长宁区教育局聘任。副校长协助校长开展工作。

第十条　校长依法行使下列主要职权

（一）按照有关文件规定，行使对学校教育教学和行政管理的决策权和指挥权。

（二）根据国家和市区教育行政部门的有关精神和规定，组织制订并实施学校的发展规划、计划。

（三）根据学校工作需要，在核定的编制内，按照精简效能的原则，决定学校内部机构的设置和岗位设置，聘任中层干部。中层干部的聘任在民主推荐基础上征询党组织意见后，由校长提名，学校党组织考察，校务会议讨论决定，校长聘任。

（四）根据政府有关部门以及教育行政部门的规定，结合学校的实际，制定学校内部劳动、人事管理和分配制度方案，按规定程序组织实施。

（五）根据国家及上级行政部门的有关规定，实行教职工聘用合同制。

（六）根据财务制度以及上级行政部门的有关规定，负责学校经费使用的审批以及对上级拨款、校舍设施及教育教学设备等合理安排使用。

（七）根据国家和上级教育行政部门有关规定，结合学校的实际，组织实施学校的教育教学活动。

（八）按照有关规定和程序对教职工奖惩；对工作成绩显著的教职工给予奖励；对严重违纪或给学校工作造成重大影响和严重后果的教职工给予行政处分、解聘或辞退。

（九）按规定履行国家和教育行政部门授予的其他职权。

第十一条　学校重大问题由校务会议集体讨论决策。校务会议成员为正副校长、党组织正副书记、工会主席、纪委书记等，会议由校长主持。学校的“三重一大”（重大问题、重要干部任免、重大项目、大额资金）的决策要贯彻民主集中制原则，会前个别酝酿，会上充分讨论，民主集中，校长决策。根据管理权限，须报上级有关部门批准的重大问题按规定程序报批后实施。

第十二条　学校基层党组织发挥政治核心作用。学校依靠基层党组织，充分发挥工会、教职工代表大会、共青团、学生会等组织的作用。

第十三条　学校建立以教师为主体的教职工代表大会制度，保障教职工参与学校民主管理和进行民主监督。凡属教职工代表大会职权范围内的事项，提交教职工代表大会审议。教职工代表大会行使审议建议权、审议通过权和评议监督权。学校工会作为教职工代表大会的工作机构，依法保障学校民主管理、民主监督的落实，维护教职工的合法权益。

第十四条　学校设置教育处、科研室、外事办公室、总务处、校务办公室等职能部门，分别承担相应的管理职能。

第十五条　学校建立学术委员会，在学校教育科研的规划制定、项目策划与督导、成果评定、职务晋升以及教师队伍建设等方面发挥咨询、评议作用；学校建立退休职工委员会，关心和维护退休教职工的合法权益。

第十六条　学校加强教育教学管理，主要内容与方法是：

（一）实行校长领导下的部门负责制，建立年级组、教研组、备课组等教育教学基层管理机制；

（二）实行班级授课制；

（三）按照国家和上级教育行政部门颁发的课程标准、课程计划以及学校特色发展方向设置基础型、拓展型和研究型课程，形成女校特色的课程体系，制定计划和实施方案，组织实施；

（四）组织教师积极推进教学改革，开展教育教学研讨，聚焦女生教育，不断探索符合女生认知规律和特点的教学方法；

（五）组织教师开展业务学习、培训，促进教师的专业发展，不断提高教师教育教学能力和水平，成为女生教育行家能手；

（六）组织实施教育教学质量多元评价，全面反映学生发展情况和个性特长，着力促进每一个学生的终身发展；

（七）减轻学生过重的课业负担，合理安排作息时间，节假日、课余时间不组织集体补课或上课。

第十七条　学校依法实行校务信息公开，切实保障教职工、学生、社会对学校重大事项、重要制度的知情权、参与权、表达权和监督权。

第十八条　学校依法健全校内纠纷解决机制，综合运用信访、调解、申诉等争议解决机制处理学校内部各种利益纠纷。

学校建立校内申诉制度。分别成立校内学生申诉调解委员会和校内教师申诉调解委员会。学生申诉调解委员会由校长、书记负责，人员组成由学校行政、教师、学生及家委会代表等组成。教师申诉调解委员会由校长、书记负责，人员组成由工会主席、纪委书记、人事干部、教职工代表等组成。申诉调解委员会以师生的权益保护和权利救济为出发点，受理及处理规则应符合相关的规定和程序要求，并将申诉过程与结果复议留存。

第十九条　学校依法接受教育及其他政府部门的管理和监督，接受社会、家长的监督，听取社会各界对学校工作的意见和建议。

第三章　学　生

第二十条　凡被学校录取或转入学校学习的受教育者即取得学校学籍，为学校学生。

第二十一条　学生享有下列权利：

（一）参加教育教学计划安排的各种活动，使用教育教学设施、设备、图书资料等；

（二）按照国家有关规定获得奖学金、助学金；

（三）在学业成绩和品行上获得公正评价，完成规定的学业后获得相应的学业证书；

（四）对学校给予的处分不服可依法依规提出申诉，对学校、教师侵犯其人身权、财产权等合法权益，提出申诉或者依法提起诉讼；

（五）法律、法规规定的其他权利。

第二十二条　学生应当履行下列义务：

（一）遵守国家的法律法规；

（二）遵守学生行为规范，尊敬师长，养成良好的思想品德和行为习惯；

（三）努力学习，完成规定的学习任务；

（四）遵守学校的管理制度。

第二十三条　学校按照市、区教育行政部门有关学生学籍管理的规定实行学籍管理，健全学生学籍档案，按照学籍管理制度和学校的实施办法办理学生转学、休学、复学、退学、留级、免修手续以及病事假制度等，依规对学生给予奖励和处分。

学校对修完修学年限内规定课程且综合素质、学科学习业绩合格的学生，准予毕业。

第二十四条　学校建立学生成长档案，对学生实施综合素质评定，促进学生全面发展。每学期评价结果记入学生本人档案。

（一）建立学生成长档案；

（二）填写“上海市学生成长记录册”；

（三）按教育行政部门规定要求，对学生进行综合素养评价。

第二十五条　学校对符合入学条件而家庭经济困难的学生，通过助学金等形式提供资助。

（一）根据有关规定，学校对符合条件的学生提供国家助学金帮助；

（二）在爱心人士资助下，学校设立“君远”“心英”助学金，对符合条件的学生提供资助；

（三）申请办法和程序，根据相关规定实施。

第四章　教职工

第二十六条　学校教职工由教师和其他专业技术人员、管理人员和工勤人员等组成。

第二十七条　学校根据编制部门核定的编制数额、岗位数和岗位任职条件及教育行政部门、学校相关规定聘用教职工，公开招聘，竞争上岗，对聘用人员实行岗位管理和绩效工资。

对学校编制内的专业技术人员、管理人员（职员）和工勤技能人员等，分别纳入相应岗位管理。

第二十八条　学校依法建立教职工考核制度，对教职工定期进行考核，考核结果作为续聘或解聘、奖励或处分的依据。

第二十九条　学校教职工除享有法律法规等规定的权利外，还享有下列权利：

（一）从事教育教学活动，开展教育教学改革和实验；

（二）从事教学研究、学术交流，参加专业的学术团体，在学术活动中充分发表意见；

（三）指导学生的学习和发展，评定学生的品行和学业成绩；

（四）按时获取工资报酬，享受国家规定的福利待遇；

（五）对学校教育教学、管理工作提出意见和建议，通过教职工代表大会或者其他形式，参与学校的民主管理；

（六）使用学校教学设施、资料、资源，用以学校的教育教学；

（七）参加进修或者其他方式的培训；

（八）学校教代会通过的其他相关权利。

第三十条　学校教职工除履行法律法规等规定的义务外，还应履行下列义务：

（一）遵守职业道德规范，爱岗敬业，立德树人，为人师表；

（二）遵守学校的各项规章制度，履行聘任合同中约定的职责，执行工作计划，完成教育教学、服务保障等任务；

（三）对学生进行思想道德、学科知识、学习能力等教育和培养，组织、带领和指导学生开展教育教学、社会实践、科技艺术体育等活动；

（四）维护学生的合法权益，关心、爱护学生，公正对待每位学生，尊重学生的人格，保护学生的安全；

（五）根据工作需要，服从学校安排。

第三十一条　学校保证教职工工资、保险、福利待遇按照国家和本市有关规定执行，逐步改善教职工的工作条件，帮助解决教职工遇到的实际困难。

第五章　学校与家庭、社会

第三十二条　学校围绕“IACE”（独立、能干、关爱、优雅）育人目标，根据女生教育特点，主动与社会、家庭联系沟通，建立学校、家庭、社会密切配合的有女校特色的育人体系，形成女生教育合力。

学校根据教育教学需要，聘请有女生教育特长和经验的兼职教师和校外学生辅导员。

学校利用社会资源建立德育、科普、法制、社区等各类教育基地，定期组织开展校外教育活动。

第三十三条　学校按照一定的民主程序，本着公正、公平、公开的原则，在自愿的基础上，组织家长选举组成家长委员会。学校为家长委员会开展工作提供必要的条件，保障家长委员会履行参与学校管理、参与教育工作、沟通学校与家庭等职责。

第三十四条　学校依托社区，开发社区教育资源，开展社会实践活动，为学生创造服务社区和实践体验的平台和机会。

学校配合社区开放校内文化设施和体育场地。学校负责场地开放、器材维修、保障安全。社区负责做好组织工作。

第三十五条　学校建立校友会组织，发挥校友的宣传、桥梁、教育、助学、咨询等作用，促进学校发展。

第三十六条　学校根据办学需要，开展校际互动合作以及与境外、海外女校的交流，扩大影响，拓展教育视野，提升办学水平。

第六章　学校资产及财务管理

第三十七条　学校开办资金为人民币 1945 万元。学校具体经费来源包括财政补助收入、上级补助收入和事业收入等。

第三十八条　学校资产受法律保护，任何单位、个人不得侵占、私分和挪用。学校对侵占校舍、场地、设施等的行为和侵犯学校名称权及无形资产的行为，应积极履行国有资产管理职责，依法追究侵权者的责任。

第三十九条　校长领导财务工作，由校务会统一管理。学校财会人员的任职条件、工作职责、工作权限、专业技术职务、任免奖罚，严格按照国家会计法律制度执行。

第四十条　学校严格执行国家收费政策，规范收费行为，按照市教委确定的项目和标准收费，各项收入按照有关规定严格管理，行政事业性收入实行收支两条线管理。

第四十一条　学校依法接受社会各界的捐赠，建立健全受赠财产的使用制度，加强对受赠财产的管理并接受社会监督。

第七章　附　则

第四十二条　学校建立健全本章程统领下的学校规章制度体系。规章制度的立、改、废均依照民主程序进行。

第四十三条　本章程未尽事宜按照法律法规及上级文件政策执行。如有相抵触，以法律法规及上级文件政策为准。

第四十四条　本章程的修订由学校校务会议提出，经征求各方面意见，经校务会议讨论并提交教职工代表大会审议通过，由校长签批后报上海市长宁区教育局核准生效。

第四十五条　本章程由学校校长室负责解释。

本章程于2015年4月10日经上海市第三女子中学第十二届教职员工代表大会第二次会议审议通过。

*资料来源：上海市第三女子中学档案室藏。

上海中西、圣玛利亚、第三女子中学同学会章程（1984年）

1.名　称

第一条　上海中西、圣玛利亚、第三女子中学同学会

2.宗　旨

第二条　本会宗旨是加强国内外校友之间的联系，增进友谊，为母校培养女子人才作出努力，为振兴中华、促进祖国统一作出贡献。

3.会　员

第三条　会员条件：凡是中西、圣玛利亚、第三女中（含第三中学）的校友都可自愿参加，由一名会员介绍，填写入会申请书，成为会员。

第四条　会员的权利和义务

权利：（一）参加本会组织的各项活动。

（二）对会务提出意见和建议。

（三）对四化建设、对办好母校提出意见和建议。

（四）享有选举权和被选举权。

义务：（一）遵守本会章程，关心本会工作。

（二）加强与全国各地（包括台、港、澳地区）及国外校友之间的联系，为办好母校、促进四化建设贡献力量。

（三）按期缴纳会费。

4.组　织

第五条　本会设名誉会长一名、会长一名、副会长若干名，由会员代表大会选举产生。会长、副会长任期三年，可以连任。会长、副会长对外代表本会。

第六条　本会设立干事会，人选由会长聘请，在会长、副会长领导下，负责处理日常工作。

第七条　本会第一届会长、副会长由筹备组协商提名。

一九八四年十月

*资料来源：上海中西、圣玛利亚、第三女子中学同学会提供。

上海中西、圣玛利亚、第三女子中学同学会章程（1993年）

一、名　称

第一条　本会定名为上海中西、圣玛利亚、第三女子中学同学会，是广泛联谊海内外校友的民间团体。

二、宗　旨

第二条　本会宗旨是加强国内外校友之间的联系，增进友谊，为协助母校培养女子人才作出努力，为振兴中华、促进祖国统一作出贡献。

三、会　员

第三条　凡是中西、圣玛利亚、第三女子中学的校友都可自愿参加，填写登记表，成为会员。

第四条　会员的权利和义务。

权利：

（一）参加本会组织的各项活动；

（二）对会务提出意见和建议；

（三）对四化建设、对办好母校提出意见和建议；

（四）享有选举权和被选举权

义务：

（一）遵守本会章程，关心本会工作；

（二）加强与全国各地及海外校友之间的联系，为办好母校、促进四化建设贡献力量；

（三）按期缴纳会费。

四、经　费

第五条　经费来源

（一）会员缴纳会费；

（二）校友捐赠；

（三）学校及社会资助。

本会收支情况定期向会员公布。

五、组　织

第六条　本会设理事会。理事由上一届理事会协商推荐，经会长会议研究确定。理事会设会长、常务副会长各一人，副会长若干人，总干事一人，副总干事若干人，上述人选由理事会推选产生。任期三年，可连任。会长、副会长对外代表本会。

第七条　理事会聘请名誉会长、顾问、名誉理事等若干人。上述人选由理事会商议确定。

第八条　理事会每年至少举行一次会议。会长会议不定期举行。

第九条　本会一旦终止活动，需向业务主管部门报告；并由会长、副会长办理终止善后工作。

本章程由第四届理事会通过。

一九九三年十一月七日

附：本会办公地点设在上海市第三女子中学

地址：上海市江苏路155号（邮码：200050）

电话：2523299

*资料来源：上海市第三女子中学档案室藏。

上海市中西、圣玛利亚、第三女子中学同学会历届会长、副会长名单

第一届（1984—1987）

名誉会长：薛正

会　长：谭茀芸

副会长：司罗素、荣漱仁、郭秀珍、葛成筠

第二届（1987—1990）
名誉会长：薛正、谭茀芸
会　长：荣漱仁
副会长：司罗素、葛成筠、凌励立
秘书长：司罗素（兼）
副秘书长：荣智和、乌美媚
秘书处：吴合、邓敬仪、吴玎玎、潘镘、林女楚娟、董蔚玲

第三届（1990—1993）
名誉会长：薛正
会　长：谭茀芸
副会长：司罗素、荣毅珍、凌励立、毛杏云、乌美媚

第四届（1993—1996）
名誉会长：薛正
顾　问：凌励立、荣毅珍、谭茀芸
会　长：郭秀珍
副会长：葛成筠、司罗素、荣智和、毛杏云、乌美媚

第五届（1996—1999）
顾　问：凌励立、荣毅珍、谭茀芸
会　长：郭秀珍
副会长：司罗素、葛成筠、荣智和、毛杏云、乌美媚

第六届（1999—2021）
会　长：任文燕
常务副会长：何亚男
副会长：司罗素、毛杏云、乌美媚、宋凤、刘玉明、孔峥、卜翌
秘书长：王丽

第七届（2022至今）
会　长：何亚男
副会长：毛杏云、乌美媚、宋凤、刘玉明、严晋、倪红缨、王丽、孔峥、卜翌
秘书长：张宜岚
顾　问：司罗素、谭茀芸、陈瑾瑜

注：此外，每个年级都设有若干名理事，负责同学会的联络和组织事宜。同学会每年召集理事开会，商量有关工作，组成了一个有序的校友联络网。

*资料来源：上海市中西、圣玛利亚、第三女子中学同学会提供，2021年11月20日。

知名校友简介

1. 宋氏三姐妹，祖籍海南文昌市，出生于上海川沙

宋霭龄：1889—1973，在中西女塾就读时间是1894—1904。

宋庆龄：1893—1981，在中西女塾就读时间是1898—1907。

宋美龄：1898—2003，在中西女塾就读时间是1903—1907。

宋蔼龄、宋庆龄、宋美龄三姐妹，是20世纪中国最耀眼的姐妹组合，她们对20世纪的中国有着巨大的影响力，也因而成为世界关注的焦点。抗日战争时期，三姐妹共同参加了抗日救亡活动。宋庆龄是中华人民共和国前国家名誉主席。宋美龄在中国抗日战争最困难的时期，曾赴美进行演讲，为争取到美国对华抗战的支持起了很大作用。她的人生历经百年中国政治变迁，晚年客居纽约，仍关注台湾政局，反对“台独”。

2. 俞庆棠

1897—1949，江苏太仓人，圣玛利亚1919届。中国民众教育的创导者，新中国首任教育部社会教育司司长。1947年担任联合国教科文组织中国委员会委员。1949年5月回国参加新政协和开国典礼。新中国成立初期，百废待兴，她全身心投入工作。因患有严重高血压，于12月4日深夜突发脑溢血去世。邓颖超为她题词：“纪念人民教育家俞庆棠”。

3. 俞志英

1911—1998，浙江海盐人，中西1932届。1939年加入中国共产党。先后在龚澎、刘宁一、伍云甫等人领导下从事党的地下工作。1949年，宋庆龄推荐她作为中国福利基金会的代表，出席第一次全国妇女代表大会。1950—1955年任世界工联亚澳联络局副秘书长。1957年调至中共中央对外联络部。第四届全国政协委员。多次陪同毛泽东、刘少奇、周恩来、邓小平等党和国家领导人出访。

4. 龚普生

1913—2007，安徽合肥人，圣玛利亚1932届。我国著名外交家。1932年考入北平燕京大学经济系。美国获哥伦比亚大学心理学硕士，1936年秋参加革命，1938年春加入中国共产党，在周恩来领导下，长期从事党的地下工作和统战工作，曾任联合国秘书处社会事务部研究员。1948年回到西柏坡在中共中央统战部工作。1949年11月到外交部。1979年11月被任命为中国首任驻爱尔兰大使，是新中国首任大使中第一位女性。第一、二次全国妇女代表大会代表，第一届全国政协候补代表，第六、七届全国政协委员。

5. 龚澎

1914—1970，安徽合肥人，圣玛利亚1933届，原名龚维航。1935年参加一二九运动。1936年加入中国共产党。1937年毕业于燕京大学历史系。曾任八路军总司令部秘书、重庆《新华日报》记者、中共驻重庆代表团秘书、中共香港工委外事组副组长、北平军事调处执行部中共方面新闻组组长。龚澎在重庆期间，在周恩来的领导下，成为中共第一位新闻发言人。她在与各国通讯社的交往中，以流利的英语、缜密的思维、机智的反应、美丽的品貌，给外国记者们留下了良好印象。新中国成立后，历任外交部新闻司司长、部长助理。二次日内瓦会议期间，担任中国代表团首席发言人。多次随同周恩来、陈毅出访，誉称“才女”外交家。

6. 吴舜文

1913—2008，江苏武进人，中西1934届。上海圣约翰大学文学系毕业。1955年获美国哥伦比亚大学文学硕士学位。台湾杰出的企业家。吴舜文出身苏南纺织世家，1949年到台湾后，历任台元纺织股份有限公司、台文针织股份有限

公司董事长，中华汽车工业股份有限公司董事长、裕隆汽车制造股份有限公司董事长，被誉为"中国第一位女实业家"。台湾媒体对她素有“纺织女王”“汽车皇后”“铁娘子”等称号。

7. 荣漱仁

1914—1987，江苏无锡人，中西1935届。全国政协委员、民主建国会中央委员、全国归国华侨联合会委员、市妇女联合会执行委员。热心儿童福利慈善事业，不仅自己捐款，还鼓励海外亲友为祖国的文化科学事业做贡献。她曾四渡重洋，经五年努力，把其姑母生前收藏的文物全部运回祖国，献给故宫博物院、无锡市博物馆。她曾8次被评为“全国三八红旗手”。1987年12月13日，她在参加沪港经济协会理事会时，心脏病猝发，抢救无效逝世。

8. 张爱玲

1920—1995，河北唐山人，圣玛利亚1937届，原名张煐。中国现代著名作家。从1932年起先后在校刊《凤藻》上发表短篇小说、散文、评论等。她的主要著作有《秧歌》《赤地之恋》《流言》《倾城之恋》《第一炉香》《半生缘》《色戒》等。张爱玲在中国现代小说史上占有重要地位。

9. 张佩珠

1916—1990，浙江鄞县人，圣玛利亚1937届。毕业于上海圣约翰大学医学院，获医学博士学位。曾任中国福利会国际和平妇幼保健院院长、名誉院长。多次参加国内、国际的卫生保健以及妇产科方面学术会议。1977年她将平日省吃俭用的积蓄4万多元，全部交了党费。1980年被评为上海市劳动模范。1983年被评为“全国三八红旗手”，1985年获全国五一劳动奖章，1986年获第二届中国福利会妇幼事业樟树奖。1990年被评为上海市优秀共产党员。

10. 许磊然

1918—2009，江苏赣榆人，中西1937届，原名许怡曾，翻译家。1939年肄业于上海沪江大学新闻系。1941年开始发表作品，1944年从事编辑翻译工作。历任上海时代出版社编辑，人民文学出版社编审委员会委员、外国文学编辑部编辑，编审。中国苏联文学研究会理事，中国翻译工作者协会理事。1949年加入中国作家协会。译有俄罗斯和苏联文学作品几十部。

11. 黄量

1920—2013，上海人，中西1938届。有机化学家、药物化学家，从事抗高血压、抗肿瘤、抗病毒、计划生育等药物和天然产物化学的研究。中国科学院院士。1949年获得康奈尔大学有机化学博士学位。1956年回国后进入中央卫生研究院药物系工作；1958年担任中国医学科学院药物研究所研究员；1960年担任药物合成室主任；1959年被评为全国三八红旗手和北京市先进工作者；从1978年起，黄量连续当选为全国政协第五、六、七届委员。1980年当选为中国科学院学部委员；1985年被聘为天然药物及仿生药物国家重点实验室（北京大学）学术委员会副主任委员；1998年获得何梁何利基金科学与技术进步奖；2012年获得中国医学科学院/北京协和医学院科技大会“终身成就奖”。

12. 谈掌珠

1918—？中西1938届。将食物烹饪技艺和艺术完美结合，著有《我的八宝菜人生》以及烹饪画册几十册。在日本经营的张夫人餐厅连锁店亦有声有色。她还在日本著名电视台讲中国菜制作，开设中国菜教室，传播中华饮食文化，在日本民间享有巨大的声誉。

13. 邢泽

1925—2009，上海人，圣玛利亚1941届。圣约翰大学新闻系、教育系毕业。1945年3月加入中国共产党。曾往解放区江淮大学学习。上海解放后，邢泽进入上海军管会外事处工作。1956年调入中央直属机关，1962年任中国人民对外友好协会理事，多次陪同韩素英、韩丁等国际友人访问延安等地。1972年任中国驻智利大使馆一等秘书，1980年任联合国新闻部新闻处处长，是联合国的中国女外交官，1985年离任。

14. 涂莲英

1925—1986，湖北黄冈人，中西1944届。涂莲英的父亲是圣约翰大学最后一任校长涂羽卿，母亲是华籍美国人。1949年她从上海医学院毕业后赴美留学，1956年回国。曾任上海医科大学肿瘤医院病理科教授。她在自己身患恶性肿瘤的情况下，坐着轮椅，争分夺秒地投入工作。致力于中国的淋巴瘤分类分型标准，并做出了巨大贡献。

15. 陈依弥

1928—1974，广东中山人，中西1946届。1950年圣约翰大学英文系毕业，分配在中央人民政府外交部办公厅下属的秘书处，从事英文的口笔译工作。她曾两次入朝担任开城军事停战委员会朝中代表团英语译员和志愿军代表团驻开城联络处翻译工作。先后参加了1954年、1962年两次日内瓦会议。70年代初任外交部办公厅翻译室英文处副处长。曾两次赴驻科伦坡中国大使馆工作。1974年底回国休假结束准备返回科伦坡前夕，陈依弥感冒高烧，为了不影响年终工作，她还是带病归回，在飞机上病情加重，转为病毒性肺炎，并发心肌炎，抢救无效，因公殉职。

16. 邓稚凤

1928— ，江苏江阴人，中西1946届。1948年赴美留学，毕业后定居于俄勒冈州。从事社会公益事业，曾担任十三年校董。1976年第一次竞选众议员获成功。1983年当选为参议员。蝉联美国俄勒岗州六届州议员。为美国华人参政的典范。曾任副参议长，州财政会会员。从政二十余年，为社区和俄勒冈州的发展建设做了很多工作。著有*East meets West*（《东西方交汇》）。

17. 陈晋明

1928—2021，浙江杭州人，中西1947届。美国九〇学社董事，旧金山中华文化中心董事长，安老自助董事会主席。旧金山中西校友会会长，热心于筹集资金资助祖国希望工程，已资助江西育才中学薛正希望工程班84名学生高中毕业，并有56名大学毕业，其中5人获得硕士学位，1人获得博士学位。另有资助西部地区1000名女童完成小学学业的春蕾工程，有部分女童完成初中、高中，中职和大学学业。她是中国“十大女性公益人物”、首届全美亚裔妇女“优秀妇女领袖奖”获得者。

18. 刘禄曾

1929— ，安徽庐江人，中西1947届。东吴大学法学院毕业，1950年参加中国人民志愿军，在敌工部当英语翻译。她在上甘岭前线向敌人喊话，她做俘虏工作，向美军士兵作反战宣传及战俘审讯工作。1979年她陪同著名教育家吴贻芳博士访问美国时，当年的战俘还能认出她来。战争结束后，她获得金日成首相颁发的朝鲜国家军功章。

19. 周芬芬

1932—1994，上海人，中西1950届。高能炸药专家，高级工程师。长期默默无闻地从事国防尖端事业，辗转祖国东北山区、西北青海的草原和四川山区。研制的火箭推进器配方获部级科研成果奖、1978年全国科技大会奖。1985年中国工程物理研究院“三八红旗手”。为我国两弹的研制成功做出重要贡献。1994年3月因病去世。

20. 闻玉梅

1934— ，祖籍湖北黄冈，生于北京，成长于上海。圣玛利亚1951届。医学微生物学专家、病毒专家。复旦大学医学院教授、博士生导师。1956年毕业于上海医学院，1980—1990年数度赴英国伦敦大学、美国国立生物研究院变态反应与传染病所病毒性肝炎研究室做访问学者。20世纪90年代，回到中国后开始研究乙肝病毒分子生物学与免疫学。从事医学微生物学的教学与科研工作，在乙型肝炎病毒及免疫领域中做出了有创新性的贡献。1999年当选为中国工程院院士。2021年闻玉梅被评为“全国三八红旗手”。

21. 夏梦

1933—2016，江苏苏州人，中西1951届肄业。1947年初二离校，原名杨濛。香港著名电影演员及制片人。50—60年代香港长城电影制片公司首席女演员，1956年加盟凤凰影业公司。1979年创办了青鸟影业公司，担任总监制，2015年，夏梦获第十八届上海国际电影节华语电影终身成就奖。曾任第五至七届全国政协委员。曾获第二届香港电影金像奖最佳影片奖，第四届香港电影金像奖最佳导演奖。

22. 李世济

1933—2016，广东梅县人，圣玛利亚1952届。第二批国家级非物质文化遗产项目京剧代表性传承人，京剧表演艺术家，国家一级演员。著名京剧旦角。京剧程派艺术的著名传人，中国京剧一团团长，中国戏剧家协会理事，中国文联副主席。第五至九届全国政协委员，第十、十二届全国政协常务委员。李世济是现代级的大师，在程派的基础上形成了自己独有的风格。1957年获世界青年联欢节银质奖章，1958年获北京市“三八红旗手”称号，1980年获文化部表演二等奖，2008年10月10日荣获第七届造型表演艺术成就奖，2011年荣获终身艺术成就奖。

23. 陈添弥

1934— ，广东中山人，中西1952届。1951年高二时参军。在部队被送去学医，毕业于中国医科大学。从事医学生物技术等科学研究，现任军事医学科学院生物工程研究所研究员，系中国科学院、中国科技大学研究生院兼职教授、中国遗传学会常务理事。20世纪70年代开始分子生物学、生物技术的研究，是我国较早从事这方面工作的人员，并培养了大批人才。曾获军队科技进步一等奖、国家科技进步一等奖等数项奖项。中国军事科学院文职中将。

24. 李再婷

1934— ，上海人，中西1952届。石油化工科学研究所教授级高级工程师。参与了我国第一套催化裂化装置的开工，参加了我国自己开发的催化裂解工艺及催化剂的研制。在石油催化、裂化科研领域已获多国专利、中国专利金奖，是我国国家发明一等奖“以石油重质组分催化裂解制取低碳烯烃工艺及催化剂技术”（DCC技术）的第一发明人。1997年，获得了第六届王丹萍科学奖。2002年，被评为全国十名“新世纪巾帼发明家”之一。

25. 牛恩德

1934—2012，上海嘉定人，1953届肄业。著名钢琴家，十三岁登台演出，1965年获“青年艺术家”殊荣。多次被聘为国际青年钢琴家比赛评委，近四十年来先后在亚、美、欧各地多次举行音乐会，热衷向西方观众演奏中国民族音乐，被誉为“东西方文化交流的使者”。上海音乐学院聘请牛恩德为上海音乐学院教育发展基金会第一届理事会荣誉理事，设立“牛恩德钢琴音乐奖学金”，用于奖励品学兼优、在重大钢琴国际比赛中获优秀名次的学生及资助钢琴专业贫困学生。

26. 顾圣婴

1937—1967，江苏无锡人，1954届。中学毕业后考入上海交响乐团为钢琴独奏演员。1957年8月，参加在莫斯科举办的第六届世界青年联欢节比赛获金奖。1958年9月，参加在瑞士日内瓦举办的第十四届国际音乐比赛获最高奖二等奖（无一等奖）。1960年3月参加华沙第六届肖邦钢琴比赛获很高评价。连续多年被评为上海市优秀青年和“三八红旗手”。1964年4月参加比利时伊丽莎白王太后国际钢琴赛再次获大奖。被国内外音乐界誉为“天生的萧邦作品演奏家，真正的钢琴诗人”。1967年1月被迫害致死，1979年1月4日获平反。

27. 卓以玉

1936— ，福建闽县人，1954届。享誉国际的知名学者、艺术家、诗人及词作家。曾任加州圣地亚哥州立大学亚洲研究中心主任及该校中国研究所所长，担任圣地亚哥市政府文化艺术委员会委员长达六年。1991年3月21日，美国联邦参议院通过老布什总统的推荐，任命卓以玉教授出任美国国家文艺委员会委员，成为继建筑大师贝聿铭之后第二位出任该崇高职位的华人，也是该委员会迄今为止唯一的亚裔女性。2005年，卓以玉教授再荣获圣地亚哥市亚裔文化传承奖、哲学文学艺术杰出成就奖。是少数在西方以英语传播中国艺术和美学的代表人物之一，她在绘画、诗歌、作词等艺术领域均有深厚的造诣，并取得杰出成就。

28. 谭茀芸

1936— ，上海人，1954届。1959年毕业于中国纺织大学，高级工程师，兼任数届上海市科协常委和中国纺织工程学会理事。1983年当选为上海市妇联主任，同年被推选为第五届全国妇联副主席。1985—1991年，调任新华社香港分社社长助理兼经济部部长、经济工作小组副组长和妇女工作小组组长。1992年与杨振汉先生共同组建杨谭顾问公司和华贤有限公司等企业，任董事、总经理。兼任中国国际贸易促进委员会纺织分会副会长、中国妇女发展基金会理事、中国儿童少年基金会理事等职。中共十二大代表。

29. 朱丽兰

1935— ，浙江湖州人，1955届。苏联奥德萨大学高分子物理化学专业毕业，研究员。1997年8月被选为国际欧亚科学院院士。 是中共第十四届中央候补委员，第十五届中央委员。曾任国家科委党组书记、国家科技部部长、中国发明协会理事长。她直接参与和领导了国家“863”计划、基础研究计划、火炬计划的制订并负责实施。主要从事高分子反应动力学、高分子材料剖析、性能结构形态关系的研究。其研究项目曾多次获国家部委级奖。1993年获美国美洲中国工程师协会颁发的"杰出服务奖"。

30. 杨海棠

1937—1987，上海人，1955届。曾任四〇四厂一分厂副总工程师、核工业部劳动模范、全国五一劳动奖章获得者，她为祖国的核工业贡献了自己毕生的精力。

31. 陈亚珠

1936— ，浙江宁波人，1956届。系我国高电压技术、生物医学工程领域杰出专家，1996年当选中国工程院院士，上海交通大学讲席教授，生物医学工程学院名誉院长，中国医学科学院学部委员。她是跨领域从事医学工程创新研究和产业转化的开拓者之一。早期致力于过电压防雷保护、高电压绝缘设计、静电场数值计算领域研究，荣获国家科学技术进步三等奖等。成功研制的我国液电效应体外粉碎肾结石技术与装置，缔造国制替代进口的零突破，实现我国尿外科史上无创伤治疗法，荣获国家科学技术进步一等奖等奖项。近年来，又提出相控型多模式高强度聚焦超声治疗理念，与团队研制的相控型多模式聚焦超声和医学影像融合大型医疗设备，成功实施了妇科、肿瘤等多领域的临床研究和成果转化。授权发明专利 60 余项，国内外发表论文 450 余篇。被授予 2019 年度上海市科技功臣奖。

32. 陈陈

1937—　，江苏建湖人，1956届。清华大学电机系研究生，美国普渡大学电气工程学院博士，电工哲学博士，上海交通大学电气工程系教授委员会主席。清华大学、上海交通大学教授，是国产大容量发电机励磁系统研发的开创者之一。曾任上海交大电力系统及其自动化学科博士生导师、电气工程博士后流动站负责人，在电气工程、系统工程、计算机等领域先后带出了33位博士、49位硕士生以及5位博士后，并于2005年获得全国电气工程专业唯一优秀博士后流动站荣誉。在此期间发表SCI 和 EI收录论文逾120篇。2020年获顾毓琇电机工程奖，是首个获奖的女性。

33. 范巴陵

1940—　，山东郯城人，1956届。1960年毕业于浙江农业大学。1983年后历任三届嘉兴市副市长，第七、八届全国人大代表，1998年后任嘉兴市人大常委会副主任，嘉兴市关工委主任。在她的任期内，嘉兴是浙江省第一个消灭中小学危房、扫除青壮年文盲、实现九年制义务教育、通过国家双基验收、解决教师住房的地级市。为了改善基层医疗卫生条件，她顶住压力没有让乡镇卫生院“转制”，而是建立起新型城乡居民合作医疗保险制度，大大减少了群众因病致贫的可能性。她为嘉兴市的教育、卫生、科技、文化事业的发展做出了杰出的贡献。她是中国作家协会会员，著有自传体小说《女市长》等。

34. 王兰娟

1938—　，上海人，1956届。中国科学院上海天文台研究员、吴特公司总经理。是自1976年起中科院和上海天文台的重点项目——“研制1.56米天体测量望远镜”的主要科研人员。王兰娟是光学部分的负责人，她在设计、加工、检验和调试过程中始终从严要求，一丝不苟，光学组齐心协力确保了望远镜光学系统的质量。1985年在装配车间内用“1.56米天体测量望远镜”清晰地拍摄到了76年才回归一次的哈雷彗星以及在1987年日环食时出现的贝利球的照片，为我国天文学家取得了宝贵的研究资料。望远镜于1987年在佘山圆顶内安装完成，并于1989年11月通过院级鉴定，1990年这项成果获中科院科技进步一等奖，1992年获国家科技进步一等奖。

35. 黄蜀芹

1939—2022，广东番禺人，1957届。1964年毕业于北京电影学院导演系。进上海电影制片厂工作，跟随谢晋，任《啊！摇篮》和《天云山传奇》副导演。1981年开始独立拍片，先后执导电影《当代人》《青春万岁》《童年的朋友》《超国界行动》等，以及《围城》《孽债》《承诺》等电视剧。近二十年来执导的影视片、电视剧曾荣获“飞天”、“童牛”“金鸡”“金鹰”最佳影片、最佳导演、最佳表演等大奖。作为中国第四代成就卓著的导演，女性的身份给了黄蜀芹独特的观察视角，代表作《人·鬼·情》被誉为“中国第一部女性电影”。她的作品力求完美，屡屡获国际、国内大奖。她追求艺术上的鲜明个性，提倡“小题材大感情”。曾任中国电影家协会理事、上海电影家协会副主席。2016年3月27日，荣获中国电影导演协会颁发的杰出贡献奖。

36. 黄淑帧

1938—　，上海人，1957届。上海医学遗传研究所分子遗传研究室主任。长期从事医学遗传学和胚胎工程学的研究工作，在遗传的基因诊断、基因治疗、转基因动物和干细胞等领域成绩卓著。在国内外已发表论文400多篇，30多次荣获国家级、省部级和上海市的重大科技成果奖，在国内外申请和获得了10项专利，作为首席科学家连续5次获得美国国立卫生研究院科学基金。首创的“微量干血DNA扩增技术”和“mRNA诊断技术”等推动了基因诊断学科的发展，在国内外且有广泛的影响。她采用基因调控的手段对 β 地中海贫血进行基因治疗获得成功，国际权威医学专场JMAM在评述1996年国际血液学的进展时，把这一成果的论文索引为代表性的文献。近年来，她投身于转基因动物—乳腺生物反应器这一国家“863”高科技项目和上海市攻关项目的研究。

37. 沈小梅

1938—　，云南昆明人，1954届初中，曾用名沈晓梅。著名京剧表演艺术家、“梅派”艺术传人，国家一级演员。曾任江苏艺术剧院艺术指导委员会委员，中国京剧研究生班导师，为中国剧协会员、江苏省戏剧家协会理事，江苏省文联委员，江苏国际文化交流中心理事，江苏省文化艺术发展基金会理事，江苏省海峡两岸研究会理事。历任江苏省三、五、六、七届人大常委，中共十四、十五大代表。1991年获国务院政府特殊津贴。

38. 周慧珺

1939—2021，浙江镇海人，1958届肄业。著名女书法家。

1975年进上海中国画院从事书法创作。1981年当选为中国书协理事。1986年获上海文联首届文学艺术奖。1989年任第四届全国书法展览评委。1995年当选第六届全国文代会代表。曾任上海书法家协会第四、五届主席，上海市文联副主席，中国书法家协会顾问。上海文史馆馆员，上海中国画院艺术顾问，国家一级美术师。享受国务院政府特殊津贴。2014年，获第五届“中国书法兰亭奖—终身成就奖”和上海市第六届“文学艺术奖—杰出贡献奖”。2019年，获得上海市第七届“文学艺术奖—终身成就奖”。

39. 徐文洁

1940— ，上海人，1959届。曾任中国科学院合肥分院高级工程师，中外合资爱科医疗仪器有限公司副总经理。发明的“WCDF胃肠电分析仪”曾获国际、全国发明展览会金奖。全国妇联授予第七届“巾帼发明奖”。

40. 朱敏慧

1942— ，上海人，1960届。雷达信号与信息处理专家，担任多项国家“八五”和“九五”重点工程负责人，为我国微波成像技术领域的战略发展和部署前沿技术研究做出了重要贡献。曾任中国科学院电子学研究所所长等职。现为中国科学院电子学研究所学术委员会主任，微波成像国家重点实验室主任，电子与信息学报主编，第十届全国政协委员，中共十五大代表。

41. 苏乐慈

1942— ，上海人，1960届。原上海戏剧学院导演系主任，享受国务院政府特殊津贴。文化部优秀专家、中国戏剧家协会会员、上海戏剧家协会理事、上海电影艺术家协会会员、中国话剧研究会会员。导演的主要作品有话剧《于无声处》《屋外有热流》《血总是热的》等。曾获全国总工会特别奖、上海市优秀演出奖、上海市首届戏剧节优秀演出奖、文化部戏剧现代戏汇演优秀演出奖与导演奖、宝钢高雅艺术奖编导奖、中国话剧导演金狮奖等众多奖项。

42. 陈宝馨

1943— ，上海人，1961届。总参某研究所正军职研究员，文职将军。密码分析、网络信息安全方面的专家。获全军专业技术重大贡献奖，总参人梯奖。被评为全国城镇妇女巾帼建功标兵。培养了一批硕士、博士研究生。

43. 任文燕

1943— ，浙江绍兴人，1961届。1968年毕业于南京林学院，高级工程师。从基层厂的技术副厂长到上海市虹口区副区长；从上海市工商联会长到中华全国工商业联合会副主席；1998年2月任上海市人大常委会副主任。七届全国人大代表，九届、十届全国政协常委。获得“六五”期间国家科技进步二等奖，1984年被评为上海市“三八红旗手”，1985年被授予上海市巾帼奖，1987年被评为市政府优秀科技工作者。

44. 何少苓

1944— ，上海人，1962届。中国水利水电科学研究院教授级高级工程师，副总工程师。十届、十一届全国人大代表，环境与资源委员会委员。主要从事计算水力学、环境水力学、水资源与水环境保护、防洪减灾、水工程安全等领域的科研与管理。在国内率先引入和开发多项水治理和水环境保护的方案，成功开发黄河防洪减灾的居民避难系统和太湖水质优化措施。曾获1992年国家科技进步一等奖、水利部科技进步奖等各级奖励。

45. 鱼珊玲

1944— ，上海人，1962届。新疆生产建设兵团侨务办公室副主任。曾任中国侨联六届常委、新疆维吾尔自治区政协八届常委。60年代初，不顾家庭压力，不留恋上海，坚决支疆。是建设边疆、保卫边疆的知识青年的杰出代表。

46. 沈殿霞

1945—2008，上海人，1959届初中肄业。香港著名的节目主持人，在香港演艺界有很好的口碑。沈殿霞主持《欢乐今宵》节目长达二十年之久，多次担任大型文艺晚会的主持人。从70年代开始，曾主演《七十二家房客》等电影数十部。1990年亚洲电视台邀她担任《肥肥缤纷三十年》《肥趣电视台》等节目主持。曾入选香港80年代十大演艺红人。其形象亲切、可爱、豁达、善良，有“香港开心果”之誉，并被选为香港“国际儿童大使”。2007年获TVB万千星辉演艺大奖，2008年获香港电影金像奖专业精神奖。

47. 刘耀真

1946— ，上海人，1959届初中。当代著名油画家。现为美国肖像画家学会会员，美国专业画家联盟成员。70年代开始，作品入选历年上海市美展、上海市青年美展、六省二市肖像画巡回展、全国美展等。1982年赴美国IOWA大学留学，获艺术硕士和美术专业硕士学位，并在美中西部举行多次个展。作品长年于海内外报刊及专业杂志发表，并被海内外艺术机构及藏家广泛收藏。其代表作《刘胡兰》被中国美术馆收藏。

48. 李葵南

1944— ，上海人，1963届。资深记者，曾任上海市民盟常委、第八、九、十届全国人大代表、《新民晚报》群工部副主任、主任记者。当了十五年的人大代表，退休后的李葵南又成了“社区代表”，帮百姓说话，为百姓办事，撰写评述性文章几十篇，内容涉及社会生活的方方面面。

49. 倪以信

1946— ，安徽桐城人，1963届。香港大学教授，清华、港大（深圳）电力系统研究所副所长。是我国自己培养的第一位女工学博士，曾任清华大学教授、全国青联副主席。1988年获第一届教委“霍英东青年教师奖”，1991年1月获教委“有突出贡献的中国学位获得者”奖。

50. 何亚男

1946— ，上海人，1964届。上海市第三女子中学原任校长，上海市英语特级教师、上海市特级校长。上海市英语学科名师培养基地主持人，从事英语教学工作逾半个世纪，始终致力于英语教学研究和学校英语特色的创立。近年来活跃在英语课堂上，进行青年教师的培养工作。现为上海市中学外语学会副会长、市妇代会执委。撰写和主编的主要著作有《英语写作》《高中英语课堂教学设计》《高中研究必修课教学设计和案例研究》《英语课堂教学启示录》等。曾获全国中小学外语教师园丁奖及上海市劳动模范、上海市“三八红旗手”、上海“建国六十年百名杰出女教师”等荣誉称号。

51. 张聂尔

1948—2006，福建宁化人，1966届。部队作家，中国作家协会会员。从1983年起发表文学作品。主要著作有《将军的世界》《将门男女》《叶氏父女》《中国第一人毛泽东》《拥抱生命》等。2006年因病在北京去世。

52. 高醇芳

1947— ，四川重庆人，1964届初中。法籍著名女画家，美术教育活动家。1984年创办了法中文化协会，2004年创办了巴黎中国电影节。在法国，她大力弘扬中华文化，举办书画展、音乐舞蹈杂技表演会，教授中国书画，举办中国书画汉字音乐等讲座，不遗余力地为中法文化交流四处奔走。曾荣获巴黎市政府颁发的金质大奖章和法国教育部颁发的骑士荣誉勋章。2003年荣任宋庆龄基金会理事。

53. 叶佩玉

1950— ，上海人，1966届初中。上海市特级教师。现任普陀区教育学院中学教研室化学教研员。曾被评为“上海市教育功臣”。是第53届英特尔国际科学与工程大赛的“英特尔杰出教学奖”全球5位获奖教师之一，中国首位获奖教师。2002年7月国际天文联合会、美国麻省理工学院（MIT）林肯实验室命名了一颗小行星“Yepeiyu”，编号为12881。获评“全国优秀科技辅导员”“宋庆龄少年儿童发明奖优秀科技辅导员”“上海市园丁奖”等约40项。

54. 庄桂霞

1953— ，上海人，1969届。上海第一妇婴保健院主任医师，博士研究生。中学毕业后赴黑龙江插队。曾在内蒙古医学院、山东医科大学攻读硕士、博士学位，发表学术论文20余篇。曾进行多项有关妇科肿瘤方面的研究，并主编或参加编写多部医学专著。

55. 徐英

1959— ，上海人，1976届。长宁区新华社区卫生中心护师。1997、2001年连续两届被评为上海市优秀护士，是上海市“十佳护士”、上海市“三八红旗手”、上海市劳动模范。她是甘为孺子牛的老劳模，新华街道社区卫生服务中心总务主管、主管护师。“徐英热线”是她工作在医务第一线时留下的品牌财富。

56. 朱洪超（男）

1959— ，上海人，1977届。曾任中华全国律师协会副会长、上海市律师协会会长、上海市法学会常务理事。现任上海联合律师事务所荣誉主任。上海市第十三届、第十四届人民代表大会代表。上海仲裁委员会仲裁员、中国国际经济贸易仲裁委员会仲裁员、中华全国律师协会律师发展战略研究委主任；华东政法大学、上海外国语大学兼职教授；上海市人民政府外聘法律顾问、上海市慈善基金会法律顾问。曾获评1988年上海市"优秀法律顾问"、1989年上海市"十佳优秀辩护人"、上海市司法行政系统先进个人，享受国务院政府特殊津贴。

57. 夏毅（男）

1963—1985，江苏盐城人，1980届。1982年，夏毅放弃招工进厂的机会，毅然报名参军。在部队表现突出，先后受到营、连嘉奖13次。1984年，加入中国共产党。1985年1月18日，在守卫老山无名3号高地的战役中，在身负重伤的情况下，毅然顶替牺牲的排长指挥战斗，击退敌人的进攻，守住了无名高地。他终因流血过多，光荣牺牲，为国捐躯，被授予一等军功章。

58. 吴尔愉

1963— ，上海人，1980届。上海航空股份有限公司乘务长。1997年度上海市劳动模范，2000年度全国劳动模范，全国“五一”劳动奖章获得者。2004年，上海航空公司推出了《吴尔愉服务法》，这是中国民航系统内第一个以个人名字命名的服务方法。2007年吴尔愉当选为中共十七大代表。2012年10月31日，“吴尔愉劳模创新工作室”成立，她还在继续培养优秀的空中乘务员。

59. 陈宝雯

1967—，上海人，1985届。美中经贸促进会秘书长，美国Sinosure,Inc.的董事长、CEO。宝成国际咨询公司总裁。曾留学美国，获金融和管理双硕士学位。2000年7月回国创业，在上海浦东创立宝成国际顾问公司中国总部，从事企业战略重组、投资咨询业务。为国内外企业战略升级，引入国外投资资金等，在高科技领域引进孵化、风险投资新机制。工作卓有成效。

60. 吉雪萍

1975— ，上海人，1995届。十四岁时在电视剧《十六岁的花季》中饰演白雪一角；1997年在上海电视台开始主持生涯；1998年主持中央电视台《正大综艺》，并获星光特别奖；1999年在上海戏剧学院电视艺术系电视编辑专业毕业。后为上海东方卫视主持人。

61. 秦忆

1979— ，上海人，1997届。美国亚利桑那大学研究生。2003年入职上海文化广播影视集团，现任新闻主持人。主持东方卫视的《东方新闻》国际播报部分、财经节目*Biz Watch*（《天下财经》）。最精彩的一次是，2005年伦敦地铁爆炸案，在没有任何准备的情况下，她出色完成了现场同声传译、播报新闻的任务。

62. 程莉

1980— ，上海人，1999届。清华大学研究生毕业即赴5.12汶川地震灾区，投身灾后重建，先后担任四川省汶川县水磨镇、映秀镇副镇长，水磨镇镇长。现任四川省阿坝藏族羌族自治州茂县副县长等职。水磨古镇被全球人居环境论坛理事会和联合国人居署评为“全球灾后重建最佳范例”。

63. 庄晓莹

1983— ，上海人，2001届。同济大学土木工程系硕士，英国杜伦大学博士，在挪威进行博士后研究。主要从事计算力学、岩石力学领域研究。2015年获得了德国著名的“索菲亚-科瓦雷夫斯亚奖”（全球第七位获该奖项的华人）。她学成之后，面对国外提出的高薪条件，却丝毫没有动摇，她毅然选择了回国效力。现任同济大学教授、博士生导师。

64. 应轶伦

1987— ，上海人，2005届。英国伯明翰大学博士，华东理工大学副研究员、硕士生导师。主要研究方向为纳米通道单分子分析及纳米光谱电化学，涉及化学、生物、医学等领域的前沿交叉研究工作。入选2015年中国“未来女科学家计划”，被授予2016年联合国教科文组织“世界最具潜力科学家”称号。

图片目录索引

第一章　中西兼融：从圣玛利亚书院到圣玛利亚女校

第二章　含中咀西：从中西女塾到中西女子中学校

第三章　塑造新女性：多彩的教会女校生活

第四章　大时代洪流中的教会女校

第五章 进入新时期：上海市第三女子中学

第六章　困难与调整时期

第七章　百年女校再铸辉煌

第八章　新世纪的市三女中

附录八

主要参考文献

（一）正史、地方志书、指南、图录等

《清史稿》，赵尔巽等撰，中华书局1977年版。

同治《上海县志》，应宝时等修，俞樾等纂，清同治十年（1871）刊本。

民国《上海县续志》，吴馨等修，姚文枏等纂，民国七年（1918）南园刻本。

民国《上海县志》，姚文枏、秦锡田等纂，民国二十五年（1936）排印本。

《长宁区志》，长宁区志编纂委员会编，上海社会科学院出版社1999年版。

《上海妇女志》，《上海妇女志》编纂委员会编，上海社会科学院出版社2000年版。

《上海侨务志》，《上海侨务志》编纂委员会编，袁采主编，上海社会科学院出版社2001年版。

《上海通志》，上海通志编纂委员会编，上海人民出版社2005年版。

《上海名建筑志》，上海市地方志办公室编著，上海社会科学院出版社2005年版。

《上海普通教育志》，《上海普通教育志》编纂委员会编，上海社会科学院出版社2015年版。

《上海县教育状况》，上海县知事公署，民国六年（1917）8月刊印，附“外国及教会所办学校”。

《上海租界问题》，王揖唐著，上海聚珍仿宋印书局1924年刊印。

《上海特别市教育法规汇编》，上海特别市教育局编，1929年铅印本。

《上海市教育统计》，上海市教育局编，1931年铅印本。

《上海特别市教育局业务报告（下）》，上海市教育局编，1932年版。

《一九三三之上海教育》，上海新闻社编，1934年铅印本。

《上海大中小学调查录》，许晚成编，龙文书店1935年版。

《战后上海学校暨文化机关调查录》，许晚成编，龙文书店1939年版。

《上海学校调查录》，许晚成编，龙文书店1940年版。

《上海市市政报告》，上海市市政府秘书处编，汉文正楷印书局1936年版。

《教育法令汇编》，教育育部参事处编，商务印书馆1936年版。

《上海市教育统计（民国二十三、二十四年度合刊）》，上海市教育局编，1936年铅印本。

《民国二十六年上海市年鉴·教育》，上海通志馆年鉴委员会编，中华书局1937年版。

《廿八年上海教育一览》，上海教育年鉴社编，大时代书局1939年版。

《上海市教育统计》（1946年度），上海市教育局编，1947年刊印。

《上海市中等教育概况》，上海市教育局编印，正中书局1948年刊印。

《上海市学校调查录》，乐德卿等主编，群协出版社1948年版。

《上海市政府法规汇编》，上海市政府编，1948年铅印本。

《上海指南》，商务印书馆1909年版。

《上海求学指南》，王寅清、柴芷湘合编，上海天一书局1921年版。

《上海指南》，商务印书馆编译所编纂，商务印书馆1922年版。

《上海指南》，商务印书馆编译所编纂，商务印书馆1926年版。

《上海指南》，林震编纂，商务印书馆1930年版。

《上海小蓝本》（*The Little Blue Book of Shanghai*），1931年版。

《袖珍上海里弄分区精图》，葛石卿等编纂绘制，国光舆地社1946年版，作者书社发行。

《上海市行号路图录》，鲍士英测绘，顾怀冰等编辑，上海福利营业股份公司编印，1949年版。

（二）学校档案（包括学校章程、纪念册、课本、教材、讲义等）

【上海市档案馆藏（部分）】

《上海圣玛利亚女学校章程汇录》，1922年，上海市档案馆藏，卷宗号：Q235-3-135。

《圣玛利亚女校五十周（年）纪念特刊》，1931年，上海市档案馆藏，卷宗号：Q235-3-138或Y8-1-532。

《凤藻》，1937年，上海市档案馆藏，卷宗号：Q235-3-140。

《日伪上海特别市政府关于上海特务机关函请在沪西圣玛利亚女校邻地建筑的文件》，上海市档案馆藏，卷宗号：R1-9-272。

《上海市教育局关于私立圣玛利亚女中呈请立案文件》，1947年，上海市档案馆藏，卷宗号：Q235-2-2210。

《上海市教育局关于市立杨思中学学籍、私立群化初级中学、圣谊初级中学、圣玛利亚女中、杨树浦中学学籍、毕业生名册》，1947年，上海市档案馆藏，卷宗号：Q235-2-2568-2569。

《上海市教育局关于接受外国津贴中等学校总登记表、学校情况及接管使用外国资产清理及估价报告表（十三划——裨文圣玛利亚女中）》，1950年，上海市档案馆藏，卷宗号：B105-1-1063。

《上海市教育局关于圣玛利亚女中校产清册及上海纺织工业学校财产清册》，1952年，上海市档案馆藏，卷宗号：B105-5-820。

《墨梯》1917年，上海市档案馆藏，卷宗号：Y8-1-552。

《墨梯》1921年，上海市档案馆藏，卷宗号：Y8-1-554。

《墨梯》1923年，上海市档案馆藏，卷宗号：Y8-1-555。

《墨梯》1924年，上海市档案馆藏，卷宗号：Y8-1-556。

《墨梯》1925年，上海市档案馆藏，卷宗号：Y8-1-557。

《墨梯》1928年，上海市档案馆藏，卷宗号：Y8-1-560。

《私立中西女子中学校（原名中西女塾）章程摘要》，上海市档案馆藏，卷宗号：Q235-1-773。

《中西女塾学生自治会规程》，上海市档案馆藏，卷宗号：Q235-1-773。

《中西女子中学校重定规则》，上海市档案馆藏，卷宗号：Q235-1-773。

《私立中西女子中学校（原名中西女塾）校董会章程》，1930年，上海市档案馆藏，卷宗号：Q235-1-773。

《上海私立中西女子中学校校董会章程》，上海市档案馆藏，卷宗号：Q235-1-773。

《私立中西女子中学校校董会用表》，上海市档案馆藏，卷宗号：Q235-1-773。

《上海私立中西女子中学校董会表》，上海市档案馆藏，卷宗号：Q235-1-773。

《上海私立中西女子中学校学生一览表》，1930年11月30日，上海市档案馆藏，卷宗号：Q235-1-773。

《私立中西女子中学校呈报开办用表（教员履历表）》，上海市档案馆藏，卷宗号：Q235-1-773。

《私立中西女子中学校呈报开办用表（职员履历表）》，上海市档案馆藏，卷宗号：Q235-1-773。

《私立上海中西女子中学校呈请核准设立用表（校园设施、校园平面图等）》，上海市档案馆藏，卷宗号：Q235-1-773。

《私立中西女子中学校呈报开办用表》，上海市档案馆藏，卷宗号：Q235-1-773。

《私立中西女中中学公文往来档案》，1930—1934年，上海市档案馆藏，卷宗号：Q235-1-773。

《中华监理公会工作史略》，1933年，上海市档案馆藏，卷宗号：U107-0-17。

《上海1960年文教方面先进单位登记表》，上海市档案馆藏，卷宗号：A31-2-111-136。

《上海纺织工业学校财产清册》，上海市档案馆藏，卷宗号：B105-5-820。

《上海市第三女中青少年卫生工作先进事迹》，上海市档案馆藏，卷宗号：C21-2-3050-13。

《上海市第三女子中学三年计划》，上海市档案馆藏，卷宗号：B105-5-1179-1。

《上海市公立中学及中等师范学校劳动工资统计年报（1953年度）》，上海市档案馆藏，卷宗号：B105-5-914-22。

《市三女中成立前后的经济情况、组织领导、教学业务、思想教育等问题的报告》，上海市档案馆藏，卷宗号：B105-5-1236-43。

《中等以上学校校长工资评定表》，上海市档案馆藏，卷宗号：B105-5-262。

《上海市妇女六好积极分子登记表》，上海市第三女子中学华若萱老师，1982年1月，上海市档案馆藏，卷宗号：C31-5-44-12。

《上海市一九八二年先进红十字会员事迹表》，上海市第三女子中学戴惠英，1983年2月，上海市档案馆藏，卷宗号：C63-1-87-27。

【上海市第三女子中学档案室藏】

上海市第三女子中学《工程合同》，1955年8月，上海市第三女子中学档案室藏。

《上海市人民政府教育局第三女中教室工程合同》，1952年，上海市第三女子中学档案室藏。

《中西女中移交给市三女中时的清册（一）》，1952年，上海市第三女子中学档案室藏。

《中西女中移交给市三女中时的清册（二）》，1952年，上海市第三女子中学档案室藏。

《中西女中移交给市三女中时的清册（三）》，1952年，上海市第三女子中学档案室藏。

《中西女中移交给市三女中时的清册（四）》，1952年，上海市第三女子中学档案室藏。

上海市第三女子中学《本校关于清理财产说明的公文和复查存物表》，1954年，上海市第三女子中学档案室藏。

上海市第三女子中学《工程合同》，1952年，上海市第三女子中学档案室藏。

上海市第三女子中学《工程合同》，1954年9月5日至1954年11月，上海市第三女子中学档案室藏。

上海市第三女子中学《油漆合同》，1964年，上海市第三女子中学档案室藏。

《圣玛利亚中学学籍片》，1934年，上海市第三女子中学档案室藏。

《上海圣玛利亚女子中学报名书》，上海市第三女子中学档案室藏。

《圣玛利亚中学学生曾点的请假条》，上海市第三女子中学档案室藏。

《上海私立觉民小学校长推荐高振华的信函》，1948年7月，上海市第三女子中学档案室藏。

《上海私立觉民小学校长推荐王汝珊的信函》，1948年7月，上海市第三女子中学档案室藏。

《圣玛利亚书院学生总成绩单》，1925年，上海市第三女子中学档案室藏。

《圣玛利亚书院学生英文成绩单》，1925年，上海市第三女子中学档案室藏。

《1976年中小学基本情况统计》，上海市第三女子中学档案室藏。

《各班任课教师安排表》，上海市第三女子中学档案室藏。

《回忆母校》，徐勇民撰，上海市第三女子中学档案室藏。

《回忆在市三做少先队辅导员的八年》，王昌恒撰，上海市第三女子中学档案室藏。

《黎明前的觉醒》，傅家祥撰，上海市第三女子中学档案室藏。

《母校，女子成长的摇篮》，谭成策撰，上海市第三女子中学档案室藏。

《上海市第三女子中学关于学生的劳动情况》，上海市第三女子中学档案室藏。

《上海市私立中西女子中学1950年工作概况报告》，上海市第三女子中学档案室藏。

《市三教育百年回眸》，上海市第三女子中学档案室藏。

《市三女中关于落实知识分子政策的回顾》，上海市第三女子中学档案室藏。

《市三女中清查财产书面总结》，上海市第三女子中学档案室藏。

《市三女中体育大跃进的小结》，上海市第三女子中学档案室藏。

《谈谈解放十年我校的转变》，薛正撰，上海市第三女子中学档案室藏。

《通过典型事例教育了同学》，张小如撰，上海市第三女子中学档案室藏。

《校史资料》，上海市第三女子中学档案室藏。

《学校基本情况》，上海市第三女子中学档案室藏。

《长宁区教育系统基层单位情况登记簿》，上海市第三女子中学档案室藏。

《值得纪念的一件小事》，李宏撰，上海市第三女子中学档案室藏。

《中西女中1949—1952年有关学生运动简况》，上海市第三女子中学档案室藏。

《中西女中爱国学生运动的回顾》，瞿明明撰，上海市第三女子中学档案室藏。

《关于市三中学今年招收女生的请示报告》，1981年5月18日，上海市第三女子中学档案室藏。

上海市教育局《关于上海市第三中学今年招收女生的批复》，1981年6月6日，上海市第三女子中学档案室藏。

《关于建立中共市三（女中）总支委员会请示报告》，1987年3月16日，上海市第三女子中学档案室藏。

《关于成立中共上海市第三女子中学党总支委员会的批复》，1987年9月25日，上海市第三女子中学档案室藏。

《关于中共上海市第三女子中学委员会及中共上海市第三女子中学纪律检查委员会选举结果的批复》，2000年6月2日，上海市第三女子中学档案室藏。

《上海市第三女子中学简介（概况）》，选自《上海市第三女子中学105周年校庆特刊》，上海市第三女子中学校务办公室编印，1997年10月，上海市第三女子中学档案室藏。

《上海市第三女子中学新三年发展规划》（2003年9月至2006年9月），上海市第三女子中学档案室藏。

《上海市第三女子中学三年发展规划》（2010年1月至2012年12月），上海市第三女子中学档案室藏。

《上海市第三女子中学五年发展规划（讨论稿）》（2014年1月至2018年12月），上海市第三女子中学档案室藏。

《上海市第三女子中学五年发展规划》（2019年9月至2024年7月），上海市第三女子中学档案室藏。

（三）报纸杂志、文集笔记、年谱、书信、人物传记、回忆录、口述、年鉴、资料汇编等

报刊记载来自《申报》《万国公报》《中国教会新报》《教会新报》《字林西报》《民立报》《大公报》《女学报》《神州女报》《女朋友》《新闻报》《时报》《立报》《民国日报》《琼报》《政治官报》《教育公报》《上海市政府公报》《上海市教育局教育周报》《上海周报》《图画日报》《中国摄影学会画报》《时代日报》《上海公共租界工部局年报》《上海特别市市政府市政公报》《大学院公报》《女子杂志》《女子世界》《女子月刊》《妇女新生活月刊》《妇女共鸣》《女声》《女朋友》《福音光》《东方杂志》《教育杂志》《社会半月刊》《直隶教育杂志》《中华基督教年鉴》《青声周刊》《现代学校生活》《大上海教育》《人民日报》《光明日报》《解放日报》《文汇报》等。

【报刊中有关圣玛利亚女校的记载（部分）】

（《申报》相关报道篇名，见“文献档案选摘”，此略）

《茂嫣园会之新舞蹈记者桂质良女士》，《时报》1919年7月17日，第13版。

《菊花山圣玛利亚女校杨瑞卿》，《时报》1919年11月13日，第13版。

《说蠹圣玛利亚女校杨瑞卿女士》，《时报》1919年12月4日，第13版。

《美育界纪闻：圣玛利亚女校演剧纪》，《美育》1920年第4期。

《圣玛利亚女校游艺会预志本月二十五日》，《时报》1920年6月2日，第11版。

《圣玛利亚女校近闻》，《时报》1920年6月17日，第9版。

《圣玛利亚女校演剧纪》，《时报》1920年6月26日，第9版。

《圣玛利亚女校演剧续志》，《时报》1920年6月29日，第9版。

《闻圣玛利亚女校特定于下星期六（十一月六日）假座此间玲园开演》，《时报》1920年10月29日，第11版。

《圣玛利亚女校筹募寒衣》，《时报》1920年12月22日，第13版。

《圣玛利亚女校近闻》，《时报》1921年5月22日，第9版。

《圣玛利亚女校组织捕蝇队旨趣书》，《时报》1921年6月2日，第10版。

《圣玛利亚女校之班友会》，《时报》1921年12月13日，第12版。

《圣玛利亚女校新校舍落成》，《民国日报》1923年12月9日，第8版。

《圣玛利亚女校新校舍落成典礼》，《新闻报》1923年12月9日，第15版。

《圣玛利亚女校之舞蹈》（照片），《图画时报》1925年第248期。

《圣玛利亚女校举行跳舞会》,《新闻报》1925年5月28日,第1版。

《今夏渡美学生:下右、杨蔼芳女士“宝记摄”圣玛利亚女校毕业沪江大学肄业明日将乘麦金来号游美入蒙德花立哇克研究教育》(照片),《图画时报》1926年第313期。

《圣玛利亚女校华乐会之近影》(照片),《中国摄影学会画报》1926年第23期。

《圣玛利亚女校演员化装摄影》(照片),《中国摄影学会画报》1926年第65期。

《教务:江苏辖境:上海圣玛利亚女校礼拜堂祝圣记》,《圣公会报》1926年第19卷第24期。

《女校消息一束:圣玛利亚》,《卷筒纸画报》1928年第4卷第171期。

《女校消息一束:圣玛利亚曾经停办……》,《中国摄影学会画报》1928年第4卷第171期。

《圣玛利亚女校》,《中国摄影学会画报》1928年第4卷第158期。

《圣玛利亚女校皇后胡永馨女士》(照片),《卷筒纸画报》1928年第3卷第150期。

《参观圣玛利亚女校记:与教务长之谈话》(茉莉),《中国摄影学会画报》1929 年第4卷第195期。

《振坤女士先前在圣玛利亚女校茂嫣会中曾饰“月神”》(照片),《卷筒纸画报》1929年第5卷第212期。

《圣玛利亚女校之龚慈生倩影》(照片),好莱坞照相馆,《中国摄影学会画报》1929年第4卷第180期。

《大学生活的断片新嫁娘(圣玛利亚女校)》(照片),《中国学生(上海1929)》1929年第1卷第9期。

《关珍楣女士为关四平先生之女公子现肄业于圣玛利亚女校》(照片),《中国摄影学会画报》1930年第5卷第223期。

《张继英女士毕业于圣玛利亚女校,尝留美,得新闻学硕士学位而归》(照片),《中国摄影学会画报》1930年第6卷第251期。

《杨瑞云女士肄业圣玛利亚女校》,《中国摄影学会画报》1930年第6卷第254期。

《汉阳钢铁厂厂长黄金涛先生女公子黄卓群女士(左),汉口圣玛利亚女校高材生兼擅音乐王美修女士(右)》(照片),《今代妇女》1930年第13期。

《圣玛利亚女校之礼拜堂》(照片),《中国摄影学会画报》1930年第6卷第255期。

《女校毕业典礼:圣玛利亚女校毕业礼散会后,来宾纷纷自礼堂出》(照片),《今代妇女》1930年第19期。

《颜湘青女士肄业于圣玛利亚女校,为校中之网球健将中之一》(照片),《中国摄影学会画报》1930年第6卷第251期。

《(妇女)丁明玉女士为圣玛利亚女校校生之老前辈在社会服务二三十年颇斐声于妇女界中》(照片),《玲珑》1931年第1卷第18期。

《圣玛利亚女校本届全体毕业生》(一组照片),《中国摄影学会画报》1931年第6卷第293期。

《圣玛利亚女校盛建颐女士为人和霭办事干练现为该校年刊委员之一》(照片),《中国摄影学会画报》1931年第7卷第308期。

《华侨邓理达女士精游泳肄业日本圣玛利亚女校》(照片二幅),《图画时报》1931年第770期。

《(妇女)圣玛利亚女校五十周纪念会时女生表演五十年前女子之生活及服装之摄影》(照片),中国摄影供应社,《玲珑》1931年第1卷第17期。

《(封面)圣玛利亚女校杨瑞云女士》(照片),《玲珑》1931年第1卷第21期 ,封1页。

《参与圣玛利亚女校五十周纪念会及毕业典礼之宾客》(照片),中国摄影供应社,《中国摄影学会画报》1931年第6卷第295期。

《妇女要讯:圣玛利亚女校五十周纪念将于本月举行》,《玲珑》1931年第1卷第10期。

《圣玛利亚女校本届全体毕业生》(一组照片:裘安华、沈郁英、华庆莲、冼晶、欧成国、潘玉珍、韦杏琦、孙琦瑛、李桂仙),《中国摄影学会画报》1931年第6卷第293期。

《圣玛利亚女校同乐会进花点时之情形》(照片),《中国摄影学会画报》1932年第7卷第355期。

《圣玛利亚是上海女校的模范，他们的学生对于攻读都是求实际的平时的游戏也都是高尚的图中所示可证明了》(照片),《中国摄影学会画报》,1932年第8卷第367期。

《走完了她们学程的一个假落：圣玛利亚女校龚普华(右)、李月卿(左)》(照片),《中华(上海)》1932年第12期。

《讯短：圣玛利亚女校定于今日下午三时假极司非尔路觉民小学举行同学会欢迎校友及来宾参与盛会云》,《中国摄影学会画报》1932年第7卷第353期。

《秋天的下课时(圣玛利亚女校)》(照片),《玲珑》1932年第2卷第70期。

《圣玛利亚女校举行毕业礼后，在校园中款待茶点之情形》(照片),《中国摄影学会画报》1932年第7卷第359期。

《一九三二年圣玛利亚女校毕业生之一部份，闻该校之各种组织》(照片),《中国摄影学会画报》1932年第7卷第359期。

《圣玛利亚女校春季同乐会》,《新闻报》1932年6月15日，第11版。

《十八日下午四时、圣玛利亚女校生、假极司非而路觉民小学开春季》,《晶报》1932年6月21日，第2版。

《参加香港公数学校运动会之圣玛利亚女校出发之情形》(照片),《玲珑》1933年第3卷第29期。

《各女校高中毕业：圣玛利亚女校今年毕业之全体》(照片)，中国摄影新闻社,《摄影画报》1933年第9卷第25期。

《圣玛利亚女校学生》(照片),《玲珑》1934年第4卷第14期。

《上海女子中学的校门(左：白利南路圣玛利亚女校)》(照片),《妇人画报》1934年第15期。

《圣玛利亚女校全体师生暨毕业同学庆祝傅校长来华二十五周年纪念摄影》(图),《凤藻》1936年。

《圣玛利亚女校》,《新闻报》1936年9月22日，第10版。

《过去圣玛利亚女校六十周纪念颂词》,《凤藻》1941年。

《圣玛利亚女校，五月一日起发动“三献”》,《立报》1946年5月7日，第4版。

《圣玛利亚女校学生近时往影院看“圣玛……》,《立报》1946年5月7日，第4版。

《圣玛利亚女校定十八日起由高三同学领导》,《立报》1946年6月17日，第2版。

【报刊中有关中西女中的记载(部分)】

(《申报》相关报道篇名，见“文献档案选摘”，此略)

《郭定时女士郭标之女中西女塾一九二八年级》(照片),《图画时报》1928年第462期。

《中西女中学生》,《国民导报》1931年9月30日，第3版。

《中西女中学招生》,《新闻报》1933年6月10日，第14版。

《教育界：学校教育汇报：中西女中：去年本会聚会是，本校曾呈报告状况》(杨锡珍),《福音光》1934年第41期。

《中西女中新建校舍》,《时报》1934年7月22日，第2版。

《中西女中》,《民报》1934年7月22日，第7版。

《中西女中同学会壬中班会来函径启者》,《晶报》1934年11月30日，第3版。

《中西女中附小迁址》,《时报》1934年12月23日，第2版。

《从工部局女中的恳亲会说到中西女塾的游艺会有吃有笑真快活》,《女同学》1935年第2卷第3期。

《中西女中一小开恳亲会》,《民报》1935年12月21日，第5版。

《本市春运会女中组跳高第一名中西崔蘭芬之跳高姿势》(照片),《玫瑰画报》1936年第24期。

《中西女中》(消息),《新闻报》1936年10月18日，第14版。

《在上海中西女中的几位同学》,《燕大友声》1937年第3卷第8期。

《一九三六年十月上海校友欢迎司徒校务长于中西女中留影》(照片),《燕大友声》1937年第3卷第8期。

《美童主办中西女中篮球星期五揭幕》,《时报》1939年3月7日，第6版。

《篮球中西女中今日揭幕》,《时报》1939年3月10日，第6版。

《篮球中西女中锦标比赛》,《时报》1939年3月11日，第6版。

《中西女校篮球赛》,《新闻报》1939年3月20日，第20版。

《中西中校田赛决赛工部局女中开春运会》,《时报》1939年5月12日，第6版。

《陈云裳治家请看护到家侍奉母亲秘书徐小姐受聘中西胞妹考入工部局女中》(附照片),《国联影讯》1941年第1卷第1期。

《中西女中音乐科新猷》,《新闻报》1943年8月31日，第3版。

《中西女中琴科招生》,《新闻报》1944年8月17日，第3版。

《文学院毕业生：丁筱芳（文学士，教育系，江苏武进，中西女中）》(照片),《沪江年刊》1945年第28卷。

《中西女中音乐会》,《大公报（上海）》1946年5月18日，第4版。

《中西女中定于廿三日举行毕业典礼》,《立报》1946年6月17日，第2版。

《中西女中演孔雀胆》,《和平日报》1946年6月24日，第7版。

《燕京大学在沪假中西女中招生》,《辛报》1946年7月17日，第1版。

《中西女中》,《立报》1946年7月29日，第2版。

《鬼神节：中西女中演出》,《学新》1947年新3。

《中西女子中学会通讯录》,《墨梯》1947年。

《文学院毕业生：唐敦燕（英文系，上海市，中西女中）》(照片),《沪江年刊》1947年第30卷。

《友校通讯：中西女中：本学期之自治会人选》,《约翰周刊》1948年第21卷第6期。

《短信：上海教区慕尔堂……中西女中教员沙爱丽女士……》,《中华基督教卫理工会消息特刊》1949年第55期。

《天堂内幕 奴化教育——中西女中！（下）》,《亦报》1951年4月24日，第2版。

《凤藻》，圣玛利亚女校校刊，分别见上海市档案馆、上海市第三女子中学档案室、上海社会科学院图书馆等所藏。

《墨梯》，中西女中（中西女塾）年刊，分别见上海市档案馆、上海市第三女子中学档案室、上海社会科学院图书馆等所藏。

《圣玛利亚女校五十周（年）纪念特刊》(*ST. MARY'S HALL, Shanghai China, 1881-1931*)，1931年刊印，上海社会科学院图书馆藏。

《中东战纪本末》，林乐知著，图书集成局1896年版。

《全地五大洲女俗通考》，林乐知著，上海华美书局1904年版。

《上海轶事大观》，陈伯熙编著，上海书店出版社（据1924年上海泰东图书局印本）2000年版。

《艺海一勺续编》，郑逸梅编著，天津古籍出版社1996年版。

《中国名人传》，上海每日中国评论1925年版。

《海上名人传》，《海上名人传》编辑部编，上海文明书局1930年版。

《上海时人志》，茹辛、潘孚硕等编，展望出版社出版1937年初版，1938年续版。

《上海重要人名录》（简称《上海人名录》），许晚成编，龙文书店1941年版。

《上海百业人才小史》，许晚成编，1945年版。

《上海特别市教育法规汇编》，上海特别市教育局编，1929年铅印本。

《上海市教育统计》，上海市教育局编，1931年铅印本。

《上海市教育局业务报告》（1931年1—6月），上海市教育局编，1931年刊印。

《上海特别市教育局业务报告（下）》，上海市教育局编，1932年刊印。

《一九三三之上海教育》，上海新闻社编，1934年铅印本。

《上海大中小学调查录》，许晚成编，龙文书店1935年版。

《战后上海学校暨文化机关调查录》，许晚成编，龙文书店1939年版。

《上海学校调查录》，许晚成编，龙文书店1940年版。

《中华民国法令大全》（7教育），上海法学编译社编，1931年版。

《中华民国法规大全》第3册，商务印书馆1936年版。

《上海市市政报告》，上海市市政府秘书处编，汉文正楷印书局1936年版。

《教育法令汇编》，教育部参事处编，商务印书馆1936年版。

《上海市教育统计（民国二十三、二十四年度合刊）》，上海市教育局编，1936年铅印本。

《民国二十六年上海市年鉴·教育》，上海通志馆年鉴委员会编，中华书局1937年版。

《廿八年上海教育一览》，上海教育年鉴社编，大时代书局1939年版。

《教育法规（第二版）》，阮华国编，大东书局1947年版。

《上海市教育统计》（1946年度），上海市教育局编，1947年刊印。

《上海市中等教育概况》，上海市教育局编印，正中书局1948年刊印。

《上海市学校调查录》，乐德卿等主编，群协出版社1948年版。

《上海市政府法规汇编》，上海市政府编，1948年铅印本。

《第二次中国教育年鉴（第四编）中学教育》，教育部编，商务印书馆1948年版。

《中国青年运动历史资料1915—1924》，中国新民主主义青年团中央委员会办公厅编，1957年版。

《教育文献法令汇编1949—1952》，中华人民共和国教育部办公厅编，内部资料1958年版。

《近代中国女权运动史料》，李又宁、张玉法编，台北传记文学社1975年，龙文出版股份有限公司1995年版。

《近代中国教育史资料》，多贺秋五郎编，文海出版社有限公司1976年版。

《帝国主义在上海的教育侵略活动资料简编》，李清悚、顾岳中编，上海教育出版社1982年版。

《上海地方史资料》（四），上海市文史馆编，上海社会科学院出版社1982年版。

《中华人民共和国教育大事记（1949—1982）》，教育科学出版社1983年版。

《中国教育年鉴（1949—1981）》，中国大百科全书出版社1984年版。

《“九一八”“一·二八”上海军民抗日运动史料》，上海社会科学院历史研究所编，上海社会科学院出版社1986年版。

《中国近代学制史料》（第一辑下册），朱有瓛主编，华东师范大学出版社1986年版。

《中国近代学制史料》（第二辑下册），朱有瓛主编，华东师范大学出版社1989年版。

《中国近代学制史料》（第三辑上册），朱有瓛主编，华东师范大学出版社1990年版。

《帝国主义侵华教育史资料——教会教育》，李楚材编，教育科学出版社1987年版。

《解放前上海的学校》（《上海文史资料选辑》第五十九辑），中国人民政治协商会议上海市委员会文史资料研究委员会编，上海人民出版社1988年版。

《上海体育志资料汇编（一）：体育人物》，上海市体育文史委员会办公室编，1989年刊印。

《中国近代教育史资料汇编》，璩鑫圭、唐良炎编，上海教育出版社1991年版。

《近代中国妇女史中文资料目录》，王树槐等主编，台湾“中央研究院”近代史研究所，1995年刊印。

《中国近代教育史资料汇编·普通教育》，李桂林、戚名琇、钱曼倩编，上海教育出版社1995年版。

《上海中学教师运动史料选》，上海党史资料征集委员会编，上海教育出版社1997年版。

《中国近代音乐史料汇编：1840—1919》，张静蔚编，人民音乐出版社1998年版。

《中国近代教育史教学参考资料》，陈学恂主编，人民教育出版社1998年版。

《五四运动亲历记》，中国人民政治协商会议全国委员会文史资料委员会编，中国文史出版社1999年版。

《上海文史资料存稿汇编》（第九册），上海市政协文史资料委员会编，上海古籍出版社2001年版。

《日本在华中经济掠夺史料》，上海市档案馆编，上海书店出版社2005年版。

《中国近现代女性期刊汇编》，王长林、唐莹编，线装书局2006年版。

《中国近代教育史资料汇编》，陈元晖主编，上海教育出版社2007年版。

《操场风雨历程60年：上海学校体育回顾与展望》，华东理工大学出版社2009年版。

《中国近代中小学教科书总目》，王有朋主编，上海辞书出版社2010年版。

《近代中国教育史料》，舒新城编，中国人民大学出版社2012年版。

《稀见上海史志资料丛书（7）》，熊月之主编，上海书店出版社2012年版。

《上海文献汇编·文化卷》第30册，上海文献汇编编委会编，天津古籍出版社2013年版。

《近代女学生教育文献汇存》，黄湘金主编，北京燕山出版社2019年版。

《百年校庆纪念册》，上海市第三女子中学编，1992年10月刊印。

《上海第三女子中学105周年校庆特刊》，上海市第三女子中学编，1997年10月刊印。

《中西女中一九五一届往昔与今朝：中西女中1951届毕业50周年纪念》，中西女中1951届编，2001年刊印。

《上海第三女子中学110周年校庆特刊》，上海市第三女子中学编，2002年10月刊印。

《市三教育》第三期（女子教育专辑，纪念校庆110周年），徐永初主编，2002年刊印。

《上海第三女子中学115周年校庆纪念》，上海市第三女子中学编，2007年11月刊印。

《济世秋声——李世济》，中国文史出版社2017年版。

《1978年后同学会活动情况》，上海市中西、圣玛利亚、第三女子中学同学会提供，陈瑾瑜执笔，2021年11月。

《继承发扬、五育并举：我与市三女中的不解之缘》，张正之校长口述，上海市第三女子中学校务办公室提供，2021年12月。

《我的回顾》，何亚男校长口述，上海市第三女子中学校务办公室提供，2021年12月。

《徐永初校长访谈》，徐永初校长口述，上海市第三女子中学校务办公室提供，2022年1月。

（四）研究著述

《新制教育史》，李步青著，范源廉校阅，中华书局1922年版。

《中学教育》，廖世承著，商务印书馆1924年版。

《国定文思》，刘国定著，励群学会1924年版。

《教育概论》，罗廷光著，世界书局1933年版。

《中国教育行政大纲》，张季信编，商务印书馆1934年版。

《训育论》，李相勖著，商务印书馆1935年版。

《三一八上海抗战史》，王叔达著，民强出版社1937年版。

《上海市中等教育概况》，上海市教育局中等教育处编纂，1948年刊印。

《上海解放十年》，《上海解放十年》征文编辑委员会编，收录沈景华撰《"洋学堂"翻身记，从中西、圣玛利来到市立第三女中》，上海文艺出版社1960年版。

《抗战前中国中等教育之研究》，叶健馨著，台北文史哲出版社1982年版。

《江南传教士》（第一卷），[法]史式微著，天主教上海教区史料译写组译，上海译文出版社1983年版。

《中华民国教育史》，熊明安著，重庆人民出版社1990年版。

《近代上海城市研究》，张仲礼主编，上海人民出版社1990年版。

《上海宗教史》，阮仁泽、高振农主编，上海人民出版社1992年版。

《从学生运动到运动学生（1919—1929）》，吕芳上著，台北"中研院"近代史研究所1994年版。

《动荡转型中的民国教育》，申晓云著，河南人民出版社1994年版。

《西学东渐与晚清社会》，熊月之著，上海人民出版社1994年版；修订版，中国人民大学出版社2011年版。

《上海普通教育史（1949—1989）》，吕型伟著，上海教育出版社1994年版。

《教会学校与中国教育近代化》，何晓夏、史静寰著，广东教育出版社1996年版。

《新时期学校德育的探索——1998年京津沪三市德育研讨会暨长宁区第六届德育研讨会论文集》，上海市长宁区教育局编，1998年刊印。

《被"革命"的教育："文化大革命"中的"教育革命"》，郑谦著，中国青年出版社1999年版。

《上海通史》，熊月之主编，上海人民出版社1999年版。

《中国教育史》，孙培青著，华东师范大学出版社2000年版。

《中国私学·私立学校·民办教育研究》，王炳照著，山东教育出版社2002年版。

《上海近代教育史（1843—1949）》，陈科美主编，上海教育出版社2003年版。

《民治主义与现代社会：杜威在华讲演集》，[美]杜威著，袁刚等编，北京大学出版社2004年版。

《百年中国女权思潮研究》，王政、陈雁主编，复旦大学出版社2005年版。

《晚清学堂学生与社会变迁》，桑兵著，广西师范大学出版社2006年版。

《吕型伟教育文集》(四卷)，吕型伟著，上海教育出版社2007年版。

《基督教与中国近代中等教育》，尹文涓著，上海人民出版社2007年版。

《中国中学教育史》，谢长法著，陕西教育出版社2009年版。

《青春飞扬：近代上海学生生活》，施扣柱著，上海辞书出版社2009年版。

《西学东渐第一校——从徐汇公学到徐汇中学(1850—2010)》，庄小凤、马学强主编，上海辞书出版社2010年版。

《变化中的中国人》，[美]E. A. 罗斯著，李上译，电子工业出版社2012年版。

《沪上名校——百年大同研究(1912—2012)》，盛雅萍、马学强主编，上海辞书出版社2012年版。

《中国教育制度沿革史》，郭秉文著，商务印书馆2014年版。

《性别、政治与民主：近代中国的妇女参政》，[澳]李木兰著，方小平译，江苏人民出版社2014年版。

《东成西就：七个华人基督教家族与中西交流百年》，罗元旭著，生活·读书·新知三联书店2014年版。

《碧空丹心·李敏华传》，毛天祥、王柏懿著，中国科学技术出版社2015年版。

《〈密勒斯评论报〉总目与研究》，马学强、王海良主编，上海辞书出版社2015年版。

《为国桢干：上海南洋中学120年(1896—2016)》，马学强、于东航主编，商务印书馆2016年版。

《上海教育史(第三卷)》(1949—1976)，蒋纯焦主编，上海教育出版社2016年版。

《生成与失范：民国时期中学教师管理制度研究(1912—1949)》，陈光著，华中科技大学出版社2016年版。

《基督教传行中国纪年(1807—1949)》，黄光域著，广西师范大学出版社2017年版。

《诚朴是尚：从澄衷蒙学堂到上海市澄衷高级中学(1900—2020)》，马学强、潘红星主编，商务印书馆2020年版。

《百年女中》，上海市第三女子中学编，2002年刊印。

《圣玛利亚女校(1881—1952)》，上海市第三女子中学组编，徐永初、陈瑾瑜主编，同济大学出版社2014年版。

《追忆圣玛利亚女校》，上海市第三女子中学组编，徐永初、陈瑾瑜主编，同济大学出版社2014年版。

《追寻圣玛利亚校友足迹》，上海市第三女子中学组编，徐永初、陈瑾瑜主编，同济大学出版社2014年版。

《中西女中(1892—1952)》，中西女中校史编写组组编，陈瑾瑜编著，同济大学出版社2016年版。

《回忆中西女中(1900—1948)》，中西女中校史编写组组编，张珑编，同济大学出版社2016年版。

《回忆中西女中(1949—1952)》，中西女中校史编写组组编，陈瑾瑜编著，同济大学出版社2016年版。

(五)部分外语文献

The North-China Herald and Supreme Court & Consular Gazette (1870-1941)

The North-China Daily News (1864-1951)

The North China Desk Hong List (《字林西报》)

The China Weekly Review (《密勒氏评论报》)

The China Press (《大陆报》)

Far Eastern Commercial and Industrial Activity -1924, compiled by E. J. Burgoyne, edited by F. S. Ramplin, The Commercial Encyclopedia Co. (London, Shanghai, Hongkong, Singapore), 1924.

Leaders of Commerce, Industry and Thought in China (Shanghai), compiled by S. Ezekiel, published by Geo. T. Lioyd,

Shanghai, 1924.

Who's Who in China (*Biographies of China*), published by *The China Weekly Review* (Shanghai), 1925.

Men of Shanghai and North China: A Standard Biographical Reference Work, second edition, Shanghai: The University Press, 1935.

Who's Who in China, forth edition (1931).

Who's Who in China, fifth edition (1936).

Who's Who in China, supplement to the fifth edition (1940).

Young J. Allen, "The Man Who Seeded China", Warren Akin Candler, New York: Cokesbury Press, 1931.

The Missionary Enterprise in China and America, John K. Fairbank, Cambridge: Harvard University Press, 1974.

Missionary Journalist in China: Young J. Allen and His Magazines, 1860–83, Adrian A. Bennett, Oxford: Oxford University Press, 1986.

后记

2021年上半年，上海市第三女子中学的潘敌芳校长与我联系，要求共同组建校史研究课题组，撰写校史专著，并期望能列入商务印书馆“百年名校·江南文脉”系列丛书。由于之前答应了上海市第二中学（历史上也为女校）陆军校长编撰校史，觉得再无时间承担市三女中校史的研究任务。我研究上海史多年，对于这所学校的历史演变还是有所了解的，并告诉潘校长，这实际上涉及三所女校的校史，需要花费更多的时间与精力。所以，我一直没有应承这一项目。此后，潘校长不断来电说明，大致是市三女中校史已有很好的研究基础，市三女中历史悠久，在上海乃至全国女子中学教育中研究价值独特、地位重要，明年又是建校一百三十周年纪念，不能拖延，云云。到了8月份，我专门邀请商务印书馆上海分馆总编辑鲍静静前来历史研究所，与我们校史研究团队成员研讨，就市三女中的研究价值、样本意义、文献基础以及出版事宜等进行协商，最后大家决定克服困难，集中研究力量，分工协作，争取在2022年下半年该校校庆时出版发行。

无论是圣玛利亚女校还是中西女中，历史上均以治学严谨、教学质量高、外语水平好、授业有特色而蜚声海内外。1952年7月，圣玛利亚女校、中西女中由上海市人民政府接管合并，成立上海市第三女子中学。市三女中继承了两校优良的办学传统，坚持教育改革，不断创新，努力提高教育质量，培养了大量优秀女子人才。从圣玛利亚女校、中西女中，到市三女中，一大批毕业生足迹遍布海内外，活跃于各个行业，在现代科学、文化、教育、文学、艺术、体育、卫生、工商等领域取得令人瞩目的成就，做出卓越贡献，因而被誉为“培养女子人才的摇篮”。1992年10月，上海市第三女子中学举行百年校庆纪念。1997年10月，在该校建校一百零五周年之际，国家教育委员会特发来贺信，其中写道：“上海市第三女子中学是一所历史悠久的学校，拥有一支素质好、水平高、力量雄厚的师资队伍，治学严谨，重视教学质量。先后为国家输送了一批又一批的优秀毕业生，为培养杰出人才打下了基础。今天，学校继承和发扬了优良传统，从严治校，强化管理，坚持有特色的办学目标，教育教学质量稳步提高，不断取得了新的成绩。”如今的上海市第三女子中学作为上海市唯一的一所公办重点女子中学，是首批上海市实验性示范性高中，确立了“建设国内一流、国际知名、特色鲜明的现代女子高中”的办学目标，以“独立、能干、关爱、优雅”为育人目标，以培养德才兼备、秀外慧中的现代化开放型女子人才为己任，形成了“言行优雅、学识博雅、志趣高雅”的雅文化，以文化育人，以兴邦为责。梳理这所学校的发展历程，解读其办学特色，挖掘其文化内涵，具有很高的历史价值与积极的社会意义。

上海市第三女子中学历史积淀深厚，要研究这样的老校、名校，需要我们广泛收集、整理各个时期的各种原始史料，建立系统、完整的“市三女中校史资料库”。这是一项艰辛的工作，这些档案文献分散于各处，样态丰富，种类亦多，收集这些资料本身需要花费大量的心力，同时也需要具备一定的专业能力。课题组成员分工合作，陆续在海内外寻访到大量史料，内容包括：（一）学校各个时期的档案文献，分别存放于国家图书馆、上海图书馆、上海社会科学院图书馆和一些高校的图书馆，以及上海市档案馆、上海市长宁区档案馆、上海市第三女子中学档案室等处。具体有：1.圣玛利亚女校、中西女中（中西女塾）、市三女中的章程，反映出不同时期中国女校开办的宗旨、理念、课程设置、师生规范、运行状况等。2.关于学校演变的相关文件，包括各种纪念刊、历次校庆的纪念册、图书目录、职员录、校友录及相关档案等。3.学校各个时期创办的刊物，如圣玛利亚女校的《凤藻》，中西女中的《墨梯》，等等，这些刊物至今保存在海内外一些收藏机构中，弥足珍贵。通过这些刊物可以了解当时办学的情况，有学校纪事，有研究文章，有大量教育教学活动的记载，也刊登教师和学生的文章、摄影作品，集中反映了圣玛利亚女校、中西女中及此后合并成立的上海市第三女子中学的办学思想和师生生活。4.学校各个时期编写的教材、课本、讲义等。学校名师辈出，一些教材由教师亲自编纂，代表了当时女校办学的较高水平。5.与学校相关的日记、笔记、文集，还有一些师生往来书信等，记录学校办学的各个方面。（二）来自中外文报纸杂志的记载，包括近代的《申报》《万国公报》《中国教会新报》《教会新报》《字林西报》《民立报》《大公报》《女学报》《神州女报》等，以及刊登在当代的《人民日报》《光明日报》《解放日报》《文汇报》上的报道。（三）口述资料、校友回忆。此次我们收录了各个时期一些老师、校友的回忆、口述资料。此前，学校不仅刊印了校庆纪念画册，还曾专门组织人员编写《圣玛利亚女校（1881—1952）》《追忆圣玛利亚女校》《追寻圣玛利亚校友足迹》《中西女中（1892—1952）》《回忆中西女中》等，形成校史系列，由同济大学出版社于2014年、2016年陆续出版，其中上海市中西、圣玛利亚、第三女子中学同学会（以下简称“同学会”）做了大量工作。（四）图片，包括档案文献中的图片、老照片与现场照片。经过努力，我们逐渐建立起一个内容较为丰富的“资料库”。有了扎实的资料做支撑，我们就可以从不同阶段、不同层面去深入解读这所（实际上是几所）著名女校的历史。

在研究中，我们主要围绕几条线索展开：其一，从圣玛利亚女校、中西女中、上海市第三女子中学各自的发展轨迹去探讨女校的办学特点。从各个时期办学者的经历中去追溯，带着“由谁创办”“她（他）们为什么要办学”“她（他）们如何办学”这些问题去探寻。围绕章程与课程、教师（师资）与学生（生源）等多个视角，细致梳理，深入挖掘，解析学校的办学理念、办学特色，并结合学制体制的变革、校园文化的建设等内容予以考察。其二，无论是研究圣玛利亚女校、中西女中，还是关注上海市第三女子中学，研究这些学校的校史，不能囿限于校史本身，还需要拓宽视野，更多关注社会史、文化史的内容。要结合中西文化交流，结合上海城市发展，结合江南文脉传承，通过大量的事例，讲好故事，把女校的办学历史活泼泼地展现出来。

书稿由文字、图片两部分组成，撰写中采取以图带文、以文释图的形式，图文并茂。我们从千余张图照中选用了400多张，通过对大量具有代表性图片的解读，反映学校的变迁。书中图片有几个来源：一为历史图片，选自各种文献档案、照片集；二为学校校务办公室、档案室以及一些校友提供的图片；三为校园的现场照片。一些图片除特别注明外，主要由鲍世望拍摄。

对于本书的撰写提纲，课题组经过了多次商讨，反复斟酌，最后确定书稿的基本框架，分序言、正文八章，附录等。书稿于2022年7月完成，撰稿人的具体分工如下：

第一章，施如怡，其中第一节由马学强撰写初稿。

第二章，吴雅玲。

第三章，施如怡。

第四章，彭晓亮、施如怡。

第五章、第六章，叶舟。

第七章，马学强、刘芸等，其中第四节部分内容由同学会提供，陈瑾瑜执笔。

第八章，马学强、潘敬芳等，其中第二节由相关教研室、校务办公室提供资料，把伟、张宜岚等提供部分章节内容；第五节部分内容由同学会提供，陈瑾瑜执笔。

附录部分，马学强、叶舟、施如怡、龚浩、吴雅玲、周维文等，校务办公室、档案室、同学会也提供了大量资料。其中，“知名校友简介”部分，由学校提供并审定。

书稿完成后，由马学强、潘敬芳统稿、配图。

本书由潘敬芳、马学强任主编，刘芸、张闽、夏磊、施如怡任副主编。1951届校友、中国工程院院士闻玉梅教授，1956届校友、中国工程院院士陈亚珠教授分别为本书作序。

本书稿的撰写，得到了相关单位及有关人士的大力支持与帮助。上海市第三女子中学的历任领导、同学会始终关心校史著作的研究与出版。广大校友积极参与，或提供信息，或联络校友，或安排采访，或提供照片。我们还得到了国家图书馆、中国第二历史档案馆、上海图书馆、上海市档案馆、复旦大学图书馆、上海交通大学图书馆、上海社会科学院图书馆、上海市长宁区档案馆、上海市第三女子中学档案室、上海市第三女子中学图书馆以及同学会等的积极协助。感谢张正之、何亚男、徐永初、杨振国、王悦成、乌美娟等老领导的关心与指导。感谢秦岭、苗勇胜、董亚芳、杨志军、华立昊的积极参与。特别感谢上海市第三女子初级中学徐斐、马琳、王捷、蒋骏莹等领导和老师的支持。感谢张舒蕾、黄龑等老师提供了大量校史资料。感谢同学会何亚男、乌美娟、毛杏云、司罗素、宋凤、刘玉明、孔峥、卜翌等会长和各位副会长的帮助。特别鸣谢上海市长宁区教育基金会的资助。商务印书馆鲍静静、陈雯、朱健、周祺超等为本书出版付出了辛勤劳动。在此一并表示最诚挚的谢意。

马学强

2022年7月于上海社会科学院

“百年名校”系列丛书已出版书目

总策划：马学强　鲍静静

为国桢干：上海南洋中学120年（1896—2016）

存古开新：从绍郡中西学堂到绍兴市第一中学（1897—2017）

诚朴是尚：从澄衷蒙学堂到上海市澄衷高级中学（1900—2020）

王培孙文集

绍兴一中·养新书藏文献丛刊（全五卷）

明理躬行：从金华中学堂到浙江金华第一中学（1902—2022）

卧薪尝胆：从私立绍兴中学到稽山中学（1932—2022）

务实本正：从务本女塾到上海市第二中学（1902—2022）

至慧至雅：从圣玛利亚女校、中西女中到上海市第三女子中学

培根固本：广东南海石门中学研究（1932—2022）